함안 방언 연구

함안 방언 연구

구 현 옥 지음

세종출판사

머리말

방언은 표준어에 비하여 인위적인 제약을 덜 입은 말로서 언어의 본질적인 특성을 가장 생생하게 지니고 있다. 그리고 지역 주민의 오랜 생활과 더불어 존재해 온 것이므로 거기에는 그 지역어만이 가진 문화나 전통에서 비롯된 미묘한 감정 표현 방법, 말의 리듬감 등이 배여 있다. 그러나 아쉽게도 교통과 통신의 발달로 각 지역어의 고유한 특성이 하루가 다르게 사라져 가고 있으며 표준어에 의한 언어 공통화가 이루어지고 있는 실정이다. 하지만 언어가 살아 있는 한 지역에 따른 언어 차이는 있을 수밖에 없으므로 방언이 가진 가치를 인정하고 널리 이해시켜 방언을 자원화 하는 방향으로 나아가야 한다.

방언 연구는 여전히 다른 연구에 비해 홀대받고 있는 실정이지만 지난날에 비하면 방언에 대한 평가가 이젠 많이 바뀌어 전문 연구자가 아니더라도 지역말을 아끼고 보존하며 알리려는 노력이 곳곳에서 보이고 있다. 이 책을 출판하기까지 함안 문화원 여러 관계자들의 관심도 이런 노력의 한 예이다. 함안의 문화와 역사에 자긍심을 가지고 이를 보존하고 널리 알리려는 뜻 있는 분들의 생각과 도움으로 필자의 고향말에 대한 연구가 한 권의 책으로 나온다는 것이 무척 기쁠 따름이다.

그 기쁨과 더불어 과연 숲을 보고 나무를 보았는지 그간의 연구들에 작은 티는 없는지 새삼 지난 연구들을 살피는 염려의 마음도 있다. 하지만 함안 지역이 다른 지역보다 연구자들의 관심의 대상에서 벗어나 있다는 안타까움이 이 책을 계기로 조금이나마 해소될 수 있을 것이라는 위로의 마음도 가져본다.

이 책의 출판으로 방언 관련 전문 학자는 물론 전국 문화원, 고향말에 대한 뜻있는 분들에게 함안 방언이 널리 알려지는 계기가 되었으면 한다. 끝으로 이 책이 나오기까지 물심양면으로 도와주신 함안 문화원 원장님을 비롯해 향토문화 연구소 소장님 이하 여러 분들에게 진심으로 감사의 말씀을 드린다.

2015년 2월

지은이 적음

차례

제 1 장 함안 방언 자료 • 7

제 2 장 경남 방언 음운 연구 동향 • 89

제 3 장 함안 방언 음소 체계 • 117

제 4 장 함안 방언 음운 변동 현상 • 123

제 5 장 경남 하위 방언권 음운 현상 비교 연구 • 265
- 함안 방언의 특수성을 중심으로

제 6 장 함안 방언 합성이름씨 성조 변동 현상 연구 • 317

제 7 장 함안 방언 풀이씨 성조 연구 • 343

제 8 장 함안 방언 입음, 하임움직씨 성조 변동 연구 • 371

제 9 장 함안 방언 월 성조 연구 • 395

제10장 함안 방언 문법 현상 연구 • 433
- 준굴곡과 굴곡 현상을 중심으로

참고문헌 • 455

찾아보기 • 467

제1장 함안 방언 자료

[일러두기]

1. 이 지역어에서는 /e/와 /ɛ/, /ə/와 /ɨ/가 구별되지 않으나 표제어로 내세울 때는 구별하여 표기하였다. 그러나 I.P.A 표기나 실제 쓰인 사례를 제시할 때는 중화된 음소 /E/나 /ㅋ/로 표기한다.
   예: 깨소굼[k'Esogum]: 깨소금
   - 께소굼딴지로 우쩨이레 똑 떠라난노?
     = 깨소금 통을 어떻게 이처럼 비워 놓았느냐?

   보르다[poɾㅋda]: 바르다
   - 난데지러멀 보러모 난넌다. = 아주까리 기름을 바르면 낫는다.

2. 표준어 /ㅕ/, /ㅚ/의 경우는 이 지역어에서 /ㅔ/로, /ㅟ/는 /ㅜ/ 또는 /ㅣ/로, /ㅢ/는 /ㅣ/로 실현되므로 표제어에서 그대로 반영하여 표기한다.
   예: 벼락→ 베락[pEɾak̚]/ 되다→ 데다[tEda],
   사위→ 사우[su]/ 귀→ 기[ki]
   희미하다→ 히미하다[himiɦada]

3. 이 지역어에서는 홀소리 사이에 놓인 콧소리가 탈락되는 현상이 보편적으로 실현된다. 그러나 이 경우 완전한 탈락이 아니라 그 흔적을 앞, 뒤 홀소리에 남기게 되는데 이 경우 표제어에서는 그 흔적을 표시하지 않으나 I.P.A 표기나 실제 사례를 들어 표기할 때는 다음과 같이 표기한다.
   예: 종이→ 조˜오[čo˜o], 고니→ 고˜이[ko˜i]

4. 표제어로 내세운 낱말이 실제 쓰인 사례를 제시할 때는 소리나는 대로 표기하였으며 띄어쓰기 역시 발화가 이루어지는 단위로 제시하였다. 그러나 그 사례에 대한 풀이에서는 표준어의 맞춤법과 띄어쓰기에 준한다.
   예: 잘썼따카고 가따주라. = 잘 썼다는 말을 하고 가져다주어라.

5. 각 낱말의 씨 분류에는 이름씨는 [이], 대이름씨는 [대], 셈씨는 [셈], 제움직씨는 [제움], 남움직씨는 [남움], 그림씨는 [그], '-이다'계 풀이말은 [풀], 매김씨는 [매], 어찌씨는 [어], 느낌씨는 [느], 이은말은 [이은]의 약자를 사용한다.
   예: 가리미[이]: 가르마

ㄱ

가이 제움 [ka˜i]: 가니

- 가˜이 소용이 인나. = 가니 소용이 있느냐.

가대기 이 [kadEgi]: 짐을 메기 위해 어깨에 걸치는 받침

- 비로부랄떼 가데기 데고 한다.
  = (트럭에 실린) 비료를(어깨에 메고) 내릴 때 받침을(어깨에) 대고 한다.

가따주다 남움 [kat'ačuda]: 가져다주다

- 잘썼따카고 가따주우라. =잘 썼다는 말을 하고 가져다주어라.

가래이 이 [kaɾE˜i] : 가랑이

- 벱세가 항세로 따라갈라모 가레˜이가 안쩨지나.
  = 뱁새가 황새를 따라 가려면 가랑이가 찢어진다.(형편에 어울리지 않는 일을 하는 사람에게 이르는 말.)

가름옷 이 [kaɾɜmot˥] : 나들이 옷

- 가럼옷또 똑 이거 하나뿌˜이다.
  = 나들이 옷이라고는 오직 이것 하나뿐이다.

가리미 이 [kaɾimi]: 가르마

- 복판 가리미로 타바라. = 가운데 가르마를 타 보아라.

가리 이 [kaɾi]: 가루

- 알약 말고 가리야거로 도라케라. = 알약 말고 가루약으로 달라고 하여라.

가리사분 이 [kaɾisabun]: 가루비누

- 가리사분 푸러서 푹 당가나아라.
  = 가루비누를 풀어서 오랫동안 담가 놓아라.

가마때기~가마이 이 [kamat'Egi]~[kama˜i]: 가마니

- 나락가마˜이 가아온나. = 벼를 담을 가마니를 가져 오너라.

가무살 그 [kamusal]: 날씨가 가문 기운

- 우짜건노 이레 비가 안오서. 노˜이고 바치고 가무사리 깍 찌있따.
  = 어떻게 하겠느냐 이렇게 비가 안 와서. 논이고 밭이고 심어둔 작물에 가문 기운이 가득하다.

가무치 이 [kamučhi]: 가물치

- 아: 나코 가무치로 고아무우모 조타카데.

= 아기를 낳고 가물치를 고아서 먹으면 좋다고 하더라.

가부때이~갑때이~다임[이][kabut'E~i]~[kap˥t'E~i]~[ta~im]: 대님

- 갑떼~이 메에라. = 대님 매어라.(아이에게)
- 다~임 메소. = 대님 매십시오.(어른에게)

가시개~가새[이][kaɕigE]~[kasE]: 가위

- 바~알당세기에 가세 가아온나.

  = 반짇고리에서 가위 가지고 오너라.

가실~가알[이][kaɕil]~[kaal]: ① 추수, ② 가을

- 가실하모 가파주꾸마 좀 빌리도.

  = 추수를 하면 갚을 테니 좀 빌려다오.
- 지껌 체엘 헹피~이 안덴다. 가시레나 보네끼다.

  = 지금 시집을 보낼 형편이 못된다. 가을에 보낼 것이다.

가아오다[남움][kaaoda]: 가지고 오다

- 쎄기 가서 가아온나. = 빨리 가서 가지고 오너라.

가암[이][kaam]: 고함

- 가암 지러지마라. 기머껏따. = 고함을 지르지 마라. 귀가 먹겠다.

간띠이[이][kant'i~i]: 간의 낮은말

- 간띠~이가 부운나.

  = 간이 부었느냐.(겁이 없이 행동하는 사람에게 이르는 말.)

간물[이][kanmul]: 소금물

- 간무레 좀 당가나아라. = 소금물에 좀 담가 놓아라.

간지깨이~간때이[이][kančik'E~i]~[kant'E~i]: 대나무

- 서답널거로 간떼~이 작수바리우에 걸치라.

  = 빨래 널게 대나무를 (양쪽) 지지대 사이에 걸쳐라.

간초~간추~춘쌔[이][kanč^{h}o]~[kanč^{h}u]~[č^{h}uns'E]: 간추

- 이엉 이이서 간초 다라라. = 이엉을 엮어서 간추를 달아라.

간거람[kaŋɜɾam][이], 간거럽다[그][kaŋɜɾɜp˥t'a]: 간지럼, 간지럽다

- 얼라 거레 강거람테지 마라. = 아기 그렇게 간질지 마라.
- 강걸지 마라. 강거러바 죽껫따. = 간질지 마라. 간지러워 죽겠다.

강새이[이][kaŋsE~i]: 강아지

- 똑 뿍떡강세~이 건네. = 꼭 복슬강아지 같다.

개굽다~해껍다~해꿉다[그][kEgup˥t'a]~[hEk'ɜp˥t'a]~[hEk'up˥t'a]: 가볍다

• 게구바서 헤딱게비간네. = 가벼워서 쉽게 들린다.

개덕시럽다[그] [kEdɜk˥ɕirɜp˥t'a]: 변덕스럽다

• 게덕도 열두분도 더 지긴다. = 변덕을 열두 번도 더 부린다.

개라내다[남움] [kEɾanEda]: 가려내다

• 몬 뭉넝거 말케 게라네라. = 못 먹는 것 모두 가려내어라.

개럽다[그] [kEɾɜp˥t'a]: 피곤하다

• 지˜잉마데모 모미 게러바서 죽껐따.

= 저녁만 되면 몸이 피곤해서 죽겠다.

개리다[남움] [kEɾida]: 가리다

• 낯도 안 게리고 아무한테나 간다.

= (아기가) 얼굴을 가리지 않고 아무에게나 잘 간다.

개살재이[이] [kEsalčE˜i]: 앙살쟁이

• 저기 저레 저거 오레비한테 게사럴 부린다.

게살 고마 부리라. 니가 게살제˜이델레.

= 저 아이가 저렇게 자기 오빠에게 앙살을 부린다.

앙살 그만 부려라. 네가 앙살쟁이가 되려느냐.

개앰치~개쭘치[이] [kEEmčʰi]~[kEč'umčʰi]: 호주머니

• 게엠치아네 너어라. 이자삔다.

= 호주머니 안에 넣어라. 잃어버린다.

갤차주다[남움] [kElčʰačuda]: 가르쳐 주다

• 우리 아: 공부 좀 겔차주우라. = 우리 아이 공부 좀 가르쳐 주어라.

갱기다[제움] [kEŋgida]: 곪다

• 안주 덜 겡깄따. 좀 더 나아쭈우라. = 아직 덜 곪았다. 좀 더 놓아 두어라.

거다드리다~거다다[남움] [kɜdadɜɾida]~[kɜdada]: 거두어들이다

• 야야, 빌리준 이장 좀 거다디리라.

= 얘야, 빌려 준 연장을 좀 거두어들여라.

거리기신[이] [kɜɾigiɕin]: 역마살

• 거리기시˜이 덜린나. 와 자꾸 나갈라카노.

= 역마살이 끼였느냐. 왜 자꾸 밖으로 나가려고 하느냐.

거무[이] [kɜmu]: 거미

• 아적거무넌 보모 제수가 인넌데 밤거무넌 제수 엄따꼬 자바라카데.

= 아침에 거미를 보면 재수가 있는데 밤에 거미를 보면 재수가 없다고

(밤 거미는) 잡으라고 하더라.

거십[이] [kɜɕip˥]: 밥을 비빌 때 넣은 나물

● 거시벌 막 퍼여티~이 언친넝갑따. = 나물을 많이 먹더니 체하였나 보다.

건니가다~건디가다[제움] [kɜnnigada]~[kɜndigada]: 건너가다

● 돌삐~이 나: 났따. 인자 건니가바라.

= 돌로 징검다리를 놓아두었다. 이제 건너가 보아라.

건디기[이] [kɜndigi]: 건더기

● 건디기마 건지 무우라. = 건더기만 건져 먹어라.

건시이~거:시이[이] [kɜnɕii]~[kɜ:ɕii]: 기생충

● 쏘게 거:시이가 더란잔나. 와저레 미이도 사리 안분노.

= 배 안에 기생충이 있나. 왜 저렇게 먹여도 살이 찌지 않느냐.

건지럽다[그] [kɜnčiɾɜp˥t'a]: 가렵다

● 덩더리가 건지러바 죽껐따. = 등이 가려워서 죽겠다.

걸거치다[제움] [kɜlgɜčʰida]: 방해가 되다

● 바빠 주껀넌데 와이레 걸거치노. 딴데 가서 노라라.

= 바빠 죽겠는데 왜 이렇게 방해를 하느냐. 딴 곳에 가서 놀아라.

걸치앉다[제움] [kɜlčʰiant'a]: 걸터앉다

● 따라더리 청꺼티이 거레 걸치안넝거 아이니라.

= 여자 아이가 그렇게 마루 끝에 걸터앉는 것이 아니다.

겅구[이] [kɜŋgu]: 금줄

● 거지베 아:난나. 와 겅구로 치난노?

= 그 집에 아기 낳았느냐. 왜 금줄을 쳐 놓았느냐?

게기[이] [kEgi]: 고기

● 게기장사 오모 좀 알리도. = 고기장수 오면 연락 좀 해 다오.

게비[이] [kEbi]: 겁(이)

● 밤마데모 게비나서 똑 죽껐따.

= 밤만 되면 겁이 나서 죽겠다.

게이[kE~i]: 고양이

● 밤에 게이가 물어갈라. 단디 덮어나아라.

= 밤에 고양이가 물어 갈지 모른다. 단단히 덮어 놓아라.

고:서[남움] [ko:sɜ]: 고아서

● 푹 고:서 궁물마 무우라. = 오랫동안 고아서 국물만 먹어라.

고디이[이] [kodi˜i]: 고동

- 이저네넌 고디˜이가 노네 울메나 마넜따꼬.
  = 옛날에는 고동이 논에 참 많았다.

고래구녕[이] [koɾEk'unjㅋŋ]: 고래 구멍

- 고레꾸녕 메킸따. 고레 짝떼기 갇꼬 떨부바라.
  = 고래 구멍 막혔다. 고래 뚫는 작대기를 가지고 뚫어 봐라.

고:매쭐거리~고:매쭐기[이] [ko:mEč'ulgㅋɾi]~[ko:mEč'ulgi]: 고구마 줄기

- 고:메쭐거리 따로 가자. = 고구마 줄기 따로 가자.

고시레[느] [koɕiɾE]: 고수레

- 고시레! 우짜덩가 제수이꾸로 헤주이소.
  = 고수레! 어떻든 재수있게 해 주십시오.

고치[이] [kočʰi]: 고추

- 오˜올 비빠˜알 덜모 고치모중 엥기로 가자.
  = 오늘 비가 그치면 고추 모종을 밭에 옮겨 심으러 가자.

고치까리[이] [kočʰik'aɾi]: 고춧가루

- 고치까리가 엄따. 쫌 뽀사라. = 고춧가루가 없다. 좀 빻아라.

곡석[이] [kok˥sㅋk˥]: 곡식

- 곡석 아까웅거 아라야 하˜알이 보걸주제.
  = 곡식 아까운 것을 알아야 하늘이 복을 준다.

골고리[어] [kolgoɾi]: 고루고루

- 골고리 나나주라. = 고루고루 나누어 주어라.

고랑~도랑~갱부랑[이] [koɾaŋ]~[toɾaŋ]~[kEŋbuɾaŋ]: 개울, 시내

- 고라˜아 가서 서답 씨꺼온나. = 개울가에 가서 빨래 씻어 오너라.

고바모[그] [kobamo], 고바서[그] [kobasㅋ]: 고우면, 고와서

- 이게서 더 고바모 우짤라꼬. = 지금보다 얼굴이 더 고우면 어떻게 하려고.
- 안주까지 고바서 세데기같따. = 아직 얼굴이 고와서 새색시 같다.

공달[이] [koŋt'al]: 윤달

- 윤다럴 공따리라 안카나. = 윤달을 공달이라고도 한다.

구디기[이] [kudigi]: 재래식 화장실

- 구디기 넝껬따. 오˜올 좀 퍼네라. = 화장실 넘치겠다. 오늘 좀 퍼내어라.

구디이[이] [kudi˜i]: 구덩이

- 무시 묻꾸로 구디˜이 좀 파라. = 무를 땅속에 묻어 구덩이 좀 파라.

구루마[kuɾuma]: 달구지

- 아덜 나아모 똥구루마 타고 딸 나아모 비양기 탄다카데.
  = 아들을 낳으면 똥통을 싣는 달구지를 타고 딸을 낳으면 비행기 탄다고 하더라.(아들을 낳으면 훗날 고생하고 딸을 낳으면 호강한다는 말.)

구부라댕기다~구불라댕기다[움][kubuɾadEŋgida]~[kubulɾadEŋgida]: 굴러다니다

- 니, 저거 써넝것까? 와 멘날메칠로 방구서게 구불라뎅기구로 나쭈노.
  = 너, 저것 쓰는 물건이냐? 왜 며칠 동안 방에 굴러다니게 놓아두느냐.

국건지[이][kuk'Ǝnci]: 국거리

- 구껀지가 하나또 엄따. = 국거리 할 것이 하나도 없다.

국기[이][kuk'i]: 태극기

- 네엘 구끼다넌 나리가? = 내일은 태극기를 다는 날이냐?

국집[이][kuk˺č'ip˺]: 국을 끓이기 위해 쌀, 들깨 등을 섞어서 빻은 재료

- 국찌벌 가라서 구게 쫌 푸러라.
  = 들깨와 쌀을 섞어 빻아서 국에 좀 넣어라.

군담[이][kundam]: 군소리

- 메뿌~이나 씨기도 군담하나 안하고 저레 잘한다.
  = 몇 번이나 시켜도 군소리 한 마디 안하고 저렇게 잘 한다.

굴묵디[이][kulmuk˺t'i]: 시골에서 집을 지을 때 집채와 담 사이에 만들어 놓은 통로

- 와거레 너무 굴묵띠로 지네뎅기노? 거거 질 아~이다.
  = 왜 그렇게 남의 집 뒤뜰에 난 통로로 지나다니느냐? 그곳은 길이 아니다.

굴척시리[어][kulč^{h}Ǝk˺ɕiɾi]: 하필이면

- 굴척시리 그게서 와그카고 인노?
  = 하필이면 그곳에서 왜 그렇게 하고 있느냐?

궁자아[이][kuŋča~a]: 장어

- 궁자~아구게 국시 마라무우모 울메나 마싰따꼬.
  = 장어 국에 국수를 말아서 먹으면 맛이 있다.

그륵[이][kƎɾƎk˺]: 그릇

- 거럭 가아온나. = 그릇을 가지고 오너라.

그실치다[그][kƎɕilč^{h}ida]: 그슬리다

- 쪼메 거실치넌 소리로 몬한다. = (귀에) 조금 그슬리는 소리를 못 한다.

기감[이][kigam]: 돌감

• 기감 따무우로 가자. = 돌감 따 먹으러 가자.

기때기~기티이 이 [kit'Egi]~[kitʰi:i]: 귓가

• 안주 기떼기가 세파랑기 오데서 담베로 푼노?

= 아직 귓가가 푸른(=나이가 어린) 아이가 어디서 담배를 피우느냐?

기뚜래미 이 [kit'uɾEmi]: 귀뚜라미

• 밤데모 기뚜레미가 우러데서 자멀설친다.

= 밤이 되면 귀뚜라미가 울어서 잠을 자지 못한다.

기리다 남움 [kiɾida]: 그리다

• 여따다 한분 기리바라. = 여기에다 한 번 그려 보아라.

기립다 그 [kiɾip˺t'a]: 그립다

• 아무라도 오레 안보모 기립다.

= 누구라도 오랫동안 못 보면 그립다.

가매꾼 이 [kamEk'un]: 가마꾼

• 가메타고 시집 옸따. = 가마를 타고 시집을 왔다.

기머거리 이 [kimɜgɜɾi]: 귀머거리

• 기머거리가. 와 메뿌널 불러도 데다벌 안하노?

= 귀머거리냐. 왜 몇 번을 불러도 대답을 안 하느냐?

기밥 이 [kip'ap˺]: ① 귀지 ② 귓불의 두께

• 내 기에 기빱 있는가 한분 바아라.

= 내 귀에 귀지 있는지 한번 보아라.

• 거 사람 기빱보˜이 밍질고 밥복 있껏따.

= 그 사람 귓불 두께를 보니 수명이 길고 잘 살겠다.

• 기빱마 몬진다.

= 귓불만 만진다.(무슨 일을 그 이상 어떻게 손을 써 볼 방도가 없어 되는 대로 맡기어 결과만을 기다림을 이르는 말.)

기시다 남움 [kiɕida]: 속이다

• 와 사라멀 기시노? = 왜 사람을 속이느냐?

기잉 이 [ki:iŋ]: 구경

• 기:잉 조터나? = 구경이 좋더냐?

기잉물 이 [ki˜iŋmul]: 개숫물(=그릇을 씻기 위해 대야에 담아 놓은 물)

• 기˜잉물통에 당가나아라. = 개숫물 통에 담가 놓아라.

기주개 이 [kičugE]: 기지개

• 잠오나? 잠오모 기주게 한분 쭉 페바라.

= 잠이 오느냐? 잠이 오면 기지개를 한 번 쭉 켜 보아라.

까꾸래이 [이] [k'ak'uɾE˜i]: 갈퀴

• 까꾸레˜이가아꼬 깔비 좀 꺼무온나.

= 갈퀴 가지고 솔가리 좀 긁어 오너라.

까마구～까막까치 [이] [k'amagu]～[k'amak˺k'ačʰi]: 까마귀

• 까마구게기로 무운나. 이자삐기넌 와거레 잘 이짜삐노.

= 까마귀 고기를 먹었느냐. 잊어버리기는 왜 그렇게 잘 잊어버리느냐.

까막딱지 [이] [k'amak˺t'ak˺č'i]: 점

• 나세(=낯에) 우째거레 컨 까막딱지가 셍긴노?

= 얼굴에 어떻게 그렇게 큰 점이 생겼느냐?

까시덩꿀 [이] [k'aɕidɜŋk'ul]: 가시덤불

• 더러가지마라. 거: 까시덩꿀 천지다.

= 들어가지 마라. 그곳은 가시덤불이 많다.

까시래기 [이] [k'aɕiɾEgi]: 손톱 주위에 일어나는 껍질

• 눈치바불 뭉나, 와이레 까시레기가 자꾸 셍기노.

= 눈치 밥을 먹는지 왜 이렇게 (손톱 주위에) 껍질이 자꾸 일어나느냐.

까탈시럽다 [그] [k'atʰalɕiɾɜp˺t'a]: 까다롭다

• 까탈시럽기넌 한정도 엄네.= 까다롭기는 끝이 없다.

깍대기(짐치) [이] [k'ak˺t'Egi] : 깍두기

• 깍떼기짐치 좀 다마라. = 깍두기 김치 좀 담가라.

깍찼다 [그] [k'ak˺čʰat˺t'a] : 많다

• 거거 우리바테 가모 깍찼따. = 그것 우리 밭에 가면 많이 있다.

깐얼라 [이] [k'anɜlla]: 갓난아이

• 저지베 우짠다꼬 깐얼라 우넌 소리가 덜리노?

= 저 집에 어쩐 일로 갓난아이 울음소리가 들리느냐?

깐채이 [이] [k'ančʰE˜i]: 까치

• 오올 소˜이 올라카나 깐체˜이가 와저레 우러산노.

= 오늘 손님이 올 것인지 까치가 왜 저렇게 울어 대느냐.

깔기다 [남움] [k'algida]: 솎다

• 뿌레˜이체로 빼묵지말고 살살 깔기무우라.

= 뿌리째 뽑아 먹지 말고 조금씩 솎아 먹어라.

깔딱질[이] [k'alt'ak˥čil]: 딸꾹질

- 머: 숭카 무낄레 자꾸 깔딱지럴 하노?

  = 무엇을 숨겨서 먹었기에 자꾸 딸꾹질을 하느냐?

깜둥콩[이] [k'amduŋkʰoŋ]: 검은 콩

- 깜둥콩얼 좀 가라미이바라. = 검은 콩을 좀 갈아서 먹여 보아라.

깡내이[이] [k'aŋnE˜i]: 옥수수

- 깡네˜이가꼬 박상 테: 무우라. = 옥수수로 튀밥을 해서 먹어라.

깨끔받다[그] [k'Ek'ㅋmbat'a]: 깨끗하다

- 께껌바끼 헤나코 사네.= 깨끗하게 해 놓고 산다.

깨끼[이] [k'Ek'i]: 까끄라기

- 오쏘게 께끼가 더러가서 까까러바죽껏따.

  = 옷 안에 까끄라기가 들어가서 까끌까끌해서 죽겠다.

깨름하다~깨꾸룸하다[그] [k'Erㅋmɦada]~[k'Ek'urumɦada]: 꺼림직 하다

- 도라산넝거 안주떠˜이 가고낭께 께럼하네.

  = 달라고 하는 것을 주지 않았더니 가고 나니까 꺼림직 하다.

깨소굼[이] [k'Esogum]: 깨소금

- 께소굼딴지로 우쩨이레 똑 떠라난노.

  = 깨소금 통을 어떻게 이처럼 비워 놓았느냐.

깨앰질[이] [k'EEmčil]: 앙감질

- 께엠띠이가 온나.= 앙감질을 해서 오너라.

깰받다[그] [k'Elbat'a]: 게으르다

- 따라가 껠바서모 아무짜게도 몬씬다.

  = 여자 아이가 게으르면 아무 곳에도 쓸 곳이 없다.

깻대[이] [k'Et'E]: 깨 낟가리

- 두소˜올 께떼로 잡고 사살 터러라. 거레야 바꾸로 께가 안나간다.

  = 두 손으로 깨 낟가리를 잡고 조심해서 털어야 밖으로 깨가 안 흩어진다.

꺼끄럽다[그] [k'ㅋk'ㅋrㅋp˥t'a]: ① 깔끄럽다 ② 서먹서먹하다

- 옷쏘게 머가 드러간는가 자꾸 꺼끄럽다.

  = 옷 안에 무엇이 들어갔는지 자꾸 깔끄럽다.

- 두리서 쭈뻗쭈빋하이 여엉 꺼꺼럼넌감네.

  = 둘이서 쭈뼛쭈뼛 하는 것을 보니 많이 서먹서먹하나 보다.

꺼덕꺼덕하다[그][k'ㅓdㅓk'ㅓdㅓk^hada]: 풀기나 물기가 말라서 몹시 빳빳한 상태

- 게기 말라낭거 꺼더꺼더카모 아네 덜라라.
  = 고기 말려둔 것 거의 물기가 없으면 안에 들여 놓아라.

꺼부지기[이][k'ㅓbučigi]: 검불

- 나라걸 덜디라서 텁텁하다. 까꾸리가아꼬 꺼부지기 좀 꺼무네라.
  = 벼를 깨끗하게 바람에 가려 내지 못했다. 갈퀴 가지고 검불 좀 걷어 내어라.

꺼시림[이][k'ㅓɕiɾㅓm]: 그을음

- 꺼시림 좀 터러라. = 그을음 좀 털어라.

꺼실다[제움][k'ㅓɕilda]: 그슬다

- 부레 실쩍 꺼실라바라. = 불에 살짝 그슬려 봐라.

껄[이][k'ㅓl], 껄갈이[이][k'ㅓlgaɾi]: 보리를 추수한 뒤 심는 잡곡, 보리를 추수한 뒤 잡곡을 심기 위해 하는 밭갈이.

- 보리비넨데 껄숭구로 가자. = 보리를 베어낸 자리에 잡곡을 심어로 가자.

껄배이[이][k'ㅓlbE~i]: 거지

- 쭈묵지마라 껄베~이~덴다.= 주워 먹지 마라 거지가 된다.

꼬깨이[이][k'ok'E~i]: 곡괭이

- 꼬께~이로 멘뿐 쪼사나코 께~이로 파라.
  = 곡괭이로 몇 번 쪼아 놓고 괭이로 파라.

꼬꼽하다[그][k'ok'ophada]: 물기가 알맞게 어우러진 상태, 빨래가 거의 다 마른 상태.

- 서답 꼬꼽하모 거더가꼬 볼바라. = 빨래 거의 다 말랐으면 걷어서 밟아라.

꼬도밥[이][k'odobap˥]: 지에밥

- 술 맨들라카모 꼬도밥을 찌야덴다.= 술을 빚으려면 지에밥을 쪄야 된다.

꼬랑내[이][k'oɾaŋnE]: 고린내

- 오데서 이레 발꼬랑네가 나노. = 어디서 이렇게 발 고린내가 나느냐.

꼬래이~꼬랑대기[이][k'oɾE~i]~[k'oɾaŋdEgi]: 꼬리

- 꼬레~이가 달린나. 와, 자꾸 무~울 덜단노.
  = 꼬리가 달렸나. 왜, 자꾸 문을 꼭 닫지 않느냐.

꼬사리[이][k'osaɾi]: 고사리

- 우리 오~올 꼬사리 꺵꺼로 갈레. = 우리 오늘 고사리 꺾으러 갈래.

꼬시랑머리[이][k'oɕiɾaŋmㅓɾi]: 곱슬머리

- 꼬시랑머리하고 옥니 난 남자 썽질 더럽따꼬 조심헤라카데.

= 곱슬머리 남자, 옥니 난 남자는 성격이 좋지 않다고 조심해라고 하더라.

꼬:장 이 [k'o:čaŋ]: 고추장

- 꼬:장얼 좀 푸러라. = 고추장을 좀 넣어라.

꼬지모 이 [k'očimo]: 돈내기 모심기(=한마지기 당 돈을 정해 놓고 모를 심는 것)

- 오˜올 꼬지모 숭구로 가자. = 오늘 돈내기 모심기 하러 가자.

꼼재이 이 [k'omčE˜i]: 깍쟁이

- 고고 꼼제˜이네. 메뿌이나 도라케도 좀 안주네.
  = 그 애 깍쟁이네. 몇 번이나 달라고 해도 좀 안주네.

꽂모아리~꽂보오리 이 [k'onmoaɾi]~[k'ot⌉bo˜oɾi]: 꽃봉오리

- 꼳보˜오리 진네. = 꽃봉오리가 생겼네.

꽂시이~꽂숭우리 이 [k'ot⌉ɕi˜i]~[k'ot⌉suŋuɾi]: 꽃송이

- 고 꼳숭우리 커다. = 그 꽃송이 크다.

꾸가오다 남움 [k'ugaoda]: 꾸어 오다

- 저지베 가서 좀 꾸가온나. = 저 집에 가서 좀 꾸어 오너라.

꾸개다 남움 [k'ugEda]: 구기다

- 꾸게가꼬 여어바라. = 구겨서 넣어 보아라.

꾸리미 이 [k'uɾimi]: 꾸러미

- 마런 조구넌 꾸리미로 판다. = 말린 조기는 꾸러미로 엮어서 판다.

꾸리앉다 제움 [k'uɾiant'a]: 꿇어앉다

- 어푼 꾸리안자서 잘몬헤따꼬헤라.
  = 빨리 꿇어앉아서 잘못했다고 해라.

꾸룽내 이 [k'uɾuŋnE]: 방귀 냄새

- 오데서 이레 자꾸 꾸룽네가 나노.
  = 어디서 이렇게 자꾸 방귀 냄새가 나느냐.

꾸부묵다 남움 [k'ubumuk⌉t'a]: 구워 먹다

- 불에 꾸부무우바라. = 불에 구워 먹어 보아라.

꾸중물 이 [k'učuŋmul]: 구정물

- 꾸중물 네삐리지마라. 데지죽주야덴다.
  = 구정물 버리지 마라. 돼지죽을 줄 때 써야 된다.

끌티기 이 [k'ㅋlt^{h}igi]: 벼, 콩, 깨를 베고 남은 밑동

- 콩껄티기로 말케 주우네야 거따가 짐장얼 숭굴낀데.
  = 콩 밑동을 깨끗이 뽑아내어야 그 자리에 김장 배추를 심을 건데.

끼미 [이] [k'imi]: 고명

- 떠꾸게 끼미 여언나? 끼미로 여어야 마시나지.
  = 떡국에 고명을 넣었느냐? 고명을 넣어야 맛이 나지.

끼미다 [남움] [k'imida]: 꾸미다

- 끼미낭께 세데기간네. = 꾸며 놓으니 새색시 같구나.

ㄴ

나댕기다 [제움] [nadEŋgida]: 나돌아 다니다

- 농사 피농하것따. 인가˜이 나뎅기라.
  = 농사 망치겠다. 어지간히 나돌아 다녀라.

나롱 [이] [naɾoŋ], 나롱지기다[naɾoŋčigida]: 게으름, 게으름 피우다

- 나롱지기지말고 쎄기쎄기 헤라.
  = 게으름 피우지 말고 빨리 빨리 해라.

나무래다 [남움] [namuɾEda]: 나무라다

- 아: 너무 나무레지마라 주눅던다.
  = 아이 너무 나무라지 마라. 기가 죽는다.

나부 [이] [nabu]: 나비

- 하모, 꼬치인넌데 나부가 안날라뎅기끼가.
  = 그래, 꽃이 있는데 나비가 날아다니지 않을 거냐.

나부대다 [제움] [nabudEda]: 날뛰다, 심하게 움직이다

- 야아넌 한차멀 몬업고있껐따. 여엉 덩에서 나부데서 사레미 데에주껐따.
  = 이 아이는 오래 못 업고 있겠다. 등에서 너무 심하게 움직여서 사람이 아주 힘이 든다.

나뿌다 [그] [nap'uda]: 나쁘다

- 오˜올 기부˜이 나빠 죽껐따. = 오늘 기분이 나빠 죽겠다.
- 조코 나뿌고 할끼나 인나. = 좋고 나쁘고 할 것이나 있느냐.

나사서 [제움] [nasasㅋ]: (병이) 나아서

- 언자 다나사서 게안타. = 이제 다 나아서 괜찮다.

나아모 [제움] [naamo]: 낳으면

• 세끼 나아모 한바리 주꾸마. = 새끼 낳으면 한 마리 줄게.

나안날[이][na:annal]: 나흗날

• 지사가 사:안나리가 나:안나리가?
= 제사가 사흗날이냐 나흗날이냐?

나자모[그][načinamo]: 낮으면

• 쪼께 더 나자모 조컸따. = 조금 더 낮으면 좋겠다.

나짝[이][nač'ak˥]: 얼굴

• 베락도 나짜기있찌.
= 벼룩도 얼굴이 있다.(너무 뻔뻔스러운 사람을 보고 하는 말.)

나쭈다~나뚜다[제움][nač'uda]~[nat'uda]: 놓아두다

• 거짜게 나쭈라. = 그 쪽에 놓아 두어라.

낙매[이][naŋmE]: 낙마(언덕, 벼랑, 나무 위에서 떨어짐)

• 낭메로바서 컨욕 바따카더마넌 좀 우떤넝기요?
= 낙마를 해서 큰 고생을 했다더니 좀 어떻습니까?

난수밭[이][nansubat˥]: 남새밭

• 난수바테 전오줌 좀 가따부우우라.
= 남새밭에 (퇴비로 쓰기 위해 모아 둔) 소변을 좀 가져다 부어라.

난주우[이], [어][nančuˇu]: 나중(에)

• 시있따 난주ˇ우 하자. = 쉬었다 나중에 하자.

날라서[제움][nallas ∃], 날모[제움][nalmo]: 날아서, 날면

• 날라서 가뿌모 우짜끼고? = 날아서 가버리면 어떻게 할 것이냐?

날랄하이[어][nallalɦaˇi]: 나란히

• 가리지기로 날랄하ˇ이 누우라. = 한 줄로 나란히 누워라.

날베락[이][nalbEɾak˥]: 날벼락

• 마런하ˇ알에 날베락도 유분수지.
= 멀쩡한 하늘에 날벼락도 정도가 있지(갑작스러운 일을 당했을 때 하는 말.)

남가났다[남움][naŋganat'a]: 남겨 놓다

• 너거옴마꺼 쫌 낭가나아라.= 너희 엄마 몫을 좀 남겨 놓아라.

남게[이][naŋgE]: 나무에

• 낭게 걸맀따. = 나무에 걸렸다.

남사시럽다[그][namsaɕiɾ ∃p˥t'a]: 남우세스럽다

• 남사시리럽꾸로 야아가 와이라노? 동네 한복파네서.

= 남우세스럽게 애가 왜 이러느냐? 동네 한 가운데서.

남애자석 이 [namEčasɜk˥]: 남자의 낮은말

• 나메자서기 울메나 칠칠바껀데 지집만치도 몬하노.

= 남자가 얼마나 변변찮기에 아내만큼도 못 하느냐.

납딱이섬 이 [nap˥t'ak˥isɜm]: 크게 소리 내어 웃는 웃음

• 따라가 와이레 납딱이서멀 인노.

= 여자 아이가 왜 이렇게 큰 소리로 웃느냐.

낫대 이 [nat'E]: 낫을 묶을 대나무

• 투루박 빠짔따. 낫떼 가아온나.

= 두레박이 우물에 빠졌다. 낫을 묶을 대나무를 가지고 오너라.

내띠다 제움 [nEt'ida]: 나서다

• 니넌 말 안헤도 델낀데 와 네띠노. 네띠넌 주막강세이 같따.

= 너는 말을 안 해도 되는데 왜 나서느냐. 잘 나서는 주막강아지 같다

내리가다 제움 [nErigada]: 내려가다

• 주˜우가 자꾸 네리간다. = 바지가 자꾸 내려간다.

내삐리다 남움 [nEp'irida]: 버리다

• 더럽따. 고마 네삐리라. = 더럽다. 그만 버려라.

내시앉다 제움 [nEɕiant'a]: 비켜서 앉다

• 바람 막지말고 좀 네시안자라.

= 바람을 막지 말고 좀 비켜서 앉아라.

내앨모레~낼모레 이 [nEElmorE]~[nEl:morE]: 내일모레

• 저거아부지 지사가 넬:모레 아이가.

= 아이들 아버지 제사가 내일모레다.(아내가 남편의 제사를 이야기할 경우.)

냄비 이 [nEmbi]: 냄비

• 양언넴비 멘치로 기가 얄바서 커˜일이다.

= 알루미늄 냄비 바닥이 얇은 것처럼 귀가 엷어서 큰일이다. (남의 말에 쉽게 마음이 바뀌는 사람에게 이르는 말.)

냄핀 이 [nEmpʰin]: 남편

• 넴핀 알기로 발세 떼만치도 안이긴다.

= 남편 알기를 발 사이에 끼인 때만큼도 안 여긴다.(아주 업신여긴다.)

너그마이[이][nɜgɜma˜i] : 너의 어머니(긍정적 의미로 쓰일 때)

- 너거마이 오데간노? = 너희 엄마 어디 갔느냐?

니기미~니:미[이][nigimi]~[ni:mi] : 너의 어머니(부정적 의미로써 일종의 욕설)

너기[이][nɜgi]: 넋(이)

- 여엉 너기 나간네. = 완전히 넋이 나갔다.

너러다[그][nɜɾɜda]: 넓다

- 지비 억쑤로 너러네. = 집이 많이 넓다.

널푼수[이][nɜlpʰunsu]: 융통성

- 하는 꼬라지 보˜이 널푼수엄껏따.
  = 하는 행동을 보니 융통성이 없겠다.

넘가다보다[남움][nɜmgadaboda]: 넘겨보다

- 담너무 넝가다보지마라. = 담 넘어 넘겨다보지 마라.

넙띠기[이][nɜp˥t'igi]: 얼굴이 넓적하고 둥근 아이의 애칭

- 낯이 넙떡하이 넙띠기간네.
  = 얼굴이 넓어서 넓적이 같구나.

네치[셈][nEčʰi]: 넷(이)

- 우리 네치서 다 무꺼나. = 우리 넷이서 다 먹을 수 있겠느냐.

노락재이~노내기[이][noɾak˥č'E˜i]~[nonEgi]: 노래기

- 노락쩨˜이 거거 몬치모 노랑네난다.
  = 노래기는 그것은 만지면 노린내가 난다.

노숭[이][nosuŋ]: 뇌성

- 소네기 올랑갑따. 하˜알에 노숭한다.
  = 소나기 올려나 보다. 하늘에 뇌성이 친다.

노이[이][no˜i]: 논(이)

- 노˜이랑 바치랑 다 파라바도 멫푼 안델끼다.
  = 논이랑 밭이랑 다 팔아도 몇 푼 안 된다.

노카다[남움][nokʰada]: 녹이다

- 떡 쫌 노카바라. = 떡 좀 녹여 봐라.

놋그륵[이][nok'ɜɾɜk˥]: 놋그릇

- 노꺼럭 제끼미가아꼬 따까나모 반덜반덜하이 참 베기조타.
  = 놋그릇은 기와가루로 닦아 놓으면 반들반들하게 윤이 나서 참 보기에 좋다.

녹디[이] [nok˺t'i]: 녹두

- 녹띠가아꼬 질검 나아바라.
  = 녹두를 가지고 숙주를 키워 보아라.

논보리[이] [nonp'oɾi]: 논에 심은 보리

- 논뽀리넌 밭뽀리보다 조께 넉까덴다.
  = 논에 심은 보리는 밭에 심은 보리보다 조금 늦게 수확을 한다.

누:서[남움] [nu:sɜ]: (소변을) 누어서, 눠서

- 아까 오줌 누:서 게안알끼다.
  = 조금 전에 소변을 보아서 괜찮을 것이다.

누디기[이] [nudigi]: 누더기

- 얄구전 누디기로 걸치고있떠라.
  = 허름한 누더기를 입고 있더라.

누룽숭냥[이] [nuɾuŋsuŋɲjaŋ]: 숭늉

- 가메소테 보리바벌 너덜너덜하이 퍼자서 노랑노랑하이 누라가꼬 누룽숭냥 문테나모 꼬시고 마싰따.
  = 가마솥에 보리쌀을 푹 퍼지게 한 다음 노릇노릇하게 눋게 해서 누런 숭늉을 만들면 구수하고 맛이 있다.

누우[이] [nuu]: 누나

- 누우야! = 누나야!

누우가있다[제움] [nuugait'a]: 누워 있다

- 누우가 무우모 언친다. = 누워서 먹으면 체한다.

누이[이] [nu˜i]: 눈(이)

- 내가 다덴넝갑따. 누˜이 통 안베인다.
  = 내가 죽을 때가 되었나보다. 눈이 많이 어둡다.

눈깔[이] [nunk'al]: 눈알의 낮은말

- 어런한테 오데 눈까럴 토시고 보노.
  = 어른한테 어디 눈을 크게 뜨고 똑바로 쳐다보느냐.

눈꼽째기[이] [nunk'op˺č'Egi]: 눈곱

- 메칠로 나설(=낯을) 안씨껀넝가 눈꼽쩨기가 깍차따.
  = 며칠 동안 얼굴을 씻지 않았는지 눈곱이 많이 끼었다.

눈떠부리[이] [nunt'ɜbuɾi]: 눈두덩

- 눈떠부리가 뿌숙하네. = 눈두덩이 부었다.

눈티이 [이] [nunt^hii]: 눈자위

- 눈티이가 시푸런네. = 눈자위가 시퍼렇구나.

늦가오다 [제움] [nㅋk'aoda]: 늦게 오다

- 니는 우쩨거레 만날 너까오노?
  = 너는 어찌 그렇게 매일 늦게 오느냐?

니 [대] [ni]: 너

- 니넌 우짜끼고? = 너는 어떻게 할 것이냐?

니라놓다 [남움] [niɾanot^ha]: 내려놓다

- 아:를 와 자꾸 업꼬거라노. 좀 니라나라. 네 바주꾸마.
  = 아이를 왜 자꾸 업고 그러느냐. 좀 내려놓아라. 내가 봐 줄 테니.

니비다 [남움] [nibida]: 누비다

- 차럼이불하구로 터레 사살 니비라.
  = 차렵이불(=봄 이불) 만들게 재봉틀에 조심해서 누벼라.

니시 [이] [niɕi]: 네 시

- 하마 니시넌 너무껏쩨. = 벌써 네 시는 넘었겠지.

ㄷ

다담받다 [그] [tadambat'a]: 야무지다

- 할라카모 다담받기 해라. = 하려고 하면 야무지게 해라.

다라다 [이] [taɾada]: 달구다

- 지름에 살쿰 다라라. =기름에 살짝 달구어라.

다리빨 [이] [taɾip'al]: 다리(=교량)

- 지~잉무꼬 다리빠레 놀로 나온나
  = 저녁 먹고 다리에 놀러 나오너라.

다부 [어] [tabu]: 다시

- 머어 이자뿌고 옸따꼬 다부 지베갔따.
  = 무엇인가 잊고 왔다고 다시 집에 갔다.

다불 [이] [tabul]: 다발

- 데에따불마 갖따나아바라. = 다섯 다발 정도만 가져다 놔 봐라.

다아오다 제움 [ta:aoda]: 다가오다

- 지사도 아페데있꼬 멩질도 다:아오고 도넌 엄넌데 커˜일이다.
  = 제사도 곧 있고 명절도 다가오는데 돈이 없어서 큰일이다.

다아주다 남움 [ta˜ačuda]: 대어 주다

- 니 내 돈 좀 다˜아도. = 너 나에게 돈 좀 대어 다오.

단디 어 [tandi]: ① 야무지게, 조심스럽게

- 내가 단디 해라 안카더나. = 내가 야무지게 하라고 하지 않더냐.

달개다 남움 [talgEda]: 달래다

- 아: 좀 달게바라. 여엉 송신혜죽껏꺼따.
  = 아기 좀 달래어 보아라. 시끄러워 죽겠다.

달구똥 이 [talgut'oŋ]: 닭똥

- 달구똥 거거넌 게똥카마 칼커라서 소˜올가아꼬 주우도덴다.
  = 닭똥 그것은 개똥보다 깨끗해서 손으로 주워도 된다.

달구배실 이 [talgubEɕil]: 닭의 볏

- 달구베실 고고 똑 끋시˜이같따.
  = 닭의 볏이 꼭 꽃송이 같다.

달가지 이 [talgači]: 다리의 낮은말

- 요노무손 말안더럴레. 달가지로 뿔라날라.
  = 이놈, 말을 듣지 않을래. 다리를 부러트릴 것이다.

달구새끼 이 [talgusEk'i]: 닭의 낮은말

- 조노무 달구세끼 또 상추바테 더러가제.
  = 저 놈의 닭 새끼 또 상추밭에 들어간다.

달달이 어 [taldaɾi]: 다달이

- 달다리 다리모시 더러가넌 돈마헤도 수월찬타.
  = 다달이 곗돈 들어가는 액수도 적지 않다.

달라빼다 제움 [talɾap'Eda]: 달아나다

- 쎄기 달라뻬라. = 빨리 달아나라.

달롱개 이 [talɾoŋgE]: 달래

- 달롱게 거거 마˜알 데신한다. = 달래 그것은 마늘 대용으로도 쓴다.

달문 이 [talmun]: 달무리

- 비가 올랑가 하˜알에 달문을 이았다.
  = 비가 오려는지 하늘에 달무리가 졌다.

담부랑[이] [tamburaŋ]: 담 벽

• 담부랑을 와거레 넘노? 도둥너미가?

= 담 벽을 왜 그렇게 넘느냐? 도둑놈이냐?

당가리치다[남움] [taŋgaɾič^{h}ida]: 흩어져 있는 것을 무더기로 모아 놓다

• 당가리치서 좀 모다바라. = 무더기로 좀 모아 봐라.

당거라매다[남움] [taŋg∃ɾamEda]: 달아매다

• 감나무미테 당거라메에라 = 감나무 밑에 달아매라.

당그래~당그리[이] [taŋg∃ɾE]~[taŋg∃ɾi]: 고무래

• 당거레 가아온나. 부수게 제 좀 치구로.

= 고무래 가지고 오너라. 아궁이에 차 있는 재 좀 치우게.

당다[taŋt'a]: (남의 돈을 대신) 대다

• 도이 하나또 엄따. 니 내 돈 좀 당아도.

= 돈이 하나도 없다. 너 내 돈 좀 대어 다오.

대갈빼기[이] [tEgalp'Egi]: 머리의 낮은말

• 말 안덜얼레 데갈빼기로 뽀사나알끼다.

= 말을 안 들으면 머리를 부수어 놓을 것이다.(복종하라는 협박의 말.)

대꼬재이[이] [tEk'očE˜i]: 대꼬챙이

• 데꼬제˜이 한게 헤온나. 메차리 하구로.

= 대나무 하나 꺾어 오너라. 회초리 만들게.

대댕기다~애댕기다[제움] [tEtEŋgida]~[EdEŋgida]: 걸려들다

• 내한테 에뎅기기마 에뎅기라. = 나한테 걸려들기만 걸려들어 봐라.

대들보[이] [tEd∃lp'o]: ① 대들보, ② 중요한 사람 (= 한 가정의 아버지)

• 거집 낭페다. 데덜뽀가 무너지서. = 그 집 큰일이다. 아버지가 죽어서.

대리다[남움] [tEɾida] : 다리다

• 우리어무˜이 탄약 좀 데리디리고 천처˜이 가께.

= 우리 어머니 한약 좀 다려 드리고 천천히 갈게.

대목[이] [tEmok˥]: 명절이 임박한 때

• 데모기라서 마˜이 비쌀낀데. = 명절이 임박한 때라서 많이 비쌀 것이다.

대받침[이] [tEbač^{h}im]: 대를 이어가는 것

• 망네이 거거 데바침한다꼬 나았따.

= 막내 그것은 대를 잇기 위해서 낳았다.

대애첩[이] [tEEč^{h}∃p˥]: 다섯 첩 쯤

• 데에첨마 지이무우바라 나살끼다.
= 다섯 첩 정도만 지어 먹어봐라 나을 것이다.

댕기다[제움] [tEŋgida]: 다니다

• 밤찔 단디 뎅기라. = 밤길 조심해서 다녀라.

덜부더나[어] [tㅋlbudㅋna]: 자주자주, 일일이, 자꾸

• 덜부더나 우쩨거레 빌리로뎅기노
= 일일이 어떻게 그렇게 빌리러 다니느냐.

• 하문두분도 아˜이고 와 덜부더나 기로 체노
= 한 번 두 번도 아니고 왜 자꾸 성가시게 하느냐.

덤불[이] [tㅋmbul]: 덩치

• 나요랑하고 덤불바라. = 나이치고 덩치가 크다.

덧증없다[그] [tㅋč'ㅋŋㅋmt'a]: 무엇에 대하여 더 하고 싶은 생각이 없다

• 거사람 더쩡엄떼. = 그 사람은 사람을 질리게 한다.

덩거리[이] [tㅋŋgㅋɾi]: 덩어리

• 한덩거리, 두덩거리. = 한 덩어리, 두 덩어리.

데럼[이] [tEɾㅋm]: 도련님(=남편의 남동생)

• 데럼 지˜잉잡수소. = 도련님 저녁 드십시오.

데파다[남움] [tEpʰada]: 데우다

• 구기 시것따. 좀 데파가온나. = 국이 식었다. 좀 데워 오너라.

도가지[이] [togači]: 독

• 도가지아네 너어나아라. = 독 안에 넣어 놓아라.

도구때[이] [togut'E]: 절구 공이

• 도구떼가아꼬 도구통에 한분 찡어바라.
= 절구 공이로 절구통에서 한번 찧어 봐라.

도구치다[남움] [togučʰida]: 논의 물이 잘 빠지도록 주위에 수로를 만듦

• 비가 마˜이 올랑갑따. 도구치로 가아라.
= 비가 많이 오려나 보다. 논의 물이 잘 빠지게 수로를 만들러 가거라.

도구통~호박[이] [togutʰoŋ]~[hobak˥]: 절구

• 도구통에 꽁꽁 찌이라. = 절구에 꽁꽁 찧어라.

도둑개이[이] [toduk˥gE˜i]: 도둑고양이

• 밤마데모 도둑게˜이더리 여엉 날리다.
= 밤이 되면 도둑고양이들이 설쳐 댄다.

도둑넘 이 [todun̩ŋnɜm]: 도둑놈

- 도둥넘 더러온넝갑따. = 도둑놈 들어왔나 보다.

도둠 이 [todum]: 받침

- 인넌너먼 나락가마˜이로 종구도둠을 헤서 살고, 엄넌너먼 꼽장리로 헤서 산다.

  = 있는 사람은 벼 가마니로 발을 딛는 받침으로 쌓아 놓고 살고, 가난한 사람은 두 배 이자를 빌어서 먹고 산다

도랑사구~소락사구 이 [toɾaŋsagu]~[soɾak˥sagu]: 사기 그릇의 종류로써 크기에 따라 '버지기> 꼭대기 사구> 도랑사구~소락사구> 툭사리'로 나누어진다.

도르뱅하다 그 [toɾɜbEŋɦada]: 둥그스름하다

- 접시멩쿠로 도러벵하다. = 접시처럼 둥그스름하다.

도매 이 [tomE]: 도마

- 도메우에 나아나코 쌍거러라. = 도마 위에 놓고 쓸어라.

도배기 이 [tobEgi]: 되(=곡식을 계량하는 용기)

- 멫떼나 데건노? 도베기가꼬 한분 데: 바라.

  = 몇 되나 되겠느냐? 되로 한 번 되어 보아라.

도부 이 [tobu]: 달리기

- 너거 두리 도부 한분 헤바라. = 너희 둘이 달리기 한번 해 보아라.

도에지 이 [toEči]: 도시

- 언자 초네도 절먼사라먼 말케 도에지로 다 나가고 일할 사람이 엄따.

  = 이제 시골에서도 젊은 사람들이 모두 도시로 나가고 일을 할 사람이 없다.

도오 이 [to˜o]: 동이

- 야야, 물 한도˜오 이고 온나. = 얘야 물 한 동이 이고 오너라.
- 지줌세미가 엄서모 물또˜오로가아꼬 동네세미물로 일일이 여다무웄따.

  = 자기 집에 우물이 없으면 물동이를 가지고 마을 공동 우물에서 일일이 이어다 먹었다.

도이다 풀 [to˜ida]: 돈이다

- 도˜이라카모 누널 볼시고 달라분넌다.

  = 돈이라고 하면 눈을 부릅뜨고 달라붙는다.(돈을 너무 밝힌다는 말.)

도치 이 [toč^hi]: 도끼

- 도치갖꼬 찌거바라. = 도끼로 찍어 보아라.

도케[이] [tok^hE]: 돌(에)

● 따라가 거레 도케 안넝기 아이니라.
 = 여자 아이가 그렇게 돌에 앉는 것이 아니다.

● 밤에 도케 걸리가 자빠지서 거렜따. = 밤에 돌에 걸려 넘어져서 그랬다.

독새[이] [tok˥sE]: 독사

● 독세한테 물린데 담베로 좀 볼라나모 조타카데.
 = 독사에게 물린 곳에는 담배를 좀 바르면 좋다고 하더라.

돈내기[이] [tonnEgi]: 일을 한 만큼 돈을 받는 것.

● 오~올 내하고 섬떵에 돈네기 반메로 가자.
 = 오늘 나하고 섬 등성이에 돈내기 밭 메러 가자.

돈내이[이] [tonnE~i]: 돌나물

● 돈네~이 좀 케온나. 짐치 다마묵꾸로.
 = 돌나물 좀 캐어 오너라. 김치 담가 먹게.

돌갱기다[제움] [tolgEŋgida]: 덜 곪다

● 안주 돌겡깄따. 좀 더 겡기구로 나아쭈라.
 = 아직 덜 곪았다 좀 더 곪게 두어라.

돌까리[이] [tolk'aɾi]: 시멘트

● 돌까리푸데 하나 이껀나? = 시멘트 포대 하나 있느냐?

돌리다[제움] [tolɾi:da]: 사람들 사이에서 잘 어울리지 못함

● 저사라먼 오데로가나 돌린다.
 = 저 사람은 어디를 가든지 사람들과 어울리지 못한다.

돌뽀대기[이] [tolp'odEgi]: 형제나 친척이 없이 자라 행동거지가 나쁜 사람을 가리키는 말

● 돌뽀데기가? 와저레 헹사가 더럼노.
 = 부모 형제도 없이 막되 먹은 사람이냐? 왜 저렇게 행동거지가 나쁘냐.

돌삐이~돌미이[이] [tolp'i~i]~[tolmi~i]: 돌

● 돌삐~이가 마네서 호메~이가 안더러간다.
 = 돌이 많아서 호미가 안 들어간다.

돌시[이] [tolɕi]: 일주기

● 하메 돌시가 다뎄찌. = 벌써 일주기가 되었을 것이다.

동가리[이] [toŋgaɾi]: 덩어리, 토막

● 조목 조목 동가리로 네에서 갈라라. = 종류마다 토막을 내어서 나누어라.

동솥[이] [toŋsot˥]: 집 밖에 거는 작은 솥

- 동소테 보살끼리구로 불여어라.
  = 작은 솥에 보리쌀 삶게 불을 지펴라.

동약[이] [toŋjak˥]: 독약

- 동야걸 무윴따카데. = 독약을 먹었다고 하더라.

동치매다~둥치매다[남움] [toŋčʰimEda]~[tuŋčʰimEda]: 동여매다

- 아: 널짜것따. 단디 둥치메에라.
  = 아기 떨어뜨리겠다. 단단하게 동여매라.

동트래[이] [toŋtʰ ∃ɾE]: 실패의 일종으로 실을 감아 두기 위한 아령 모양의 막대

- 옷집꾸로 동터레 좀 가아온나.
  = 옷을 깁게 실패를 좀 가져 오너라.

두건디이[이] [tug∃ndi˜i]: 부모님 상을 당했을 때 놓은 아이를 부르는 별칭

- 에릴짝에는 두건디이라고 안캤나.= 어릴 때는 두건둥이라고 불렀다.

두디기[이] [tudigi]: ① 포대기(=애기를 업는 보), ② 걸레

- 두디기 가아온나. 야아 좀 어부주께.
  = 포대기 가지고 오너라. 아기 좀 업어 줄게.
- 입고 울매나 비비나떤지 두디기가 다뎄따.
  =입고 얼마나 비비었는지 걸레가 다 되었다.

두룸[이] [tuɾum]: 논두렁

- 두룸 터지것따. = 논두렁 터지겠다.
- 야야, 논뚜룸 거레 놀라나치말고 콩 쪼께 숭구바라.
  = 애야, 논두렁을 그대로 두지 말고 콩 좀 심어 보아라.

두리매기[이] [tuɾimEgi]: 두루마기

- 허헌 두리메기로 입꼬 꾸메 보이데.
  = 하얀 두루마기를 입은 모습이 꿈에 보이더라.

두불[이] [tubul]: 두 번

- 똑 두불일하구로 하네. = 일을 꼭 두 번 하게 한다.

두우개[이은] [tuugE]: 두 개 내지 세 개

- 다묵꼬 두우게 나마설랑가. = 다 먹고 두 개 내지 세 개 남았는지 모르겠다.

두지~디지~디주[이] [tuči]~[diči]~[diču]: 뒤주

- 거집 부장갑따. 나락두지가 억수로 커다.
  = 그 집 부자인가보다. 벼 뒤주가 매우 크다.

둘루마시다[남움] [tullumaɕida]: 마시다

● 떠거바도 훌훌 둘루마시라. = 뜨거워도 훌훌 마셔라.

둘루매다[남움] [tullumEda]: 짊어지다

● 소네 덜기 무거바모 어께다가 둘루메라.
= 손에 들기에 무거우면 어깨에 짊어져라.

둘지다[tulčida]: 건강하다

● 머로 미이껀데 아아가 이래 둘지노?
= 무엇을 먹였기에 아기가 이렇게 건강하냐?

드로다[제움] [dɜɾoda]: 들어오다

● 칩따. 문닫꼬 쎄기 더론나. = 춥다. 문을 닫고 빨리 들어오너라.

드무[이] [tɜmu]: 물을 담아 두기 위해 만들어 놓은 통

● 더무 물 쫌 여다부우라. = 물통에 물 좀 이어다 부어라.

드물다[그] [dɜmulda]: 귀하다

● 에끼써라. 구할라카모 더물다. = 아껴서 써라. 구하려고 하면 귀하다.

들바다앉다[제움] [dɜlbadaant'a]: 안쪽으로 앉다

● 문찌방에 안안니라. 이리 덜바다안자라.
= 문턱에 걸쳐 앉는 것이 아니다. 안쪽으로 앉아라.

들지름[이] [tɜlc'iɾɜm]: 들기름

● 참지름 엄서모 들지름에 뽂아나아도 맛이 덜척지근하다.
= 참기름이 없으면 들기름에 볶아 놓아도 맛이 달짝지근하다.

들청[이] [tɜlčʰɜŋ]: 평상(=마당에 놓고 마루처럼 쓰기 위해 대나무나 일반 나무로 판을 짜서 만든 것)

● 날도 더분데 덜청에 밥체리라. = 날씨도 더운데 평상에 밥을 차려라.

등더리[이] [tɜŋdɜɾi]: 덩어리

● 니 내 덩더리 좀 겅거러바라. = 너 내 등 좀 긁어 봐라.

디다보다[남움] [didaboda]: 들여다 보다

● 저지베 좀 우떤넝고 한분 디다바야 델낀데.
= 저 집 사정이 좀 어떠한지 한 번 들여다봐야 할 터인데.

디대다[그] [didEda]: 일의 경중을 모르든지 선후 관계를 분간 못하여 바보짓을 하다.

● 어런 씨기넌데로 하모 델낀데 께멘치로 디뎄따.
= 어른이 시키는 대로 하면 될 터인데 게처럼 바보짓을 한다.
(시키는 대로 하지 않고 엉뚱한 행동을 하는 사람에게 이르는 말.)

디디다 남움 [didida]: 밟다

● 문찌방 디디고 섰찌마라. 따라가 거라넝거 아이니라.

= 문지방을 밟고 서지 마라. 여자 아이가 그렇게 하는 것이 아니다.

디딜바아 이 [didilba˜a]: 디딜방아

● 이저네넌 디딜바˜아 찌˜이가아꼬 밥헤묵꼬 안거렌나.

= 옛날에는 디딜방아를 찧어서 밥을 해 먹고 그랬다.

디라다 남움 [diɾada]: 곡식 속에 들어 있는 이물질을 가리기 위해 바람에 날리는 일

● 바람불때 단디 딘묵 디라라.

= 바람이 불 때 조심해서 타작하고 남은 끝물 속에 있는 이물질을 바람에 날리라.

디리다 남움 [diɾida]: 드리다

● 니 다묵지말고 어런도 좀 디리라.

= 너 다 먹지 말고 어른도 좀 드려라.

디숭궂다 그 [disuŋgut'a]: 야무지지 못하고 바보짓을 하다.

● 니가 와거레 시거˜이 안나고 디숭군노.

= 네가 왜 그렇게 철이 들지 않고 바보짓을 하느냐.

딧글 이 [dik'ㅋl]: 뒤에서 넘보아 가며 배운 글

● 저거 오래비 할 때 딧글로 배아서 저란다.

= 자기 오빠가 (공부를) 할 때 넘보아 가면서 배워서 저렇게 한다.

딧묵 이 [tinmuk˥]: 곡식을 타작하고 남겨 둔 찌꺼기

● 딧묵은 난주우 데지 죽 줄 때 한바가치썩 넣어주모 덴다.

= 타작하고 남은 찌꺼기는 나중에 돼지죽을 줄 때 한 바가지씩 넣어 주면 된다.

딩기 이 [diŋgi]: 겨

● 딩기로 나부리모 한떼꺼리가 셍기고, 마런 나부리모 싸아미 덴다.

= 겨를 바람에 날리면 한 때 끼니가 생기고, 말은 흘려보내면 싸움이 된다.

따딤이돌 이 [t'adimit'ol]: 다듬잇돌

● 따라가 거레 따디미똘우에 안안니라.

= 여자 아이가 그렇게 다듬잇돌 위에 앉으면 안 된다.

따딤이질 이 [t'adimičil]: 다듬이질

● 송꺼치 야무치구로 멩지넌 따디미질로 반덜반덜하구로 헤야덴다.

= 손 맵시가 야무지게 명주는 다듬이질을 해서 반들반들하게 해야 한다.

따문따문 [어] [t'amunt'amun]: 드문드문

- 따문따문하이 숭구라. = 드문드문 심어라.

따베기~따베이 [이] [t'abEgi]~[t'bE˜i]: 똬리

- 머리베긴다. 따베˜이 데에라. = 머리가 배긴다. 똬리를 얹어라.

딸래미 [이] [t'allEmi]: 딸

- 딸레미더리 여엉 인물이 기물간네. = 딸들의 인물이 많이 잘 생겼다.

딸막딸막하다 [그] [t'almak˥t'almakʰada]: 망설이다

- 딸막딸막하더˜이 안산넌갑네.
  = 살까말까 망설이더니 사지 않았나 보다.

땅갑치~땅개비 [이] [t'aŋgap˥čʰi]~[t'aŋgEbi]: 병뚜껑

- 땅게비로 오데 나쭌넝고 모러것따. 오신따네 조˜오로 쫌 마카나아라.
  = 병뚜껑을 어디다 두었는지 모르겠다. 우선에 종이로 좀 막아 두어라.

땅때기 [이] [t'aŋt'Egi]: ① 힘들게 일을 함 ② 돈내기

- 오˜올 우짤라꼬 이레 땅떼기로 씨기노.
  = 오늘 어쩐 일로 이렇게 일을 힘들게 시키느냐.
- 땅대기로 씨기났떠마는 시도 안하고 일로 한다.
  = 돈내기로 시켜놓았더니 쉬지도 않고 일을 한다.

때기 [이] [t'Egi]: 딱지

- 떼기치기 하자. = 딱지치기 하자.

때꺼리 [이] [t'Ek'ㅋɾi]: 끼니꺼리, 양식

- 떼꺼리 걱쩡도 안데나? = 끼니 꺼리 걱정도 안 되느냐?

때끔때끔하다 [그] [t'Ek'ㅋmt'Ek'ㅋmɦada]: 따끔따끔하다

- 거레 아푸지넌 안넌데 좀 떼껌떼껌하네.
  = 그렇게 아프지는 않는데 조금 따끔따끔하다.

때리패다~땔패다~쌔리패다 [남움] [t'Eɾipʰ Eda]~[t'ElpʰEda]~[s'EɾipʰEda]: 때리다

- 말로 안더러모 쎄리페라. = 말을 듣지 않으면 때려라.

땡감 [이] [t'Eŋgam]: 아주 떫은 감

- 뗑감 거거 따무보모 이비 떨찌건항기 한입이다.
  = 떫은 감을 따먹어 보면 입안이 텁텁한 것이 한 입 가득이다.

땡기다 [남움] [t'Eŋgida]: 당기다

- 자꾸 껄리가지말고 쎄기 뗑기바라.
  = 자꾸 끌려가기만 하지 말고 힘차게 당겨 보아라.

땡기앉다[제움] [t'Eŋgiant'a]: 다가앉다

- 한보자. 이리 뗑기안자바라.

  = 한번 보자. 이리로 다가앉아 보아라.

땡깔[이] [t'Eŋk'al]: 꽈리

- 뗑깔입사구로 꽁꽁 찌~이서 부치나아바라.

  = 꽈리 잎을 꽁꽁 찧어서 붙여 놓아 보아라.

땡삐[이] [t'Eŋp'i]: 말벌

- 뗑삐한테 쏘이모 울메나 아푼데.

  = 말벌에게 쏘이면 얼마나 아픈데.(많이 아프다.)

땡초[이] [t'Eŋč^{h}o]: 아주 작고 매운 고추

- 뗑초 고고 쪼께넝기 억쑤로 멥따. = 땡초 그것 작아도 아주 맵다.

떠리미[이] [t'ㅋɾimi]: 떨이

- 쪼께 나망거 떠리미헤가소. = 조금 남은 것 떨이 해 가세요.

떡국가리[이] [t'ㅋk'uk'aɾi]: 떡가래

- 떡꾹까리 얼쭈 말라서모 좀 썽거라라.

  = 떡가래가 거의 말랐으면 좀 썰어라.

똑띠기[이] [t'ok˥t'igi]: 똑똑이

- 쏘건 비이가 임마 살아갖꼬 겉똑띠기다.

  = 속은 비고 입만 살아서 (말만 하는) 겉똑똑이다.

똥띠이[이] [t'oŋt'i~i]: 똥 덩이

- 똥띠~이가 장띠~이 나무래네.

  = 똥 덩이가 된장 덩이 보고 나무란다.(자기 잘못은 생각하지 않고 다른 사람을 나무랄 때 이르는 말.)

뚜끼비[이] [t'uk'ibi]: 두꺼비

- 비가 올랑갑따. 마다~아 뚜끼비가 불불 기이뎅긴다.

  = 비가 오려나보다. 마당에 두꺼비가 엉금엉금 기어 다닌다.

뚜디리다[남움] [t'udiɾida]: 두드리다

- 벌시로 자넝가 데다비 엄노. 한분 더 쎄기 뚜디리바라.

  = 벌써 자는지 대답이 없다. 한 번 더 세게 두드려 보아라.

뜨물[이] [t'ㅋmul]: 쌀을 씻은 물

- 떠물 바다서 딘장끼리라. = 쌀 씻은 물로 된장 끓여라.

뜨시다[그] [t'ㅋɕida]: 따뜻하다

• 떠실떼 잡수이소. = 따뜻할 때 드십시오.

뜨신물[이] [t'ɜɕinmul]: 따뜻한 물

• 너거아부지 떠신물 가따주라 낟씨꾸로.

= 너희 아버지에게 따뜻한 물을 가져다 드려라. 세수 하시게.

뜸비기~뜸배기[이] [t'ɜmbigi]: 뜸부기

• 뜸비기 그기 논에서 울어싸턴데.= 뜸부기 그것은 논에서 울더라.

띠끼이[이] [t'ik'ĩ]: 밥그릇 뚜껑

• 띠끼~이로 더푸가아꼬 구둘모게 무더나아라.

= 밥그릇 뚜껑을 덮어서 아랫목에 묻어 놓아라.

띵가묵다[남움] [t'iŋgamuk˺t'a]: 떼어먹다

• 장꺼리 부치떠마넌 띵가묵꼬 여엉 비싸기 사왔따.

= (장에 가는 사람에게) 물건을 좀 사오라고 부탁했더니 제 이익만 차리고 많이 비싸게 사왔다.

ㅁ

마:치맞다[그] [ma:čʰimat'a] : 꼭 맞다

• 고거 우째거레 마:치만노. = 그것 어찌 그렇게 꼭 맞느냐.

마른버짐[이] [marɜnbɜčim]: 마른버짐

• 나세(=낯에) 마런버짐이 허허이 폈따.

= 얼굴에 마른버짐이 하얗게 피었다.

마시[이] [maɕi]: 마수

• 천마순데 하나 가라주소. = 첫 마수인데 하나 팔아주십시오.

마아죽는다[제움] [maačuŋnɜnda]: 맞아 죽다, 혼나다.

• 니 저곰마한테 인자 마아중넌다.

= 너 저 애 엄마한테 이제 맞아 죽는다.(혼난다.)

마지~모지[이] [mači]~[moči]: 맏이

• 모지한테 시지벌 갔따. = 맏이에게 시집을 갔다.

마지미~마지매[이] [mačimi]~[mačimE]: 마중

• 너곰마 오넝가 마지미가바라.

= 너희 엄마 오시는지 마중 나가 봐라.

마짐테다[그][mačimt^hE:da]: 마침 잘 되었다.

- 내가 갈라캤떠마넌 마짐텠따.

  = 내가 가려고 했더니 마침 잘 됐다.

막바리[어][mak˥p'aɾi]: 곧 바로

- 헤꾜 마치모 막빠리 온네이. = 학교 마치면 곧 바로 오너라.

만날[어][mannal]: 매일, 늘

- 니는 우째거레 만날 누우서거라노.

  = 너는 어찌 그렇게 매일 누워 있느냐.

만내다[남움][mannEda]: 만나다

- 니 가아 언자 만네지마라. = 너 그 애 이제 만나지 마라.

만다꼬~말라꼬[어][mandak'o]~[mallak'o]: 왜, 무엇 때문에

- 니가 만다꼬 거레산노? = 네가 무엇 때문에 그렇게 하느냐?

만석꾼[이][mansɜk'un]: 부자

- 천서꾼 만서꾸˜이가 . 와 만날 넘한테 퍼주노.

  = 천석꾼 만석꾼이냐. 왜 항상 남에게 주기만 하느냐.

만자[어][manča]: 마저

- 쪼께 나망거 만자 묵꼬체에라. = 조금 남은 것 마저 먹고 치워라.

말기[이][malk'i]: 말의 뜻

- 너무 말끼로 통 몬아라던넌다. = 남의 말의 뜻을 전혀 못 알아듣는다.

말케~말큼[어][malk^hE]~[malk^hɜm]: 모조리, 모두

- 말케 가따네삐리라. = 모두 가져다 버려라.

망내이[이][maŋnEi]: 막내

- 우리 망네이다. = 우리 막내다.

매구덩신[이][mEgudɜŋɕin]: 말은 잘 하면서 실천은 하지 못하는 사람을 일컫는 말

- 메구덩시˜이 따로엄따. 우째 다담바끼 하넝기 하나 엄노.

  = 말은 멀쩡하게 잘 하는데 어찌 똑 부러지게 하는 일이 하나도 없느냐.

매꼬롬하다[그][mEk'oɾomɦada]: 매끈하다

- 아이구, 야아가 쪼겐티˜이 메꼬롬하이 수테컸따.

  = 아이고 , 이 아이가 조그만 하더니 매끈하게 많이 컸다.

매물묵~미물묵[이][mEmulmuk˥]~[mimulmuk˥]: 메밀묵

- 미물묵 거거 마˜이 무우모 머리빠진다.

= 메밀묵 그것을 많이 먹으면 머리카락이 빠진다.

매바서 그 [mEbasㅋ]: 매워서

• 머어시 메바서 허덜로 지기노. = 무엇이 매워서 엄살을 부리느냐.

매방 이 [mEbaŋ]: 큰 나무망치로 말뚝을 박는 행동

• 말띠기 박꾸로 메방얼 나아라. = 말뚝 박게 나무망치로 매우 쳐라.

매분탕 이 [mEbuntʰaŋ]: 매운탕

• 메분탕 끼리나아모 써언타. = 매운탕을 끓여 놓으면 (맛이) 시원하다.

매쌀 이 [mEs'al]: 제사상에 오를 밥을 짓는 쌀

• 지사상에 나알 메싸런 따로 당가라.

= 제사상에 올려놓을 밥을 짓는 쌀은 따로 물에 담가라.

매씨다 남움 [mEɕ'ida]: 묘를 만들다

• 압사네다 메씬다하더마넌 우짤랑고?

= 앞산에다 묘를 만든다더니 어떻게 하려더냐?

매자리 이 [mEč'ari]: 묘 자리

• 주건망녀˜이 보기인넝가 메짜리가 참 조타.

= 죽은 망령이 복이 있는지 묘 자리가 참 좋다.

맥국 이 [mEk'uk˺]: 오이냉국

• 아이구 덥따. 야야 메꾹 좀 타가온나.

= 아이고 덥다. 얘야 오이냉국 좀 타 오너라.

맬갛다 그 [mElgatʰa]: 말갛다

• 궁무리 통 안우러나고 멜가타. = 국물이 전혀 안 우러나고 말갛다.

맴 이 [mEm]: 마음

• 어마이 엄시 커넝걸 보˜이 메미 아파죽껏따.

= 엄마 없이 커는 것을 보니 마음이 아파 죽겠다.

맹년 이 [mEŋnjㅋn]: 내년

• 멩녀네 헤꾜 더러간다. = 내년에 학교에 들어간다.

머구 이 [mㅋgu]: 모기

• 바라미 설렁하이 안불고 덥덥하이 머구가 깍찼따.

= 바람이 살랑살랑 안 불고 (날씨가) 더우니 모기가 많다.

머꺼대이 이 [mㅋk'ㅋdE˜i]: 머리카락의 낮은 말

• 오온방에 머꺼데˜이다. = 온 방안에 머리카락이 흩어져 있다.

머꺼지 이 [mㅋk'ㅋči]: 저녁을 먹고 나서 모여 놀면서 음식을 해 먹는 일

● 지˜잉에 동네 모다갖꼬 머꺼지 헤뭉넝것또 부지러네야덴다.

= 저녁에 동네 사람이 모여서 음식을 해 먹고 노는 것도 부지런해야 된다.

머디리다[제움][mㅋdiɾida]: 곡식을 심고 나서 빠진 곳을 찾아 다시 심는 것

● 모숭구나코 빈데다가 좀 머디리야덴다.

= 모내기를 해 놓고 빠진 곳은 찾아서 심어야 된다.

머러카다~멀:카다[제움][mㅋɾㅋkʰada]~[mㅋl:kʰada]: 꾸중하다

● 우롬마 멀:칸다. = 우리 엄마 꾸중한다.

머린내[이][mㅋɾinnE]: 머리 냄새

● 아이구 머린네야. 우쩨이레 머리로 안깜노.

= 아이고 머리 냄새야. 어찌 이렇게도 (오랫동안) 머리를 감지 않느냐.

먼눈팔다[제움][mㅋnnunpʰalda]: 한눈을 팔다, 곁눈 팔다

● 먼눈 팔지말고 갔따오거레이. = 한눈을 팔지 말고 갔다 오너라.

메까다[남움][mEk'ada]: 메우다

● 두루메 웅구났따. 좀 메카라. = 논둑에 구멍이 생겼다. 좀 메워라.

메때기[이][mEt'Egi]: 메뚜기

● 메떼기 자바로 가자. 꾸부묵꾸로. = 메뚜기 잡으러 가자. 구워먹게.

메차리[mEčʰaɾi]: 회초리

● 매차리로 들어야 니가 정신을 채리건나.

= 회초리를 들어야 네가 정신을 차리겠느냐.

모간지~매간지~매가지[이][moganči]~[mEganči]~[mEgači]: 모가지

● 그래 메간지로 잡고 이써야 몬움지긴다.

= 그렇게 모가지를 잡고 있어야 못 움직인다.

모냥[이][moɲjaŋ]: 모양

● 모냥세 있꾸로헤라. = 모양새가 있게 해라.

모당가리[이][modaŋgaɾi]: 조그만 나뭇가지

● 모당가리로 동게동게 모다라. 디에 불떼구로.

= 나뭇가지를 차곡차곡 모아 놓아라. 뒤에 땔감으로 쓰게.

모시통[이][moɕitʰoŋ]: 모이통

● 다리모시통 달구통에 너어나아라.

= 닭 모이통 닭장에 넣어 놓아라.

모지래다[제움][močiɾEda]: 모자라다

● 쪼께 모지렌다. = 조금 모자란다.

모지리 어 [močiɾi]: 모조리

- 모지리 아페서 착착 헤가온나.
  = 모조리 앞에서부터 순서대로 해 오너라.

모캐불 이 [mokʰEp'ul]: 모깃불

- 딩기로갖꼬 모케뿔 뭉게뭉게나아라.
  = 겨를 가지고 모깃불을 피워 연기가 뭉개 뭉개 나게 하여라.

모타리 이 [motʰaɾi]: 덩치, 토막, 덩어리

- 모타리넌 자가도 울메나 야무치다꼬.
  = 덩치는 작아도 (하는 일이) 얼마나 야무지다고.

모티이~모래이 이 [motʰi~i]~[moɾE~i]: 모퉁이

- 세뚜꿈 모티~이 도라가모 거어 있따.
  = 산등성이 모퉁이를 돌아가면 그곳에 있다.

목간 이 [mok'an]: 목욕

- 목깐하구로 물 쫌 데파라. = 목욕할 물을 좀 데워라.

몸띠이 이 [momt'i~i]: 몸, 몸뚱이

- 몸띠~이가 천건만거~이다.
  = 몸이 매우 무겁다(매우 피곤하다.)

못대 이 [mot'E]: 석쇠

- 게기 꿉꾸로 못떼 가아온나. = 고기 굽게 석쇠 가져 오너라.

몽치미 이 [moŋčʰimi]: 목침

- 몽치미로 벵께 머리가 베기사아서 안데것따.
  = 목침을 베니 머리가 배겨서 안 되겠다.

무논 이 [munon]: 물을 가두어 놓은 논

- 무노네 더러가서 오세 뻘 다무칬따.
  = 물이 있는 논에 들어가서 옷에 흙을 다 묻혔다.

무다이 어 [muda~i]: 괜히

- 무다~이 안저라나. = 괜히 저런 짓을 하고 있다.

무디기 이 [mudigi]: 무더기

- 이거 한무디기 울메요? = 이것 한 무더기에 얼마입니까?

무때다 그 [mut'Eda]: 억세다

- 사람이 무떼서 말로 함부로한다.
  = 사람의 억세어서 말을 함부로 한다.

무랭이~까랭이(무랑이~까랑이) 이 [muɾEŋi]~[k'aɾEŋi]: 반딧불이

• 까렝아 무렝아 네리라. = 반딧불이 반딧불이야 내려오너라.

무러띠다~물:띠다 남움 [muɾ ㅋt'ida]~[mul:t'ida]: 물어뜯다, 물다

• 손에 잡히모 저레 물:띤다.= 손에 잡히면 저렇게 물어뜯는다.

무럭이다 그 [muɾ ㅋgida]: (아기가) 덩치가 크고 통통하다.

• 아:가 둘지서 무러기다. = 아기가 건강해서 덩치가 크다.

무레 이 [muɾE]: 오이

• 무레 써리여코 메꾹타라. = 오이 썰어 넣고 냉국 타라.

무루까아다 그 [muɾuk'aada]: 후덥지근하다, 비가 오기 전의 더운 기운

• 소네기올랑가 데에기 무루까안다.
  = 소나기가 오려는지 매우 후덥지근하다.

무루팍~물팍 이 [muɾup^{h}ak˥]~[mulp^{h}ak˥] : 무릎

• 일로 마~이헤서 물파기 제린다. = 일을 많이 해서 무릎이 저리다.

무시꾹 이 [muɕik'uk˥]: 무국

• 가:알무시꾸건 보하이 지러메 다라서 끼리나아모 삼삼하이 마시따.
  = 가을 무국은 하얗게 기름에 달구어서 끓여 놓으면 삼삼한 것이 맛있다.

무운내~문:내 이 [muunnE]~[mun:nE]: 묵은 냄새

• 바~아로 일찍 찌~이서 디주에 너어나떠~이 보싸리 문네가 난다.
  = 방아를 일찍 찧어서 뒤주에 넣어 놓았더니 보리쌀에 묵은 냄새가 난다.

무운쌀 이 [mu:uns'al]: 묵은 쌀

• 무운싸런 떡 헤무꾸로 이리 네에나바라.
  = 묵은 쌀은 떡 해먹게 이리 내어 놓아라.

무이 이 [mu~i]: 문(이)

• 무~이 이가 안만나 와저레 뺄룸하노.
  = 문의 틈새가 맞지 않는지 왜 저렇게 덜 닫히느냐.

묵돌이 이 [muk˥t'oɾi]: 먹보

• 묵또리가 와 씩씩 무끼마하노? = 먹보냐 (하는 일이 없이) 왜 밥만 먹느냐?

문디이 이 [mundi~i]: 문둥이, 나병환자

• 문디이는 살이 썩어 문드러진다.= 문둥이는 살이 썩어서 문드러진다.

문지~미검 이 [munči]~[mig ㅋm]: 먼지

• 물로 찰찰 허치가아 씨러라. 미거미 풀풀난다.
  = 물을 살살 뿌려서 쓸어라. 먼지가 풀풀 일어난다.

문지방[이] [munč'ibaŋ]: 문턱

- 문찌방 볼찌마라. = 문턱 밟지 마라.

문질다[남움] [munčilda]: 자르다

- 좀 지다. 가시게로 문지러라. = 조금 길다. 가위로 잘라라.

문쪼오[이] [munč'o~o]: 창호지

- 요시넌 문쪼~오 거것또 기하데. = 요사이는 창호지 그것도 귀하더라.

물굼티이[이] [mulgumt^hii]: 물웅덩이

- 이저네 요게 큰 물굼티이가 이선넌데 아: 빠지죽꼬나서 메캈따.
  = 옛날에 이 자리에 큰 물웅덩이가 있었는데 아이가 빠져 죽고 나서 메워 버렸다.

물때[이] [mult'E]: 물을 담아 두는 통의 벽면이나 바닥에 끼는 푸른색의 이끼

- 물떠무우 물떼가 세파라이 안잔네. 학 쫌 치네뿌라.
  = 물통에 물이끼가 새파랗게 끼었다. 확 좀 청소해라.

물미[이] [mulmi]: 멀미

- 물미약 사무운나? = 멀미약 사 먹었느냐?

물빠알[이] [mulp'a~al]: 물방울

- 천자아서 물빠알이 똑똑 떠러진다. =천정에서 물방울이 똑똑 떨어진다.

물자새[이] [mulčasE]: 물에 사는 뱀

- 모숭굴때 물우 벨가이 물자세 떠뎅기넝거 반나?
  = 모내기를 할 때 물 위로 빨간색 물뱀이 떠다니는 것을 보았느냐?

뭉케다[남움] [muŋk^hEda]: 지우다

- 게시고무로가아꼬 뭉케바라. = 지우개를 가지고 지워 보아라.

미기다[남움] [migida]: 먹이다

- 헤거럼데모 소미기로 가라.
  = 해가 거의 넘어갈 무렵이 되면 소에게 풀을 뜯기러 가거라.

미꾸래이[이] [mik'uɾE~i]: 미꾸라지

- 미꾸레~이국 끼리묵꾸로 쫌 자바온나.
  = 미꾸라지 국 끓여 먹게 좀 잡아 오너라.

미빈~매빈[이] [mibin]~[mEbin]: 7일 장례를 치룰 때 방에 시신을 놓아두지 않고 밖에 관을 두고 빈소를 차리는 것.

- 나리 더부서 안덴다. 바거테 쎄껄미테다 메빈을 하자.
  = 날이 더워서 (방안에는) 안 된다. 바깥 기스락 밑에 관을 두고 빈소를

차리자.

미치개이 [이] [mič^{h}igE~i]: 미치광이

- 미치게~이 하넌소리 거거로 민나.

  = 미치광이가 하는 소리인데 그것을 믿느냐.

밉새이다 [그] [mip˥ sE~ida]: 귀엽다, 밉상이다

- 가아 밉세~이네. = 그 아이 귀엽네.
- 니는 우째 그래 밉새이 진마 하노.

  = 너는 어찌 그리 밉상스러운 짓만 하느냐.

들다 [제움] [miŋdㅋlda]: 멍들다

- 오데서 거레 시푸러이 밍더런노?

  = 어디서 그렇게 시퍼렇게 멍이 들었느냐?

밍판 [이] [miŋp^{h}an]: 얼굴

- 밍파~이 헌하네. = 얼굴이 훤하네.(잘 생겼다.)

ㅂ

바가치 [이] [pagač^{h}i]: 바가지

- 바가치로 퍼부우라. = 바가지로 퍼서 부어라.

바까묵다 [남움] [pak'amuk˥ t'a]: 바꿔 먹다

- 빈비~이가아꼬 엳바까무우라. = 빈 병 가지고 엿 바꿔 먹어라.

바까주다 [남움] [pak'ačuda]: 바꿔 주다

- 아저게넌 장사찌베 물긴 안바까준다.

  = 아침에는 가게에서 산 물건을 딴 것으로 바꿔 주지 않는다.

바알질 [이] [pa~alčil]: 바느질

- 쪼깨는기 바알질로 여사로 잘하는기 아이네.

  = 조그만 아이가 바느질을 어지간히 잘 하는 것이 아니네.

바뿌다 [그] [pap'uda]: 바쁘다

- 하넌일도 엄넌데 와이레 바뿌노.

  = 하는 일도 없는데 왜 이렇게 바쁘냐.

바아찡따 [남움] [pa~ač'iŋt'a]: 방아 찧다

● 바~아~까네 가서 오~올 바~아찡얼랑가 무러바라.
= 정미소에 가서 오늘 방아를 찧을 것인지 물어 보아라.

바알기 이 [pa~alk'i]: 바늘귀

● 바알기가 통 아베인다. =바늘귀가 전혀 보이지 않는다.

바알당새기~반지꺼리 이 [pa~aldaŋsEgi]~[pančik'ㅋɾi]: 반짇고리

● 옷집꺼로 반지꺼리 좀 가아온나.
= 옷 깁게 반짇고리 좀 가지고 오너라.

바알방석 이 [pa~albaŋsㅋk˥]: 바늘방석(= 불편한 자리)

● 내가 오~올 몬올떼로 온넝갑따. 여엉 바~알방서기다.
= 내가 오늘 못 올 곳을 왔나보다. 바늘방석처럼 불편하다.

바알장디이 이 [pa~alčaŋdii]: 바늘의 뭉툭한 부분

● 아무리 바빠도 바~알장디이 메에가 썰수인나.
= 아무리 바빠도 바늘 끝에 (실을) 묶어서는 쓸 수 없다.(일의 순서가 있다는 말.)

바장때 이 [pačaŋt'E]: 빨래 줄을 높이 올리기 위해 줄 가운데에 세워 놓는 작대기

● 서답 땅에 데인다. 바장떼 좀 바치라.
= 빨래가 땅에 닿는다. 빨래줄 가운데 작대기를 세워서 줄을 높여라.

밭곡 이 [pak'ok˥]: 밭곡식(깨, 콩 등의 잡곡류)

● 논농사카마 밭곡을 더 마이 하지.
= 논농사보다 밭곡식을 더 많이 짓는다.

발디꿈치~발꼼치 이 [paldik'umč^{h}i]~[palk'omč^{h}i]: 발뒤꿈치

● 발꼼치 살쩨기 더러바라. = 발뒤꿈치 살짝 들어 보아라.

발대 이 [palt'E]: 발(=가리개)

● 발떼가꼬 쫌 가라바라. = 발을 가지고 좀 가려라.

발디이 이 [palt'i~i]: 발등

● 발띠~이 찍껏따. 쎄기 네라나아라.
= 발등 찍겠다. 어서 내려놓아라.

발목때이 이 [palmok˥t'Ei]: 발목의 낮은말

● 이노무 손 발목때이로 뿔라날끼다. = 이 놈, 발목을 부러뜨릴 테다.

발바리 어 [palbaɾi]: 바리바리

● 발바리로 시러서 보네데. = 바리바리 실어서 보내더라.

밤시이 이 [pamɕi~i]: 밤송이

• 머리가 똑 밤시˜이간네. = 머리가 꼭 밤송이 같다.

밥떠꺼리 이 [pap˥t'ᴲk'ᴲɾi]: 밥알

• 헐린 밥떠꺼리 쭈우무우라. = 흘린 밥알 주워 먹어라.

밥수군 이 [pap˥sugun]: 밥상보

• 포레˜이 달라던다. 밥수군갖꼬 밥상 쫌 더푸라.
  = 파리 앉는다. 밥상보로 밥상 좀 덮어라.

방매이 이 [paŋmE˜i]: 방망이

• 방메˜이로가아꼬 통통 뚜디리서 칼컬키 빠라온나.
  = 방망이로 탁탁 두드려서 깨끗하게 빨아 오너라.

밭어덕 이 [pat˥ᴲdᴲk˥]: 밭둑

• 일 안하고 밭어더게 거레 안자서 세월아 네월아하고 이썰레?
  = 일은 하지 않고 밭둑에 앉아서 시간만 보내고 있을 것이냐?

밭이렁 이 [pat˥iɾᴲŋ]: 밭의 이랑

• 밭이렁 지이라. 머어 숭구구로.
  = 밭이랑 만들어라. 무엇이라도 심게.

배기 이 [pEgi]: 보기

• 베기 실타. = 보기 싫다.

배꾸마당~배껄마당 이 [pEk'umadaŋ]~[pEk'ᴲmadaŋ]: 바깥마당

• 손데서 거라지말고 너런 베꾸마다˜아 가서 노라라.
  = 좁은 곳에서 그러지 말고 넓은 바깥마당에 가서 놀아라.

배내기 이 [pEnEgi]: 송아지를 남에게 주어 키워서 농사일에 쓰게 하고 새끼를 낳으면 데려오는 것

• 저지베 송안치로 베네기나았띠˜이 세끼로 안주 안뱄따.
  = 저 집에 송아지를 주어서 키우게 했더니 새끼를 아직 배지 않았다.

배때지 이 [pEt'Eči]: 배의 낮은말

• 베떼지가 불러나˜이 안거라나. = 배가 불러서 그렇게 한다.

배뚱구리 이 [pEt'uŋguɾi]: 배추 뿌리

• 무울끼 오데 있떠노. 베뚱구리 거것또 기헤서 몬무웄따.
  = 먹을 만한 것이 어디에 있더냐. 배추뿌리 그것도 귀해서 못 먹었다.

배미 이 [pEmi]: 뱀

• 배미가 구불구불 기이 댕긴다.= 뱀이 구불구불 기어 다닌다.

배비 이 [pEbi]: 밥(이)

- 요세넌 우짠다꼬 이레 베비 땡기넝고 모러것따.
  = 요즘은 어쩐 일인지 이렇게 밥이 당기는지 모르겠다.

배씸[이] [pEɕ'im]: 배힘

- 덜이런 베씸머로 한다.
  = 들일은 배 힘으로 한다(농사일은 밥 힘으로 한다.)

배아주다[남움] [pEačuda]: 배워 주다

- 까마기게기로 무운나. 메뿌널 베아주우도 이자삐노.
  = 까마귀 고기를 먹었느냐. 몇 번을 배워 주어도 잊어버리느냐.

배애리[이] [pEEɾi]: 배앓이

- 어지 지~잉에 임서걸 잘몬무우서 베에리했따.
  = 어제 저녁에 음식을 잘못 먹어서 배앓이를 했다.

배이[이] [pE~i]: 방(이)

- 베~이 따시서 제미 사살온다. = 방이 따뜻해서 잠이 슬슬 온다.

뱅야시[이] [pEŋjaɕi]: 백여우

- 벵야시도 벵야시도 저런 벵야시넌 엄설끼다. 하리에 열두동갑도 더지긴다.
  = 백여우도 백여우도 저런 백여우는 없을 것이다. 하루에 열두 번도 더 변덕을 더 부린다(변덕이 심한 여자아이에게 이르는 말.)

버겁다[제움] [pɜgɜp˥t'a]: 힘에 겹다

- 오~올 다하고 갈라케엤띠~이 일이 버겁따. 네엘 헤야데것따.
  = 오늘 끝내고 가려고 했더니 일이 힘에 겹다. 내일 해야 되겠다.

버구다[이] [pɜguda]: 겨루다

- 또까치 거레 버가고이설레? = 똑 같이 그렇게 겨루고 있을 것이냐?

버기미[이] [pɜgimi]: 버캐(오줌통이나 요강 안에 끼는 찌꺼기)

- 요강딴지 아네 버기미가 깍찌있따. = 요강 안에 버캐가 많이 끼었다.

버꿈[이] [pɜk'um]: 거품

- 버꾸미 마~이나기 문테바라. = 거품이 많이 나도록 문질러 보아라.

버더덩거리다[제움] [pɜdɜdɜŋgɜɾida]: 버둥거리다

- 덩더리서 와이레 버더덩거리노. = 등에서 왜 이렇게 버둥거리느냐.

버들강새이[이] [pɜdɜlgaŋsEi]: 버들강아지

- 보더라바서 버덜강세이간네. = 부드러워서 버들강아지 같네.

버르때이[이] [pɜɾɜt'Ei]: 버릇의 낮춤말

- 버르때이가 그래 나빠서 오데다가 써묵껏노?

= 버릇이 그렇게 나빠서 어디에다 써 먹겠느냐?

버부리[이] [pㅋburi]: 벙어리

- 버부리라도 말끼넌 헌하다. = 벙어리라도 말은 잘 알아듣는다.

버섭[이] [pㅋsㅋp˺]: 버섯

- 버섭도 너코 하모 한맛 더 나지.= 버섯도 넣고 하면 한 맛 더 난다.

버어징[이] [pㅋ ㅋčiŋ]: 갑갑해서 옷을 벗는 버릇

- 베˜이 너무 떠거바서 버어징이난다.

= 방이 너무 뜨거워서 옷을 자꾸 벗고 싶다.

벌개이[이] [pㅋlgEi]: 벌레

- 벌게이한테 물린넌갑따. = 벌레에게 물렸나 보다.

베륵바아[이] [pErㅋk˺p'a˜a]: 벽

- 베럭빠˜아 똥칠할때까지 살라꼬 그라나.

= 벽에 똥칠을 하는 나이까지 살려고 그러느냐.(망령이 들 때까지 살려고 하느냐.)

베개모오[이] [pEgEmo˜o]: 베개마구리의 꾸밈새

- 아무일도 엄서도 때로 베게모˜오가 헝건하이 눈무리나데.

= 아무 일이 없는데도 때때로 베개 모서리가 흠뻑 젖도록 눈물이 나더라.

베이~비이[이] [PE˜i]~[Pi˜i]: 병

- 술뻬˜이 쫌 치아뿌라. = 술병 좀 치워라.

벨똥[이] [pElt'oŋ]: 유성

- 니, 벨똥 떠러지넝거 반나? = 너, 유성 떨어지는 것 보았느냐?

벨시럽다[그] [pElɕirㅋp˺t'a]: 별스럽다, 성격이 별나다.

- 썽질도 벨시럼네. = 성격이 별스럽다.

보이[남움] [po˜i]: 보니

- 보˜이 여엉 가망이엄네. = 보니 전혀 가망이 없다.

보덤다[남움] [podㅋmt'a]: 안다

- 조타꼬 저레산넌데 한분 보더마주우라.

= 좋아서 그러는데 한번 안아 주어라.

보따리~보재기[이] [pot'ari]~[počEgi]: 보자기

- 보따리로가아꼬 싸라. = 보자기를 가지고 싸라.

보르다[남움] [porㅋda]: 바르다

- 난데지러멀 보러모 난넌다. = 아주까리기름을 바르면 낫는다.

보신[이] [poɕin]: 버선

- 보시널 짝쩨기로 시너넝갑따. = 버선을 짝짝이로 신었나 보다.

보쌀[이] [pos'al]: 보리쌀

- 야야, 보쌀끼릴때 덴넝갑다. = 얘야, 보리쌀을 끓일 때가 되었나 보다.

보옥대[이] [po:ok˺t'E]: 징병

- 영가먼 보:옥데 나가고 아:덜데꼬 주걸 고상얼 했따.
  = 남편은 징병으로 끌려가고 아이들을 데리고 죽을 고생을 했다.

보티이[이] [potʰi˜i]: 보퉁이

- 머어로 거레 보티˜이 보티˜이로 싼노.
  = 무엇을 그렇게 보퉁이 보퉁이로 쌓느냐.

보핳다[그] [poɦatʰa]: 하얗다

- 베철 안봉께 인가˜이 칼컬코 보하타.
  = 햇빛을 안 보니 어지간히 깨끗하고 하얗다.

복재이[이] [pok˺č'Ei]: 복어

- 가˜이 복제이만항기 겁도 엄따.
  = 간이 복어만 해서 겁이 없다(겁 없이 행동하는 사람에게 이르는 말.)

볿다[남움] [polt'a]: 밟다

- 발을 볼바산께네 보신을 여엉 다베랐다.
  = 발을 밟으니까 버선을 많이 버렸다.

부꾸루바서[그] [puk'urubasㅋ]: 부끄러워서

- 머:시 거레 부꾸루바서 고게도 몬더노?
  = 무엇이 그렇게 부끄러워서 고개를 들지 못하느냐?

부상추[이] [pusaŋčʰu]~[saŋčʰu]: 상추

- 난수바테 가서 부상추 좀 뻬온나. 쌈싸묵꾸로.
  = 남새밭에 가서 상추 좀 뽑아 오너라. 쌈 싸먹게.

부숙문[이] [pusuŋmun]: 아궁이

- 부숭무널 깍 다다라. 방 안식꾸로.
  = 아궁이문을 꼭 닫아라. 방이 식지 않도록.

부시럼[이] [puɕirㅋm], 흔디[이] [hㅋndi]: 부스럼

- 오온 다리에 부시럼 칠가비다. = 온 다리에 부스럼이 많이 났다.

부새~부시[이] [pusE]~[puɕi]: 부시

- 부새 갖고 탁탁 뚜디리서 불로 캔다.

= 부시를 가지고 탁탁 두드려서 불을 켠다.

부이[이] [pu˜i]: 분(이), 화, 성냄

- 안주 부˜이 안풀린다. = 아직 화가 안 풀어진다.

부재[이] [pučE]: 부자

- 거집 알부제다. = 그 집은 알부자이다.

부지깨이~부작때기[이] [pučik'E˜i]~[pučak˺t'Egi]: 부지깽이

- 한창 모숭구넌 처레넌 정지깐 부지께˜이도 날떤다.

  = 한창 모내기철에는 부엌 부지깽이도 날뛴다.

  (일손이 모자라는 농번기에는 부지깽이도 움직인다.)

부째까치[이] [puč'Ek'ačʰi]: 연탄집게

- 부쩨까치갖꼬 연탄 쫌 가라너어라.

  = 연탄집게로 연탄 좀 갈아 넣어라.

부치[이] [pučʰi]: 부채

- 부치로 사살 부치바라. = 부채로 살살 부쳐 보아라.

분[이] [pun]: 번

- 세분네분 말헤도 몬아라던나? = 세 번 네 번 말을 해도 못 알아듣느냐?

불가래[이] [pulgaɾE]: 방 고래를 뚫기 위한 기구

- 고레꾸녕 메킨넝갑따. 불가레 좀 가아온나.

  = 고래가 막혔나보다. 뚫는 막대 좀 가지고 오너라.

불래기[이] [pulɾEgi]: 풍선

- 고마 부러라. 불레기 터지것따. = 그만 불어라. 풍선 터지겠다.

불묵돌[이] [pulmuk˺t'ol]: 방 구들을 놓을 때 문 앞에 놓는 돌

- 불묵똘하구로 넙쩍한 돌하나 구헤바라.

  = 불목 돌로 사용하게 넓은 돌을 하나 구해 보아라.

부서서[제움] [pusɜsɜ]: 부어서

- 아저게 이일나모 나치 이레 뿌석하이 부서서 큰일이다.

  = 아침에 일어나면 얼굴이 이렇게 푸석푸석하게 부어서 큰일이다.

비다[남움] [pida]: 베다

- 소꼴 쫌 비고 놀아라. = 쇠꼴 좀 베고 놀아라.

비단가리각시[이] [pidaŋgaɾigak˺ɕi]: 얼굴이 비단 같이 고운 사람을 일컫는 말

- 나짜건 비당가리각시거마넌 하넌이리 메구덩시˜이다.

  = 얼굴은 비단같이 고운 각시 같지만 하는 일은 바보 같다.

비렁내[이] [pirɾʌŋnE]: 비린내

- 미꾸레~이 거거 비렁네 억시 난다. 구걸 단디 끼리야덴다.
  = 미꾸라지 그것은 비린내가 많이 난다. 국을 잘 끓여야 된다.

비리[이] [piɾi]: 진딧물

- 비리야걸 쫌 뿌리나아라. = 진딧물 약을 좀 뿌려 놓아라.

비양기[이] [pijaŋgi]: 비행기

- 비양기 태지 마라. =비행기 태우지 마라.(추켜세우지 마라.)

비짜리[이] [pič'aɾi]: 빗자루

- 비짜리몽데이 오데 인노? = 빗자루 몽둥이 어디 있느냐?

빗바알[이] [pip'a~al]: 빗방울

- 비빠~알 던넌다. 장또까네 서답 거더라.
  = 빗방울 떨어진다. 장독대에 빨래 걷어라.

빙시이[이] [piŋɕi~i]: 병신, 바보

- 빙시~이, 추꾸가텅기 거것또 몬하나.
  = 병신, 바보 같은 것 그것도 못하나.

빠꼬미[어] [p'ak'omi]: 빤히

- 오데 어런아페 말데꾸로하고 빠꼬미 치다보노.
  = 어디 어른 앞에서 말대꾸를 하면서 빤히 쳐다보느냐.

빤주깨미~빤주깨이[이] [p'ančuk'Emi]~[p'ančuk'E~i]: 소꿉놀이

- 우리 빤주께~이 살레. = 우리 소꿉놀이 할래.

빨뿌리[이] [p'alp'uɾi]: 담배 파이프

- 담배 끈는다꼬 저래 빈빨뿌리로 물고 있다.
  = 담배 끊는다고 저렇게 빈 파이프를 물고 있다.

빰때기[이] [p'amt'Egi]: 뺨의 낮은말

- 빰떼기로 쎄리주날라. = 뺨을 때려 줄라.

뻬간지[이] [p'Eganči]: , 뼈의 낮은말, 생선뼈

- 뻬간지 모게 걸랐따. = 생선뼈가 목에 걸렸다.

빼꼼이[어] [p'Ek'omi]: 살짝, 살며시

- 더러올라카모 더러오덩가. 빼꼬미 치다보기넌 와 치다보노.
  = 들어오려면 들어오든지. 살며시 쳐다보기는 왜 쳐다보느냐.

빼뜰다[남움] [p'Et'ʌlda]: 빼앗다

- 빼떠러 묵찌마라. = 빼앗아 먹지 마라.

빼뿌재이[이] [p'Ep'učE˜i]: 질경이

- 삐뿌제˜이씨로 훑터 모다서 지러멀 짜서 부럴 씨모 구시˜이 베인다커데.
  = 질경이 씨를 훑어 모아서 기름을 짜서 불을 켜면 귀신이 보인다고 하더라.

빼짝고랐다[그] [p'Eč'ak˥gorat'a]: 많이 말랐다

- 거다아네 오데 아판넝가 사레미 여엉 삐짝고랐떼.
  = 그 동안에 어디 아팠는지 사람이 많이 말랐더라.

빤침~또바알[이] [p'Enčʰim]~[t'op'a˜al]: 옷핀

- 또바알 가아꼬 꼭 찌버 나아라. =옷핀을 가지고 꼭 집어 놓아라.

뻐들나무[이] [p'Edɘlnamu]: 버드나무

- 뻐들나무가지맹키로 낭창낭창하이 흔들리네.
  =버드나무 가지처럼 낭창낭창하게 흔들리네.

뻐이[어] [p'ɘ˜i]: 뻔히

- 뻐˜이 알민서 넘한테 묻끼넌 와문노.
  = 뻔히 알면서 남에게 물어보기는 왜 물어 보느냐.

뻘구디기[이] [p'ɘlgudigi]: 진흙구덩이

- 더러오지마라. 이게 오온천지 뻘구디기라서 바리 푹푹빠진다.
  = 들어오지 마라. 여기 온 사방이 진흙구덩이라서 발이 푹푹 빠진다.

뽀도시[어] [p'odoɕi]: 겨우

- 뽀도시 더러간다. = 겨우 들어간다.

뽀사다[남움] [p'osada]: ① 빻는다, ② 바수다

- 고치까리 쫌 뽀사라. = 고춧가루 좀 빻아라.
- 또 그런짓 하모 대가리로 뽀살날끼다.
  = 또 그런 짓을 하면 머리를 바수어 놓을 것이다.

뽈때기[이] [p'olt'Egi]: 뺨

- 뽈떼기가 와거레 부운노? = 뺨이 왜 그렇게 부었느냐?

뿌래이[이] [p'urE˜i]: 뿌리

- 뿌레˜이가 시라야 나무가 잘살제.
  = 뿌리가 튼튼해야 나무가 잘 산다.

뿌시래기[이] [p'uɕirEgi]: 부스러기

- 오데서 거레 까자뿌시레기로 쭈우가뭉노?
  = 어디서 그렇게 과자 부스러기를 주워서 먹느냐?

뿍덕강새이[이] [p'uk˥t'ɜk˥gaŋsEi]: 지푸라기 더미에서 놀다 나온 아이에 대한 애칭

- 뿍떡강세이멘치로 와거레 꺼부지기로 디지버써고 인노.
  = 지푸라기 더미에서 논 강아지처럼 왜 그렇게 검불을 뒤집어쓰고 있느냐.

뿍덕밭[이] [p'ut˥dɜk˥p'at˥]: 지푸라기를 모아 놓은 곳(= 검불 더미)

- 지잉에는 뿍덕밭에 더가서 놀지 마래이.
  =저녁에는 검불 더미에 들어가서 놀지 마라.

뿔갱기[이] [p'ulgEŋgi]: 소의 뿔에 고삐를 감는 것

- 뿔겡기해서 나아미라.
  = 소의 뿔에 고삐를 감아서 자유롭게 풀을 뜯게 하여라.

뿔궁물[이] [p'ulguŋmul]: 붉은 물

- 수바걸 묵꼬 소˜올 오세 따까서 오온전시네 뿔궁무리다.
  = 수박을 먹고 손을 옷에 닦아서 온통 붉은 물이 들었다.

뿔다구[이] [p'ult'agu]: 뿔다귀

- 뿔다구가 울매나 난넝고.= 뿔다귀가 얼마나 났는지.

뿔라다~뿐카다[남움] [p'ulɾada]~[p'uŋkʰada]: 부러트리다

- 송갖꼬 뿔라바라. = 손으로 부러트려 보아라.

삐가리[이] [p'igaɾi]: 병아리

- 삐가리 멘마리나 깐노? = 병아리를 몇 마리나 깠느냐?

삐끼다[그] [p'ik'ida]: 토라지다

- 삐끼기넌 가서나멘치로 와거레 잘삐끼노.
  = 토라지기는 여자 아이처럼 왜 그렇게 잘 토라지느냐.

삐대다[제움] [p'idEda]: ① 밟다, ② 거쳐하다, 지내다

- 이부럴 거레 발로 삐데지마라. = 이불을 그렇게 발로 밟지 마라.
- 메칠마 더 거집에서 삐대바라 = 며칠만 더 그 집에서 지내보아라.

삐때기[이] [p'it'Egi]: 생고구마를 썰어서 말린 것

- 고:메삐떼기 헤무우라. = 생고구마를 썰어서 말려 먹어라.

삐뚜룸하다[그] [p'it'uɾumɦada]: 삐뚤다

- 삐뚜룸하다. 쪽 바로 꺼어라. = 삐뚤다. 똑 바로 그어라.

삣나가다[그] [p'it˥nagada]: 빗나가다

- 에릴짜아 삔나가도 후지 커서 시거˜이 나모 게안타.
  = 어릴 때는 빗나간 행동을 해도 뒤에 커서 철이 나면 괜찮다.

사이 제움 [sa˜i]: 사니
- 이레 사˜이 무신 빼조칸 수가 이껀노.
  = 이렇게 살아 본들 무슨 뾰족한 수가 있겠느냐.

사분 이 [sabun]: 비누
- 사분을 팍팍 문때서 씩꺼라.= 비누를 팍팍 문질러서 씻어라.

사마구 이 [samagu]: 사마귀
- 소네 비로 마˜이 마자모 사마구 생긴다카더라.
  = 손에 비를 많이 맞으면 사마귀가 생긴다고 하더라.

사살 어 [sasal]: 살살
- 사살 비러바라. = 살살 빌어 봐라.

사안날 이 [saannal]: 사흗날
- 모리 사안날 온나.= 모레 사흗날 오너라.

사우 이 [sau]: 사위
- 저집 사우로 참 잘밨따. = 저 집에는 사위를 참 잘 들였다.

사알나알 이 [sa:alna:al]: 사흘나흘
- 사알나알 지낸는데도 가타부타 말이 엄따.
  = 사흘 나흘이 지났는데도 이렇다 저렇다 말이 없다.

사입 이 [sa˜ip˺]: 산자락
- 사˜이페 쪼께 숭구났떠마넌 잘 안데네.
  = 산자락에 (잡곡을) 조금 심어 보았더니 잘 자라지 않는다.

사죽 이 [sačuk˺]: 사족
- 조아서 여엉 사주걸 몬씨네. = 좋아서 완전히 사족을 못 쓰네.
  (너무 좋아서 어찌할 바를 모르는 사람에게 이르는 말.)

사카다 남움 [sakʰada]: 삭이다
- 썽얼 거레 펄펄네에쌌치말고 썽 좀 사카고 말헤라.
  = 화를 그렇게 펄펄 내지 말고 화를 좀 삭이고 말을 해라.

살붙이 이 [salbučʰi]: 일가, 친족
- 지살부치라꼬 저레 찌고 도나?
  = 자기 친척이라고 저렇게 감싸느냐?

살성[이] [salsɜŋ]: 살결, 피부

- 살성이 더럽따. = 피부가 좋지 않다.

삼아모[제움] [samamo]: 삼으면

- 딸사마모 조컨네. = 딸로 삼으면 좋겠네.

삼바리[이] [sambaɾi]: ① 발이 셋이 붙은 쇠로 만든 기구
② 달구지의 앞 부분을 받쳐 주는 삼각형 지지대

- 삼바리 가아오서 구루마아페 좀 바치바라.
  = 삼각지지대 가지고 와서 달구지 앞에 좀 받쳐 보아라.

삽짝문[이] [sap˺č'aŋmun]: 대문

- 삽짝문 다다라. = 대문 닫아라.

상: 그랗다[그] [saŋ:gɜɾatʰa]: ① 차다, ② 눈이 휑하다

- 소~이 상거란네. = 손이 차갑다.
- 야아가 마~이 아풍갑따. 누~이 상거라타.
  = 이 애가 많이 아픈가 보다. 눈이 휑하다.

상[이] [saŋ]: 향

- 지사상에 상 피아라. =제사상에 향 피워라.

상각[이] [saŋgak˺]: 신부나 신랑을 따라 온 사람

- 딸데꼬 아바이가 상각 따라오가 여엉 써운컸따.
  = 딸을 데리고 신부 아버지가 신랑 집에 데려다 주러 와서 많이 서운하겠다.

새기다[남움] [sEgida]: 사귀다

- 세기넌 사람 있따카데.
  = 사귀는 사람이 있다고 하더라.

새껄물~지스랑물[이] [s'Ek'ɜlmul]~[čisɜɾaŋmul]: 낙숫물

- 새껄물에 축담이 다 페있다. = 낙숫물에 축단이 다 패였다.

새꼬롬하다[그] [sEk'oɾomɦada]: 날씨가 흐리고 쌀쌀한 기운

- 날씨가 여엉 세꼬롬하이 춤네.= 날씨가 많이 흐리고 춥다.

새내다[남움] [sEnEda]: 샘을 내다

- 우짠다꼬 거레 세로 네노. = 어떻게 해서 그렇게 샘을 내느냐.

새다리[이] [sEdaɾi]: 사다리

- 세다리 타고 올라온나. = 사다리를 딛고 올라오너라.

새대기[이] [sEdEgi]: 새댁

• 오데 세데긴기요?. = 어디에 사는 새댁입니까?

새미 [이] [sEmi]: 우물

• 세미가 다말랐따. = 우물물이 다 말랐다.

새밭 [이] [sEbat˺]: 갈풀 밭

• 새밭 그런데는 꽁이 알을 나키도 한다.

=갈풀 밭 그런 곳에는 꿩이 알을 낳기도 한다.

새복 [이] [sEbok˺]: 새벽

• 세복부터 와이레 설치산노? = 새벽부터 왜 이렇게 부산을 떠느냐?

새실 [이] [sEɕil]: ① 잔소리, ② 재잘거리는 말

• 아이구 세시런 조쿠마넌 하넌이리 안야무치고 입뿌˜이다.

= 아이고 말은 잘하건만 하는 일이 야무지지 못하고 말뿐이다.

새이 [이] [sE˜i]: 상여

• 오˜올 세˜이 나간다카더라.

= 오늘 상여 나간다고 하더라(오늘 장례식이다.)

새앵키~송안치 [이] [sEEŋk^hi]~[soŋanč^{h}i]: 송아지

• 세엥키 후두카라. = 송아지 쫓아라.

새첩다 [그] [sEč^{h}ɜp˺t'a]: 귀엽다

• 아: 거거 컹께 세첩다. = 아이 그것 커니까 귀엽다.

생강시럽다 [그] [sEŋgaŋɕiɾɜp˺t'a]: 쓰임새가 있어서 편리하게 느껴지다

• 단지 고거 생강시럽네. = 단지 그것 쓰임새가 많겠네.

샌날 [이] [sEnnal]: 구름이 끼고 흐린 날

• 조언날 나아뚜고 센날진날 와이라노?

= 좋은 날 두고 구름이 끼고 흐린 날 왜 이러느냐?

서너너더뿐 [이은] [sɜnɜnɜdɜp'un]: 세 번 , 네 번

• 서너너더뿐 걸케도 소용엄따.

= 세 번 네 번 말을 해도 소용이 없다.

서답 [이] [sɜdap˺]: 빨래

• 지떼 지떼 안빨고 이레 서다벌 마˜이 모다난나?

= 제 때 제 때 빨지 않고 이렇게 빨래를 많이 모아 두었느냐?

서럼 [이] [sɜɾɜm]: 서러움

• 서러멀 울메나 바다낄레 저레 우노.

= 서러움을 얼마나 받았기에 저렇게 우느냐.

서러바서[그][sㅋɾㅋbasㅋ] : 서러워서

- 머시 저레 서러바서 우러산노?
  = 무엇이 저렇게 서러워서 우느냐?

석딸[이][sㅋk˺t'al]: 세달

- 석딸여:어럴 거레갖꼬 고상얼 안헨나.
  = 세달 열흘을 그렇게 해서 고생을 했다.

선손질[이][sㅋnsončil]: 말을 할 때 손짓을 하는 행동

- 사람이 버런 나뿌구로 선손지럴 거레 히떡히떡 헤산노. 소˜올 점잔키 나아나코 말로 안하고.
  = 사람이 버릇이 나쁘게 손짓을 그렇게 휘적거리느냐. 손을 점잖게 모아 놓고 말을 해라.

설치레[이][sㅋlč^hiɾE]: 설빔

- 설치레 머헤주더노? = 설빔으로 뭘 해 주더냐?

섬등[이][sㅋmt'ㅋŋ]: 가물 때 강의 등성이가 드러난 곳

- 섬떵에 감자 숭구로 가자. = 섬 등성이에 감자 심으러 가자.

섬바섬바~섬마섬마[느][sㅋmbasㅋmba]~[sㅋmmasㅋmma]: 아기가 걸음마를 배울 무렵 손을 놓으면서 아기에게 쓰는 의태어

- 섬바섬바 해 바라.

성[이][sㅋŋ]: 형

- 성아! = 형아!

성냥깨비[이][sㅋŋnjaŋk'Ebi]: 성냥개비

- 성냥께비 한게 가아온나. 기 후비거로.
  = 성냥개비 한 개만 가지고 오너라. 귀지 후비게.

성지간[이][sㅋŋčigan]: 형제간

- 성지가네 우에있끼 지네라. = 형제간에 우애 있게 지내라.

세숫대야~세수대:[이][sEsut'Eja]~[sEsut'E:]: 세숫대야

- 세수때: 가아온나. 낯 씨꾸로. = 세숫대야 가져 오너라. 얼굴 씻게.

세치[셈][sEč^hi]: 셋이

- 우리 세치 다 무껀나? = 우리 셋이서 다 먹겠느냐?

소곰~소굼[이][sogom]~[sogum]: 소금

- 소굼무레 당가나아라. = 소금물에 담가 놓아라.

소꼴[이][sok'ol]: 쇠꼴

• 소꼴 좀 비온나. = 쇠꼴 좀 베어 오너라.

소구리[이][soguɾi]: 소쿠리

• 한소구리다. =한 소쿠리다.

소내기[이][sonEgi]: 소나기

• 소네기다. 쪼께 이서모 건칠끼다.
= 소나기다. 조금 있으면 그칠 것이다.

소두방~소띠배이[이][sodubaŋ]~[sot'ibE˜i]: 솥뚜껑

• 짐나모 소띠베˜이 여러나아라. = 김이 나면 솥뚜껑을 열어 놓아라.

소시다[제움][soɕida]: (잇몸이) 붓다

• 인몸이 소시서 아무것또 몬묵껫따.
= 잇몸이 부어서 아무 것도 못 먹겠다.

소시래이[이][soɕiɾE˜i]: 쇠스랑

• 소시레˜이 가아꼬 거럼 좀 퍼네에라.
= 쇠스랑 가지고 퇴비 좀 퍼내어라.

소여물[이][sojɜmul]: 쇠여물(쇠죽을 끓이기 위해 잘게 쓴 볏짚)

• 소 여물 쌍걸구로 짝두에 짚 쫌 미이라.
= 쇠여물 쓸게 작두에 볏짚 좀 들이 밀어라.

소자[이][soča]: 효자

• 니가 소자다. = 네가 효자다.

소죽솥[이][sočuk˺sot˺]: 쇠죽 가마솥

• 소죽소테 불 여어라. = 쇠죽 가마솥에 불을 지펴라(쇠죽을 끓여라.)

손끝~손끄티이[이][soŋk'ɜt˺]~[soŋk'ɜt^{h}ii]: 손끝, 손가락 끝

• 송꺼티이가 시리다. = 손끝이 시리다.

솔깨이[이][solk'E˜i]: 소나무 가지

• 굼불 떼구로 솔께˜이 쫌 헤온나.
= 군불을 때게 소나무 가지를 좀 해 오너라.

솔남구[이][solnaŋgu]: 소나무

• 간밤 비바람에 솔남구가 뿌리이채 뽑힜다.
=지난 밤 비바람에 소나무가 뿌리째 뽑혔다.

솔밭등[이][solbat'ɜŋ]: 소나무가 많은 작은 동산

• 솔바떵에 놀로 가자. = 소나무 동산에 놀러 가자.

솔바알[이][solp'a˜al]: 솔방울

● 솔빠˜알 쭈우로 가자. = 솔방울 주어로 가자.

송신하다[그] [soŋɕinɦada]: 시끄럽다

● 송신해서 잠이 안온다. = 시끄러워서 잠이 안 온다.

수물[셈] [sumul]: 스물

● 언자 수무사린데 멀 안다꼬 시지벌 보네건노?

= 이제 스무 살인데 무엇을 안다고 시집을 보내겠느냐?

수시[이] [suɕi]: 수수

● 수시도 찰수시가 있고 일반 수시가 있지.

= 수수도 찰수수가 있고 보통 수수가 있다.

수틀[이] [sut^{h}ㅋl]: 숫돌

● 수틀 가아온나. 낫 쫌 갈구로. = 숫돌 가지고 오너라. 낫을 갈게.

수태기[이] [sut^{h}Egi]: 많이

● 쪼께마 어더오라캤떠마넌 수테기데네.

= 조금만 얻어 오라고 했더니 양이 많다.

숩다[그] [sup˺t'a]: 쉽다

● 우째거레 숩끼 아란노? = 어떻게 해서 그렇게 쉽게 알았느냐?

숫디이[이] [sut'i˜i]: 숯등걸

● 눈써비 수띠˜이가치 껌네. = 눈썹이 숯등걸 같이 검다.

숭구다[남움] [suŋguda]: 심다

● 보리비낸데 머어라도 쪼깨 숭구바라.

= 보리를 베고 난 자리에 무엇이라도 조금 심어 보아라.

숭악하다[그] [suŋak^{h}ada], 숭축하다[그] [suŋč^{h}uk^{h}ada]: ①흉악하다, ②굉장히 인색하다

● 숭아카기 생깄따. = 흉악하게 생겼다.

● 요고빼끼 안주나. 숭아카다. = 요것밖에 안 주냐. 인색하다.

시건[이] [ɕigㅋn]: 철

● 시거˜이 헌하다= 철이 많이 들었다.

시그럽다[그] [ɕigㅋɾㅋp˺t'a]: 시다

● 풍게가 안주 덜이것따. 시거러바서 몬묵껐따.

= 자두가 아직 덜 익었다. 시어서 못 먹겠다.

시껍하다[제움] [ɕik'ㅋp˺hada]: 곤욕을 치르다, 혼나다

● 그때 울매나 시껍핸는고 모린다.= 그때 얼마나 혼이 났는지 모른다.

시끼[이] [ɕik'i]: 세끼

● 하리 시끼로 다 굴뭈따. = 하루 세끼 모두 굶었다.

시낭전 이 [ɕinaŋčɜn]: 신부가 신랑 집으로 가기 전

● 시낭전에 친정집에서 하리밤 잔다.

=신부가 신랑 집으로 가기 전에 친정집에서 하룻밤 잔다.

시럽재이 이 [ɕiɾɜp˥čE˜i]: 실없쟁이

● 시럽제˜이멩쿠로 와 가마˜이 인넌 아아로 울라노.

= 실없쟁이처럼 왜 가만히 있는 아이를 울리느냐.

시리 이 [ɕiɾi]: 시루

● 떡 찌구로 시리 내나아라. = 떡을 찌게 시루 내어 놓아라.

시비구디이 이 [ɕibigudi˜i]: 강물이나 바다물이 갑자기 깊어지는 곳

● 지푼데 가지마레이. 시비구디˜이 이설라.

= 깊은 데는 가지 마라. 갑자기 깊게 패인 곳이 있을지 모른다.

시상베리다 제움 [ɕisaŋbEɾida]: 돌아가시다.

● 시상베리고 나서 울어싸아모 소용이 인나.

=돌아가시고 나서 울어봤자 소용이 있느냐.

시시니시 이 [ɕiɕiniɕi]: 세시네시

● 시시니시가 데도 안온께네 걱정이 데제 안데나.

= 세 시 네 시가 되어도 안 오니 걱정이 된다.

시오장리 이 [ɕiočaŋɾi]: 1할 5부 이자

● 숭년지모 할수인나. 시오장리라도 빌리무우야지.

= 흉년지면 어쩔 수 없다. 1할 5부 이자라도 빌려야 된다.

시인시럽다 그 [ɕi˜inɕiɾɜp˥t'a]: 싱겁다(= 말이나 짓이 좀 멋쩍다.)

● 시˜인시럽꾸로 니가 만다꼬거라노.

= 싱겁게 네가 왜 그러느냐.

시지부지 어 [ɕičibuči]: 흐지부지

● 시지부지하이 생각하고 있따가 컨코다친다.

= 흐지부지하게 생각하고 있다가 큰일 당한다.

시푸렇다~새파랗다~시푸루축축하다 그

[ɕipʰuɾɜtʰa]~[sEpʰaɾatʰa]~[ɕipʰuɾučʰuk˥čʰukʰada]: 새파랗다

● 추부서 시푸러타. = 추워서 (얼굴이) 새파랗다.

시피보다~시푸보다 남움 [ɕipʰiboda]~[ɕipʰuboda]: 얕잡아보다, 무시하다

● 사라멀 거레 시피보지마라. = 사람을 그렇게 얕잡아 보지 마라.

신어모 남움 [ɕinɜmo]: 신으면

- 먼지 시너모 임재다.= 먼저 신으면 임자이다.

신디이 이 [ɕindi˜i]: 쉰 살이 되어서 낳은 아이

- 우짤라꼬 저레 신디˜이로 나아갖꼬.
  = 어떻게 하려고 저렇게 쉰둥이를 낳아서.

신질로 어 [ɕinčilɾo]: 말도 없이 곧장

- 무러바도 말도 안하고 신질로 절로가데.
  = 물어 보아도 대답도 없이 곧장 저리로 가더라.
- 오데가넝고 신질로 가데. = 어디로 가는지 말도 없이 곧장 가더라.

실겅 이 [ɕilgɜŋ]: 시렁

- 거럭 씨꺼서 실겅에 언지라. = 그릇 씻어서 시렁에 얹어라.

실꾸리~실패꾸리 이 [ɕilk'uɾi]~[ɕilp^{h}Ek'uɾi]: 실패

- 바˜알하고 실꾸리 좀 가아온나. = 바늘하고 실패 좀 가지고 오너라.

실밥 이 [ɕilp'ap˺]: ① 실밥, ② 솔기

- 오세 실밥 붙었다. = 옷에 실밥이 묻었다.
- 실빱 터짔따. = 솔기가 터졌다.

실없다 그 [ɕiɾɜp˺t'a]: 실없다(= 실답지 못하다)

- 시럽시 와 자꾸 우서산노. = 실없이 왜 자꾸 웃느냐.

실컨 어 [ɕilk^{h}ɜn]: 실컷

- 실컨 무우라. = 실컷 먹어라.
- 니 하고지푼대로 실컨 해바라.= 네가 하고 싶은 대로 실컷 해 보아라.

심바람 이 [ɕimbaɾam]: 심부름

- 옴마심바람 쫌 가따온나. = 엄마 심부름을 좀 다녀오너라.

심패때리기 이 [ɕimp^{h}Et'Eɾigi]: 둘째, 셋째 손가락으로 손목을 때리는 행동

- 네기해갖꼬 심페떼리기 하자.
  = 내기를 해서 (지는 사람은) 손목 맞기로 하자.

싸래기 이 [s'aɾEgi]: 싸라기

- 싸레기는 찌:서 말라가아 찐쌀 헤무라.
  = 싸라기는 쪄서 말려서 찐쌀 해 먹어라.

싹꾼 이 [s'ak'un]: 일꾼, 삯꾼

- 품 아싸가 할라하다가 품꾸˜이 엄서서 싹꾼데가 안헨나.
  = 품앗이로 하려다가 품꾼이 없어서 일꾼을 대어서 했다.

쌀무리[이] [s'almuɾi]: 무리

● 쌀무리로 좀 헤 미이 바라. = 무리를 좀 해서 먹여 보아라.

쌍글다[남움] [s'aŋgㅋlda]: 썰다

● 소죽소테 여물쫌 쌍거라여어라.
= 쇠죽솥에 여물 좀 썰어 넣어라.

쌍디이[이] [s'aŋdi˜i]: 쌍둥이

● 쌍디˜이멘치로 달만네. = 쌍둥이처럼 닮았다.

쌔껄[이] [s'Ek'ㅋl]: 처마

● 비 안마꾸로 쎄껄미테 디라나라.
= 비를 맞지 않게 처마 밑에 들여 놓아라.

쌔때[이] [s'Et'E]: 열쇠

● 쎄떼갖꼬 여러바라. = 열쇠로 열어 보아라.

쌔빌릿다~쌨:다[그] [s'Ebilɾit'a]~[s'Et˥:t'a]: 흔하다, 많다

● 거렁거 우리동네 가모 쎄빌렀따.= 그런 것 우리 동네 가면 많다.

쎄바닥[이] [s'Ep'adak˥]: 혓바닥

● 쎄빠닥 한분 네에바라. = 혓바닥을 한 번 내밀어 보아라.

쎗동가리[이] [s'Et'oŋgaɾi]: 쇳조각

● 쎄똥가리 쭈우 모다나았따가 엳바까 무우라.
= 쇳조각 주워 모아 놓았다가 엿으로 바꿔 먹어라.

써다[남움] [s'ㅋda]: (불을) 켜다

● 불쫌 써바라. = 불 좀 켜 봐라.

써리[이] [s'ㅋɾi]: ① 써레, ② 서리(霜)

● 노널 가라가아꼬 써리갖꼬 고로고로 써리나모 모숭구기 조타.
= 논을 갈아서 써레로 땅을 고르게 써려 놓으면 모내기하기에 좋다.

● 밤새 써리가 하하이 내릾다. = 밤사이 서리가 하얗게 내렸다.

써언타[그] [sㅋㅋnt^ha]: 시원하다

● 바레미 설렁설렁하이 오˜오런 우짠일로 이레 써언노?
= 바람이 살랑살랑 부는 것이 오늘은 어쩐 일로 이렇게 시원하냐?

쎄기[어] [s'Egi]: 속히, 빨리

● 다른사람 다 가:꼬 가기전에 쎄기 안가모 몬가아온다.
= 다른 사람이 다 가지고 가기 전에 빨리 안 가면 못 가져온다.

쎗바알[이] [s'Ep'a˜al]: 혓바늘

• 쎄빠~알이 나서 아무껏또 몬묵껏따.

= 혓바늘이 돋아서 아무 것도 못 먹겠다.

쏘케[이][s'ok^{h}E]: 솜

• 피가 마~이 난다. 쏘케가아꼬 마가바라.

= 피가 많이 난다. 솜으로 막아라.

쏘가지[이][s'ogači]: 성질

• 쏘가지가 더러바서 말로 한마디 몬한다.

= 성질이 더러워서 말을 한마디 못 한다.

쑹[이][s'uŋ]: 흉

• 쑹 보지마라. = 흉을 보지 마라.

씨근밥~씨인밥[이][ɕ'igɜnbap˥]~[ɕ'i:inbap˥]: 식은 밥

• 씨건밥 나먼거 무레 마라무우라

= 식은 밥 남은 것 물에 말아서 먹어라.

씨기다[남움][ɕ'igida]: 시키다

• 군소리 헤사치말고 씨기넌데로 헤라.

= 군말 하지 말고 시키는 대로 해라.

씨:누[이][ɕ'i:nu]: 시누이

• 멀카넌 씨:미카마 말기넌 씨:누가 더 밉따.

= 나무라는 시어머니보다 말리는 시누이가 더 얄밉다.

씨라다[제움][ɕ'irada]: 대적하다, 맞서보다

• 거레 두리 딱 맏씨라다가 커~일 네것따. 하나가 고마 안지고.

= 그렇게 둘이서 서로 대적하다가 큰일 내겠다. 하나가 그만 져라.

씨래기[이][ɕ'irEgi]: 시래기

• 씨레기 쌀마가아꼬 딘장 끼리라.

= 시래기 삶아서 된장국 끓여라.

씨:미[이][ɕ'i:mi]: 시어머니

• 씨:미가 메너리 난넌다꼬 거집 메너리도 씨:미하고 똑갈따.

= 시어머니가 며느리를 만든다고 그 집 며느리도 시어머니와 꼭 같다.

씨부묵다[남움][ɕ'ibumuk˥t'a]: 씹어 먹다

• 셍키지말고 씨부무우라. = 삼키지 말고 씹어 먹어라.

씨부리다[제움][ɕ'iburida]: 종알거리다

• 하리쟁일 씨부리고 입을 안놀린다.

= 하루 종일 종알거리고 입을 닫지 않는다.

씨아바시[이] [ɕ'iabaɕi]: 시아버지

- 씨아바시 아푸다커더마넌 어떠소?
  = 시아버지가 편찮다고 하더니 좀 어떠합니까?

씩다[남움] [ɕ'ik˺t'a]: 씻다

- 칼컬키 씨꺼라. = 깨끗하게 씻어라.

씬내이[이] [ɕ'innE˜i]: 고들빼기

- 게씬네˜이 거거넌 씨부도 참씬네˜이 거거넌 마싰따.
  = 개고들빼기는 맛이 쓰도 참고들빼기는 맛이 있다.

씹다[그] [ɕ'ip˺t'a]: ① (맛이) 쓰다, ② 입이 아프다.

- 쪼께 씨부도 참꼬 무우라. = 조금 써도 참고 먹어라.
- 자꾸 가턴말 씨피지마라. 이비 씹다.
  = 자꾸만 같은 말 시키지 마라. 입이 아프다.

씽티이[이] [ɕ'iŋtʰii]: 바보

- 씽티이멘치로 와 밤마 자꾸 무울라카노.
  = 바보처럼 왜 밥만 자꾸 먹으려고 하느냐.

ㅇ

아나[느] [ana]: 자

- 아나, 요오있따.= 자, 여기 있다.

아들래미[이] [adɘlɾEmi]: 아들

- 이집 아덜레미넌 오˜올 오데간노?
  = 이 집 아들은 오늘 어디에 갔느냐?

아랑지[이] [aɾaŋči]: 아랑제(기생 아랑을 추모하는 제사)

- 아랑지 지네넝거 보로갔따. = 아랑제 지내는 것 보러 갔다.

아:래~아:리[이] [a:ɾE]~[a:ɾi]: 그저께

- 아:리는 베이던데 어지는 몬밨다.= 그저께는 보이던데 어제는 못 보았다.

아마따마라[이은] [amat'amaɾa]: 아무 말 마라

- 니넌 아마따마라. = 너는 아무 말 하지 마라.

아붐 이 [abum]: 시아버님

- 어무˜이, 아붐 지˜잉 잡사섬미꺼?
  = 어머님, 아버님 저녁 잡수셨습니까?

아지뱀 이 [ačibEm]: 아주버님

- 거집 손우 아지베미 참조타.
  = 그 집 손위 아주버님이 참 좋다.

앉거라 제움 [aŋk'ㅋɾa]: 앉아라

- 이리 앙꺼라. = 여기에 앉아라.

안거무~안가모 이 [aŋk'ㅋmu]~[aŋk'amo]: 안사람

- 앙까모가 아푸모 지바˜이 얄군니라.
  = 안주인이 아프면 집안 행색이 나쁘다.

안들 이 [andㅋl]: 부인의 낮은말

- 안더리 오데로 거레 나뎅기노?
  = 안사람이 어디를 그렇게 나돌아 다니느냐?

안주 어 [anču]: 아직

- 안주 머렀따. = 아직 멀었다.

안짐앉음 이 [ančimančㅋm]: 앉은 자세

- 여서가가 안짐안저미 와거런노.
  = 여자 아이가 앉아 있는 자세가 왜 그러하냐.

알자리 이 [alč'aɾi]: 닭이 알을 놓을 수 있도록 마련해 둔 자리

- 알짜리 본다꼬 저레 우러산넌다.
  = 알 놓을 곳을 찾는다고 저렇게 운다.

암다 남움 [amt'a]: 안다

- 아:럴 업지말고 아마바라. = 아기를 업지 말고 안아 봐라.

암딱 이 [amt'ak˺]: 암탉

- 알나아무꾸로 암딱 한바리 키아보자.
  = 알 낳아 먹게 암탉 한 마리 키워 보자.

앞소리 이 [ap˺soɾi]: 상여가 나갈 때 한 사람이 앞에 서서 하는 소리

- 사람 주거설떼 압소리로 잘하모 청성시럽꼬 돈도 마˜이 더러온다.
  = 사람이 죽어서 장례를 치를 때 상여 앞에서 하는 소리를 잘하면 사람들이 슬퍼서 죽은 사람을 위해 돈을 많이 내어 놓는다.

앞치매 이 [ap˺čʰimE]: 앞치마, 행주치마

• 옷베릴라. 앞치매로 둘러라. =옷 버릴라. 앞치마를 메어라.

애비 [이] [Ebi]: 아버지

• 에미 에비도 엄나? = 어머니 아버지도 없느냐?

애장터 [이] [Ečaŋtʰ ㅋ]: 어린 아이의 무덤이 많은 곳

• 거짝 골짜:아 전부 에장터다. 비가 올라카모 헤치이 부리 나고 아 우넌 소리도 나고 안거라나.

= 그 쪽 골짜기는 모두 어린 아이 무덤터다. 비가 오려고 하면 도깨비불이 보이고 아기 우는 소리도 들리고 그런다.

애지름 [이] [Ečiɾ ㅋm]: 석유

• 아:가 놀렌넝갑따. 송까락세에 에지럼쫌 볼라주라.

= 아이가 놀랐나 보다. 손가락 사이에 석유 기름을 조금 발라 주어라.

애처럽다 [그] [Ečʰ ㅋɾ ㅋp˥t'a]: 애처롭다

• 보모 더 애처럽지. =보면 더 애처롭다.

앵경 [이] [Eŋg ㅋŋ]: 안경

• 머:시 하나또 안베인다. 엥겅 가아오바라.

= 무엇이 하나도 안 보인다. 안경 가지고 와봐라.

앵꼽다 [그] [Eŋk'op˥t'a]: ① 아니꼽다, ② 메스껍다

• 더럽고 엥꼬바서 말도 하기실타.

= 더럽고 아니꼬워서 말도 하기 싫다.

• 오올 내가 여엉 쏘기 앵꼽다. = 오늘 내가 많이 속이 메스껍다.

앵끼손가락～앤지손가락 [이] [Eŋk'isoŋk'aɾak˥]～[Enčisoŋk'aɾak˥]: 새끼손가락

• 내 엥끼송까락도 안더러가것따.

= 나의 새끼손가락에도 들어가지 않겠다.

앵통하다 [그] [Eŋtʰoŋɦada]: 원통하다

• 오˜올 물기널 잘몬사서 또옥 엥통헤죽껏따.

= 오늘 물건을 잘못 사서 정말 원통해 죽겠다.

야꼬라다～전자다 [제움] [jak'oɾada]～[č ㅋnčada]: 겨누다

• 단디 야꼬라서 마차바라. = 단단히 겨누어서 마치어 봐라.

야바구 [이] [jabagu]: 속임수, 속임질

• 두눈 시뻘거이 떠고 있다. 야바구짓 하지 마라.

= 두 눈을 멀겋게 뜨고 있다. 속임수 쓰지 마라.

야시개이 [이] [jaɕigEi]: 냉이

• 야시게이하고 쑥 케가꼬 국끼리묵자.

= 냉이랑 쑥을 캐어서 국을 끓여 먹자.

얄궂다[그] [jalgut'a]: 성격이 좋지 않다, 거세다

• 거사람 보기요랑하고 말 씨피보모 참 얄구따이.

= 그 사람은 보기와는 달리 말을 시켜 보면 성격이 참 좋지 않다.

얌새이[이] [jamsE˜i]: 염소

• 얌세˜이 네다메에라. = 염소를 밖에 매어 놓아라.

어리깡대[이] [ㅋɾik'aŋdE]: 어릿광대

• 저아는 누로 달마서 저레 어리깡대지설 잘하꼬.

= 저 아이는 누구를 닮아서 저렇게 어릿광대짓을 잘할까.

어무이[이] [ㅋmu˜i]: 어머니

• 어무˜이 밥 잡수이소. = 어머니 밥 드십시오.

어시다[그] [ㅋɕida]: 억세다, 거칠다

• 씨레기 거거 쌀마나아도 어시다. = 시래기 그것은 삶아 놓아도 억세다.

어자침[이] [ㅋčač^him]: 어제 아침

• 어자치메 일라봉께. = 어제 아침에 일어나 보니까.

어중개비[이] [ㅋčuŋgEbi]: 좀 모자라는 사람

• 일꾸˜이 델라카모 일꾸˜이데덩가 걸꾸˜이델라카모 걸꾸˜이데덩가.
어중게비데꼬 농사 진넌다꼬 마너레가 욕본다.

= 일을 잘해서 일꾼이 되든지 글을 잘 알아서 식자가 되든지 해야지
어느 쪽도 아닌 남편을 데리고 농사를 짓는다고 아내가 수고를 한다.

어:찡~어쩌녁[이] [ㅋ:č'iŋ]~[ㅋč'ㅋnjㅋk˺]: 어제 저녁

• 어:찡에 와 놀로 안온노? = 어제 저녁에 왜 놀러 오지 않았느냐?

언:놈[이] [ㅋn:nom]: 어느 놈

• 언:놈이고, 언:놈이 거렌노?

= 어느 놈이냐, 어느 놈이 그랬느냐?

언:다[느] [ㅋ:nda]: 안 된다

• A: 심바람 좀 헤줄레? = 심부름 좀 해 줄래?

B: 언:다. 내 지껌 바뿌다. = 안 된다. 내 지금 바쁘다.

얼기미[이] [ㅋlgimi]: 필요 없는 이물질을 걸러서 보내는 기구(= 체)

cf) 이 지역에서는 구멍이 더 촘촘한 것을 '체'라고 함.

• 폴 치구로 얼기미 가아온나. = 팔에 섞인 이물질 고르게 체를 가지고

오너라.

- 께 치구로 체 가아온나. = 참깨에 섞인 이물질 고르게 체를 가지고 오너라.

얼기미빗[이][ㅓlgimibit ⁷]: 얼레빗

- 얼기미빗 가아꼬 한분 비서라. = 얼레빗으로 한번 빗어라

얼메나~울매나[어][ㅓlmEna]~[ulmEna]: 얼마나

- 거거 얼메나데노? = 그것 얼마나 되느냐?

얼석다[그][ㅓlsㅓk ⁷t'a]: 어리석다, 어수룩하다

- 얼석끼넌 한정도 엄네. = 어리석은 정도가 끝이 없다.

얼치이[이][ㅓlčʰi˜i]: 언청이

- 얼치˜이 아가리에 콩까리.= 언청이 입에 콩가루.(남이 이야기하는 데 참견을 잘 함을 핀잔 줄 때 하는 말.)

엄니[이][ㅓmni]: 덧니

- 이로 지떼 안빼주떠마넌 저레 엄니가 났따.
  = 이를 제 때 안 뽑아 주어서 저렇게 덧니가 났다.

없다[이][ㅓmt'a]: 없다

- 엄서모 고마 나뚜라. = 없으면 그만 두어라.

엄버지기[이][ㅓmbㅓčigi]: 둥글넓적하고 쩍 벌어진 자배기의 한 가지

엉가이~어지가이[어][ㅓŋga˜i]~[ㅓčiga˜i]: 어지간히

- 언자 뎄따. 엉가˜이헤라. = 이제 되었다. 어지간히 해라.

엉거럼[이][ㅓŋgㅓɾㅓm]: ① 엄살, ② 금

- 엉거럼도 허덜시리 지긴다. = 엄살을 많이도 부린다.
- 베게 엉거럼갔따. = 벽에 금이 갔다.

엉거리[이][ㅓŋgㅓɾi]: 겅그레(고기나 떡을 찌기 위해 올려놓는 대나무 판)

- 떡찌구로 엉거리 가아온나. = 떡을 찌게 겅그레 가지고 오너라.

엉때다[그][ㅓŋt'Eda]: 문지르다

- 서답 메메 엉떼라.= 빨래 많이 문질러라.

엉키다[제움][ㅓŋkʰida]: 엉키다

- 시리 엉킨네. = 실이 엉키었네.

에리다[그][Eɾida]: 어리다

- 에링기 우째저레 시거˜이 올데서꼬?
  = 어린 아이가 어떻게 저렇게 철이 빨리 들었을까?

에미[이][Emi]: 어미

• 에미젖또 몬무꼬 커도 저레 시라다.

= 엄마 젖을 먹지 못하고 자랐는데도 저렇게 건강하다.

엣소[느] [Es'o]: 여기 있소

• 엣소! 머할라꼬거라노? = 여기 있소! 뭐하려고 그러느냐?

엥구다리[이] [Eŋgudaɾi]: 안짱다리(두 발끝이 안쪽으로 향한 다리)

• 자아넌 알라떼 잘몬어번나. 와 다리가 엥구다리고.

= 저 아이는 어릴 때 잘못 업었나. 왜 다리가 안짱다리냐.

여남살[이] [jɜnamsal]: 열 살쯤

• 여남살 데 보이제? = 열 살쯤 되어 보이지?

여남시~여남이[이] [[jɜnamɕi]~[jɜnami]: 열 남짓이 되는 사람

• 여남시 오떵가 모러겻따. = 열 남짓 왔는지 모르겠다.

여:따[어] [jɜ:t'a]: 여기에

• 여:따다 부우바라. = 여기에다 부어 봐라.

여썸[이] [jɜs'ɜm]: 여섯 섬

• 올게넌 무리 더러서 여썸빼끼 몬혰따.

= 올 해는 (논에) 물이 들어서 여섯 섬밖에 못하였다.

여오다[남움] [jɜoda]: 이고 오다

• 물쫌 여온나. = 물 좀 이고 오너라.

여을[셈] [jɜ:ɜl]: 열흘

• 여:어레 한분 올랑가. = 열흘에 한 번 올지.

여푸랑[이] [jɜpʰuɾaŋ]: 옆

• 여푸랑에 찌라. = 옆구리에 껴라.

연까시[이] [jɜŋk'aɕi]: 사마귀

• 연까시는 눈에 더가모 봉사덴다.= 사마귀는 눈에 들어가면 장님이 된다.

연치[이] [jɜnčʰi]: 여치

• 연치는 방애로 콩닥콩닥 찡어싼는 거 아이가.

= 여치는 방아를 (찧는 것처럼) 콩닥콩닥 거리는 것 아니냐.

옇다[jɜtʰa]: 넣다

• 손에 들고 있으모 이자삔다. 오데다가 여어라.

= 손에 들고 있으면 잃어버린다. 어디에다 넣어라.

열다아살[이] [jɜldaasal]: 열다섯 살

• 열다아사림미더. = 열다섯 살입니다.

오나락[이] [onaɾak⌝]: 올벼

- 올게는 오나락이 더 잘뎄다.= 올해는 올벼가 더 잘되었다.

온나[제움] [onna], 오서[제움] [osɜ]: 오너라. 와서

- 어푼 온나. = 빨리 오너라.
- 이리오서 말헤라. = 이리로 와서 말을 하여라.

오라바시[이] [oɾabaɕi]: 오라버니

- 거집 오라바시 시상베린나? = 그 집 오라버니 돌아가셨느냐?

(실)오래이[이] [oɾEi]: (실)오라기

- 실오래이 한게 안걸치고 있떠라.= 실오라기 하나 걸치지 않고 있더라.

오마다[남움] [omada]: 오므리다

- 다리럴 오마고 안자라. = 다리를 오므리고 앉아라.

오분[이] [obun]: 이번

- 오분에넌 안 데건나. = 이번에는 될 것이다.

오줌시끼~오줌자질개[이] [očumɕik'i]~[očumčačilgE]: 오줌을 자주 누러 가는 아이 (=오줌 소태증)

- 오줌시끼가? 와, 지~잉네 통시까니고.
  = 오줌 소태증이냐? 왜, 저녁 내내 화장실 출입이냐.

오지랍[이] [očiɾap⌝]: 윗옷의 앞자락

- 와이레 오지라펄 다베리난노?
  = 왜 이렇게 윗옷 앞자락을 다 버렸느냐?

올개[이] [olgE]: 올해

- 니 올게 멫싸리고? = 너 올 해 몇 살이냐?

올데다[그] [oldEda]: 조숙하다

- 나요랑하고 참 올데다. = 나이보다 많이 조숙하다.

올수시[이] [olsuɕi]: 먼저 수확하는 수수

온아척~온아적[이] [onačʰɜk⌝]~[onačɜk⌝]: 오늘 아침

- 오나처게넌 우짠일로 이레 일찌기 일란노?
  = 오늘 아침에는 어쩐 일로 이렇게 일찍 일어났느냐?

왈기다[남움] [walgida]: 잘못된 점을 다그치거나 나무라다

- 왈기지말고 사살 달게라. = 다그치지 말고 살살 달래라.

요시[어] [joɕi]: 요즘

- 요시 통 안베이데. = 요즘은 전혀 보이지 않더라.

요오알 이 [jo˜oal]: 용의 알, 귀한 사람

- 그사람은 요오알이다.= 그 사람은 귀한 사람이다.

욕보다 제움 [jok˺boda]: 수고하다

- 컨일친다꼬 욕바쩨? = 큰일을 치느라 수고를 하였지?

우게 어 [ugE]: 위에

- 상우게 나아라. = 상 위에 놓아라.

우또리~우통 이 [ut'oɾi]~[utʰoŋ]: 윗도리

- 우또리 버서서 거러나코 헤라. =윗도리 벗어서 걸어놓고 해라.

우붕 이 [ubuŋ]: 우엉

- 우붕뿌리너 쌀마가아 무치무우도덴다.
  = 우엉 뿌리는 삶아서 무쳐 먹어도 된다.

우악시럽다 그 [uak˺ɕiɾɘp˺t'a]: 우악스럽다

- 가서나가 성질이 이래 우악시러바서 오데다가 씨건노.
  =딸아이가 성격이 이리 우악스러워서 어디에 쓰겠느냐.

우애꺼 이 [uEk'ɘ]: 생각 밖의 물건, 소용없는 것

- 안사도 델뿐헨네. 무다˜이 우에꺼로 사가꼬.
  = 안사도 될 뻔했다. 괜히 필요 없는 것을 사가지고.

우째 어 [uč'E]: 어떻게, 어찌

- 우쩨항끼네 데던데. = 어떻게 하니 되던데.

우투럽다 그 [utʰuɾɘp˺t'a]: 위태롭다, 위험하다

- 아무리 바도 우투럽따. = 아무리 보아도 위험하다.

우이 제움 [ui˜i]: 우니

- 우˜이 소용 인나? = 우니 소용이 있느냐?

우서모 제움 [usɘmo]: 웃으면

- 니넌 우서모 더 이뿌다. = 너는 웃으면 더 예쁘다.

웅디이 이 [uŋdi˜i]: 웅덩이

- 가아가 웅디이 빠지가아꼬 안 죽었나.
  = 그 아이가 웅덩이에 빠져서 죽었다.

원시이 이 [wɘnɕi˜i]: 원숭이

- 원시˜이도 낭게서 떠러질수가 안인나.
  = 원숭이도 나무에서 떨어질 수가 있다.

원천자아 이 [wɘnčʰɘnča˜a]: 온천장

• 오˜올 원천자˜아 안갈레? = 오늘 온천장에 안 갈래?

유고사벤[이] [ugosabEn]: 육이오사변

• 유고사벤때 피난간다꼬 말캐 다 내삐리고 갔지 머.
  = 육이오사변 때 피난을 간다고 모두 다 버리고 갔다.

유울딸[이] [juult'al]: 유월달

• 자아 생아리 유울따리제? = 저 아이의 생일이 유월달이지?

이까리[이] [ik'aɾi]: 고삐

• 소미:일떼 이까리로 나아미라 .
  = 소에게 풀을 뜯길 때는 고삐를 잡고 있지 말고 자유롭게 해서 풀을 뜯겨라.

이망빼기[이] [imaŋp'Egi]: 이마빼기

• 이망빼기다가 머로 부치가 뎅기노?
  = 이마에다 무엇을 붙이고 다니느냐?

이뿌다[그] [ip'uda]: 예쁘다

• 고고 컨께네 더 이뿌네. =그것 커니까 더 예쁘네.

이약책[이] [ijak˥ $\check{c}^h$Ek˥]: 이야기 책

• 이약책 한분 일거바라. = 이야기책 한번 읽어 봐라.

이우지[이] [iuči]: 이웃집

• 마이 헤라. 이우지 다갈라묵꾸로.
  = 음식을 많이 해라. 이웃집 모두 나눠 먹게.

이자뿌다~이자삐다[그] [ičap'uda]~[ičap'ida]: 잊어버리다, 잃어버리다

• 니꺼는 이자뿌고 안가꼬 온는갑따.
  = 너의 것은 잊어버리고 안가지고 왔나보다.

• 오다가 질까에 이자뺐는갑따.= 오다가 길에서 잃어버렸나보다.

이지다[그] [ičida]: 얼굴이 성숙해 보이다, 처녀티가 나다

• 이지서 여엉 처˜이간네. = 얼굴에 성숙한 티가 나서 완전히 처녀 같다.

인:간하다[그] [i:nganɦada]: 어지간하다

• 니도 인:간하다. = 너도 어지간하다.

인배[이] [inbE]: 해충이 있어 아픈 배

인추이[이] [in$\check{c}^h$u˜i]: 밥만 먹고 잠만 자는 쓸모없는 사람

• 인추이가 따로 엄따. 니가 인추이가 아이고 머꼬.
  = 밥만 먹고 잠만 자는 쓸모없는 사람이 따로 없다. 네가 그런 사람이 아니고 뭐냐.

일간재이[이] [ilganč E˜i]: 집안의 중대사(이사, 혼인)가 있을 때 길일을 택하여 주는 사람

- 운제 이사하모 조얼랑고 일간제˜이한테 무러바라.
  = 언제 이사를 하면 좋은지 일간쟁이한테 물어 보아라.

일라주다[제움] [ilɾačuda]: 일러주다, 고자질하다

- 일라주지 마레이. = 고자질 하지 마라.

일바시다[남움] [ilbaɕida]: 일으키다

- 일바시 주지마라. 지가 이일나구로.
  = 일으켜 주지 마라. 저 혼자 일어나게.

입소구리[이] [ip˺soguɾi]: 입술

- 입소구리가 다 죘따. = 입술이 다 부르텄다.

잎사구[이] [ip˺sagu]: 잎사귀

- 뗑깔 입사구로 좀 찌˜이 볼라바라. 빨리 나설끼다.
  = 꽈리 잎사귀를 좀 찧어 바르면 빨리 나을 것이다.

ㅈ

자가모[그] [čagamo]: 적으면, 작으면

- 키가 쫌 자가모 우떤노. = 키가 좀 작으면 어떠하냐.
- 양이 자가모 더 도라헤라. = 양이 적으면 더 달라고 해라.

자리 오이소[이은] [čaɾioiso]: 집을 방문한 사람에게 하는 인사

- 자리오이소. 우짠일임미꺼?
  = 어서 오십시오. 어쩐 일입니까?

자안방[이] [ča˜anbaŋ]: 작은방

- 자˜안방에 가바라. = 작은방에 가 보아라.

자질개[이] [čačilgE]: ① 오줌을 자주 누는 사람 ② 하나의 일을 조금씩 자주 자주 하는 사람을 빗대어 부를 때

- 자질개매애로 지잉내 요강단지를 들고 안잤네.
  = 자질개처럼 저녁 내내 요강단지 출입이다.(오줌을 자주 누러 가는 사람에게 이르는 말.)

• 자질개매애로 쪼깨 하다가 일라고 하다가 일라고 그라네.
= 자질개처럼 조금 하다가 일어나고 하다가 일어나고 그런다.

잣대치기[이] [čat'Eč^higi]: 자치기
• 이전에는 놀만한기 있더나. 잣대치기나 하고 떼기따묵기나 하고 그랬지.
= 옛날에는 놀만 한 것이 있더냐. 자치기나 하고 딱지 따먹기나 하고 그랬다.

작수바리[이] [čak˥subaɾi]: 빨래 줄이 되는 대나무를 지탱하여 주는 것으로 나무막대 3개를 한 묶음으로 해서 양쪽으로 세우고 대나무를 그 위에 걸친다.
• 작수바리 좀 가아온나. 빨레 널거로.
= 작수바리 좀 가지고 오너라. 빨래 널게.

잔:집[이] [ča:nčip˥]: 작은아버지 댁
• 잔:지베 갔떠나? = 작은아버지 집에 갔더냐?

잘매[이] [čalmE]: 숙모
• 컬:메하고 잘메 데꼬온나.
= 큰어머니랑 작은어머니 모시고 오너라.

잠추이[이] [čamč^hu˜i]: 잠보
• 잠추˜이가? 헤꾸녕도 안메킨넌데 벌씨로 자구로.
= 잠보냐? 해도 아직 지지 않았는데 벌써 자게.

잡소롬하다[그] [čap˥soɾomɦada]: 짤따랗다
• 잡소롬하이 겐창껏따. = 짤따래서 괜찮겠다.

장~자아[이] [čaŋ]~[ča˜a]: 시장
• 오올 자아 안가나?= 오늘 장에 안 가느냐?

장개이[이] [čaŋE˜i]: 정강이
• 장게˜이가 아푸다. = 정강이가 아프다.

장뚜깐~장또깐[이] [čaŋt'uk'an]~[čaŋt'ok'an]: 장독대
• 장뚜까네 가따나아라. = 장독대에 가져다 두어라.

재깐[이] [čEk'an]: 재를 모아 둔 헛간
• 제까네 제가 날라산넌다. 오줌 좀 퍼부우라.
= 헛간에 재가 난다. 오줌을 좀 퍼 부어라.

재물~지물[이] [čEmul]~[čimul]: 비누 대용으로 쓰기 위해 재를 걸러서 만든 물
• 이저네넌 사부˜이 오데 있떠노. 지물로 바치서 안 썬나.
= 옛날에는 비누가 어디 있더냐. 재를 받쳐서(만든 물로) 썼다.

재비쌀~조비쌀[이][čEbis'al]~[čobīs'al]: 좁쌀

- 자˜아 가모 제비쌀 한데 파라온나. 보러메 제비밥 헤묵꾸로.
  = 장에 가면 좁쌀을 한 되 사 오너라. 정월 대보름에 조밥 해 먹게.

재인[이][čE˜in]: 장인

- 제˜이니 사우만던다 안카더나.
  = 장인이 사위를 만든다고 하지 않더냐.(장인을 닮은 사위를 보게 된다.)

재작[이][čEčak˥]: 장난

- 저레 제자걸 지긴다. = 저렇게 장난을 친다.

재추댁이[이][čEčʰut'Egi]: 두 번째 부인으로 시집온 사람

- 거지베 제추떼기 더러오가꼬 여엉 본처노릇한다.
  = 그 집에 두 번째 부인이 들어와서 본부인처럼 잘한다.

저가배[이][čəgabE]: 아이 아버지

- 저가베 오데 간넝기요? = 아이 아버지는 어디에 갔습니까?

저거넘[이][čəgənəm]: 며느리가 시댁 숙모를 부르는 호칭

- 저거넘, 아적 잡사섬미꺼?= 시숙모님, 아침 드셨습니까?

적다[남움][čək˥t'a]: 겪다

- 열찔 물쏘건 아라도 한질 사람쏘건 모런다꼬 저꺼바야 안다.
  = 열길 물속은 알아도 한길 사람의 마음속은 모른다고 겪어봐야 안다.

전디다[제움][čəndida]: 견디다, 참다

- 전디넌데까지 전디바라. = 견딜 수 있는 데까지 견디어 보아라.

전오줌[이][čənočum]: 퇴비로 쓰기 위하여 모아 둔 소변

- 난수바테 전오줌 주우라. = 남새밭에 오줌 퇴비 주어라.

절사돈[이][čət˥sadon]: 곁사돈

점빠치~점재이[이][čəmp'ačʰi]~[čəmčE˜i]: 점쟁이

- 점빠치한테 가서 사주 한분 빼바라.
  = 점쟁이한테 가서 사주팔자를 한 번 뽑아 보아라.

접꽃[이][čəp˥k'ot˥]: 겹꽃

접옷[이][čəbot˥]: 겹옷

- 삼동에는 접옷 안입고 전디나.= 겨울에는 겹옷을 안 입고 견디느냐.

저서서[남움][čəsəsə]: (휘휘) 저어서

- 히히 저서서 마시바라. = 휘휘 저어서 마셔 보아라.

정지꾼[이][čəŋčik'un]: 부엌데기

• 만날 산다사아도 정지꾼 멩친도 몬한다.
= 매일 살아 봐도 부엌데기를 면하지 못한다.

젖미기 이 [čㅋnmigi]: 젖먹이

• 전미기로 나뚜고 오데로 가건노?
= 젖먹이를 두고 어디를 가겠느냐?

제까락 이 [čEk'aɾak˺]: 젓가락

• 제까락질로 우쩨 저레하노. = 젓가락질을 어찌 저렇게 하느냐.

제우 이 [čEu]: 겨우

• 제우 제아났따. = 겨우 재워 놓았다.

제피나무 이 [čEp^{h}inamu]: 계피나무

• 제피가 엄서모 제피나무 잎사구로 멫개 따넣어라.
= 계피가 없으면 계피나무 잎사귀를 몇 개 따서 넣어라.

조모똥 이 [čomot'oŋ]: 좀의 똥

조오 이 [čo˜o]: 종이

• 얄구지 조˜오쪼가리 한장 가따주데.
= 볼품없는 종이쪽지 한 장 가져다주더라.

좀새이 이 [čomsE˜i]: 성격이 좀스러운 사람

• 좀세˜이가턴 자석.(성격이 좀스러운 사람을 이르는 말.)

조오모 그 [čoomo]: 좋으면

• 거레 조오모 니 헤라. = 그렇게 좋으면 네가 가져라.

주구 이 [čugu]: 밥주걱

• 주구가아꼬 누룽밥 좀 껄거온나. = 주걱으로 누룽지를 좀 긁어 오너라.

주:라 남움 [ču:ɾa], 주:서[ču:sㅋ]: 주어라, 주어서

• 니는 만은께네 그거는 가아 주:라.
= 너는 많으니까 그것은 그 아이 주어라.

주디이 이 [čudi˜i]: 입의 낮은말, 동물의 주둥이

• 주디˜이 다무러라. = 입 다물어라.

주묵밥 이 [čumuk˺p'ap˺]: 주먹밥

• 새북에 일나서 주묵밥 다 맨드라나았다.
= 새벽에 일어나서 주먹밥 다 만들어 놓았다.

주우[ču˜u]: 바지

• 주우 흘리내린다. 단디 추우가아꼬 이부라.

=바지 흘러내린다. 단단히 올려서 입어라.

주운자 이 [čuunča]: 주전자

- 주운자 가아가서 탁주한데 바다온나.

  = 주전자 가지고 가서 막걸리를 한 되 사 오너라.

줄모 제움 [čulmo]: 줄면

- 요게서 양이 더 줄모 안덴다. = 여기서 양이 더 줄면 안 된다.

줄대 이 [čult'E]: 옷을 걸기 위하여 벽과 벽 사이에 대나무를 걸어 둔 것

- 옷 버서서 줄떼에 거러라. = 옷을 벗어서 줄에 걸어라.

줄땡기기 이 [čult'Eŋgigi]: 줄다리기

- 너거 두치서 줄뗑기기 한분 헤바라.

  = 너희 둘이서 줄다리기를 한 번 해 보아라.

중신애비 이 [čuŋɕinEbi]: 중매쟁이

- 중신에비가 시라야 거지베 이리 잘덴다.

  = 중매쟁이가 좋아야 그 집에 일이 잘 성사된다.

지기다 남움 [čigida]: 죽이다

- 저거로 지기도 몬하고 살리도 몬하고 우짜모 조컨노? 기가 차 죽껏따.

  = 저 아이를 죽이지도 못하고 살려 놓지도 못하겠고 어떻게 하면 좋겠느냐? 기가 딱 막힌다.

지니~지이 이 [čini]~[či˜i]: 지네

- 지˜이한테 물리모 약도 엄따. = 지네한테 물리면 약도 없다

지다리다~지대리다 남움 [čidaɾida]~[čidEɾida]: 기다리다

- 쪼께마 더 지다리바라. = 조금만 더 기다려 보아라.

지동 이 [čidoŋ], 성주지동 이 [sɜŋčučidoŋ]: 기둥, 집의 가장 주된 기둥

- 지동낭걸 부짭꼬 와거레산노? = 기둥을 붙잡고 왜 그러느냐?
- 지신발끼할떼 멘먼지 성주지동 아페서 빈다.

  = 지신밟기를 할 때는 제일 먼저 집의 가장 주된 기둥 앞에서 빈다.

지랄용천하다 제움 [čiɾaljoŋč[h]ɜnɦada]: 마구 법석을 떨거나 분별없이 하는 행동

- 지랄용처˜얼 헤사터˜이 고고 꼬시다.

  = 분별없이 행동하더니 고것 고소하다.

지배락 이 [čibEɾak˺]: 쥐벼룩

- 지베락 오럴라. 게로 거레 아마사치마라.

  = 쥐벼룩 옮을라. 개를 그렇게 안지 마라.

지업다 그 [čiɜp˺t'a]: 지겹다

- 우짠일로 이레 빠서가 안오노? 지다리기 지어바죽껀네.
  = 어쩐 일로 이렇게 버스가 안 오느냐? 기다리기 지겨워 죽겠다.

지이뜯다 남움 [či:it'ɜt'a]: 잡아 뜯다, 쥐어뜯다

- 소너로 지:이떠더라. = 손으로 잡아 뜯어라.

지잉꺼리 이 [či˜iŋk'ɜɾi]: 저녁거리

- 지˜잉꺼리 엄서도 셍기네 걱쩡도 안한다.
  = 저녁거리가 없어도 생전에 걱정을 안 한다.

지잉땀 이 [či˜iŋt'am]: 저녁나절

- 지˜잉따메 델로갈꺼마. = 저녁나절에 데리러 갈게.

지:서 남움 [či:sɜ]: (농사) 지어서

- 농사 지:서 말케 자석들한테 다 나나주고 둘이서 머묵고 살라카노.
  = 농사를 지어서 모두 자식들에게 다 나누어주고 둘이서 무엇을 먹고 살려고 하느냐.

지집질 이 [čičip˺čil]: 계집질

- 오데 저런 난봉꾸˜이 이써꼬. 지집지리고, 노러미고, 안하넝기인나.
  = 어디 저런 난봉꾼이 있을까. 계집질이고 노름이고 안 하는 것이 없다.

지침 이 [čič^{h}im]: 기침

- 지잉내 와거레 지치멀 하노? = 저녁 내 왜 그렇게 기침을 하느냐?

지패이 이 [čip^{h}E˜i]: 지팡이

- 지페˜이로 집꼬 사:알 일라바라.
  = 지팡이를 딛고 조심해서 일어나 보아라.

지푸다 그 [čip^{h}uda]: 깊다

- 거짜건 지푸다. = 그 쪽은 깊다.

지푸래기 이 [čip^{h}uɾEgi]: 지푸라기

- 지푸래기라도 잡는 심정 아이건나.
  = 지푸라기라도 잡는 심정이 아니겠느냐.

진잎 이 [činnip˺]: 색깔이 누렇게 바랜 채소의 잎사귀

- 진니펀 말케 게라네라. = 누렇게 변한 잎사귀는 모두 골라내어라.

진또리 이 [čint'oɾi]: 돌을 가지고 하는 놀이의 일종

질 이 [čil]: 길

- 질가넌 사라멀 불러세나코 무러바라.

= 길을 지나는 사람을 불러 세워 놓고 물어 보아라.

질다[그][čilda]: 길다

● 좀 질다. = 조금 길다.

짐[이][čim]: 김

● 짐나모 소도방떼까리 여러나라. = 김이 나면 솥뚜껑을 열어 놓아라.

짐치[이][čimč^{h}i]: 김치

● 가~알 싱겁기해서 국짐치 다마라. = 간을 싱겁게 해서 국물김치를 담아라.

집따까리~집때까리[이][čip⌝t'ak'aɾi]~[čip⌝t'Ek'aɾi]: 지붕

● 바라미 우짠다꼬 이레 마~이 부노? 집따까리 날라가겨따.

= 바람이 어쩐 일로 이렇게 많이 부느냐? 지붕이 날아가겠다.

징:내[그][či:ŋnE]: 저녁 내내

● 징:내 저라고 있따.= 저녁 내내 저렇게 하고 있다.

징키다[남움][čiŋk^{h}ida]: 지키다

● 니가 서가 징키라. = 네가 서서 지켜라.

짜매다[남움][č'amEda]: 묶다

● 지둥에 짜메나아라. = 기둥에 묶어 놓아라.

짜새받기~깔레받기[이][č'asEbak'i]~[č'alɾEbak'i]: 공기놀이

● 숭년덜구로 따라더리 와저레 짜세받끼로 마~이 하노.

= 흉년이 들게 여자 아이들이 왜 저렇게 공기놀이를 많이 하느냐.

쪼굴시앉다[제움][č'ogulɕiant'a]: 쪼그려 앉다

● 한참 쪼굴시안자떠~이 다리가 제리죽껫따.

= 오랫동안 쪼그리고 앉아 있었더니 다리가 저려서 죽겠다.

쪼르개[이][č'oɾ∃gE]: 생채, 푸성귀로 만든 나물

● 베차로 쪼러게헤가꼬 보리바베 비비무우모 마싰따.

= 배추로 생채를 만들어 보리밥에 비벼 먹으면 맛이 있다.

쪼사묵다[남움][č'osamuk⌝t'a]: 쪼아 먹다

● 닥 후차가아온나. 마다~아 헐린거 쪼사묵꾸로.

= 닭을 몰아 오너라. 마당에 흘린 것 쪼아 먹게.

쫑구래이[이][č'oŋguɾE~i]: 쪽박, 보통 바가지보다 작은 바가지

● 쌀쫑구레~이 오데나뚠노? = 쌀바가지를 어디에다 두었느냐?

쭈굴사리[이][č'ugulsaɾi]: 주름

● 고상얼 헤서 쭈굴사리가 쭈굴쭈굴하다.

= 고생을 많이 해서 (얼굴에) 주름이 쭈글쭈글하다.

쭈굴시럽다[그] [č'ugulɕiɾ ɜp˥t'a]: 창피스럽다

● 쭈굴시럽구로 그기 머시라꼬 그라노.

= 창피스럽게 그것이 무엇이라고 그러느냐.

쭈:다났다[남움] [č'u:danat'a]: 주워놓았다

● 질까 헐리가 이써서 헤에나 시푸서 쭈:다났따.

= 길가에 흘러 있어서 혹시나 해서 주워 놓았다.

쭉때기[이] [č'uk˥t'Egi]: 쭉정이

● 알키넌 엄꼬 쭉떼기뿌˜이다. = 알맹이는 없고 쭉정이뿐이다.

찌다[남움] [č'ida]: 끼다

● 만넝가 요오서 한분 찌바라. = 맞는지 여기서 한 번 껴 보아라.

찌렁내[이] [č'iɾ ɜŋnE]: 지린내

● 오줌싼나? 오온 이부레 찌렁네다.

= 오줌을 쌌느냐? 온 이불에 지린내가 난다.

찌불다[제움] [č'ibulda]: 기울다

● 한짜거로 찌부럾따. = 한 쪽으로 기울었다.

찌이묵다[남움] [č'i˜imuk˥t'a]: 찧어 먹다

● 오신따네 한가마˜이마 찌˜이무우라.

= 우선에 한 가마니만 찧어 먹어라.

찐흑~찐덕[이] [č'inɦ ɜk˥]~[č'ind ɜk˥]: 진흙

● 여게는 찐덕찐덕하이 여엉 찐덕이다.

= 여기는 찐득찐득하니 많이 진흙이다.

찡가주다[남움] [č'iŋgačuda]: 끼워주다

● 한게 더 찡가주께=한 개 더 끼워 줄게.

ㅊ

차럼이불[이] [čʰaɾ ɜmibul]: 차렵이불(= 봄 이불)

차말[이] [čʰamal]: 참말

● 니, 거거 차말이가? = 너, 그 말 참말이냐?

차분물 [이] [čʰabunmul]: 찬물

• 떠신물 말고 차분물 엄나? = 뜨거운 물 말고 찬물은 없느냐?

찬나락 [이] [čʰannaɾak˥]: 찰벼

• 올게는 찬나락을 쪼깨 숭구바라. = 올해는 찰벼를 조금 심어 보아라.

참지름 [이] [čʰamčiɾ ɜm]: 참기름

• 께 뽀까라. 참지럼 짜로 가구로. = 참깨를 볶아라. 참기름을 짜러 가게.

참꽂 [이] [čʰaŋk'ot˥]: 진달래꽃

• 창꽂 따무로 갈레? = 진달래꽃 따먹으러 갈래?

채리다 [남움] [čʰEɾida]: 차리다

• 한상 잘 체리바라. = 한상 잘 차려 보아라.

채이 [이] [čʰE˜i]: 키

• 콩 까불구로 체˜이 가아온나. = 콩을 까부르게 키를 가지고 오너라.

챈빗 [이] [čʰEnbit˥]: 참빗

• 첸빗갖꼬 싹싹 비서바라. = 참빗 가지고 싹싹 빗어 보아라.

천상~청상 [어] [čʰ ɜnsaŋ]~[čʰ ɜŋsaŋ]: 하는 수 없이. 어쩔 수 없이

• 갈 사사래미 엄따. 천상 니가 가야 데것따.
= 갈 사람이 없다. 하는 수 없이 네가 가야 되겠다.

천지삐까리다 [그] [čʰ ɜnčip'ik'aɾida]: 가득하다, 많다

• 오온천지에 천지삐까리다. = 온 사방에 많다.

철비 [이] [čʰ ɜlbi]: 잠자리

• 빨간 철비 고고는 참 새첩더라.= 빨간 잠자리 그것은 참 예쁘더라.

첩사이 [이] [čʰ ɜp˥sai]: 첩의 낮은말

• 첩사이 세는 말도 몬한다. = 첩의 시샘은 말도 못할 만큼 많다.

청솔깨이 [이] [čʰ ɜŋsolk'E˜i]: 청솔가지

• 청솔께˜이로 미러너어났떠마넌 저레 영기가 난다.
= 청솔가지를 밀어 넣었더니 저렇게 연기가 난다.

초비이 [이] [čʰop'i˜i]: ① 식초가 든 병, ② 술을 잘 먹는 사람

• 초삐이 좀 내나바아라.= 식초병 좀 내어 놓아 보아라.

• 만날 술로 무운께네 초삐이라카지.
= 메일 술을 먹으니까 식초병이라 하지.

초집 [이] [čʰočip˥]: 초고추장

• 헤꺼리 사왔따. 초집 만더러라. = 횟감 사왔다. 초고추장 만들어라.

축구[이] [$\check{c}^h$uk'u]: 바보

- 축구야, 니는 이것도 모르나.= 바보야, 너는 이것도 모르느냐.

축땀[이] [$\check{c}^h$uk ˥t'am]: 축단

- 이지베 오˜올 소˜이 온나. 와이레 축따메 시˜이 만노.

  = 이 집에 오늘 손님이 왔느냐. 왜 이렇게 축단에 신발이 많으냐.

추부서[그] [$\check{c}^h$ubusㅋ]: 추워서

- 벌시로 저레 추부사서 삼동에넌 우짤라카노?

  = 벌써 저렇게 추위를 타서 겨울에는 어떻게 하려느냐?

치매[이] [$\check{c}^h$imE]: 치마

- 치메 디비시이붔따. = 치마를 뒤집어 입었다.

ㅋ

코꾼다리[이] [k^hok'undaɾi]: 코뚜레

- 소 몬움지기구로 코꾼다리 자바라.

  = 소가 못 움직이게 코뚜레를 잡아라.

코띠이[이] [k^hot'i˜i]: 콧등

- 머로한다꼬 저레 코띠˜이 따미 송골송골하노?

  = 무엇을 한다고 저렇게 콧등에 땀이 송송 맺혔느냐?

클:매[이] [k^hㅋlmE]: 큰어머니

- 컬:메, 컨아부지 오데가썸미꺼?

  = 큰어머니, 큰아버지 어디에 가셨습니까?

ㅌ

탄약[이] [t^hanjak˥]: 한약

- 탄약 데리디리고 가께. = 한약 다려 드리고 갈게.

태가리~타가리[이] [t^hEgaɾi]~[t^hagaɾi]: 턱의 낮은말

- 오데 함부로 테가리로 놀리노.

= 어디서 함부로 턱을 움직이느냐.(말을 함부로 하지 마라.)

탱주나무[이] [t^hEŋčunamu]: 탱자나무

● 저건니 텡주나무까시에 서답널고 온나.

= 저 건너 탱자나무 가시에 빨래를 널고 오너라.

터래기[이] [t^hǝɾEgi]: 털

● 게~이터레기 아: 이베 더러갈라.

= 고양이털이 아기 입에 들어가겠다 (조심해라).

터불[이] [t^hǝbul]: 터울

● 두살터불 아~이가? = 두 살 터울이 아니냐?

토까이[이] [t^hok'ai]: 토끼

● 토까이 잡는다꼬 덫을 나아났떠마는 한 바리도 안잡힜떠라.

= 토끼 잡는다고 덫을 놓았더니 한 마리도 안 잡혔더라.

토째비[이] [t^hoč'Ebi] ~ 해치이[이] [hEč^{h}ii]: 도깨비

통시깨[이] [t^hoŋɕik'E]: 화장실 가는 길에 놓은 아이의 별칭

● 에릴짜아는 통시깨, 통시깨 그래 불렀다.

= 어릴 때는 통시깨, 통시깨 그렇게 불렀다.

투루박[이] [t^huɾubak˺]: 두레박

● 투루박 세미에 빠잤따. = 두레박을 우물에 빠뜨렸다.

ㅍ

파알[이] [p^ha:al]: ① 팔월, ② 추석

● 파:알에 사주꾸마 가마~이이써라.

= 추석에 사주마. 가만히 기다리고 있어라

● 자아 셍아리 파:알딸 아이가? = 저 아이 생일이 팔월 달 아니냐?

팔대장[이] [p^halt'Ečaŋ]: 키가 큰 사람의 별칭

● 키가 커서 팔떼장같따. = 키가 커서 팔대장 같다. (= 키가 매우 크다.)

팔목때이[이] [p^halmok˺t'Ei]: 팔목의 낮은말

● 팔목떼이로 와거레 까딱까딱 놀리산노?

= 팔목을 왜 그렇게 까딱까딱 놀리느냐? (손이 먼저 나가는 사람의

행동을 나무랄 때 쓰는 말.)

패기[이] [p^{h}Egi]: 포기

- 고치모종 메페기마 어더온나. =고추 모종을 몇 포기만 얻어 오너라.

패악시럽다[그] [p^{h}Eakㄱɕirㅓpㄱt'a]: 포악스럽다, 성격이 좋지 못함

- 그 아: 성질 페악시럼네. = 그 아이 성격이 포악스럽네.

패악지기다[제움] [p^{h}Eakㄱčigida]: 억지를 부리다

- 사람덜 인넌데서 또 페악지길레?
  = 사람들이 있는 곳에서 또 억지를 부릴 것이냐?

패엄솔[이] [p^{h}Eㅓmsol]: 마주보고 기워서 만든 솔기

퍼다[남움] [p^{h}ㅓda]: 푸다

- 나리 가무라서 겡운기로 물로 펀다.
  = 날씨가 가물어서 경운기로 물을 푼다.

페이[어] [p^{h}E~i]: 편히

- 페~이 시이라. = 편히 쉬어라.

포래이[이] [p^{h}orE~i]: 파리

- 소마구가 집아네 이서~이 포레~이가 여엉 날리다.
  = 소 마구간이 집 안에 있으니 파리가 많이 난다.

포롬하다[그] [p^{h}oromɦada]: 파르스레하다

- 세까리 포롬하~이 존네. = 색깔이 파르스레해서 좋다.

포쭉[이] [p^{h}oč'ukㄱ]: 팥죽

- 동지포쭉 끼리무운나? = 동지 팥죽 끓여 먹었느냐?

폴[이] [p^{h}ol]: 팔

- 포리 아파죽껏따. = 팔이 아파 죽겠다.

폴심[이] [p^{h}olɕim]: 팔의 힘

- 폴심이 쎄서 무건거는 지가 다든다.
  = 팔 힘이 세어서 무거운 것은 자기가 다 든다.

푸꼬치[이] [p^{h}uk'oč^{h}i]: 풋고추

- 무레 밤마라서 푸꼬치로 딘장에 찌거무우라.
  = 물에 밥을 말아서 풋고추를 된장에 찍어 먹어라.

푸답[이] [p^{h}ubapㄱ]: 풀을 먹인 빨래

- 푸답할꺼는 이리 따리 모다 나아라.
  = 풀 빨래 할 것은 이리로 따로 모아 놓아라.

푸룽물 이 [pʰuɾuŋmul]: 푸른 물

- 풀쏘게 아무데나 안찌마라. 푸룽물던다.
  = 풀밭에서 아무 곳에나 앉지 마라. (옷에) 푸른 물이 든다.
- 힌서다베 푸룽물 덜라나아모 잘 지도 안한다.
  = 흰 빨래에 푸른 물이 들면 잘 지지 않는다.

푸새 이 [pʰusE]: 옷에 풀을 먹인 모양, 풀 기운

- 푸세가 빠빳하기 풀로 미:이바라.
  = 풀 기운이 빳빳하게 풀을 먹여 보아라.

포랑나물 이 [pʰoɾaŋnamul]: 삶거나 데쳐서 만든 푸른색 나물

- 포랑나물 무치라. = 푸른색 나물 무쳐라.

푼나물 이 [pʰunnamul]: 생으로 만든 푸른색 나물

- 푼나무런 머로헨노? = 푸른색 나물로는 무엇을 준비하였느냐?

푼내 이 [pʰunnE]: 과일이 아직 덜 익었을 때의 냄새

- 안주 푼네난다. = 아직 덜 익어서 풋 냄새가 난다.

풀비 이 [pʰulp'i]: 귀얄(= 풀을 칠하는 빗자루)

- 풀삐 좀 차자바라. 오~올 문 좀 보러구로.
  = 귀얄 좀 찾아보아라. 오늘 창호지 좀 바르게.

피끼 이 [pʰik'i]: 삘기(산에 나는 식물의 일종으로 부드러울 때는 먹을 수 있다.)

- 피끼 거거 야덜야덜할떼 뽀바무우모 달달하다.
  = 삘기 그것은 부드러울 때 뽑아 먹으면 달다.

핀지~핀주~펜지 이 [pʰinči]~[pʰinču]~[pʰEnči]: 편지

- 핀주로 보네바라. = 편지를 보내 보아라.
- 베달부요! 우리 핀지 엄넝기요? = 집배원! 우리 편지 없습니까?

핑기다 남움 [pʰiŋgida]: 물을 손으로 뿌리다

- 마다~아 물 좀 확 핑기바라. = 마당에 물 좀 손으로 뿌려 보아라.

ㅎ

하리사리 이 [haɾisaɾi]: 하루살이

- 비올라카나, 와이레 하리사리가 날리고.

= 비가 오려나, 왜 이렇게 하루살이가 난리냐.

하리이틀 이 [hariit^h ㅋl]: 하루 이틀

- 하리이털도 아˜이고, 만날 저레가꼬 우짜건노.

  = 하루 이틀도 아니고, 매일 저렇게 해서 어떻게 하겠느냐.

하문두분 이 [hamundubun]: 한 번 두 번

- 하문두분도 아˜이고 우쩨거레 덜부더나 빌리로뎅기노.

  = 한 번 두 번도 아니고 어찌 그렇게 자꾸자꾸 빌리러 다니느냐.

하살 이 [hasal]: 화살

- 하살로 맞아도 안죽더라 카더라.= 화살을 맞아도 안 죽더라 하더라.

하알님 이 [ha˜alɾim]: 하느님

- 하˜알림도 무심하지. = 하느님도 무심하지.

하알수박 이 [ha˜alsubak˥]: 하눌타리

- 허리다친데넌 하˜알수바거로 술로 당가무우모덴다.

  = 허리를 다쳤을 때는 하눌타리로 술을 담가 먹으면 된다.

하입 이 [ha˜ip˥]: ① 한입, ② 한 닢(= 적은 양의 돈)

- 하˜입마 비이 묵꾸로 해주라. = 한 입만 베어 먹도록 해 주어라.
- 이리온나 내가 하˜입 주꾸마. = 이리 오너라 내가 한 닢 줄게.

한기때기 이 [hangit'Egi]: 한 부분, 조금

- 헤˜에나 시푸서 한기떼기 숭구났떠마넌 거기 저레 잘뎄따.

  = 혹시나 해서 한 부분에 심어 놓았더니 그것이 저렇게 잘 되었다.

한불 이 [hanbul]: 한벌

- 한부레 얼메요? = 한 벌에 얼마입니까?

한바알 이 [hanp'a˜al]: 한 방울, 조금

- 니도 한빠˜알 마시바라. = 너도 한 방울 마셔 봐라.

한오쿰 이 [hanok^hum]: 한 주먹 만큼

- 하노쿰마 가꼬가라. = 한 주먹 만큼만 가지고 가거라.

함때 이 [hamt'E]: 한 끼니

- 함떼 굴무바라. = 한 끼니를 굶어 봐라.

할메 이 [halmE], 헤미 이 [hEmi]: 할머니, 할머니의 낮은말

- 헤미가 거레 시피보이나? = 할머니가 그렇게 수이 보이느냐?
- 자아넌 할메소네서 컸따. = 저 애는 할머니 손에서 자랐다.

해딱개비 이 [hEt'ak'Ebi]: 가벼운 물건이나 사람을 지칭

• 개구바서 해딱개비다.= 가벼워서 해딱개비다.

해때[이] [hEt'E]: 천정 모서리 부분에 대나무로 짠 판을 붙여 두고 물건을 올려놓는 장소

• 해때 우에다가 올라나아라. = 해때 위에 올려놓아라.

해애나[어] [hE~Ena]: 행여나, 혹시

• 헤~에나 우리 아: 몬빤넝기요?

= 혹시 우리 아이를 못 보았습니까?

해치[이] [hEč^{h}i]: 바쁜 일을 끝내고 하루 정도 모여서 노는 일(=호미씻이와 비슷한 놀이)

• 우리옴마 오~올 헤치가썸미더 = 우리 엄마 오늘 해치 갔습니다.

핵교[이] [hEk'jo]: 학교

• 핵교 갔다 온나?= 학교 갔다 왔느냐?

핸문 닫히다[이은] [hEnmun tač^{h}ida]~해꾸녕 맥히다[이은] [hEk'unj∃ mEk^{h}ida]: 해가 지다.

• 헤꾸녕도 안주 안메킨넌데 벌씨로 잘라카나?

= 해도 아직 지지 않았는데 벌써 자려고 하느냐?

행지포[이] [hEŋčip^{h}o]: 행주

• 헹지포가아꼬 부뚜막 좀 따까라. = 행주로 부뚜막 좀 닦아라.

허덜시럽다[그] [h∃d∃lɕiɾ∃p⌝t'a]: 과장이 심하다

• 아:따, 허덜시럽끼넌 한정도엄네.

= 아이고, 과장이 심하기는 끝이 없다.

허러끈[이] [h∃ɾ∃k'∃n]: 허리띠

• 허러껀 껄러나아라. = 허리띠를 풀어 놓아라.

허북다리[이] [h∃buk⌝daɾi]: 허벅다리

• 이저네 엄시사넌집 소자메너리가 씨어런 게기 무꼬싶다칸다꼬 허북다리살로 비이가아 구걸 끼리주우따카넌 이바구가있때.

= 옛날에 가난한 집 효성스러운 며느리가 시부모님이 고기가 먹고 싶다고 하니까 허벅지살을 베어서 국을 끓여 주었다는 이야기가 있더라.

허새비[이] [h∃sEbi]: 허수아비

• 요세는 허세비 거거 세에나밨짜 소용도 엄따.

= 요즘은 허수아비를 세워 놓아도 소용이 없다.

허풍시이[이] [h∃p^{h}uŋɕi~i]: 허풍선이, 바보

● 니넌 허풍시˜이가? 와 만날 마꼬마 오노.
= 너는 바보냐? 왜 매일 맞고만 오느냐.

헷소문 이 [hEt˥somun]: 헛소문
● 누가 거레 헷소무널 퍼자고 뎅기더노?
= 누가 그런 헛소문을 퍼뜨리고 다니더냐?

호강시럽다 그 [hogaŋɕirɜp˥t'a]: 호강스럽다
● 호강시럽끼 커서 엄넌살리멀 알건나.
= 호강스럽게 커서 가난한 살림살이를 알겠느냐.

호래이 이 [horE˜i]: 호랑이
● 호레˜이가 누네 시푸런 불로 씨고 거레 뎅기더라카데.
= 호랑이가 눈에 새파란 불을 켜고 그렇게 다니더라고 하더라.

호매이 이 [homE˜i]: 호미
● 호메˜이 오데나뚠노? 고:메케로 갈라캉께.
= 호미 어디에다 두었느냐? 고구마를 캐러 가려고 하는데.

호부래비 이 [hoburEbi]: 홀아비
● 오온바˜아 호부레비네미가 난다.
= 온 방에 홀아비 냄새가 난다(= 혼자 사는 표시가 난다).

홀개~훌개 이 [holk'E]~[hulk'E]: 물에 축인 밀짚의 물기를 털어내는 기구
● 오˜올 밀떼무럴 너무마˜이 축사았따. 훌께로 훌터˜이 무리 줄줄한다.
= 오늘 밀짚을 물에 너무 많이 축였다. 훑개로 훑어보니 물이 줄줄 한다.

홍진손 이 [hoŋčinson]: 홍역
● 이집 아: 요세 홍진소˜이 더러서 여엉 얄궂따카데.
= 이 집 아이 요즘 홍역에 걸려서 많이 안 좋다고 하더라.

후두카다 남움 [hudukʰada]: 쫓다
● 후두카도 안덴다. 자꾸 방에 들올라칸다.
= 쫓아도 안 된다. 자꾸 방에 들어오려고 한다.

훌치이 이 [hulčʰi˜i]: 쟁기
● 오올 바깔구로 훌치˜이 좀 빌리온나.
= 오늘 밭을 갈게 쟁기를 좀 빌려 오너라.

흔디 이 [hɜndi]: 부스럼
● 오온전시네 헌디가 나가꼬 쪼께이 빠꼼한데가 엄따.
= 온 몸에 부스럼이 나서 조금도 성한 데가 없다.

히끼 [이] [hik'i]: 휘파람

- 거라지마레이. 바메 히끼불모 순사 자바간다.
  = 그렇게 하지 마라. 밤에 휘파람을 불면 순경이 잡아간다.

히바리 [이] [hibaɾi] : 힘

- 아:가 와이레 히바리가 엄노. = 아이가 왜 이렇게 힘이 없느냐.

히비다 [남움] [hibida]: 후비다

- 고마 히비파라. 던난다. = 그만 후벼 파라. 덧난다.

히안하다 [그] [hianɦada]: 신기하다, 의외이다

- 히안하구로 굴척시리 거기이 와 거게 가인노?
  = 신기하게 하필이면 그것이 왜 그곳에 가 있느냐?

제2장 경남 방언 음운 연구 동향

2.1. 음운 연구의 흐름

어떤 시대 어떤 언어에도 방언이 없었던 일은 없으며 방언이 없다면 그것은 이미 살아있는 언어일 수가 없다.[1] 이러한 방언에 대한 연구가 이루어지는 것은 자료가 없는 고대어 연구에 도움을 주고 나아가 언어의 계통 연구에도 한 몫을 하기 때문이다. 그리고 방언은 표준어나 문헌어보다 인위적인 제약을 덜 입었기 때문에 자연적인 상태에서 언어의 생장, 성장, 사멸의 과정을 파악하는 데 도움을 준다.

방언 연구에 있어서 제일 먼저 대두되는 것은 방언권의 설정인데, 종래에는 대체로 6개의 대단위 방언권(중부, 동남, 서남, 동북, 서북, 제주 방언)으로 나누어 고찰되어 왔다. 그러나 현대와 같이 문화의 교류가 빠른 시기에는 이러한 방언 구획에 대한 연구 결과는 하위 방언권이 가지고 있는 특성이 충분히 반영되지 못할 우려가 있다. 따라서 방언 연구는 소지역에 대한 철저하고도 세밀한 조사 연구가 필요하다고 본다.

---

1) '방언'이란 말의 등장은 동양에서는 중국의 양웅(揚雄)이 전한(前漢)시대에 ≪方言≫을 저술함으로써 비롯되었고, 서양의 'Dialect'란 말은 희랍시대에 만들어진 어휘인데 희랍인들은 그들의 언어가 지방에 따라 차이가 있음을 인식하여 Ionia, Aeolia, Doria 지방의 언어를 모집하다고 한다. 그러나 진정한 방언 연구는 19세기 역사언어학이 방언의 음운과 형태가 고대어와 연관이 있다고 인정된 이후부터이다(최학근, 1959:35).

방언 연구의 시발점인 소지역을 핵방언권으로 보면 행정구역상 소지역은 군 단위에 해당한다(이익섭, 1972:99). 결국 이러한 핵방언권을 중심으로 이웃 방언끼리 비교하여 보다 가까운 것끼리 묶어 나가면 자연 더 큰 상위 방언권이 만들어지리라 보며 이것이 정확하게 이루어질 때 실질적인 국어 방언학이 정립될 수 있다.

학문의 모든 분야는 그간에 걸어온 발자취를 더듬어 보고 현재의 위치와 그리고 앞으로의 방향을 모색하는 의미에서 사적인 연구가 필요하다. 그러므로 본 연구는 대방원권인 경남 방언 음운 연구의 흐름을 파악하여 현재까지의 연구를 바탕으로 앞으로 경남 방언이 어떠한 방향으로 나아가야 하는지에 대한 방향을 모색하고, 핵방언권으로서 함안 지역어의 연구 필요성을 살피고자 한다.

경남 방언에 대한 그동안의 연구는 220여 편이 되는데 그 중에서 음운에 관한 것이 가장 많고 그 다음으로 형태, 통사, 어휘 순으로 나타난다.[2)] 다음 표는 1910년 이후 경남 방언의 음운 연구에 대한 목록을 일별해 본 것이다.

[표 1] 경남 방언 음운 연구 연도별 현황(1995. 12. 현재)

연도	음소 및 음운 현상	운 소	계
1915	小倉進平		1
1916	小倉進平		1
1945		하야육랑	1
1950			

2) 본 연구를 준비하는 과정에서는 경남 방언의 음운에 관한 논저들만 일별해 보았으므로 기타의 분야에 관한 논저들에 대한 목록은 일일이 열거하지는 못하고 그 수치로만 파악하였다. 참고로 최명옥(1979)에서는 1979년까지의 경남 방언 연구 성과를 112편으로 집계하였으며, 그로부터 10년 후인 김정대(1990)에서는 188편으로, 김영태(1992)에서는 200여 편으로 집계하였다.

연도	음소 및 음운 현상	운　소	계
1951		하야육랑	1
1952			
1953			
1954		허 웅	1
1955		허 웅	1
1956			
1957			
1958			
1959			
1960	김영송		1
1961	최학근		1
1962	최학근, 김중곤	문효근a	3
1963	김영송a, b, 최학근a, b		4
1964			
1965			
1966	김차균	김영만a, b	3
1967	김영송, 이병선, 박종수		3
1968	정연찬a, 신기상	정연찬b	3
1969		문효근, 정연찬	2
1970		김차균	1
1971	이병선, 류구상, 김중곤	정연찬	4
1972	김윤학, 여찬영		2
1973	김영송	하시모도, 김차균	3
1974	김영송, 최명옥	Ramsey, 문효근, 김영만, 정연찬	6
1975	김영태a, 박지홍a	김차균	3
1976	최명옥a, 이영길, 박정수		3
1977	김재문, 염선모, 김영송	대강효남, 김차균b	5
1978	최명옥a, 이광호	박종수, 김차균	4
1979	김중곤, 전광현, 조규태, 최명옥	박종수	5

연도	음소 및 음운 현상	운　소	계
1980	정연찬, 김영태	김차균, 박종수	4
1981	서정목, 김영태, 문곤섭	박종수a, b	5
1982	정인상, 김영진, 최명옥a, b, 류영남, 정정덕, 신승원, 김영태a, b		9
1983	김형주, 김영태, 최영학, 박창원, 배병인, 최중호	김정배	7
1984	최중호, 이상규, 김재문, 성인출		4
1985	김형춘, 정영주a, b, 김영진, 임명선, 최명옥	김차균	7
1986	박명순, 곽창석, 이병근, 전상희	김영만, 문곤섭, 김차균, 문효근	8
1987	최명옥b, 정영주, 박명순, 손명규	주상대a, 정인교, 김차균, 신기상	8
1988	최명옥, 박정수, 공세기	김차균, 박명순	5
1989	김재하, 박정수, 소강춘, 박명순	김차균a, b	6
1990	박명순, 박정수		2
1991		구현옥	1
1992		김차균	1
1993	박정수, 김형춘, 박덕철, 이경희		4
1994	구현옥a, b		2
1995	구현옥a, b, c, d, 장삼식		5
계			140

경남 방언에 대한 연구가 주로 음운에 치우친 것은 방언학 역시 국어학의 한 범주이므로 그 연구 경향이 언어학 전반의 일반적인 흐름과 같이 하였기 때문이다. 즉 전통적인 방언 연구 방법과 구조언어학의 이론에 의한 연구 방법이 국어 방언 연구에 적용되었기 때문인데 구조언어학이 그 언어의 음운 체계를 수립하는 것이 목표이듯 이 방언의 연구 역시 음소 체계에 치중되었던 것은 당연한 귀결이었던 것이다.

방언 연구 전체의 절대 다수를 차지하는 음운 연구는 대체로 4가지 경향을 나타낸다.

첫째 전 지역을 대상으로 특이한 음운 현상을 보고하는 형식을 취하며, 둘째 대상 지역을 핵방언권으로 좁히면서 그 지역어의 공시적인 음운 체계 수립을 목적으로 기술하며, 셋째 핵방언권의 언어 현상 그대로 기술하는 것이 아니라 그것을 지배하는 규칙을 찾고 그 규칙을 정밀화하려는 노력과, 넷째 지금까지의 단선적인 접근이 아닌 복선적인 관점에서 음운 현상을 기술하려는 태도를 보인다.

2.1.1. 해방 전의 연구[3)]

일본으로부터 국권의 회복이라는 시대적 상황에 맞추어서 개화기의 국어 연구는 어문 민족(語文民族) 사상에 따라 지역, 인종, 언어의 삼위일체로서의 민족 내지 국가라는 개념 속에서 국어는 민족어로 규정되었다.[4)] 이는 주시경의 국어연구 사상에 잘 나타나 있다.

> 天이 命한 性을 從하여 其域에 其種이....其言을 言하기 適하여...其域은 獨立의 基요
> 其種은 獨立의 體요 其言은 獨立의 性이라...其國家의 盛衰도 言語의 盛衰에 在하고 國家의 在否도 言語의 存否에 在한지라... (주시경, ≪국어문법≫ 序, 1910)

그래서 국어의 문법을 통일하는 것이 곧 국민의 단합된 마음을 가져

3) 연구의 흐름을 일차적으로 해방 전과 후로 나누는 것은 국어 연구에 대한 관심이 국권 회복과 큰 관계를 가지고 있다고 보았기 때문이며, 해방 후를 10년 단위로 나눈 것은 방언 연구 흐름이 언어학의 흐름에 영향을 받았다고 보았기 때문이다.

4) 어문 민족 사상은 이병근(1978a:176)이 주시경의 국어관을 지칭한 용어인데 본 연구에서는 이를 참조로 하였다.

오는 것이라고 믿었다. 이러한 어문 민족주의적 국어관에 입각한 국어 연구에서는 자연히 분화에 의한 방언학에는 깊은 관심을 돌릴 수 없었고 부분적으로 방언 자료를 수집 보고하거나 방언 분화에만 관심을 보였다. 이러한 노력은 다음 글에서도 알 수 있다.

> 북인은 便於開口音ᄒᆞ고 남인은 便於撮口音ᄒᆞ니 地氣便然也라 如呼馬에 북인曰 말 남인 曰 몰 呼蠅에 북인曰 파리 남인曰 포리 呼豆에 북인曰 팟 남인曰 폿 呼腕에 북인曰 팔 남인曰 폴이라 ᄒᆞ야 比類極多라. ≪大韓自强會月報, 제4호, 1907≫
>
> (이병근, 1979: 13)

단편적인 언급에 그치지만 방언에 대한 이러한 기술은 최현배의 '소리갈'에까지 이어진다. 최현배는 '이은소리'를 '길이, 세기, 가락, 음절, 소리의 변동, 버릇소리'로 나누어 '버릇소리'를 기술하는 곳에서 방언에 대한 언급을 하고 있다.

> '버릇소리라 함은 버릇으로 말미암아서 그리 내는 것이란 뜻이다... 그 본소리와 버릇소리를 가를 수 있는 것도 있으되, 가를 수 없는 것도 있느니라... 때와 곳과 사람에 따라서 그 소리남이 다 같은 것도 있으며, 같지 아니한 것도 있느니라...ㅏ를 ㅗ로 내나니(경상, 전라: 바른다 → 보른다)...ㅢ를 ㅓ나 ㅡ로 내는 데가 있나니(경상, ㅓ 서울, ㅡ : 의주→ 어주, 으주)..
>
> (최현배, 1929:128～142)

그러나 무엇보다 방언 연구는 현지 조사를 필요로 하기 때문에 우리보다 유리한 위치에 있었던 일본인에 의해 창시되었고 독점될 수밖에 없었던 것이다. 소창진평(小倉進平)은 일본인 학자로서는 처음으로 우리말에 관심을 두어 역사언어학에 초점을 두고 국어사적 주제를 중심으로 방언 자료를 수집하고 기술하였으며 그들의 지리적 분포를 측정하여 이러한 방언사적 특질에 의한 방언 구획을 시도하였다.

국어 방언의 연구가 소창진평(1913)에 의해서 이루어졌듯이 경남 방언의 연구 역시 소창진평(1915, 1916)에 의해 비롯되었다.5) 소창진평은 이러한 논문들에서 마산, 통영, 거창, 남해, 하동, 진주 방언을 조사 보고하였는데 이에 대하여 이병근(1979:16)은 동일한 형태가 방언에 따라 서로 다른 의미 자질로 명시될 경우가 많기 때문에 막연히 주어진 방언 형태의 확인만으로는 지리적인 방언차를 발견할 수 없다는 단점을 가진다고 하였다.

드물게나마 국내학자로서는 방종현(1935)이 방언에서 /△/의 변천을 다루었으나 경남 방언의 경우는 어느 분야에서도 국내 학자에 의해 이루어진 것이 없다.

2.1.2. 해방 후의 연구

해방 후로부터 1960년대까지의 방언 연구는 대부분이 해방 이전의 방언사적 연구를 계승 발전 수정하는 모습을 띠었으며 국어사 연구에 보조적인 수단으로서의 기능을 담당하는 부분으로서 방언 연구가 이루어졌다. 그리하여 전통언어학의 연구 방법에 따라 방언의 개별 언어 요소들을 표준어와 직접 대응시켜 그 유사점과 차이점을 보여주는 데 주력하였다.

1970년대는 구조주의적 연구 방법에 따라 방언을 표준어와 결부시키

5) 김형주(1995:230)는 小倉進平 이전의 연구로서 서양인 Charles Gutzlaff, W.E. Griffis, H.B. Hulbert, Ernst Oppert, G.J. Ramsted 등의 저서 또는 논문에서 방언에 대한 단편적인 언급이 있으나 거론할 만한 것이 못되며, 일본인으로서도 象胥聞合遺(小田管作 增補, 1841)에 경상도 방언의 특질에 대한 언급이 있으며, 再刊 交隣須知(浦瀨 裕, 1883)에도 이에 대한 언급이 있으나 학문적인 것이 되지 못한다고 하였다.

려는 태도를 버리고 방언을 하나의 독립된 체계를 가진 언어로 취급하면서 각 방언 또는 하위 방언들의 음운 체계를 밝히는 것에 주력하였다.

1980년대는 변형생성언어학의 흐름에 따라 본토인들이 자기들의 언어에 대하여 가지고 있는 직관과 언어 현상을 지배하는 규칙의 체계를 찾아내는 것을 목적으로 형태음소의 교체를 지배하는 음운 규칙의 정밀화와 음운 과정을 설명하였다.

1990년대는 1980년 후반기부터 싹트기 시작한 복선음운론적 관점이 더욱 심화되기 시작하여 방언적인 현상을 복선음운론적 관점으로 해결하고자 하는 움직임이 보였다.

2.1.2.1. 1945~1950년대: 전통주의적 접근

일본인에 의해 시작되었던 방언 연구는 해방 후에도 계속되었다. 이들의 연구는 원자론적으로 개별 어휘에 대한 개체사를 추구하는 식이었고 각 음운 현상의 환경에 대한 면밀한 검토가 결여되었다. 이 시기의 내국인 학자로는 방종현(1947), 석주명(1947), 이숭녕(1957, 1959)을 들 수 있다. 이때의 연구는 주로 제주도 방언과 경상도 방언을 중심으로 전개되었는데 이와 같은 현상은 방언 연구가 국어사 연구의 보조적인 관계로 인식되었으며 제주도와 경상도 방언은 다른 지역보다 많은 고형을 유지하고 있기 때문이다.

경상도 방언에 대한 연구는 성조에 관한 것인데 중세 국어가 성조 언어였으며 그것이 현재 이 방언에 남아 있다는 사실이 성조 연구에 큰 관심을 가지게 한 것이다. 河野六郎(1945, 1951)은 성조의 종류, 성질 및 이름씨의 음절수별 성조형 고찰 등에 대하여 논의하였으며, 특히 상성점을 저고의 복합성조로 규정하였다. 허 웅(1954, 1955)은 중세의 성조는 고, 중, 저 3단계인데 두시언해 시기로부터 평탄화의 길을 걸어 현재의 장단으로 남게 되었다. 그러나 경남 방언의 경우는 여전히 고저의 체계를 유지하는데 이름씨 부류와 풀이씨 부류로 나누어 중세의 고저와 경남 방언(김해)의 고저 체계를 살펴본 결과 서로 다른 체계를 나타내므로 이는 처음부터 다른 체계를 형성하고 있었다는 것을 보여준다고 하였다. 그러나 세분된 세기별 고찰에서 이들이 어떠한 경로를 거쳐 어느 시대 어떠한 이유로 어떠한 모습으로 변하였는지에 대한 연계성을 밝혀주지 못한 점이 아쉽다.

이 시기의 연구는 앞으로 전개될 한국 방언 연구의 기반을 마련하였는데 특히 허 웅의 성조에 대한 체계적인 연구는 1960년대까지 활발히 전개되었다.

2.1.2.2. 1960년대: 구조・기술주의적 접근

해방 후로부터 1960년대까지의 방언 연구 양상은 국어사 연구에 보조적인 수단으로서의 기능을 벗어나지는 못하였으나 1960년대는 1950년대의 연구를 계승하면서도 새로운 연구 방법인 구조기술적 방법론을 도입하여 방언학을 기술하였다.

이 시기의 방언 연구는 다음 두 가지 면에서 방언사적인 의의를 가진다.

첫째 지금까지의 대방언권을 중심한 연구가 중방언권으로 좁혀지게 된 시기이다. 그리하여 방언을 하나의 독립된 체계를 가진 언어로 취급하면서 각 방언 또는 하위 방언들의 공시적 음운 체계를 수립하였다. 이 시기의 방언 음소 체계의 기술에 있어서는 전혀 추상적인 태도를 취하지 않고 최소대립쌍과 음성적인 특징을 고려했던 것이 특징이다. 비록 이들 방언 음운론의 연구들이 최소대립쌍 중심의 음운 목록의 일차적인 확인에 치중되었기는 하지만 공시적 차원과 기능적 차원을 더욱 밀접히 연결시켜 주었다는 데에 방언학사적 의의를 가진다. 그러나 개별 방언의 이러한 공시론적인 체계화의 시도가 전국적으로 이루어지지 못함으로써 그에 따른 방언 음운 비교 연구는 시도될 수가 없었다. 그리고 체계라는 관점에서 충실한 것이었다고 보기는 어렵고 본격적인 공시적 연구는 역시 70년대에 들어서야 실현된다. 둘째 60년대 말엽부터는 형태음소적 교체를 지배하는 음운 규칙의 정밀화에 대한 관심이 싹트기 시작하여 70년대의 방언 연구의 주요 과제로 인식되게 되었다.

이 시기에 이루어진 경남 방언의 음운에 대한 연구는 다음과 같다.

경남 또는 경상도 전 지역을 대상으로 특이한 음운 현상을 보고하는 연구로서 김영송(1960)은 경남 지역 음운에 대한 초기의 중요한 업적이며, 김영송(1963a, b, 1967, 1974)으로 이어지는데 김영송(1963a, b)에서는 경남 방언을 특성에 따라 2개 방언권(경북에 접한 지역에서 낙동강 본류 유역에 이르는 동북 경남 방언권 전라도에 접한 서부 경남과 바다에 면한 남부 경남을 합한 서남 경남권)으로 나누고 그 차이점을 나타내었다.[6] 그러나 대단위 방언권 내에 속하는 하위 방언 상호간에

---

6)

		A지역 (경북에 접한 지역에서 낙동강 본류 유역에 이르는 동북 경남 방언권)	B지역 (전라도에 접한 서부 경남과 바다에 면한 남부 경남을 합한 서남 경남권)
단모음	/ㅡ/-/ㅓ/	별 안됨	비교적 구별됨
	/ㅔ/-/ㅐ/	구별 안됨	비교적 구별됨
	/ㅚ/	(w)계 복모음으로 나는 것이 우세	단모음으로 나는 것이 우세
반모음 (j)계	/~ㅑ~/	/ㅏ/,/ㅔ,ㅐ/로 남	/ㅏ/로 남
	/~ㅕ~/	동부는/ㅖ, ㅒ/로 나고 북부는/ㅣ/로 남	/ㅖ/로 나나/ㅕ/로도 남
	/ㅖ~/	/ㅕ/가 우세하고/ㅣ/로도 남	/ㅔ/로 남
	/~ㅖ~/	/ㅔ,ㅐ/ 도는/ㅣ로 남	/ㅔ/로 남
반모음 (w)계	/ㅙ/	있음	없음
	/ㅝ~/	(w)음이 우세	(w)이 열세
	/~ㅞ~/	/ㅣ/가 우세	/ㅔ/가 우세

는 여러 면에서 차이를 보이는데 이를 무시하고 동북, 남부 방언 등으로 연구 대상 지역을 확대할 경우 하위 방언이 가지고 있는 특성이 배제된다.

음소에 대한 연구는 상당수가 국어사 정립을 위한 보조적 목적으로 이루어졌는데 최학근(1961, 1962, 1963a, b)은 경상도 방언의 어중닿소리 /ㅂ, ㅅ, ㄱ/의 문제를, 이병선(1967)은 경남 방언의 콧소리 되기 현상을 다루었는데 /n/앞에 /i, (j)/가 올 때 /n/ 자체는 생략되고 다시 앞뒤 홀소리를 콧소리로 되게 하는 현상이 경남 방언의 특징이라고 하였다. 김중곤(1962)은 진주 지역어를 대상으로 형태음소론적 현상을, 김차균(1966)은 창원 지역어의 음운 체계를, 박종수(1967)는 표준어 지도를 목적으로 경남 방언의 홀소리 특징을 고찰하였다. 정연찬(1968)은 닿소리는 서남 지역을 제외하고는 /s : s'/의 대립이 거의 없어 18개이고 홑홀소리는 /ㅣ, ㅔ, ㅐ, ㅡ, ㅓ, ㅏ, ㅗ, ㅜ/의 8개 홀소리 체계를 주장하였다. 신기상(1968)은 동부 경남 방언의 음운에 대한 고찰을 시도하였다.

그 외에도 1950년대 허웅에서 시작된 성조에 대한 연구는 이 시기에는 더욱더 활발한 연구 성과를 거두었다. 김영만(1966, 1974)은 경남 방언의 성조적 단계를 3단으로 인정하여 성조를 어절 단위로 파악하고 기술하였다. 정연찬(1968b)은 성조가 음의 고저 대립에 의한 것이라는 기존의 주장을 지지하면서 문효근(1962a)과 김영만(1966a, b)에 대해서 낮고 긴소리(底, 長)는 어두 음절에서만 출현이 가능하고 낮고 긴소리(底, 長)에 해당하는 상성은 복합성조의 관점에서 볼 것을 주장하였다. 이외에 성조에 대한 비교 연구가 이루어졌는데 문효근(1969)은 여러 지

이중모음	/ㅢ/	/ㅣ/로 남	/ㅣ/가 우세하나 이중모음으로도 남
자음	/ㅅ/-/ㅆ/	구별 안됨	구별됨

역어의 운소를 서로 비교 하였으며, 정연찬(1969)은 중세 국어와 경남 방언(고성, 통영, 거제)의 성조 기능을 비교하여 이들은 어두에서 최대이며 이에서 떨어질수록 약화되고 어말에서는 제로(zero)가 된다고 하였다.

2.1.2.3. 1970년대: 변형생성적 접근

1970년대의 방언 연구는 성숙기에 접어들었다고 볼 수 있다. 우선 독자적인 방언 연구가 본격적으로 이루어지기 시작한 시기로서 연구하고자 하는 대상 지역을 군 단위나 연관되는 몇 개의 군으로 축소하는 가운데 이루어지기 시작하여 1950년대의 대방언권에서 1960년대의 중방언권으로 다시 1970년대의 소방언권으로 그 연구 범위를 좁혀갔다.[7] 특히 이 시기에는 구조기술적 방법의 단점이 드러나기 시작하자 60년대 말부터 관심을 보이기 시작한 새로운 이론인 변형생성적 접근을 도입하여 본토인들이 언어에 대하여 가지고 있는 직관과 언어 현상을 지배하는 규칙의 체계를 찾아내고자 형태음소론적 교체를 지배하는 음운 규칙의 정밀화와 유기적 해석에 관심을 집중하였다. 그리하여 이 시기에는 공시적인 음운 체계의 입장과 생성음운론의 도입으로 규칙 설정과 규칙 순서 그리고 기저형 설정이라는 관점에서 음운 현상의 유기적인 해석이 제자리를 잡게 되는 시기이다. 이러한 노력은 80년대까지 계속되는데 그런 의미에서 70년대의 논의는 60년대와 80년대를 잇는 교량의 구실을 하는 시기라 볼 수 있다.

---

7) 이러한 관점은 이익섭(1972a)에서 비롯되는데 그는 사람들은 자기 고장의 방언과 그 이웃의 방언을 상당히 민감하게 구분지을 줄 아는데 현지 토착인들이 구분짓는 이 방언권을 군 단위로 보고 이것을 핵방언권이라 하였다. 더욱이 한국과 같은 전통사회에서는 이 핵방원권의 성립이 매우 일반화 되어 있는데 이러한 방언권을 중심으로 표준어 어형과 방언 어형을 대응시켜 연구하는 경향을 탈피하고 독자적인 방언 체계라는 입장에서 연구할 것을 주장하였다.

경남 방언의 음운 현상을 구명함에 있어서 추상적인 기저형을 설정한 본격적인 연구는 최명옥, 이광호의 연구가 대표적이다. 이들은 변형생성이론의 영향 아래 핵방언권의 언어 현상을 그대로 기술하는 것이 아니라 그것을 지배하는 규칙을 찾고 그 규칙을 정밀화 하려는 연구이다. 최명옥(1974)은 공시적 언어로서의 방언은 표면 구조와 심층 구조의 양면을 가지는데 전자는 그 방언이 다른 방언과 구별될 수 있는 특성이며, 후자는 모든 방언과 연결될 수 있는 공통성을 간직하는 것을 이른다고 하였다. 이러한 관점 아래 삼천포 방언을 고찰한 결과 동화와 탈락 현상이 이 방언에 가장 많은데 이것은 자연스럽고 경제적인 발화를 위한 이 방언 사용자들의 오랜 노력의 결과라고 하였다. 특히 /ㅣ/치닮기에 대하여(p. 63~66) 어원적인 /ㅣ/홀소리 앞에서 [-coronal] 닿소리가 주어지면 선행 음절이 /ㅣ/홀소리와 같은 계열로 닮게 되는 현상(아비→에비, 나비→*내비(나븨>나비)인데, /ㄹ/의 경우는 [-coronal]이지만 /ㅣ/치닮기가 불가능하나 풀이씨인 경우는 [r]로 실현되는 조건에서만 /ㅣ/치닮기가 실현된다고 하였다(거너리다 → 거니리다). 또한 어찌씨 형성 접사 '-이'는 /ㅣ/치닮기를 실현시키지 못하는 반면 임자자리토씨 '-이'나 이름씨 파생 접사 '-이, -기' 앞에서는 실현됨으로 보아 이 현상이 처음에는 형태소 내에서만 자유롭게 실현되다가 점차 형태소 경계에까지 확장된 것이라고 하였다.

박정수(1973)는 산청 지역어의 음소 실현을, 이영길(1976)은 서부 경남 방언 특히 진주, 진양의 음운 현상을, 전광현(1979)은 함양 지역어의 음운론적 현상을, 조규태(1979)는 경상도 방언의 /-uhta/에 대하여 고찰하였으며, 김영태(1975)는 이러한 음운 현상을 바탕으로 경남 방언의 방언 구획을 설정하였다. 최명옥(1976a)에서는 서남 경남 방언의 부사화 접사 '-아'에 관해 논의하면서 장음의 발생과 '-아'의 비표면화와의 관계를 어간이 일 음절일 때에는 어간 성조의 변동에만 관여할 뿐

장음 발생에는 어떠한 관여도 하지 않으나 어간이 1 음절 이상이 되면 어간 성조에는 관여하지 않고 장음 발생을 억제하는 데만 관여하는 것으로 이해하였다.

음소 또는 음소 체계에 대한 고찰로서 최명옥(1978a)은 경상도 방언(동남 방언)에서 6개 홑홀소리의 하나인 /ㅋ/가 역사적으로 /i/와 /ə/의 대립을 경험했음을 증명하고 그 기술 방법을 다룬 것이고, (1978b)는 경상도 방언이 고대에도 /ㅸ/과 /ㅿ/을 가졌음을 밝힌다. 이광호(1978)에서는 진주 방언의 겹홀소리를 다루면서 첫소리가 /ɲ, ɾ/일 경우를 제외한 닿소리일 경우 그 뒤의 겹홀소리가 실현되지 않는 것은 닿소리군 단순화와 활음 삭제, 음운 도치, 홀소리 축약, ‘e～i’ 교체로 설명하였다. 김재문(1977)은 홀소리 체계에 대한 활발한 논의에 이어 8개 홀소리 체계를 주장하였고, 김영태(1975a), 박지홍(1975), 염선모(1977)는 경남 방언에는 ‘닿소리 + 반홀소리’의 연결이 없다는 사실을 각 지역별 연구를 통해 보고하여 서부 또는 서남부 경남 방언의 공시적 기술을 시도하였다.

특히 이 시기에는 방언끼리(경상, 전라)의 비교연구가 이루어진 점이 주목된다.

김윤학(1972)은 삼천포와 여수, 순천의 닿소리 배합 현상을 비교하였으며, 여찬영(1972)은 삼천포와 여수, 순천 지역어의 음운 현상을 비교하여 삼천포와 여수는 42%가 같고, 여수와 순천은 56%, 순천과 삼천포는 37%가 같다고 보고하고 특히 /Ü/음운은 세 지역 모두 찾아보기 힘들며, /ö/음운은 여수와 순천에서는 /koki/가 /köki/와 같은 예로 나타나는데, 삼천포에서는 /ö/음운이 나타나지 않는다. 중년층 이상에서는 이와 같은 현상을 볼 수 있지만 교육을 받은 젊은 층에서는 대개 교육어에 가까워서 분별하기 힘들다고 하였다. 이 외 김중곤(1979)은 하동과 광양 지역어의 형태음소론적 현상을 비교 연구하였다.

이러한 비교연구는 경남 방언의 연구가 70년대에 들어 어느 정도 궤도에 올랐음을 시사하기도 한다. 그러나 몇몇 특정 소지역어와 단순한 비교에만 그치고 있으므로 대방언간의 체계적인 비교연구는 기대해 볼 수는 없다.

이 방언에서 불규칙 활용에 대한 논의는 미흡한 편인데 /ㅂ, ㅅ/ 불규칙이 거의 존재하지 않는다는 사실이 김영송(1973)에 의해 보고되었다. 이 외에도 류구상(1971)에서는 남해도 방언이 경상도 방언과 전반적으로 일치함을 음운 변화의 예(p> b, s>z>o)를 통해 입증하였다. 이병선(1971)에서는 문헌어 경기 방언과 경상 방언을 비교하고 경상 방언이 강한 고형을 유지하고 있음을 제출하고 특히 홀소리 조화에 있어서 밝은 홀소리의 강세를 주장하였다.

성조에 대한 논의는 60년대의 활발한 논의를 통하여 성숙기에 접어들게 된다. 김차균(1970)은 종래의 성조에 대한 기술이 음절 수에 따라 분류를 시도했기 때문에 성조형이 너무 많았음을 비판하고 성조 체계를 생성적 관점에서 다루었다. 정연찬(1971, 1974)은 중세 성조와 경상도 방언의 성조를 다루었다. 액센트라는 관점에서 성조를 파악한 논의로는 橋本萬太郎(1973)인데 경서형(칠곡 방언)-경동형(경산 방언)-경남형(김해 방언)으로의 액센트 조직의 변화 원리를 세웠다. 이와 유사하게 Ramsey(1974)에서는 함경과 경상 양 방언의 액센트를 비교하고 액센트 추이 법칙에 의해 경상 방언의 액센트형이 함경 방언의 액센트형에서 왼쪽으로 액센트 표지를 한 음절 옮긴다고 설명한다. 그 이유로는 함경 방언의 액센트형이 중세 국어의 방점과 더 잘 대응되는 점 등을 들고 있다. 문효근(1974)은 경남은 고, 중, 저의 3단으로 경북은 고저와 장단으로 나누고 있으며, 김차균(1973, 1975, 1977b)은 성조형을 체계 성조형, 어절 성조형, 표면 성조형 등으로 나누어 수학적인 간결성과 경상도, 함경도, 도쿄, 이가 방언 모두에 걸치는 보편적인 표기 방법을 수립하였다. 또한 일본 학자들에 의해서 주창된 Accent설은 고저설과 결합해야만 제대로 기능을 하기 때문에 비경제적이라고 비판하고, Pike의 성조판에 대한 검토를 통해 경상도 방언은 어절성조언어에 가깝다고 하였다. 어절성조 언어를 기술하는 방법은 변별성을 가지는 것은 표시하고 예언 가능한 것은 통합하여 간결함을 보여준다고 하였다. 이러한 논의는 1980, 1985, 1988, 1989a, b로 이어진다. 大江孝男(1977), 박종수(1978, 1979)는 진주 방언의 성조에 관한 연구이며, 박명순(1979)은 거창 지역어의 보상적 장모음화 현상을 다루고 있다. 지금까지 성조 연구에서 취급된 주제는 주로 성조 체계와 성조의 기본 유형을 밝히는 것이었는데 경남 방언의 경우 다음 두 가지 관점으로 나누어진다.

허 웅(1954):	고	중	저		(경남)
문효근(1974):	고	중	저		(경남)
	고		저	-- 장	(경북)
				-- 단	
정연찬(1975):	고	저			(경남, 북)
김차균(1977):	고	중	저		(경남, 북)

이상에서 경남 방언 성조에 대한 많은 논의들이 있었지만 그 체계에 대해서는 고, 중, 저의 3단 수평체계라는 사실에 결론을 모으고 있음을 알 수 있다.

그러나 1970년대의 생성음운론적 접근은 몇 가지 문제점을 가진다.

첫째 규칙만으로는 왜 그러한 실현을 불러일으키는 지에 대한 근원적인 대답을 기대해 볼 수 없다. 즉 무수한 언어 현상에 대하여 그 결과만을 기술할 뿐이지 언어학의 궁극적 목적인 근본적인 언어 능력을 설명하지 못하고 있다. 둘째 규칙에 다시 많은 제약 조건을 덧붙이고 있다. 본래 규칙의 설정 목적은 동일한 환경에서 실현되는 하나의 음운 현상을 그 규칙만으로 일목요연하게 설명할 수 있음을 바라는 것에서 비롯된다. 그러나 생성적 관점에서 제시한 규칙은 규칙 설정 그 자체가 필요 없을 만큼 환경 하나 하나에 대한 제약 조건을 필요로 하고 있다. 이와 같이 생성음운론적 접근은 아주 협소한 부분에 한하여서만 고찰한 결과가 되며 위에서 제시한 문제에 대하여 해답을 제공해 주지 못하고 있으므로 새로운 방법의 접근이 필요하다.

2.1.2.4. 1980년대: 변형생성적 접근과 복선적 접근의 시도

1980년대는 변형생성이론이 심화 확대된 시기로서 핵방언권에 대한 체계적 연구가 이루어진 시기이다. 공시적으로는 한 지역어를 종합적으로 체계화하려는 연구가 이루어지고 통시적으로는 해당 지역어의 자료를 통한 내적 재구와 다른 방언과의 비교를 통한 특정 지역어의 방언사를 기술하였다.[8)]

80년대에 방언 연구가 이처럼 활기를 띠게 된 것은 두 가지로 나누어 볼 수 있다. 첫째 외적인 문제로 언어학 이론이 발전하면서 방언 연구의 중요성이 부각되었고, 둘째 내적인 문제로 60~70년대를 통해 방언 연구에 대한 바탕이 마련되어 80년대 연구의 기폭제가 된 것이다. 그래서 80년대는 이론적인 반성과 함께 국어 연구는 방언학을 떠나서는 성립될 수 없고 방언 연구는 국어 연구를 떠나서는 성립될 수 없다는 생각에까지 이르게 되었다.

그리고 무엇보다 이 시기에는 지금까지의 단선적인 평면적 해석을 떠나서 입체적인 복선음운론이 등장한 것이 방언학 발전사에 큰 의미를 시사한다. 방언은 방언 나름이 지닌 독자적인 성격으로 인하여 급격

---

8) 경남 방언의 흐름에 대한 반성과 지금까지의 연구 목록을 분야별로 일별해 보는 사적인 작업은 최명옥(1979), 김정대(1990), 김영태(1992) 등에서 볼 수 있다.

히 변하는 이론들을 모두 받아들이는 데에는 어려움이 있으나 현대 국어학의 연구 경향들에서 볼 수 있는 발전의 정도에 비하면 아직도 많이 뒤진 상태로서 단선음운론적인 연구 방법을 벗어나지 못하고 있다. 이러한 상황에서 복선적인 접근은 지금까지 해결할 수 없었던 문제들에 대하여 새로운 해석 방법을 제공해 줌으로써 방언 연구를 한층 발전된 단계로 올려놓았다.

방언학의 전반적인 이러한 흐름에 따라 경남 방언에 대한 연구도 어느 시기보다 활발한 논의를 보여준다.

변형생성이론의 영향 아래 핵방언권의 언어 현상을 그대로 기술하는 것이 아니라 그것을 지배하는 규칙을 찾고 그 규칙을 정밀화하려는 노력은 서정목(1981), 김영태(1981), 정인상(1982), 김영진(1982), 박명순(1986) 등에 의해 이 시기에도 계속 이어졌다. 이러한 연구들은 주로 경남 방언의 특징적인 음운 현상을 중심으로 이루어졌는데 그 중의 하나가 움라우트이다. 서정목(1981)은 경남 진해 지역어를 대상으로 움라우트는 제약 조건의 폭이 점점 넓어지고 있으나 아직도 제약되는 경우 초분절음소(성조)의 특징으로 해명이 가능하다고 하였다. 즉 움라우트 실현이 자유로운 것은 첫 음절이 고조(H)인 것이며 제약이 되는 것은 저조(L)이면서 장음이라 하였다. 그러나 해명이 되지 않는 상황(누(H)리다→*니리다, 노(H)리다→*내리다)이 빈번하며 '-리-'가 개재된 상황에서만 한정되어 고찰되었으므로 좀 더 타당한 평가를 받으려면 이름씨는 물론 형태소 경계에서까지 폭을 넓혀 그 외의 닿소리가 개재되는 상황에서도 가능한 지에 대한 검증이 필요하다고 본다. 최명옥(1988)에서는 공시적 현상과 통시적 현상을 판정하는 기준을 ① 교체의 유무, ② 동화주를 포함하는 어미의 통합력, ③ 교체형의 설명에 대한 공시적 규칙의 적용 가능 여부로 설정하고 움라우트를 설명함에 있어서 무리가 따르는 공시적 규칙의 적용 예를 어간의 재구조화로 설명하였다.

최중호(1984)는 고성 지역어의 경우 음운론적 환경에 있는 어휘형태소가 저조인 경우에도 /ㅣ/치닮기가 실현되기 때문에 성조가 /ㅣ/치닮기의 제약 조건이 될 수 없다고 하였다. 최영학(1983)은 경남 전 지역을 대상으로 김재하(1989)는 거제 지역어를 대상으로 /ㅣ/치닮기 현상을 다루었다. 그 외의 음운 현상에 대한 연구로서 김영태(1980)는 경남 방언에서의 초성 /ㆁ/의 쓰임을 그 기원별로 나누어 고찰한 것으로서 초성 /ㆁ/의 쓰임은 중부 경남이 보다 활발하여 '연음법칙→움라우트→/ㆁ/화 작용'으로 규칙 순서가 적용된다는 것을 밝히고 있다. 김영태(1981)는 경남 방언에서의 /ㆍ/음의 변모 양상을 표준어와 비교 검토하고 있고 이 방언에서의 음운 사실을 음운사에 비추어 해석한 것으로 /ㆍ/ 음소의 소실에 있어서 2단계의 과정을 가정하면서도 '가리～갈리', '자리～잘리'의 경우 중세어에서 분화된 것이 아니라 이전의 고대형에다 접사 '앵이'가 붙어 변화되었다고 보고 있다. /ㆍ/음소에 대한 연구는 최중호(1983)에서도 볼 수 있다. 김영태(1982a, b)는 경남 지역어의 특징적인 음운 현상을 제시하였는데 특히 전자에서는 표준어에서 첫소리 자리에서 사라진 /ㆁ/[ŋ]이 경남 방언의 경우는 여전히 존재하고 있음을 여러 가지 환경으로 제시하고 있다.[9] 정 철(1982)에서는 동남방언 중북부 방언권에 속하는 의성 지역어의 /ㅣ/치닮기와 비모음화 그리고 자음접변을 음운 자질의 흡수 현상으로 파악하였다. 김영진(1985)은 구개음 앞에서의 /ㄴ/첨가 현상(깐치, 곤친다)이 활발함을 밝

9) 경남 방언에서의 초성 /ㆁ/의 쓰임을 고찰한 것으로서 초성 /ㆁ/의 쓰임은 중부 경남이 보다 활발하여 표준어에서 첫소리 자리에서 사라진 /ㆁ/[ŋ]이 경남 방언의 경우는 여전히 존재하고 있음을 ① 형태소 내에서 쓰인 경우(조오, 궁자아) ② E-ŋi, -i-ŋi 접미사 붙은 경우(담재이, 훌치이) ③ 앞 음절의 종성으로 쓰이던 것이 곡용시 연음으로 인한 경우(살강 + 이 →살가이) ④ /ㄴ/이 /ㆁ/으로 동화된 경우(가- + 니 → 가이)로 제시하였다.

히고 있다. 박명순(1989)은 거창 지역어에서 /Vn(ŋ)i)/와 /VŋV/의 환경에 놓인 모음들이 그 전, 후에 연결되는 비자음 /n/과 /ŋ/의 동화를 입어서 비음화한 다음 동화주인 /n/ /ŋ/이 다시 삭제되는 일련의 음운 과정을 논의하였다.

군 단위 지역을 선정하여 그 지역어의 음운 현상을 일별한 연구로서 정인상(1982)은 통영 지역어의 용언 활용의 실상을 어간 말음을 기준으로 하여 홀소리로 끝나는 경우와 닿소리로 끝나는 경우 그리고 닿소리군으로 끝나는 경우를 검토하면서 어간 말음이 닿소리, 홀소리, 반홀소리로 시작되는 어미와 결합하는 양상을 고찰하였다. 박명순(1986)은 거창 지역어를 대상으로 어간과 어미가 결합할 때 형태소 경계에서 발생하는 음운 현상과 이 음운 현상이 기저형으로부터 음성형까지 도출과정에서 지배하는 음운 규칙을 기술한 것이다. 박정수(1988, 1989)에서 전자는 거제 지역어의 민요를 대상으로 이에서 나타나는 변동 규칙들은 발음의 편의와 표현을 똑똑하게 하려는 노력에서 이루어진 것을 분류한 것이며, 후자는 경남 방언의 어휘들을 대상으로 여기에서 예상되는 변동 규칙을 정리한 것이다. 이 외에도 류영남(1982)은 남해 지역을, 정정덕(1982)은 거제 지역어를, 신승원(1982)은 의령 지역어의 용언 활용이 나타내는 음운 현상을, 배병인(1983)은 산청 지역어를, 최중호(1984)는 통영 지역어의 홀소리 음운 현상을, 성인출(1984)은 창녕 지역어를, 전상희(1986)는 합천 지역어를, 정영주(1985b)는 삼천포 지역어를, 임명선(1985)은 의령 지역어를, 공세기(1988)는 남해 지역어를 대상으로 각각 고찰하였다.

특이하게 계층별 언어차를 음운 현상으로 증명한 연구로서 김정배(1983)는 언어접촉을 계층별로 다루면서 A계층(10대 이하)은 7단모음 체계에 각종 음운 현상이 표준어에 접근하고 있음을 논의하였다. 정영주(1985a, 1987)는 진양 지역과 창녕 지역을 대상으로 세대 간에 언어

차가 있음을 음운 현상을 통하여 보여 주었다.[10)]

방언은 방언 나름의 특성을 지니고 있으므로 방언 연구는 일차적으로 이러한 특성에 대한 기술이 잘 이루어져야 한다. 그러나 현대와 같이 문화의 교류가 빠른 시기에는 방언의 특성이 점점 옅어져 가고 있으므로 이러한 변화된 모습을 고찰하는 것도 필요하리라 본다.

모음 체계 또는 개개 음소에 대한 논의도 70년대에 이어 논의되었는데 문곤섭(1981)은 창녕 지방의 모음 체계의 변화 과정과 /ɨ/와 /ə/의 합류 시기 및 합류를 다루었는데 이 지역의 홀소리 체계는 15세기의 7개 홀소리 체계와 동일하였으나 /ㆍ/의 소실로 인해 /ɨ/와 /ə/가 합류하여 5개 홀소리 체계가 되었다가 겹홀소리의 홑홀소리화, /ㅣ/치닮기 현상 등 일련의 음운 현상으로 인해 6개 홀소리 체계가 되어 오늘에 이르고 있음을 논의하고 있다. 박창원(1983)은 고성 지역어의 자료를 통한 내적 재구와 다른 방언과의 비교를 통한 이 지역어의 통시적 음운 연구이다. 고성 지역어 홀소리에 대한 형태론적 교체와 홀소리 대응 관계를 역사적인 측면에서 다룬 것인데 공시적인 대응 관계는 어떠한 음운 변화 및 음운 현상의 결과인가, 사적으로 어떻게 재구될 수 있는가를 논의하면서 제1기의 7개, 제2기의 8개, 제3기의 9(10)개, 제4기의 8개 홑홀소리를 재구하고 제5기(현재)의 공시적 홀소리 체계를 /ɛ/는 /e/로 /ə/

10) 창녕 지역어의 경우 ① 된소리 되기는 젊은 세대에선 강화되고 있고, 거센소리 되기 콧소리 되기는 앞으로 현재와 큰 변화가 없으며, 약한소리 되기, 자리바꿈, 없앰, 덧보탬 현상 등은 차차 줄어들 것으로 본다. ② 내림소리 되기는 젊은 세대에 가서도 현재와 비슷하게 나타나고, 겹홀소리 되기는 그 실현도 적으며, 젊은 세대에서 서서히 줄어들 것으로 보이며, 앞홀소리 되기, 뒤홀소리 되기, 오름홀소리 되기, 안둥근홀소리 되기, 둥근홀소리 되기와 줄임 현상 등은 젊은 세대에서 현저하게 줄어들 것으로 본다. ③ /i/홀소리 아닌 음운이 /i/홀소리로 발음되는 현상이 두드러지게 많이 나타나는 것이 창녕 지역어의 특징이나 이 역시 젊은 층으로 갈수록 줄어들 것으로 보이며, 홑홀소리 체계는 노년층은 9홑홀소리, 젊은 층은 8홑홀소리 체계로 앞으로도 큰 변화가 없는 한 현재와 같을 것으로 본다.

는 /ɨ/로 합류한다고 하여 이 지역어의 공시적 홑소리 체계를 6(7)개 홑소리 체계로 보고 있다. 그 외 정인상(1982)은 6개 홑소리 체계를 박창원(1983)은 6(7)개 홑소리 체계를 최중호(1984)는 8개 홑소리 체계를 주장하였다. 또한 경남 방언에는 '닿소리 + 반홑소리'가 없다는 사실이 김형주(1983), 김영태(1983), 최중호(1984)에서 다시 입증되었다. /ㄹ-/계 닿소리군은 /ㄻ/을 제외하고는 /ㄹ/로 귀착되는 지역(박명순1983, 이상규1984)과 /ㄹ/이 묵음으로 되는 지역(김형주1983, 정연찬1980, 곽창석1986) 등이 있는 것으로 보고되었다.

불규칙에 대한 논의로서 /ㅂ, ㅅ/불규칙이 거의 존재하지 않는다는 사실을 김형주(1983)는 남해 지역어를, 김영태(1983)는 창원 지역어를, 김형춘(1985)은 진주 지역어를, 박명순(1986)은 거창 지역어를 중심으로 고찰하였다. 최명옥(1985, 1988a)은 여러 지역어의 불규칙을 논하는 자리에서 삼천포 지역어의 불규칙 현상을 검토하였다. 비교 연구로서 김재문(1984)은 전라 방언과 경남 방언 경계상의 홑소리 음운 현상을 고찰하였다.

성조에 대한 논의는 이 시기에도 지속적으로 이루어지는데 박종수(1980)는 경남 방언의 어절 내 음조의 정당한 분석법을 개발하기 위하여 방언의 음상적 고저 층위를 분석하여 새로운 M조를 설정함으로써 'h-M-M-L'의 4단 음조 층위를 설정하였다. 이러한 논의는 박종수(1981a, b)로 이어진다. 문곤섭(1986)은 경남 방언의 성조 체계의 공시적 기술로서 성조를 2단계로 설정하고 있다. 김영만(1986)은 국어의 운소는 고저와 장단을 동시에 고려할 때 그 본질을 파악할 수 있다는 전제 아래 현재의 운소로서 중세, 고대를 거슬러 올라가는 통시적 연구이다. 국어에는 오래 전부터 꽃류, 풀류, 별류의 세 초분절음소가 있었으며 그것은 오늘날까지도 내려오고 있는데 변별자질은 고저(high)와 장단(long)이다고 보고 이들의 각 지역별 차이를 제시하였다.[11] 주상대

(1987a)는 김해 방언은 1음절 동사 어간을 중심으로 이것이 활용할 때 나타내는 성조 변동 현상을 다루었다. 박명순(1988)은 종래의 학자(김완진, 이병근, 최명옥)들이 활음화된 겹홀소리에 소리의 길이를 부여함으로서 음성형에 도출된 긴홀소리를 보상적으로 설명하는 것에는 문제점이 많다고 지적하고 이와는 달리 보상적 긴홀소리란 1 음절 어간의 형태소에서 끝 홀소리가 /o, u /나 /i, Ɛ/일 때 이에 / ɜ /나, 'ɜ → a'의 교체 규칙에 의해 교체된 /a/가 결합하면 어간 홀소리가 삭제되는 동시에 그 삭제된 홀소리의 위치를 삭제되지 않는 홀소리들이 보상해 줌으로서 긴홀소리로 실현되는 홀소리 변동 현상이라고 말한다.

자립분절음운론적인 해석이 엿보이는 논의로서 이혜숙(1985)은 경남 방언의 성조를 분석한 결과 매우 다양한 유형을 지니는 것 같이 보이는 표면 성조 현상이 기본 성조 LHL에서 파생되었음을 밝히고 겉으로 보기에는 전혀 다른 성조형을 지닌 것 같았던 고성 방언과 김해 방언의 차이가 단지 음운 규칙의 차이에 있음을 주장하였다. 정인교(1987)는 기저 성조형에서 1음절에 하나의 성조가 부여되더라도 이것이 성조 규칙과 성조가락 규칙이 적용되어 표면형으로 실현될 때는 2개까지의 성조를 부여받을 수 있다. 성조 층위와 분절음 층위를 별도로 보고 범어적인 또는 언어 특수적인 연결 규칙에 의해 성조와 분절음이 연결된다는 자립분절음운론의 이론을 수용하였다. 경남 방언의 기본 성조 체계는 저, 중, 고(L, M, H) 3단 수평 체계인데 표면형에서 상승조와 하강조가 실현되며 성조의 전파는 좌, 우 양쪽으로 진행된다고 보았다.

---

11) 김영만(1986)에서 제시한 지역별 고저, 장단의 차이는 아래와 같다.

	서부 방언	경북 방언	경남 방언	함경 방언
꽃류	T(고저중화)	O	O	o(약한 소리)
풀류		U	U	O(고조)
별류	W(장음)	W	w(저음)	

이러한 관점은 경남 방언 성조 체계가 고, 중, 저라는 지금까지의 논의를 다시 한 번 지지하게 되며, 기타의 논의(저, 고의 2단 수평 체계, 2단 수평 체계에 저, 고 복합조)에 대한 간결한 해명을 재공해 주기도 한다. 그러나 이러한 논의가 더욱더 객관성을 확보하기 위해서는 앞으로 실험음성학적인 연구 결과가 따라야 한다고 본다.

2.1.2.5. 1990년대: 복선적 접근의 활성

이상에서 살펴 본 바와 같이 해방 전의 국내 학자에 의한 방언 연구가 불모지였다면 1950, 1960년대는 앞으로 전개될 방언학의 기초를 마련하였다. 1970년대는 1950~60년대의 연구를 좀 더 세부적으로 다루었고, 1980년대는 방언 연구가 최 절정기에 이른 시기였다. 1990년대는 1980년대의 다양한 방언 연구를 바탕으로 지난날의 발자취를 더듬어 보고 앞으로의 방향을 모색하였으며, 지금까지의 방언 연구를 한 단계 더 발전시킬 수 있는 방안을 모색하기에 이르게 된다.

90년대의 연구는 그 관점을 세 가지로 나누어 볼 수 있다. 첫째 지금까지의 단선음운론적인 관점을 그대로 이어오는 연구를 들 수 있다. 여기에 해당하는 경남 방언에 관한 연구로서 박명순(1990)은 밀양 지역어를 대상으로 이에서 나타나는 형태음소적 현상을 고찰하였고, 박정수(1990, 1993)는 전자에서는 거제 지역어의 음운 변동 규칙을, 후자는 변동 규칙으로서 경남 방언의 분화를 고찰하였으며, 박덕철(1993)은 합천 지역어의 음운 현상과 그에 따른 변동 규칙을 설정하였다. 구현옥(1994a)은 함안 지역어는 /ㅜ, ㅗ, ㅣ/로 끝나는 풀이씨 열린 음절 어간들이 /ㅏ, ㅓ/와 결합하는 경우 표준어와 달리 어간 말 홀소리가 자질 변경을 일으켜 /y, w/로 바뀌는 Glide현상을 실현시키지 않고 어간 또는 어미가 탈락되는데 이를 의미의 변화 여부, 노력경제, 강도의 크기에 의하여 설명하였다.

둘째 세부적인 주제 검토와 분석 기구에 의한 음성학적 연구 시도가 주를 이룬다. 실험음성학적인 연구는 음성, 운소의 변별력을 개인의 주관에 의해 분석하는 것을 지양하고 객관성을 확보하게 하는 장점을 가진다. 그러나 경남 방언의 경우에는 아직까지 실험 기구에 의한 연구는 찾아볼 수 없다.

셋째 지금까지의 단선적 접근의 문제점을 지적하고 이에 대한 해결책으로서 복선음운론적 관점에서 방언의 음운 현상을 설명하고자 하는 논의가 활발하게 일어났다. 복선음운론이 방언에 도입된 것은 주로 성조를 대상으로 시도되었다. 경남 방언의 경우 이러한 관점에서 음운 현상을 구명한 학자는 그렇게 많지 않다. 구현옥(1991)은 잉여적 자질로만 인식되고 있는 경남 방언의 음장이 고저와 함께 뜻의 변별에 관여하고 있음을 핵방언권인 함안 지역어의 풀이씨를 대상으로 조사한 결과 활용할 때 나타나는 음장은 기저의 그것보다 길어질 수도 짧아질 수도 있는데 이를 계층 음절음운론에 입각하여 설명하였다. 구현옥(1994b, 1995a, 1995b, 1995c, 1995d)은 역시 함안군을 대상으로 이 지역어의 파생어와 합성어에 나타나는 형태음소론적 변동 현상을 자립분절음운론, 계층자질이론, 지배음운론에 접근하여 고찰하였다.

2.2. 연구 과제

이상의 경남 방언 음운 연구사를 개관해 본 결과 시대를 달리 하면서 그 이론적 접근 방법이 새로워지고 관심의 초점을 달리하였을 뿐 모두가 전 시대의 연구를 깁고 더하고자 하는 데에는 공통점을 가지고 있다. 그리하여 경남 방언 음운 연구는 방언을 일차적으로 하나의 구조로서 파악하여 종래 개별 언어학의 한 분화로만 보고 그 분화 모체와의 관련 하에서만 그것을 파악했던 것과는 달리 점차 발전된 면모를 보여준다.

그러나 앞으로 한 단계 더 발전된 경남 방언의 연구를 위해 다음 두 가지를 지적하고자 한다.

첫째 각 지역별 연구 업적이 불균형을 이루고 있다. 대단위 방언권 내에 속하는 하위 방언 상호간에는 여러 면에서 차이를 보이는데 이를 무시하고 동남 방언 서남 방언 등으로 연구 대상 지역을 확대할 경우 하위 방언이 가지고 있는 특성이 배제된다. 그러므로 우선 핵방언권에 대한 체계적인 연구를 바탕으로 대방언권 나아가 전국 방언을 포괄하는 상위적인 언어 체계의 확립을 이룰 수 있도록 앞으로 방언 연구는 새로운 방향 전환을 모색해야 한다.

둘째 각 지역 방언에는 표준어와 공통되는 요소도 있고(보편성 원리) 그 방언 특유의 요소도 있다(개별성 원리)는 생각은 방언 연구의 흐름이 구조와 체계를 중시하던 70년대부터 있어온 것이다. 그러나 그 차이점이 어떤 성질의 것인가 – 같은 형태소의 표면 음성이 서로 다름에서 기인하는 것인가, 형태소 자체의 다름에서 오는 것인가, 규칙 자체가 상이한 데서 연유하는 것인가 – 하는 점에 대한 본격적인 논의는 거의 없었다. 이러한 흐름에 발맞추어 최근의 방언 연구는 형식과 기능(또는 의미)을 상관시켜 고려하면서 구조를 파악하되 규칙을 정밀화시키고 체계를 고려하여 유기적인 해석을 깊이 하는 경향을 보여 한층 더 방언의 위상을 높이려는 노력을 보이고 있다. 그러나 한국의 언어학이 아직 극복하지 못하는 한계가 이론의 의타성이다. 외국에서의 이론적 발달을 충분히 흡수하여 소화할 일이지만 국내에서의 이론적 공헌이 추가되지 않는 한 언어학은 아직도 토착화되었다고 할 수 없다. 이러한 문제점의 해결과 함께 앞으로의 방언 연구는 공시적인 전국 방언지도 작성과 각 지역의 독자적인 방언 체계 규명, 그리고 이에 근거한 국어사에 대한 재조명이 계속 진행되어야 한다. 그리고 각 방언의 특징들을 반영할 만하고 또한 주요 언어 현상들의 지리적 분포를 개괄할 만한 정도의 총체적 조사가 필요하다. 총체적 조사는 방언에 대한 우리의 인식을 위하여 필요할 뿐만 아니라 후세를 위한 증언으로도 가치 있는 사업이다.

셋째 새로운 연구 방법론의 수입과 그에 따른 자료 분석이라는 점에서 볼 때, 90년대 이후에 대두되는 방언 연구는 복선음운론적인 접근에 의한 방언의 음운 현상 구명과 실험음성학적인 연구의 확대가 예상된다. 경남 방언의 경우 다른 지역어보다 초분절음소적 현상이 두드러져 지금까지 많은 연구가 이루어졌으나 대부분의 연구들이 생리음성학적인 측면에 머물고 있다. 이제는 이러한 연구를 바탕으로 좀 더 객관화된 연구 방법의 접근이 필요하다. 과거의 연구가 이루어진 수십 년이 지난 현재 과거 연구 결과를 그대로 답습하는 것이 아니라 새로운 결과의 도출 역시 필요하다고 본다.[12] 그리고 복선음운론적 관점의 연구는 지금까지의 단선음운론적인 연구의 전면적인 부정이 아니라 개개 음운 현상의 특징에 맞게 단선과 복선의 관점으로 접근될 때 경남 방언의 연구는 한 단계 더 발전된 모습으로 서게 될 것이다.

---

12) 경남 방언의 높낮이에 대한 연구는 방언학이 시작된 무렵부터 지금까지 계속되어 오고 있다. 그러나 대부분의 연구가 과거 1950년대 초의 결과들을 그대로 답습하고 있는 실정이다. 과연 그 시대의 높낮이는 전혀 변하지 않고 그대로 유지되어 오고 있는가에 대한 의문이 일어나지 않을 수 없다. 허웅은 1954년 경남 방언의 높낮이를 발표할 당시 이미 이에 대한 예언을 했다.
"...고성조의 음장을 보유하고 있는 경남 방언은 이번 동란을 계기로 하여 급격히 혼한해 지지나 않을까 한다. 남북인의 다량의 혼거는 경상도 방언에도 큰 영향을 주는 것이니 이번 6.25 동란을 계기로 이 방언의 높낮이의 음장이 차츰 작아져 간다고 본다."

제3장 함안 방언 음소 체계

3.1. 닿소리 체계

현대 국어에서 방언끼리의 닿소리 체계의 차이는 크지 않다. 이런 현상은 경남 방언권 안에서도 핵방언끼리의 닿소리 체계는 /ㅅ/과 /ㅆ/의 변별 유무 외에는 차이가 없다.

경남 방언에서 /ㅅ/과 /ㅆ/이 변별되지 않아 18 닿소리 체계를 유지하는 핵방언권은 ‘김해, 양산, 밀양’ 등지인데 이런 현상이 나타나는 것은 인접한 경북 방언의 영향을 받았기 때문이다.

그런데 함안 지역어에서는 /ㅅ/과 /ㅆ/이 변별되므로 [표 1]과 같이 19 닿소리 체계를 이루고 있다.

이러한 닿소리가 대립되는 양상은 아래와 같은데 이후 음운 변동 현상 기술은 한글 닿소리, 홀소리로 표기하되 변별에 혼란이 나타날 경우에는 I.P.A 표기를 병기하여 구별하기로 하겠다.

(1) /p, p’, p^h/ : 불/**p**ul/, 뿔/**p’**ul/, 풀/**p**^{h}ul/
/t, t’, t^h / : 달/**t**al/, 딸/**t’**al/, 탈/**t**^{h}al/
/k, k’, k^h/ : 공/**k**oŋ/, 꽁/**k’**oŋ/, 콩/**k**^{h}oŋ/
/č, č’, $č^h$/ : 자다/**č**ata/, 짭다/**č’**apta/, 찹다/**č**^{h}apta/
/m, n, ŋ/ : 놈/no**m**/, 논/no**n**/, 농/no**ŋ**/
/s, s’/ : 살/**s**al/, 쌀/**s’**al/

/h/ : 학/**h**ak/
/l/ : 달/ta**l**/

[표 1] 함안 지역어 닿소리 체계

방법＼자리		입술	혀끝	센입천장	여린입천장	목청
터짐소리	여린소리	p	t		k	
	된소리	p'	t'		k'	
	거센소리	p^h	t^h		k^h	
붙갈이소리	여린소리			$č^h$		
	된소리			č'		
	거센소리			$č^h$		
갈이소리	여린소리		s			h
	된소리		s'		ŋ	
콧소리		m	n			
혀옆소리			l			

그리고 함안 지역에서는 홀소리 사이에 놓인 콧소리가 탈락되는 현상이 보편적으로 실현된다. 그런데 이 지역어에서의 /ㄴ, ㅇ/ 콧소리 탈락은 흔적이 완전히 소멸되지 않고 그 흔적을 앞, 뒤 홀소리에 남겨 예시 (2)와 같이 홀소리의 콧소리 되기를 실현시키는 경향이 일반화 되어 있다.

(2) ㄱ. 종이→ 조˜오, 상여→ 새˜이 ;
강 + 이→ 가˜이, 장 + 에→ 자˜아
ㄴ. 어머니→ 어무˜이, 고니→ 고˜이 ;
손 + 이→ 소˜이, 날 + 으니→ 나˜이

3.2. 홀소리 체계

3.2.1. 홑홀소리 체계

현대 국어에서 방언 사이에 실현되는 홀소리 체계는 ① /ㅚ/, /ㅟ/가 홑홀소리로 실현되는지 겹홀소리로 실현되는지 ② /ㅓ/와 /ㅡ/가 변별되는지 되지 않는지 ③ /ㅔ/와 /ㅐ/가 변별 되는지 되지 않는지에 따라 차이가 나는데, 경남 방언에서 /ㅚ/, /ㅟ/는 겹홀소리로 실현되는 것이 일반적이다.

그러므로 경남 방언의 하위 지역어 홀소리 체계에서 공통적인 음소 /ㅣ, ㅜ, ㅏ, ㅗ/를 제외하고는 /ㅓ/와 /ㅡ/의 변별 여부와, /ㅔ/와 /ㅐ/의 변별 여부에 따라 체계에 차이가 나타난다.

대체로 '함양, 하동, 남해, 고성' 등지는 /ㅓ/와 /ㅡ/, /ㅔ/와 /ㅐ/가 모두 변별되고 있으므로 8 홀소리 체계를 이루고 있으며 '진주'는 /ㅓ/와 /ㅡ/가 변별되지 않은 7 홀소리 체계를, '거제'는 /ㅔ/와 /ㅐ/가 변별되지 않은 7 홀소리 체계를 이루고 있다. 그 밖의 지역은 /ㅓ/와 /ㅡ/, /ㅔ/와 /ㅐ/ 모두가 변별되지 않아 6 홀소리 체계를 이루고 있다.

함안 지역어는 /ㅓ, ㅡ/, /ㅔ, ㅐ/의 짝이 각각 변별되지 않으므로 [표 2]와 같이 6 홀소리 체계를 이루고 있다.

[표 2] 함안 지역어 홑홀소리 체계

위치 / 높이	앞홀소리	가운데홀소리	뒤홀소리
+높은	i		u
-높은, -낮은	E(ɛ/e)	∃(ə/ɨ)	o
+낮은		a	

이러한 홀소리가 실현되는 양상은 아래와 같은데 이 글에서는 한글 자・모로 표기하되 변별에 혼란이 나타날 경우에는 I.P.A 표기를 병기하여 구별하기로 하겠다. 그리고 이 지역어에서 변별되지 않는 /ㅓ/와 /ㅡ/는 중화된 음소 /ㅋ/로 나타내고 /ㅔ/와 /ㅐ/는 중화된 음소 /E/로 표기하기로 하겠다.

(3) /i/ : 밀다/milta/
/ㅋ/ : 커다/k^{h}əta/ 크다/k^{h}ɨta/
/u/ : 주다/čuta/
/E/ : 매다/mɛta/, 메다/meta/
/a/ : 갈다/kalta/
/o/ : 돌다/tolta/

3.2.2. 겹홀소리 체계

현대 국어 표준어에서 실현되는 겹홀소리는 12개이다. 그러나 경남 방언에서는 겹홀소리를 되도록이면 회피하기 위하여 성절음이나 비성절음을 탈락시켜 홑홀소리로 실현하는 것이 일반적인데 지금까지의 연구에서는 전혀 실현되지 않는 지역에서부터 9개가 실현되는 지역으로 나누어지고 있다.1)

그런데 함안 지역어에서는 홑홀소리에서 변별되지 않던 /e/와 /ɛ/가 겹홀소리에서도 변별되지 않으므로 /je/와 /jɛ/가 /jE/로 통합 실현되고 /we/와 /wɛ/는 /E/(←/wE/)로 통합 실현된다. 또한 홑홀소리 /ɨ/와 /ə/가 변별되지 않고 중화된 음소 /ㅋ/로 통합되므로 겹홀소리 /ɨj/는 실현되지 않는다.

1) 경남 하위 지역어에서 실현되는 겹홀소리 체계에 대한 연구를 일별해서 나타내면 아래와 같다.

(4) ㄱ. /jE/ : 예비군/**jE**pikun/(/jepikun/), 얘/**jE**/(/jɛ/)
ㄴ. /E/(←wE) : 데지/t**E**či/(←/t**wɛ**či/), 쎄고랑/s'**E**kolaŋ/(←/s**we**kolaŋ/)
ㄷ. /ㅋ ~i/(←ɨj) : 어사~이사/ㅋsa/~/**i**sa/(←/**ɨj**sa/)

그 나머지 겹홀소리의 실현 여부에 있어서는 첫소리가 큰 영향을 미치고 있다. /j-/계는 닿소리가 있을 경우 (5)ㄱ①, (5)ㄴ①, (5)ㄷ①, (5)ㄹ①에는 겹홀소리가 대부분 실현되지 않으며 닿소리가 없을 경우 (5)ㄱ②, (5)ㄴ②, (5)ㄷ②, (5)ㄹ②에 한해서 대체로 실현되고 있다.

(5) ㄱ. /ja/ : ① 빰/p'**a**m/(/p'jam/), 가나/kan**a**/(/kanɨnja/)
② 고약/ko**ja**k/, 양/**ja**ŋ/, 얌세이(염소)/**ja**msEi/
ㄴ. /ju/ : ① 후가/h**u**ka/(/hjuka/), 재구(사람 이름)/čEk**u**/(/čɛkju/),
② 육미/**ju**kmi/, 유리/**ju**li/, 윤서방/**ju**nsㅋpaŋ/
ㄷ. /jo/ : ① 차포/$\check{c}^h$ap**o**/(/$\check{c}^h$apjo/), 포시/p^h**o**si/(/p^hjosi/)
② 욕/**jo**k/, 모욕탕(목욕탕)/mo**jo**kt^haŋ/, 용/**jo**ŋ/
ㄹ. /jㅋ/ : ① 이렁리(지명)/ilㅋŋli/(/iljəŋli/), 메느리/m**E**nㅋli/(/mjənɨli/)
② 엿/**jㅋ**t/, 연기/**jㅋ**nki/, 옆/**jㅋ**p^h/, 열/**jㅋ**l/, 염치/**jㅋ**m$\check{c}^h$i/

하위지역	연구자	숫자	겹홀소리 종류	
산 청	배병인(1983)	9	jE, jㅋ, ju, jo, ja, wa, wㅋ, wE	ɨi
합 천	이현규(1986)			wi
창 녕	성인출(1984)	7	jㅋ, jE, ja, ju, jo, wa, wㅋ	
삼천포	최명옥(1974)			
진 주	김형춘(1993)			
함 양	김상돈(1993)			
창 원	김영태(1985)			
밀 양	박명순(1990)	6	jㅋ, jE, ja, ju, jo, wa,	
김 해	김영송(1963)	5	jə, ju, jo, ja, wa	
남 해	김형주(1983)			
양 산	박지홍(1975)			
거제도	정정덕(1982)	X		

그러나 /w-/계는 첫소리가 있는 경우 (6)ㄱ①, (6)ㄴ①, (6)ㄷ①은 물론 실현되지 않고 첫소리가 없는 환경 (6)ㄱ②, (6)ㄴ②, (6)ㄷ②에서도 실현되지 않으며 예외적으로 몇몇 낱말에서만 남아 있다.

(6) ㄱ. /wa/ : ① 가일/k**a**il/(/kwail/), 하투/h**a**t^{h}u/(/hwat^{h}u/),
② 기아/ki**a**/(/kiwa/)
cf) 와(왜)/**wa**/, 왕/**wa**ŋ/
ㄴ. /wi/ : ① 기/k**i**/(/kwi/), 사기다/sak**i**ta/(/sakwita/)
② 주이/ču**i**/(/čuwi/), 우/**u**/(/wi/), 사우/sa**u**/(/sawi/),
ㄷ. /wㅋ/ : ① 집건/čipkㅋn/(/čipkwən/)
② 일언/ilㅋn/(/ilwən/), 소언/soㅋn//sowən/),
cf) 워(소를 부를 때)/**w**ㅋ/, 원기/**w**ㅋnki/

그러므로 함안 지역어의 겹홑소리는 닿소리가 있을 때는 모두 홑홀소리로 실현되었다. 닿소리가 없는 상황에서도 /w-/계는 /wa/, /wㅋ/를 제외하고는 홑홀소리로 실현되었으며 /j-/계는 홑홀소리로 바뀌어 가는 과정에 있어서 현재 [표 3]과 같이 7 겹홀소리 체계를 이루고 있다.

[표 3] 함안 지역어 겹홀소리 체계

높이 / 위치		앞	가운데	뒤
/j-/계	+높은			ju
	-높은, -낮은	jE	jㅋ	jo
	+낮은		ja	
/w-/계	+높은			
	-높은, -낮은		wㅋ	
	+낮은		wa	

제4장 함안 방언 음운 변동 현상

4.1. 연구 목적과 필요성

방언은 표준어에 비하여 비교적 인위적인 제약을 덜 입은 말로서 말의 본래 모습을 생생하게 반영하고 있다. 지금까지 국어 방언 연구는 그 본질적인 특성을 밝혀내기 위하여 여러 방면-음운, 어휘, 문법-에서 많은 연구 성과를 쌓아 왔다.

그러나 소지역어를 대상으로 한 핵방언권을 합리적으로 설정하고 이 지역어에 대한 면밀한 조사를 바탕으로 하여 귀납적인 결과를 도출해야 함에도 불구하고 중방언권 내지 대방언권과 같은 거시적인 단위를 중심한 연구가 주로 이루어져 왔다.[1)]

따라서 핵방언권에 대한 균형적이고 병렬적인 연구가 이루어지지 못하였으며, 핵방언권에 대한 연구가 이루어지더라도 해당 방언권에서 실현되는 현상만을 기술하는 정도에 그쳤고 인접 방언권 사이의 유기적인 관계 고려는 등한시했다.

이 연구는 기존 연구에서 소홀하게 다루었던 하위 지역어의 음운 특성을 구체적으로 조사, 분석하여 실질적인 국어 방언학 정립을 위한 기

---

1) 앞으로의 논의에 사용되는 핵방언권은 군 단위를 대상으로 설정된 것이며 이러한 핵방언권 지역이 두 개 이상 모이게 되면 남부 경남 방언권, 서부 경남 방언권, 북부 경남 방언권과 중부 경남 방언권과 같은 중방언권을 형성하게 되고 중방언권은 다시 최종적으로 경남 방언권 전체를 대상으로 한 대방언권을 형성하게 된다.

초 단계로써 함안군을 대상으로 하여 이 지역어에 나타나는 음운 변동 현상을 살펴보는 것에 목적을 두었다.[2)]

그리고 그 동안의 방언 음운론 연구가 주로 구조・기술적 측면이나 생성음운론적 측면의 단선음운론적 방법으로 일관해 왔는데 여기서는 복선음운론적 접근도 고려하여 두 방법의 장・단점을 밝혀 보고자 한다.

즉 동일한 음운 변동 현상을 두고 구조・기술적인 방법과 생성음운론적인 방법으로 해석한 성과와 문제점은 무엇이며, 복선음운론적 방법은 단선음운론적 방법으로 해석한 성과와 문제점에 대하여 어느 정도의 합리성 있는 해결 방안을 마련해 줄 수 있는지를 아울러 밝혀 보고자 한다.

지금까지의 경남 지역 핵방언권의 음운 체계나 변동에 대한 연구는 주로 '진주, 김해, 남해, 삼천포, 거제' 등지에 편중되어 왔으며 그 밖의 핵방언권에 대한 연구는 아주 미진한 상태였다.

특히 함안 지역어를 대상으로 한 연구는 필자가 관심을 가지고 연구를 시작하기 전까지는 거의 전무한 상태였다.

함안 지역어를 대상으로 하는 이 연구는 보다 체계적인 경남 방언 연구를 위하여 필요하며 나아가 핵방언권의 정밀한 연구를 바탕으로 전국 방언을 포괄하는 상위적인 방언 체계의 확립을 위해서도 필요하다.

---

2) 함안군은 경남의 중심부로서 동쪽은 칠원면 무기리를 경계로 '양산, 김해, 창원, 진해'와 접하고 있으며, 서쪽은 군북면 박곡리를 경계로 '의령, 함양, 하동, 산청, 남해, 거창'과 접하고 있으며, 남쪽은 여항면 주동리를 경계로 '진주, 사천, 충무, 삼천포, 마산, 통영, 장승포'와 접하고 있으며, 북쪽은 '울산, 합천, 창녕, 밀양'과 접하고 있다.

4.2. 연구 방법 및 범위

방언을 연구하는 방법은 크게 두 가지로 나누어 볼 수 있다. 그 하나는 방언과 표준어는 전혀 다른 기저 구조를 가졌다는 관점에서 방언의 음운 현상을 표준어와 관계를 맺지 않고 독자적으로 다루는 연구 방법이며, 다른 하나는 방언과 표준어가 처음에는 같은 기저 구조를 가졌다는 관점에서 방언의 음운 현상을 표준어와 비교하면서 기술하는 연구 방법이다.

이 연구는 방언의 독자성을 인정하는 바탕 위에서 기저 구조 설정에 있어 때로는 표준어와 비교하는 관점도 취할 것이다. 경남 방언의 음운 연구는 시대를 달리 하면서 점차 그 이론적 접근 방법이 새로워지고 관심의 초점이 달라져 왔다. 1910년부터 1995년까지 이루어진 경남 방언의 연구 업적 가운데 음소 체계 및 음운 현상에 대한 논문은 63편이 발표되었고 운소에 대한 논문은 44편이 발표되었다.3)

---

3) 경남 지역 핵방언권의 음운 변동 현상에 대한 연구 현황은 아래와 같다.
이 통계 수치는 한국 석·박사 논문 목록집(국회도서관 발행)과 국어학 연감(국립국어 연구원)을 토대로 작성되었으며 또한 지금까지 이루어진 경남 방언 연구에 대한 사적 고찰을 시도한 논문(최명옥 1979, 김정대 1990, 김영태 1992)도 참고하였다. 개별적인 논제명과 연도는 구현옥(1996a)에서 제시하였는데 아래 통계표에 있는 함안 지역어를 대상으로 한 10편의 논문은 모두 연구자에 의해서 이루어졌다.

지 역	논문 수	지 역	논문 수	지 역	논문 수
김해	6	의령	2	*함안	10
고성	2	진주	8	하동	1
거제	4	진해	1	합천	2
거창	3	마산		함양	3
남해	5	창녕	3	삼천포	4
밀양	2	충무			
산청	2	창원	2		
양산	1	통영	2	계	63

그런데 함안 지역어를 대상으로 한 연구는 1991년 이전까지는 전무한 상태였는데 1991년 이후부터 현재까지 연구자에 의하여 10여 편의 논문이 발표되었다.

이 연구에서는 함안 지역어에서 실현되고 있는 다양한 형태·음운 변동 현상 가운데 '/ㅣ/치닮기, 입천장소리 되기, 음소 첨가, /ㄹ/ 탈락, 소리이음, 콧소리 되기'만을 연구 대상으로 삼는다.[4] 지금까지 이와 같은 음운 변동 현상은 주로 구조·기술주의나 생성음운론적인 방법에 의존해 왔는데 이 논의에서는 복선음운론적인 접근 방법도 고려하여 합리성 있는 논증 방법을 찾으려고 한다.

/ㅣ/치닮기는 다른 위치에서 발음되는 홀소리가 서로 닮는 음운 현상인데 이것은 인접하지 않은 환경에서 실현되기 때문에 자립분절이론을 적용하여 실현되는 환경적인 특이성을 일반화시킬 매개적 존재를 설정하였다.

입천장소리 되기는 홀소리에 의한 닿소리의 바뀜이지만 두 음소를 상위 마디로 묶어 보면 동일한 자질을 가진 마디에서 비롯되었으므로 동화주인 홀소리의 자질을 피동화주인 닿소리가 닮게 된다. 이 현상은 계층자질이론의 단일 마디 확산의 개념을 적용하여 논증할 것이다.

음소 첨가는 첨가가 일어나는 궁극적 원리는 같지만 개별적인 환경에서 실현되는 현상을 규칙화시키기 어렵다. 따라서 이를 규칙화시키기 위하여 자립분절이론을 적용하여 가상적 중개자를 도입할 것이다.

/ㄹ/ 탈락은 이어나는 음소의 종류에 따라 결정되는데 이 현상은 음

4) 이 논의에서 대상 음운 현상을 여섯 개로 한정한 것은, 이 여섯 개의 음운 변동 현상이 타 지역어와 비교해 볼 때 특징적인 면이 있기 때문이다. 그리고 이러한 음운 현상은 경남의 어느 핵방언권에서도 실현되고 있으므로 핵방언권 사이에 달리 실현되는 모습을 파악하기가 쉬우며 복선음운론의 방언 음운 현상에 대한 접근의 타당성을 검증하는데도 적당하기 때문이다.

소들 상호간의 지배 관계에 의해서 발생되는 것으로 보아 지배이론을 적용시켜 논증할 것이다.

소리이음은 음절 짜임새에서 첫소리 위치와 끝소리 위치는 그 위계가 같지 않으며 첫소리와 끝소리의 존재 유무에 따라 음절이 취하는 안정성이 달라지므로 계층음절이론을 적용시킬 것이다.

콧소리 되기는 입천장소리 되기와 마찬가지로 동일 마디에서 비롯된 음소들의 연결에서 복잡한 자질을 가진 음소가 자신의 자질을 주위의 음소에 확산한 것에서 비롯되었으므로 계층자질이론을 적용하여 논증하되 핵방언권인 경남 함안군을 대상 지역으로 하여 이 지역어의 형태・음운 변동 현상을 공시적인 관점에서 밝히려고 한다.[5)]

4.3. /ㅣ/치닮기

/ㅣ/치닮기(umlaut) 현상은 표준어에서 뿐만 아니라 방언 안에서도 대방언권과 그 하위 방언권 사이에서 실현되는 현상이 일치하지 않는다. 함안 지역어에서 /ㅣ/치닮기 현상이 실현되는 분포 환경을 형태소 안에서와 형태소 경계 사이로 구분하여 그 특성을 살펴보기로 하겠다.

---

5) 지금까지 함안 지역어를 대상으로 한 시기별 연구자의 현장 조사 과정을 일별하면, 1차 조사는 1991년 5월~8월 동안에 이루어졌는데 이 기간에는 주로 풀이씨와 이름씨를 중심으로 이루어졌다. 2차 조사는 1994년 12월~1995년 2월에 이루어졌는데 파생어를 대상으로, 3차 조사는 1995년 7월~8월에 이루어졌는데 합성어를 대상으로 하였다. 4차 조사는 1995년 12월~1996년 2월에 이루어졌는데 그 동안에 조사한 내용을 중심으로 수정, 보완하는 방향에서 이루어졌다. 5차 조사는 1996년 7월~8월에 이루어졌는데 역시 수정, 보완하는 방향에서 이루어졌다.

4.3.1. 형태소 안에서

4.3.1.1. 임자씨의 경우

함안 지역어에서는 뒤홀소리가 앞홀소리 /ㅣ/나 반홀소리 /j/ 앞에서 앞홀소리로 자리를 옮기는 현상이 예시 (1)과 같이 활발하게 나타나고 있는데, /u, o, ㅋ/는 /E, i/로, /a/는 /E/로 바뀐다.[6]

(1) ㄱ. 깍두기→ 깍떼기, 뜸부기→ 뜸베기~뜸비기, 주인→ 지인
ㄴ. 포기→ 페기, 고기→ 게기, 모조리→ 모지리
ㄷ. 어미→ 에미, 꾸러미→ 꾸리미, 건더기→ 건데기, 무더기→ 무디기
ㄹ. 아비→ 애비, 귀뚜라미→ 기뚜래미, 소나기→ 소내기, 보자기→보재기

예시 (1)ㄱ, ㄴ의 홀소리 /ㅗ, ㅜ/의 경우 /wE, wi/로 실현되는 것이 아니라 /E, i/로 실현되는 것은 겹홀소리를 회피하는 이 지역어의 발음 특성에서 비롯된 현상이다.

이러한 현상은 경남 여러 하위 방언권에서도 동일하지만 '거창, 양산, 울산, 하동, 창녕, 함양, 산청' 등 일부 지역에서는 아래 (2)와 같이 겹홀소리 /wi, wE/로 실현되는 경우도 있다.[7]

(2) 고기 → 괴기/kwEki/(함양, 산청), 괴기/kwEki/~기기(거창, 양산),
괴기/kwEki/~기기~게기(울산, 의령, 하동)
토끼 → 퇴끼/thwEk'i/(의령), 테끼(산청)

---

6) 최태영(1985:16)은 한자어일 경우에는 /ㅣ/치닮기를 외면하는데, 한자어라는 의식조차 못할 정도로 언중과 친숙해진 어휘들은 음운론적 조건이 허락하는 한 /ㅣ/치닮기가 쉽게 일어난다고 하였다. 이 연구에서 선정된 자료는 한자어를 제외한 고유어에만 한정한다.

7) /wi/로 실현되는 경우는 풀이씨 '꾸미다'가 '뀌미다'/k'wimita/(의령)로 실현되는 때이다.

'나비, 호미, 거미, 모기, 종이' 등이 앞의 예들과 같이 /ㅣ/치닮기 예시로 제시되지 않은 것은 이들이 이 지역어에서는 '나부, 호메~이, 거무, 머구, 조~오'로 실현되고 있기 때문이다.[8]

그런데 홀소리 사이에 닿소리 /ㄷ, ㄹ, ㅅ, ㅈ(ㅊ)/이 끼일 때는 예시 (3)과 같이 /ㅣ/치닮기가 적용될 수 있는 음성적 환경을 갖추어도 실현되지 않는다고 보는 것이 일반적인 견해이다.

(3) ㄱ. 오디→*에디, 보따리→*보때리, 개나리→*개내리
    ㄴ. 보리→*베리, 머리→*메리, 다리→*대리
    ㄷ. 가실→*개실, 모시→*메시, 무시→*메시, 까시→*깨시
    ㄹ. 가지→*개지, 버짐→*베짐, 까치→*깨치

그러나 함안 지역어에서는 (3)과 같이 /ㅣ/치닮기가 실현되지 않는 것이 절대적인 현상은 아니다. 이 지역어에서는 (4)와 같이 이러한 닿소리가 사이에 끼일 때에도 제한적이기는 하지만 /ㅣ/치닮기가 실현되고 있는데 센입천장보다는 혀끝에서 자주 실현된다.

이러한 현상에 대하여 정인승(1937:4)은 혀끝소리가 센입천장소리보다 /ㅣ/가 발음되는 자리, 혀의 모양이 다르기 때문이라고 보았다.[9] 결국 예시 (4)와 같은 현상을 통하여 함안 지역어의 /ㅣ/치닮기 실

8) 전광현(1976:33)은 이들은 원래 겹홀소리였는데 표준어에서는 /ㅣ/로 실현되고 다른 방언에서는 /ㅣ/ 이외의 다른 홀소리로 실현되고 있다고 보았다.

9) 김차균(1991a:11)은 /ㅣ/치닮기가 실현되는 현상을 억제하는 닿소리를 다음과 같이 분류 하였다.

①	②	③	④	⑤	⑥
ㅈ류	ㅅ류	ㄹ[l]류	ㄴ류	ㄷ류	ㄹ[r]류

강 --> 약

①~⑥의 닿소리가 뒤홀소리와 앞홀소리 /ㅣ/나 반홀소리 /j/ 사이에 끼어 있으면 뒤홀소리를 발음할 때 혀가 이미 /ㅣ/나 /j/를 발음하기에 쉽도록 된다. 그러므로 /

현 조건이 타 지역에 비하여 개방적임을 알 수 있다.

(4) ㄱ. 모조리→ 모지리, 다리미→ 대리비
ㄴ. 할머니→ 해미～할메
ㄷ. 편지→ 핀주～핀지～펜지
ㄹ. 청솔가지→ 청솔깨이

기존 연구에서는 (3)과 같은 현상에 대하여 형태론적 제약에 의한 특이 현상으로 처리하거나 성조의 차이로서 설명하였다.

서정목(1981:11)은 /ㅣ/치닮기 실현이 자유로운 것은 첫 음절이 고조(H)일 때이며 제약을 받을 때는 저조(L)이면서 장음인 경우라고 했다. 그러나 이와 같은 조건에 맞는 '누(H)리다'가 '니리다'로 '노(H)리다'가 '내리다'로 실현되지 않는 경우가 자주 나타나는 문제가 있으며 동화주가 '-리-'인 경우에만 한정하여 고찰했다.

따라서 논의의 타당성을 얻으려면 형태소 안에서 뿐만이 아니라 형태소 경계에까지 폭을 넓혀 그 밖의 닿소리가 끼일 때도 성조의 차이로서 설명이 가능한 지에 대한 검증이 필요하다.

이와 같은 문제점을 해결하기 위한 방안은 /ㄷ, ㄹ, ㅅ, ㅈ(ㅊ)/ 닿소리는 이어나는 홀소리 /ㅣ/나 반홀소리 /j/와 동일한 고음 조성(acute) 위치에서 발음되기 때문에 /ㅣ/치닮기가 실현되지 않는다고 보면 된다.[10)]

ㅣ/나 /j/를 쉽게 발음하기 위하여 뒤홀소리를 앞홀소리로 바꿀 필요가 줄어들게 된다고 보았다. 이 때 줄어드는 정도는 끼어 들어간 닿소리를 발음할 때의 혀의 모양이 /ㅣ/나 /j/를 발음할 때의 혀의 모양에 가까울수록 그만큼 더 심해진다.

10) Jakobson, Fant, Halle는 음운 대조를 음운 자질(Vocalic, Consonantal, Compack, diffuse, tense, voice, nasal, continuant, strident, checked, grave, flat, sharp)로 설명할 것을 제의하였다. 이들 음운 자질은 ① 음성적 자질의 기술이 아닌 음운 대조를 기술하며, ② 이원적이며, ③ 음향음성학적인 특성을 지닌다는 점에서 혁신

곧 저음 조성(grave)인 뒤홀소리가 발음되고 나서 닿소리를 사이에 두고 고음 조성인 홀소리가 올 때 두 홀소리는 부조화를 이루어 첫째 음절의 저음 조성(뒤홀소리) 홀소리는 둘째 음절의 고음 조성(앞홀소리) 홀소리로 바뀌어 /ㅣ/치닮기가 실현된다.[11] 그런데 그 사이에 끼인 닿소리가 고음 조성인 /ㄷ, ㄹ, ㅅ, ㅈ(ㅊ)/일 경우에는 두 홀소리 사이의 부조화를 닿소리가 어느 정도 중화시키므로 /ㅣ/치닮기의 실현이 제한적이다.

이상과 같은 함안 지역어의 /ㅣ/치닮기 실현은 두 홀소리 사이에 두 개의 닿소리가 나타나는 환경에서도 역시 가능하다.

(5) ㄱ. 학교→ 핵꾜~학쪼, 안경→ 앵겅, 남편→ 냄핀, 남비→ 냄비
cf) 국기→ *긱기
ㄴ. 공책→ *깅책, 눈치→ *닌치, 곤지→ *겐지, 멀미→ *멜미

(5)ㄱ은 사이에 끼인 두 닿소리가 모두 /ㄱ, ㅁ, ㅂ/이라는 제약 조건을 지키고 있으므로 /ㅣ/치닮기가 실현되고, (5)ㄴ은 그 외의 닿소리가 놓인 경우이므로 /ㅣ/치닮기가 실현되지 않는다.[12]

적이다(조성식 외, 1990: 15).
저음 조성(grave)은 고음 조성(acute)과 대조를 이루는데 그 특성은 다음과 같다.

저음 조성(grave)	고음 조성(acute)
1. 음향적 특성: 진동수가 낮은 곳에서 나는 저음	진동수가 높은 곳에서 나는 고음
2. 발음적 특성: 입술, 여린입천장, 후설에서 발음	혀끝, 센입천장에서 발음
3. 영어: /p, b, m, f, v, k, g, w, h/ /ɨ, ə, a, u, U, o, Ɔ/	/t, d, Θ, ð, s, z, n, č, ǰ, Š, ž, l, r, y/ /i, I, e, ε, æ/

11) 이 경우 막연히 고음 조성이라고만 한다면 앞홀소리 모두를 지칭할 수도 있으나 /ㅣ/만 동화주가 되는 원인을 김차균(1991a:13)은 앞홀소리 자질이 강한 정도로서 설명하였다. 즉 /ㅣ, ㅔ, ㅐ/ 가운데 /ㅣ/가 /ㅔ, ㅐ/보다 더욱 앞쪽 끝에 위치하기 때문이라고 보았다.

12) 김차균(1991a:16)은 /ㅣ/치닮기는 노력 절약의 일종이기 때문에 의사소통의 기능을 맡은 음운의 변별적인 기능을 완전히 허물어뜨리면서까지 행하여지는 것

그러나 (5)ㄱ에서 '국기'는 /ㄱ/이라는 닿소리가 사이에 놓여 있는데도 /ㅣ/치닮기가 실현되지 않는 것은 /ㅣ/치닮기가 실현되기 전에 이미 재구조화 과정을 거쳤기 때문이다.

(5)ㄱ에서 /ㅣ/치닮기가 실현되는 경우와 「국기→*궉기」 같이 /ㅣ/치닮기가 실현되지 않는 경우의 차이점을 구분하여 나타내면 (6)과 같다.

(6)		ㄱ. /남비/	ㄴ. /(태)극기/
① 홀소리의 재구조화	:	______	(태)국기
②/ㅣ/치닮기	:	냄비	______
③ 표면형	:	[냄비]	[(태)국기]

'국기'의 경우 (6)ㄴ과 같이 그 기준형을 '(태)극기'로 잡을 때 (6)ㄱ의 경우와는 달리 이 지역어에서는 '(태)국기'로 재구조화 과정을 먼저 거쳤기 때문에 /ㅣ/치닮기가 실현되지 않는다.

4.3.1.2. 풀이씨의 경우

(7) ㄱ. 꾸미다→ 끼미다, 가볍다→ 개굽다~개겁다, 사기다→ 새기다, 누비다 → 니비다, 당기다→ 땡기다, 공기다→ 겡기다, 옮기다→ 엥기다
ㄴ. 어리다→ 에리다, 다리다→ 대리다, 가리다→ 개리다, 기다리다→ 지대리다, 그리다→ 기리다, 젖히다→ 제치다,
ㄴ'. 가지다→ *개지다, 뜨시다→ *띠시다, 그슬치다→ *그실치다, 도지다→ *데지다, 건니다→ *겐니다, 굴리다→ *길리다

(7)ㄱ은 사이에 끼인 닿소리가 /ㄱ, ㅁ, ㅂ/일 경우 실현되는 /ㅣ/치닮기 현상이며, (7)ㄴ, ㄴ'는 그 외의 닿소리가 사이에 끼일 때 /ㅣ/치닮기

은 아니므로 홀소리 사이에 끼인 닿소리가 설단성 닿소리가 아니라고 해서 /ㅣ/치닮기가 필수적으로 실현될 이유는 없다고 보았다.

가 실현되는 경우와 실현되지 않는 경우이다.

풀이씨와 이름씨에서 크게 다른 점은 풀이씨의 경우는 사이에 끼인 닿소리가 /ㄹ/[r]일 때에 이름씨보다 /ㅣ/치닮기가 더욱 활발히 실현되고 있다. 이름씨와 풀이씨의 이러한 차이점에 대하여 이 논의에서는 잠정적으로 다음 두 가지를 가정해 보고자 한다.

첫째, /ㅣ/치닮기가 같은 형태소 안에서라도 이름씨에서 시작되어 풀이씨로 확산되는 과정에서 그 실현 조건을 완화하여 홀소리와 홀소리 사이에 /ㄹ/([r])이 오는 경우에도 /ㅣ/치닮기를 허락하였다. 둘째, 통시적으로 이름씨와 풀이씨는 그 형태론적 성격이 다르다. 즉 이름씨는 통시적으로 풀이씨보다 형태를 단일화, 고정화시키려는 방향으로 변화해 왔는데 이것은 가능한 한 줄기가 교체되는 것을 지양하려는 성격에서 비롯된 것이다.[13)]

(7)ㄴ에서 '그리다→기리다'와 같은 현상은 경남 방언에서는 /ㅡ/ 홀소리가 실현되지 않으므로 /ㅣ/ 홀소리로 교체되었을 뿐이지 /ㅣ/치닮기가 아니라고 볼 수도 있다. 그러나 여기에서는 /ㅡ/와 /ㅓ/가 변별되지 않는데서 비롯된 현상이라면 /ㅓ/로 실현되어야 하는데 /ㅣ/로 실현된 것은 뒤에 오는 홀소리 /ㅣ/의 영향이므로 /ㅣ/치닮기 현상으로 보았다.[14)]

그런데 '구리다, 고리다'의 경우, (7)ㄴ의 예시들과 동일한 분포 환경

---

13) 송철의(1991:281~282)는 체언과 용언은 형태적으로 성격을 달리하기 때문에 곡용과 활용에서 음운 현상이 달리 실현됨을 자세히 다루었다.

14) 최명옥(1974: 64)은 풀이씨일 경우 끝소리 /ㄹ/([l])과는 달리 첫소리 /ㄹ/([r])에 한해서 /ㅣ/치닮기 실현이 가능한데 재구조화된 홑소리일 경우에는 /ㄹ/([r]) 역시 /ㅣ/치닮기가 실현되지 않는다고 하였다.

・바르다 > 바리다 > *배리다 ・다르다 > 다리다 > *대리다

그러나 이 경우는 '바르다, 다르다'에 이미 /ㅣ/치닮기가 적용되어 '바릐다, 다릐다'로 실현되고 이어 홑홀소리 되기가 적용되었다. 그러므로 이 형태에 다시 /ㅣ/치닮기가 적용되지 않는 것은 당연하다.

을 유지하고 있으나 /ㅣ/치닮기가 실현되지 않는 것은 토착화자들의 동음어 회피 현상에서 비롯된다. '구리다, 고리다'가 /ㅣ/치닮기를 겪은 '귀리다, 괴리다'는 겹홀소리의 홑홀소리 되기에 의하여 '기리다, 게리다'로 실현되어야 하는데 이 지역어에는 '그리다, 가리다'가 /ㅣ/치닮기를 겪은 '기리다, 개리다'가 이미 존재하고 있으므로 동음어를 회피하려는 화자들의 언어 의식에서 /ㅣ/치닮기가 실현되지 않았다.15)

(8) ㄱ. 사다리→새다리, 하루살이→하리사리16)
ㄴ. 세시→시시, 네시→니시, 세끼→시끼
ㄷ. 치마→치매, 기명물→기˜잉물, 시켜주다→씨기주다
ㄹ. 고추→고치, 행주→행지포, 도마→도매, 가마→가매,
골무→골미, 국수→국시, 자주색→자지색, 손자→손지

(8)ㄱ~ㄹ은 이 지역어에서 흔히 발견되는 현상인데 [-전설성] 홀소리가 [+전설성]으로 바뀌었으나 앞서 살펴 본 /ㅣ/치닮기와 같은 부류에 포함시키기에는 무리가 있다. 왜냐하면 (8)ㄱ은 동화주가 될 수 있는 홀소리 /ㅣ/는 존재하고 있으나 /ㅣ/홀소리 앞에 있는 음절의 홀소리가 [+전설성]으로 바뀐 것이 아니라 한 음절 건너 띄어 실현되었기 때문이다.

그리고 (8)ㄴ은 /ㅣ/ 홀소리 앞의 [-높은, +전설성]인 홀소리가 [+높

---

15) 이러한 현상은 Aronoff가 제시한 저지원칙(blocking principle)의 일종으로 볼 수 있다. '저지원칙'이란 어기와 뜻이 같은 다른 낱말이 있을 경우 또 다른 파생은 저지된다는 것인데 하치근(1989: 35~36)은 국어에서 이미 존재하는 이름씨가 새로운 파생어의 형성을 저지하는 현상이 있음을 아래와 같이 보여 준다.

	-이	-음	-기
·걷다:	X	걸음	X
·굽다:	구이	X	X
·크다:	X	X	크기

16) '하루'가 '하리'로 쓰이는 경우도 있으나 '하리살이'에서 유추된 현상이다.

은, +전설성]으로 바뀐 경우이며, (14)ㄷ은 앞 음절의 홀소리 /ㅣ/에 의해 뒤 음절의 [-전설성] 홀소리가 [+높은, +전설성]으로 바뀐 경우이며 (8)ㄹ은 동화주가 존재하지 않는 환경에서 [-전설성]인 둘째 음절 홀소리가 [+전설성]으로 바뀐 경우이다.

그러므로 예시 (8)과 같은 현상은 함안 지역어에서는 /ㅣ/치닮기 현상이 점차 그 제한적 조건을 허물고 일반화되고 있는 추세에 있기 때문에 이러한 경향에 유추되어 실현되는 특이 현상이다.[17]

4.3.2. 형태소 경계에서

4.3.2.1. 파생 접사가 첨가될 경우

(9) ㄱ. 배앓+이→배애리, 똑똑이→똑띠기, 짝짝이→짝째기, 젖먹이→젖미기
ㄴ. 보기→베기, 뿔감기→뿔갱기[18], 웃-+기→이끼
ㄷ. ① 벗기다→베끼다, 남기다→냉기다, 바꿔다→배끼다, 감기다→갱기다, 숨기다→싱기다[19], 뜯기다→띠끼다, 듣기다→디끼다
② 죽이다→지기다, 먹이다→미기다, 깎이다→깨끼다, 끓이다→끼리다
③ 눕히다→니피다, 잡히다→재피다

---

17) 도수희(1981:16~17)는 /ㅡ/나 /ㅜ/가 /ㅅ, ㅈ, ㅊ/ 아래에서 [-후설성]으로 바뀐 현상에 한해서 움라우트(umlaut)로 처리하였다. 즉 홀소리 /ㅣ/나 반홀소리 /j/에 이끌리어 「/a→ɛ/, /ə→e/, /o→ö/, /u→Ü/」와 같이 실현되는 결과나 그 열림도로 보아 홀소리 중에서/ㅅ, ㅈ, ㅊ/에 가장 가까이에 있는 홀소리 /ㅡ/나 /ㅜ/가 [-저음 조성(acute), +소음성]의 닿소리에 이끌리어 보다 가까운 위치로 바뀌게 되는 사실은 같은 현상으로 보았다.

18) 고삐를 소의 뿔에 감는 것을 이른다.
· 소 이까리 잡고 따라 댕기지 말고 뿔갱기해서 나아 미이라.
(소의 고삐를 잡고 따라 다니지 말고 뿔에 고삐를 감아서 놓아 먹여라.)
· 한창 바뿔때는 뿔갱기해서 산에 넣어났다가 지잉~때 몰로 안가나.
(많이 바쁠 때는 뿔에 고삐를 감아서 산에 풀어 놓았다가 저녁 때 몰러 간다)

19) 이 지역어에서는 '숨기다'를 '싱기다'외에 '숭카다'라고도 한다.

(9)ㄱ은 풀이말의 줄기 뒤에 붙어서 이름씨를 파생하거나 이름씨 뒤에 붙어서 어찌씨를 파생하는 파생 접사 '-이'의 첨가에 의하여 /ㅣ/치닮기가 실현된 경우이다.

(9)ㄴ은 풀이씨에 이름씨 파생 접사 '-기'가 이어날 때 /ㅣ/치닮기가 실현되는 경우이며, (9)ㄷ은 풀이씨에 하임, 입음의 파생 접사 '-이, -기, -히'가 이어날 때 /ㅣ/치닮기가 실현되는 경우인데 (9)ㄴ은 (9)ㄱ, ㄷ보다 /ㅣ/치닮기 실현에 제약이 심하다.

이러한 차이는 (9)ㄴ의 접사는 다른 이름씨 파생 접사보다 굴곡 접사적인 특성이 강하여 접사의 자질이 풀이씨 마디에까지 투사되나 (9)ㄷ의 접사는 파생 접사이므로 접사의 자질이 풀이씨에만 투사되기 때문이다.20)

즉 굴곡 접사적인 특성이 강한 '-기'는 선행어에 미칠 수 있는 영향권이 풀이씨 마디이므로 풀이씨 안에서만 작용하는 하임, 입음의 접사보다는 강경계를 유지하게 된다. 음운 변동 현상은 강경계보다는 약경계에서 주로 실현되며 강경계의 경우는 실현되더라도 약경계보다 많은 제약을 요구한다.

(10) ㄱ. 쌀 + 아기→ 싸래기, 두건 + 둥이→ 두건디˜이, 일간 + 장이→ 일간재˜이
　　ㄴ. 가르- + 앙이→ 가래˜이, 꼬리 + 앙이→ 꼬래˜이

---

20) ① 하치근(1996:85)은 통사적 관계를 고려하지 않고 낱말의 형태만으로는 이름씨인지 움직씨의 이름꼴인지를 밝힐 수가 없지만 '-기' 파생 이름씨나 움직씨 이름꼴이 다른 파생 이름씨에 비하여 <동작성>이나 <서술성>이 강하다고 보았다. 어휘적 접사일 경우 풀이씨의 논항 구조를 상속받지 못하여 투사 범주가 -V-이며(예: 그분은 [[보]$_{v}$ 기$_{1}$]$_{N}$를 많이 들어 보였다) 통사적 접사일 경우 논항 구조를 그대로 상속받기 때문에 투사 범주가 -VP-이다(예: 그분은 [[얼굴을 보]$_{vp}$ 기$_{2}$]$_{Np}$가 어렵다).
② 하임, 입음의 접사가 통사적 접사가 아닌 어휘적 접사로 처리되어야 하는 여러 가지 타당성은 하치근(1996:63～67)을 참조.

예시 (10)은 파생 접사 '-아기, -둥이, -장이, -앙이'가 결합될 때 /ㅣ/치닮기가 실현되는 경우이다.

(10)ㄱ은 뿌리와 파생 접사 사이에 소리이음이 실현된 뒤에 /ㅣ/치닮기가 적용된 경우이며, (10)ㄴ은 뿌리와 파생 접사가 이어날 때 뿌리의 홀소리가 탈락되고 나서 /ㅣ/치닮기가 적용된 경우이다.

아래 (11)은 (10)ㄱ, ㄴ이 실현되는 음운 변동 과정을 순서대로 나타낸 것이다.

(11)

		ㄱ. /쌀/	ㄴ. /가르-/
① 파생 접사 첨가	:	쌀아기	가르앙이
② 홀소리 탈락	:	______	가ㄹ앙이
③ 소리이음	:	싸라기	가랑이
④ /ㅣ/치닮기	:	싸래기	가랭이
⑤ /ㅇ/ 탈락	:	______	가래이
⑥ 표면형	:	[싸래기]	[가래˜이]

4.3.2.2. 굴곡 접사가 첨가될 경우

(12) ㄱ. 밥 + 이→ 배비, 방 + 이→ 배˜이, 겁 + 이→ 게비,
중풍 + 이→ 중피˜이, 멍 + 이→ 미˜이, 잠 + 이→ ?재미
ㄴ. 못 + 이→ *메시, 낫 + 이→ *내시, 옷 + 이→ *에시,
밭 + 이→ *배치, 솥 + 이→ *세치, 살 + 이→ *새리

(12)ㄱ은 토씨 '-이'가 이어날 때 /ㅣ/치닮기가 실현되는 경우인데 형태소 안에서나 파생 접사가 이어날 때보다는 활발하지 않다.

(12)ㄴ은 (12)ㄱ과 같이 토씨 '-이'가 이어나는 경우이나 홀소리 사이에 /ㄷ, ㄹ, ㅅ/ 닿소리가 끼여 있으므로 /ㅣ/치닮기가 실현되지 않는다.

앞서 살펴 본 파생 접사의 경우와 차이점은 /ㅣ/치닮기가 파생 접사

경계에서는 자연스럽게 실현되고 있으나 일부 굴곡 접사 경계에서는 파생 접사처럼 일반성을 갖지 못하고 제한적이다.

이와 같은 현상은 아래 (13)과 같이 잡음씨 '-이-'가 결합한 경우를 살펴보면 더욱 분명해진다.

(13) ㄱ. 부자 + 이다→ 부재다, 밉상 + 이다→ 밉새˜이다, 밥+ 이다→ 배비다
　　ㄴ. 감 + 이다→ *갬이다, 장 + 이다→ *쟁이다, 점 + 이다→ *젬이다

(13)ㄱ에서 '부재다'는 /ㅣ/치닮기가 실현되고 나서 홀소리 축약 현상을 겪었으며, '밉새˜이다'는 /ㅣ/치닮기가 실현되고 나서 끝소리 /ㅇ/이 탈락됨과 동시에 앞, 뒤 홀소리가 콧소리 자질을 띄게 되었다.

그러나 이러한 환경에서 실현되는 /ㅣ/치닮기는 극히 제한된 수에서만 실현되고 (13)ㄴ과 같은 경우에는 대부분 실현되지 않는다.

파생어와 굴곡어를 대상으로 한 /ㅣ/치닮기 실현 양상을 비교하면 굴곡어에 비하여 파생어가 보편적이다. 이와 같은 현상은 형태소 사이의 긴밀성이 있는 파생어가 이완성이 있는 굴곡어보다 /ㅣ/치닮기 실현에 적격한 환경이기 때문이다.

4.3.2.3. 합성어의 경우

(14) ㄱ. 참 + 빗→ 챔빗, 부자 + 집→ 부재찝, 산 + 나리→ 샌내리,
　　　하루 + 살이→ 하리살이[21)]
　　ㄴ. 가죽 + 신→ *가직신, 고무 + 신→ *고미신, 문 + 지방→ *멘지방,
　　　풀 + 삐→ *필삐, 폴 + 씨름→ *펠씨름

21) '부자, 하루'가 '부재, 하리'로 쓰이는 경우도 있으나 '부재집, 하리살이'에서 유추된 현상이다.

합성어에서 /ㅣ/치닮기가 실현되는 (14)ㄱ과 같은 경우는 아주 드문 현상이며 (14)ㄴ과 같이 /ㅣ/치닮기가 실현되지 않는 경우가 대부분이다. 이러한 현상에 대하여 최태영(1991:600)은 합성어는 합성이 되는 각각의 낱말들을 정확하게 제 음가대로 발음하려는 것이 언중의 의식속에 들어있기 때문에 /ㅣ/치닮기가 실현되지 않는다고 보았다.

그러나 합성어의 /ㅣ/치닮기 실현 양상도 약경계와 강경계의 차이로 설명될 수 있다. 같은 합성어이면서도 (14)ㄱ의 합성어는 점차 파생어로 바뀌어 가는 과정에 있다. 곧 '참, 산, 집, 살이'와 같은 뿌리 요소가 점차 접사의 기능을 가지면서 파생어의 특성을 드러내고 있다. 그러므로 이 사이에는 접사 경계가 놓인 것으로 볼 수 있으므로 /ㅣ/치닮기가 실현되었다. 특히 '산나리, 하루살이'의 경우는 인접한 홀소리가 아닌데도 /ㅣ/치닮기가 실현되었는데 앞서 예시 (14)에서 지적한 바와 같이 /ㅣ/치닮기가 점차 일반화되고 있는 추세에 유추하여 실현된 현상이다.

그러나 (14)ㄴ의 합성어는 두 뿌리가 뿌리의 특질을 독자적으로 지니면서 합성어 짜임새를 이루고 있으므로 두 뿌리 사이에는 상대적으로 (14)ㄱ과 같은 합성어 경계보다는 다소 이완된 형태소 경계가 놓이므로 /ㅣ/치닮기가 실현되지 않는다.

이상에서 살펴 본 함안 지역어 /ㅣ/치닮기는 형태소 안이나 뿌리와 접사 사이에 긴밀성이 있는 약경계 사이에서는 보편적으로 실현되나 임자씨와 토씨, 임자씨와 잡음씨 사이와 같은 강경계가 놓이는 환경에서는 제약을 보이고 있다.

4.3.3. /ㅣ/치닮기 실현의 특징

함안 지역어의 /ㅣ/치닮기는 경계에 따라 실현되는 정도는 다르지만 타 지역어에 비하여 보편적으로 실현되고 있다. 함안 지역어에서는 홀소리 / ㅣ / 외에 반홀소리 /j/에 의한 실현도 활발하며 혀끝소리가 사이에 끼일 때도 실현에 제약을 받지 않으므로 보편적인 실현 양상을 보인다.

(15) ㄱ. 안경→ 앵겅, 가르쳐주다→ 갤차주다, 상여→ 새˜이, 어렵다→ 에럽다,
　　구경→ 기˜잉, 삼헹제→ 샘헹제[22]
　ㄴ. 모조리→ 모지리, 차리다→ 채리다, 가리다→ 개리다, 어리다→ 에리다,
　　버리다→ 베리다, 저리다→ 제리다;
　　젖히다→ 제치다, 부자집→ 부재집,

(15)ㄱ은 반홀소리 /j/에 의한 / ㅣ /치닮기 실현이고, (15)ㄴ은 홀소리 사이에 혀끝소리나 센입천장소리가 끼일 때 / ㅣ /치닮기가 실현되는 경우이다. 이런 현상은 함안 지역어의 / ㅣ /치닮기 실현 조건이 타 지역에 비하여 보편적임을 알 수 있다.

그러나 타 지역어에서 실현되는 / ㅣ /치닮기가 이 지역어에서 실현되지 않는 경우가 있다.

(16) ㄱ. 토끼 → 퇴끼/t^hwEk'i/(의령), 티까이(삼천포), 테끼(산청), 토까이(함안)
　ㄴ. 오줌 + 이 → 오지미(함양, 하동, 남해, 울산, 창녕, 창원, 진주),
　　　　　오주미(함안)
　　닭 + 이 → 댈기(밀양, 창원, 울산, 양산, 창녕, 김해), 다기(함안)
　ㄷ. 낚 + 이다 → 낶이다(진주, 남해), 나끼다(함안)

(16)ㄱ은 형태소 안에서 / ㅣ /치닮기가 실현될 수 있는 환경을 갖추었

---

22) '삼헹제'는 / ㅣ /치닮기의 동화주가 없는데 '삼'이 '샘'으로 실현되었다. 이 경우 / ㅣ / 치닮기의 유추에 의한 현상으로 볼 수도 있으나 이 지역어에서 매우 자연스럽게 쓰인다. 그러므로 이런 현상은 / ㅔ /의 겹홀소리 잔재가 반영된 것에서 비롯되었다.

으나 함안 지역어에서는 실현되지 않고, (16)ㄴ은 이름씨에 임자자리 토씨 '이'가 결합되었으나 역시 /ㅣ/치닮기가 실현되지 않고 소리이음만 실현되었다.

타 지역어에 비하여 함안 지역어에서 이와 같은 특이성이 나타나는 원인은 이 지역에서는 /ㅗ, ㅜ/가 /ㅣ/와 합력 작용을 일으킨 /ㅚ, ㅟ/ 겹홀소리가 실현 되지 않기 때문이다.

그리고 (16)ㄷ은 입음 접사가 뿌리에 결합된 경우인데 함안 지역어에서는 /ㅣ/치닮기가 실현되지 않고 소리이음이 실현되는 특이성을 보인다. 이와 같이 함안 지역어에 나타나는 /ㅣ/치닮기는 주로 형태소 경계에서는 실현되지 않고 형태소 안에서는 보편적으로 실현되는 특이성이 있다.

홀소리 /ㅏ, ㅓ, ㅗ, ㅜ, ㅡ/가 /ㅣ/치닮기를 겪을 경우 /ㅐ, ㅔ, ㅚ, ㅟ/로 실현되는 것이 일반적이지만 지역에 따라 차이가 있다.

경남의 '함양, 산청' 지역에서는 /ㅔ/와 /ㅐ/가 변별되며 겹홀소리 /ㅚ, ㅟ/가 실현된다. 따라서 이 지역에서는 /ㅏ, ㅓ, ㅗ, ㅜ, ㅡ/가 /ㅣ/치닮기를 겪어서 /ㅐ, ㅔ, ㅚ, ㅟ, ㅣ/로 실현된다. 그런데 '의령, 거제' 지역에서는 /ㅔ/와 /ㅐ/는 변별되지 않고 겹홀소리 /ㅚ, ㅟ/가 실현되므로 /ㅣ/치닮기 결과 /ㅔ, ㅚ, ㅟ, ㅣ/만 실현된다.

그러나 함안 지역어에서는 (17)과 같이 /ㅔ, ㅣ/로만 실현된다.

(17) ㄱ. 고기→ 괴기/kwEki/(함양, 산청, 거제), 게기(함안)
꾸미다→ 뀌미다/k'wimita/(의령), 끼미다(함안)
ㄴ. 사다리→ 새다리(함양, 산청), 새다리/sEtali/(함안)
저리다→ 제리다~지리다(함양), 제리다(산청, 함안)
ㄷ. 그리다→ 기리다(함안, 울산, 진주)
거느리다→ 거니리다(삼천포, 함안)

타 지역어에 비해서 함안 지역어에 /ㅣ/치닮기의 실현이 /ㅔ, ㅣ/에만 국한되는 원인은 이 지역어가 가진 홀소리 체계에서 비롯된다.

곧 함안 지역어는 /ㅚ, ㅟ/ 겹홀소리의 회피 현상으로 말미암아 (17)ㄱ의 /ㅗ, ㅜ/에 /ㅣ/치닮기가 적용되면 /ㅔ, ㅣ/로 실현되고, /ㅐ, ㅔ/의 비변별로 (17)ㄴ의 /ㅏ, ㅓ/에 /ㅣ/치닮기가 적용되면 /ㅔ/로만 실현되기 때문이다.

(17)ㄷ 홀소리 /ㅡ/의 경우 이 지역어에서는 /ㅓ/와 변별되지 않아 /ㅓ/로만 실현되는데 /ㅣ/치닮기가 적용될 경우 /ㅔ/가 아닌 /ㅣ/로 실현된다. 이 경우 홀소리 교체는 다른 음운 규칙과 이접적임을 알 수 있다.

즉 '그리다'의 경우 홀소리 교체가 적용되고 /ㅣ/치닮기가 적용된다면 '게리다'로 실현되어야 하나 이 지역어에서는 '기리다'로 실현된다. 이것은 '그리다'에 먼저 /ㅣ/치닮기가 적용되어 'ᄀᆜ리다'로 실현되고 나서 홑홀소리 되기가 적용되어 '기리다'로 실현되었음을 증명한다.

4.3.4. 접근 방법

4.3.4.1. 구조・기술주의와 생성음운론적 접근

/ㅣ/치닮기 실현에 대한 기존 연구의 경향은 1960년대 말까지는 구조・기술음운론적 이론과 방법을 적용시켰고, 1970년대 말까지는 생성음운론의 이론과 방법을 적용시켜 연구하였다. 그리고 1970년대 이후에는 연구 대상 언어가 지역적으로 확대되면서 국어의 여러 하위 방언들 상호 간에 이 현상에 대한 비교 검토가 활발히 이루어졌다(최명옥, 1989: 8).

구조・기술음운론적 접근에서는 /ㅣ/치닮기란 첫째 음절에 있는 뒤홀소리의 계열은 둘째 음절의 /ㅣ/를 닮아 높이와 둥긂에 관해 같은 바탕을 가진 앞홀소리의 계열로 옮기는 현상이라 하였다(허웅, 1985: 275

~277). 그런데 두 홀소리 사이에 혀끝소리가 놓일 때는 /ㅣ/치닮기가 실현되지 않는데 이와 같은 제약의 원인은 앞 음절의 뒤홀소리를 내고 난 뒤에 혀끝은 바로 혀끝소리를 내는 자리로 옮겨가야 하므로 합력 작용이 일어나지 않기 때문이다.

구조・기술음운론적 접근에서는 /ㅣ/치닮기가 실현되는 환경과 저지되는 환경을 나누어 그에 대한 음운론적 설명을 부여하였다.

그러나 함안 지역어를 비롯해서 경남의 여러 하위 지역어에서는 다른 경우보다 제한적이기는 하나 혀끝소리가 사이에 놓일 때도 (18)과 같이 /ㅣ/치닮기가 실현되는 경우가 있다.

(18) ㄱ. 모조리→ 모지리(창녕, 마산, 함안)
　　ㄴ. 할머니→ 해미~할메(함안), 할미~핼미(삼천포),
　　　　할무이˜~할매(진주)[23)]
　　ㄷ. 편지→ 핀지~팬지(울산, 양산, 김해, 마산, 충무, 함양, 진주),
　　　　펜지(합천, 산청, 거제, 하동, 남해),
　　　　핀주~핀지~펜지(함안)
　　ㄹ. 청솔가지→ 청솔깨이(함안), 청솔깨비(충무), 솔께이˜(진주)
　　ㅁ. 부자집→ 부재집(함안)
　　ㅂ. 하루살이→ 하리사리(함안)

특히 함안 지역어의 경우 풀이씨에 한해서 사이에 끼인 닿소리가 /ㄹ/ [r]일 경우는 혀끝소리이지만 /ㅣ/치닮기가 보편적으로 실현되고 있다. 그러나 같은 /ㄹ/이라도 [l]일 경우에는 이러한 치닮기 실현이 제약적이다.

---

23) 김형춘(1993:157, 170)은 '할머니, 솔가지'는 진주 지역어에서는 '할무이, 솔께이'로 실현되는데 이 때 홀소리 /ㅣ/만 콧소리 자질을 띄고 있다고 보았다.

(19) 다리다 → 대리다, 가리다 → 개리다, 기다리다→ 지대리다,
드리다 → 디리다, 그립다 → 기립다, 그리다 → 기리다
cf) 말리다→ *맬리다, 달리다→ *댈리다, 갈비→ *갤비

그리고 /ㅣ/치닮기는 환경이 만족되더라도 경계에 따라 달리 실현된다.

(20) ㄱ. 포기 → 페기, 기뚜라미 → 기뚜래미, 어리다→ 에리다
ㄴ. ① 똑똑 + 이 → 똑띠기, 짝짝이 → 짝째기, 배앓이 → 배애리,
젖먹이 → 젖미기
② 웃- + 기 → 이끼, 보기 → 베기, 뿔감기 → 뿔갱기
③ 벗기다→ 베끼다, 죽이다→ 지기다, 눕히다→니피다
ㄷ. 밥 + 이→ 배비, 방이→ 배˜이, 마음이→ 매미, 중풍이→ 중피˜이,
멍이→ 미˜이
ㄹ. 부자 + 이다→부재다, 밉상이다→밉새˜이다, 밥이다→배비다
ㅁ. 참 + 빗 → 챈빗, 부자집 → 부재찝, 하루살이 → 하리사리

(20)ㄱ, ㄴ과 같이 형태소 안이나 뿌리와 접사 사이에 긴밀성이 있는 약경계 사이에서는 보편적으로 실현되나 (20)ㄷ~ㅁ의 임자씨와 토씨, 임자씨와 잡음씨, 뿌리와 뿌리 사이와 같은 강경계가 놓이는 환경에서는 아주 제한적으로 실현된다.

이상과 같은 함안 지역어의 /ㅣ/치닮기 현상에 대한 합리적인 설명 방법을 모색하기 위해서는 그 실현 환경에 혀끝소리도 고려할 필요가 있으며 경계를 달리하면서 실현되는 /ㅣ/치닮기에 대한 전반적인 고찰이 뒤따라야 한다. 그러나 앞서 제시한 구조·기술주의적인 접근만으로는 함안 지역어의 /ㅣ/치닮기에 대한 보편적인 설명을 기대할 수 없다.

생성음운론적 접근은 구조·기술주의의 관점과는 달리 (21)과 같이 /ㅣ/ 치닮기에 대한 규칙화를 시도하였다.

(21)
$$[+\text{syll}] \rightarrow [-\text{back}] \,/\, \_\_\_ \begin{bmatrix} +\text{cons} \\ -\text{voc} \\ a\ \text{back} \\ a\ \text{high} \end{bmatrix} \begin{bmatrix} -\text{cons} \\ +\text{high} \\ -\text{back} \\ -\text{round} \end{bmatrix}$$

조건: 임의적이며 형태소 안에서만 적용된다.

(이병건, 1976:160)

규칙 (21)은 /ㅣ/치닮기가 실현되는 경우에 한해서 적용시켜 보면 타당성이 있는 규칙이다. 그러나 이와 같은 환경에서 실현되지 않는 경우를 위해서는 또 다른 제약 조건 설정이 필요하게 된다.

본래 규칙의 설정 목적은 동일한 환경에서 실현되는 하나의 음운 현상을 그 규칙만으로 일목요연하게 설명할 수 있음을 바라는 것에서 비롯되는데 위에서 제시한 규칙은 규칙 설정 그 자체가 필요 없을 만큼 많은 예외에 대한 제약 조건을 필요로 하고 있다. 그렇다면 생성음운론적 접근은 부분적인 현상을 규칙으로 제시한 결과가 된다.

또한 /ㅣ/치닮기는 사이에 끼인 닿소리의 종류에 따라 그 실현 정도가 다른데 규칙 (21)은 이런 차이점을 제시해 주지 못한다. 이와 같은 취약점이 나타나는 원인은 /ㅣ/치닮기를 이분법으로 해결하고자 하는 한계성에서 비롯된다.

설령 이러한 규칙을 용인한다 하더라도 앞서 제시한 구조・기술주의적 접근이 지닌 단점 ―/ㅣ/치닮기는 형태소 안에서부터 형태소 경계까지 넓게 실현되고 있으나 각 경계마다 /ㅣ/치닮기가 실현되고 되지 않는 차이점― 은 여전히 가지고 있다.

그러므로 이분법에 의한 대립은 역시 수의적인 현상을 규칙화하는데 많은 제약 조건이 요구되어 오히려 규칙을 더 번거롭게 할 우려가 있다. 그리고 /ㅣ/치닮기가 실현된 결과만을 기술할 뿐이지 왜 /ㅣ/치닮기가 실현되었는가에 대한 원인 설명을 기대할 수 없다.

4.3.4.2. 자립분절음운론적 접근

자립분절음운론(Autosegmental Phonology)은 Goldsmith(1976)에 의해서 성조가 분절음 층렬과는 독립되어 독자적으로 초분절음 층렬에 존재한다는 전제 아래에서 성립되었다.

종래 단선음운론은 성조와 분절음은 항상 같이 작용한다고 보았기 때문에 '부·텨 →부:톄'와 같이 분절음이 탈락해도 성조가 남아 있는 현상에 대해서는 합리적인 해결 방법을 제시하지 못하였다. 그러나 자립분절음운론은 성조는 분절음 층과는 달리 초분절음 층에 위치하기 때문에 분절음이 탈락하여도 성조는 남아서 탈락된 분절음의 흔적을 표시한다고 보았다.

그 후 이러한 이론에 힘입어 국어의 음운 현상을 종래의 단선음운론적 해석과는 다른 관점에서 설명하기 위하여 초분절음 층에 성조만이 아니라 콧소리 자질, 입술둥긂 자질, 후두 자질 등과 같은 독자적인 층렬을 형성하고 있다는 점이 여러 사람에 의해 제안되었다.

이 연구에서도 자립분절음운론적인 접근 방법에 따라 치닮기 자질을 자립분절음 층에 설정하여 /ㅣ/치닮기 현상을 재조명해 보고자 한다.

분절음의 배열에서 나타날 수 있는 음운 현상은 넓게 보아 닮으려는 속성과, 닮음을 피하려는 속성을 지닌다. 전자는 다음과 같이 다시 몇 가지로 나누어 볼 수 있다.

첫째, 일련의 분절음의 연결에서 서로 비슷한 분절음이 연속되면 이는 무리를 이루어 주위의 분절음마저 같은 자질로 변화시키려는 속성을 가진다. 둘째, 일련의 분절음의 연결에서 무리를 이루지 못하지만 어느 한 분절음은 다른 분절음을 자신의 자질과 같은 부류로 바꾸고자 하는 경향을 지니기도 한다. 셋째, 강세, 길이, 강도와 같은 돌출도가 높은 분절음은 주위의 다른 분절음을 자신이 가진 자질들로 흡수하거나 약화시키는 속성을 지닌다.

/ㅣ/치닮기는 두 번째 환경에서 비롯된 음운 현상인데 「홀소리[저음 조성]+닿소리+홀소리[고음 조성]」 자질 연속에서 고음 조성인 둘째 음절 홀소리가 첫째 음절 홀소리의 자질을 자신의 자질과 같은 계열로 만들고자 하는 속성에서 비롯된 것이다. 이 때 초분절음 층에 설정된 /ㅣ/치닮기 형성 자질의 확산에 의하여 「홀소리[고음 조성]+닿소리+홀소리[고음 조성]」로 바뀌게 된다.

그러나 (22)와 같이 사이에 끼인 닿소리가 고음 조성 자질을 가질 때는 /ㅣ/치닮기 실현이 제한된다.

(22) ㄱ. 오디→ *에디, 보리→ *베리, 모시→ *메시, 버짐→ *베짐
ㄴ. 모조리→ 모지리, 젖히다→ 제치다, 다리다→ 대리다, 부자집→ 부재집

이것은 사이에 끼인 닿소리가 둘째 음절 홀소리 /ㅣ/나 /j/와 같은 고음 조성 위치에서 발음되기 때문이다. 저음 조성인 첫째 음절 홀소리가 발음되고 나서 저음 조성인 닿소리를 사이에 두고 고음 조성인 홀소리가 오게 될 때는 두 홀소리가 부조화를 이루어 일반적으로 첫째 음절 홀소리가 둘째 음절 홀소리와 같은 고음 조성으로 바뀌어 /ㅣ/치닮기가 실현된다.

이 경우 (22)와 같이 사이에 끼인 닿소리가 고음 조성인 경우는 두 홀소리 사이의 부조화를 이 닿소리가 어느 정도 먼저 중화시키므로 /ㅣ/치닮기 실현이 제한적이다.

그러나 함안 지역어의 경우는 (22)ㄴ과 같이 고음 조성 닿소리가 사이에 끼일 때도 /ㅣ/치닮기가 실현되고 있는데, 이와 같은 현상은 타 지역어가 발음상의 부조화에 비중을 두고 /ㅣ/치닮기를 실현하는 경향이 강한 반면 함안 지역어에서는 발음상의 부조화는 물론 발음 노력 경제

에도 비중을 두고 /ㅣ/치닮기를 실현하기 때문이다.

즉 사이에 끼인 닿소리가 고음 조성이므로 둘째 음절 홀소리 /ㅣ/를 위한 발음 자세는 갖추어져 있는데 이 지역어에서는 가능한 혀의 움직임을 줄이고자 첫째 음절 홀소리까지 고음 조성으로 바꾸어 둘째 음절 홀소리를 위한 발음 자세를 준비하는 과정에서도 /ㅣ/치닮기를 실현한다.

그러므로 이상과 같은 /ㅣ/치닮기 실현을 밝히기 위해서는 다음과 같은 조건 설정이 필요하다.

(23)

/ㅣ/치닮기 형성 자질 배당 조건:
분절음의 연결이 「홀소리[저음 조성] + 닿소리 + 홀소리[+높은, 고음 조성]」일 때
확산 방향: 왼쪽 홀소리
경계 제약: 형태소 경계에 올수록 제한적
조건: 사이에 끼인 닿소리가 [고음 조성]일 때는 [저음 조성]보다 제한적인데 풀이씨 [r]에 한해서는 보편적이다.

(23)의 조건이 만족된 환경에서는 (24)와 같은 과정을 거쳐 /ㅣ/치닮기가 실현된다.

(24) 건더기 → 건데기

①/ㅣ/치닮기 형성 자질 배당 확보

	X	X	X	X	----- 초분절음 층
	C	V	C	V	----- 분절음 층
건	ㄷ	ㅓ	ㄱ	ㅣ	
		[- 고음 조성]	[-고음 조성]	[+고음 조성]	

②/ㅣ/치닮기 형성 자질 배당

```
         [+고음 조성]
               |
    X    X  X    X    X
    C    V       C    V
```

③/ㅣ/치닮기 형성 자질 확산

```
         [+고음 조성]
          .·    |
    X    X    X    X    X
    C    V         C    V
```

④ 표면형

```
          [+고음 조성]
           .·    |
      X    X    X    X    X
      C    V         C    V
  건  ㄷ   ㅔ        ㄱ    ㅣ
   [+고음 조성]  [-고음 조성] [+고음 조성]
```

(24)는 먼저 둘째 음절 홀소리가 저음 조성이고 셋째 음절의 연결이 「닿소리 + 홀소리[고음 조성)]」일 때 /ㅣ/치닮기 형성 자질을 배당받을 수 있는 여건이 마련되었으며, 다음으로 그 자질을 배당 받아 왼쪽 홀소리에 자질을 확산시켰으며 마지막으로 표면형이 앞홀소리로 되어 실현된 과정을 나타내고 있다.

이상에서 함안 지역어의 /ㅣ/치닮기 현상에 대하여 자립분절음운론적 관점에서 /ㅣ/치닮기의 환경 조건 (23)을 설정하고 이에 따라 (24)와 같이 실현 과정을 도식화했다. 이 규칙은 점차 확대되어 가고 있는 추세를 보이며 앞으로는 낱말 경계에까지 확대될 가능성을 지니고 있다.

자립분절음운론적 접근 방법은 지금까지 예외적인 현상으로 간주해 왔던 혀끝소리가 사이에 끼인 경우를 포함하여 /ㅣ/치닮기에 나타나는 예외적인 현상들을 해결하기 위한 장치를 설정했는데 설정한 장치가 주어진 환경에서 여전히 보편적으로 적용되지 않는 문제점을 안고 있다.

즉 같은 자질을 가진 재료가 동일한 틀 속에 입력되었지만 예상을 벗어나는 현상이 발생할 때, 만들어진 틀이 객관적인 검증을 받기 위해서는 하나의 여과 장치가 필요하게 되는데 자립분절음운론에서 주장하는 틀 속에는 이러한 장치가 마련되어 있지 않다.

또한 조건이 주어지지 않은 자립분절 모형만으로는 사이에 끼인 닿소리가 고음 조성일 때는 /ㅣ/치닮기 실현이 제한적인데 풀이씨의 경우는 보편적이라는 사실에 대한 타당한 설명을 할 수 없고 경계에 따라 달리 실현되는 현상에 대해서도 일관된 기준을 제시할 수 없다.

그러나 자립분절음운론적 접근은 분절음 층과 초분절음 층을 분리하여 이 두 층위의 상호작용에 의해 음운 현상이 실현되는 과정을 비교적 도식화하여 체계적으로 보여 주었다.

한편 자립분절음운론적 접근 방법은 구조·기술주의의 구체성 지향성과 생성음운론의 추상성 지향성의 관점을 절충하여 두 접근 방법의 취약점을 보완하려고 했다.

즉 구조·기술주의적 접근에서는 표면적으로 관찰되는 모습만으로써 언어 현상이 해결될 수 있다고 보았기 때문에 이러한 경우에 벗어나는 현상에 대해서는 설명 방법을 찾지 못하였다. 생성음운론적 접근에서는 구조·기술주의적 접근에서 배제하였던 예외적인 현상에 너무 집착한 나머지 언어 현상을 너무 가상적인 현상으로 몰고 갔다. 그러나 자립분절음운론적 접근에서는 표면적인 현상으로 하나의 원리를 세우고 이 원리를 규칙화하기 위하여 가상적인 틀을 구상하여 구조·기술주의적 접근과 생성음운론적 접근 방법의 취약점을 보완하려고 시도했다.

4.3.5. 요약

함안 지역어에서는 뒤홀소리가 앞홀소리 /ㅣ/나 반홀소리 /j/ 앞에 놓일 때 앞홀소리의 자질을 닮아 /u, o, ㅓ/는 /E/ 또는 /i/로 바뀌며 /a/는 /E/로 바뀌게 된다.

이러한 현상은 형태소 안이나 뿌리와 접사 사이에 긴밀성이 있는 약경계 사이에서는 보편적으로 실현되나 임자씨와 토씨, 임자씨와 잡음씨 사이와 같은 강경계가 놓이는 환경에서는 제약을 보인다.

/ㅗ, ㅜ/에 /ㅣ/치닮기가 적용될 때 /wE, wi/로 실현되는 것이 아니라 /E, i/로 실현되는 것은 겹홀소리를 회피하는 이 지역어의 홀소리 체계에서 비롯된 현상이다.

사이에 끼인 닿소리가 /ㄷ, ㄹ, ㅅ, ㅈ(ㅊ)/일때 /ㅣ/치닮기 실현이 다른 경우보다 다소 제한적인 것은 이어나는 홀소리 /ㅣ/나 반홀소리 /j/와 동일한 고음 조성 위치에서 발음되기 때문이다. 저음 조성인 뒤홀소리가 발음되고 나서 닿소리를 사이에 두고 고음 조성인 홀소리가 올 때 두 홀소리는 부조화를 이루어 첫째 음절의 저음 조성 홀소리는 둘째 음절의 고음 조성 홀소리로 바뀌어 /ㅣ/치닮기가 실현되는데, 그 사이에 끼인 닿소리가 고음 조성인 /ㄷ, ㄹ, ㅅ, ㅈ(ㅊ)/일 경우에는 두 홀소리 사이의 부조화를 닿소리가 어느 정도 중화시키기 때문에 /ㅣ/치닮기 실현이 제한적이다.

그러나 함안 지역어의 경우 고음 조성 닿소리가 사이에 끼일 때도 /ㅣ/치닮기가 실현되는 것은 발음 노력 경제가 다른 지역어보다 많이 적용되었기 때문이다. 즉 사이에 끼인 닿소리가 고음 조성이므로 둘째 음절 홀소리 /ㅣ/를 위한 발음 자세는 갖추어져 있는데 이 지역어에서는 가능한 혀의 움직임을 줄이고자 첫째 음절 홀소리까지 고음 조성으로 바꾸어 둘째 음절 홀소리를 위한 발음 자세를 준비하기 때문이다.

구조·기술주의적인 접근에서는 혀끝소리가 끼일 때도 /ㅣ/치닮기가 실현되는 경우에 대한 충분한 고려가 없었으며 경계에 따라 /ㅣ/치닮기가 달리 실현되는 현상에 대해서도 타당한 설명을 기대할 수 없다.

생성음운론의 이분법에 의한 대립은 많은 제약 장치가 요구되어 오히려 규칙을 더 번거롭게 하는 경향이 있다. 그리고 /ㅣ/치닮기가 실현된 결과만을 기술할 뿐이지 왜 /ㅣ/치닮기가 실현되었는가에 대한 근본적인 설명을 기대할 수 없다.

자립분절음운론적 접근은 분절음 층과 초분절음 층을 분리하여 두 층위의 상호작용에 의해 /ㅣ/치닮기가 실현된다고 보고 가상적 틀을 설정하였으나 이러한 틀의 작성이 모든 환경에서 그대로 적용되지 않는데 문제점이 있다. 즉 동일한 환경에서 예상을 벗어나는 현상이 발생할 때, 만들어진 틀이 객관적인 검증을 받기 위해서는 하나의 여과 장치가 필요하게 되는데 자립분절음운론에서 주장하는 틀 속에는 이러한 장치가 마련되어 있지 않다.

또한 조건이 주어지지 않은 자립분절 모형만으로는 사이에 끼인 닿소리가 고음 조성일 때는 /ㅣ/치닮기 실현이 제한적인데 풀이씨의 경우는 보편적이라는 사실을 밝힐 수 없다.

4.4. 입천장소리 되기

표준어에서 입천장소리 되기(Palatalization)란 혀끝소리인 /ㄷ/이나 /ㅌ/이 뒤따르는 홀소리 /ㅣ/나 반홀소리 /j/의 영향으로 센입천장소리인 /ㅈ/이나 /ㅊ/으로 바뀌는 현상을 말한다.

그러나 방언의 경우(특히, 남부 방언)는 이러한 입천장소리 되기 현상으로 /ㄷ, ㅌ/ 외에 /ㄱ, ㅋ/이나 /ㅎ/에서도 일어나고 있다. 또한 표준어의 입천장소리 되기는 형태소 경계에서만 일어나는데 반해 방언의 입천장소리 되기는 형태소 경계는 물론 형태소 안에서도 수의적으로 실현되고 있다.

함안 지역어에서 실현되는 입천장소리 되기를 변동 규칙으로서의 입천장소리 되기와 음운 규칙으로서의 입천장소리 되기로 나누어 그 실현 환경을 형태소 안과 형태소 경계 그리고 낱말 경계로 구분하여 살펴보고자 한다.24)

4.4.1. 변동 규칙으로서 입천장소리 되기

4.4.1.1. /ㄷ, ㅌ/의 입천장소리 되기

(25) ㄱ. 마디→*마지, 흔디→*흔지, 오디→*오지, 딩기→*징기,
디주→*지주, 디디다→*지지다, 디라다→*지라다
cf) 걸터앉다→ 걸치앉다, 놓아두다→ 나:쭈다
ㄴ. ① 붙이다→ 부치다, 훑이다→ 흐치다, 묻히다→ 무치다, 굳히다→ 구치다
② 맏이→ 마지, 해돋이→ 해도지, 빼닫이→ 빼다지, 물받이→ 물바지,
가을걷이→ 가을거지
③ 굳이→ 구지, 같이→ 가치, 곧이→ 고지, 낱낱이→ 난나치
ㄷ. 밑 + 이→ 미치, 솥 + 이→ 소치, 퐅 + 이다→ 포치다
ㄹ. 밭 + 일→ 반닐, *바칠, 밭 + 이랑→ 받?이랑, *바치랑

24) 이러한 경계의 구분은 설명의 편의상 다음과 같은 기준에 의해서 설정하였다. 피동화주인 닿소리 /ㄱ, ㄴ, ㄷ, ㄹ, ㅅ, ㅎ/과 동화주인 홀소리 / ㅣ / 또는 반홀소리 /j/와 분리가 불가능한 경우는 형태소 안으로 보았으며, 분리는 가능하나 형태・의미적 독립성을 동시에 만족시키지 않는 접사나 토씨, 잡음씨와 결합하였을 때는 형태소 경계로, 분리가 가능하고 형태・의미적으로 독립성을 가질 때는 낱말 경계로 설정하였다.

/ㄷ, ㅌ/의 입천장소리 되기가 실현되는 환경을 (25)ㄱ과 같이 형태소 안, (25)ㄴ, ㄷ과 같은 형태소 경계, (25)ㄹ과 같은 낱말 경계로 구분해 보았을 때 주로 (25)ㄴ, ㄷ의 형태소 경계에서 입천장소리 되기가 실현된다.25)

(25)ㄱ에서 '걸치앉다(걸터앉다), 나:쭈다(놓아두다)'는 /ㄷ, ㅌ/이 센 입천장소리로 바뀌었지만 /ㅣ/나 /j/앞에서 실현된 것이 아니다.

이러한 현상은 함안 지역어에서 /ㄷ/ 입천장소리 되기가 점차 확대됨에 따라 나타나는 유추 현상 또는 일종의 발음 습관에서 비롯된 것이다.

형태소 경계에서 입천장소리 되기가 실현되는 일반적인 현상에 대하여 김석득(1978: 92)은 형태소 경계에서도 입천장소리 되기가 실현되지 않는 경우(티- ('트-'의 입음인 '트-이'의 준말) > *치-)가 있으므로 /ㄷ, ㅌ/의 입천장소리 되기의 조건을 형태소 경계로 한정할 수는 없다고 하였다.

그러나 이 경우는 축약 현상이 일차적으로 일어난 뒤이므로 입천장소리 되기가 실현되는 다른 낱말과는 사정을 달리한다.

즉 입천장소리 되기가 적용될 단계에서는 「트- + -이」로서 입천장소리 되기와는 관련이 없었는데 그 다음 단계에서 홀소리 탈락이 이루어지고 나서 환경이 갖추어 졌으나(ㅌ- + 이 → 티) 이때에는 이미 경계가 사라지고 두 음절이 재구조화 하여 하나로 융합된 상태이므로 여기에 다시 입천장소리 되기는 적용되지 않는다.

그러므로 이 낱말은 형태소 경계에서 입천장소리 되기가 실현되지 않는다는 사실에 대한 반증의 예가 되지 못한다.

---

25) 여기에서 낱말 경계란 합성어가 형성되기 전의 기저에 설정된 경계를 말한다.

이 과정을 변동의 차례대로 나타내면 (26)과 같다.

(26) 트-
① 접사 첨가 : 트- + -이
② 홀소리 탈락 : ㅌ- + -이
③ 입천장소리 되기 : ————
④ 음절 축약 : 티

굴곡이 일어날 때 실현되는 입천장소리 되기의 부류에 「디귿 + 이, 티읕 + 이」를 설정해 볼 수도 있으나 이 지역어에서는 이들이 '디끌, 티끌'로 실현되므로 입천장소리 되기가 적용되지 않는다.

낱말 경계의 경우 앞 낱말의 끝소리가 /ㄷ/이고 뒤 낱말의 첫소리가 홀소리 /ㅣ/나 반홀소리 /j/로 이루어진 합성어가 이 지역어에는 많지 않으며 존재하는 합성어 역시 입천장소리 되기를 실현시키지 않는다.

이것은 입천장소리 되기는 주로 실질형태소(full morpheme)와 형식형태소(empty morpheme) 사이에서 일어나는 현상인데 합성어는 실질형태소끼리의 결합이기 때문에 실현이 불가능한 것이다.

즉 「실질형태소+실질형태소」로 이루어진 경우는 일차적으로 분리되어 음운 변동(밭#일→받일)을 겪는다. 다음 단계로 낱말 경계가 약화되어 형태소 경계가 이루어질 때 /ㄴ/ 덧나기가 적용되고(받+일→받닐), 마지막으로 뒤 음절 /ㄴ/에 의해서 앞 음절 /ㄷ/이 콧소리 되기 현상을 거쳐 하나의 합성어로서 경계가 더욱 긴밀해진다.

그러나 (25)ㄹ '밭이랑'의 경우는 일곱 끝소리 되기에 의해서 '받이랑'으로 변동되고 이어 /ㄴ/ 덧나기가 적용되지 않고 '밭'과 '이랑' 사이에 휴지를 두고 발음하여 다른 지역어와 차이를 보인다.

4.4.1.2. /ㄱ, ㅋ/의 입천장소리 되기

(27) ㄱ. ① 김치→ 짐치, 길→ 질, 기아→ 지아, 겨우→ 제우, 도끼→ 도치[26),
길쌈→ 질쌈, 김→ 짐, 기둥→ 지둥;
기푸다→ 지푸다, 길다→ 질다, 겪다→ 적다, 끼다→ 찌다,
기울다→ 찌불다, 기다리다→ 지다리다
cf) 피끼→ *피찌, 때기→ *때지, 께끼→ *께찌,
북데기→ *북데지;
왈기다→ *왈지다, 기시다→ *지시다, 씨기다→ *씨지다,
댕기다→ *댕지다

ㄴ. 뜸북 + -이→ 뜸비기 *뜸비지, 두리매기→ *두리매지, 매떼기→ *매떼지,
도베기→ *도베지, 젖미기→ *젖미지;
죽이다→ 지기다 *지지다, 먹이다→ 미기다 *미지다, 새기다→ *새지다

ㄷ. 죽 + -이→ 주기 *주지, 녹이→ *노지, 독이→ *도지, 혹이→ *호지;
택이다→ *태지다, 쫙이다→ *쪼지다, 낙이다→ *나지다

ㄹ. 책 + 읽기→ 체길끼 *체질끼/ 박이장→ *바지장, 독약→ *도작

/ㄱ, ㅋ/입천장소리 되기가 실현될 수 있는 환경을 (27)ㄱ과 같은 형태소 안, (27)ㄴ, ㄷ과 같은 형태소 경계, (27)ㄹ과 같은 낱말 경계로 설정해 보았을 때 /ㄱ, ㅋ/의 입천장소리 되기는 /ㄷ, ㅌ/의 입천장소리 되기와는 달리 형태소 안에서만 수의적으로 실현되고 있다.[27)

곧 /ㄱ/은 형태소 안에서 첫소리 위치에 왔을 때 입천장소리 되기가

---

26) '도끼'가 '도찌'로 실현되지 않고 '도치'로 실현된 것은 '서로 통함(상통)' 현상에서 비롯된 것인데 여기에서는 터짐소리 /ㄲ/이 붙갈이소리 계열로 바뀌었다는 점에서 입천장소리 되기에 포함시켰다. 이 지역어에서는 '서로 통함' 현상이 다른 지역어보다 두드러지게 실현되고 있다.

27) 강옥미(1994:183)는 경상도 방언에서 형태소 안의 입천장소리 되기는 규칙적으로 일어나므로 기저형이 /ㄱ, ㄲ, ㅋ/이 아니라 /ㅈ, ㅉ, ㅊ/이라고 보아 /ㄱ, ㄲ, ㅋ/은 경상도 방언에서 홀소리 /ㅣ/와 함께 일어나지 못한다고 하였다. 그러나 이러한 견해가 타당하지 못함은 (27)로서 증명된다.

실현되고 /ㄷ/은 형태소 경계에서 앞 형태소의 끝소리 위치에 왔을 때 입천장소리 되기가 실현된다.

형태소 안에서 /ㄷ, ㅌ/ 입천장소리 되기가 실현되지 않는 것은 국어의 자질 수형도에서 동화주 /ㅣ/와 같은 마디에 위치하고 있기 때문이다. 동화주 /ㅣ/와 피동화주 /ㄷ/은 같은 고음 조성 마디에 위치하여 자질 바뀜이 일어나지 않지만 피동화주 /ㄱ/은 저음 조성 마디에 위치하여 동화주 /ㅣ/의 고음 조성 자질이 피동화주에 스며든 것이다.

그러나 자질 수형도의 상위 마디[위치마디: 고음 조성, 저음 조성] 사이의 자질 스며들기는 이완된 경계에서는 제한된다. 대신 이러한 이완된 경계에서는 상위 마디의 하위 자질들[고(저)음 조성: +전방성, -전방성] 사이의 자연부류 형성에 의한 자질 스며들기 현상이 일어나게 된다. 그러므로 형태소 경계에서 피동화주 /ㄱ/은 동화주 /ㅣ/와 같은 [-전방성] 자질을 가지므로 자질 스며들기가 적용되지 않았으나 피동화주 /ㄷ/은 [+전방성] 자질을 가지고 있으므로 동화주 /ㅣ/가 가진 [-전방성] 자질이 스며들게 된 것이다.

/ㄱ/과 /ㄷ/의 입천장소리 되기를 형태소 안과 형태소 사이로 나누어 변동의 과정을 차례대로 제시하면 (28), (29)와 같다.

(28) 형태소 안

	마디	기둥
	/ㄷ/ /ㅣ/	/ㄱ/ /ㅣ/
발음 방법	: [고음] [고음]	[저음] [고음]
입천장소리 되기	: ————	지둥
표면형	: [모디]	[지둥]

(34)는 형태소 안에서 실현되는 입천장소리 되기인데 /ㄷ/의 경우는 이어나는 홀소리와 같은 고음 조성이므로 자질 바뀜이 일어나지 않지

만 /ㄱ/의 경우는 이어나는 /ㅣ/와는 다른 저음 조성이므로 홀소리에 의해 자질 바뀜이 일어난다.

(29) 형태소 경계

		빼닫- + 이	젖먹- + 이
		/ㄷ/ + /ㅣ/	/ㄱ/ + /ㅣ/
발음 위치	:	[+전방성] + [-전방성]	[-전방성] + [-전방성]
소리이음	:	빼다디	젖머기
/ㅣ/치닮기	:	———	젖미기
입천장소리 되기	:	빼다지	———
표면형	:	[빼다지]	[젖미기]

(29)는 형태소 경계에서 실현되는 입천장소리 되기인데 /ㄷ/의 경우는 이어나는 홀소리와 발음 위치가 다른 전방성에서 발음되므로 홀소리에 의해 위치 바뀜이 일어나지만 /ㄱ/의 경우는 이어나는 /ㅣ/와 같은 위치에서 발음되므로 위치 바뀜이 일어나지 않는다.

4.4.1.3. /ㅎ/의 입천장소리 되기

입천장소리 되기를 입천장이 아닌 위치에서 발음되는 분절음이 센입천장에서 나는 소리로 발음 위치를 바꾸는 현상으로 본다면 「/ㅎ/→/ㅅ/」의 경우는 그 조건을 만족시키지 못한다고 볼 수도 있다.

그러나 현재의 혀끝소리 /ㅅ/과 센입천장소리 /ㅈ/은 15세기 당시에는 같은 자연부류인 혀끝소리였으므로 「/ㅎ/→/ㅅ/」을 입천장소리 되기에 포함시킨다.[28)]

---

28) 현대 국어에서 /ㅅ/은 혀끝의 [s]와 센입천장의 [ɕ]의 두 결합적 변이음을 가지고 있으며, /ㅈ/과 /ㅊ/은 일반적으로는 센입천장의 [ʧ], [ʧʰ]으로 발음되고 사람에 따라 혀끝의 [ts], [tsʰ]이 임의적 변이음으로 나타나는 일도 있다. 또한 /ㅈ/, /ㅊ/의 발음이 센입천장과 앞 혀에서 나기 때문에 혀의 자세는 /ㅣ/와 비슷하여서 /ㅈ/, /

북한말의 경우 혀끝이 센입천장 앞쪽을 향하여 작용할 때 나는 소리를 앞센입천장소리로 보고 /ㅅ, ㅈ/을 다 같이 이 위치에서 발음되는 소리로 보고 있다.

(30) ㄱ. 혀(→셔)→쎄, 형(→셩)→ 성~헹, 힘→ 심, 향(→샹)→ 상,
흉(→슝)→ 쑹, 효자(→쇼자)→ 소자, 형수(→셩수)→ 성수~헹수;
흉칙하다(→슝칙하다)→ 숭칙하다, 흉악하다(→슝악하다)→ 숭악하다
cf) 향교→ *상교, 히읗→ *시읗, 히끼→ *시끼29), 히바리→ *시바리30),
히안하다→ *시안하다
ㄴ. 쌓- + 이다→ *싸시다,
ㄷ. 히읗 + -이다→ 히으시다

예시 (30)에서와 같이 /ㅎ/의 입천장소리 되기가 실현될 수 있는 환경은 (30)ㄱ과 같은 형태소 안, (30)ㄴ, ㄷ과 같은 형태소 경계인데 /ㄷ, ㅌ, ㄱ, ㅋ/ 입천장소리 되기에 비하여 제한적이다. 주로 형태소 안의 임자씨에서만 실현되고 형태소 경계에서는 토씨나 잡음씨가 붙은 경우에 실현된다.

ㅊ/과 이어나는 홀소리와의 사이에서 나는 반홀소리 /j/는 잘 드러나지 않는다. 그러므로 /ㅈ/, /ㅊ/ 다음에서는 「/ㅏ/ : /ㅑ/, /ㅓ/ : /ㅕ/, /ㅗ/ : /ㅛ/, /ㅜ/ : /ㅠ/」 따위의 대립은 변별적 기능을 발휘하지 못하여 중화된다. 그러나 15세기에는 이러한 가운뎃소리들의 대립은 /ㅅ/다음에서는 물론이오, /ㅈ/, /ㅊ/ 다음에서도 변별적으로 기능하였다.(허웅, 1985: 382~384)
· 소(물이 괸 곳): 쇼(동물)
· 섬(섬돌): 셤(열 말)
· 세다(강하다): 셰다(세우다)

29) '히끼'는 '휘파람'을 뜻하는데 사용되는 예는 다음과 같다.
· 밤에 히끼 불모 순사 잡아간다.(= 밤에 휘파람을 불면 경찰이 잡아간다.)

30) '히바리'는 '힘' 또는 '기운'을 뜻하는데 실제 사용되는 예는 다음과 같다.
· 야가 와이래 히바리가 없노? (= 얘가 왜 이렇게 기운이 없느냐?)
· 죽도 한그륵 못 얻어 문나 와 그래 히바리가 없노?
(= 죽도 한 그릇 못 먹었느냐, 왜 그렇게 힘이 없느냐?)

이와 같이 실현 환경에 차이가 생기는 것은 일차적으로는 /ㅎ/끝소리에 홀소리 /ㅣ/나 반홀소리 /j/로 시작하는 낱말의 수가 다른 입천장소리 되기보다 적은 것에 원인이 있고, 다음으로는 /ㅎ/ 자체가 지닌 불안정한 성격에서 비롯된다.

원래 /ㅎ/은 고정된 발음 위치가 없어 퍽 유동적이다. 이러한 불안정한 성격을 지닌 음소를 또 다른 위치로 변화시킨다는 것은 화자나 청자에게 음소 인식에 대한 이중적 부담감을 주게 되므로 이러한 언어 의식이 반영되어 /ㅎ/의 입천장소리 되기는 다른 경우보다 흔하지 않다.

이상에서 살펴 본 변동 규칙으로서의 입천장소리 되기가 실현되는 빈도 수를 표로서 나타내면 다음과 같다.

[표 1] 변동 규칙으로서 입천장소리 되기

<table>
<tr><td colspan="12">전체 조사 낱말 수: 188</td></tr>
<tr><td colspan="12">형태소 안: 114
ㄷ: 29, ㄱ: 64, ㅎ: 21</td></tr>
<tr><td colspan="6">임자씨</td><td colspan="6">풀이씨</td></tr>
<tr><td colspan="3">실 현</td><td colspan="3">비실현</td><td colspan="3">실 현</td><td colspan="3">비실현</td></tr>
<tr><td>ㄷ</td><td>ㄱ</td><td>ㅎ</td><td>ㄷ</td><td>ㄱ</td><td>ㅎ</td><td>ㄷ</td><td>ㄱ</td><td>ㅎ</td><td>ㄷ</td><td>ㄱ</td><td>ㅎ</td></tr>
<tr><td>x</td><td>17</td><td>8</td><td>18</td><td>16</td><td>9</td><td>1</td><td>10</td><td>2</td><td>10</td><td>21</td><td>2</td></tr>
<tr><td colspan="12">형태소 경계: 64
ㄷ: 20, ㄱ: 40, ㅎ: 25</td></tr>
<tr><td colspan="6">파생어</td><td colspan="6">굴곡어</td></tr>
<tr><td colspan="3">실 현</td><td colspan="3">비실현</td><td colspan="3">실 현</td><td colspan="3">비실현</td></tr>
<tr><td>ㄷ</td><td>ㄱ</td><td>ㅎ</td><td>ㄷ</td><td>ㄱ</td><td>ㅎ</td><td>ㄷ</td><td>ㄱ</td><td>ㅎ</td><td>ㄷ</td><td>ㄱ</td><td>ㅎ</td></tr>
<tr><td>15</td><td>x</td><td>x</td><td>x</td><td>15</td><td>1</td><td>5</td><td>x</td><td>3</td><td>x</td><td>26</td><td>x</td></tr>
<tr><td colspan="6">낱말 경계: 10
ㄷ: 2, ㄱ: 8, ㅎ: 0</td></tr>
<tr><td colspan="6">합성어</td></tr>
<tr><td colspan="3">실 현</td><td colspan="3">비실현</td></tr>
<tr><td>ㄷ</td><td>ㄱ</td><td>ㅎ</td><td>ㄷ</td><td>ㄱ</td><td>ㅎ</td></tr>
<tr><td>x</td><td>x</td><td>x</td><td>2</td><td>8</td><td>x</td></tr>
</table>

[표 1]은 /ㄱ(ㅋ), ㄷ(ㅌ), ㅎ/ 입천장소리 되기가 실현되는 빈도 수인데 총 188개를 대상으로 살펴 보았다.

/ㄱ/의 경우 형태소 안에서는 임자씨 33개와 풀이씨 31개로써 총 64개, 형태소 경계에서는 파생어 15개와 굴곡어 26개로써 총 40개, 낱말 경계에서는 8개를 대상으로 하였는데 형태소 안에서 주로 실현되었다.

/ㄷ/의 경우 형태소 안에서는 임자씨 18개 풀이씨와 11개로써 총 29개, 형태소 경계에서는 파생어 15개와 굴곡어 5개로써 총 20개를 대상으로 하였는데 형태소 경계에서 주로 실현되었다.

/ㅎ/의 경우 형태소 안에서는 임자씨 17개와 풀이씨 4개로써 총 21개, 형태소 경계에서는 파생어 1개와 굴곡어 3개로써 총 25개를 대상으로 하였는데 형태소 안에서 주로 실현되었다.

4.4.2. 음운 규칙으로서의 입천장소리 되기

4.4.2.1. /ㅅ/의 입천장소리 되기

(31) ㄱ. 수시/susi/→[suɕi], 야시/jasi/→[jaɕi], 시건/sik∃n/→[ɕigən], 시방/sipaŋ/→[ɕibaŋ], 아시/asi/→[aɕi], 실경/silk∃ŋ/→[ɕilgəŋ], 씩다/s'ikt'a/→[ɕ'ik˺t'a], 어시다/∃sita/→[əɕida], 거시다/k∃sita/→[kəɕida], 씨라다/s'ilata/→[ɕ'iɾada]

ㄴ. ① 엿+이→여시[j∃ɕi], 갓이→가시[kaɕi], 연못이→연모시[jənmoɕi]

② 옷+-이다→오시다[oɕida], 엿이다→여시다[jəɕida]

③ 솟-+-이다→소시다[soɕida]

cf) 셋+-이→세치 *[seɕi], 넷이→네치 *[neɕi-]

ㄷ. 옷+임자→옷?임자 *[oɕimča], 놋+요강→논?요강 *[nosogaŋ]

예시 (31)로 보아 /ㅅ/의 입천장소리 되기는 (31)ㄱ 형태소 안에서나 (31)ㄴ 형태소 경계에서 환경만 주어진다면 자동적으로 실현된다. 그러나 (31)ㄷ과 같은 낱말 경계의 경우 소리이음이 적용되기 전에 일곱 끝소리 되기가 먼저 적용되기 때문에 /ㅅ/ 입천장소리 되기가 실현될 수 있는 환경을 갖추지 못한다.

함안 지역어의 /ㅅ/입천장소리 되기는 표준어와 크게 다른 점이 없으나 다음 두 가지 면에서 차이가 있다.

첫째, (31)ㄴ에서 고유어 셈씨 '셋, 넷'에 임자자리토씨 '-이'가 첨가되면 다른 경우와 같이 소리이음 다음에 입천장소리 되기가 실현되지 않고 /ㅅ/이 /ㅊ/으로 바뀌어 소리이음만 실현된다.

둘째, /ㄽ, ㄳ, ㅄ/ 겹받침의 경우 표준어에서는 소리이음이 적용된 후(삯+이→싹시, 값+이→갑시) /ㅅ/의 입천장소리 되기를 기대해 볼 수도 있으나, 이 지역어에서는 주로 첫 번째 닿소리가 대표음이 되어 「돐+이→도리, 삯+이→싸기, 값+이→가비」로 발음되므로 입천장소리 되기는 실현되지 않는다.

4.4.2.2. /ㄴ/의 입천장소리 되기

(32) ㄱ. 수녀→수네, 지네→지니[čini]~지˜이, 언약→언?약, 니비다→[nibida], 니라다→[niɾada]
cf) 모냥/monjaŋ/→[moɲjaŋ]
ㄴ. 손+이→소˜이, 분이→부˜이, 운이→우˜이, 산이→사˜이, 신이→시˜이; 잠춘이→잠추˜이, 돈이다→도˜이다
ㄷ. 눈+요기→눈?요기, 문+엾→문?엾, 논+일→논?일, 한+입→한?잎, cf) 산+엾→산?엾~사˜잎

예시 (32)ㄱ과 같이 형태소 안에서 /ㄴ/이 둘째 음절에 올 경우 함안 지역어에서는 /ㄴ/이 탈락되어 발음된다. /ㄴ/ 다음에 겹홀소리가 올 경우 홑홀소리로 실현되거나 사이에 경계를 두고 발음하므로 /ㄴ/의 입천

장소리 되기가 실현될 수 있는 환경이 갖추어지지 않는다. 그리고 형태소 안에서 /ㄴ/이 첫째 음절에 올 경우에는 표준어와는 달리 입천장소리 되기가 실현되지 않는다.[31] 그런데 간혹 '모양'이 '모냥'으로 발음되어 /ㄴ/입천장소리 되기가 실현되지만 이것은 이 지역어의 보편적인 현상이 아니라 특이한 예에 지나지 않는다.

(32)ㄴ 형태소 경계의 경우 이 지역어에서는 /ㄴ/이 홀소리 /ㅣ/ 앞에서 탈락되고 대신 /ㄴ/이 가진 콧소리 자질이 앞, 뒤의 홀소리에 남게 된다.

(32)ㄷ과 같은 낱말 경계의 경우는 경계 약화에 의한 소리이음이 실현되지 않고 오히려 앞, 뒤 낱말 사이에 휴지를 두고 발음하므로 /ㄴ/입천장소리 되기가 실현되지 않는다. 그런데 함안군 대산면 지역에서는 「산+엳」의 경우 '사˜입'으로 실현되는데 이와 같은 현상은 /ㄴ/탈락에 의한 앞, 뒤 흘소리가 콧소리 자질을 띄게 된 것이다.

/ㄴ/입천장소리 되기가 실현될 수 있는 환경을 형태소 안, 형태소 경계, 낱말 경계로 나누어 음운 변동 과정을 나타내면 (33)과 같다.

(33)		지네	운이	눈요기
경계 첨가	:	——	——	눈?요기
홀소리 교체	:	지니	——	——
소리이음	:	——	우니	——
/ㄴ/ 탈락	:	지이	우이	——
콧소리 되기	:	지˜이	우˜이	——
표면형	:	[지˜이]	[우˜이]	[눈?요기]

31) 허웅(1985:179)은 요즈음의 발음으로는 /ㄴ/이 홀소리 /ㅣ/나 반홀소리 /j/앞에서도 입천장소리 되지 않는 일이 많아 '가니, 가느냐' 따위가 [-ni, -nja]로 발음되는 것으로 보아 [n], [ɲ]는 배타적인 분포가 되지 않고 홀소리 /ㅣ/나 반홀소리 /j/앞에서 임의로 바뀌는 변이음으로 볼 수 있다고 하였다.

4.4.2.3. /ㄹㄹ/의 입천장소리 되기

표준어에서 연이은 닿소리 /ㄹㄹ/이 홀소리 /ㅣ/나 반홀소리 /j/와 이어날 때 자동적으로 입천장소리 [ʎʎ]로 실현된다.

그러나 함안 지역어에서는 의도적으로 발음을 할 경우에는 입천장소리 되기가 실현될 수도 있으나 빠르게 발음할 경우라든지 일상적인 대화 속에서는 입천장소리 되기가 잘 실현되지 않는다.

(34) ㄱ. 논리→[nolli] *[noʎʎi], 흘리다→[hïllida] *[hïʎʎida],
늘리다→[nullida] *[nuʎʎida], 달리다→[tallida] *[taʎʎida]
cf) 달력→달역[taljək˥]
ㄴ. 빠르- + 이→빨리[p'alli] *[p'aʎʎi], 멀이→멀리[məlli] *[məʎʎi];
물- + -리다 →물리다[mullida] *[muʎʎida], 질리다→질리다[čillida]
*[čiʎʎida], 울리다→울리다[ullida] *[uʎʎida], 돌리다→돌리다[tollida]
*[toʎʎida], 쏠리다→쏠리다[s'ollida] *[s'oʎʎida]

(34)ㄱ은 형태소 안에서 /ㄹ/ 입천장소리 되기가 실현되지 않는 경우인데 '달역'은 이런 의식이 과도하게 적용된 경우이다. 곧 '달역'의 경우는 입천장소리 되기를 회피함과 동시에 /ㄹ/이 음절의 첫소리에 오는 것을 피하고자 하는 의식이 동시에 작용하였다. 이 지역어에서 첫소리에 /ㄹ/이 오는 것을 꺼리는 현상은 /ㄹ/은 닿소리 중에서 강도가 가장 낮기 때문에 첫소리 자리에서는 불안정한 음절 구조를 이루게 된다.

(34)ㄴ은 형태소 경계의 경우인데 파생어만을 대상으로 한 것은 굴곡 접사에는 '-리-'형태가 없기 때문이다. 그리고 (34)ㄴ에서와 같이 파생 접사가 결합될 때 입천장소리 되기가 실현되지 않는 이유 역시 (34)ㄱ과 같다.

즉 /ㄹ/이 첫소리 자리에 오는 것을 이 지역어 화자들은 꺼리는데 여기에 입천장소리 되기까지 실현된다면 이중의 부담감을 주게 된다. 그러므로 이런 환경에서 입천장소리 되기를 실현시키지 않는 것은 발음 노력을 줄이려는 이 지역어 화자들의 의식이 작용했기 때문이다.

(34)ㄴ의 어찌씨 파생 접사가 결합될 경우에는 (34)ㄱ과 같은 이유 외에 또 다른 원인이 있다고 본다. (34)ㄴ은 어찌씨 파생 접사 '-이'가 첨가된 경우인데 굴곡 접사 '-이'와는 달리 소리이음이 실현되지 않고 /ㄹ/이 첨가되어 입천장소리 되기가 일어날 수 있는 환경이 갖추어졌다. 이 경우 하임이나 입음의 경우와는 달리 첨가된 접사가 원래부터 '-리-'가 아니라는 차이점이 있다.

즉 말하는 이는 심리적으로 뒤 음절의 /ㄹ/은 원래 존재하던 /ㄹ/이 아니라 접사 경계가 약화됨과 동시에 첨가된 것에 불가하므로 화자들은 기저음이 '-이'라는 점을 강하게 의식하여 입천장소리 되기를 실현시키지 않는다.

이상에서 살펴 본 음운 규칙으로서의 입천장소리 되기가 실현되는 빈도 수를 나타내면 [표 2]와 같다.

[표 2]는 /ㄴ, ㄹ, ㅅ/ 입천장소리 되기가 실현되는 빈도 수인데 총 127개를 대상으로 살펴보았다.

/ㄴ/의 경우 형태소 안에서는 임자씨 21개와 풀이씨 3개로써 총 24개, 형태소 경계에서는 파생어 3개와 굴곡어 15개로써 총 18개, 낱말 경계에서는 12개를 대상으로 하였는데 실현되지 않았다.

/ㄹ/의 경우 형태소 안에서는 임자씨 4개와 풀이씨 3개로써 총 7개, 형태소 경계에서는 파생어 18개를 대상으로 하였는데 실현되지 않았다. /ㅅ/의 경우 형태소 안에서는 임자씨 17개와 풀이씨 12개로써 총 29개, 형태소 경계에서는 파생어 1개와 굴곡어 13개로써 총 25개, 낱말 경계에서는 5개를 대상으로 하였는데 형태소 안과 형태소 경계에서 주로 실현되었다.

[표 2] 음운 규칙으로서 입천장소리 되기

전체 조사 낱말 수: 127											
형태소 안: 60 ㅅ:29, ㄴ: 24, ㄹ: 7											
임자씨						풀이씨					
실 현			비실현			실 현			비실현		
ㅅ	ㄴ	ㄹ	ㅅ	ㄴ	ㄹ	ㅅ	ㄴ	ㄹ	ㅅ	ㄴ	ㄹ
17	x0	x 0	x	21	4	12	x	x	x	3	3
형태소 경계: 50 ㅅ: 14, ㄴ: 18, ㄹ: 18											
파생어						굴곡어					
실 현			비실현			실 현			비실현		
ㅅ	ㄴ	ㄹ	ㅅ	ㄴ	ㄹ	ㅅ	ㄴ	ㄹ	ㅅ	ㄴ	ㄹ
1	x	x	x	3	18	11	x	x	2	15	x
낱말 경계: 17 ㅅ: 5 ㄴ: 12 ㄹ: 0											
합성어											
실 현			비실현								
ㅅ	ㄴ	ㄹ	ㅅ	ㄴ	ㄹ						
x	x	x	5	12	x						

4.4.3. 함안 지역어의 입천장소리 되기 특징

방언의 입천장소리 되기 현상은 /ㄷ, ㅌ/ 외에 /ㄱ, ㅋ/이나 /ㅎ/에서도 실현된다. /ㄷ, ㅌ/은 형태소 경계에서 끝소리에 위치할 때만 실현되고, /ㄱ, ㅋ, ㅎ/은 형태소 안에서 첫째 음절 첫소리 자리에서만 실현되고 있다.

경남의 하위 방언권인 함안 지역어는 입천장소리 되기의 이와 같은 일반성과 아울러 다른 지역과 구분되는 몇 가지 특이한 현상이 있다.

/ㄱ, ㅋ/의 입천장소리 되기는 첫음절 첫소리 자리에서만 실현되는 것이 일반적인 현상이지만 이 지역어에서는 (35)와 같이 둘째 또는 셋째 음절 첫소리 자리에서 동화주 /ㅣ/가 없는 환경에서 /ㄱ, ㅋ, ㄲ/이 /ㅈ, ㅊ/으로 바뀌는 경우를 볼 수 있다. 이것은 함안 지역어의 입천장소리 되기가 다른 지역어보다 보편적으로 실현되고 있음을 보여 주는 현상이다.

(35) 발자국→ 발째죽[32], 올케→ 올치, 가깝다→ 가죽다

또한 타 지역어에서 실현되는 입천장소리 되기가 이 지역어에서는 실현되지 않는 경우도 있는데 주로 겹홀소리가 있는 환경에서 그러하다.

(36) ㄱ. 겨울 → 저실(김해, 합천, 밀양, 창녕, 김해, 의령, 울산),
저실～저얼(거창, 창원, 남해), 저실(진주), <u>게울</u>(함안)[33]
교실 → 조실(삼천포), <u>고실</u>(함안)
다래끼→ 다라지(남해), <u>다래끼</u>(함안)
ㄴ. ① 겨집→ 기집～지집
② 형수→ 헹수～성수

(36)ㄱ은 입천장소리 되기 환경이 주어졌을 때 다른 지역어는 입천장소리 되기가 실현되지만 함안 지역어는 실현되지 않는 경우이며, (36)ㄴ①, ②는 실현된 형태와 실현되지 않은 형태가 함께 쓰이고 있는 경우이다.

32) '걸음'을 뜻하는 경우로써 '재죽'을 독립하여 사용하기도 하나 '재죽'은 '발자국→발째죽'에서 유용된 동음이의어이다.

33) 겨울을 진주 지역어에서는 '시안'이라고도 하며, 함안 지역어에서는 '삼동'이라고도 한다.

함안 지역어가 다른 지역어에 비하여 어형 유지의 보수성이 강한 것은 이 지역이 위치한 지역상의 영향이 크게 작용하였기 때문이다. 함안군은 동쪽으로는 창원, 서쪽으로는 의령, 남쪽으로는 진주와 마산, 북쪽으로는 창녕과 인접하여 경남의 중앙에 위치하기 때문이다.

(37) ㄱ. 끼다 → 찌다
　　ㄴ. ① 겹옷→ 접옷
　　　② 겨집→ 지집
　　　③ 겨드랑 → 제트랑

입천장소리 되기는 홀소리 교체와 동시에 이루어지는 경우가 많은데 이 지역어의 경우 /ㅣ/홀소리는 (37)ㄱ과 같이 입천장소리 되기를 겪어도 그대로 실현되지만 겹홀소리는 (37)ㄴ과 같이 주로 /ㅔ/~/ㅓ/로 교체되고 경우에 따라 /ㅣ/로도 교체되나 극히 적은 수에 한정된다. 겹홀소리의 경우 홀소리 교체가 심한 것은 이 지역어에서는 겹홀소리 회피 현상으로 인하여 대부분 홑홀소리로 실현되기 때문이다.

(37)ㄴ①은 비성절음을 탈락시킨 경우로서 /ㅓ/로 실현되었고 (37)ㄴ②는 성절음을 탈락시킨 경우로서 /ㅣ/로 실현되었다. (37)ㄴ③은 (37)ㄴ①, ②와 같이 비성절음 /j/나 성절음 /ㅓ/로 실현된 것은 아니지만 홑홀소리 /ㅔ/로 실현된 것은 역시 겹홀소리 회피에서 비롯된 발음 편의에 의한 것이다.

4.4.4. 접근 방법

4.4.4.1. 구조・기술주의와 생성음운론적 접근

입천장소리 되기에 대한 연구는 그동안 공시적 측면과 통시적 측면에서 이루어져 왔다.

공시적 입장을 취하는 구조·기술주의적 접근은 혀끝소리인 /ㄷ/이나 /ㅌ/은 형태소 경계를 사이에 두고 뒤따르는 홀소리 /ㅣ/나 반홀소리 /j/의 영향으로 센입천장소리인 /ㅈ/이나 /ㅊ/으로 바뀌는데 '디디다, 느티나무, 잔디...'와 같은 낱말이 입천장소리 되기를 겪지 않은 것은 이들은 입천장소리 되기가 진행될 당시에는 겹홀소리(드듸-~드ᄃᆡ> 디디-, 느틔-~느ᄐᆡ> 느티, 잔듸-~잔ᄃᆡ> 잔디)로서 입천장소리 되기가 실현될 환경을 갖추지 않았기 때문이라고 설명하고 있다.

그러나 /ㄱ, ㅋ, ㅎ/ 입천장소리 되기에 대한 고려는 없었다.

(38) ㄱ. 기아→ 지아, 기침→ 지침, 겨우→ 제우, 겪다→ 쥒다, 끼다→ 찌다, 도끼→ 도치
ㄴ. 혀→ 쎄, 향→ 상, 효자→ 소자, 흉칙하다→ 숭칙하다, 흉악하다→ 숭악하다

/ㄷ, ㅌ/의 입천장소리 되기는 형태소 경계에서 실현되는데 (38)ㄱ, ㄴ에서 /ㄱ, ㅋ, ㅎ/의 입천장소리 되기는 형태소 안에서 주로 실현되는 차이점을 가진다.

또한 발음 위치 사이의 서로 끌리는 방향으로 볼 때 구조·기술주의적 관점에서는 /ㄷ, ㅌ/의 입천장소리 되기를 혀끝소리 /ㄷ, ㅌ/이 뒤에 이어나는 앞혓바닥소리 /ㅣ/나 /j/의 영향으로 센입천장소리인 /ㅈ, ㅊ/으로 끌렸다고 보았다.

그러나 /ㄱ, ㅋ/ 입천장소리 되기는 이런 관점으로 설명하면 맞지 않다. 왜냐하면 뒤혀는 다른 발음 위치를 끌기만 하고 끌리지 않기 때문이다.[34)]

---

34) 허웅(1985:277)은 닿소리들이 서로 끌고 끌리는 방향에 대하여 뒤혀는 끌기만 하고 끌리지는 않고 혀끝은 그 반대이며 입술은 그 중간이라고 하였다.

구조·기술주의적 접근은 /ㄷ, ㅌ/에 한해서 입천장소리 되기가 실현되는 환경이나 그 원인 그리고 예외적인 현상에 이르기까지 상세한 설명을 하고 있지만 /ㄷ, ㅌ/ 입천장소리 되기가 경계에 따라 실현되고 저지되는 이유에 대해서는 타당한 설명을 하지 못하였다. 또한 /ㄷ, ㅌ/ 외에 /ㄱ, ㅋ, ㅎ/까지 고려한 관점에서 입천장소리 되기가 실현되는 원인을 구명하지 못하였다는 단점을 가진다.

생성음운론적 접근은 입천장소리 되기를 다음과 같이 규칙화하고 실현되는 경우와 실현되지 않는 경우를 그 기저형(/ji/, /ɨj/)이 서로 다르기 때문이라고 보았다.

(39)

$$\begin{bmatrix} -\text{voc} \\ +\text{cor} \end{bmatrix} \rightarrow \begin{bmatrix} +\text{high} \\ -\text{ant} \\ +\text{strid} \end{bmatrix} / \underline{\qquad} \begin{bmatrix} -\text{cons} \\ -\text{back} \\ +\text{high} \\ -\text{round} \end{bmatrix}$$

설정적 닿소리([+cor], 여기서는 혀끝)는 형태소 경계를 사이로 하고 /i, j/가 이어날 때에 입천장소리로 바뀌어 진다.

(이병건, 1976: 150)

그러나 기저형의 설정은 음운 현상의 규칙화를 위해서는 가장 간편한 작업이나 언어의 역사성을 고려하지 못하며, 실제로 토착화자들의 언어 직관 속에 기억되어 있다는 증거를 보여 주지 못하는 단점이 있다. 또한 설정된 기저형의 교체가 표층에서 나타나지 않기 때문에 토착화자들은 입천장소리 되기를 실현시키지 않는 추상형에서 입천장소리 되기를 실현시키는 추상형으로 유도하는 규칙을 이해할 방법이 없다(김수곤, 1977: 199~200).

그런데 기저형 설정을 받아들인다 하더라도 규칙 (38)는 /ㄱ, ㅋ, ㅎ/의 입천장소리 되기를 위해서는 다시 수정되어야 하는 번거로움이 있으며, 구조・기술음운론적 접근 방법이 지니고 있는 문제점 −/ㄷ, ㅌ/의 입천장소리 되기는 형태소 경계에서 실현되는데 /ㄱ, ㅋ, ㅎ/의 입천장소리 되기는 형태소 안에서 주로 실현되는 차이점− 을 규칙 (39)만으로는 여전히 해결하지 못한다.

생성음운론적 접근은 기저형 설정으로 예외적인 현상을 규칙의 범주에 포함시켜 음운 현상을 간결하게 기술하고자 하였으나 위에 나타난 문제점을 해결할 수 있는 대안을 제시하지 못했다.

4.4.4.2. 계층자질이론적 접근

단선음운론에서 자질들은 일정한 계층이 없이 단순히 양분법에 의해서 대립하고 있으므로 닮음 현상은 피동화주의 자질을 바꾸는 자질 변동 규칙으로 설명한다.

그러나 이런 관점으로는 비인접적인 음운 현상, 분절음을 떠나 독립적인 행동을 하는 성조 현상은 설명하지 못하므로 그 보완책으로 복잡한 규칙순과 여러 가지 경계 부호를 사용해야 하는 단점을 드러내었다.

단선음운론의 단점을 보완하기 위하여 자립분절음운론은 분절음의 여러 자질들이 단선적으로 배열되는 것이 아니라 각기 다른 층열에 배열되어 있다고 보아 자질들이 서로 간에 독립적으로 행동하고 있음을 보여준다.[35)]

그러나 개개 독립적 행동은 잘 나타내 주고 있지만 서로 관련 있는 자질들이 어떻게 하나의 구성 성분을 이루어 음운 과정에서 행동하고 있는 지는 보여 주지 못하고 있다. 이런 단점을 극복하고자 복선음운

35) 김선희(1993b:201)는 생성음운론과 복선음운론에 대하여 전자는 자연언어에서 관찰되는 음운 현상을 그에 상응하는 각각의 규칙을 상정하여 설명하는데, 후자는 여러 음운 현상을 설명하는데 반복적이고 공통적으로 적용되는 기제들을 발견하고자 하는 관점이라고 하였다.

론자들은 어떤 자질들의 결합이 지속적으로 하나의 단위로 행동하는 것이 관찰될 경우 이들 자질 집단들을 하나의 음운 단위로 설정해 볼 만한 충분한 이유가 있다고 보아 분절음의 계층적 자질 수형도를 제시하였다.

오정란(1993b:223)은 (40)과 같이 국어의 자질 수형도를 설정하고 입천장소리 되기는 인접한 마디의 자질 스며들기에 의한 작용으로 보았다.

(40)

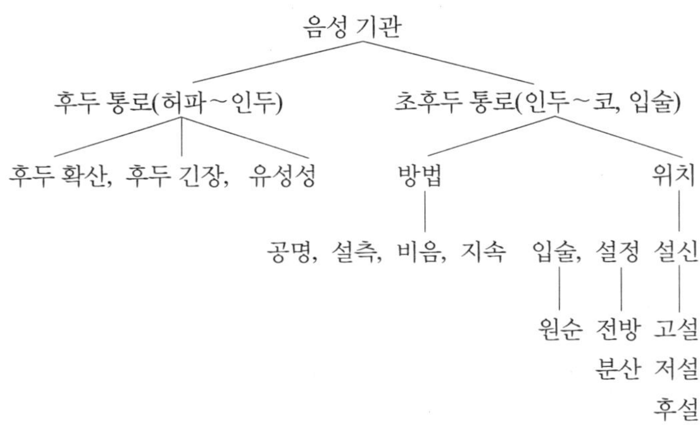

이 수형도에 의하면 국어의 입천장소리 되기는 위치마디 중에서도 설정부와 설신부의 작동으로 일어난다고 보아야 하는데 그렇게 되면 계층자질이론이 추구하는 '단일 마디 확산'의 개념에서 벗어난다.[36] 이 문제점을 해결하기 위하여 (41)과 같이 자질 스며들기(Percolation)의 개념을 도입한다.[37] 즉 홀소리 /ㅣ/의 설신 자질인 [+고설성]이 위치

---

36) 계층자질이론이 다른 이론보다 설명적인 타당성이 있다고 보는 것은 모든 닮음 현상을 단일 마디의 확산 현상으로 설명할 수 있다는 가능성 때문이다.

37) 자질 스며들기에 대하여 Selkirk는 다음과 같이 개념 정의했다.

"만약에 구성 요소 a가 구성 요소 b의 주요부이면 a와 b는 동일한 묶음

마디까지 삼투되어 위치 마디의 자격으로 선행음의 설정성 자질에 투사된다는 설명 방법을 취한다.

(41)
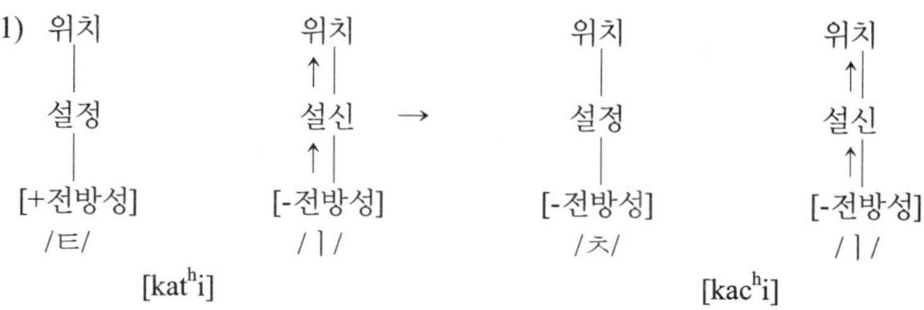

그러나 방언의 입천장소리 되기를 이와 같은 방법으로 설명하면 아래와 같은 문제점이 발생한다.

(42)
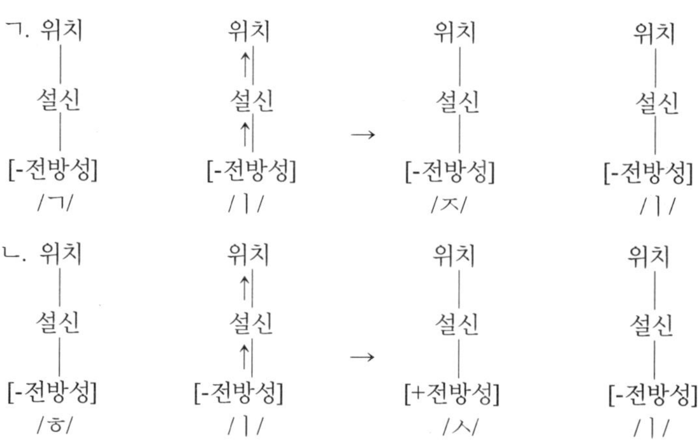

자질(통사적 구별 자질)로 연결 된다"(Scalise 1987:125).

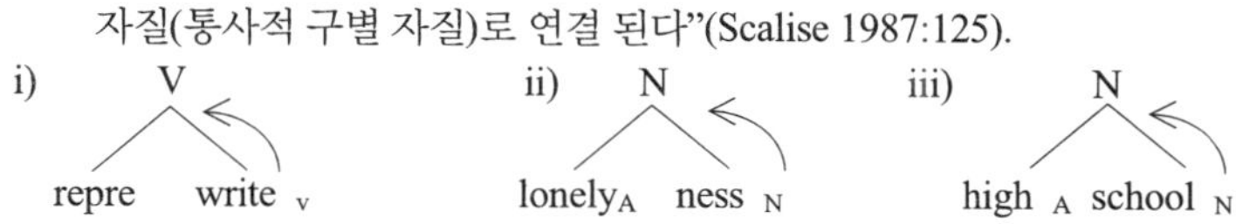

/ㄱ, ㅋ/과 /ㅎ/의 입천장소리 되기가 실현되는 과정은 (42)ㄱ, ㄴ과 같이 나타낼 수 있다.

그러나 (42)ㄱ은 두 마디가 다같이 [-전방성]의 자질을 가지므로 자질 스며들기가 일어난 앞·뒤가 변함이 없으므로 자질 스며들기의 적용이 무의미하다. (48)ㄴ의 경우는 자질 스며들기가 일어난 결과 오히려 피동화주의 자질이 동화주와 다른 자질로 변하였다.

또한 동화주 /ㅣ/의 자질을 [-전방성]으로만 설정하는 점에서도 문제가 있다.

원래 [전방성]은 닿소리를 위한 자질로서 홀소리에 적용된다면 모든 홀소리가 [-전방성]으로 표시될 수 있기 때문이다. 그러므로 오정란(1993b)의 논의로는 /ㄷ, ㅌ/의 입천장소리 되기 현상에 대한 설명으로는 가능하지만 방언의 입천장소리 되기를 대상으로 한 설명에는 부적합하다.

지금까지 국어의 자질 수형도를 설정할 때, 발음 위치 자질은 주로 '입술, 설정, 설신'으로 분류해 왔다. 그러나 국어의 음성 자질 설정에 있어서 설정성(coronal)자질의 인정에 대한 부당함은 여러 차례 지적되어 왔다.

이병근(1986:4)은 국어의 음성자질에 설정성을 두게 되면 /ㅈ, ㅊ, ㅉ/과 같은 순수 센입천장소리가 [-설정성]이 되어야 하는데 현대 국어에서 [-설정성]으로 분류되고 있는 발음 위치는 입술소리와 여린입천장소리이며, [+설정성]은 혀끝소리와 센입천장소리로 보고 있다.

이 논의에서는 설정성 자질을 둠으로써 나타나는 불합리한 점을 보완하기 위하여 발음 위치에 따른 자질로 입술, 여린입천장, 목청, 후설에서 발음되는 소리의 저음 조성(grave) 자질과 혀끝, 센입천장, 전설에서 발음되는 소리의 고음 조성(acute) 자질로 구분하여 국어의 자질 수형도를 아래 (43)과 같이 설정한다. 그렇게 되면 계층자질이론에서 닮음을 설명하는 '단일 마디 확산'의 개념에서 벗어나지도 않고 표준어와 방언을 두루 포용하면서 입천장소리 되기 현상의 본질을 밝혀 볼 수 있다.

(43)

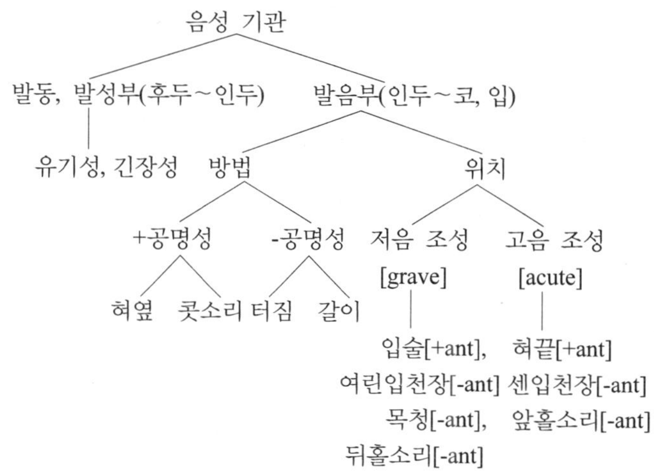

국어의 자질 수형도에서 발음 위치를 (43)과 같이 나누어 보면 입천장소리 되기는 서로 다른 위치에서 발음되는 분절음이 만나 이루어지는 부류와, 위치는 같으나 그 하위 자질이 서로 다른 분절음이 만나 이루어지는 부류로 나누어진다.

서로 다른 위치에서 발음되는 경우로는 /ㄱ, ㅋ, ㅎ/의 입천장소리 되기가 속하는데 실현된 결과 발음 위치가 바뀐다. 즉 입천장소리 되기는 홀소리에 의한 닿소리의 자질 바꿈인 일종의 닮음인데, 홀소리의 위치가 고음 조성이므로 저음 조성인 닿소리는 (44)와 같이 홀소리의 위치로 끌려오기 마련인 것이다.

(44)

[-고음 조성] + [+고음 조성] → [+고음 조성] + [+고음 조성]

ㄱ. 길→ 질, 기침→ 지침, 기다리다→ 지다리다

ㄴ. 힘→ 심, 흉→ 숭, 흉악하다→ 숭악하다

이 때 동화주를 [고음 조성]으로만 제한하면 /ㅣ/외에 /ㅔ/나 /ㅐ/도 포함되지만 실제적으로는 /ㅣ/에만 한정된다. 왜냐하면 (49)의 자질 수형도에서 고음 조성, 저음 조성에 대한 부류 역시 닿소리의 발음 위치를 중심으로 분류한 것인데 홀소리의 발음 위치를 굳이 적용한다면 앞홀소리 계열이 이에 포함될 것이며 그 중에서도 [+높은, -둥근] 홀소리가 이 자질에 가장 근접하기 때문이다.38)

그리고 저음 조성인 /ㄱ, ㅋ/이 고음 조성으로 위치를 옮길 때는 혀끝과 센입천장 중 센입천장으로 자리를 옮기게 된다. 이것은 음운 교체와 음운 변화는 자연부류 안에서 가장 자연스럽게 이루어진다는 원리에서 같은 [-전방성]으로 묶일 수 있기 때문이다.

위치는 같으나 하위 자질이 다른 경우로는 /ㄷ(ㅌ), ㅅ/의 입천장소리되기가 속한다. 음향학적으로 닿소리와 홀소리 모두 고음 조성(acute)에 포함시킬 수 있으나 발음 기관으로 보았을 때 /ㄷ(ㅌ), ㅅ[s]/은 홀소

---

38) 북한의 경우(조선문화어문법, 1979: 85-86) 입천장소리 되기의 동화주를 /ㅣ/계통이라고만 밝혀 앞홀소리 전체를 가리킬 수도 있으나 김차균(1991b:74)은 다음과 같은 지적으로써 /ㅣ/ 하나로만 귀결시킬 수 있다고 보았다.

> "...말소리들의 발음에서 소리마디의 닿소리를 기본으로 하면서 닿소리를 그 홀소리의 시작으로 발음하는 우리말의 특성으로부터 나온다..."

즉 정상적인 닿소리 뒤에 /ㅣ/가 이어지면 닿소리의 처음부터 /ㅣ/가 발음된다는 것은 사실상 불가능하고 /ㅣ/와 같은 발음 기관의 행동이 닿소리에서부터 시행된다고 보았다.

리 /ㅣ/보다 [+전방성]에 가깝다. 그러므로 동화주인 닿소리가 피동화주인 홀소리 자질을 닮아 같은 [-전방성]인 센입천장소리인 /ㅈ(ㅊ), ㅅ[ɕ]/으로 바뀌게 된다. 물론 이러한 닮음이 일어나게 된 것은 (45)와 같은 자질 스며들기에 의해서이다.

(45)
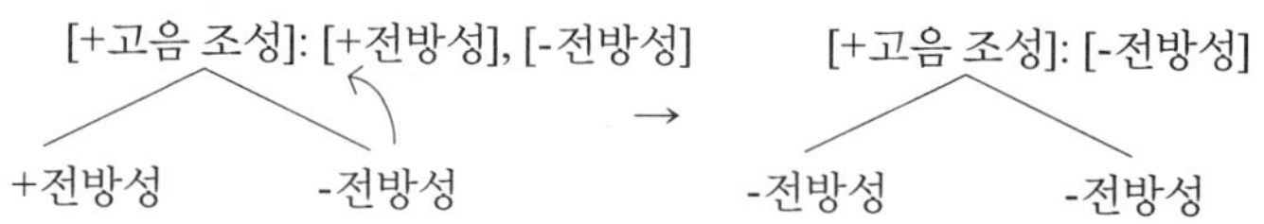

ㄱ. 묻- + 이→ 무지/ 같이→ 가치
ㄴ. 시방/sipaŋ/→ [ɕibaŋ]

그러나 (46)ㄱ, ㄴ은 (39)와 (45)에서 예시한 낱말들과 같은 부류지만 자질 스며들기가 실현되지 않는다.

(46) ㄱ.

① 기상(기생)→ *지상, 씨기다→ *씨지다
② 히바리→ *시바리, 히안하다→ *시안하다

ㄴ.
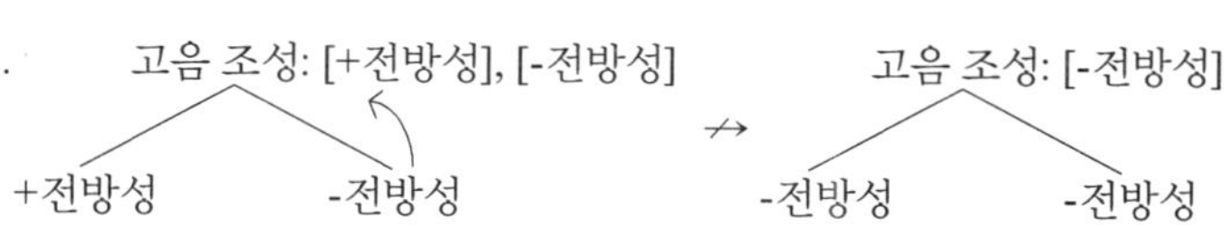

: 오디→ *오지, 흔디→ *흔지, 디디다→ *지지다, 디라다→ *지라다

입천장소리 되기의 이러한 수의적인 현상에 대해서 아직까지 구체적으로 밝혀진 기존의 연구는 없다. 지금까지의 연구를 바탕으로 한 잠

정적인 결론은 이 지역어의 입천장소리 되기에는 경계와 음절의 문제가 관여하고 있으나 어휘들이 갖고 있는 개별적인 특수성에 의하여 수의적으로 실현되는 다양한 현상을 포용할 수 있는 규칙 설정은 현재로서는 어렵다.

발음의 노력 경제는 원칙적으로는 발음 위치와 발음 방법의 근접성에 의해 비롯되지만 때로는 화자의 언어 사용 습관에서 비롯되기도 한다. 입천장소리 되기가 궁극적으로는 발음 위치의 근접성에서 비롯되지만 예시 (46)의 경우는 이보다 화자의 언어 사용 습관에 대한 잠재의식이 더욱 강하게 작용한 결과이다.

계층자질이론의 도입은 /ㄷ, ㅌ/은 물론 /ㄱ, ㅋ, ㅎ/도 하나의 원리로서 설명을 가능하게 하였으며 닮음이 일어나는 원인과 과정을 시각적으로 드러내어 주는 장점을 가진다.

그러나 '닫히다→다치다'의 경우, /ㅌ/입천장소리 되기가 실현되기 전에 /ㄷ/과 /ㅎ/의 축약 과정이 선행되어야 하는데 계층자질이론으로는 이런 과정을 합리적으로 설명하는데 많은 어려움이 있다.

또한 입천장소리 되기를 설명하기 위한 자질 수형도가 주로 닿소리 중심으로 구성되었기 때문에 홀소리를 위한 세분된 자질 설정이 미약하다. 그러므로 입천장소리 되기의 경우 동화주가 되는 것은 고음 조성 중에서 /ㅣ/에만 한정된다는 합리적인 설명을 할 수 없다.

그리고 무엇보다 수의적인 입천장소리 되기 현상을 자질수형도와 자질 스며들기만으로 해결하기에는 설명적인 타당성을 획득하지 못하는 단점이 있다.

이와 같은 문제점을 보완할 수 있는 방법을 마련하기만 한다면 계층자질이론은 입천장소리 되기에 관한 기존의 어떤 이론적 접근보다 한층 발전된 이론이 될 것이다.

4.4.5. 요약

함안 지역어의 /ㄷ, ㅌ/ 입천장소리 되기는 형태소 경계에서 끝소리 자리에서만 실현되고, /ㄱ, ㅋ, ㅎ/ 입천장소리 되기는 형태소 내에서 첫째 음절 첫소리 자리에서만 실현된다.

형태소 내에서 /ㄷ, ㅌ/ 입천장소리 되기가 실현되지 않는 것은 국어의 자질 수형도에서 동화주 /ㅣ/와 같은 마디에 위치하고 있기 때문이다. 동화주 /ㅣ/와 피동화주 /ㄷ/은 같은 고음 조성 마디에 위치하여 자질 바뀜이 없지만 피동화주 /ㄱ/은 저음 조성 마디에 위치하여 동화주 /i/의 고음 조성 자질이 피동화주에 스며든 것이다.

그러나 자질 수형도의 상위 마디[위치마디: 고음 조성, 저음 조성] 사이의 자질 스며들기는 이완된 경계에서는 제한된다. 대신 이러한 이완된 경계에서는 상위 마디의 하위 자질들[고(저)음 조성: +전방성, -전방성] 사이의 자연부류 형성에 의한 자질 스며들기 현상이 일어나게 된다.

그러므로 형태소 경계에서 피동화주 /ㄱ, ㅋ/은 동화주 /ㅣ/와 같은 [-전방성] 자질을 가지므로 자질 스며들기가 적용되지 않았으나 피동화주 /ㄷ/은 [+전방성] 자질을 가지고 있으므로 동화주 /ㅣ/가 가진 [-전방성] 자질이 스며들게 된 것이다.

구조・기술주의적 접근은 /ㄷ, ㅌ/에 한해서는 입천장소리 되기가 실현되는 환경이나 그 원인 그리고 예외적인 현상에 이르기까지 상세한 설명을 하고 있지만 /ㄱ, ㅋ, ㅎ/ 입천장소리 되기에 대한 고려는 없었다. 발음 위치 사이의 서로 끌리는 관계로 볼 때 혀끝소리는 뒤에 이어나는 앞혓바닥소리 /ㅣ/나 /j/의 영향으로 센입천장소리인 /ㅈ, ㅊ/으로 끌릴 수가 있다. 그러나 여린입천장소리 /ㄱ, ㅋ/은 다른 발음 위치를 끌기만 하고 끌리지는 않는다. 그러므로 /ㄱ, ㅋ/ 입천장소리 되기에는 /ㄷ, ㅌ/ 입천장소리 되기에서 설명하는 끌림의 관계가 일관되게 적용되지 않는다.

생성음운론적 접근은 입천장소리 되기를 규칙화하고 실현되는 경우와 실현되지 않는 경우를 그 기저형(/ji/, /ij/)이 서로 다르기 때문이라고 본다. 기저형 설정으로 예외적인 현상을 규칙의 범주에 포함시키려는 생성음운론적 노력은 음운 현상을 간결화 하는 데는 기여를 하였으나 실제로 국어를 모국어로 쓰는 우리들의 언어 직관 속에 내재화 되어 있다는 증거를 보여 주지 못한다. 또한 구조 · 기술 음운론적 접근과 마찬가지로 /ㄷ/ 입천장소리 되기는 형태소 경계에서 실현되고 /ㄱ, ㅋ, ㅎ/ 입천장소리 되기는 형태소 안에서 주로 실현되는 차이점에 대한 타당한 설명 방법을 제시하지 못하였다.

계층자질이론에 의하면 입천장소리 되기는 서로 다른 위치에서 발음되는 분절음이 만나 이루어지는 부류와, 위치는 같으나 그 하위 자질이 서로 다른 분절음이 만나 이루어지는 부류로 나누어진다.

전자에는 /ㄱ, ㅋ, ㅎ/의 입천장소리 되기가 속하는데 실현된 결과 발음 위치가 바뀐다. 이 때 저음 조성인 /ㄱ, ㅋ/이 고음 조성으로 위치를 옮길 때는 혀끝과 센입천장 중 센입천장으로 자리를 옮기게 된다. 이것은 음운 교체와 음운 변화는 자연부류 안에서 가장 자연스럽게 이루어진다는 원리에서 같은 [-전방성]으로 묶일 수 있기 때문이다. 후자에는 /ㄷ, ㅅ/의 입천장소리 되기가 속하는데 위치는 닿소리와 홀소리가 동일하지만 좀 더 노력을 절감하기 위하여 하위 자질 닮음이 일어난 것이다.

계층자질이론의 도입은 /ㄷ, ㅌ/은 물론 /ㄱ, ㅋ, ㅎ/도 하나의 원리로서 설명을 가능하게 하였으며 닮음이 일어나는 원인과 과정을 시각적으로 드러내어 주는 장점을 가진다. 그러나 '닫히다 → 다치다'의 경우, /ㅌ/입천장소리 되기가 실현되기 전에 /ㄷ/과 /ㅎ/의 축약 과정이 선행되어야 하는데 계층자질이론으로는 이런 과정을 합리적으로 설명하는 데 많은 어려움이 있다. 또한 설정된 자질 수형도가 주로 닿소리 중심으로 구성되었기 때문에 동화주가 되는 홀소리는 고음 조성 중에서도 /ㅣ/에만 한정된다는 합리적인 설명을 할 수 없다.

4.5. 음소 첨가

형태소 또는 낱말 경계를 사이에 두고 앞, 뒤 음소가 이어날 경우 세 가지의 음운 변동 현상을 예측해 볼 수 있다.

첫째 음운 변동이 없이 그대로 두 음소가 결합되는 경우, 둘째 앞, 뒤 음소 중 어느 하나를 변동시켜 결합하는 경우, 셋째 앞, 뒤 음소 사이에 다른 음소를 첨가하는 경우이다.

이 논의는 셋째 경우로써 함안 지역어에서 파생어와 합성어가 형성될 때 나타나는 음소 첨가 현상을 살펴보고자 한다.

지금까지는 주로 합성어에 국한해서 된소리 현상에 대한 접근을 시도하였으며 된소리 현상을 유발하는 것은 사이시옷 첨가의 결과로 보았다. 그러나 이 연구에서는 음소 첨가의 범위를 넓혀 된소리 되기는 물론 표준어의 대상 낱말에는 없는 음소가 함안 지역어에서 파생어와 합성어가 형성될 때 나타나는 현상까지도 포함한다.

그러므로 첨가 현상은 파생어와 합성어가 형성될 때 닿소리가 첨가되는 것[목+아지→모간지, 꾸어+오다→꾸가오다]을 비롯해서 합성어가 형성될 때의 된소리 되기[밤+질→밤찔] 현상까지를 포함한다.

4.5.1. 된소리 되기[39]

국어에서 울림닿소리와 홀소리 사이에 놓인 안울림닿소리(cvc + cv)는 울림소리 되기를 겪게 되는 것이 일반적인 현상인데 가끔 예외가 나타나는 경우가 있다.

(47) ㄱ. 물께기(← 물 + 게기) cf) 불고기
ㄴ. 돈빼락(← 돈 + 베락) cf) 손발
ㄷ. 밤찔(← 밤 + 질) cf) 봄가을

(47)ㄱ~ㄷ의 뒤 뿌리 첫소리 /ㄱ, ㅂ, ㅈ/은 앞 뿌리 끝소리 /ㄴ, ㄹ, ㅁ/에 의해 울림소리로 발음되지 않고 오히려 된소리로 발음된다. (47)과 같은 환경에서 된소리 되기가 실현되는 현상은 단순히 예외로 돌리기에는 어려울 정도로 많은 합성어에서 발견되고 있다.

이 연구는 예시 (47)과 같은 현상이 단순어에는 나타나지 않고 항상 뿌리와 뿌리가 결합되는 합성어에 나타나므로 자연히 형태・통사론적 성격을 지니고 있다고 보고 다음 두 가지 관점에서 접근해 보기로 한다.

첫째 합성어가 이루어지는 통사적 차이로서 된소리가 실현되는 경우와 실현되지 않는 경우로 나누어 보고 된소리 되기가 실현되는 합성어 내에서도 그 의미적 구조가 어떻게 이루어져 있는 지를 살펴본다.

---

39) 이 연구에서는 ① 낱말 안에서의 된소리 되기[잡지(雜誌)→잡찌], ② 한자어 된소리 되기 [칠장(七章)→칠짱], ③ 씨끝의 된소리 되기[남다→남따, 남찌] 등은 제외하며 파생어와 합성어에 있어서 경계를 사이에 두고 울림소리와 울림소리 사이 또는 울림소리와 안울림소리 사이에서의 된소리 되기 현상만을 대상으로 한다. 그런데 경계를 사이에 둔 파생어, 합성어일지라도 사이시옷에 의한 된소리인지 원래부터 된소리인지가 불투명한 낱말[잠꼬대, 팔짱, 골짜기, 눈썹]은 제외시킨다.

둘째 통사적 구조로는 된소리 실현이 불가능한데도 된소리가 실현되는 경우에는 형태적 관점에서 살펴보고자 한다.

4.5.1.1. 통사・의미적 관점

합성어는 통사・의미적 관점에서 대등합성어, 종속합성어, 융합합성어로 구분한다.[40] 이 중 융합합성어는 두 낱말이 합쳐져 새로운 의미를 나타내므로 합성이 된 상태에서는 두 낱말이 원래 가진 뜻과 두 낱말 사이의 통사적 관계를 고려하기란 어려우므로 제외한다.

(48) ㄱ. 대등합성어: 하문두분, 달달이, 봄가알, 물불, 바지저구리...
　　ㄴ. 종속합성어: 쎄빠˜알, 메짜리, 초삐˜이, 물또˜오, 풀삐, 돌띠˜이,
　　　　비빠˜알....

예시 (48)은 대등합성어와 종속합성어가 형성될 때 된소리 되기가 실현되는 여부를 나타낸 것인데 (48)ㄱ과 같이 대등합성어는 된소리 되기가 실현되지 않는 것이 일반적임을 알 수 있다.

대등합성어는 합성성의 원리에 따라 두 뿌리가 본래 가진 뜻에 바뀜이 없고 동등한 자격을 갖는다. 예를 들어 '봄가알(春秋)'의 경우 이들은 합성어가 됨으로써 경계의 약화 과정을 겪었을 뿐 '봄(春)'과 '가을(秋)'의 뜻을 그대로 지니고 있지만 뒤 뿌리의 첫소리에는 된소리 되기

40) 최현배(1971:686~704)는 겹씨에는 녹은겹씨(融合複詞), 가진겹씨(有屬複詞), 벌린겹씨(竝列複詞)가 있는데 첫째는 둘이나 둘 더 되는 씨가 서로 겹하되 아주 녹아서 그 각각의 본대의 뜻을 잃어버리고 한 덩어리의 새 뜻을 나타내는 겹씨를 이르며[세월:歲月→時間], 둘째는 겹씨의 요소인 두 씨 가운데에 하나는 주가 되고 다른 하나는 딸림이 되어서 딸림은 주를 돕고 주는 딸림을 가진 관계에 있는 겹씨를 이르며[할미꽃], 셋째는 두 씨가 각각 제 독립적 뜻을 가지고 있으면서 다만 형식적으로 서로 겹쳐서 한 씨처럼 된 것[산천: 山과 川]을 이른다고 하였다.

가 실현되지 않는다.[41]

그러나 (48)ㄴ과 같이 종속합성어의 경우는 된소리 되기가 실현되는 것이 일반적인 현상임을 알 수 있다.

종속합성어는 대등합성어에 비하여 두 뿌리 사이의 경계가 더욱 긴밀해져 통사·의미적인 대등 관계가 깨어지고 주종의 관계가 이루어지기 때문에 된소리 되기가 실현된다.

따라서 합성어가 형성될 때 된소리 되기의 실현과 비실현은 두 뿌리 사이의 통사·의미적인 관계가 대등적인가 종속적인가에 따라 결정된다.[42]

이 지역어에서 실현되는 종속합성어를 통사적 관계에 따라 의미별로 나누어 보면 아래와 같다.

(49) ㄱ. 앞 뿌리는 뒤 뿌리의 속성(공똔: 거저생<u>긴</u> 돈)
부자찝, 비빔빱, 이층찝...
ㄴ. 앞 뿌리는 뒤 뿌리의 대상(풀삐: 풀을 <u>칠하는</u> 빗자루)
잔치찝, 노름빵, 물쪼리, 세수때, 담배뿔, 빨래또매,
물또˜오, 길똥무, 버선빨, 빨래삐누, 엥겅찝...
cf) 꿈자리
ㄷ. 앞 뿌리는 뒤 뿌리의 주체(짐치또가지: 김치<u>가 든</u> 독)
술똑, 벌찝, 초삐˜이, 고모찝, 헹수찝, 외가찝, 처가찝[43]

---

41) Hyman(1978:462~470)은 경계의 변화(Boundary change)를 「|| > ## > # > + > ∅」로 이루어진다고 보고 「cv # cv」 상태에서는 두 요소가 고립된 상태의 음운 특성을 가지나 「cv + cv」에서 이 특성은 점차 열어진다고 보았다. 그러나 화자들은 이들이 두 낱말로 이루어진 구조에 대한 지각은 가지고 있다고 하였다.

42) 이와 같은 견해로 이현규(1995:256)는 사이시옷은 앞 낱말을 뒤 낱말에 대해서 종속 관계 즉 수식해 주는 관계로 맺어지게 하는 비대등화 연결 기능이 있다고 하였다.

43) '외갓집, 처갓집'은 '외가, 처가'로서 이미 '家'의 의미가 들어있는데 '집'으로서 다시 그 의미를 더하고 있다. 의미적으로는 의미가 두 번 중첩되었으나 실제 화자들은 그런 의식이 전혀 없다. 이와 같은 경우는 '역전앞'에서도 볼 수 있다. 그

cf) 바람소리, 소죽, 거미집, 깐치집～깐체이집, 개집, 제비집

ㄹ. 앞 뿌리는 뒤 뿌리의 위치(보름딸: 보름<u>에 뜨는</u> 달)

쎄빠˜알, 봄뽀리, 봄삐, 초뿔, 물꼬기, 솔빠˜알, 보리띵기, 아침빱, 들찜승, 밤짬, 들깨, 초생딸, 안찝, 건너빵...

cf) 물자새, 지배락, 송진

ㅁ. 앞 뿌리는 뒤 뿌리의 도구(손또장: 손<u>으로 찍은</u> 도장)

돌띠˜이, 기아찝, 따디미똘, 굴따리, 손째주, 눈때중, 돈뻬락, 부시똘, 눈싸람, 금까락지, 된장꾹, 고기꾹, 판자찝...

cf) 고무신

ㅂ. 뒤 뿌리는 앞 뿌리의 부분(손뜽: 손<u>의</u> 등)

상따리, 나이깝, 손빠닥, 방꾸석, 물까, 고매쭐거리, 배까죽, 비빠˜알, 기꾸멍, 배씸, 논뚜렁, 기빱, 방빠닥, 배뚱구리...

cf) 고기배, 발디꿈치, 밤시˜이, 문살, 창살

이 지역어에서 된소리 되기를 실현하는 종속합성어는 크게 나누어 이상의 6가지 기능을 가지고 있다.[44] 즉 이들 종속합성어는 대등합성어에서와 같이 앞, 뒤 뿌리들이 둘 다 자립성을 가지며 원래의 의미를 지니고 있으나 통사적인 관계에서는 대등합성어와는 달리 두 뿌리 가운데 한 뿌리는 다른 뿌리를 한정하고 있다.

(49)ㄱ～ㅂ은 「이름씨 + 이름씨」로 이루어진 합성어인데 (49)ㄱ～ㅁ은 앞 낱말과 뒤 낱말이 「$[[A]_N$ - V(ㄴ/는)- $[B]_N]_N$」의 통사적 관계에 있는 구조이고, (49)ㅂ은 「$[[A]_N$의 $[B]_N]_N$」의 통사적 관계에 있는 구조이다.[45] 그리고 의미상으로 (49)ㄱ～ㅁ에서 앞 뿌리는 뒤 뿌리의 속성,

---

러므로 이 경우 '외가, 처가'는 '어머니의 친족 붙이, 아내의 가족 붙이'를 의미하고 '집'은 그들이 사는 주거지란 의미로 보아 고모집(고모가 사는 집), 신랑집과 같은 범주로 처리하였다.

44) 이현규(1995:256)는 이러한 기능에 대하여 사이시옷은 이름씨에 붙어 다니면서 이름씨가 쓰일 수 있는 모든 기능(관형어, 주어, 목적어, 부사어, 서술어)을 다하게 된다는 것을 의미한다고 하였다.

45) ① A는 앞 뿌리를 B는 뒤 뿌리를 나타낸다.

대상, 주체, 위치, 도구, 수단의 의미를 지니면서 뒤 뿌리를 한정하고 있고, (49)ㅂ은 뒤 뿌리가 앞 뿌리의 부분임을 나타낸다.[46)]

이것으로 보아 (49)ㄱ~ㅁ은 뒤 뿌리가 앞 뿌리의 의미 범주를 결정하는 구조로 형성되었고, (49)ㅂ은 앞 뿌리가 뒤 뿌리의 의미 범주를 결정하는 구조로 형성되었으므로 대등합성어보다 통사·의미적인 균형이 깨어져 경계의 긴밀성을 유지하고 있다.

이러한 경우에 된소리 되기가 실현되는 것은, 기저는 두 뿌리 사이에 대등하게 낱말 경계가 설정되었다가 합성어로 형성됨으로써 경계의 약화를 가져오게 됨과 동시에 통사 구조적으로도 어느 한 쪽으로 이끌리는 관계를 보이게 되는데 이 때 상대적으로 위상이 약화된 뿌리는 그 위상을 강화하기 위한 보상 작용으로 된소리 되기를 실현한다.

또한 이런 문법적 관계에 의해 실현되는 된소리 되기 외에 화용론적 조건에 의해서도 된소리 되기가 실현될 수도 있으나 이런 경우는 말할 이의 의도성이 개재할 소지가 많으므로 이 연구에서는 제외한다.

화용론적 조건에 의한 된소리 되기를 배제하더라도 합성어에 나타나는 된소리 되기 현상은 방언이나 개인의 발음 습관, 발화의 속도에

---

② 「[[A]$_N$ - V(ㄴ/는)- [B]$_N$]$_N$」는 앞 뿌리와 뒤 뿌리 사이에 풀이씨의 관형형이 설정될 수 있는 통사 관계로 이루어진 합성어이며, 「[[A]$_N$의 [B]$_N$]$_N$」는 앞 뿌리와 뒤 뿌리사이에 매김자리토씨 '의'가 설정될 수 있는 통사 관계로 이루어진 합성이다.

46) 의미 범주로서 사이시옷의 결정 여부를 규정하는 것은 상황에 따라 임의적일 수도 있다. 이 연구에서는 통사 구조로써 일단 사이시옷 첨가의 여부가 결정되고 그기에 부수적으로 의미를 상정해 보는 방법을 택한다. 이러한 경우 김창섭(1994: 37)은 사이시옷이 나타나는 부류와 나타나지 않는 부류에 쓰인 형상, 재료, 수단, 방법, 시간, 장소, 기원... 등의 개념이 동일한 차원에서 분류된 범주일 수 없으며 앞, 뒤의 가능한 모든 관계를 빠짐과 겹침이 없이 나눈 것이라는 보장이 없다는 점에서 이러한 방법은 사이시옷 출현을 직접적으로 설명하는 범주가 아닐 수 있다고 보았으며, 임홍빈(1981)은 속격 구성으로 표현되는 의미 관계들의 범위가 자세히 밝혀지기까지는 기왕의 연구에서 사용된 의미 관계의 범주들을 부분적으로 수정하면서 밖에 사용할 수 없다고 하였다.

따라 수의적으로 달리 실현될 수도 있다.[47]

일반적으로 된소리 되기가 수의적으로 실현될 수 있는 개연성이 높더라도 함안 지역어에서는 된소리 되기 현상이 다른 지역어에 비하여 필연적으로 실현되는 경향이 강하다. 원래 된소리는 거센소리 다음으로 강도가 높은 소리인데 함안 지역어에서는 경남 방언의 말할이가 일반적으로 지니고 있는 투박한 어투를 바탕으로 하여 합성어 안에서 뿌리의 위상을 강화하고 뜻의 전달을 명확하게 하기 위하여 청각적인 효과가 큰 된소리 되기의 실현이 보편화된 경향을 보인다.

4.5.1.2. 형태론적 관점

예시 (56)에서 제시된 낱말은 파생과 합성의 겹침인 「[[A]$_N$ + [B$_{v+suffix}$]N]$_N$」 구조를 이루고 있다.[48] 이런 구조를 이루는 낱말은 된소리 되기가 실현되지 않는 것이 일반적이나 된소리 되기가 실현되는 환경은 주로 뒤 뿌리에 파생접사가 결합되어 자립성을 얻었거나 얻고 있는 과정에 있는 낱말에 한한다.[49]

---

47) ① 국어 합성어 내부의 된소리는 경계 약화의 연속체적 특성과 개개인의 직관, 감정 개입, 사용 빈도, 원숙도, 등의 복합 작용으로 인하여 계속 변화 단계에 있다(오정란, 1987: 50).
② 동일한 낱말에서도 사이시옷의 개입은... 같은 방언, 같은 세대에 속하는 화자들일지라도 개인차를 보일 수 있다... 한 개인의 낱말에서 아무런 의미적, 문맥적 상황적 차이 없이 수의적으로 달라지기도 한다(김창섭, 1994:30).

48) 「[[A]$_N$ + [B$_{v+suffix}$]N]$_N$」는 독자적으로 쓰일 수 있는 앞 뿌리와 풀이씨 줄기에 파생접사가 결합된 뒤 뿌리가 결합되어 하나의 낱말로 형성된 구조이다.

49) 사이시옷 개입이 허용되지 않는 자리인데도 사이시옷이 개입되는 경우, 이 때 뒤 요소 그 자체가 된소리로 되는 것과 앞 요소 자리에 오면서 뒤 요소를 된소리로 실현시키는 경우가 있는데 이강훈(1982:303~313, 1984:138~151)은 이들을 [+ㄷ삽입], [+ㄷ삽입 유발]로써 구분하였으며, 임홍빈(1981)과 김창섭(1994:4252)은 [ㅅ전치명사], [ㅅ후치명사]로 구분하였다.

(50) 돈빼리, 줄땡기기, 밀까리
cf) 손잡이, 해돋이, 물갈이, 밭갈이

(50)에서 '벌이, 당기기, 가리(가루)' 등은 홀로 쓰일 수 있을 만큼 자립성을 획득하였다. '가루'는 어원적으로 「갈- +이」로 분석해 볼 수 있으나 현대 국어에 와서는 완전히 '가루'라는 형태로 재구조화되어 쓰이고 있으며 '벌이'는 뿌리 '벌-'이 남움직씨인데 파생 접사 '-이'와 결합하여 낱말로써의 자립성을 획득하게 되자 조응 불능 영역 제약(Anaphoric Island Constraint)의 적용을 받아 남움직씨의 특성을 잃고 예시 (51)과 같이 부림말 없이도 쓰일 수 있는 독자성을 획득했다.[50)]

(51) ㄱ. 돈벌이가 좋습니까? → 벌이가 좋소?
ㄴ. 돈벌이가 괜찮습니까? → 벌이가 괜찮나?
ㄷ. 돈벌이가 어떻습니까? → 벌이가 우떻노?

'당기기'의 경우는 앞의 '벌이, 가리'보다는 자립의 정도성은 약하지만 경우에 따라서 독립적으로 쓰이기도 한다.[51)]

---

50) 조응 불능 영역 제약은 낱말이란 그 속을 들여다보고 구성성분을 언급하는 것이 불가능하므로 지시적으로 불투명하다는 제약을 말한다.
① 허웅(1984: 144~145)은 풀이씨와 이름씨가 결합되어 합성어가 형성된 '질손, 들것, 땔나무'의 경우 이때의 풀이씨는 남움직씨로서의 기능을 잃고 있으므로 앞에 부림말이 없이도 뒤 이름씨와 합성어를 형성한다.
② Andrew Spencer(1994: 669, 673)는 'hai-zara(재털이)'와 같이 어휘부에서 형성된 단어는 조응 불능 영역 제약과 그 밖의 어휘적 완전성에 대한 특징들을 준수하므로 다음과 같은 문장은 불가능하다고 보았다.
· *[hai-zara] o ugoksitaraa sore ga koboreta(When I moved the ashtray, it(=the ash) spilled).
대격 주격

51) 여기서 '정도성'의 기준은 이들이 실제 대화상에서 나타나는 빈도 수와 토착 화자들에게 자연스럽게 받아 들여 지는가의 여부에 두었다.

(52) 둘이서 서로 줄 당기기 한 번 해 봐라. → 두치서 땡기기 하문 해 바라.

이에 반해 예시 (53)에서와 같이 '갈이, 잡이, 돋이'는 앞 뿌리 '물, 손, 해'가 없이는 자립적으로 쓰이지 못한다.

(53) ㄱ. ① 손잡이가 어디 있느냐? → *잽이(←잡이)가 오데 있노?
② 손잡이를 잡아라. → *잽이(←잡이) 잡아라.
ㄴ. ① 해돋이가 어떻더냐? → *돋이가 우떻더노?
② 해돋이 보러 가자. → *돋이 보로 가자.
ㄷ. ① 물갈이 했느냐? → *갈이 했나?
② 물갈이 그만 해라. → *갈이 고만 해라.

그러므로 자립성을 획득한 파생어는 독자적인 위상을 강화하려는 동기에서 된소리 되기를 실현했으나 '갈이, 잡이, 돋이'와 같이 자립성을 획득하지 못한 경우에는 된소리 되기가 실현되지 않는다.

또한 된소리 되기란 뿌리와 뿌리가 결합할 때 실현되는 현상이나 때로는 (54)와 같이 뿌리와 접사가 결합된 파생어에서도 실현되는 경우가 있다.

(54) 장꾼, 노름꾼, 심부름꾼, 가매꾼, 씨름꾼, 일꾼, 새˜이꾼;
수시때, 비짜리때, 깨때, 담배때;
아래또리, 우또리;
논빼미, 마구깐;
맬빵, 걸빵, ...[52]
cf) 돈세(돈쇠), 땜재˜이

52) '대, 간'은 실사에서 접사로 변해가는 단계에 있다고 보고 이 논의에서는 이들을 접사로 처리하였다.

접미사는 낱말을 파생하는 파생력과 파생어의 어휘적, 문법적 의미를 결정하는 역할을 하기 때문에 뿌리 못지않게 파생어를 형성하는데 중요한 구실을 하고 있다.

그러나 일반적으로 형태소가 연결될 때 첫 형태소에 강세가 놓이는 경우가 대부분이고 그 다음으로 갈수록 화자들에게 인지되는 강도가 약해지기 때문에 (54)의 접미사들은 이런 위치상의 불안정성을 극복하고 자신의 존재를 강화하려는 동기에서 된소리 되기를 실현시켰다.

4.5.2. 닿소리 첨가

닿소리 첨가는 일반적으로 발음 노력을 더 들일지라도 말의 표현을 똑똑하게 하기 위해서 일어나는 변동이다.[53)]

(55) ㄱ. 금니, 물약, 집일
ㄴ. 냇가, 등불, 잇몸
ㄷ. 할 일, 입을 옷, 잘 아기

표준어에서의 닿소리 첨가에는 (55)ㄱ과 같은 /ㄴ/첨가와 (55)ㄴ과 같은 /ㄷ/첨가와 (55)ㄷ과 같은 /ㄹ/ 겹치기가 있다.

그런데 함안 지역어에서 닿소리 첨가 현상은 표준어의 첨가 현상과 비교해 볼 때, /ㄹ/겹치기는 실현되지 않지만 그 밖의 경우에 있어서는 비교적 첨가되는 닿소리의 종류가 다양하고 개방적인 양상을 보인다.

---

53) 김동찬(1987:64~71)은 파생어와 합성어가 형성될 때 나타나는 닿소리 또는 홀소리 첨가에 대하여 언급하였다. 우리말의 낱말 만들기에서 낱말을 발음하기 좋고 듣기에 아름답게 하려는 지향이 홀소리뿐만 아니라 닿소리에 의하여서도 가능한데 전자를 연결홀소리 후자를 연결닿소리라고 하였다. 이들은 앞, 뒤의 두 형태부를 발음상 윤활성 있게 하여 주거나 강세를 부여하는 기능을 가지고 있다고 보았다.

함안 지역어에서 /ㄹ/겹치기가 실현되지 않는 것은 음절 첫소리에서 /ㄹ/이 실현되는 부자유스러움을 피하려는 이 지역어 토착화자의 발음 습관에서 비롯된다.

따라서 이 지역어에서는 표준어에서와 같이 /ㄹ/을 겹쳐서 발음하는 부자유스러움을 회피하기 위하여 매김꼴 씨끝과 뒤에 이어나는 이름씨 사이에 휴지를 두고 발음한다.54)

(56) 덩거리, 곤치다, 덩더리, 터불, 이망

(56)은 함안 지역어에서 /ㄱ, ㄴ, ㄷ, ㅂ, ㅇ/ 음소가 첨가된 경우이다. 이 중 /ㄱ, ㄴ/은 이 지역어의 닿소리 첨가 현상 가운데서는 비교적 개방적인 현상인데 /ㄷ, ㅂ, ㅇ/은 /ㄱ, ㄴ/ 첨가 현상에 비하여 폐쇄적인 경향을 보인다.

그런데 지역어가 표준어보다 먼저 생성되었다는 일반적인 인식으로는 예시 (56)의 함안 지역어에 나타난 닿소리 첨가 현상은 첨가가 아닌 고형의 유지로도 볼 수 있으며 표준어를 기준으로 한 통시적 과정으로는 탈락으로 볼 수도 있다.

사실 언어 변화에 있어서 그 시작과 끝의 시기를 정한다는 것은 쉬운 일이 아니다. 왜냐하면 무한히 지속되는 시간선 위에 끊임없이 변화하는 언어 현상을 가지고 인위적으로 어떤 시기를 정한다는 것은 언어의 본질적인 면에서 자칫 왜곡된 결과를 이끌어 낼 수 있는 위험이 상존하기 때문이다. 더군다나 언어에 있어서의 지역 차와 수많은 인간이 관계

54) /ㄹ/겹치기가 실현되지 않는 또 다른 원인으로 초분절음소의 영향을 들 수도 있다. 즉 경남 방언에서는 길이보다는 높이에 의해서 뜻의 변별이 결정되는데 높이는 분절음을 매끄럽게 연결시키기 보다는 끊어서 발음되게 하는 효과가 있기 때문이다. 그러나 이런 가정이 타당성을 획득하기 위해서는 좀 더 객관적인 음성기기를 통한 검증 과정이 따라야 한다.

된 복잡성이 내포되어 있기 때문에 그 어려움은 더해지기 마련이다(김형규, 1962:62).

(57) 몰개→ 모래(砂), 개금→ 개암(榛實), 멀구→ 머루(山葡萄),
돌갓, 돌가지→ 도라지(桔梗)

예시 (57)은 표준어에서는 기원형이 역사적인 과정에서 음성적인 분포 환경의 영향으로 /ㄱ/의 약화, 탈락을 거쳤으나 방언에 따라서는 /ㄱ/을 유지해 오고 있는 곳도 있으므로 현재 /ㄱ/탈락형과 /ㄱ/유지형이 공존하고 있다.

(58) 수블→ 술(酒), 두블→ 둘(二), 글발→ 글월(文), 셔블→ 서울

예시 (58)은 기원형이 역사적으로 음성적인 분포 환경 때문에 /ㅂ/의 약화, 탈락의 과정을 거쳤는데 위의 예시 (58)과는 달리 현재 방언에서도 /ㅂ/ 탈락의 과정을 거친 말만이 쓰이고 있다.

(59) 말고 → 말오 → 말고
울고 → 울오 → 울고
피거든 → 피어든 → 피거든
ᄒᆞᆫ골ᄀᆞ티 → ᄒᆞᆫ골ᄋᆞ티 → ᄒᆞᆫ골ᄀᆞ티(→ 한결같이)

예시 (59)는 역사적으로 탈락의 과정을 거쳤던 낱말이 말의 표현을 똑똑하게 하기 위해서 기원형으로 복귀하려는 의식으로 현재는 다시 기원형만을 사용하고 있으므로 역사적으로 /ㄱ/탈락의 과정을 거치고 나서 다시 /ㄱ/첨가의 과정을 거쳐 고형으로 되돌아 간 낱말들이다.

그러면 앞의 예시 (56)의 함안 지역어는 ① 탈락 ② 고형 유지 ③ 첨

가의 음운 변동 가운데 어디에 속하는 현상인가? 이 문제를 해결하기 위해서는 대상 낱말이 옛말에서 사용된 모습 곧 기원형을 찾아내는 작업이 선행되어야 한다.

곧, 예시 (57), (58), (59)의 중세 국어나 근대 국어의 기원형에는 /ㄱ/이나 /ㅂ/ 음소가 첨가되어 있고 현재는 탈락형이 쓰이고 있으므로 역사적으로 음소 탈락의 과정을 거친 낱말이다.

그런데 예시 (56)의 함안 지역어는 중세 국어나 근대 국어에서 그 기원형에 /ㄱ, ㄴ ㄷ, ㅂ, ㅇ/과 같은 음소가 첨가된 낱말이 발견되지 않는다. 따라서 함안 지역어에서 실현되고 있는 닿소리 첨가 현상은 기원형에 닿소리가 들어 있는 예시 (57), (58), (59)와 같은 낱말에 유추하여 실현된 어형으로 고형과 통일성을 유지하고 청각영상을 강화하려는 이 지역어의 한 특이 현상으로 볼 수 있다.[55] 이와 같은 유추 작용으로 인하여 함안 지역어에서 닿소리가 첨가된 낱말은 아래와 같다.

(60) ㄱ. 덩거리, 삐가리, 너거, 우게, 눈깔, 올게
　　 ㄴ. 꾸가오다, 누우가있다, 찡가주다

(60)ㄱ에서 '덩거리(덩어리), 삐가리(병아리)'는 뿌리가 홀소리로 끝나거나 콧소리 내지 흐름소리로 끝날 때 홀소리로 시작되는 파생 접사 '아리/어리'가 연결되면서 /ㄱ/이 첨가된 경우이다. 울림소리가 이어서 발음되는 환경에서는 발음의 효과와 경계의 구분이 분명하지 않기 때

55) 만약 이와 같은 현상에 대하여 방언이 표준어보다 먼저 생성되었다는 직관만을 앞세우고 문헌 자료를 통한 기원형의 존재 여부를 고려하지 않는다면 방언의 특이성을 발견할 수 있는 가능성은 그만큼 축소될 수밖에 없을 것이다. 따라서 「몰개(→모래), 돌가지(→도라지)」와 같은 낱말은 기원형에 이미 /ㄱ/ 음소가 첨가되어 있으므로 음소 첨가의 대상 낱말이 될 수 없지만 「덩거리(→덩어리), 깐치(→까치)」 등은 기원형에 /ㄱ/이나 /ㄴ/음소가 없으므로 닿소리 음소가 첨가된 고형에 유추된 이 지역어의 특이한 음소 첨가 현상으로 처리해야 한다.

문에 화자들은 강화의 효과를 기하기 위하여 닿소리를 첨가시킨다.

(60)ㄱ에서 '너거(너의)'는 사람대이름씨 '너'에 이음토씨 '-의'가 결합된 낱말인데 이음토씨 '-의'는 현재 표준어에서도 그 발음이 불안정하여 곧 소멸의 위기에 놓여 있는 음소이다. 더군다나 함안 지역어에서는 겹홀소리가 발음되지 않으므로 이중의 발음 부담감을 지니게 된다. 이와 같은 부담감을 줄이기 위해서, 토씨 '-의'가 탈락하면 문법적인 기능 표지가 없어지므로 탈락 대신에 이 지역어의 발음 특성에 의해 /ㅢ/가 /ㅓ/로 실현되는 홑홀소리 되기에 의하여 '너어'가 된다. 그런데 '너어'는 홀소리 충돌이 일어나 발음이 불안정하므로 /ㄱ/음소를 첨가시켜 청각영상을 강화하기 위하여 '너거'로 실현된다.

(60)ㄱ에서 '우게(위에)'는 곳이름씨의 옛꼴 '우(上)'에 토씨 '에'가 결합되면서 일어나는 홀소리 충돌을 회피시키고 이름씨에 토씨가 연결되는 음절 구조의 불안정성을 최대한 완화하기 위하여 /ㄱ/이 첨가된 꼴이다.

(60)ㄱ에서 '눈깔(눈알)'은 앞 뿌리가 닿소리로 끝나고 뒤 뿌리가 홀소리로 시작되지만 함안 지역어에서는 소리이음을 실현시키지 않는다. 소리이음을 실현시키지 않는 원인은 뒤 뿌리의 어형 유지를 위하여 그 첫소리 자리에 /ㄱ/을 첨가시키기 위해서이다. 일단 /ㄱ/을 첨가하여 '눈갈'로 실현되면 울림소리 사이에 놓인 /ㄱ/이 울림소리 되기의 적용을 받아 청각영상이 약화되므로 청각영상을 강화시키기 위하여 된소리 되기를 적용시켜 '눈깔'로 실현되었다.[56)]

(60)ㄱ에서 '올게(올해)'의 둘째 음절 첫소리 /ㅎ/은 울림소리 사이에

56) 하치근(1989:133)은 '눈깔'에서 '깔'은 접사의 유형 중 뿌리에 기본적인 뜻을 더하지 못하고 '지소, 비하, 강조' 등의 감정적 요소를 더하여 상황 의존도가 높은 접사로서 제4류 형으로 보고 있으나 표준어에서 억세고 거친 말들이 방언에서는 자연스러운 표현으로 쓰이고 있는 경우가 많은데 이 경우가 여기에 포함된다고 보고 파생어로 처리하였다.

서 약화, 탈락되어 '올애'가 되고 이음소리 되기에 의해서 '오래'로 실현되어 음성적, 형태적으로 본래의 모습을 잃게 되는데 이 때 어형 유지의 노력으로 뒤 음절 첫소리에 /ㄱ/이 첨가된 것이다.

함안 지역어에서의 /ㄱ/ 음소첨가는 형태소 경계에서 뿐만 아니라 (으뜸)풀이씨와 (도움)풀이씨 사이에서도 실현된다. (60)ㄴ의 '꾸가오다(꾸어오다), 누우가있다(누워있다), 찡가주다(끼워주다)'는 앞 풀이씨의 씨끝 '-어'가 이 지역어에서는 /ㄱ/이 첨가된 '-가'로 실현되어 홀소리 충돌을 회피하고 청각영상을 강화시킨다.

(61) 모냥, 연치, 만자, 깐치[57], 난중, 곤치다,
송안치,[58] 뻬간지, 모간지, 국건지

표준어의 경우 '금니, 물약, 집일'과 같이 뒤 뿌리의 첫소리가 없고 /ㅣ/나 /j/ 홀소리가 이어날 때 그 첫소리 자리에 /ㄴ/이 덧난다.

그런데 함안 지역어에 있어서는 /ㄴ/첨가가 위와 같은 음성적인 환경에만 제약되지 않고 상당히 개방적으로 실현되는 특이성을 보이고 있다.

즉 표준어에서는 /ㄴ/ 첨가가 형태소 경계에서만 실현되지만 (62)와 같이 함안 지역어에서는 형태소 경계뿐만 아니라 형태소 안에서도 다양하게 실현되고 있다.

/ㄴ/첨가도 앞의 /ㄱ/ 첨가와 같이 청각영상을 강화시키기 위한 수단으로 이용되고 있다.[59]

---

57) 이 지역어에서는 '까치'를 '깐치' 외에 '깐체이'라고도 한다.

58) 이 지역어에서는 '송아지'를 '송안치' 외에 '세~엥키'라고도 한다.

59) 기세관(1989:62)은 /ㄴ/이 첨가됨으로써 이어나는 낱말의 자립성이 계속하여 유지될 수 있도록 하여 뒤 낱말의 형태소 인식(의미 파악)을 확보해 주는 역할을 한다고 보았다.

그 밖에 함안 지역어에서 볼 수 있는 음소 첨가는 아래와 같은데 (62)의 /ㄷ, ㅂ, ㅇ/의 첨가는 앞의 (60), (61)의 /ㄱ, ㄴ/ 첨가보다 폐쇄적이다.

(62) ㄱ. 등더리, 깜둥콩, 찐덕 [/ㄷ/ 첨가]
ㄴ. 니비, 터불, 께베다 [/ㅂ/ 첨가]
ㄷ. 이망, 껑꺼, 찡가주다, 징키다 [/ㅇ/ 첨가]

이상과 같이 함안 지역어는 표준어에 비하여 첨가되는 닿소리의 종류가 다양하고 첨가 현상이 개방적이다. 닿소리의 첨가가 개방적인 이 지역어의 음성상의 특징은 발음이 거칠고 어투가 투박하다.

4.5.3. 함안 지역어 음소 첨가의 특징

화용론적 조건을 배제하더라도 합성어 안에서의 된소리 되기 현상은 방언적인 특수성이나 개인의 발음 습관, 발화의 속도에 따라 수의적으로 달리 실현될 수도 있다.

그러나 이런 수의성을 고려하더라도 함안 지역어의 된소리 되기 현상은 다른 지역어에 비하여 매우 두드러지게 나타난다.

(63) 또랑(도랑), 까죽(가죽), 까자(과자), 쪽제비(족제비), 꺼시럼(그을음), 께~끼(게), 꼬시다(고시다), 쫍다(좁다), 쌂다(삶다)

함안 지역어에서는 경남 방언의 말할이가 일반적으로 지니고 있는 투박한 어투를 바탕으로 하여 뿌리의 위상을 강화하고 뜻의 전달을 명확하게 하기 위하여 된소리 되기의 실현이 적극적인 경향을 띤다.

일반적으로 된소리 되기에 의해서 형태소의 독립성을 유지하거나 뜻을 명확하게 전달하는 경우는 주로 두 뿌리가 결합하여 종속합성어를 형성할 때이다. 그리고 풀이씨 줄기에 파생 접사가 결합된 구조가 자립성을 얻었거나 얻고 있는 과정에 있으면서 독립적으로 쓰이는 낱말에 이어날 때에도 실현된다.

그런데 함안 지역어에서는 (63)과 같이 낱말의 첫소리가 예사소리일 경우 된소리로 발음하는 경향이 보편적이다.

함안 지역어에서 닿소리 첨가는 /ㄱ, ㄴ ㄷ, ㅂ, ㅇ/에 이르기까지 다양하며 음성적인 환경 또한 형태소(낱말) 안이나 형태소(낱말) 경계에서 개방적으로 실현된다. 이런 첨가가 이루어지는 낱말은 중세 국어나 근대 국어에서 그 기원형에 /ㄱ, ㄴ, ㄷ, ㅂ, ㅇ/과 같은 음소가 없는 경우인데 기원형에 닿소리가 들어 있는 낱말에 유추하여 실현된 어형으로 고형과 통일성을 유지하고 말의 표현을 강화하려는 심리에서 언어 발달 과정의 한 현상으로 볼 수 있다.

그런데 /ㄹ/겹치기가 이 지역어에서 실현되지 않는 현상은 음절 첫소리에서 /ㄹ/이 실현되는 불안정함을 피하려는 화자의 발음 습관에서 비롯된다. 이런 경우 이 지역어에서는 표준어와 같이 연쇄적으로 발음하기 보다는 앞선 매김꼴 씨끝과 뒤에 이어나는 이름씨 사이에 강경계를 두고 발음하는 경향이 보편적이다.

위와 같은 닿소리 첨가는 불안정한 음절형이 경계가 약해짐에 따라 안정된 음절형을 유지하려는 노력에서 비롯된 현상인데 이 때 첨가되는 소리는 발음 방법이 쉬운 저음 조성이거나 가장 쉽게 이끌리는 위치에서 발음되는 소리 또는 강도가 높은 소리이지만 음소가 첨가되는 환경을 규칙화하기는 어렵다.[60)]

---

60) 중세 국어에서 사잇소리는 /ㅅ/을 쓰는 경우와 선어말 닿소리의 성질에 따라 구별해서 쓰는 경우가 있다. 이것은 음성적 차이를 보이는 것이 아니라 선어말의 닿소리와 발음 위치가 같은 것을 가져다 놓음으로써 그 발음상의 조화를 꾀하고

4.5.4. 접근 방법

4.5.4.1. 구조·기술주의와 생성음운론적 접근

음소 첨가에 대한 지금까지의 연구들은 대부분 합성어 안에서의 된소리 되기에 한정되어 있다.[61]

구조·기술음운론에서 설정한 된소리 되기는 된소리의 짝이 있는 약한 소리가 겹쳐지거나 같은 서열의 약한소리와 된소리가 겹쳐날 때, 두 소리가 한 소리로 되는 현상인데 발음의 편의를 위한 자연적인 현상이다. 그런데 '밭도랑'이 '바또랑'으로 된소리 되기를 겪는 것은 국어 음운 현상에서 자연스러운 현상이므로 이 부류에 포함될 수 있으나 '맏딸, 갓끈'과 같은 낱말이 '마딸, 가끈'으로 실현되는 현상까지 된소리 되기에 포함시키는 것은 된소리 되기의 본질과 어긋난다.

음소 첨가는 청취 효과를 분명하게 하기 위하여 /ㄴ/이나 /ㄷ/이 덧나는 현상이다. 주로 겹이름씨나 이에 준하는 말에서 뒤 낱말 첫소리가 짝이 있는 약한 소리이거나 콧소리일 때 /ㄷ/이 덧나며(코+등→코뜽), 뒤 낱말 첫소리가 홀소리 /ㅣ/나 반홀소리 /j/일 때 /ㄴ/이 덧난다(금+이→금니). 그리고 /ㄹ/과 홀소리 사이에 형태소 경계가 있을 때는 /ㄹ/이

자 한 것이다. 그러나 이 법칙은 너무 까다로워서 오래 지켜지지 않았으며 일반적으로는 ㅅ으로 대치해서 사용하게 되었다(유창균, 1993:117~118).

- ㅅ이 쓰이는 경우: ㄱ는 엄쏘리니(엄+ㅅ+소리),
- 선어말 자음이 ㆁ 이면 ㄱ. 穰ᅀᅣᇰㄱ字ᄍᆞᇰ, ㄴ이면 ㄷ. 君군ㄷ字ᄍᆞᇰ, ㅁ이면 ㅂ. 侵침ㅂ字ᄍᆞᇰ, ㅱ이면 ㅸ. 斗듛ㅸ 字ᄍᆞᇰ, ㅇ이면 ㆆ. 那낭ㆆ字ᄍᆞᇰ

61) 임홍빈(1981:4~9)은 지금까지의 사이시옷에 대한 접근을 일곱 가지로 나누었다. 첫째 속격적 기능으로만 보는 견해, 둘째 단순한 된소리 되기 현상으로만 보는 견해, 셋째 울림소리 되기 방지로 보는 견해, 넷째 ㄴ-삽입 현상과 동일하게 보는 견해, 다섯째 한자어의 경우 음절수 문제에서 기인되는 것으로 보는 견해, 여섯째 의미적 차이에 의한 것으로 보는 견해, 일곱째 관계절 축소나 응축에 의한 것으로 보는 견해로 나누었다. 그러나 이들은 모두 문제점을 가지므로 또 다른 제3의 접근 방법 모색이 필요하다고 하였다.

다음 음절로 이어나지 않고 끝소리로 남을 때는 /ㄹㄹ/이 겹쳐진다(허웅, 1985: 286~287).

그러므로 이 논의에서 구분한 된소리 되기와 닿소리 첨가는 구조·기술음운론에서 분류한 첨가 현상에 포함된다.

음소 첨가의 경우 구조·기술음운론적 접근에서는 주로 뿌리와 뿌리 사이에서만 실현되는 현상으로 다루었다. 그러나 함안 지역어에서는 예시 (64)와 같이 형태소 안이나 형태소 경계에서도 음소 첨가가 활발히 이루어지며 첨가되는 음소도 /ㄴ/이나 /ㄷ/ 외에 /ㄱ, ㅂ, ㅇ/까지 다양하게 첨가된다.

(64) ㄱ. 형태소 안: 덩어리→ 덩거리, 여치→ 연치, 누에→ 니비, 이마→ 이망
ㄴ. 형태소 경계: 가시랭이→ 까시레기, 목아지→ 모간지, 등어리→ 등더리

또한 구조·기술음운론적 접근에서는 음소가 첨가되는 환경은 제시하였으나 특정 음소가 첨가되는 이유에 대한 음운론적 설명은 결여하고 있다.

기세관(1989:44~64)은 뒤 낱말 첫소리가 홀소리 /ㅣ/나 반홀소리 /j/일 경우 많은 닿소리 가운데 /ㄴ/이 첨가되는 이유는 /ㄴ/은 그 변이음으로 [ɲ]을 가지고 있는데 [ɲ]는 홀소리 /ㅣ/나 반홀소리 /j/와 조음 위치가 가깝기 때문이라고 보았다. 그러나 그 외의 닿소리 첨가가 실현되는 경우에는 또 다른 해명이 필요하며 결국 첨가되는 환경만큼 이에 따른 부연 설명이 필요하다.

생성음운론적 접근에서는 된소리 되기에 한정하여 추상 음소의 설정이나 규칙화로써 해결하고자 하였다.

전상범(1976:30)은 된소리 되기가 실현되는 현상을 목록화 하고 그 환경을 가능한 한 하나의 규칙으로 묶어 다루고자 하였다. 그리고 피할

수 없는 예외가 발생하는 경우에는 [-rule]의 표시로서 해결하고자 하였다. 된소리 되기는 실현되는 범위가 넓고 수의성이 강한데 이런 환경을 목록화 하여 규칙으로 해결하려는 노력에는 한계가 있다. 왜냐하면 된소리 되기는 계속적으로 생겨나는데 이 경우 새로운 항목이 생길 때마다 규칙의 자질을 수정해야 하는 번거로움이 따르기 때문이다.

또한 (64)와 같은 현상을 규칙화하는 작업은 닿소리 첨가가 실현되는 수만큼의 규칙이 만들어지게 되므로 규칙화가 무의미하게 된다. 거기에다 특정 음소 첨가에 대한 음운론적 설명을 위해서는 또 다른 설명 방법을 찾아야 하므로 임시방편적인 인상을 지울 수 없다.

4.5.4.2. 자립분절음운론적 접근

분절음 층과 초분절음 층을 달리 설정하는 자립분절음운론에 힘입어 국어의 음운 현상을 종래의 단선음운론적 해석과는 다른 관점에서 설명하기 위하여 초분절음 층에 콧소리 자질, 원순 자질, 후두 자질 등을 설정하여 층렬을 형성하려는 논의가 제기되었다.

오정란(1987:38~44)은 추상적 복합격(ACC: abstract compositive case)의 설정으로 된소리 되기가 일어나는 음운론적 해결 방안을 마련했다.[62] 그러나 '발디꿈치, 밭두둑, 지배락'은 [-Agent]의 자질을 가진 속격으로 형성되었으나 된소리 되기가 실현되지 않으며, '밀까리, 콩꾹'은 앞 뿌리가 뒤 뿌리에 대하여 도구격의 구실을 하지만 된소리 되기가 실현된다. 따라서 이와 같은 접근 방법으로 합성어 안에서 된소리 되기 현상을 설명한다면 단선음운론적 접근 방법보다 더 나아진 것이

---

62) 오정란(1987:38~44)은 속격(genitive), 처격(locative), 수혜격(benefactive)의 관계로 이루어진 합성어에는 사이시옷이 개재하여 후행어의 된소리가 실현되나 그밖에 주격(subject), 목적격(object), 도구격(instrument), 공동격(communicative) 등으로 구성된 합성어에는 사이시옷이 개재하지 않는다고 보았다.

없다.

이 논의에서는 첨가 현상을 일으키는 가상의 요소를 초분절음 층에 설정하고, 환경이 만족되었을 때 초분절음 층은 확산이 일어나게 되며 확산의 결과 실제 표층에서 된소리 되기나 닿소리 첨가가 이루어진다고 보았다.

위의 논의를 바탕으로 하여 이상에서 살펴 본 된소리 되기 현상과 닿소리 첨가 현상이 실현되는 과정을 (65)ㄱ, ㄴ과 같이 상정해 볼 수 있다.

(65) ㄱ. 된소리 되기

> 된소리 형성 자질 배당소: 종속 합성어가 형성될 때
> 확산 방향: 오른쪽으로 연결
> 조건: 종속 합성어가 ① [[A]N - V(ㄴ/는)- [B]N]N,
> ② [[A]N 의 [B] N]N 의 구조를 이룰 때

① 기저 상태: /# 초 #/ /# 비˜이 #/

② 경계 약화와 종속 합성어 형성: /# 초 # 비˜이 #/

③ 된소리 형성 자질 삽입:

```
[+된소리 형성 자질]
         |
C V  +  C V  V
ㅊ ㅗ    ㅂ ㅣ˜ ㅣ
```

④ 된소리 형성 자질 [a] 확산과 된소리 실현:

```
[+된소리 형성 자질]
         | ⋱
C V  +  C V  V
```

⑤ 표면형: [초삐˜이]

ㄴ. 닿소리 첨가

음소 첨가 자질 배당소:
「cvc+vc, cv+cvc, cv+v」 등의 음절 구조가 경계 약화를 거칠 때
확산 방향: 오른쪽 또는 왼쪽으로 연결

① 독립된 경계 상태: /등/ /-어리/

② 경계 약화와 파생어, 합성어 형성: /등 + 어리/

③ 음소 첨가 자질 삽입:

```
[+음소 첨가 자질]
        |
C  V  C  +  V C  V
ㄷ  ㅡ  ㅇ     ㅓ ㄹ  ㅣ
```

④ 첨가 자질 확산과 첨가음 생성:

```
[+음소 첨가 자질]
        | ⋱
C V C +  C V C  V
```

⑤ 표면형: [등더리]

(65)ㄱ 된소리 되기의 경우 기저에서 독립된 경계를 가진 '초(식초)'와 '비˜이(병)'(①)가 서로 합성어를 이룰 경우 경계의 긴밀과 함께 「[[A]N의 [B] N]N」의 구조를 형성하게 된다(②). 경계가 긴밀해짐과 동시에 의미상으로 뒤 뿌리는 앞 뿌리에 한정되므로 뒤 뿌리는 기저에서 독립된 자격을 가졌음을 드러낼 수 있는 보상 작용을 필요로 하게 된다. 이 때 초분절음 층에 된소리 첨가 자질이 삽입되어 이 자질은 오른쪽으로 확산이 일어나게 되며(③) 마지막으로 뒤 뿌리 첫소리가 된소리로 실현된다(④).

(65)ㄴ 닿소리 첨가의 경우 기저에서 독립된 경계를 가진 '등'과 '-어리'(①)가 이어날 경우 파생어 형성과 더불어 경계 약화를 가져온다

(②). 이 때 음절 경계와 형태소 경계가 일치하지 않아 불안정한 구조를 지니게 된다. 이러한 보상 작용으로 안정된 형태소 경계를 만들기 위한 음소 첨가 자질이 삽입된다(③). 결과적으로 이 음소 첨가 자질은 첫소리나 끝소리가 없는 음절에 확산되어(④) 표면형에 음소를 첨가하게 된다(⑤).

된소리 되기나 닿소리 첨가의 공통적 기능은 경계의 약화에 따른 형태의 유지를 위한 보상 작용이다. 그러나 앞에서 살펴 본 바와 같이 그 실현 환경이 다양하여 일관된 규칙 설정에 많은 어려움이 있다. 이러한 현상에 대한 자립분절음운론적 접근은 두 현상이 실현될 수 있는 환경을 공통분모로 묶고 그 때 된소리 되기나 닿소리 첨가가 이루어질 수 있도록 도와주는 가상적 장치를 설정하여 해결하고자 하였다.

그러나 된소리 되기의 경우 수의적으로 실현되는 경향이 강한데 이런 현상을 자립분절 모형만으로는 해결하지 못한다. 또한 닿소리 첨가가 이루어지는 경우 첨가가 이루어질 수 있는 환경만을 제시할 뿐이지 특정 환경에서 특정 음소가 첨가되는 현상은 이 가상적 틀만으로는 여전히 해결할 수 없는 문제점을 남기고 있다.

4.5.5. 요약

합성어 안에서의 된소리 되기는 한 뿌리의 의미가 다른 뿌리의 의미를 한정하면서 그 통사 구조가 ① [[A]$_N$ - V(ㄴ/는)- [B]$_N$]$_N$, ② [[A]$_N$의 [B]$_N$]$_N$일 때 실현되는데 방언이나 개인 또는 상황에 따라 수의적으로 실현될 수도 있다.

이러한 경우에 된소리가 실현되는 것은 기저에서 대등하게 낱말 경계를 지닌 두 낱말이 합성어로 형성됨으로써 경계의 약화를 가져오게 됨과 동시에 통사 구조적으로도 어느 한 쪽으로 이끌리는 관계를 보이게 되는데 이 때 상대적으로 약화된 낱말은 독자적 단위를 유지하기 위한 보상 작용으로 된소리 되기를 실현한다.

함안 지역어에서 닿소리 첨가는 /ㄱ, ㄴ ㄷ, ㅂ, ㅇ/에 이르기까지 다양하며 음성적인 환경 또한 형태소(낱말) 안 또는 형태소(낱말) 경계에까지 개방적이다. 이런 첨가가 이루어지는 낱말은 중세 국어나 근대 국어에서 그 기원형에 /ㄱ, ㄴ ㄷ, ㅂ, ㅇ/과 같은 음소가 없는 경우인데 기원형에 닿소리가 들어 있는 낱말에 유추하여 실현된 어형으로 말의 표현을 강화하려는 언어 발달 과정의 한 현상으로 볼 수 있다.

/ㄹ/겹치기가 이 지역어에서 실현되지 않는 것은 음절 첫소리에서 /ㄹ/이 실현되는 불안정함을 피하려는 화자의 발음 습관에서 비롯된다. 이런 경우 이 지역어에서는 표준어와 같이 연쇄적으로 발음하기 보다는 앞선 매김꼴 씨끝과 뒤에 이어나는 이름씨 사이에 강경계를 두고 발음한다.

구조・기술주의적 접근에서는 닿소리 첨가는 청취 효과를 뚜렷하게 하기 위하여 /ㄴ/이나 /ㄷ/이 첨가되는 현상인데 주로 뿌리와 뿌리 사이에서만 실현되는 것으로 보았다. 그러나 함안 지역어에서는 형태소 첫소리 위치는 아니지만 형태소 안이나 형태소 경계에서도 실현되며 첨가되는 음소도 /ㄴ/이나 /ㄷ/ 외에 /ㄱ, ㅂ, ㅇ/까지 다양하다. 또한 구조・기술음운론적 접근에서는 음소가 첨가되는 환경은 제시하였으나 특정 음소가 첨가되는 이유에 대한 음운론적 설명은 결여하고 있다.

생성음운론적 접근에서는 된소리 되기가 실현되는 환경을 목록화하고 하나의 규칙으로 해결하고자 하였다. 그러나 이런 접근은 새로운 항목이 생길 때마다 규칙의 자질을 수정해야 하는 취약점을 지닌다.

된소리 되기나 닿소리 첨가의 공통적 기능은 경계의 약화에 따른 형태의 유지를 위한 보상 작용에서 비롯된 것이다. 이러한 현상에 대한 자립분절음운론적 접근은 두 현상이 실현될 수 있는 환경을 공통분모로 묶고 그 때 된소리 되기나 닿소리 첨가가 이루어질 수 있도록 도와주는 가상적 장치를 설정하여 해결하고자 하였다. 이러한 접근은 된소리 되기와 음소 첨가에 대한 규칙화를 시도함과 동시에 이러한 음운 현상이 실현되는 과정을 보여줄 수 있다.

그러나 된소리 되기의 경우 수의적으로 실현되는 경향이 강한데 이런 현상을 자립분절 모형만으로는 해결하지 못한다. 또한 닿소리 첨가가 이루어지는 경우 첨가가 이루어질 수 있는 환경만을 제시할 뿐이지 특정 환경에서 특정 음소가 첨가되는 현상은 이 가상적 틀만으로는 해결할 수 없는 문제점을 여전히 남기고 있다.

4.6. /ㄹ/ 탈락

/ㄹ/로 끝나는 풀이씨 줄기나 이름씨에 닿소리로 시작되는 씨끝 또는 낱말이 이어날 경우 닿소리의 자질에 따라 /ㄹ/의 탈락과 유지가 결정된다. 그리고 이러한 현상은 경계에 따라 다르게 실현된다.

이 논의에서는 함안 지역어에 나타나는 /ㄹ/ 탈락 현상을 풀이씨가 활용할 때와, 파생어와 합성어를 형성할 때로 구분하여 살펴보기로 한다.

4.6.1. 풀이씨가 활용할 경우

함안 지역어에서 /ㄹ/로 끝나는 풀이씨 줄기를 닿소리로 시작되는 활용 씨끝과 연결시켜 보았을 때 다음과 같은 활용 현상을 보인다.[63)]

---

63) ① 활용에서는 물론 이하 파생어와 합성어에서도 홀소리와의 연결을 제시하지 않는 것은 앞 음절 끝소리가 뒤 음절의 첫소리가 되는 소리이음 현상이 규칙적으

(66) 울다- 울고/ 우~이(울으니), 우는(울는)/ 울도록~우도록/ 울모(울으면)/ 우소(울소)/ 울지
밀다- 밀고/ 미~이(밀으니), 미는(밀는)/ 밀도록~미도록/ 밀모(밀으면)/ 미소(밀소)/ 밀지
팔다- 팔고/ 파~이(팔으니), 파는(팔는)/ 팔도록~파도록/ 팔모(팔으면)/ 파소(팔소)/ 팔지

(66)에서 /ㄹ/ 끝소리를 가진 풀이씨는 /ㄴ, ㅅ/으로 시작되는 씨끝 앞에서 /ㄹ/은 필수적으로 탈락하고, /ㄱ, ㅁ, ㅈ/으로 시작되는 씨끝 앞에서 /ㄹ/은 그대로 유지된다. 그리고 /ㄷ/으로 시작되는 씨끝 앞에서는 /ㄹ/ 탈락과 유지가 수의적으로 실현된다.64)

(66)로 보아 풀이씨 줄기 끝소리 /ㄹ/은 같은 발음 위치를 지닌 혀끝소리가 이어날 경우에는 주로 탈락되며 그 외의 경우는 유지된다는 것을 알 수 있다.

그런데 '울(으)니(→울니)'는 /ㄹ/ 탈락이 실현된 '우니'가 아니라 '우~이'로 실현된다. 이것은 함안 지역어에서 /ㄴ/이 다른 홀소리 앞에서는 그대로 유지되는데 홀소리 /ㅣ/가 이어나면 탈락이 되기 때문이다. 이러한 현상은 /ㄴ/이 /ㅣ/의 발음 위치를 닮아 [ɲ]으로 실현되지만

로 일어나기 때문이다.
② '-읍니다' '-을'이 설정되지 않는 것은 이 두 경우는 이 연구에서 설정된 환경 /ㄱ, ㄴ, ㄷ, ㅁ, ㅅ, ㅈ/과는 구별되어야 한다고 보기 때문이다. 즉 '-습니다, -을'의 경우는 '으'가 탈락되면 홀소리 사이에 세 개의 닿소리가 이어나게 된다. 이 경우 홀소리 사이에 세 개의 닿소리가 올 수 없다는 국어 분절음 배열 제약에 의해 한 개가 필연적으로 탈락될 수밖에 없는 환경이기 때문이다.

64) 경남 방언 하위 지역어에서 /ㄹ/ 끝소리를 가진 풀이씨에 /ㄱ/으로 시작되는 씨끝이 이어날 경우 아래 예시 '울다'에서처럼 /ㄹ/은 그대로 유지된다. 이런 현상은 거창 지역어에서도 동일하나 '날다'의 경우는 /ㄹ/이 탈락되어 '나고'로 실현되는 거창 지역어의 특이성을 보인다.
· 울다- 울고(함안, 합천, 거창, 김해)
· 날다- 날고(함안, 합천, 김해), 나고(거창)

홀소리 사이에서 쉽게 약화 탈락될 수 있기 때문이다. 그러나 완전한 탈락이 아니라 콧소리 자질을 앞, 뒤 홀소리에 남기게 된다.

줄기의 끝소리 /ㄹ/이 혀끝소리 앞에서 탈락되는 것은 강도에 따른 「끝소리-첫소리」지배관계 보다는 같은 발음 위치에서 발음되는 음소가 이어나는 것을 회피하는 '대조의 원리(a principle of contrast)'가 우선 적용되었기 때문이다.[65] 이 때 씨끝의 첫소리가 탈락되지 않고 줄기의 끝소리가 탈락된 것은 첫소리는 일반적으로 의미 전달을 정확하게 하는 분화의 위치이고 끝소리는 노력 절약의 원리가 작용하는 중화의 위치이기 때문이다.

4.6.2. 파생어와 합성어 형성의 경우

4.6.2.1. 파생어 형성에서

(67) ㄱ. 일군, 날개, 자질개, 홀개, 돌감, 돌가지, 돌공기다, 들깨, 돌콩
ㄴ. 돌미나리
ㄷ. 돌배, 올밤, 대들보, 울보, 돌뽀데기[66]
cf) 오빼미
ㄹ. 바~알질, 들지름

---

65) ① 음절의 끝소리는 첫소리 자리로 이동하거나 탈락되는 약화 현상이 일어나기 쉽고 첫소리 자리는 이동된 요소가 차지할 수 있어 강화 현상이 일어나기 쉽다. 그러므로 끝소리 자리는 지배당하는 위치로서 강도가 낮은 소리가 주로 오고 첫소리 자리는 지배하는 위치로서 강도가 높은 소리가 주로 온다.
② 음소의 연결에서 이들은 서로 닮으려는 속성과 닮음을 피하려는 속성이 있는데 이기석(1993:1~3)은 후자를 '대조의 원리'라고 하였다. 대조의 원리는 같은 발음 위치에서 두 개의 발음이 연이어 날 때 두 음소가 서로를 회피하고자 하는 성질을 말한다.

66) 부모나 윗사람이 없이 제 마음대로 자라나 버릇이 없는 아이를 두고 이르는 말인데 이때 쓰인 접두사 '돌'은 '돌배, 돌감'에서 유추된 뜻과 같다.

(67)ㄱ~ㄹ은 /ㄹ/ 끝소리 다음에 /ㄱ, ㅁ, ㅂ, ㅈ/으로 시작되는 첫소리가 이어나는 파생어인데 뿌리에 접미사가 결합될 때는 물론 접두사가 결합될 때도 풀이씨의 활용과 동일하게 /ㄹ/이 유지된다. 이런 환경에서 /ㄹ/이 유지되는 것은 분절음이 연결될 때 앞 음절 끝소리는 뒤 음절 첫소리보다 강도가 낮아야 하는 강도 지배 관계를 지키고 있기 때문이다.

경우에 따라 '오빼미(부엉이)'를 「올+-빼미」로 분석하여 (67)ㄷ의 부류에서 예외적인 현상으로 볼 수도 있으나 '-빼미'의 의미가 무엇인지 알 수 없으며, '올-'의 의미도 '올콩, 올밤' 등에서의 의미와 다르므로 '오빼미'는 단일어로 보아야 한다.

(68) ㄱ. ① 벨님, 달님, 하˜알님
② 올 + 나락 → 오나락, 돌냉이→ 돈내˜이(돌나물)
ㄴ. 밀대, 빨대, 뿔다구, 올데다
cf) 차돌
ㄷ. ① 쭈굴시럽다, 허덜시럽다, 올수시
② 찰 + 쌀→ 찹쌀, 불 + 상추→ 부상추

(68)ㄱ은 /ㄹ/ 끝소리에 /ㄴ/ 첫소리가 이어나는 파생어인데 (68)ㄱ①은 뿌리에 접미사가 결합된 경우로써 /ㄹ/이 탈락되지 않았으며 (68)ㄱ②는 뿌리에 접두사가 결합된 경우로써 /ㄹ/이 탈락되었다.

그런데 /ㄹ/이 탈락되지 않는 (68)ㄱ①은 '별, 달, 하늘'에 접미사 '님'이 결합된 경우에 한정되어 있다. 이것은 '별, 달, 하늘' 등과 같은 자연물은 사람들에게 항상 숭배의 대상으로만 존재하는 특별한 경우이기 때문에 원래의 형태를 그대로 유지한 것으로 본다.[67] 이와 같은

67) 이병근(1986:259)은 「별 +님→별림」, 「달 +님→달림」이 '아드님, 따님'과 같이 /ㄹ/탈락을 겪지 않고 'ㄴ의 ㄹ되기'를 실현하는데 이것은 시어적 기능을 갖는 파

경우로 표준어에서 「아들+님, 딸+님」을 들 수 있으나 이러한 어휘들은 이 지역어의 자연스런 대화에서는 잘 쓰이지 않고 기껏해야 '딸래미~딸, 아들래미~아들' 정도로만 쓰여 '님'으로 높여 주는 경우는 찾아 볼 수 없다. 의도적으로 발음을 시켜보면 /ㄹ/을 탈락시키지 않은 '아들님, 딸님' 으로 실현하는데 이는 '하늘님, 달님, 별님' 등에 유추된 것이다.

(68)ㄴ, ㄷ은 /ㄹ/ 끝소리에 /ㄷ, ㅅ/ 첫소리가 이어나는 파생어이다. 그러나 같은 혀끝 자리에서 발음 되는 음소가 이어나는 데도 활용과는 달리 /ㄹ/이 유지되는 경우가 많다.

활용과 파생의 이러한 차이는 파생 접사의 불규칙성과 경계의 긴밀성에서 비롯된다. 강도 지배 관계는 분절음 배열에서 비롯된 문제이며 대조의 원리는 발음상의 문제인데 전자는 두 분절음 사이의 거리가 밀접할수록 우선적으로 적용된다. 그러므로 이완 경계가 놓인 활용에서는 대조의 원리가 규칙적으로 적용되지만 이보다 긴밀한 경계가 놓인 파생어에서는 일률적으로 적용되지 않는다.

보는 관점에 따라서 '차돌'의 기저형을 「찰 +돌」로 분석하여 (68)ㄴ과는 달리 /ㄹ/이 탈락한 예외적인 현상으로 보기도 하지만 '차돌'의 '차-'는 그 기저형이 '찰-'이 아니고 '참-'이므로 /ㄹ/ 탈락이 아닌 /ㅁ/ 탈락으로 보아야 한다.

왜냐하면 접두사 '참-'은 '돌배, 돌콩, 돌감' 등의 '돌-'과 의미상 상대적인 관계에 있으며 '찰떡, 찰거머리'의 '찰-'과는 무관하기 때문이다.

생어 형성으로써 우리가 현재 기술하고 있는 일상 언어와는 구별되어야 하는 다른 차원의 모델이라고 하였다.

4.6.2.2. 합성어 형성에서

(69) ㄱ. 뻘구디기, 물꼬, 돌가리, 물게기, 말기, 뿔갱기, 껄갈이, 불가래, 술고래, 폴꿈치
cf) 도구통, 도구대, 무강[68]
ㄴ. 달문, 몰매, 매밀묵, 낼모레
ㄷ. ① 솔바˜알, 물바˜알, 실밥, 풀비, 살붙이, 날베락, 물배, 나물밥, 물빨래
② 꼬들 + 밥 → 꼬도밥
ㄹ. ① 폴찜, 밀장국, 발재죽, 물자세, 물지둥, 물조리, 질짐승, 폴찌, 들청
② 이부자리, 부제까치

(69)ㄱ, ㄴ은 끝소리 /ㄹ/에 첫소리 /ㄱ, ㅁ/이 이어나는 합성어인데 활용이나 파생어와 동일하게 /ㄹ/이 유지된다.

경우에 따라 '도구통(절구), 도구대(절구공이)'를 '돌에 구멍을 낸 통, 그곳에 쓰는 막대'라는 의미로 보아 (69)ㄱ과는 다른 예외적인 현상으로 볼 수 있으나 공시적인 형태 분석 방법으로는 적격하지 못하다. 그러므로 이 경우는 이미 한 낱말로 굳어진 어휘화한 단형태소로 처리한다. '무강'의 경우 김영신(1978:53)은 그 어원을 「물+구황(고구마) → 물강 → 무강」으로 보았다. 그러나 이 경우는 응축의 과정에서 비롯된 /ㄹ/ 탈락이므로 이 연구에서는 제외한다.

(69)ㄷ, ㄹ은 /ㄹ/ 끝소리에 /ㅂ, ㅈ/ 첫소리가 이어나는 합성어이다. 그러나 끝소리와 첫소리의 강도 지배 관계를 지키고 있으며 같은 위치에서 발음되는 분절음의 연쇄가 아닌데도 (69)ㄷ②의 '꼬도밥'의 경우는 (69)ㄷ①과 달리 /ㄹ/ 탈락이 일어났다. 그리고 (69)ㄹ②는 (69)ㄹ①에 비하여 /ㄹ/이 탈락하는 특이성이 나타났다.

---

68) 종자 고구마에서 줄기를 끊어 내고 나서 땅속에 남은 고구마는 삶아 먹기도 하는데 물렁물렁하고 맛이 없는 이 고구마를 '무강'이라고 한다.

합성어 형성에서 /ㄹ/이 탈락되는 예외성을 보이는 말들은 일반적으로 음운적, 형태적, 의미적으로 특이성을 보이는 어휘화 과정에 있는 낱말들이다. 이들은 기원적으로는 합성어 구조를 이루고 있었지만 점차 파생어 구조나 단순어 구조로 바뀌어 가고 있는 불투명한 낱말들이다.

(70) ㄱ. ① 솔나무, 빼들나무, 달나라, 불나방, 줄넘기
② 물 + 논→ 무논, 열남짓→ 여남시, 나흘날→ 나˜안날, 찰나락→ 찬나락
ㄴ. ① 달달(이), 벨똥, 물도˜오, 물드무, 물때, 찰떡, 팔대장, 폴뚝, 줄땡기기, 돌담부랑, 물씨다
② 밀 + 닫이 → 미다지, 열닫이→ 여다지
ㄷ. ① 돌새미, 군불솥, 말새끼, 돌시, 물살, 살성, 날실, 털실
② 가물 + 살 → 가무살, 풀세→ 푸세, 활살→ 하살, 스물살→ 수무살

(70)ㄱ~ㄷ은 /ㄹ/ 끝소리에 /ㄴ, ㄷ, ㅅ/으로 시작되는 첫소리가 이어나는 합성어이다. 그러나 혀끝에서 발음되는 음소가 이어나지만 대조의 원리가 적용되지 않는 경우가 많다. 대조의 원리는 경계가 긴밀할수록 적용되지 않는다는 사실을 앞서 밝힌 바가 있다. 이 경우 파생어에는 /ㄷ, ㅅ/에서만 적용되지 않았으나 합성어에서는 /ㄴ/에서도 적용되지 않는다. 이런 현상이 합성어에서 심하게 나타나는 것은 경계의 약화에도 이유가 있지만 합성어는 뿌리와 뿌리의 결합이므로 기저에서 지녔던 형태, 의미상 독립성을 유지하려는 노력도 아울러 작용하기 때문이다.

(70)ㄱ②에서 '나안날, 찬나락'은 /ㄹ/이 탈락되고 나서 /ㄴ/이 첨가된 현상이다. /ㄹ/ 탈락이 아닌 닮음 현상이라면 (70)ㄱ①과 같이 뒤 음절 첫소리 /ㄴ/은 앞 음절 끝소리 /ㄹ/을 닮아 /ㄹㄹ/로 되어 '나알랄, 찰라락'으로 실현되어야 한다.

이진호(1997:30)는 '나안날, 찬나락, 돈내˜이'를 들어 이 경우 사이시옷 앞에서 /ㄹ/이 탈락한 뒤 사이시옷 /ㄷ/이 콧소리 되기를 겪어서 실현된 것으로 보았다.

그러나 사이시옷 설정은 합성어에만 적용되므로 파생어인 '돈내˜이'의 경우에는 타당하지 않다. 또한 이런 관점으로는 같은 합성어 '빼들나무, 솔나무'와 같은 경우는 사이시옷 앞에서 /ㄹ/이 탈락되지 않는 현상을 설명하지 못한다.

그러므로 /ㄹ/에 /ㄴ/이 이어날 때는 이완된 경계에서는 같은 발음 위치를 피하는 대조의 원리에 의해 끝소리 /ㄹ/이 규칙적으로 탈락되지만 긴밀한 경계에서는 대조의 원리에서 벗어나는 경우가 많은데 (70)ㄱ②와 같은 현상도 여기서 비롯된 현상이라고 본다.

이상에서 살펴 본 바와 같이 풀이씨 줄기 끝소리 /ㄹ/은 /ㄱ, ㅁ, ㅈ/으로 시작되는 씨끝이 이어날 경우에는 강도의 지배 관계에 의해 /ㄹ/이 유지되고 /ㄴ, ㄷ, ㅅ/으로 시작되는 씨끝이 이어날 경우에는 대조의 원리에 의해 /ㄹ/이 탈락되었다.

파생어의 경우 /ㄱ, ㅁ, ㅂ, ㅈ/ 앞에서는 강도의 지배 관계에 의해 여전히 /ㄹ/이 유지되지만 /ㄴ, ㄷ, ㅅ/ 앞에서는 경계의 긴밀성에 의해 대조의 원리가 일률적으로 적용되지 않는다. 합성어 형성의 경우는 /ㄱ, ㅁ/에서만 규칙적으로 /ㄹ/이 유지되고 그 외의 경우는 파생어보다 불규칙적이다.

4.6.3. /ㄹ/ 탈락 현상의 특징

함안 지역어에서 /ㄹ/ 탈락이 실현되는 정도는 [표 3]과 같다.

[표 3] 함안 지역어 /ㄹ/ 탈락 정도69)

대상어휘 구분 / 음운변동	활 용 어			파 생 어			합 성 어		
음운환경	대상 어휘	락	유지	대상 어휘	탈락	유지	대상 어휘	탈락	유지
ㄹ[끝] +ㄱ[첫]	61	0	61	9	0	9	16	0	16
ㄹ +ㄴ	61	61	0	5	2	3	12	7	5
ㄹ +ㄷ	61	수의적		4	1	3	21	2	19
ㄹ +ㅁ	61	0	61	1	0	1	4	0	4
ㄹ +ㅂ				3	0	3	14	1	13
ㄹ +ㅅ	61	61	0	5	2	3	15	4	11
ㄹ +ㅈ	0	0	61	3	0	3	15	2	13

[표 3]에서 설정한 조사 대상 어휘는 이 지역의 토착화자들이 자주 쓰는 기초 어휘이다. 여기서 활용과 파생, 합성의 경우 대상 어휘 수에 차이가 있는 것은 앞 음절 끝소리 /ㄹ/에 첫소리 /ㄱ, ㄴ, ㄷ, ㅁ, ㅂ, ㅅ, ㅈ/이 연결된 낱말이 활용의 경우는 분포가 개방적이므로 파생이나 합성에 비하여 풍부하다. 그러나 파생이나 합성의 경우는 활용에 비하여 분포가 폐쇄적이므로 위와 같은 분절음의 연결 조건에 맞은 어휘가 적기 때문에 대상 어휘 수에 차이가 생겼다.

이 표를 통하여 알 수 있는 것은 함안 지역어에서는 /ㄹ/ 탈락과 유지가 활용에서는 비교적 규칙적으로 실현되는데 파생과 합성에서는 불규칙한 경향을 보이고 있다. /ㄹ/ 탈락과 유지가 활용에 비해서 파생과 합성에서는 불규칙한 양상을 보이는 것은 구성 요소 사이의 경계의 긴밀성과 밀접한 관련이 있다.

69) 활용의 경우 /ㄹ/이 /ㅂ/과 이어날 때 빈 칸이 생기는 것은 /ㅂ/을 첫소리로 가지는 씨끝이 없기 때문이며 그 외의 닿소리를 음운 환경으로 설정하지 않은 것은 그러한 음소를 첫소리로 가지는 경우를 발견하지 못하였기 때문이다.

곧 활용에서는 줄기와 씨끝 사이에 이완된 경계인 형태소 경계가 놓이므로 규칙적인 변동 현상을 보이는데 파생어나 합성어는 긴밀한 경계인 접사 경계 내지 합성어 경계가 놓이므로 음운 변동의 영향권에서 벗어났기 때문이다.

경계의 차이에 따라 /ㄹ/ 탈락과 유지의 정도에 차이가 있듯이 같은 경계라도 이어나는 닿소리의 발음 위치에 따라서도 차이가 있다. 입술, 센입천장, 여린입천장에서 발음되는 닿소리가 /ㄹ/에 이어날 경우에는 끝소리 /ㄹ/은 비교적 규칙적으로 유지되는데, /ㄹ/과 같은 혀끝에서 발음되는 닿소리가 이어날 경우에는 주로 탈락되는 경향이 일반적이다.

그러나 활용의 경우 혀끝소리 /ㄷ/이 이어났지만 /ㄹ/ 탈락이 수의적인 것은 발음의 단절을 피하려는 노력이 작용하였기 때문이다. /ㄴ/은 [+공명성]으로 /ㅅ/은 [+지속성]으로 /ㄹ/과 자연부류를 이루고 있으므로 /ㄹ/이 탈락하여도 앞 음절 홀소리와 음성학적으로 자연스럽게 연결된다. 그러나 /ㄷ/은 /ㄴ, ㅅ/과는 달리 /ㄹ/과 이런 자연부류를 이루지 못하므로 같은 혀끝소리이지만 /ㄴ, ㅅ/과는 달리 /ㄹ/과의 연결에서 수의적인 탈락을 보인다.

/ㄹ/ 밖에 함안 지역어에서 실현되는 닿소리 탈락 현상은 아래 (71) ㄱ~ㄹ과 같이 산편적이며 극소수의 특이한 낱말에 국한되어 있다. /ㄱ, ㄴ, ㅁ, ㅂ/이 탈락되는 이들 낱말들은 탈락의 음운적인 조건을 설정할 수 없는 예외적인 현상이다.

(71) ㄱ. 밥주걱→ 밥주구, 겅그레→ 엉그리
ㄴ. 밭언덕→ 밭어덕
ㄷ. 샘내다→ 새내다
ㄹ. 십오장리→ 시오장리

/ㄹ/ 이외의 탈락이 거의 실현되지 않는 사실은 다른 하위 지역어와의 비교에서도 알 수 있다. 예시 (72)는 경남 방언 하위 지역어에서 /ㄱ, ㄴ, ㅁ, ㅇ, ㅈ, ㅎ/ 탈락이 실현되는 경우인데 함안 지역어에서는 탈락이 되지 않는 경우가 대부분이다.

(72) ㄱ. 메뚜기 → 메띠이(삼천포), 매띠이˜(진주)[70], 메떼기(함안)
ㄴ. 가니→ 가이(남해, 김해), 가˜이(함양, 함안)
ㄷ. 구멍→구영(거제도), 구중~구늠(함안)
ㄹ. 가지고→가이고(거제도), 가꼬(←갖고)(함안)

(72)ㄱ은 다른 지역어에서는 /ㄱ/ 탈락이 실현되지만 함안 지역어에서는 실현되지 않는다.

(72)ㄴ은 /ㄴ/이 탈락되는 경우이나 함안 지역어에서는 앞, 뒤 홀소리가 콧소리 자질을 띄고 있으므로 완전한 /ㄴ/ 탈락으로 볼 수 없다.

(72)ㄷ은 /ㅁ/이 탈락되는 경우이나 함안 지역어에서는 음운 교체 현상을 보인다.

(72)ㄹ은 /ㅈ/이 탈락되는 경우인데 함안 지역어에서는 3음절이 2음절로 되는 응축 현상을 보이므로 단순한 /ㅈ/ 탈락으로 볼 수 없다.

4.6.4. 접근 방법

4.6.4.1. 구조・기술주의와 생성음운론적 접근

/ㄹ/ 탈락에 대하여 생성음운론적 관점을 적용하기 이전까지는 탈락 현상을 막연한 불규칙적 현상으로 다루어 왔다. 그래서 구조・기술음

70) 김형춘(1993:1149)은 '메뚜기'를 진주 지역어에서는 '메띠이˜'로 실현되는데 마지막 홀소리 '이'만 콧소리 자질을 띄고 있다고 보았다.

운론적 관점으로는 불규칙 활용이란 풀이씨가 활용할 때 일어나는 형태음소적 교체 중에서 여러 활용 형태와 달리 실현되는 현상을 가리키는데 줄기의 끝소리 /ㄹ/은 /ㄴ, ㅂ, ㅅ, ㅗ/ 와 매김꼴 씨끝 '-을' 앞에서 줄어지는 경우가 있다고 보았다(허웅, 1985:283).

그러나 /ㄹ/ 끝소리를 가진 풀이씨 줄기는 (73)ㄱ과 같이 /ㄴ, ㅂ, ㅅ, ㅗ/와 '-을' 앞에서는 /ㄹ/탈락을 겪고 (73)ㄴ과 같이 /ㄱ, ㅁ, ㅈ/ 앞에서는 /ㄹ/이 유지된다고 기술하였을 뿐이다.

곧 동일한 형태의 줄기를 취하면서 왜 /ㄴ, ㅂ, ㅅ, ㅗ, /와 '-을' 앞에서는 /ㄹ/이 탈락되고 /ㄱ, ㅁ, ㅈ/ 앞에서는 /ㄹ/이 유지되는가에 대한 이유는 설명할 수 없었다. 일정한 조건 아래 /ㄹ/ 탈락이 일어난다면 이러한 환경은 그 나름대로 자연부류를 형성하므로 /ㄹ/탈락이 일어나는 음운론적 조건을 제시해 볼 수 있으나 구조 · 기술음운론적 접근은 이러한 설명에까지는 이르지 못하였다.

(73) ㄱ. 울으니→ 우˜이, 울는→ 우는, 울소→ 우소, 울오→ 우오,
울습니다→ 웁니다, 울을→ 울
ㄴ. 울고, 울모, 울지

또한 /ㄹ/ 끝소리는 (74)ㄱ과 같이 /ㅅ/ 첫소리를 가진 씨끝 앞에서는 규칙적으로 탈락되는데 (74)ㄴ, ㄷ 파생어나 합성어에서는 탈락과 유지가 불규칙적이다.

경계의 차이로 규칙과 불규칙의 양면성이 나타나는 현상을 구조 · 기술음운론적 관점으로는 합리적인 설명을 할 수 없었다.

(74) ㄱ. 울소→ 우소, 밀소→ 미소, 팔소→ 파소
ㄴ. 불 + 상추→ 부상추, 찰 + 쌀→ 찹쌀, 나물 + 새→ 나무새
cf) 허덜시럽다, 올수시

ㄷ. 가물- + 살→ 가무살, 스물 + 살→ 수무살
cf) 돌새미, 군불솥, 살성....

생성음운론적 접근에서는 풀이씨에 한해서 /ㄹ/ 탈락 현상을 다음과 같이 규칙화 하였다.

(75)

$$\begin{bmatrix} +\text{voc} \\ +\text{cons} \end{bmatrix} \rightarrow \varnothing \quad / \_\_\_ \quad + \begin{bmatrix} +\text{cor} \\ \alpha\text{abst} \\ \alpha\text{cont} \end{bmatrix}$$

(이병근, 1976:93)

이 규칙은 /ㄹ/ 끝소리를 가진 풀이씨는 /ㄴ, ㅅ, ㅂ, ㅗ/ 앞에서 자동적으로 탈락됨을 나타낸다. 실현된 음운 현상을 규칙화하는 작업은 음운 현상을 실현시키는 환경이 동일할 때 가능하다. /ㄹ/ 탈락을 규칙화하는 작업은 /ㄹ/ 끝소리가 이어나는 닿소리 앞에서 탈락되는데 그 닿소리의 부류가 자연부류를 형성해야만 가능하다.

그러나 규칙 (75)에서 설정한 환경은 동일한 조건에서 비롯된 것이 아니다.

/ㅂ/ 앞의 /ㄹ/ 탈락은 /ㄴ, ㅅ/과는 달리 필연적인 현상이다. 즉 '-읍니다'가 '으' 탈락을 겪자 홀소리 사이에 세 개의 닿소리가 연이어 오게 되는데 국어에서는 이런 음소 배열이 허용되지 않는다. 이 때 /ㅂ/은 /ㄹ/보다 강도가 클 뿐만 아니라 문법 기능소이므로 탈락될 수 없다.

/ㅗ/ 앞의 /ㄹ/ 역시 탈락될 수밖에 없는 것은, /ㄹ/은 닿소리 중에서 가장 홀소리에 가까운데 이런 음소가 홀소리 사이에 끼이면 약화, 탈락되는 것은 당연하다. 그러므로 엄격한 잣대를 적용하여 탈락의 음운론적 조건을 일반화할 수 있는 것은 /ㄴ, ㅅ/뿐이다.

활용의 경우만 한정한다면 /ㄴ, ㅅ/으로 규칙 설정이 가능하지만 파생어와 합성어에서 실현되는 /ㄹ/ 탈락까지를 고려한다면 이 규칙은 다시 수정되어 자질 설정이 더 복잡해진다. 상황에 따라 조정되어야 하는 규칙의 설정은 의미가 없으며 자연부류를 이루지 않는 음소를 규칙화하기 위하여 무한정 복잡한 자질을 포함하는 규칙은 규칙을 위한 규칙에 불과하다.

구조·기술음운론적 접근은 /ㄹ/ 끝소리를 가진 줄기가 그 외의 경우와 어떻게 다르게 실현되는가를 보여 주고자 한 점에서는 설득력이 있다. 그러나 탈락과 유지가 실현되는 환경에 대한 음운론적 조건을 제시하지는 못하였다.

생성음운론에서 시도한 불규칙 활용의 규칙화는 음운 현상 설명의 간결화는 물론 화자들이 실제 언어를 사용하고 기억하는 면에서도 필요한 작업이다. 그러나 국부적인 현상만을 고찰한 규칙화는 전반적인 음운 현상 기술에 아무런 도움이 되지 않는다.

그러므로 /ㄹ/ 탈락에 대한 전체적인 고찰이 되기 위해서는 경계별로 /ㄹ/ 탈락이 일어날 수 있는 환경을 제시하고 이러한 환경에서 탈락이 일어날 수밖에 없는 타당한 음운론적 설명 방법이 뒷받침이 되어야만 설명적 타당성을 획득할 수 있다.

4.6.4.2. 지배음운론적 접근

지배음운론은 Kaye, Lomenslamm, Vergnaud가 제안한 매력음운론(Charm Phonology, 1985)에서 지배 개념을 도입한 이론이다.

매력이란 원소들을 자연부류로 묶을 수 있는 특성을 가리키는데 매력 특성에 따라 적극적 매력(positively charmed: s+), 소극적 매력(negatively charmed: s-), 중립적 매력(charmless: s0)으로 세 종류의 가치값을 가진다.

이와 같은 매력을 지닌 음소들에 지배의 개념을 도입하면 매력적인 음소는 매력이 없는 원소를 지배할 수 있으므로 지배의 강도는 적극적 매력을 지닌 음소가 가장 높고, 그 다음으로 소극적 매력을 지닌 음소, 마지막으로 중립적 매력을 지닌 음소의 순이다. 그러므로 적극적으로 매력적인 음소는 음절 구조에서 가장 중요한 위치를 차지하며 매력이 중립적인 음소는 약화와 중화가 일어나기 쉬운 위치를 차지하게 된다.

국어의 경우 음절 구조에서 핵(홀소리)이 없는 상태란 불가능하므로 홀소리는 적극적 매력을 지닌 음소가 되며, 첫소리 위치(달, 탈, 잘, 찰, 살)에서는 독립된 값을 가지는 음소들이 끝소리 위치(낮, 낯, 낱, 낫, 닫)에서는 쉽게 탈락 또는 중화를 거치는 것으로 보아 첫소리가 끝소리보다 더 적극적 매력을 지닌다고 볼 수 있다.

그러므로 음소들 사이의 지배 관계(government principle)는 다음 (76)ㄱ, ㄴ과 같이 나타내어 볼 수 있다.[71]

---

71) 지배음운론에서 제시하는 음소들 사이의 지배 관계는 (88)ㄱ, ㄴ 외에 다음 두 가지가 있다.

ㄱ. 인접한 음절핵들 사이의 지배 관계

: 가운뎃소리와 가운뎃소리가 연이어 날 때 매력의 값은 같지만 뒤 음절의 가운뎃소리가 앞 음절의 가운뎃소리를 지배하게 된다

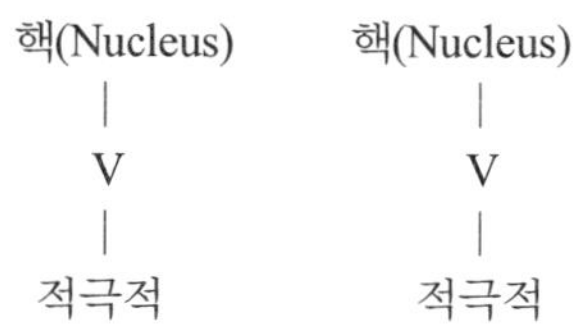

ㄴ. 같은 발음 위치를 가지면서 발음 방법만을 달리하는 예사소리와 된소리(tense) 또는 거센소리(aspirate)의 연속이 이루어질 때는 된소리와 거센소리만이 지배하는 위치에 나타나고 예사소리는 지배받는 위치에 나타난다.

(76) ㄱ. 앞 음절 끝소리와 뒤 음절 첫소리 사이의 지배 관계

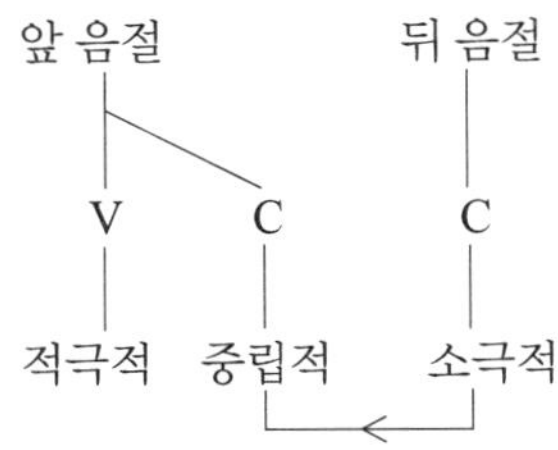

ㄴ. 한 음절 내에서 첫소리와 가운뎃소리 사이의 지배 관계

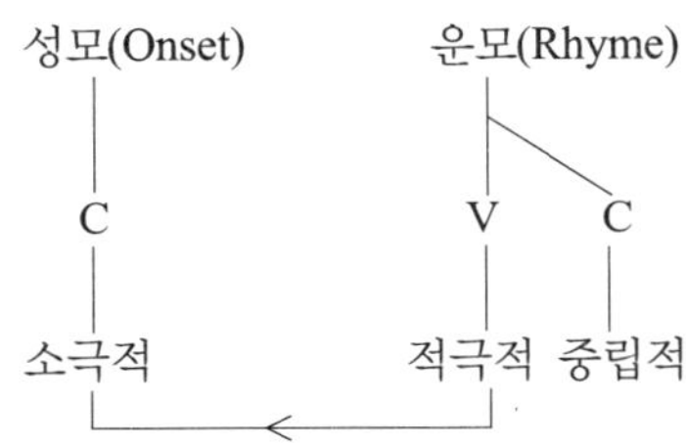

(76)ㄱ은 뒤 음절 첫소리는 앞 음절 끝소리보다 매력의 값이 높으므로 지배자의 위치에 있다는 것을, (76)ㄴ은 한 음절 내에서 가운데소리는 첫소리보다 매력의 값이 높으므로 지배자의 위치에 있다는 것을 뜻한다.

매력이 높은 지배자의 위치에는 강도가 높은 음소가 와야 하며 매력이 적은 피지배자의 위치에서는 강도가 낮은 음소가 와야 원만한 지배 관계를 이룰 수 있다.

그러므로 발음 위치가 서로 다른 음소가 연이어 올 때 지배자의 위치에 있는 음소가 강도가 높으면 피지배자인 앞 음절의 음소는 그대로 유지된다.

그러나 발음 위치가 같은 음소가 연이어 올 때는 첫소리의 강도가 끝소리 /ㄹ/을 지배할 수 있더라도 /ㄹ/은 탈락된다. 이것은 동일 발음 위

치에서는 대조의 원리가 먼저 적용되어 음운론적 강도가 낮은 끝소리가 탈락되는 것이 자연스럽기 때문이다.

앞서 살펴 본 함안 지역어의 /ㄹ/ 탈락을 (76)에서 제시한 음절 구성 요소 간의 지배 관계로 나타내어 보면 다음 (77)과 같다.

(77) ㄱ.

운모(Rhyme) 성모(Onset)

v ㄹ ㄱ(ㅁ, ㅈ) : 울고, 울모, 울지

매력값: 중립 소극

강도: 2 5(4, 3)[72]

발음 위치: 혀끝 여린입천장 (입술, 센입천장)

지배 방향: ←

ㄴ.

운모(Rhyme) 성모(Onset)

v ㄹ ㄴ(ㄷ, ㅅ): 밀는→미는, 밀소→미소,

매력값: 중립 소극 울도록~우도록

강도: 2 2(2, 2)

발음 위치: 혀끝 혀끝

지배 방향: X

(←)

(76)ㄱ 지배 관계는 뒤 음절의 첫소리는 앞 음절의 끝소리를 지배해야 하는 구조를 지니고 있다. (77)ㄱ은 이러한 조건을 어기지 않으므로 앞 음절의 /ㄹ/이 유지된다. 즉 지배자인 뒤 음절의 첫소리 /ㄱ, ㅁ, ㅈ/은 강도가 각각 5도, 4도, 3도로써 피지배자인 앞 음절의 끝소리 /ㄹ/(2도)을 지배할 수 있으므로 그대로 유지시킨다.

72) 설정된 도수는 김차균(1990:18)을 참조하였는데 그 분류는 다음과 같다.
· 목구멍(1도)→잇몸(2도)→센입천장(3도)→입술(4도)→여린입천장(5도)

(77)ㄴ의 경우는 이러한 조건에는 어긋나지 않으나 지배자와 피지배자의 발음 위치가 같으므로 '대조의 원리'에 의하여 음운론적 강도가 낮은 끝소리 /ㄹ/이 탈락하게 되는데 /ㄷ/에 한해서 유지되는 경우도 있다. 이러한 현상은 발음의 심한 단절을 피하려는 노력에서 비롯된 것이라고 본다. /ㄹ/과 /ㄴ/은 [+공명성]으로 /ㄹ/과 /ㅅ/은 [+지속성]으로 자연부류를 이룰 수 있으므로 /ㄹ/이 탈락하여도 앞 음절 홀소리와 뒤 음절 첫소리 /ㄴ/이나 /ㅅ/은 음성학적으로 자연스럽게 연결된다. 그러나 /ㄷ/의 경우는 /ㄹ/과 이런 자연부류를 형성하지 못하므로 같은 혀끝자리에서 발음되는 소리이지만 /ㄹ/의 탈락이 수의적이다.

(78) ㄱ. ① 하˜알님, 달님
② 솔나무, 뻐들나무
ㄴ. ① 밀대, 올데다
② 줄땡기기, 물때
ㄷ. ① 올수시, 허덜시럽다
② 군불솥, 돌새미

(78)ㄱ~ㄷ①은 /ㄹ/ 끝소리에 /ㄴ, ㄷ, ㅅ/ 첫소리가 이어나는 파생어이며 (78)ㄱ~ㄷ②는 /ㄹ/ 끝소리에 /ㄴ, ㄷ, ㅅ/ 첫소리가 이어나는 합성어이다. 그러나 (78)과 같은 파생어나 합성어 형성에서는 활용에서 적용되는 대조의 원리가 그대로 적용되지 않는다. 즉 /ㄹ/에 같은 혀끝소리 /ㄴ, ㄷ, ㅅ/이 이어나도 /ㄹ/이 탈락되지 않고 유지되는 경우가 있다.

(78)ㄱ①은 파생 접사 '님'이 취하는 뿌리가 가진 의미의 특수성으로 인하여 /ㄹ/이 유지되고 있다고 하더라도 (78)ㄱ②와 (78)ㄴ, ㄷ의 경우는 이런 의미론적 이유 없이 /ㄹ/이 유지된다.

이러한 현상은 경계와 밀접한 관련을 가지고 있다. 풀이씨 줄기에 씨끝이 이어나는 이완된 경계보다는 뿌리에 씨끝이 결합된 파생어나 뿌리와 뿌리가 결합된 합성어와 같이 긴밀한 경계에서는 /ㄹ/ 탈락의 영향권을 상실했으므로 대조의 원리가 일률적으로 적용되지 않기 때문이다.

지금까지의 연구는 특정 환경에서만 탈락을 겪는 /ㄹ/ 탈락에 대하여 이렇다 할 설명의 방법을 발견하지 못하였으나 지배음운론적 접근은 발음 위치 강도에 의한 지배 관계로 /ㄹ/ 탈락의 유무를 가름할 수 있는 기준을 마련하여 음운 현상에 한층 타당성 있는 설명력을 제시하였다.

그러나 강도로써만 지배 관계를 해결할 경우 같은 강도를 지니는 음소가 이어날 경우에는 또 다른 제약이 필요하게 되는 번거로움과, 경계 차이에서 비롯되는 (78)과 같은 문제를 해결하기 위한 여과 장치가 설정되지 못한 단점이 있다.

그리고 무엇보다 지배이론은 입천장소리 되기를 해결하기에는 적절하지 않다.

/ㄷ/입천장소리 되기의 경우, 뒤 음절 가운뎃소리에 의해 앞 음절 끝소리의 자질 바뀜이 일어나는데 이와 같은 현상은 앞서 제시한 지배 관계 모형 중 어느 것에도 포함되어 있지 않다.

4.6.5. 요약

풀이씨 줄기 끝소리 /ㄹ/은 /ㄱ, ㅁ, ㅂ, ㅈ/으로 시작되는 씨끝이 이어날 경우에는 강도의 지배 관계에 의해 /ㄹ/이 유지되고 /ㄴ, ㄷ, ㅅ/으로 시작되는 씨끝이 이어날 경우에는 대조의 원리에 의해 /ㄹ/이 탈락되었다. 파생어의 경우 /ㄱ, ㅁ, ㅂ, ㅈ/ 앞에서는 강도의 지배 관계에 의해 여전히 /ㄹ/이 유지되지만 /ㄴ, ㄷ, ㅅ/ 앞에서는 대조의 원리에서 벗어나는 경우가 많다.

활용과 파생이 가지는 이러한 차이는 파생 접사의 불규칙성과 경계의 긴밀성에서 비롯되었다.

강도의 지배 관계는 끝소리와 첫소리가 이어나는 분절음 배열의 문제이며 대조의 원리는 발음 위치상의 문제인데 전자는 두 분절음 사이의 거리가 밀접할수록 더 잘 발생한다. 합성어 형성의 경우는 /ㄱ, ㅁ/에서만 규칙적으로 /ㄹ/이 유지되고 그 외의 경우는 불규칙적인 현상을 보인다.

구조・기술음운론적 접근은 /ㄹ/ 탈락이 일어나는 환경을 제시하여 /ㄹ/ 끝소리를 가진 줄기가 그 외의 다른 경우와 어떻게 다르게 실현되는가를 보여주고자 하였다. 그러나 일정한 조건 아래 /ㄹ/의 탈락과 유지가 일어난다면 이러한 환경은 그 나름대로 자연부류를 형성하므로 /ㄹ/탈락이 일어나는 음운론적 조건을 제시해 볼 수 있으나 구조・기술음운론적 접근은 이러한 설명에까지는 이르지 못하였다.

또한 이러한 /ㄹ/의 탈락과 유지는 같은 환경일지라도 경계를 달리할 경우 많은 다른 현상을 보이는데 구조・기술음운론적 접근은 이러한 부문까지는 고려하지 못하였다.

생성음운론에서 시도한 불규칙 활용의 규칙화는 음운 현상 설명의 간결화는 물론 화자들이 실제 언어를 사용하고 기억하는 면에서도 필요한 작업이다.

그러나 국부적인 현상만을 고찰한 규칙화는 전반적인 음운 현상 기술에 아무런 도움이 되지 않는다.

국어 음절 구조에서 가운데 소리는 적극적 매력을 지닌 음소가 되며, 첫소리 위치에서는 독립된 값을 가지는 음소들이 끝소리 위치에서는 쉽게 탈락 또는 중화를 거치는 것으로 보아 첫소리가 끝소리보다 더 매력을 지닌다고 볼 수 있다.

매력이 높은 지배자의 위치에 강도가 높은 음소가 위치하고 매력이 적은 피지배자의 위치에는 강도가 낮은 /ㄹ/이 올 때 /ㄹ/은 유지된다. 그러나 발음 위치가 같은 음소가 연이어 올 때는 강도의 지배 관계를 떠나 대조의 원리에 의해 끝소리가 탈락된다.

이렇듯 지배음운론적 접근은 제시된 특정 환경에서 /ㄹ/이 탈락될 수밖에 없다는 음운론적 설명 방법을 마련하였으므로 음운 현상에 한 층 설명력을 제시하였다. 그러나 강도로써만 지배 관계를 해결할 경우 같은 강도를 지니는 음소가 이어날 경우에는 또 다른 제약이 필요하게 되는 번거로움이 있다.

또한 파생어나 합성에 올수록 대조의 원리가 일률적으로 적용되지 않아 /ㄹ/ 탈락과 유지는 불규칙적인 현상을 보이는데 경계 차이에서 비롯되는 이런 문제를 해결하기 위한 여과 장치가 설정되지 못한 단점이 있다.

4.7. 소리이음

닿소리는 첫소리 자리에 올 때 가장 무표적이고, 홀소리는 닿소리 뒤에 올 때 가장 무표적이다. 그러므로 닿소리로 끝나는 형태소에 홀소리로 시작되는 형태소가 이어나면 닿소리는 홀소리의 첫소리로 연결된다. 이것은 닿소리는 점약음이므로 다음에 나타날 홀소리를 위한 발음 위치를 예상하지 않기 때문에 닿소리로 음절을 끝내고 다음 음절을 홀소리로 시작하기는 어렵기 때문이다(김차균, 1983:33～34).

이 논의는 함안 지역어에서 홑받침이나 겹받침을 가진 형태소에 홀소리가 이어날 때 소리이음이 일어나는 모습을 살펴보는데 있다.

4.7.1. 홑받침과 소리이음

함안 지역어에서 닿소리로 끝나는 형태소에 홀소리가 이어날 때 두 홀소리 사이에 놓인 닿소리를 뒤 음절의 첫소리에 오도록 재배열시키는 현상은 절대적이라 할 수 있을 만큼 모든 환경에서 자동적이다.[73]

(79) ㄱ. 곡석 + 은→ 곡서근, 엉거럼 + 이→ 엉거러미, 밥 + 이→ 배비
ㄱ.' 논을→ 노˜올, 신이→ 시˜이
ㄴ. 보덤- + -아서→ 보더마서, 맵- + -아서→ 매바서,
젓- + -어서→ 저서서
ㄷ. 갈이→ 가리, 짚이→ 지피, (손)잡이→ (손)재비, 달달이→ 달다리
ㄹ. 돋아다 ~ 돋가다(돋우다)→ 도다다 ~ 독가다,[74] 묵이다→ 미기다

(79)ㄱ은 이름씨가 닿소리로 끝날 때 홀소리로 시작되는 토씨가 이어나면 닿소리는 다음 음절 첫소리로 소리이음 되는 경우이다.

그런데 (79)ㄱ'의 「논+을, 신+이」는 (79)ㄱ과 같은 환경이지만 함안 지역어에서는 소리이음에 의하여 '노늘, 시니'로 실현되지 않고 '노˜올, 시˜이'로 실현된다.

---

73) 소리이음이 이와 같은 원칙으로 이루어져야 한다는 것은 모든 언어에서 보편적인 현상이며 공시적, 통시적으로 증명될 수 있다. 공시적으로 현재 사용하고 있는 언어에서 개방 음절(opened syllable) 없이 폐쇄 음절(Closed syllable)만을 가지고 있는 언어는 없지만 폐쇄 음절 없이 개방 음절만을 가지고 있는 언어는 존재한다는 점에서 타당하며, 통시적으로 대부분의 언어에서 음운 변화 과정은 개방 음절을 지향하는 방향으로 일어나고 있다(황봉주, 1989:16, 김종훈, 1990:221 참조).

74) ① 실제 사용되는 예는 다음과 같다.
- 끌 숭구노코 북 도다라(곡식을 심어 놓고 두둑을 돋우어라).
- 오˜올 와 이래 성을 독가고 있노(오늘 왜 이렇게 화를 돋우고 있느냐).
- 호롱불 씸지 좀 독가라(호롱불에 심지를 좀 돋우어라).

② '진주' 지역어의 경우 '돋가다' 대신 '돋구다'로 실현된다.

이러한 현상은 /ㄴ/이 홀소리 /ㅣ/와 이어날 때 그 자리가 앞혓바닥으로 이끌리어 [ɲ]으로 실현되지만 홀소리 사이라는 환경적 영향으로 [ɲ]는 쉽게 약화 탈락될 수 있기 때문이다. 이 경우 탈락이 일어나되 완전한 탈락이 아니라 /ㄴ/이 가진 콧소리 자질을 앞, 뒤의 홀소리에 남기게 된다.

그러나 이 설명이 타당성을 획득하기 위해서는 '논을→노˜올'에서와 같이 /ㅡ/홀소리 앞에서도 /ㄴ/이 닮음에 의해 [ɲ]으로 실현되어 탈락을 겪는다는 사실에 대한 합리적인 설명이 이루어져야 한다.

(80) ㄱ. 간이→ 가˜이, 손이→ 소˜이, 돈이→ 도˜이
　　ㄴ. 논을→ 노˜올, 문을→ 무˜울, 간을→ 가˜알

(80)ㄱ은 닿소리 /ㄴ/이 /ㅣ/ 홀소리를 닮아 [ɲ]으로 실현된 다음 콧소리 자질을 남기고 탈락되는 현상이다.

(80)ㄴ은 닿소리 /ㄴ/이 /ㅡ/ 홀소리 앞에서 탈락되고 콧소리 자질을 남김과 동시에 홀소리어울림이 실현되는 현상이다.

함안 지역어에서 닿소리 /ㄴ/이 홀소리 /ㅣ/와 /ㅡ/ 앞에서 [ɲ]으로 실현되는 것은 이 두 홀소리가 다른 홀소리에 비하여 '높은'과 '낮은'의 짝이 없는 절대적으로 높은홀소리라는 자연부류를 이루고 있기 때문이다(조선문화어문법, 1979:90).

그리고 (80)ㄴ과 같이 /ㅡ/ 홀소리 앞에서 /ㄴ/이 탈락되고 나서 홀소리 어울림이 실현되는 것은 /ㅡ/는 다른 홀소리에 비하여 발음 기관의 긴장도가 거의 나타나지 않는 원상태를 유지하고 있는 소리이기 때문이다.

/ㅡ/ 홀소리의 이와 같은 특성으로 인하여 인접음의 영향을 민감하게 받아서 홀소리어울림이 실현되었다(조선어문법, 1961:21).

(79)ㄴ은 풀이씨 줄기가 닿소리로 끝날 때 홀소리로 시작되는 씨끝이 이어나는 경우이며 (79)ㄷ은 풀이씨 줄기나 임자씨가 닿소리로 끝날 때 홀소리로 시작되는 파생 접사가 이어나는 경우인데 모두 소리이음이 실현된다.

(79)ㄹ은 풀이씨 줄기가 닿소리로 끝날 때 홀소리로 시작되는 사동 접사가 이어나는 경우인데 사동 접사가 '이' 또는 '아'로 나타나는 점이 특이한 현상일 뿐 소리이음은 자연스럽게 실현된다.

4.7.2. 겹받침 줄이기와 소리이음

음절 앞 부분 극대화 원리(maximal onset principle)에 의하면 겹받침으로 이루어진 형태소에 홀소리가 이어날 때 겹받침은 모두 다음 음절의 첫소리로 이어나야 하지만 우리말에서는 음절 첫소리에 겹닿소리를 허용하지 않는다.[75)]

그러므로 탈락이 일어나지 않는 한, 두 개의 닿소리는 최대 음절화 원리(Principle of maximal syllabification)에 의해서 하나는 앞 음절 끝소리로, 다른 하나는 뒤 음절 첫소리로 연결된다.[76)]

그런데 이 경우 소리이음이 실현될 때에는 지배 원리의 적용을 받아 뒤 음절 첫소리 자리에는 앞 음절 끝소리보다 강도가 높은 닿소리가 와야 한다.[77)]

---

75) 음절 앞부분 극대화 원칙은 최근 Pulgram, Kahn, Selkirk, Clements & Keyser에서 주장되어 온 원리로써 주어진 낱말의 음소들을 배열하는 방법에 있어서 분절음 배열 제약에 위배되지 않는 한 최대한의 닿소리를 음절 앞부분에 오도록 하는 것을 말한다.

76) 최대 음절화 원리(Principle of maximal syllabification)는 기저형에서 주어진 분절음은 그 언어에서 허용하는 최대의 음절 구조로 배치되어야 함을 말한다(김종훈, 1990:140).

77) /ㄹㅎ, ㅅㅎ/을 제외시킨 것은 이는 다른 겹받침의 경우와 차이가 있기 때문이다. 다

(81) ㄱ. ㄺ: 밝아 → 발가
ㄴ. ㄻ: 굶어 → 굴머
ㄷ. ㄼ: 볿아(밟다) → 볼바
ㄹ. ㄾ: 훑어 → 훌터
ㅁ. ㄿ: 읊어 → 얼퍼
ㅂ. ㄵ: 앉아서 → 안자서
ㅅ. ㅄ: 없어서 → 엄서서

(81)ㄱ~ㅅ은 풀이씨가 겹받침으로 끝날 때 홀소리로 시작되는 씨끝이 이어나는 경우인데 모두 첫 번째 닿소리는 앞 음절의 끝소리로 남고 두 번째 닿소리는 뒤 음절의 첫소리로 자리를 옮기게 된다. 이 경우 첫 번째 닿소리는 두 번째 닿소리보다 강도가 낮기 때문에 끝소리로 남게 되었으며, 두 번째 닿소리는 첫 번째 닿소리보다 강도가 높기 때문에 다음 음절의 첫소리로 소리이음을 실현했다.

그러나 이름씨에 홀소리로 시작되는 토씨가 이어날 경우에는 예시 (82)와 같이 두 개의 닿소리 중 어느 하나가 탈락되고 나머지 닿소리가 뒤 음절 첫소리로 소리이음 된다.

활용과 곡용에서 이런 차이가 나타나는 것은 풀이씨는 구성 요소가 구속형태소(bound form)이고 이름씨는 자립형태소(free form)이기 때문이다.

구속형태소는 형태, 의미상으로 불안정하므로 안정된 음절형인「첫소리-가운뎃소리-끝소리」구조를 지향하게 된다. 반면 자립형태소는

른 겹받침의 경우에는 이어나는 닿소리를 된소리로 실현시키기는 하지만 /ㅀ, ㄶ/의 경우에는 /ㅎ/이 그 다음 오는 닿소리를 거센소리로 실현시키는 역할을 할 뿐이며 탈락 되었다고는 설명하기 어렵기 때문이다.
이혜숙(1980: 1)은 '곬, 돐, 옰'은 실제 발음에서 그 다음에 홀소리가 이어날 경우에도 /ㅅ/이 발음되지 않는 것이 정상이기 때문에 심층구조를 /kol, ol, tol/로 설정하여 /ㄳ/까지 겹받침 부류에서 제외하였다.

형태, 의미상으로 독립성을 유지하고 있으므로 발음 노력 경제에 의해 보편적 음절형인 「첫소리-가운뎃소리」 구조를 지향하게 된다.

(82) ㄱ. ㄳ : 넋이 → 너기 cf) 넉시
ㄴ. ㅄ : 값이 → 가비 cf) 갑시
ㄷ. ㄺ : 흙이 → 허기 cf) 흘기
ㄹ. ㄽ : 돐이 → 도리[78)]
ㅁ. ㄼ : 여덟이 → 여더리 cf) 여덜비

이 때 두 닿소리 가운데서 주로 강도가 낮은 닿소리는 탈락되고 남아 있는 강도가 높은 닿소리는 다음 음절의 첫소리로 소리이음이 실현된다. 함안 지역어에서는 (82)ㄱ～ㄷ과 같이 겹닿소리 /ㄳ, ㅄ, ㄺ/은 강도가 낮은 두 번째 닿소리 /ㅅ, ㄱ/이 탈락하고 강도가 높은 첫 번째 닿소리 /ㄱ, ㅂ, ㄹ/이 뒤 음절의 첫소리로 연결된다.

그런데 (82)ㄹ～ㅁ의 겹닿소리 /ㄽ, ㄼ/은 (82)ㄱ～ㄷ과는 달리 강도가 낮은 첫 번째 닿소리 /ㄹ/이 남고 강도가 높은 두 번째 닿소리 /ㅅ, ㅂ/이 탈락한다.

이런 현상이 나타난 원인은 /ㄹ/계 겹받침의 발음이 유동적이기 때문이기도 하지만 /ㄽ/겹받침의 경우 /ㅅ/이 탈락되지 않고 끝소리 자리에 남으면 제 음가를 보존할 수 없으므로 강도가 /ㅅ/에 비하여 낮지만 /ㄹ/이 남아 다음 음절의 첫소리로 소리이음이 실현되었다.[79)]

그리고 /ㄼ/의 경우는 '여덟이'의 '덟' 음절의 첫소리 /ㄷ/과 가운뎃소리 /ㅓ/는 혀가 혀끝에서 뒤홀소리 자리로 이동하였으므로 이어나는

78) 함안 지역어에서는 주기를 뜻할 때는 '돌시'로 쓰이고 생일을 뜻할 때는 '돌'로 쓰인다.
79) 김차균(1991b:57)은 /ㄽ/의 경우 /ㅅ/은 청각적인 효력이 0^0이므로 강도에 관계없이 탈락된다고 보았다.

끝소리는 입술터짐소리 /ㅂ/일 때보다 혀옆소리 /ㄹ/일 때 발음 노력이 적게 든다.

그러므로 '여덟이'의 경우 강도가 높은 /ㅂ/이 탈락하고 소리이음이 실현되어 '여더리'로 발음된다.

표준어에서는 (82)과 같이 이름씨에 홀소리로 시작되는 토씨가 이어나면 '돐'을 제외하고는 모두 겹받침 줄이기가 실현되지 않고 소리이음이 실현된다. 이 경우 예시 (82)과 같은 원리에 의해 소리이음이 실현된다면 강도가 낮은 닿소리는 끝소리로 남고 강도가 높은 닿소리는 첫소리로 소리이음 되어야 한다.

실제 예시 (82)의 '흘기, 여덜비'에서 이런 원리는 지켜지고 있다.

그런데 예시 (82)ㄱ~ㄴ에 이와 같은 원리를 적용시키게 되면 「넋이→*넉시, 값이→*갑시」와 같이 실제 허용되지 않는 음절 구조가 도출된다. 이런 분절음 배열이 허용되지 않는 것은 (83)에서 제시된 분절음 순서 관계(order relation)를 어기고 있기 때문이다.

(83) ㄱ. 분절음 순서 관계: 어느 분절음이 음절 구조 속에서 이동할 경우에는 다른 분절음을 뛰어 넘지 못한다.

ㄴ.

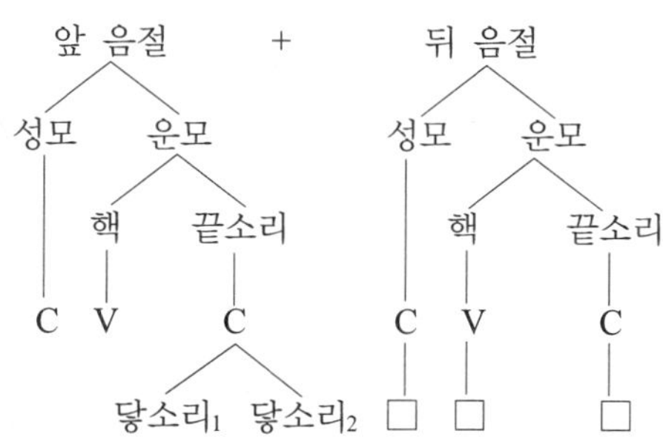

(83)ㄱ은 끝소리가 다음 음절로 소리이음 될 때 바로 인접한 닿소리를 넘어갈 수 없다는 제약인데, 음절과 음절이 이어나는 (83)ㄴ에서 닿

소리$_1$은 닿소리$_2$를 넘어서 다음 음절 첫소리로 연결될 수 없음을 말한다. 곧 (83)ㄴ의 두 음절이 만나서 소리이음이 실현된 상태는 「홀소리 - 닿소리$_1$ +닿소리$_2$-홀소리」나 「홀소리+닿소리$_1$-홀소리」 또는 「홀소리+닿소리$_2$ - 홀소리」로 재배열 되어야지 「홀소리-닿소리$_2$+닿소리$_1$-홀소리」로 배열이 되어서는 안 된다는 제약이다.

그러므로 /ㄳ, ㅄ/ 겹받침에 홀소리가 이어날 때, 최대 음절화 원리를 적용시켜 소리이음을 실현하려면 끝소리와 첫소리의 지배 관계에는 어긋나지만 '넉시, 갑시'와 같이 첫째 닿소리는 앞 음절 끝소리로, 둘째 닿소리는 뒤 음절 첫소리로 배열되어야 한다.

예시 (83)을 통해서 알 수 있듯이 발음의 노력 경제 지향성은 표준어보다는 방언에서 더 활발하며 소리이음의 실현도 함안 지역어가 표준어보다 일관성이 있다.

왜냐하면 현행 표준 발음법 규정이 너무 최대 음절 적용 원리만을 준수하고 자연스러운 분절음 배열에 의한 소리이음의 실현을 도외시하고 있기 때문이다.

4.7.3. 소리이음 현상의 특징

표준어에서 겹받침 /ㄳ, ㄵ, ㄼ, ㄽ, ㄾ, ㅄ/은 휴지(#)나 닿소리 앞에서 주로 앞 닿소리가 발음되고 /ㄺ, ㄻ, ㄿ/은 뒤 닿소리가 발음된다. 겹받침의 발음이 고정되어 있지 않는 현상은 경남 방언의 하위 지역어에서도 볼 수 있다.

(84) ㄱ. 흙→ 흘(거제도, 밀양, 하동, 창원, 김해, 양산, 울산),
흑(진주, 거창, 함양, 합천, 함안),
흘~흐륵(남해), 흑ㅎ(삼천포),

ㄴ. 밝다→ 박다~발다(창원), 박:다(거창), 발다(함안),
복다(그외 지역)
떫다→ 떱다(삼천포, 산청, 거창, 함양, 합천),
텁다(진주, 하동, 창녕), 텁다~떱다(충무, 거제),
탈다~텁다(창녕), 떨다(함안), 터업다(남해),
읊다→ 읖다(함양, 삼천포, 하동, 산청, 진주),
을런다(김해, 창녕, 양산, 의령),
을다~을다(창원), 을푼다~을런다(울산),
을다(함안),

겹받침이 휴지(#) 앞에 올 때는 두 개의 닿소리가 동시에 발음될 수 없다는 표면 음성 제약에 의해 소리의 강도가 높은 쪽이 대표음으로 발음된다.

그리고 겹받침에 닿소리가 이어날 때는 홀소리 사이에 두 개 이상의 닿소리가 올 수 없다는 분절음 배열 제약에 의해 세 개의 닿소리 중 하나가 탈락되어야 한다. 이 경우 앞 음절 끝소리는 뒤 음절 첫소리보다 강도가 낮아야 하므로 /ㄹ/계 겹받침의 경우는 대부분 /ㄹ/이 남는다.

이런 원리에 따라 함안 지역어 이름씨 '흙'은 휴지(#) 앞에서 (84)ㄱ과 같이 강도가 높은 /ㄱ/이 대표음으로 발음된다. 그러나 '거제, 밀양, 하동, 창원, 김해, 양산, 울산' 지역에서는 /ㄹ/이 대표음으로 발음되는 경우가 많다.

그리고 함안 지역어에서 풀이씨 '밝다, 떫다, 읊다'는 닿소리 앞에서 (84)ㄴ과 같이 첫째 닿소리 /ㄹ/이 끝소리로 남는다. 그러나 다른 하위 지역어의 경우는 첫째 닿소리 또는 둘째 닿소리가 끝소리로 남아 불규칙한 모습을 보인다.

예를 들어 '밝다'의 경우 '거창'에서는 [박:다]로 발음되나 '창원'에서는 [박다~발다]로 발음된다. '떫다'의 경우 '창녕'에서는 [텁다~탈다~털다]로 발음되고 '삼천포, 거창, 산청, 합천, 함양'에서는 [텁다]로 발음된다. 그리고 '읊다'의 경우 '울산'에서는 [얼푼다~얼런다]로, '창원'에서는 [얿다~얼다]로 '함양, 삼천포, 하동, 산청, 진주' 등지에서는 [얿다]로 발음된다.

(85) ㄱ. 훑어서→ 훌터서(합천, 거창, 충무, 거제도, 울산, 김해, 함양, 창원, 창녕, 함안)
늙어서→ 늘거서(합천, 거제도, 울산, 양산, 김해, 함양, 창녕, 밀양, 산청, 함안)
ㄴ. 돐이 → 도리(함양, 함안, 울산), 돌씨(삼천포),
닭이 → 달키~다리(울산), 다기(함안, 진주), 다키(함양),
넋이 → 너기(함안, 삼천포, 창원), 넉시~너기(울산), 넉시(함양),

함안 지역어의 이러한 일관된 겹받침 탈락 현상은 홀소리가 이어날 때도 마찬가지다. 풀이씨의 경우 (85)ㄱ과 같이 첫째 닿소리는 앞 음절 끝소리로 둘째 닿소리는 뒤 음절 첫소리로 소리이음 되는데 다른 하위 지역어에서도 큰 차이가 없다.

그러나 이름씨의 경우 (85)ㄴ과 같이 함안 지역어에서는 발음의 노력 경제에 의해 모두 강도가 낮은 소리는 탈락되고 강도가 높은 닿소리가 첫소리로 소리이음 되나 다른 하위 지역어에서는 일정하지 않다.

울산 지역어에서는 둘째 닿소리가 탈락된 형과 탈락되지 않는 형이 함께 쓰이며(넋이→넉시~너기), 함양 지역어에서는 경우에 따라 둘째 닿소리가 탈락되거나 유지된 형이 쓰인다(넋이→넉시, 닭이→다키).

4.7.4. 접근 방법

4.7.4.1. 구조·기술주의와 생성음운론적 접근

소리이음 현상에 대해서는 그동안 많은 논의가 있었으나 소리이음 자체에 대한 본격적인 연구는 없었고 대부분 국어의 음운 현상을 다루는 과정에서 주변적인 일부분으로 언급되어 왔다.

구조·기술주의적 접근에서는 소리이음 현상이 실현되는 이유를 주로 경계의 조정이나 울림도 관계에 의해 나타나는 현상으로 보았다.[80)]

허웅(1985:265~267)은 소리이음이란 형태소 경계와 음절 경계가 일치하지 않을 때(cvc#v) 앞 형태소의 끝닿소리는 뒤 형태소의 첫소리가 되어 음절의 짜임새에 맞도록(cv+cv) 조정되는 것인데(먹+이→머기), 실사와 실사가 이어날 경우에는 형태소 경계를 설정하여 겹받침 줄이기를 적용하고 다음은 경계를 풀어서 소리이음을 실현시켜야 올바른 도출형을 이끌어 낼 수 있다고 하였다(값없다→갑+없다→가법다).[81)]

이렇듯 구조·기술주의적 접근에서는 소리이음 현상을 규칙으로 보았으므로 다른 음운 규칙들과 외현적 순서를 정하는 것에 중점을 둘 수밖에 없었다. 그러나 소리이음을 분절음의 삽입이나 탈락이 이루어질 때 음절 구조가 재배열되는 과정으로 보고 하나의 원리로 처리한다면 경계에 따라 규칙의 순서를 달리 정하는 번거로움도 없어지고 규칙의

---

80) 김차균(1993:59)은 앞 음절 마지막 분절음의 울림도는 다음 음절 첫째 분절음의 울림도보다 높아야 하는데 이러한 원칙을 어길 때에는 울림도를 조정하기 위해 음절 경계가 조정되는데 이러한 현상을 소리이음으로 보았다.

81) 허웅(1995:170)에서는 소리이음은 휴식(#)과 휴식 사이에서만 적용되는데 두 자립형태소로 된 한 낱말에 있어서는 그 두 자립형태 사이에 사실상의 휴식은 없으나 경우에 따라서는 가능한 휴식(+)을 두어 소리이음을 도출할 수 있다고 하였다.

수도 줄일 수 있다.[82)]

생성음운론적 접근에서는 기저 음절 구조와 표면 음절 구조는 서로 다르게 나타나는데 이러한 차이를 조정하는 과정에서 소리이음이 실현된다고 보았다.

송철의(1982:179~183)는 국어에서 형태소와 형태소 또는 낱말과 낱말이 결합하여 쓰이게 될 경우 기저형에서 표면형으로의 도출 과정에서 음절 조정이 이루어진다고 하였다.

(86) ㄱ. vc$v → v$cv: 두룸 + 에 → 두루메(논두렁), 속 + 옷 → 쏙옷 *소곳
ㄴ. vcc$v → vc$cv: 없- + 어서 → 엄서서, 닭 + 앞에 → 닥아페 ~ ?다가페

(86)ㄱ은 앞 음절이 하나의 받침으로 끝나고 뒤에 홀소리가 이어날 때 앞 음절의 받침을 다음 음절의 첫소리로 음절 경계를 조정해야 하는 규칙이며, (86)ㄴ은 앞 음절이 겹받침일 경우 그 중 하나를 뒤 음절의 첫소리로 음절 경계를 조정해야 하는 규칙이다. 그리고 이런 음절 조정은 형태소와 형태소가 연결되는 위치에서는 필수적으로 일어나고 낱말과 낱말이 연결되는 위치에서는 어느 정도의 수의성을 띤다고 보았다.

---

82) 김차균(1991b:35)은 소리이음이라는 개념은 한글 맞춤법과 발음 사이의 관계에서 오는 막연한 개념이지 진정한 음운론의 문제가 아니라고 하였다. 그러나 종래에는 소리이음을 하나의 규칙으로 보고 소리이음 규칙과 다른 음운 규칙들 사이의 외현적 순서를 정하는 규칙 접근 방식(rule-approach)으로 해결하고자 하였다. 그러나 연구자는 소리이음은 규칙들 사이에 존재하는 외현적 순서에 의해 이루어지는 것이 아니라 지배와 구조 보존의 원리(structure preservation principle)에 의해 이루어지는 것으로 설명하고자 한다. 송철의(1982), 강옥미(1993) 등에서는 소리이음을 하나의 규칙으로 간주하였고 김경란(1993), 김선희(1993a), 정명숙(1995) 등에서는 규칙이 아닌 원리로 규정하였다.

그러나 이러한 규칙 설정만으로는 소리이음에 대한 표면적인 사실의 현시 외에는 본질적인 특성을 파악하기 어렵다. 예를 들어 겹받침을 가진 형태소에 홀소리로 시작되는 형태소가 이어날 때 경우에 따라 겹받침 중 첫째 닿소리는 탈락되고 둘째 닿소리가 다음 음절에 이어나거나, 둘째 닿소리가 탈락되고 첫째 닿소리가 다음 음절에 이어나는 현상이 있는데 이런 다양한 현상에 대하여 타당한 설명 방법을 제시하지 못했다.

구조・기술주의적 접근에서 설정한 형태소 경계와 음절 경계, 생성음운론에서 설정한 기저 음절 구조와 표면 음절 구조는 근본적으로는 서로 일치하는 면이 있다. 단지 전자는 표층적인 관점에서 분절음의 배열을 관찰하였고 후자는 두 개의 경계 상충에 의한 설명보다는 표기와 실지 발음이 다름에 착안하여 표면에 대립되는 기저를 가정하였을 뿐이다. 구조・기술주의적 관점에 의하면 상충되는 두 경계는 조정되어야한다는 조건이 주어져야 하며 생성음운론적 관점에 의하면 기저구조에서 음성 실현형을 이끌어내는 규칙 설정이 필요하다.

4.7.4.2. 계층음절음운론적 접근

국어의 음절 구조에 대한 논의는 「첫소리-가운뎃소리- 끝소리」가 동등한 자격을 가진다고 보는 평판 구조와 이들의 자격이 동등하지 않다고 보는 계층 구조가 있다. 후자는 다시 가운뎃소리가 첫소리와 더 밀접한 결합력을 가지고 있다고 보는 좌분지 구조와 가운뎃소리가 끝소리와 더 밀접한 결합력을 가지고 있다고 보는 우분지 구조가 있다.[83)]

이 논의에서는 소리이음 현상을 기술하기 위해서 국어의 음절 구조가 (87)과 같이 계층적으로 이루어졌다고 가정하면서 해결점을 모색하

83) 음절 구조에 대한 자세한 논의는 김차균(1987), 김종훈(1990) 참조.

려고 했다. 계층적인 음절 구조를 선택한 까닭은 음절 구조에서 첫소리와 끝소리가 차지하는 위계는 다르며 앞 음절의 끝소리가 뒤 음절의 첫소리로 이동하는 소리이음을 효과적으로 기술하기 위해서는 우분지 계층 구조가 더 타당하기 때문이다.

(87)

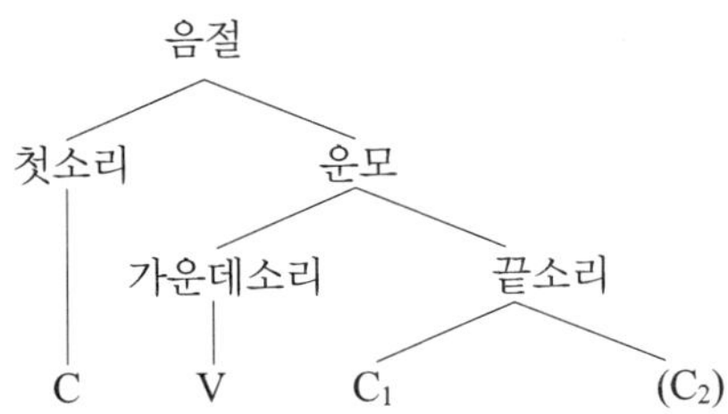

(87)과 같이 국어의 음절은 일차적으로 첫소리와 운모로 이루어지고, 운모는 다시 가운데소리와 끝소리로 이루어지는데 끝소리는 하나 또는 둘이 될 때도 있다.[84] 이런 계층 구조는 첫소리와 끝소리는 같은 닿소리로 구성되지만 두 성분 사이의 지배 관계는 다르다는 것을 나타낸다.

이와 같은 지배 관계는 (88)과 같이 끝소리가 있는 음절 구조에 첫소리의 자리가 비어 있는 음절 구조가 이어날 때 더욱 확실해 진다. 뒤 음절의 첫소리가 빈자리일 경우라면 앞 음절 끝소리에 어떠한 닿소리가 오더라도 음절 경계를 중심으로 한 두 음절 사이의 지배 관계를 어기게 되어 이를 지키기 위해 앞 음절 끝소리가 첫소리로 이동하게 된다.

84) 음절을 실제 발음하는 표면 음성 층위에서만 이루어지는 것으로 보는 기존의 논의와는 달리 최근의 음절에 대한 연구들은 표면 음성에서 뿐만 아니라 기저형의 층위에서도 이루어진다고 본다. 본 연구도 이러한 최근의 연구 관점에 따르기로 하는데, 자세한 논의는 송철의(1982)와 이병운(1993) 참조.

(88) 마음 + 이 → 매미
다불 + 을 → 다부럴
동솥 + 에 → 동소테
웃- + 음 → 이섬

(88)에서 '마음, 다불, 동솥, 웃-'의 끝소리는 '이, 을, 에, 음'의 첫소리로 연결되는데 이것은 앞 음절 끝소리의 강도는 뒤 음절 첫소리의 강도보다 높아야 하기 때문이다. 왜냐하면 음절 첫소리는 의사소통을 정확하게 하기 위해 음운론적 강도가 큰 분절음을 선택하는 분화의 위치이고 음절 끝소리는 노력 절약의 원리에 의해 음운론적 강도가 약한 분절음을 선택하는 중화의 위치이기 때문이다.85)

이 때 이동이 일어나는 경로는 (89)와 같이 나타낼 수 있다.

(89)

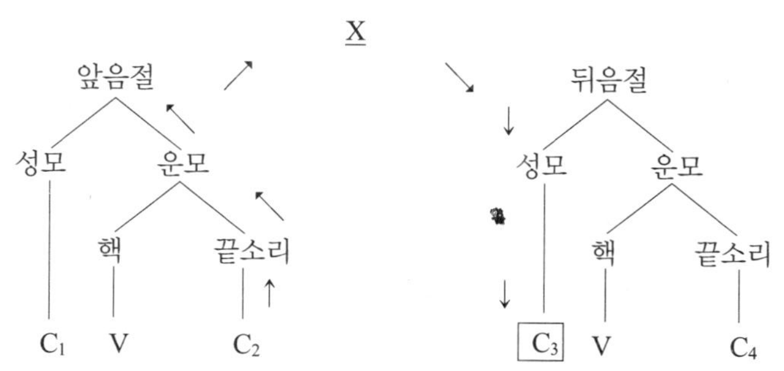

(89)는 둘째 음절이 홀소리로 시작될 때 앞 음절 끝소리(C_2)는 둘째 음절 첫소리로 이동하기 위해 자신을 직접 관할하는 상위 마디 운모를 거쳐 음절까지 올라가게 된다. 그리고 앞 음절은 다시 뒤 음절의 성모

85) 범언어적인 관점에서 볼 때 음절 첫소리 위치에는 가장 덜 홀소리다운 음운이 오고 음절 끝소리 위치에는 그 다음으로 홀소리답지 못한 음운이 오게 된다고 하였다(오정란, 1995a:139).

를 경유하여 첫소리까지 내려가게 되는데 결과적으로 앞 음절의 성모에서 뒤 음절의 성모로 직접 이동해 간 것과 같은 효과를 나타내고 있다.[86)]

단 앞 음절의 끝소리가 비어 있을 때는 뒤 음절의 첫소리가 이 자리로 이동해 가지는 않는데 이것은 의미의 분화가 이루어지는 첫소리가 의미의 중화가 이루어지기 쉬운 끝소리로는 이동할 수 없기 때문이다.

이런 과정은 겹받침이 올 때도 동일한데 대부분의 경우 강도가 낮은 닿소리는 끝소리로 남고 강도가 높은 닿소리는 뒤 음절 첫소리로 소리 이음이 된다.

그러나 이름씨의 경우는 겹받침 중 강도가 낮은 닿소리가 탈락되고 소리이음이 실현된다.

(90) ㄱ. 볿- + 아→ 볼바, 굵- + 어 → 굴거
ㄴ. 흙 + 이 → 흐기, 값 + 이 → 가비
ㄷ. 몫 + 아치 → 모가치, 값 + 어치 → 가버치

(90)ㄱ은 겹받침을 가진 풀이씨가 홀소리 앞에 놓일 경우인데 강도가 낮은 닿소리는 끝소리로 남고 강도가 높은 닿소리는 뒤 음절 첫소리로 이어난다.

(90)ㄴ은 겹받침을 가진 이름씨가 홀소리 앞에 놓일 경우인데 강도가 낮은 닿소리는 탈락되고 강도가 높은 닿소리는 뒤 음절의 첫소리가

---

86) 음절을 인정하지 않던 시기의 음운론에서는 단위를 설정할 때 형태소가 가장 작다고 보았다. 그러나 Kahn에 이르러 음절의 필요성이 주장되면서 운율 계층(Prosodic hierarchy) 이론이 등장하게 되었다. Selkirk는 음절(syllable), 음보(foot), 음운론적 단어(Phonological word), 접어 무리(Clitic group), 음운론적 구(Phonological Phrase), 억양적 구(intonational Phrase), 음운론적 발화(Phonological utterance)의 7개 음운론적 단위 설정을 제안하였다(오정란, 1993c:209, 이기석, 1993:56).

된다.

(90)ㄷ은 겹받침을 가진 이름씨에 홀소리로 시작되는 접사가 이어날 경우인데 역시 강도가 낮은 닿소리는 탈락되고 강도가 높은 닿소리는 뒤 음절의 첫소리가 된다.

이상과 같은 소리이음 현상은 대부분의 경우 필연적으로 실현되지만 실사와 실사가 이어나는 경우에 함안 지역어에서는 수의적으로 실현되는 경향을 보인다.

(91) ㄱ. 봄 + 옷 → 보못
　　　넋 + 없다 → 너겁다
　ㄴ. 옷 + 안 → 옫?안~?오단
　　　달 + 아래 → 달?아래 *다라래
　　　겉 + 옷 → 걷?옷 *거돗
　　　닭 + 앞에 → 닥?아페, *다가페

이 지역어에서 소리이음이 수의적으로 실현되고 있는 현상은 실사와 실사 사이에 나타나는 휴지(#)를 고수하려는 의식적인 발음 경향이 강하게 작용하기 때문이다.

(91)ㄱ은 실사와 실사 사이에 휴지를 두지 않았기 때문에 소리이음이 필수적으로 실현된 경우이며 (91)ㄴ은 휴지를 두려는 의식적인 발음 경향이 강하기 때문에 소리이음이 실현된 상태가 오히려 어색하게 들린다.

계층음절음운론적 접근은 첫소리와 끝소리가 같은 닿소리로 구성되지만 두 성분 사이의 지배 관계는 다르다는 점에 착안하여 소리이음이 실현되는 원인을 첫소리와 끝소리의 지배 관계로써 설명할 수 있음을 보여 주고자 하였다.

그러나 겹받침을 가진 이름씨에 토씨가 이어날 경우는 풀이씨와는 달리 강도가 낮은 닿소리는 탈락되고 강도가 높은 닿소리가 뒤 음절 첫소리로 소리이음 되는데 이 경우 탈락이 일어나는 원인을 계층음절이론으로서는 밝혀내기가 어렵다.

그리고 실사와 실사가 이어날 때는 소리이음 현상이 수의적으로 실현되는 경우가 있는데 이런 현상을 합리적으로 설명하기 위한 이론적인 근거 제시가 미약하다.

4.7.5. 요약

뒤 음절의 첫소리가 빈자리일 경우 앞 음절 끝소리에 어떠한 닿소리가 오더라도 뒤 음절의 홀소리보다 강도가 높으므로 앞 음절 끝소리는 뒤 음절 첫소리로 이동하게 된다. 특히 끝소리가 /ㄴ/일 때 /ㅣ/나 /ㅡ/ 홀소리가 이어나면 /ㄴ/은 소리이음 된 뒤에 약화, 탈락되면서 콧소리 자질을 앞, 뒤 홀소리에 남기게 됨과 동시에 홀소리어울림이 실현된다.

겹받침에 홀소리가 이어날 경우 강도가 낮은 닿소리가 음절 끝소리로 남게 되고 강도가 높은 닿소리는 뒤 음절 첫소리가 된다.

겹받침의 구성을 살펴보면 ① 흐름소리에 터짐소리, 콧소리, 갈이소리가 이어나는 경우(ㄺ, ㄼ, ㄿ, ㄾ, ㄻ, ㄳ) ② 콧소리에 붙갈이소리가 이어나는 경우(ㄵ, ㅁㅅ) ③ 터짐소리에 갈이소리가 이어나는 경우(ㄱㅅ, ㅄ)의 세 부류인데 ①, ②의 경우에는 흐름소리나 콧소리가 대표음으로 발음되며, ③은 터짐소리가 대표음으로 발음된다. ③의 경우 이러한 원리에 일치하지 않는 것은 음성학적으로 앞의 닿소리가 [-지속성]이면 그 자리에서 공기의 흐름이 막히기 때문에 둘째 닿소리가 발음되지 않고 탈락되기 때문이다.

구조・기술주의적 접근에서는 소리이음 현상이 실현되는 이유를 주로 경계의 조정에 의한 현상으로 보아 실사와 실사가 이어날 경우에는 형태소 경계를 설정하여 겹받침 줄이기를 적용하고 다음은 경계를 풀어서 소리이음을 실현시켜야 올바른 도출형을 이끌어 낼 수 있다고 보았다.

그러나 소리이음을 분절음의 삽입이나 탈락이 이루어질 때 음절 구조가 재배열되는 과정으로 보고 하나의 원리로 처리한다면 경계에 따라 규칙의 순서를 달리 정하는 번거로움도 없어지고 규칙의 수도 줄일 수 있다.

생성음운론적 접근에서는 기저 음절 구조와 표층 음절 구조는 서로 다르게 나타나는데 이러한 과정에서 소리이음이 실현된다고 보았다.

그러나 겹받침을 가진 형태소에 홀소리로 시작되는 형태소가 이어날 때, 경우에 따라 겹받침 중 첫째 닿소리는 탈락되고 둘째 닿소리가 다음 음절에 이어나거나, 둘째 닿소리가 탈락되고 첫째 닿소리가 다음 음절에 이어나는 현상이 있는데 이런 다양한 현상에 대한 합리적인 설명이 미흡하다.

계층음절음운론적 접근은 첫소리와 끝소리가 같은 닿소리로 구성되지만 두 성분 사이의 지배 관계는 다르다는 것에 착안하여 소리이음이 실현되는 원인을 첫소리와 끝소리의 지배 관계로써 설명될 수 있음을 보여 주고자 하였다.

그러나 겹받침을 가진 이름씨에 토씨가 이어날 경우는 풀이씨와는 달리 강도가 낮은 닿소리는 탈락되고 강도가 높은 닿소리가 뒤 음절 첫소리로 소리이음 되는데 이 경우 탈락이 일어나는 원인을 계층음절이론으로서는 밝혀내기가 어렵다.

또한 실사와 실사가 이어날 때는 소리이음 현상이 수의적으로 실현되는 경우가 있는데 이런 현상을 합리적으로 설명하기 위한 이론적 근거 제시가 미약하다.

4.8. 콧소리 되기

'국민'에서 앞 음절 끝소리 /ㄱ/과 뒤 음절 첫소리 /ㅁ/이 이어날 때 터짐소리 /ㄱ/은 콧소리 /ㅁ/의 발음 방법을 닮아 '궁민'으로 실현되지만, '임금'에서 둘째 음절 첫소리인 터짐소리 /ㄱ/은 첫째 음절의 끝소리인 /ㅁ/을 닮아 '*임음'으로 실현되지 않는다. '임금'의 경우는 오히려 콧소리 /ㅁ/이 /ㄱ/의 발음 위치를 닮아 '잉금'으로 실현된다. 이런 차이는 음절 구조에서 분절음의 위치가 음운 변동 현상을 일어나게 하는 원인이 됨을 보여준다.

이 논의에서는 함안 지역어에서 터짐소리나 혀옆소리가 콧소리와 이어날 때 두 분절음이 놓이게 되는 위치에 따라 음운 현상이 어떻게 달리 실현되는 지를 살펴보고자 한다.

4.8.1. 터짐소리의 콧소리 되기

일반적으로 음절 첫소리는 뜻의 전달을 정확하게 하는 분화의 위치로써 이 자리에는 강도가 높은 닿소리가 오는 것이 자연스럽다. 반면 끝소리는 노력 절약의 원리가 작용하는 중화의 위치이므로 강도가 낮은 소리가 오는 것이 자연스럽다. 이런 관계를 유지하고 있는 분절음의 배열은 자연스럽게 이어나지만 그렇지 못할 때는 끝소리와 첫소리의 관계를 조정하기 위하여 음운 변동이 일어난다.

(92) ㄱ. ①「혀옆소리+혀옆소리」: 팔랑개비, 달롱개, 불래기, 돌리다, 굴리다
②「혀옆소리+갈이소리」: 올수시, 돌시, 몰손,
③「콧소리+콧소리」: 밤눈, 운물, 꾸중물, 운명, 동네
④「콧소리+터짐소리」: 엉거럼, 배뚱구리, 흔디, 삼바리, 덤불;

정지, 꼼방쪼대, 께엠질[87]

⑤「콧소리+갈이소리」: 난수밭, 동솔

⑥「터짐소리+터짐소리」: 국밥, 묵도리, 국집, 국도[88]);
　　　　　　　　　　　　놋그릇, 못통, 옷장, 못질[89])

⑦「터짐소리+갈이소리」: 국시, 툭사리, 밉새˜이, 밥솥; 옷솔

ㄴ.「터짐소리+콧소리」: 도둑놈→ 도둥넘, 쑥나부→ 쑹나부,
　　　　　　　　　　　　박나물→ 방나물, 녹내장→ 농내장;
　　　　　　　　　　　　옷내→ 온내, 맞묵다→ 만묵다

함안 지역어에서 이어날 수 있는 분절음의 배열 유형은 (92)와 같다.[90]) (92)ㄱ①~②는 혀옆소리가 혀옆소리 또는 갈이소리와 이어나는 경우로써 갈이소리는 혀옆소리보다 강도가 높으므로 자연스러운 연결이 이루어진다.

(92)ㄱ③~⑤는 콧소리가 콧소리, 터짐소리, 갈이소리와 이어나는 경우로써 터짐소리나 갈이소리는 콧소리보다 강도가 높으므로 역시 자연스러운 연결이 이루어진다.

(92)ㄱ⑥~⑦은 터짐소리에 터짐소리 또는 갈이소리가 이어나는 경우인데 (92)ㄱ⑦의 경우는 발음 방법 외에 힘의 크기를 고려해야 한다. 즉 발음 방법 면에서는 터짐소리가 갈이소리보다 강도가 높지만 힘의 크기를 고려한다면 된소리가 예사소리보다 강도가 높다. 따라서 (92)ㄱ⑦에서 갈이소리는 된소리로 발음되기 때문에 끝소리인 예사 터짐

87) /ㅈ/은 터짐의 자질은 가졌으나 /ㄱ, ㄷ, ㅂ/에 비해 터뜨림의 속도가 느리기 때문에 갈 이음도 동반하게 된다. 예시 (92)의 배열에서는 '붙갈이소리'의 터짐 자질을 고려하여 '터짐소리'에 포함시킨다.

88) 「터짐소리+터짐소리」에서 뒤 음절 터짐소리가 된소리로 발음되지만 방법 자체를 바꾼 것이 아니므로 발음 방법 조정에 넣지 않는다.

89) /ㅅ/ 받침을 가진 낱말은 표면 음성으로는 터짐소리 /ㄷ/으로 발음되기 때문에 터짐소리에 포함시킨다.

90) 혀옆소리에 터짐소리나 콧소리가 이어나는 경우는 4.8.2.에서 다루게 되므로 여기서는 제외한다.

소리와 이어나는데 아무 문제가 없다.

그러므로 (92)ㄱ①~⑦의 분절음 연결은 뒤 음절 첫소리의 강도가 앞 음절 끝소리와 같거나 더 높기 때문에 강도 관계를 더 이상 조정할 필요가 없다. 그러나 (92)ㄱ과 같이 앞 음절 끝소리와 뒤 음절 첫소리 사이의 강도 관계가 원만하게 이루어진 경우, 화자들은 이런 관계를 유지하면서 발음상의 노력 경제를 고려하게 된다. 강도 관계를 위해 발음 방법은 그대로 유지하면서 노력을 줄일 수 있는 가장 좋은 방법은 끝소리를 발음하고 첫소리로 이동하는 혀의 움직임을 최대한 좁히는 것이다. 이 때 실현되는 현상이 발음 위치 닮음이다.

발음 위치 사이의 닮음의 방향에 대하여 김차균(1976:34)은 혀끝소리[+전방성, +설단성]는 혀끝위치가 아닌 소리에 잘 닮게 되지만 그 반대로는 잘 되지 않고, 입술소리[+전방성, -설단성]는 여린입천장소리[-전방성, -설단성]에 닮게 되기는 하지만 그 반대로는 되지 않음을 실험을 통하여 증명하였다.

이렇게 볼 때 서로 다른 발음 위치를 가진 분절음들의 연결에서 이끌리는 관계는 「혀끝→입술(간부→감부, 감독→*간독), 혀끝→여린입천장(건국→겅국, 강도→*간도), 입술→여린입천장(엽구리→역구리, 삭발→*삽발)」으로 나타내어 볼 수 있다.

(92)ㄴ은 터짐소리에 콧소리가 이어나는 경우인데 음운 변동이 실현되므로 콧소리는 터짐소리보다 강도가 낮다는 것을 알 수 있다.

이 때 강도 관계 조정을 위해 끝소리의 강도를 낮추든지 첫소리의 강도를 높일 수가 있는데 어느 쪽을 택하든지 뜻의 전달에는 차이가 없어야 한다.

첫소리의 강도를 높이게 되면 터짐소리 또는 터짐소리보다 강도가 큰 발음 방법을 택해야만 된다. 그러나 터짐소리보다 강도가 더 큰 발음 방법은 없으며 터짐소리로 바꾸더라도 뜻의 전달에 차이가 생긴다.

그러므로 끝소리의 강도를 낮추는 방법을 택할 수밖에 없는데 (92)ㄴ에서는 터짐소리가 콧소리로 실현된다.

이상에서 살펴 본 바와 같이 분절음이 이어날 때 뒤 음절 첫소리의 강도는 앞 음절 끝소리보다 높아야 하는데 국어의 발음 방법의 강도는 혀옆소리가 가장 낮고 다음으로 콧소리, 갈이소리, 터짐소리의 순으로 높아진다.

이러한 관계가 잘 지켜지지 않을 때 이 관계를 조정하기 위해서 화자들은 발음 방법 닮음을 고려하게 된다.

그러나 이러한 관계가 잘 지켜질 때 화자들은 노력 경제의 일환으로 발음 위치 닮음을 고려하게 된다. 그러므로 '밥물'이 '밤물'로 바뀐 것은 끝소리와 첫소리의 강도 관계를 어기고 있으므로 이를 맞추기 위해서 콧소리 되기에 의해 방법 닮음을 실현시켰다. 그리고 '임금'이 '*임음'이 아닌 '잉금'으로 실현된 것은 끝소리와 첫소리의 강도 관계를 지키고 있으므로 방법 닮음이 아닌 위치 닮음이 실현된 것이다.

4.8.2. 혀옆소리의 콧소리 되기

/ㄹ/은 닿소리 중에서 강도가 가장 낮기 때문에 끝소리에 위치하게 되면 어떤 소리가 이어나도 강도 관계에는 어긋나지 않는다. 그러나 /ㄹ/은 체계상의 고립성으로 닮음을 실현시키는 과정에서 다른 닿소리에 비하여 특이한 현상을 보인다.

(93) ㄱ. 질금, 달구통, 꿀밤, 술삐˜이, 풀뿌레˜이, 놀부 ...
　　 ㄴ. 살모사, 발목떼˜이, 달문, 몰매, 메밀묵, 낼모레, 홀몸...

예시 (93)ㄱ은 /ㄹ/이 여린입천장 터짐소리나 입술 터짐소리와 이어나는 경우이며 (93)ㄴ은 /ㄹ/이 입술 콧소리와 이어나는 경우이다. 발음 위치의 이끌리는 관계에 의하자면 (93)ㄱ, ㄴ에서 /ㄹ/은 입술소리나 여린입천장소리에 이끌리어 이들과 같은 위치로 옮겨야 하지만 흐름소리는 혀끝에서만 발음되므로 이끌릴 수 있는 위치가 없다.

(94) ㄱ. 울- + 니(→ 우˜이), 자불- + 니→ 자부니(→ 자부˜이),
밀- + 니→ 미니(미˜이)...
ㄴ. 오나락(←올나락), 여남시(←열남짓), 무논(←물논);
솔라무(←솔나무), 빼들라무(←버들나무)...

또한 발음 방법 어울림에서도 /ㄹ/은 다른 현상을 보인다. 혀끝소리 /ㄹ/에 콧소리 /ㄴ/이 이어나는 경우는 강도 관계를 지키고 있지만 /ㄹ/이 탈락되거나 /ㄴ/이 /ㄹ/로 바뀐다.

풀이씨의 경우에는 (94)ㄱ과 같이 /ㄹ/ 탈락이 필수적으로 이루어지지만 파생이나 합성의 경우는 (94)ㄴ과 같이 /ㄹ/ 탈락과 /ㄴ/이 /ㄹ/로 바뀌는 음운 현상이 수의적으로 실현된다.

이런 현상은 경계의 차이에서 비롯되는데 풀이씨의 경우는 씨끝의 형태 보존 의식이 강조된 데서 비롯된 점도 있다. 일반적으로 줄기에 씨끝이 결합될 경우 음운 변화를 겪는 것은 문법적인 기능을 나타내는 형식형태소인 씨끝보다는 실질형태소인 줄기이다. 왜냐하면 씨끝이 꼴바뀜을 하게 되면 형식형태소로서의 본질적인 문법 기능에 변질을 가져오기 때문이다.

위의 예시 (93), (94)와 달리 /ㄹ/이 뒤 음절 첫소리에 위치할 경우는 앞 음절 끝소리에 필연적인 강도 조정이 일어나게 된다.

(95) ㄱ. 국론, 합리, 압력, 백리, 국로(사람이름)
ㄴ. 궁리, 염려, 임란, 범람, 심리

ㄷ. 신랑, 신령님, 천리, 순리, 훈련
ㄷ.' 곤로, 곤란, 신문로, 음운론

예시 (95)ㄱ은 터짐소리와 /ㄹ/이 이어나는 경우인데 강도 관계를 조정하기 위해 첫소리 /ㄹ/을 /ㄴ/으로 변동시켜 강도를 높여 주고 끝소리 강도를 낮추기 위하여 터짐소리 /ㄱ, ㅂ/이 콧소리 /ㄴ/을 닮아 콧소리 /ㅇ, ㅁ/으로 실현된다.91)

이 때 /ㄹ/이 /ㄴ/으로 바뀌는 현상을 오정란(1995a:183)은 강화 과정의 콧소리 되기로 보았다. 그러나 닮음을 피동화주의 자질을 동화주가 닮는 현상이라고 볼 때 (95)ㄱ의 /ㄹ/이 /ㄴ/으로 바뀌는 과정에서는 콧소리 자질을 가진 피동화주가 없는 환경이므로 콧소리 되기에 포함시킬 수 없다.

(95)ㄴ은 콧소리와 /ㄹ/이 이어나는 경우인데 첫소리의 강도를 높이기 위해 /ㄹ/은 끝소리의 콧소리 자질을 닮아 콧소리 /ㄴ/으로 바뀌었다.

(95)ㄷ은 콧소리 /ㄴ/이 /ㄹ/과 이어나는 경우인데 끝소리의 강도를 낮추는 방법으로 /ㄴ/이 /ㄹ/을 닮아 /ㄹㄹ/로 실현된다. 그런데 (95)ㄷ'는 끝소리의 강도를 낮추는 방법으로 /ㄹㄹ/로 실현되기도 하고 첫소리의 강

91) 남한에서는 터짐소리에 /ㄹ/이 이어날 경우 일차적으로 /ㄹ/의 /ㄴ/ 되기가 실현되고 이어서 /ㄱ/이 /ㄴ/을 닮아 /ㅇ/으로 바뀌는 것으로 보는 반면 북한(조선어문법, 1979: 84)에 서는 받침소리 /ㄱ, ㄷ, ㅂ/은 울림소리 앞에서 각각 짝이 되는 울림소리 /ㅇ, ㄴ, ㅁ/으로 변한다고 보았다. 이에 대하여 김차균(1991:81)은 '속력'[송력], '법령'[범령] 등은 /ㄹ/이 콧소리로 되지 않고도 /ㄱ, ㅂ/이 [ㅇ], [ㅁ]으로 바뀌는데 전자의 관점은 이런 현상에 대해서 설명하지 못하므로 후자의 관점이 더 앞선 이론이라고 보았다. 즉 북한의 관점으로 접근한다면 '국론'[궁논], '속력'[송력]을 하나의 원리로서 해결할 수 있다는 논지이다. 그러나 '속력, 법령'을 일반 화자들이 과연 [송력], [범령]으로 발음하고 있는지가 의문이다. 만약 그렇게 발음되는 것이 인정된다면 '국론', '속력'은 주어진 환경이 같은데 적용되는 규칙이 다른 사실에 대한 설명이 필요하다.

도를 높이는 방법으로 /ㄹ/이 /ㄴ/을 닮아 /ㄴㄴ/으로 실현되기도 한다.[92)]

(95)ㄴ과 같이 콧소리와 /ㄹ/이 이어날 때 /ㄹ/이 /ㄴ/으로 바뀌는 현상에 대하여 지금까지는 /ㄹ/의 /ㄴ/되기로 설명되어 왔으나 예시 (92)ㄴ①에서 보여주는 터짐소리의 콧소리 되기 현상과 다른 점을 발견할 수 없다. 즉 터짐소리의 콧소리 되기는 강도 관계 조정에 의해 끝소리의 강도를 낮추기 위하여 터짐소리인 끝소리가 첫소리인 콧소리를 닮아 콧소리 되기가 실현된 것이다.

이와 같이 (95)ㄴ과 (95)ㄷ'의 예시가 /ㄴㄴ/으로 바뀌는 현상 역시 강도 관계 조정에서 비롯되었다. 첫소리 /ㄹ/의 강도는 끝소리 /ㅇ, ㄴ/보다 낮기 때문에 첫소리의 강도를 높이기 위해 /ㄹ/이 콧소리를 닮아 /ㄴ/으로 바뀐 것이다. 그러므로 이런 현상도 콧소리 되기에 포함시키고자 한다.[93)]

---

92) 「/ㄹ/+/ㄴ/」 연결에서 보여주는 /ㄴㄴ/ 또는 /ㄹㄹ/ 현상은 자질의 확산과 탈락의 관점에서 설명될 수 있다.

ㄱ. /ㄴ/의 /ㄹ/ 되기(확산)　　ㄴ. 콧소리 되기(탈락)
/ㄴ ㄹ/　　/ㄴ ㄹ/
혀끝 혀끝　　혀끝 혀끝
|　|　　|　|
공명성 공명성　　공명성 공명성
자질 확산: ⋱.|　　자질 탈락: ≠
[설측성]　　[설측성]
표면형: [ㄹㄹ]　　표면형: [ㄴㄴ]

ㄱ은 「/ㄴ/ + /ㄹ/」의 연결이 설측성 자질의 확산에 의하여 「/ㄹ/ + /ㄹ/」로 실현된 것이며, /ㄴ/은 /ㄹ/이 가지고 있는 [설측성] 자질이 비어 있는 공명음 마디로 확산되지 않 고 탈락된 경우이다. [ㄴㄴ]보다는 [ㄹㄹ]이 보편적인 것은 닮음은 탈락보다는 확산에서 더 자연스럽게 실현되기 때문이다.

93) 오정란(1995a:156~161)은 「감로→감노」와 같은 현상은 앞선 콧소리에 의한 것이 아니라 음절 첫소리의 강도 강세를 위하여 설측음 자체의 강도 강화 현상에서 기인한 콧소리 되기(비음화)로 보았고, 「먹물→멍물」과 같은 현상은 뒤에 오는 콧소리가 가진 공명음 마디의 확산으로 일어나므로 콧소리 닮음이라고 구분하였다.

4.8.3. 콧소리 되기의 특징

경남 방언의 경우 표준어에서 실현되는 발음 방법 닮음이나 발음 위치 닮음의 흐름에 크게 어긋나지 않으며 그 하위 지역어인 함안 지역어 역시 동일한 현상을 보인다. 그러나 소수의 예에 나타나는 현상이긴 하지만 이 지역어에는 일반적인 닮음의 방향에서 어긋나는 특이한 음운 변동을 실현시키는 경우가 있다.

일반적으로 콧소리와 터짐소리가 이어날 때 콧소리는 뒤에 오는 터짐소리와 같은 위치에서 발음되는 방향으로 닮음이 일어난다. 그러나 함안 지역어의 경우, 위치는 바뀌되 뒤에 오는 터짐소리와 같은 위치에서는 발음이 되지 않는다.[94)]

(96) ㄱ. 눌은밥 → 누럼밥~누런밥(진주), 누룽밥(함안)
　　 ㄴ. 한번 → 함분(삼천포), 하문(함안)
　　 ㄷ. 참빗 → 챈빗~챔빗(창원), 챈빗(함안)
　　　　 담배 → 댄배(함안)

(96)ㄱ에서와 같이 혀끝 콧소리에 입술 터짐소리가 이어날 경우 다른 하위 지역어의 경우는 발음 위치 닮음 현상에 의하여 혀끝 콧소리가 입술 콧소리로 바뀌게 된다. 그러나 함안 지역어에서는 입술 콧소리가 아닌 여린입천장 콧소리로 바뀌었다. 이런 현상은 함안 지역어는 다른 하위 지역어와 달리 위치 닮음을 피하려는 경향을 나타내고 있음을 보여 준다.

(96)ㄴ은 다른 지역어에서는 발음 위치 닮음이 실현되어 '함분'으로

---

94) 이러한 현상을 이 지역어의 특수성으로 보아야 할 지, 단지 예외적인 현상으로 보아야 할지는 좀 더 많은 대상 자료를 수집하고 분석하여 종합적인 결론을 도출한 뒤에 단정이 가능하다.

발음하지만 함안 지역어에서는 이러한 현상을 회피하고자 입술 터짐소리 /ㅂ/을 탈락시켜 '하문'으로 발음한다.

(96)ㄷ은 입술 콧소리에 입술 터짐소리가 이어나는 경우로써 함안 지역어에는 입술 콧소리가 혀끝 콧소리로 실현되었다. 이러한 현상은 함안 지역어에서는 같은 위치에서 발음되는 현상을 회피하려는 경향이 타 지역어에 비해서 강하게 나타남을 알 수 있다.

그리고 '숫염소, 숫나비'의 경우와 같이 앞 음절 끝소리가 혀끝소리로 끝나고 뒤 음절 첫소리가 음가 없는 /ㅇ/으로 시작되거나 콧소리 /ㄴ/으로 시작될 때 표준어에서는 혀끝소리 /ㅅ/은 일곱 끝소리 되기에 의해 /ㄷ/으로 실현된다. 이 때 뒤 음절 첫소리가 콧소리일 때 /ㄷ/은 콧소리 자질을 닮아 /ㄴ/으로 실현된다.

그러나 함안 지역어에서는 이런 낱말이 '쑥얌세˜이, 쑥나부'로 실현되기 때문에 일곱끝소리 되기나 콧소리 되기와 같은 음운 변동 과정을 설정할 수 없다.

(97) ㄱ. 쑥얌세˜이(숫염소) → 쑹얌세˜이(함안)
ㄴ. 쑥나부(숫나비) → 쑹나부(함안)

(97)ㄱ은 함안 지역어에서 /ㅇ/이 첫소리 자질에서 실현되었음을 보여주는 통시적인 화석형으로써 앞 음절 끝소리 /ㄱ/이 뒤 음절 첫소리 /ㅇ/의 콧소리 자질을 닮아 같은 콧소리 /ㅇ/으로 바뀌었으며 (97)ㄴ 역시 앞 음절 끝소리 /ㄱ/이 뒤 음절 첫소리 /ㄴ/의 콧소리 자질을 닮아 콧소리로 실현되었다.

4.8.4. 접근 방법

4.8.4.1. 구조 · 기술주의와 생성음운론적 접근

콧소리 되기에 대한 구조 · 기술주의적 접근은 약한 터짐소리는 콧소리에 앞설 수 없으므로 앞소리가 뒷소리를 닮아서 같은 서열의 콧소리로 바뀐다고 보았다(허웅, 1985:271).

한편, 생성음운론적 관점에서는 콧소리 되기 현상을 다음과 같이 규칙화하였다.

(98)
$$\begin{bmatrix} -\text{voc} \\ \\ -\text{cons} \end{bmatrix} \rightarrow \begin{bmatrix} +\text{voice} \\ +\text{nas} \\ \alpha\text{F} \end{bmatrix} / \_\_\_\_ \begin{bmatrix} +\text{nas} \\ \alpha\text{F} \end{bmatrix}$$

(이병건, 1976: 122)

그러나 콧소리 되기의 구조 · 기술주의적 접근과 생성음운론적 접근으로는 아래와 같은 몇 가지 문제점에 대하여 합리적인 대안을 기대하기 어렵다.

(99) ㄱ. 국민→궁민, 밥물→밤물, 맏며느리→만메느리
ㄴ. ① 문고→뭉고, 문법→뭄법
② 금단→*근단, 농담→*논담

예시 (99)ㄱ은 앞 음절 끝소리인 터짐소리가 피동화주로서 뒤 음절 첫소리인 콧소리에 영향을 받아 콧소리로 바뀌는데 (99)ㄴ①에서는 터짐소리가 콧소리에 영향을 받지 않고 오히려 콧소리가 피동화주가 되어 동화주인 터짐소리의 자리로 옮겨 간다.

이렇게 본다면 분절음이 이어나는 위치와 음운 현상은 밀접한 관련

이 있음을 알 수 있는데 지금까지는 같은 터짐소리와 콧소리의 어울림이지만 (99)ㄱ은 방법 닮음에서 비롯되는 콧소리 되기로, (99)ㄴ①은 위치 닮음으로 규정할 뿐 분절음의 위치와 음운 현상의 구체적인 상관성에 대하여 고려한 바가 없다.

특히 생성음운론에서 제시하는 규칙으로는 (99)ㄴ②의 경우 콧소리와 터짐소리가 이어나는 환경이지만 (99)ㄴ①과 실현되는 음운 현상에 차이가 생기는 원인을 설명할 수가 없다.

(100) ㄱ. 삼라→삼나, 감로→감노, 종로→종노, 공로→공노
　　　ㄴ. 만리→말리, 천리→철리, 들나물→들라물, 달나라→달라라

예시 (100)ㄱ은 /ㄹ/이 콧소리 /ㅁ, ㅇ/을 만나 /ㄴ/으로 바뀌고, (100)ㄴ은 /ㄴ/이 /ㄹ/과 이어날 때 /ㄴ/이 /ㄹ/을 닮는 현상이다. 지금까지는 (100)ㄱ은 /ㄹ/의 /ㄴ/ 되기로, (100)ㄴ은 /ㄴ/의 /ㄹ/ 되기로 보았다. 그러나 동일하게 콧소리와 혀끝소리가 이어나는 경우인데 닮음 현상이 달리 실현되는 타당한 이유를 앞선 단선음운론적 접근 방법으로는 설명할 수 없었다.

또한 콧소리 되기는 앞 음절 끝소리의 강도가 뒤 음절 첫소리의 강도보다 높을 때 끝소리의 강도를 조정하기 위하여 터짐소리가 콧소리의 자질을 닮아 콧소리로 바뀌는 현상이다. 그렇다면 (100)ㄱ 역시 끝소리와 첫소리의 강도 관계가 어긋났기 때문에 첫소리의 강도를 높이는 작용으로 혀끝소리가 /ㄴ/으로 바뀌었으므로 (99)ㄱ의 콧소리 되기 부류에 포함시킬 수 있다. 이렇게 되면 끝소리와 첫소리의 강도 조정이라는 원리 아래 종래의 /ㄹ/의 /ㄴ/ 되기는 콧소리 되기로 묶을 수 있다.

구조·기술주의적 관점은 분절음의 배열에 따라 달리 실현되는 음운 현상을 콧소리 되기와 /ㄹ/의 /ㄴ/되기, /ㄴ/의 /ㄹ/되기로 분류하여

체계화시켰다. 그러나 콧소리 되기의 경우 터짐소리가 콧소리 앞에서 콧소리로 자질 바뀜을 겪을 수밖에 없는 음운론적 이유에 대한 설명은 결여하고 있다.

생성음운론에서 설정한 규칙은 콧소리 되기의 일부를 기술할 수 있을 뿐 /ㄹ/과 콧소리 되기와의 관계 특히 분절음이 이어나는 위치와 음운 현상의 상관성에 대해서는 고려를 하지 않아 콧소리 되기 현상의 종합적인 특성 파악에 있어서 미흡한 점이 있다.

4.8.4.2. 계층자질이론적 접근

앞 음절 끝소리와 뒤 음절 첫소리 사이의 강도 관계가 원만하게 이루어진 경우, 화자들은 최소한 노력 경제 현상에 따라서 음성 실현을 고려하게 된다. 강도 관계를 위해 발음 방법은 그대로 유지하면서 노력을 줄일 수 있는 최상의 방법은 혀의 움직임을 최대한 줄일 수 있는 발음 위치 닮음이다.

그런데 끝소리와 첫소리의 강도 관계가 잘 지켜지지 않을 때에는 강도 조정 현상이 일어난다. 이 경우 앞소리의 강도를 낮추든지 뒷소리의 강도를 높이는 방법을 적용할 수 있는데 어느 쪽을 택하든지 기저형과 음성 실현형 사이에는 뜻의 차이가 있어서는 안 된다. 첫소리의 강도를 높이게 되면 터짐소리나 터짐소리보다 강도가 높은 발음 방법을 선택해야만 되는데 터짐소리보다 강도가 더 높은 발음 방법은 없으므로 끝소리의 강도를 낮추는 방법을 적용해야 한다.

콧소리 되기는 이러한 과정에서 비롯된 음운 현상인데 터짐소리와 콧소리가 이어날 경우는 앞 음절 끝소리의 강도를 낮추는 방법을 택하여 터짐소리가 콧소리를 닮는 경우이며, 콧소리와 혀옆소리가 이어날 경우는 뒤 음절 첫소리의 강도를 높이는 방법을 택하여 혀옆소리가 콧소리를 닮는 경우이다.

이러한 현상을 자질 수형도상에서 살펴보면 같은 마디에서 비롯된 현상임을 알 수 있다. 앞에서 제시한 국어 자질 수형도에 의하면 방법 마디는 [+공명성]과 [-공명성]에 의해 하위 분류된다. 콧소리 되기는 이 방법 마디에서 비롯된 현상으로서 (101)과 같이 두 가지 유형으로 나타낼 수 있다.

(101) ㄱ. 터짐소리의 콧소리 되기(확산)

/ㅂ ㄴ/
입술 혀끝
| |
터짐 콧소리
⋱ |
[공명성]
[콧소리][콧소리]: 국물→궁물, 밥물→밤물

ㄴ. 혀옆소리의 콧소리 되기(탈락)

/ㅁ, ㅇ(ㄴ) ㄹ/
입술(후두, 혀끝) 혀끝
| |
공명성 공명성
ɫ
[설측성]
[콧소리][콧소리]: 궁리→궁니, 심리→심니, 곤로→곤노

(101)ㄱ은 터짐소리와 콧소리가 이어나는 경우로서 자질을 더 많이 가진 마디가 자질이 비어 있는 마디에 확산되어 두 마디가 연결된 구조로 나타나게 되는 경우이다. 즉 자질 수형도로 볼 때 콧소리는 터짐소리가 가지지 않은 공명성 마디를 하나 더 가지고 있는데 이 마디가 터짐소리에 확산된 결과 콧소리 되기가 실현된 것이다.

순간적인 발음으로는 터짐소리가 콧소리보다 더 크게 들릴 수 있으나 일정한 시간을 주었을 때는 공명성을 가진 콧소리가 터짐소리보다 강도가 더 길게 유지되므로 터짐소리는 콧소리의 공명성에 흡수된다. 결론적으로 터짐소리가 발음 위치는 그대로 유지하되 발음 방법만 공명성을 지니도록 하면 콧소리로 바뀔 수밖에 없는 것이다.

(101)ㄴ은 콧소리와 혀옆소리가 이어날 때 자질을 더 많이 가진 마디가 절단되는 경우이다. 콧소리와 혀옆소리는 공명성 자질을 공통적으로 가져서 자연부류를 형성하고 있으나 혀옆소리는 콧소리에는 없는 설측성 자질을 가지고 있다. 이 때 혀옆소리가 가진 설측성 자질만 탈락시키면 콧소리와 혀옆소리는 완전한 자연부류를 형성하면서 앞, 뒤의 강도 관계도 지키게 된다.

계층자질이론을 바탕으로 한 콧소리 되기는 앞 음절 끝소리와 뒤 음절 첫소리의 강도 조정 현상으로 콧소리와 터짐소리는 이어나는 순서에 따라 발음 위치 닮음과 발음 방법 닮음을 실현시킨다. 콧소리에 /ㄹ/이 이어날 경우 /ㄹ/이 /ㄴ/으로 바뀌는 현상도 이러한 어울림에서 비롯되었다고 보고 콧소리 되기의 범주에 포함시켜 종래의 /ㄹ/의 /ㄴ/되기 규칙 설정이 불필요함을 주장하였다.

결과적으로 이런 현상이 일어나게 되는 근본적인 원인은 자질 수형도상에서 자연부류를 형성하기 위하여 자질들 사이의 확산과 탈락 작용에서 비롯된 것이다.

이런 결과는 동화주 또는 피동화주가 자질 수형도에서 자연부류를 형성한다는 관점에서 성립되었는데 설정된 자질 수형도에서 자질들 사이의 자연부류 설정 기준이 얼마만큼의 타당성을 획득할 수 있을 지가 앞으로 해결해야 할 남은 과제이다. 홀소리의 세분화된 자질을 고려한다면 이러한 자연부류 설정 기준은 수정이 불가피하게 된다.

설령 이런 자연부류 형성 문제가 해결된다고 하더라도 닿소리 /ㅇ/

의 탈락으로 실현되는 홀소리의 콧소리 되기 현상은 계층자질이론으로는 합리적인 설명을 기대하기 어렵다.

즉 함안 지역어에는 '장에→자˜아'와 같은 홀소리의 콧소리 되기가 활발한데 닿소리 /ㅇ/과 이어나는 홀소리의 자연부류 설정도 어렵거니와 닿소리 /ㅇ/이 탈락됨과 동시에 콧소리 자질을 앞, 뒤 홀소리에 남기게 되는 사실은 계층자질이론으로 표시하기에는 역시 어려움이 있다.

4.8.5. 요약

분절음이 이어날 때 뒤 음절 첫소리의 강도는 앞 음절 끝소리보다 높아야 하는데 이런 관계가 잘 지켜질 때 화자들은 노력 경제의 일환으로 발음 위치 닮음을 고려하게 된다. 이런 관계가 잘 지켜지지 않을 때에는 끝소리와 첫소리의 강도 관계 조정을 위해서 화자들은 발음 방법 닮음을 고려하게 된다.

'임금'은 강도 관계를 지키고 있으므로 발음 위치 닮음에 의해 '잉금'으로 되었고, '밥물'은 강도 관계를 어기고 있으므로 이를 조정하기 위해서 방법 닮음이 적용되어 '밤물'로 실현되었다.

콧소리와 /ㄹ/이 이어나는 경우 /ㄹ/이 /ㄴ/으로 바뀌는 현상에 대하여 지금까지는 /ㄹ/의 /ㄴ/되기로 설명하여 왔으나 터짐소리의 콧소리 되기 현상과 다른 점을 발견할 수 없으므로 콧소리 되기 현상에 포함시킨다.

구조·기술주의적 관점은 발음 방법의 배열에 따라 닮음 현상이 달리 실현되고 있음을 체계화시켜 콧소리 되기와 /ㄹ/의 /ㄴ/되기를 구분하고 있다. 그러나 터짐소리가 콧소리 앞에서 콧소리로 자질 바뀜을 겪을 수밖에 없는 음운론적 이유에 대한 설명은 결여하고 있다.

생성음운론적 관점은 콧소리 되기를 규칙화시킴으로써 언어 현상의 일반화를 꾀하고 있으나 규칙 설정의 수단이 되는 이원적 변별 자질만으로는 방언에서 다양하게 실현되는 콧소리 되기를 보편적으로 설명하기 어렵다.

특히 분절음이 이어나는 위치와 음운 현상의 상관성에 대해서는 고려를 하지 않아 콧소리 되기 현상의 종합적인 특성 파악에 있어서 미흡한 점이 있다.

계층자질이론에서는 자질 수형도상으로 볼 때 콧소리는 터짐소리가 가지지 않은 공명성 마디를 하나 더 가지고 있기 때문에 이 마디가 터짐소리에 확산된 결과 콧소리 되기가 실현된 것으로 보았다.

그리고 혀옆소리는 콧소리에 없는 설측성 자질을 가지고 있다. 이 때 혀옆소리가 가진 설측성 자질만 탈락시키면 콧소리와 혀옆소리는 완전한 자연부류를 형성하게 된다고 보아 이런 현상도 콧소리 되기 범주에 포함시켰다.

이런 결과는 동화주 또는 피동화주가 자질 수형도에서 자연부류를 형성한다는 관점에서 성립되었는데 설정된 자질 수형도에서 자질들 사이의 자연부류 설정 기준이 얼마만큼의 타당성을 획득할 수 있을 지가 앞으로 해결해야 할 남은 과제이다. 그리고 홀소리의 세분화된 자질을 고려한다면 이러한 자연부류 설정 기준은 수정이 불가피하게 된다.

설령 이런 자연부류 형성 문제가 해결된다고 하더라도 닿소리 /ㅇ/[ŋ]의 탈락으로 실현되는 홀소리의 콧소리 되기 현상은 계층적 자질이론으로는 합리적인 설명을 기대하기 어렵다.

4.9. 마무리

이 연구는 경남 지역의 균형적이고 체계적인 방언학 정립을 위하여 지금까지 소홀하게 다루었던 하위 지역어 가운데 함안 지역어에 나타난 음운 변동 현상의 본질을 밝혀 보는데 목적을 두었다.

변동 현상의 본질을 밝혀내는 데는 단선음운론적 방법과 복선음운론적 방법을 적용시켜 보다 설명적인 타당성이 있는 접근 방법을 모색해 보았다.

1. 「홀소리[저음 조성(grave)]+닿소리+홀소리[고음 조성(acute)]」 자질 연속에서 저음 조성 자질을 가진 뒤홀소리가 발음되고 나서 닿소리가 오고 고음 조성 자질을 가진 앞홀소리가 연결되면 두 홀소리는 부조화를 이루게 되므로 균형 유지를 위하여 저음 조성(뒤홀소리)은 고음 조성(앞홀소리) 자질로 바뀌어 /ㅣ/치닮기가 실현된다. 그러나 그 사이에 끼인 닿소리가 역시 고음 조성인 경우는 두 홀소리 사이의 부조화를 이 닿소리가 먼저 어느 정도 중화시켜 주기 때문에 /ㅣ/치닮기가 제한적으로 실현된다.

자립분절음운론적 접근은 분절음 층과 초분절음 층의 상호작용에 의해 /ㅣ/ 치닮기가 실현되는 과정을 도식적으로 보여 주었다. 그러나 설정된 가상적 틀이 모든 환경에서 그대로 적용되지 않는 것에 문제점이 있다.

2. 자질 수형도 상에서 입천장소리 되기는 서로 다른 위치에서 발음되는 분절음이 만나 이루어지는 부류와, 위치는 같으나 그 하위 자질이 서로 다른 분절음이 만나 이루어지는 부류로 나누어 볼 수 있다. 전자에는 /ㄱ, ㅎ/의 입천장소리 되기가 속하는데 홀소리의 위치가 고음 조성이므로 저음 조성인 닿소리는 홀소리의 위치로 끌려오기 마련인 것

이다. 후자의 경우에는 /ㄷ, ㅅ/의 입천장소리 되기가 속하는데 위치는 닿소리와 홀소리가 동일하지만 좀 더 노력을 절감하기 위하여 자질 닮음이 일어난 것이다.

계층자질이론의 도입은 /ㄷ/은 물론 /ㄱ, ㅎ/도 하나의 원리로써 설명을 가능하게 하였으며 닮음이 일어나는 원인과 과정을 시각적으로 드러내어 주는 장점을 가진다.

3. 된소리 되기나 닿소리 첨가의 공통적 기능은 경계의 약화에 따른 형태 유지를 위한 보상적 작용이다. 된소리 되기는 한 뿌리의 의미가 다른 뿌리의 의미를 한정하면서 그 통사 구조가 ① $[[A]_N$ - V(ㄴ/는)-$[B]_N]_N$, ② $[[A]_N$의 $[B]_N]_N$일 때 실현되는데 방언이나 개인 또는 상황에 따라 수의적으로 실현될 수도 있다.

닿소리 첨가는 /ㄱ, ㄴ ㄷ, ㅂ, ㅇ/에 이르기까지 다양하며 음성적인 환경 또한 형태소(낱말) 안 또는 형태소(낱말) 경계에까지 개방적이다.

자립분절음운론적 접근은 두 음운 현상의 기능을 공통분모로 묶고 그 때 된소리 되기나 닿소리 첨가가 이루어질 수 있도록 도와주는 가상적 장치를 설정하여 해결하고자 하였다. 이러한 접근 방법은 된소리 되기와 음소 첨가에 대한 규칙화를 시도할 수 있는 장점을 지니고 있다.

4. 음소의 연결에서 뒤 음절 첫소리는 앞 음절 끝소리보다 지배자의 위치에 있으며, 한 음절 내에서 가운데 소리는 첫소리보다 지배자의 위치에 있다.

이 때 이러한 지배의 서열을 가져오는 근거는 강도에 의해서이지만 발음 위치가 같은 음소가 연이어 올 때는 '대조의 원리'가 먼저 적용되어 음운론적 강도가 약한 음절 끝소리가 탈락된다.

지배음운론적 접근은 제시된 특정 환경에서 /ㄹ/이 탈락될 수밖에 없다는 음운론적 설명 방법을 마련하였으므로 음운 현상에 한층 설명적인 타당성을 제시하였다.

그러나 강도로써만 지배 관계를 해결할 경우 같은 강도를 지니는 음소가 이어날 경우에는 또 다른 제약이 필요하게 되는 번거로움이 있다. 또한 파생어나 합성어에 올수록 대조의 원리가 일률적으로 적용되지 않아 /ㄹ/ 탈락과 유지는 불규칙적인 현상을 보이는데 지배음운론적 접근 방법으로는 경계 차이에서 비롯되는 이런 문제를 해결하기 위한 여과 장치가 설정되지 못한 단점이 있다.

5. 뒤 음절의 첫소리가 빈자리일 경우 앞 음절 끝소리에 어떠한 닿소리가 오더라도 두 음절 사이의 강도 관계를 어기게 되어 이를 지키기 위해 앞 음절 끝소리가 첫소리 자리로 이동하게 된다. 겹받침에 홀소리가 이어날 경우 풀이씨의 경우는 강도가 낮은 닿소리가 음절 끝소리로 남게 되고 강도가 높은 닿소리는 뒤 음절 첫소리가 된다. 그러나 이름씨의 경우는 강도가 낮은 닿소리가 일차적으로 탈락되고 강도가 높은 남은 닿소리가 뒤 음절 첫소리로 소리이음이 된다.

계층음절음운론적 접근은 첫소리와 끝소리가 같은 닿소리로 구성되지만 두 성분 사이의 지배 관계는 다르다는 것에 착안하여 소리이음이 실현되는 원인을 첫소리와 끝소리의 지배 관계로써 설명될 수 있음을 보여 주고자 하였다.

그러나 겹받침을 가진 이름씨에 토씨가 이어날 경우는 풀이씨와는 달리 강도가 낮은 닿소리는 탈락되고 강도가 높은 닿소리가 뒤 음절 첫소리로 소리이음 되는데 이 경우 탈락이 일어나는 원인을 계층음절이론으로써는 밝혀내기가 어려운 점이 있다.

6. 분절음이 이어날 때 뒤 음절 첫소리의 강도는 앞 음절 끝소리보다

높아야 하는데 이런 관계가 잘 지켜질 때 화자들은 노력 경제의 일환으로 발음 위치 닮음을 고려하게 된다. 그러나 이런 관계가 잘 지켜지지 않을 때에는 끝소리와 첫소리의 강도 관계 조정을 위해서 화자들은 발음 방법 닮음을 고려하게 된다.

계층자질이론에서는 자질 수형도상으로 볼 때 콧소리는 터짐소리가 가지지 않은 공명성 마디를 하나 더 가지고 있기 때문에 이 마디가 터짐소리에 확산된 결과 콧소리 되기가 실현된 것으로 보았다. 그리고 혀옆소리는 콧소리에 없는 설측성 자질을 가지고 있다. 이 때 혀옆소리가 가진 설측성 자질만 탈락시키면 콧소리와 혀옆소리는 완전한 자연부류를 형성하게 된다고 보아 이런 현상도 콧소리 되기 범주에 포함시켰다. 이런 결과는 동화주 또는 피동화주가 자질 수형도에서 자연부류를 형성한다는 관점에서 성립되었는데 설정된 자질 수형도에서 자질들 사이의 자연부류 설정 기준이 얼마만큼의 타당성을 줄 수 있을 지가 문제이다. 그리고 홀소리의 세분화된 자질을 고려한다면 이러한 자연부류 설정 기준은 수정이 불가피하게 된다.

복선음운론은 단선음운론적인 접근 방법으로 해결할 수 없는 제반 문제에 대하여 해결의 단서를 찾고자 한 이론이다.

지금까지 연구자가 함안 지역어를 대상으로 하여 복선음운론적인 접근을 시도해 본 결과, 이 이론도 기존의 이론처럼 장·단점이 발견되었다.

이 연구에서는 그 단점을 지적하고 문제 해결의 대안 제시는 차후의 해결 과제로 남겨 두었다. 앞으로 제기된 단점을 복선적으로 추상화시킬 수 있는 단서만 마련한다면 기존의 이론보다 더욱 합리적인 이론으로 정착될 수 있을 것이다.

제5장 경남 하위 방언권 음운 현상 비교 연구

- 함안 방언의 특수성을 중심으로 -

5.1. 머리말

방언은 표준어에 비하여 인위적인 제약을 덜 입은 말로서 언어의 본질적인 특성을 가장 생생하게 지니고 있다. 따라서 지금까지의 국어 방언 연구는 그 본질적인 특성을 밝혀내기 위하여 여러 방면에서 많은 연구 성과를 쌓아 왔지만 거시적인 데 머물렀고 소지역에 대한 철저하고도 세밀한 미시적인 연구의 바탕이 미진한 면이 있다.

이 연구는 기존 연구에서 경시했던 미시적인 연구 성과를 보완하기 위하여 방언 연구의 시발점인 군 단위를 핵방언권으로 하여 점차 인접 지역으로 확대해 나가면서 상위 방언권을 설정하고 핵방언권과 상위 방언권의 유기적인 관계를 수립해 나감으로써 실질적인 국어 방언학이 정립될 수 있다는 데 기본 목표를 두었다.

언어의 변화상을 발견하기란 오랜 시일을 요구하며 한 언어권에서 생활하고 있는 이상 지역 간의 차이란 그리 두드러진 것이 되지 못한다는 생각은 과거의 연구를 그대로 답습하게 되고, 그 결과 하위 지역어가 지닌 특징을 간과하게 된다. 방언은 타 방언과 공통되는 요소도 있고 그 방언 특유의 요소도 지니고 있다. 그러나 그 차이점이 어떤 성질의 것인가 -낱말 자체가 다른 데서 비롯된 것인가, 낱말에 규칙이 달리 적용되어 표면 음성이 서로 다른 데서 비롯된 것인가-하는 점에 대한 본격적인 논의는 거의 없었다.

경남 방언에 대한 연구 역시 그 동안 시대를 달리하면서 새로운 이론적 접근으로 앞 시대의 연구를 깁고 더해 왔으나 대단위 방언권 내에 속하는 하위 지역어의 연구가 균형적으로 이루어지지 못하였으며 하위 지역어들 사이의 차이를 보여 주는 연구 또한 미진하였다. 이 연구는 이러한 성과를 위한 한 과정으로써 경남 방언 하위 지역어들을 비교 검토하여 함안 지역어의 특이성을 제시하며 실현된 음운 현상에 복선 음운론적 접근을 시도하는 데 목적을 둔다.[1] 복선적인 접근은 지금까지 해결할 수 없었던 문제들에 대하여 새로운 해석 방법을 제공해 줌으로써 방언 연구를 한층 발전된 단계로 올려놓았다. 그러나 연구자가 지향하고자 하는 바는 지금까지의 구조・기술주의나 생성음운론적인 연구 방법에 대한 전면적인 부정적 시각이 아니라, 개별적인 음운 현상의 본질적인 특징에 맞도록 단선과 복선의 관점을 절충할 것이다.

5.2. 음운 현상 비교

5.2.1. 입천장소리 되기

입천장소리 되기에 대한 연구는 그동안 공시적 측면과 통시적 측면으로 이루어져 왔다. 공시적 입장을 취하는 구조・기술주의적 접근은

1) 이 글에서 제시하는 자료 중 함안 지역어는 1995년 1월 ~1996년 8월 사이에 연구자가 직접 조사한 것이며 그 외 하위 지역어는 지금까지 경남 방언을 대상으로 이루어진 논문과 방언 사전(최학근, 1978), 방언 자료집(김영태, 1974)을 참고하였다.

혀끝소리인 /ㄷ/이나 /ㅌ/은 형태소 경계를 사이에 두고 뒤따르는 /i/나 /j/의 영향으로 센입천장소리인 /ㅈ/이나 /ㅊ/으로 바뀌는데 '디디다, 느티나무, 잔디...'와 같은 낱말이 입천장소리 되기를 겪지 않은 것은 이들은 입천장소리 되기가 진행될 당시에는 겹홀소리(드듸-~드ᄃᆡ>디디-, 느틔-~느ᄐᆡ>느티, 잔듸-~잔ᄃᆡ>잔디)로서 입천장소리 되기가 실현될 환경을 갖추지 않았기 때문이라고 설명하고 있다. 구조 · 기술주의적 접근은 /ㄷ/에 한해서는 입천장소리 되기가 실현되는 환경이나 그 원인 그리고 예외적인 현상에 이르기까지 상세한 설명을 하고 있지만 방언에서 실현되는 형태소 내부의 입천장소리 되기(길→질, 힘→심)를 설명할 방법이 없다. 생성음운론적 접근은 입천장소리 되기를 규칙화하고, 실현되는 경우와 실현되지 않는 경우를 그 기저형(/yi/, /iy/)이 서로 다르기 때문이라고 본다. 생성음운론적 접근은 입천장소리 되기의 예외 현상을 규칙화함으로써 음운 현상을 간결화 하는 데 기여를 하였다. 그러나 추상적인 기저형의 설정이 실제로 국어를 모국어로 쓰는 우리들의 언어 직관 속에 내재화 되어 있다는 증거를 보여 주지 않는 한 무의미한 가설일 뿐이다(김석득, 1978: 86). 또한 설정된 기저형의 교체가 표층에서 나타나지 않기 때문에 어린이들은 입천장소리 되기를 실현시키지 않는 추상형에서 입천장소리 되기를 실현시키는 추상형으로 유도하는 규칙을 배울 방법이 없으므로 더욱 난점을 가진다(김수곤, 1977b:199~200).

5.2.1.1. 경남 방언의 입천장소리 되기 실현[2)]

2) 음운 규칙으로서의 입천장소리 되기(실[sil]→[ɕil])는 지역인들의 발음을 직접 들어 보지 않고는 대상 자료로 사용하기가 불가능하며 또한 객관적으로 확인할 수 있는 음성 기계를 사용하지 않는 한 연구자의 주관에 이끌리기 쉬우므로 이 연구에서는 변동 규칙으로서의 입천장소리 되기(굳이→구지)만을 다룬다.

(1) ㄱ. 하임, 입음, 이름씨, 어찌씨 파생 접사 '-이-'가 첨가될 때
붙-+-이-→ 부치다(함안)
맏+-이→ 마지(함안, 진주)
곧-+-이→ 고지(함안, 함양, 울산, 진주)
ㄴ. 임자 자리 토씨 '-이', 잡음씨 '-이다'가 첨가될 때
밑+-이→ 미치(함안)
폳(팥)+-이다→ 포치다(함안)

예시 (1)로 보아 /ㄷ, ㅌ/의 입천장소리 되기는 주로 형태소 경계에서 실현된다는 것을 알 수 있다.[3] 낱말 경계가 설정되지 않은 것은 끝소리가 /ㄷ/인 낱말에 /i/나 /j/로 시작되는 낱말로 이루어진 합성어가 경남 방언에는 많지 않으며 존재하는 합성어 역시 입천장소리 되기를 실현시키지는 않는다.

이것은 입천장소리 되기는 형태소 내 또는 실사와 허사 사이에서 일어나는 현상인데 합성어(맏형, 밭이랑, 홑이불)는 실사와 실사로 이루어졌기 때문에 실현이 불가능한 것이다. 즉 '자립형태소(free form)+자립형태소(free form)'로 이루어진 경우는 일차적으로 분리되어 음운 변동(밭#일→ 받#일)을 겪고 다음 단계로 낱말 경계가 약화되어 형태소 경계가 이루어질 때 'ㄴ 덧나기'가 적용되고(반+일→반닐), 마지막으로 뒤 음절 /ㄴ/에 의해서 앞 음절 /ㄷ/이 '콧소리 되기' 현상을 거쳐 하

3) 김석득(1978: 92)은 형태소 경계에서도 입천장소리 되기가 실현되지 않는 경우(티- ('트-'의 입음인 '트- 이'의 준말) > *치-)가 있으므로 /ㄷ, ㅌ/의 입천장소리 되기의 조건을 형태소 경계라는 형태론적 조건으로 잡아 묶을 수 없다고 하였다. 그러나 이 어형은 일차 음운 현상(축약)이 일어난 후이므로 입천장소리 되기가 실현되는 다른 낱말과는 조건이 다르다. 즉 입천장소리 되기가 적용될 단계에서는 '트- + -이'로서 입천장소리 되기와는 관련이 없었는데 그 다음 단계에서 홀소리 탈락이 이루어지고 나서 환경이 갖추어졌으나(ㅌ- + 이 → 티) 이때에는 이미 경계가 사라지고 두 음절이 하나로 융합된 상태이므로 여기에 다시 입천장소리 되기는 실현되지 않는다.

나의 합성어로서 경계가 더욱 긴밀해진다.

(2) 겨우→저우(김해), 제우(함안, 창녕, 진주)
기와→기아~지아(함안), 지와(함양, 통영, 충무), 제이~지와(울산),
지와~지애(거창, 거제, 창원), 재와(하동), 재(의령, 양산)
겨집→제집(삼천포, 거창, 함양, 하동, 충무), 지집(합천, 통영, 거제, 창원,
밀양, 울산, 진주), 지집~기집(함안)

/ㄱ, ㅋ/의 입천장소리 되기는 (2)에서와 같이 형태소 내에서 첫소리 위치에 왔을 때 입천장소리 되기가 실현되고, /ㄷ, ㅌ/은 (1)에서와 같이 형태소 경계에서 끝소리 위치에 왔을 때 입천장소리 되기가 실현된다. 형태소 내에서 /ㄱ, ㅋ/과 /ㄷ, ㅌ/ 입천장소리 되기(끼다→찌다, 딩기→*징기)의 이러한 차이점은 국어의 자질 수형도(이후에 제시될 것이다)에서 동화주 /i/와 같은 마디에서 나열되어 있느냐의 여부에 있다. 동화주 /i/와 피동화주 /ㄷ/은 같은 고음 조성 마디에 위치하여 자질 바뀜이 일어나지 않지만 피동화주 /ㄱ/은 저음 조성 마디에 위치하여 동화주 /i/의 고음 조성 자질이 피동화주에게 스며든 것이다. 형태소 경계에서 /ㄱ, ㅋ/과 /ㄷ, ㅌ/ 입천장소리 되기(국이→*구지, 굳이→구지)의 이러한 차이점은 /ㄱ/ 입천장소리 되기 환경은 이름씨에 굴곡 접사 '이'가 이어날 때만 설정되며, /ㄷ/ 입천장소리 되기는 풀이씨 줄기에 파생 접사 '-이'가 이어나는 경우에만 설정되는 차이점에서 비롯된다. 이름씨는 풀이씨보다 어형 유지의 보수성이 강하기 때문에 이름씨 끝소리 /ㄱ/은 /i/와 이어나도 입천장소리 되기를 겪지 않는다. 또한 파생 접사는 굴곡 접사보다 뿌리와 긴밀한 짜임새를 이루기 때문에 풀이씨 줄기 끝소리 /ㄷ/에 이어나는 파생 접사 /i/는 입천장소리 자질을 뿌리에 쉽게 스며들게 하여 입천장소리 되기가 실현된 것이다.

(3) 흉칙하다→숭칙하다(함안), 숭축하다(진주)
혀→ 세(김해), 씨:(창녕), 씨(합천), 쎄~씨(합천), 쎄(그 외 지역)
형수→성수(그 외 지역), 성수~헝수(창녕), 헹수~성수(함안)

입천장소리 되기를 입천장이 아닌 위치에서 발음되는 분절음이 센입천장에서 나는 소리로 발음 위치를 바꾸는 현상으로만 본다면 예시 (3)의 'ㅎ→ㅅ'는 그 조건을 만족시키지 못한다고 볼 수도 있다. 그러나 지금의 혀끝소리 /ㅅ/과 센입천장소리 /ㅈ/은 15세기 당시에는 같은 자연부류인 혀끝소리였으므로 /ㅎ/→/ㅅ/을 입천장소리 되기에 포함시킨다.[4] /ㅎ/의 입천장소리 되기는 /ㄱ, ㅋ, ㄷ, ㅌ/에 비하여 많지가 않으며 주로 형태소 내에서 특히 임자씨 첫소리 자리에서만 실현된다. 그 이유는 일차적으로 'ㅎ+ i, j'로 이루어지는 어휘들의 수가 다른 입천장소리 되기보다 적은 것에서 원인이 있고, 다음으로는 /ㅎ/ 자체가 지닌 불안정한 성격에서 비롯되었다. /ㅎ/은 입안 전체에 걸쳐서 조음이 된다고 해도 무리가 아닐 만큼 발음 위치의 고정성이 없다. 이러한 불안정한 성격을 지닌 음소를 또 다른 위치로 바꾼다는 것은 화자나 청자에게 음소 인식에 대한 이중적 부담감을 주게 되는데 이러한 언어 의식이 반영되어 /ㅎ/의 입천장소리 되기는 다른 경우보다 흔하지 않다.

---

4) 현대 국어에서 /ㅅ/는 혀끝의 [s]와 센입천장의 /ɕ /의 두 결합적 변이음을 가지고 있으며, /ㅈ/와 / ㅊ/는 일반적으로는 센입천장의 [ʧ], [ʧ^{h}]로 발음되고 사람에 따라 혀끝의 [ts], [ts^{h}]가 임의적 변이음으로 나타나는 일도 있다. 또한 /ㅈ/, /ㅊ/의 발음이 센입천장과 앞 혀에서 나기 때문에 혀의 자세는 / ㅣ/와 비슷하여서 /ㅈ/, /ㅊ/와 이어나는 홀소리와의 사이에서 나는 /j/는 잘 드러나지 않는다. 그러므로 /ㅈ/, /ㅊ/ 다음에서는 / ㅏ/ : / ㅑ/, / ㅓ/ : / ㅕ/, /ㅗ/ : /ㅛ/, /ㅜ/ : /ㅠ/ 따위의 대립은 변별적 기능을 발휘하지 못하여 중화된다. 그러나 15세기에는 이러한 가운데 소리들의 대립은 /ㅅ/ 다음에서는 물론이오, /ㅈ/, /ㅊ/ 다음에서도 변별적으로 기능하였다(소: 물이 괸 곳- 쇼: 동물, 섬: 섬돌- 셤: 열 말, 세다: 강하다- 셰다: 세우다).(허웅, 1985: 382~384)

5.2.1.2. 함안 방언의 입천장소리 되기 특수성

경남 방언의 입천장소리 되기 현상은 /ㄷ, ㅌ/외에 /ㄱ, ㅋ/(→ㅈ, ㅊ)이나 /ㅎ/(→ㅅ)에서도 실현되고 있다. /ㄷ/은 형태소 경계에서 끝소리에 위치할 때만 실현되고, /ㄱ, ㅎ/은 형태소 내에서, 첫째 음절 첫소리 자리에서만 실현되고 있다. 그리고 전체적으로 낱말 경계에서는 낱말의 독립성 유지 노력으로 인해 입천장소리 되기가 실현되지 않는다. 그러므로 경남 방언의 입천장소리 되기 실현은 필연적인 현상은 아니지만 표준어보다 활발하게 일어나고 있다고 보는 것이 대부분의 견해이다. 그러나 모든 방언권에서 공통적으로 발견되는 사실로 몰밀어 붙이기에 앞서 경남의 하위 방언권인 함안 지역어는 앞서 제시한 입천장소리 되기의 일반성과 아울러 다른 지역과 구분되는 특징적인 몇 가지 현상을 지니고 있다.

다음은 함안 지역어의 입천장소리 되기 실현 정도를 수치로 나타낸 것이다.

(4)

전체 조사 낱말 수: 188																													
형태소 내(114) ㄷ: 29, ㄱ: 64, ㅎ: 21												형태소 경계(64) ㄷ: 20, ㄱ: 40, ㅎ: 25												낱말 경계(10) ㄷ: 2, ㄱ: 8, ㅎ: 0					
임자씨						풀이씨						파생어						굴곡어						복합어					
실 현			비실현			실 현			비실현			실 현			비실현			실 현			비실현			실 현			비실현		
ㄷ	ㄱ	ㅎ	ㄷ	ㄱ	ㅎ	ㄷ	ㄱ	ㅎ	ㄷ	ㄱ	ㅎ	ㄷ	ㄱ	ㅎ	ㄷ	ㄱ	ㅎ	ㄷ	ㄱ	ㅎ	ㄷ	ㄱ	ㅎ	ㄷ	ㄱ	ㅎ	ㄷ	ㄱ	ㅎ
x	17	8	18	16	9	x	10	2	11	21	2	15	x	x	x	15	1	5	x	3	x	26	x	x	x	x	2	8	x

(4)로 보아 /ㄱ, ㅎ/의 입천장소리 되기는 형태소 내에서 실현되는 것은 다른 지역과 다름이 없으나 /ㄷ/ 입천장소리 되기의 경우 주로 형태소 경계에서 실현되지만 특이하게 (5)ㄱ과 같이 형태소 내에서도 실현되는 경우가 있다. 또한 /ㄱ/의 입천장소리 되기는 첫소리 자리에서만

실현되는 것이 일반적인 현상이지만 이 지역어에서는 (5)ㄴ과 같이 첫소리 자리가 아닌 위치에서도 실현되는 경우를 볼 수 있다.

(5) ㄱ. 걸터앉다→걸치앉다/ 놓아두다→나:쭈다
ㄴ. 발자국→발쩨죽/ 올케→올치 / 입김→입찜 / 가깝다→가죽다

또한 다른 하위 지역에서 실현되는 입천장소리 되기가 함안 지역어에서는 실현되지 않는 경우가 있다. 그리고 입천장소리 되기가 실현된다고 하더라도 실현되지 않은 어휘와 같이 쓰이는 경우가 있는데 특히 겹홀소리를 지닌 어휘의 경우가 그러하다.

(6) ㄱ. 겨울→저실(김해, 합천, 밀양, 창녕, 김해, 의령, 울산), 저실～저얼(거창, 창원, 남해), 저실～시안(진주), 게울～삼동(함안)
교실→조실(삼천포), 고실(함안)
다래끼→다라지(남해), 다레끼(함안)

ㄴ. ① 겨집→기집～지집
② 형수→헹수～성수

(6)ㄱ은 입천장소리 되기 환경이 주어졌을 때 다른 지역어는 입천장소리 되기가 실현되지만 함안 지역어는 실현되지 않는 경우이며, (6)ㄴ①, ②는 실현된 어형과 실현되지 않은 어형이 함께 쓰이고 있는 경우이다. 어형 유지의 보수성 현상은 이 지역이 위치한 지역상의 영향이 크게 작용하였다고 본다. 함안군은 동쪽으로는 창원, 서쪽으로는 의령, 남쪽으로는 진주와 마산, 북쪽으로는 창녕과 인접하여 경남의 중앙에 위치하므로 여러 인접 지역의 다양한 음운 현상의 영향을 받을 수도 있지만 그 영향이 미치는 정도는 다른 지역에 비하여 약하기 때문이다.

(7) ㄱ. 끼다→찌다
ㄴ. ① 겹옷→접옷
② 겨집→지집
③ 겨드랑→제터랑

입천장소리 되기는 홀소리 교체와 동시에 이루어지는 경우가 많은데 이 지역어의 경우 /ㅣ/홀소리는 (7)ㄱ과 같이 입천장소리 되기를 겪어도 그대로 실현되지만 겹홀소리는 (7)ㄴ과 같이 /ㅔ/~/ㅓ/로 주로 실현되고 경우에 따라 /ㅣ/로도 실현되나 극히 적은 수에 한정된다. 겹홀소리의 경우 홀소리 교체가 심한 것은 이 지역어에서는 겹홀소리 회피로 겹홀소리는 대부분 홑홀소리로 실현되기 때문이다. (7)ㄴ①은 비성절음을 탈락시킨 경우로서 /ㅓ/로 실현되었고 (7)ㄴ②는 성절음을 탈락시킬 경우로서 /ㅣ/로 실현되었다. (7)ㄴ③은 (7)ㄴ①, ②와 같이 비성절음 /j/나 성절음 /ə/로 실현된 것은 아니지만 홑홀소리 /ㅔ/로 실현된 것은 역시 겹홀소리 회피 현상으로 비롯된 발음의 편의에 의한 것이다. 뒤홀소리보다 앞홀소리가 발음 노력이 적게 들고, 높은홀소리나 낮은홀소리보다 반높은홀소리가 발음 노력이 적게 들기 때문이다.

5.2.1.3. 입천장소리 되기에 대한 계층자질이론적 접근

Clement와 Sagey에 의해 제시된 계층자질이론은 복선음운론적 이론을 한층 더 발전시킨 이론이다. 왜냐하면 개개의 자질들이 각기 독립성을 가짐은 물론 서로 관련 있는 자질들끼리 무리를 형성하여 음운 변동 과정에서 동일한 구실을 발휘함을 명시하고자 시도되었기 때문이다. 오정란(1993a:223)은, 국어 자질 수형도에 의하면 입천장소리 되기는 위치 마디 중에서도 설정부와 설신부의 작동으로 일어난다고 보아야 하는데 그렇게 되면 계층자질이론이 추구하는 '단일 마디 확산'의 개념에서 벗어나게 되므로 이 문제점을 해결하기 위하여 자질 스며들기(percolation)의 개념을 도입한다. 즉 /i/의 설신 자질인 [+고설성]이 위치 마디까지 삼투되어 위치 마디의 자격으로 선행음의 설정성 자질에 투사된다는 설명 방법을 취한다.

그러나 방언의 입천장소리 되기를 이와 같은 방법으로 설명하면 아래와 같은 문제점이 발생한다.

(8) ㄱ.

위치	위치		위치	위치
ǀ	↑ǀ		ǀ	ǀ
설신	설신		설신	설신
ǀ	↑ǀ	→	ǀ	ǀ
[-A]	[-A]		[-A]	[-A]
/ㄱ/	/ㅣ/		/ㅈ/	/ㅣ/

ㄴ.

위치	위치		위치	위치
ǀ	↑ǀ		ǀ	ǀ
설신	설신		설신	설신
ǀ	↑ǀ	→	ǀ	ǀ
[-A]	[-A]		[+A]	[-A]
/ㅎ/	/ㅣ/		/ㅅ/	/ㅣ/

/ㄱ/과 /ㅎ/의 입천장소리 되기가 실현되는 과정은 (8)ㄱ~ㄴ으로 제시해 볼 수 있다. 그러나 (8)ㄱ은 두 마디가 다같이 [-전방성]의 자질을 가지므로 자질 스며들기가 적용되기 전이나 후가 변함이 없어 굳이 자질 스며들기를 적용시키지 않아도 된다. (8)ㄴ의 경우는 자질 스며들기가 작용한 결과 오히려 피동화주의 자질이 동화주와 다른 자질로 변하였다. 그러므로 오정란(1993a)의 제시는 /ㄷ→ㅈ/의 입천장소리 되기 현상에는 가능할지 모르나 방언의 입천장소리 되기에는 적용되지 않

음을 알 수 있다.

여기서는 이러한 문제점 해결을 위하여 발음 위치를 저음 조성(grave)과 고음 조성(acute)으로 나누어 보고자 한다.[5] 그렇게 되면 계층자질이론이 닮음을 설명하는 '단일 마디 확산'의 개념에서 벗어나지도 않고 표준어와 방언을 다 포용하면서 입천장소리 되기 현상을 구명할 수 있다. 지금까지 설정성(coronal)자질의 인정에 대한 부당함이 여러 차례 지적되어 왔다. 이병근(1986:4)은 국어의 음성 자질 설정에 '설정성'을 설정하면 /ㅈ, ㅊ, ㅉ/과 같은 순수 센입천장소리가 [-설정성]이 되어야 하는데 현대 국어에서 [-설정성]으로 분류되고 있는 발음 위치는 입술소리와 여린입천장소리이며, [+설정성]으로 위치하는 자리는 혀끝소리와 센입천장소리로 보고 있다. 설정성 자질의 설정에 따른 불합리한 점을 보완하기 위하여 발음 위치를 저음 조성(입술, 여린입천장, 목청, 후설)과 고음 조성(혀끝, 센입천장, 전설)으로 구분하여 국어의 자질 수형도를 (9)와 같이 설정한다.

---

5) Jakobson, Fant, Halle(1952)는 음운 대조를 음운 자질(Vocalic, Consonantal, Compack, diffuse, tense, voice, nasal, continuant, strident, checked, grave, flat, sharp)로 설명할 것을 제의 하였다. 이들 음운 자질은 ① 음성적 자질의 기술이 아닌 음운 대조를 기술하며, ② 이원적이며, ③ 음향음성학적인 특성을 지닌다는 점에서 혁신적이다(영어학 사전, 1990: 15). 저음 조성은 고음 조성과 대조를 이루는데 그 특성은 다음과 같다.

저음 조성	고음 조성
1. 음향적 특성: 진동수가 낮은 곳에서 나는 저음	진동수가 높은 곳에서 나는 고음
2. 조음적 특성: 입술, 여린입천장, 후설에서 조음	혀끝, 센입천장에서 조음
3. 영어: /p, b, m, f, v, k, g, w, h/ /ɨ, ə, a, u, U, o, Ɔ/	/t, d, Θ, ð, s, z, n, č, ǰ, Š, ž, l, r, y/ /i, I, e, ε, æ/

(9) R

/ \

발동부 발성부

| / \

유기성, 긴장성, 유성성 방법 위치

| / \

혀옆, 코소리, 계속음 저음 조성 고음 조성

(+계속: 갈이 [grave] [acute]

-계속:터짐) | |

입술[+ant], 혀끝[+ant]

여린입천장[-ant] 센입천장[-ant]

목청[-ant], 전설[-ant]

후설[-ant]

발음 위치를 이렇게 나누어 본다면 입천장소리 되기는 서로 다른 위치에서 발음되는 분절음이 만나 이루어지는 부류와, 위치는 같으나 그 하위 자질이 서로 다른 분절음이 만나 이루어지는 부류로 나누어진다. 전자(서로 다른 위치에서 조음되는 부류)에는 /ㄱ, ㅎ/의 입천장소리 되기가 속하는데 위치 바꿈에 의해서 비롯되었다. 즉 입천장소리 되기는 홀소리에 의한 닿소리의 자질 바꿈인 일종의 닮음인데, 홀소리의 위치가 고음 조성이므로 저음 조성인 닿소리는 홀소리의 위치로 끌려오기 마련인 것이다.

(10) 위치(저음 조성, 고음 조성) 위치(고음 조성)

/ \ → / \

저음 조성 고음 조성 고음 조성 고음 조성

[+저음 조성] + [+고음 조성] → [+고음 조성] + [+고음 조성]

/ㄱ/ + /ㅣ/ → /ㅈ/ + /ㅣ/ : 길 → 질/ 기침, 기다리다...

/ㅎ/ + /ㅣ/ → /ㅅ/ + /ㅣ/ : 힘 → 심/ 흉, 흉악하다...

이 때 저음 조성인 /ㄱ/이 고음 조성으로 위치를 옮길 때는 혀끝과 센입천장 중 센입천장으로 자리를 옮기게 된다. 이것은 음운 교체, 음운 변화는 자연부류 안에서 가장 자연스럽게 이루어진다는 원리에서 같은 [-전방성]으로 묶일 수 있기 때문이다. 후자(위치는 같으나 하위 자질이 다른 경우)에는 /ㄷ/의 입천장소리 되기가 속하는데 (10)과 같이 위치는 닿소리와 홀소리가 동일하지만 좀 더 노력을 절감하기 위하여 자질 닮음이 일어난 것이다.

(11) 고음 조성(+전방성, -전방성)　　고음 조성(-전방성)

　　／　　＼　　　　　　　／　　＼

+전방　　-전방　　　　　-전방　　-전방

[+전방] + [-전방] →[-전방] + [-전방]

/ㄷ/ + /ㅣ/ → /ㅈ/ + /ㅣ/ : 묻- + -이 → 무지/ 같이, 돋이...

그러나 다음 (12)ㄱ～ㄷ은 (10)과 (11)에서 설정된 낱말들과 같은 부류이나 자질 스며들기 원리가 적용되지 않는다.

(12) ㄱ. 딸기 → *딸지
　　ㄴ. 히안하다 → *시안하다
　　ㄷ. 딩기 → *징기

입천장소리 되기의 이러한 수의적인 현상에 대해서 아직까지 구체적으로 밝혀진 것은 없다. 연구자 역시 이 지역어의 입천장소리 되기에는 경계와 음절의 문제가 관여하고 있으나 수의적으로 실현되는 어휘들의 차이점을 규칙화할 만큼 일관되거나 또 다른 원인이 있다는 사실은 발견하지 못하였다. 그러나 입천장소리 되기 역시 궁극적으로 따지면 일종의 노력 경제 원칙에 의한 조음 운동에서 비롯되었기 때문에 입천장소리 되기가 실현될 수 있는 환경이더라도 입천장소리 되기보다 노력이 적게 드는 음운 현상이 있다면 화자들은 그것을 선택하게 되므로 수의적인 실현은 화자의 임의적 언어 사용에 대한 잠재의식에서 비롯되었다고 본다.

5.2.3. /ㅣ/치닮기

/ㅣ/치닮기 실현에 대한 기존 연구의 경향은 1960년대 말까지는 구조・기술음운론의 이론과 방법을 적용시켜 연구되었고, 1970년대 말까지는 생성음운론의 이론과 방법에서 주로 공시적으로 연구되었다. 그리고 1970년대 이후에는 연구 대상 언어가 지역적으로 확대되면서 국어의 여러 하위 방언들 상호간에 이 현상에 대한 비교 검토가 활발히 이루어 졌다(최명옥, 1989: 8). 구조・기술음운론적 접근은 /ㅣ/치닮기란 앞 음절에 있는 뒤홀소리 계열이 뒤 음절의 /ㅣ/를 닮아 높이와 둥긂에 관해 같은 바탕을 가진 앞홀소리의 계열로 옮기는 현상이라 하였다(허웅, 1985: 275～277). 그리고 두 홀소리 사이에 혀끝소리가 끼일 때 /ㅣ/치닮기가 실현되지 않는 것은 앞 음절의 뒤홀소리를 내고 난 뒤에 혀끝은 바로 혀끝 닿소리를 내는 자리로 옮겨가야 하므로 합력 작용이 일어나지 않기 때문이라고 보았다. 그러나 경남 방언에서는 두 홀소리 사이에 끼인 닿소리가 입술소리, 콧소리는 물론 혀끝소리일 때도 합력 작용이 일어나고 있다. 생성음운론적 접근은 /ㅣ/치닮기 현상을 규칙화하였으나 실제적으로는 규칙의 적용을 받지 않는 예외적인 현상이 나타나게 되어 몇 가지 문제점이 있다. 첫째, 설정된 규칙만으로는 왜 /ㅣ/치닮기가 실현되는가에 대한 근원적인 대답을 기대해 볼 수 없다. 즉 많은 언어 현상에 대하여 그 결과만을 기술할 뿐이지 언어학의 궁극적 목적인 언어 능력을 설명하지 못하고 있다. 둘째, 설정된 규칙에 다시 많은

제약 조건을 덧붙이고 있다. ① '나비, 거미' 등이 규칙을 따르지 않는 것은 기저 구조가 '아비, 아기'와 다르기 때문이며, ② 혀끝소리(부디, 무늬)가 끼이면 규칙에서 제외된다고 예외에 대한 설명을 덧붙인다. 본래 규칙의 설정 목적은 동일한 환경에서 실현되는 하나의 음운 현상을 그 규칙만으로 일목요연하게 설명할 수 있음을 바라는 것에서 비롯된다. 그러나 위에서 제시한 규칙은 규칙 설정 그 자체가 필요 없으리만큼 환경 하나하나에 대한 제약 조건을 필요로 하고 있다.

5.2.3.1. 경남 방언의 /ㅣ/치닮기 실현

(13) ㄱ. 꾸러미→꾸리미(함안, 함양, 산청, 통영, 거제, 진주, 하동), 꺼리미(합천, 밀양, 창원, 의령, 남해), 꾸리미~꺼리미(거창)
고기→게기(함안, 삼천포, 남해, 통영, 밀양, 충무, 김해, 창원), 게기~기기(창녕), 괴기(함양, 산청, 거제), 괴기~기기(거창, 양산), 괴기~기기~게기(울산), 괴기~게기(의령, 하동)
ㄴ. 오디→*외디/ 버짐→*베짐/ 까시→*깨시
ㄷ. 모조리→모지리(창녕, 마산, 함안)
할미→헤미~할메(함안), 헬미~헤미(삼천포), 할무이˜~할매(진주)
편지→핀지~팬지(울산, 양산, 김해, 마산, 충무, 함양, 진주), 펜지(김해, 합천, 산청, 거제, 하동, 남해), 핀주~핀지~펜지(함안)
청솔가지→청솔께이(함안), 청솔깨비(충무), 솔께이˜(진주)

예시 (13)으로 보아 대부분의 지역어에서 /i/나 /j/앞의 /u, a, o, ㅋ/ 홀소리는 /E, i/로 바뀌고 있음을 알 수 있는데 /ㅗ, ㅜ/의 경우 몇몇 지역(거창, 양산, 울산, 하동, 의령, 창녕, 함양, 산청)에서 /ㅚ, ㅟ/ 겹홀소리로 실현되고 있다. 그리고 사이에 끼인 닿소리가 주로 /ㄱ, ㅁ, ㅂ/일 때 이런 음운 현상이 실현되는데 이런 현상은 일반적으로 타 방언에서도 흔히 볼 수 있는 현상이다. 그 동안의 연구들은 (13)ㄴ에서와 같이 /ㄷ,

ㄹ, ㅅ, ㅈ, ㅊ/닿소리가 끼일 때 /ㅣ/치닮기가 불가능한 현상에 대하여 형태론적 제약으로 묶어 처리하거나 성조의 차이로서 설명하였다. 그러나 그러한 처리보다 이들 닿소리는 이어나는 /i, j/와 같은 고음 조성 위치에서 발음되기 때문에 /ㅣ/치닮기를 실현시키는 않는다. 저음 조성인 뒤홀소리가 발음되고 나서 닿소리를 사이에 두고 홀소리가 연이어 오게 될 때 두 홀소리는 부조화를 이루어 일반적으로 저음 조성(뒤홀소리)은 고음 조성(앞홀소리)으로 바뀌어 /ㅣ/치닮기가 실현되는데, 그 사이에 끼인 닿소리가 역시 고음 조성인 경우는 두 홀소리 사이의 부조화를 이 닿소리가 먼저 어느 정도 중화시키므로 /ㅣ/치닮기가 실현되지 않는다. 그러나 경남 방언의 경우는 (13)ㄷ과 같이 다른 방언에서 허락되지 않는다고 보는 혀끝소리가 끼일 때에도 /ㅣ/치닮기가 실현되는 경우가 있으며 사이에 닿소리가 없어도 /ㅣ/치닮기가 실현되고 있다. 경남 방언에서 /ㅣ/치닮기가 실현될 때 사이에 끼인 닿소리의 범주가 다른 방언보다 넓은 것은 /ㅣ/치닮기의 조건이 완화되고 있음을 증명하고 있다.

(14) ㄱ. 꾸미다→끼미다(함안), 뀌미다(의령), 끼민다(거제)
가볍다→개굽다(창원, 창녕), 개갑다(울산), 개겁다(양산, 삼천포, 거창, 함양, 산청, 합천, 통영, 거제, 남해, 의령, 김해, 양산), 게굽다~게겁다(함안)
ㄴ. 젖히다→제치다(진주), 재끼다(진주)
저리다→지리다~제리다(함양), 제리다(그 외 지역)
ㄷ. 그립다→기립다(함안, 거창, 함양, 산청, 합천, 통영, 거제, 진주, 창원), 기럽다(양산)
드리다→디리다(전지역)/ 거느리다, 두드리다, 그리다

(14)ㄱ은 사이에 끼인 닿소리가 /ㄱ, ㅁ, ㅂ/일 경우 실현되는 /ㅣ/치닮기 현상이며, (14)ㄴ은 사이에 끼인 닿소리가 /ㄴ, ㄹ, ㅊ/일 때 실현

되는 /ㅣ/치닮기 현상이다. 풀이씨와 임자씨에서 크게 다른 점은 임자씨의 경우 사이에 끼인 닿소리가 /ㄹ/[r]일 경우 풀이씨보다 /ㅣ/치닮기가 더욱 활발히 실현되고 있다. 그러나 어원적인 /ㅣ/홀소리 앞일 경우에 한정된다.[6] 임자씨와 풀이씨의 이러한 차이에 대하여 많은 앞선 연구자들이 여러 가지의 방법으로 접근하여 보았으나 여전히 문제점을 남겨놓고 있다. 이와 같은 차이점에 대하여 이 연구에서는 잠정적으로 다음 두 가지를 가정해 보고자 한다. 첫째, /ㅣ/치닮기가 같은 형태소 내에서라도 임자씨에서 시작되어 풀이씨로 확산되는 과정에서 그 실현 조건을 완화하여 홀소리와 홀소리 사이에 /ㄹ/([r])이 오고 뒤홀소리가 /ㅣ/인 경우에도 /ㅣ/치닮기를 허락하였다. 둘째, 통시적으로 임자씨와 풀이씨는 형태론적 성격이 다르다. 즉 임자씨는 통시적으로 풀이씨보다 형태를 단일화, 고정화시키려는 방향으로 변화해 왔는데 이는 가능한 줄기가 교체되는 것을 지양하려는 것이다.[7] (14)ㄷ은 경남 방언에서는 /ㅡ/ 홀소리가 실현되지 않으므로 /ㅣ/ 홀소리로 교체되었을 뿐이지 /ㅣ/치닮기가 아니라고 볼 수도 있으나 이 연구에서는 /ㅣ/치닮기가 아니라면 /ㅡ/와 /ㅓ/의 비변별로 /ㅓ/로 실현되어야 하는데 /ㅣ/로 실현된 것은 뒤에 오는 홀소리 /ㅣ/의 영향으로 보고 /ㅣ/치닮기의 범주에 포함시켰다.

---

6) 최명옥(1974: 64)은 풀이씨일 경우 ㄹ[l]과는 달리 ㄹ[r]에 한해서 /ㅣ/치닮기 실현이 가능한데 재구조화된 홀소리일 경우에는 ㄹ[r] 역시 /ㅣ/치닮기가 실현되지 않는다고 하였다.
   · 바르다>바리다>*배리다/ · 다르다>다리다>*대리다/
   · 태극기>태국기>*태긱기

7) 송철의는 '국어 음운론에 있어서 체언과 용언(1991)'에서 체언과 용언은 형태적으로 성격을 달리하기 때문에 곡용과 활용에서 음운 현상이 달리 실현됨을 자세히 다루고 있다.

(15) ㄱ. ① 포리+이→포레이(함안, 충무), 포리(진주)
까치+이→ 깐체이(함안, 양산, 창녕), 깐치(진주), 깐챙이(그외 지역)
② 똑똑+이→똑띠기(함양, 마산, 산청, 진주, 함안)
배앓+이→베에리(함안)
젖먹+이→젖미기(함안), 젖미이(진주)
ㄴ. ① 웃-+기→이끼(삼천포, 함안, 진주)
② 벗기다→ 삐끼다(함양), 베끼다(함안, 함양, 산청, 진주, 삼천포, 하동, 남해)
속이다→ 쎄기다(남해), 쏘카다(함안)
눕히다→ 니피다(창원, 남해, 함안, 충무, 의령, 충무, 진주)

일반적으로 형태소 내에서 닿소리가 끼이지 않는다면 축약이나 탈락을 일으키는 환경인데 경남 방언에서는 (15)ㄱ①과 같이 /ㅣ/치닮기를 실현시킨다. 이때의 '이'는 이 지역어에서는 상당한 생산성을 가지면서 임자씨의 음절 수를 늘리는 구실을 하고 있는데 첫소리 /ㅇ/의 실현이 그것을 증명하고 있다. /ㅇ/는 두 홀소리가 이어날 때 서로 축약되는 현상을 막기 위하여 실현된 것이다. 그러나 뿌리에 어휘적인 뜻을 더하거나 통사 범주를 바꾸거나 조음적인 기능을 드러내지 못하므로 이 지역어 특유의 잉여적 접사로 본다.[8] (15)ㄱ① '이' 접사가 임자말 뒤에 붙어 단지 음절 수를 늘리는 잉여적 접사로서의 기능을 지니고 있으나 (15)ㄱ②의 경우에는 풀이씨의 줄기 뒤에 붙어서 이름씨를 파생하거나 이름씨 뒤에 붙어서 어찌씨를 파생하는 접사이므로 단순히 음절을 늘리는 기능과는 다르다. (15)ㄴ①은 풀이씨에 이름씨 파생 접사 '-기'가 이어날 때 /ㅣ/치닮기가 실현되는 경우이며, (15)ㄴ②는 풀이씨

8) 형태는 있으면서 뜻이나 기능이 없는 이런 접사를 Hockett는 공형태소(empty morpheme= 빈형태소), 최현배는 조음적 접사, 허 웅은 유사 접사로 칭하였다. 예시(15)ㄱ① 외에 국어에서 이런 역할을 하는 형태소는 ① 본동사와 보조 동사의 연결에서 가운데 쓰이는 연결 어미 ② '구두쇠'의 연결 홀소리 '-우-' ③ '앉은뱅이'의 '-ㄴ'은 아무런 뜻이 없거나 원래 가졌던 문법적인 기능을 상실한 경우이다.

에 하임, 입음의 파생 접사 '-이, -기, -히'가 이어날 때 /ㅣ/치닮기가 실현되는 경우인데 전자는 후자보다 제약이 심하다. 이러한 차이는 ①의 접사는 다른 이름씨 파생 접사보다 굴곡 접사적인 특성이 강하여 풀이씨 마디까지 투사되나 ②의 접사는 풀이씨 자체에만 투사되기 때문이다.[9] 굴곡 접사적인 특성이 강한 '-기'는 선행어에 미칠 수 있는 영향권이 풀이씨 마디이므로 풀이씨 내에서만 작용하는 하임, 입음의 접사보다는 강경계를 유지하게 된다. 음운 변동 현상은 강경계보다는 약경계에서 주로 실현되며, 강경계의 경우 음운 현상이 실현되더라도 약경계보다 많은 제약이 요구된다.

(16) ㄱ. 마음+이→마미～마미가(거창), 마미(울산, 진주), 메미(밀양, 함양, 함안)
중풍+이→중피˜이˜(삼천포, 함양), 중피이(함안)
멍+이→메이(함양), 미이(함안)
ㄴ. 밉상이다→밉세이다(함안, 함양, 산청, 진주)/ 부자이다, 법이다, 밥이다

(16)ㄱ에서 토씨 '이'가 첨가될 때는 /ㅣ/치닮기 실현이 다른 경우보다 적다는 것을 알 수 있는데 (16)ㄴ의 잡음씨 '-이다'가 결합한 경우를 살펴보면 더욱 더 이러한 사실이 분명해 진다. 이와 같은 현상은 /ㅣ/치닮기는 형태소 내부에서나, 뿌리와 접사 사이에 긴밀성이 있는 약화된 경계 사이에서는 보편적으로 실현되나 임자씨와 토씨, 임자씨와 잡음

---

9) ① 하치근(1996:85)은 통사적 관계를 고려하지 않고 낱말의 형태만으로는 이름씨인지 움직씨의 이름꼴인지를 밝힐 수가 없지만 '-기' 파생 이름씨나 움직씨 이름꼴이 다른 파생 이름씨에 비하여 <동작성>이나 <서술성>이 강하다고 보았다. 어휘적 접사일 경우 풀이씨의 논항 구조를 상속 받지 못하여 투사 범주가 -V-이며(예: 그분은 $[[보]_{v}기_{1}]_{N}$ 를 많이 들어 보였다) 통사적 접사일 경우 논항 구조를 그대로 상속 받기 때문에 투사 범주가 -VP-이다(예: 그분은 $[[얼굴을 보]_{vp} 기_{2}]_{Np}$ 가 어렵다).
② 하임, 입음의 접사가 통사적 접사가 아닌 어휘적 접사로 처리되어야 하는 여러 가지 타당성은 하치근(1996:63～67)을 참조.

씨 사이와 같은 준낱말 경계가 놓이는 환경에서는 실현되지 않음을 알 수 있다.

(17) ㄱ. 삼+형제→셈행제(삼천포)
하루+이틀→하리이털(함안, 밀양, 양산, 충무, 거제)
장가+가다→장게가다(함안, 진주)
ㄴ. 부자+집→부제찝(함안)
참+빗→첸빗(함안)
강+변→깽빈(함안, 진주, 산청, 거창)

준낱말 경계보다 한층 더 멀어진 합성어 경계에서는 /ㅣ/치닮기가 실현되는 경우는 아주 드문 현상이며 /ㅣ/치닮기가 실현되지 않는 경우가 대부분이다. 이러한 현상에 대하여 최태영(1991:600)은 합성어 형성에 있어서 원칙적으로 합성이 되는 각각의 낱말들을 정확하게 제 음가대로 발음하려는 것이 언중의 의식 속에 들어있기 때문이라 하였다. 그러나 합성어에서 실현되는 /ㅣ/치닮기 실현 양상도 약경계와 강경계의 차이로 설명될 수 있다. 같은 합성어이면서도 (17)ㄴ의 합성어는 점차 파생어의 방향으로 전이되어 가는 과정에 있다. 곧 '집, 참, 변'과 같은 뿌리 요소가 점차 접사의 기능을 드러내면서 파생어의 특성을 드러내고 있다. 그러므로 이 사이에는 접사 경계가 놓인 것으로 상정할 수 있으므로 /ㅣ/치닮기가 실현되었다. 그러나 실현되지 않는 경우의 합성어는 대부분 두 뿌리가 뿌리의 특질을 독자적으로 지니면서 합성어 구실을 하고 있으므로 두 뿌리 사이에는 상대적으로 실현되는 경우의 합성어 경계보다는 다소 이완된 형태소 경계가 놓이므로 /ㅣ/치닮기가 실현되지 않는다.

(18) ㄱ. 사다리→새다리

ㄴ. 세시→시시, 네시→니시, 세끼→시끼
ㄷ. 치마→치매, 시켜주다→씨기주다
ㄹ. 고추→고치, 행주→행지(포), 도마→도매, 가마→가매

최근에는 /ㅣ/치닮기의 동화주가 꼭 /i /나 /j/일 필요가 없을 뿐만 아니라 닮음의 방향도 역행이 아니며 동화주와 피동화주의 위치도 꼭 인접해야 하는 것도 아니라고 보아 (18)ㄱ~ㄹ의 어휘들을 /ㅣ/치닮기의 범주에 포함시키는 경우가 있다.[10] (18)ㄱ의 /ㅣ/치닮기는 /ㅣ/홀소리 앞에 있는 음절에 발생한 것이 아니라 한 음절 건너 띄어 실현되고 있으며 더구나 이 때 끼인 닿소리는 /ㄷ/이다. (18)ㄴ은 앞자리에서 발음되는 /ㅔ/가 그 높이만 바꾸어 실현된 것이다. (18)ㄷ의 경우는 역행이 아니라 순행 닮음으로써 앞 음절의 /ㅣ/홀소리에 의해 뒤 음절의 홀소리가 바뀐다. 지금까지의 /ㅣ/치닮기란 /ㅣ/홀소리가 존재함으로써 발생되는 홀소리 변이였으나 (18)ㄹ의 경우는 이것마저 부정하고 있다. 동화주가 없이 뒤 음절의 뒤홀소리 /ㅜ, ㅏ/가 앞자리로 자질 변이를 일으키고 있다. 이것은 /ㅣ/치닮기 현상이 점차 그 제한적 실현 조건을 허물면서 일반화 되고 있는 추세에 있음을 암시한다. 그러나 여기서는 (18)ㄱ~ㄹ은 연구 대상에서 제외한다.

10) 도수희(1981:16~17)는 이러한 사실에 대하여 /ㅣ/치닮기의 실현으로 보고 이때의 동화주는 /ㅅ, ㅈ, ㅊ /이라고 하였다. 즉 홀소리 /i(y)/에 이끌리어 'a→e, ə→e, o→ ö, u→Ü '와 같이 실현되는 결과나 그 열림도로 보아 홀소리 중에서 /ㅅ, ㅈ, ㅊ/에 가장 가까이에 있는 /i, u/가 [-저음 조성, +소음성]의 닿소리에 이끌리어 보다 가까운 위치로 닮게 되는 현상도 같은 것이라고 하였다.
· 즐겁다→질겁다, 오줌→오짐
· 구슬→구실, 한숨→한심
· 측량→칙량

5.2.3.2. 함안 방언의 /ㅣ/치닮기 현상의 특수성

함안 지역어의 /ㅣ/치닮기 현상은 경계에 따라 실현되는 정도는 다르지만 표준어보다는 보편적으로 실현되고 있다. 이러한 현상은 /ㅣ/홀소리 외에 /j/에 의한 실현이 활발하며, 혀끝소리가 끼일 때도 제약을 적게 받기 때문이다.

(19) ㄱ. 삼형제→셈헹제/ 가르쳐주다, 어렵다, 가볍다. 상여, 안경, 구경
ㄴ. 차리다→체리다/ 어리다, 모조리, 가리다, 버리다, 다리다, 저리다, 부자집, 할미

(19)ㄱ은 /j/에 의한 /ㅣ/치닮기 실현이고, (19)ㄴ은 혀끝소리가 끼일 때도 /ㅣ/치닮기가 실현되는 경우이다. 그러나 타 지역어에서 실현되는 /ㅣ/치닮기가 이 지역어에서 실현되지 않는 경우도 있다.

(20) ㄱ. 토끼→퇴끼(의령), 티까이(삼천포), 테끼(산청), 토까이(함안)
ㄴ. 오줌+이→오지미(함양, 하동, 남해, 울산, 창녕, 창원, 진주), 오주미(함안) 닭+이→댈기(밀양, 창원, 울산, 양산, 창녕, 김해), 다기(함안)
ㄷ. 낚이다→낵기다(남해, 진주), 나끼다(함안)

(20)ㄱ은 형태소 내에서 /ㅣ/치닮기 실현 환경이 주어졌으나 함안 지역어는 실현되지 않으며, (20) ㄴ은 이름씨에 임자자리 토씨 '이'가 결합된 경우로서 /ㅣ/치닮기 대신 소리이음을 실현시켰으며, (20)ㄷ은 하임, 입음의 접사가 결합한 경우인데 /ㅣ/치닮기가 실현되지 않고 이음소리 되기만 적용되었다. 이러한 현상은 형태소 내에서는 극히 드물고 형태소 경계에서 가끔 나타난다. 형태소 내에서는 겹홀소리를 실현시킬 수 있는 /ㅗ, ㅜ/가 이런 현상을 보이는데, 겹홀소리가 전혀 실현되지 않는 이 지역어의 특성이 과도하게 적용된 경우이다. 형태소 경계의

경우는 원래 /ㅣ/치닮기는 주로 형태소 내에서 실현되고 형태소 경계에서는 보편적이지 않다는 사실을 보여 준다.

(21) ㄱ. 고기→괴기(함양, 산청, 거제), 게기(함안)
꾸미다→뀌미다(의령), 끼미다(함안)
드리다→디리다(함안)
ㄴ. 법이/밥이→베비(함안)

또한 표준어의 경우 /ㅏ, ㅓ, ㅗ, ㅜ, ㅡ/가 /ㅣ/치닮기를 겪을 경우 실현되는 홀소리가 /ㅐ, ㅔ, ㅚ, ㅟ, ㅣ/로 나타나는데 경남 방언에서도 지역에 따라(함양, 산청, 의령, 거제) 겹홀소리 /ㅚ, ㅟ/가 실현되는 경우가 있으나 함안 지역어에서는 /ㅔ, ㅣ/ 두 소리로만 귀착된다. 이것은 이 지역어가 가진 홀소리 체계에서 비롯되는데 /ㅚ, ㅟ/ 겹홀소리의 회피로 (21)ㄱ의 /ㅗ, ㅜ/가 /ㅔ, ㅣ/로 실현되며, /ㅐ, ㅔ/의 비변별적으로 (21)ㄴ의 /ㅏ, ㅓ/가 /ㅔ/로 실현되기 때문이다. 홀소리 /ㅡ/의 경우, 이 지역어에서는 /ㅓ/와 변별되지 않아 /ㅓ/로만 실현된다. 그러나 홀소리 교체는 다른 음운 규칙과 이접적임을 (21)ㄱ의 '드리다'의 예로써 알 수 있다. 즉 '드리다'의 경우, 홀소리 교체가 적용되고 /ㅣ/치닮기가 적용된다면 '데리다'로 실현되어야 하나, 이 지역어에서는 '디리다'로 실현된다. 이것은 '드리다'에 먼저 /ㅣ/치닮기가 적용되어 '디리다'로 실현되고 나서 홑홀소리 되기가 적용되어 '디리다'로 실현되었음을 증명한다.

5.2.3.3. /ㅣ/치닮기 실현에 대한 자립분절음운론적 접근

분절음의 배열에서 나타날 수 있는 음운 현상은 넓게 보아 닮으려는 속성과, 닮음을 피하려는 속성을 지닌다. 전자는 다시 몇 가지로 나누어 볼 수 있는데 첫째, 일련의 분절음의 연결에서 서로 비슷한 분절음들이 연속되면 이는 무리를 이루어 주위의 분절음마저 같은 자질로 변화시키려는 속성을 가진다. 둘째 일련의 분절음의 연결에서 무리를 이루지 못하지만 어느 한 분절음은 다른 분절음을 자신의 자질과 같은 부류로 바꾸고자 하는 경향을 지니기도 한다. 셋째, 돌출도(강세, 길이, 강도)가 높은 분절음은 주위의 다른 분절음을 자신이 가진 자질들로 흡수하거나 약화시키는 속성을 지닌다. /ㅣ/치닮기는 두 번째 환경에서 비롯된 음운 현상인데 '홀소리[저음 조성]+닿소리[저음 조성]+홀소리[고음 조성]' 자질 연속에서 고음 조성인 뒤홀소리가 앞홀소리의 자질을 자신의 자질과 같은 계열로 만들고자 하는 속성에서 비롯된 것이다. 이 때 자립분절음 층에 설정된 /ㅣ/치닮기 형성 자질의 확산에 의하여 '[+고음 조성]+[+저음 조성]+[+고음 조성]'라는 자질의 배열을 가져온다.

그러나 '홀소리[저음 조성]+닿소리[고음 조성]+홀소리[고음 조성]' 자질 연속에서는 이런 자질 닮음이 일어나지 않는다. 그 이유는 저음 조성인 뒤홀소리가 발음되고 나서 닿소리를 사이에 두고 홀소리가 연이어 오게 될 때 두 홀소리는 부조화를 이루어 일반적으로 저음 조성[뒤홀소리]은 고음 조성[앞홀소리]으로 바뀌어 /ㅣ/치닮기가 실현되는데, 그 사이에 끼인 닿소리가 역시 고음 조성인 경우는 두 홀소리 사이의 부조화를 이 닿소리가 먼저 어느 정도 중화시키기 때문이라고 앞서 설명한 바가 있다.

(22) 가리다→게리다

①/ㅣ/치닮기 형성 자질 α배당 확보

X	X	X	X	X	X	
C	V	(C)	C	V	(C)	
ㄱ	ㅏ		ㄹ	ㅣ		(다)
[-고음 조성]			[-고음 조성]	[+고음 조성]		

② α배당

```
                    α
                    |
X    X  X     X    X   X   X
C    V (C)         C   V  (C)
```

③ α확산

```
                    α
             ⋰      |
X    X  X     X    X   X   X
C    V (C)         C   V  (C)
```

④ 표면형

```
                    α
             ⋰      |
X    X  X     X    X   X   X
C    V (C)         C   V   C
ㄱ   ㅔ              ㄹ  ㅣ       (다)
 [+고음 조성]    [-고음 조성] [+고음 조성]
```

예시 (22)는 앞 음절 홀소리가 저음 조성이고 뒤 음절의 연결이 '닿소리(저음 조성)+홀소리(고음 조성)'일 때 /ㅣ/치닮기 형성 자질인 'α'가 배당 받을 수 있는 여건이 마련되었으며(①), 그 자질 'α'를 배당 받아(②) 왼쪽 홀소리에 확산이 이루어지게 되며(③), 마지막으로 표면형이 앞홀소리로 되어 실현된(④) 것이다. 그러나 이 현상은 수의적으로 실현되며 혀끝소리가 끼일 경우에는 그러한 현상이 강하다.

5.2.4. 음소 첨가 현상

언어 현상은 문법적 설명의 잣대를 어느 것을 택하느냐에 따라 범주의 구분에 차이가 생길 수 있는 개연성이 있다. 여기에서 다루고자 하는 음소 첨가 역시 통시성을 고려하여 원래 있던 요소가 시간이 지나면서 탈락되었다고 볼 수 있으며, 공시적 관점을 취하여 심층부에 없던 요소가 뒷 시기로 오면서 생겨난 것이라고 볼 수도 있다. 또한 공시적 관점을 취한다 할지라도 표준어와 방언에서 실현되는 형태가 서로 다른 경우, 비교의 기준을 무엇으로 잡느냐에 따라 음운 현상이 달리 나타날 수도 있다. 연구자는 공시적 관점을 취하며 그 기준형을 표준어에서 잡고자 한다. 방언은 엄연히 표준어와 그 체계를 달리하는데 표준어를 기준으로 삼아서 방언의 음운 현상을 도출한다는 것은 실제적인 생성 시기를 고려할 때 잘못된 방향으로 볼 수도 있다. 그런데 방언을 기준형으로 설정하고 표준어와의 비교를 통한 음운 현상의 설명은, 형태·음운상의 대응 관계의 수립에 있어서 많은 빈칸을 남기게 되어 보편적인 음운 현상의 설명에 있어서 많은 취약점이 드러난다. 따라서 표준어를 비교의 기준으로 삼아 실현된 음운 현상을 밝히되 형태·음운상의 대응 관계가 이루어지지 않은 쌍형 어근은 제외하고(아기:알라), 대응 관계가 이루어지는 단형 어근만을 비교의 대상 자료로 삼았다(덩어리:덩거리, 가치:깐치~깐체이).[11]

---

11) Aronoff는 어형성 규칙의 어기에 가해지는 통사·의미론적 표시는 복잡할 수 있으나 어기는 하나라는 '단일 어기 가설'을 주장한다. 만약 이런 가정을 어기는 경우는 우연히 모양이 같은 별개의 두 접사가 별개의 어형성 규칙의 적용을 받고 있는 것으로 보았다(전상범, 1995:166). 그러나 앞서 제시한 바와 같이 '아기: 알라'의 경우는 통사·의미 범주는 같을지라도 각각의 어기에 대한 음운론적 설명이 불가능하므로 서로 다른 어기에서 비롯되었다고 볼 수 있으나 '덩어리:덩거리'의 경우는 통사·의미 범주가 같을 뿐만 아니라 서로 달라진 모습을 음운론적으로 설명이 가능하므로 서로 다른 어기에서 비롯되었다고 볼 수 없다. 그러므로 몰밀어서 방언과 표준어는 서로 다른 어기를 갖는 쌍형 어근으로 처리하는 것은 옳지 못하다는 것을 알 수 있다.

5.2.4.1. 경남 방언의 음소 첨가 현상

(23) ㄱ. 덩어리→덩거리(함안, 진주)
구덩이→구디기(함안, 양산, 통영, 김해, 밀양, 창원), 구디이(마산, 합천), 꾸덕(하동), 구되기(창녕), 구덕(통영, 남해), 구더기~구디기~구덕(충무), 구두기(사천), 구디이˜(진주)
ㄴ. 올+해→올게(함안, 합천, 거창, 함양, 울산, 마산, 밀양), 올기~올게(창녕, 창원) 꾸-+어(오다)→꾸가(오다)(함안)

(23)ㄱ은 형태소 내에서 울림소리가 연이어 발음될 때 발음의 효과와 경계의 구분이 분명하지 않기 때문에 화자들은 강화의 효과로서 닿소리를 첨가시킨 것이다. (23)ㄴ '올게'는 '이름씨+이름씨'의 구성으로써 뒤 음절 첫소리 /ㅎ/은 경계 약화와 더불어 울림소리 사이에서 발음효과가 뚜렷하지 못하여 약화 탈락된다. 그 다음 이음소리 되기가 적용되어 형태적으로도 본래의 모습을 잃게 되는데 이 때 어형 유지의 노력으로 뒤 음절 첫소리에 /ㄱ/이 첨가된 것이다. '꾸가오다'는 풀이씨와 풀이씨가 이어날 때 앞 풀이씨가 홀소리 씨끝과 어울린 상황에서 뒤 풀이씨가 다시 홀소리로 시작되자 홀소리가 연이어 오는 것을 피하고자 /ㄱ/이 첨가된 것이다.

(24) ㄱ. 까치→깐치(삼천포, 합천, 거창, 함양, 산청, 진주, 하동, 울산, 의령), 깐체이(함안), 깐챙이(충무, 거제, 밀양, 김해, 고성), 깐채이(울산, 양산, 창녕), 깐치~깐체이(창원), 까안치~깐챙이(의령), 까안치~까안체이(남해)
나중→난중(삼천포), 난주우(함안), 난주(진주)
고치다→곤치다(삼천포, 함안, 진주)
그치다→끈치다~껀치다(남해), 건치다~거치다(함안), 건치다(진주)
ㄴ. 목+아지→모간지(삼천포, 함양, 창녕), 목간지(합천, 밀양), 메간지~모간지(창원, 양산), 목간지~메간지(김해),

모가지~모간지(함안), 메가지~모가지(진주)
소+아지→송안치~세엥키(함안), 센치(통영, 거제), 소안치(양산), 산치(사천), 사안치~센치(남해), 새앵키~사안치(진주)

(24)ㄱ은 형태소 경계 내에서 실현된 /ㄴ/첨가이며, (24)ㄴ은 이름씨에 파생 접사 '-아지/어지, -이'가 연결되어 이루어진 낱말이므로 형태소 경계에서 실현된 /ㄴ/첨가 현상이다. /ㄴ/첨가 역시 대부분의 환경이 /ㄱ/첨가에서와 같이 홀소리와 홀소리 사이 또는 울림 닿소리와 홀소리 사이에서 실현되므로 앞 낱말과 뒤 낱말의 형태소 인식을 확보하는 역할을 한다.

(25) ㄱ. 덩+어리→덩더리(함안, 거제도), 덩거리(진주)
ㄴ. 누에→니비(창원, 남해, 양산, 밀양, 통영, 거제, 합천, 창녕, 김해, 고성, 함안), 누비~니비(의령, 울산), 니비~니이(진주)
터+울→터불(함안)
ㄷ. 모이→모시(전지역), 모세(의령), 마시(삼천포)
쪼구리-+앉다→쪼굴시앉다(함안, 진주)
ㄹ. 이마→이망(남해, 함안, 밀양, 울산, 양산, 합천, 거창, 함양, 산청, 진주, 삼천포, 충무, 거제, 하동, 마산, 창녕)
꺾어→껑꺼~끙꺼(남해), 껑꺼(함안)

첨가음으로 사용되는 닿소리 중에서 거센소리나 된소리는 찾아볼 수 없고 여린소리 중에서도 (23), (24)에서와 같이 /ㄱ, ㄴ/의 경우가 대부분이고 /ㄷ, ㅂ, ㅅ, ㅇ/은 (25)ㄱ~ㄹ에서와 같이 아주 제한된 낱말에서만 실현되고 있다. 이것은 앞에서 밝혔듯이 닿소리의 첨가는 청각 영상 강화로 일어나는 현상이므로 첨가되는 음소는 가장 분명하게 청취되며 발음이 쉬운 것이 선택되기 때문이다. 닿소리를 내는 방법에 따라 나누었을 때 일차적으로 닿기와 다그기 중 아주닿기에 의한 소리가 선택된다. 아주닿기는 다시 입길, 콧길 닿기와 입길만 닿기로 나누어지는데 전자에 속하는 /ㄱ, ㄷ, ㅂ/ 중 저음 조성인 /ㄱ, ㅂ/은 고음 조성인 /ㄷ/보다는 발음이 쉬우며, /ㄱ/은 입술소리 /ㅂ/보다는 청각 영상이 높으므로 가장 많이 선택된 것이다. 고음 조성은 발음 위치 중에서 주로 가운데서 발음되며 진동 수가 높아 발음 노력이 많이 들기 때문에 화자들은 고음 조성보다 저음 조성을 취하게 된다. 입길만 닿는 /ㄴ, ㅁ, ㅇ/에서 /ㄴ/은 가장 능동적으로 움직이는 혀끝에서 발음되므로 /ㅁ, ㅇ/보다 발음이 자유롭기 때문에 선택된다. 그리고 /ㅅ/은 /ㄴ/과 같은 위치에서 발음되기 때문이다. 끝소리 자리에서 /ㅇ/을 첨가시키는 것은 개음절 지향성이 강한 경남 방언의 음운 현상에 역행되지만 폐음절성을 가장 약하게 하면서 발음이 쉽기 때문에 첨가되었다.

이상에서 제시한 닿소리 외에는 첨가가 이루어지지 않는데 거센소리는 청각 영상에는 명확성을 주지만 울림 닿소리 또는 홀소리가 홀소리 또는 울림 닿소리와 만나는 경우 자칫하면 둘의 경계를 강화시켜 끊어서 발음이 되게 할 수도 있기 때문이다. /ㅎ/은 첫소리가 아니면 거의 발음이 들리지 않으므로 첨가음으로 설정될 수는 없는 것이다. /ㅈ/의 경우 첨가가 이루어지지 않는 것은 /ㄷ/과 /ㅈ/의 발음 위치가 아주 밀접하므로 /ㄷ/과 /ㅈ/을 모두 첨가음으로 사용하지는 않는 것이다. /ㅁ/은 입술 콧소리로서 세계 각 언어에서 공통적으로 나타나는 보편적 소리이며, 발음의 편이로 어린이의 발화에서 가장 먼저 습득되는 소리이지만 그 청각 영상이 정확하지 않기 때문에 첨가되지 않는다. /ㄹ/은 발음 방법이 다른 소리보다 어려울 뿐만 아니라 흐름소리로서 청각 영상 역시 터짐소리나 갈이소리보다 약하기 때문에 첨가되지 않는다.

5.2.4.2. 함안 방언 음소 첨가

함안 지역어의 음소 첨가는 이상에서 살펴본 경남 방언의 음소 첨가 현상을 따르지 않는 경우가 빈번하다.

(26) ㄱ. 냄새→내검새(남해), 넴세~네(함안), 내미(진주)
ㄴ. 가오리→가부리(울산, 양산, 밀양, 김해, 의령, 남해, 진주), 가버리~가부리(창원) 가오리(함안)
새우→쌔비(창원, 김해, 하동), 세비(합천, 거창, 함양, 산청, 함안, 충무, 거제, 진주, 하동, 창녕, 고성, 의령, 삼천포, 양산), 세베(남해), 쉐비(울산), 쎄우(함안)
ㄷ. 뿌리→뿌링구~뿌렁구~뿌래이(남해, 거제), 뿌리이(통영, 함안, 창원), 뿌링이(하동), 뿌래이~뿌링이(양산, 밀양, 창녕, 고성, 삼천포, 합천, 거창), 뿌레이~(진주)

(26)ㄱ은 /ㄱ/ 첨가로 설정되는 경우인데 함안 지역어에서는 기저형이 그대로 실현되거나 축약이 일어날 뿐이다. (26)ㄴ은 /ㅂ/ 첨가가 이루어지는 경우인데 함안 지역어에서는 어두음이 된소리로 실현될 뿐 역시 첨가는 이루어지지 않는다. (26)ㄷ은 /ㅇ/ 첨가가 이루어지는 경우인데 함안 지역어는 음절을 늘리는 구실을 하는 잉여적 접사 '이'가 이어날 뿐이다.

중세 국어에서 사잇소리는 /ㆁ, ㄴ, ㅁ, ㅱ, ㅇ/가 앞 낱말의 끝소리로 될 때는 발음이 유연(不려)해서 내파음이 되지 못하므로 이 소리와 대립을 이루는 촉급하고 입성이 되는 가장 가까운 관계에 있는 전청음(/ㄱ, ㄷ, ㅂ, ㅸ, ㆆ/)을 모두 다음에 받쳐 쓰게 하여 첨가되는 음소와 그 환경을 명확하게 규정하고 있다.[12] 함안 지역어에서 실현되는 닿소리

12) 중세 국어에서 사잇소리는 /ㅅ/을 쓰는 경우와 선어말 닿소리의 성질에 따라 구별해서 쓰는 경우가 있다. 이것은 음성적 차이를 보이는 것이 아니라 선어말의

첨가는 정확하게 어떤 환경에서 어떤 음소가 첨가되는지는 규정하기가 어렵지만 대체로 'cvc+vc, cv+cvc, cv+v' 형의 다소 불안정한 음절형이 경계가 약해짐에 따라 더욱 더 그 형태를 유지하는 것이 어렵게 되자 그 음절형을 유지하려는 노력으로 닿소리 첨가가 이루어지는데 낱말 경계는 물론 형태소 경계에서도 활발하다.13)

(27) ① 기저: α ---------- 자립 분절음 층: 음소 첨가 자질 설정

CV(C) (C)V ---------- 분절음 층

② 환경 만족: ① CVC+VC, CV+CVC, CV+V 음절이 경계 약화를 거칠 때

③ 자질 확산과 첨가음 생성 : α

⋰ |

CV(C) (C)V

④ 표층: CV(C) ~ (C)V

이 때 첨가가 이루어지는 과정은 (27)①에서와 같이 일단 첨가 현상을 가져오게 하는 요소를 자립 분절음 층에 설정하고, (27)②와 같이 환경이 만족되었을 때 이 자립 분절음 층은 (27)③에서 확산이 일어나게 되며 확산의 결과 (27)④와 같이 실제 표층에서 닿소리 첨가가 이루어

닿소리와 발음 위치가 같은 것을 가져다 놓음으로써 발음상의 조화를 꾀하고자 한 것이다. 그러나 이 법칙은 너무 까다로워서 오래 지켜지지 않았으며 일반적으로는 /ㅅ/으로 대치해서 사용하게 되었다(유창균, 1993:117~118).

· ㅅ이 쓰이는 경우: ㄱ는 엄쏘리니(엄+ㅅ+소리),

· 선어말 자음이 ㆁ 이면 ㄱ. 穰샹ㄱ字쫑, ㄴ이면 ㄷ. 君군ㄷ字쫑, ㅁ이면 ㅂ. 侵침ㅂ字쫑, ㅱ이면 ㅸ. 斗듛ㅸ 字쫑, ㅇ이면 ㆆ. 那낭ㆆ字쫑

13) 이러한 증거로서 첫째, 'CVC-V' 음절 구조를 'CV-CV'로 재배열하는 이음소리 되기는 'V' 음절 구조보다는 'CV' 형이 더 안정된 것임을 말한다. 둘째, 첫소리 자리에서는 제 음가를 가지는 /ㅅ, ㅈ, ㅊ, ㅌ/이 끝소리 자리에서 /ㄷ/으로 변하는 '일곱 끝소리 되기'는 끝소리 자리보다는 첫소리 자리가 음가 유지에 있어 더 중요한 자리임을 말한다. 셋째, 어린이들이 말을 배울 때 'ma, na, ba'로서 'CV' 형을 먼저 습득한다. 이러한 사실들은 'CV' 형이 'V'나 'CVC'보다 더 보편적인 음절 구조임을 말한다.

진다고 본다.

5.2.5. /ㄹ/ 탈락

구조·기술음운론적 접근은 불규칙 활용이란 풀이씨가 활용할 때 일어나는 형태 음소적 교체 중에서 여러 활용 형태와 달리 실현되는 현상을 가리키는데 줄기 끝소리 /ㄹ/은 /ㄴ, ㅂ, ㅅ, ㅗ/ 와 매김꼴 씨끝 '-을' 앞에서 줄어지는 경우가 있다고 보았다(허 웅, 1985:283). 그러나 이들 불규칙 활용이 규칙 활용을 보이는 풀이씨와 어떻게 다른 활용을 보이는가를 주로 기술하였을 뿐 동일한 형태의 줄기를 취하면서 왜 불규칙한 풀이씨들은 규칙적인 풀이씨와 다른 음운 현상을 실현하는가에 대한 이유는 설명할 수 없었다.

생성음운론 이후의 연구는 음운론적 차원에서 불규칙 활용의 원인을 설명하는데 주력하였다. 그 첫번째 시도가 전통 생성음운론(The sound patten of English: SPE)적 접근으로서 기저와 표층의 차이에 의해 국어의 불규칙 풀이씨들이 나타내는 음운 현상은 불규칙이 아니라 규칙 풀이씨와는 다른 음운론적 기제를 가지는 규칙 현상으로 보고자 하였다. 그러나 그들이 주장하는 기저형과 음운 규칙 적용 순서는 본토박이 화자들이 자기들의 언어에 대하여 실제로 이해하고 있는 것과 일치한다는 것을 입증할 만한 실제적 증거를 바탕으로 하고 있지 않다는 점에서 많은 사람들의 비판을 받아왔다(최명옥, 1985:151~152). 이런 단점을 지적하면서 나타난 자연 생성음운론(natural generative phonology: NGP)적 접근은 음성형에 존재하지 않는 추상 음소가 기저형에 설정되는 것을 허용하지 않으며 전통 생성음운론에서 구별 없이 사용되던 음운 규칙과 형태 음운 규칙을 구별하고자 하였다.

근래에는 강력한 지배력을 갖는 문법 규칙일수록 간단, 명료하면서도 예외가 적어야 한다는 관점에서 현재 거론되고 있는 불규칙 이론도 좀 더 정리되고 간소화 되어야 함을 주장하는 추세에서 종래의 불규칙인 ‘ 으-, 우-, 너라-, 거라-’는 더 이상 불규칙이라 할 수 없고, /ㄹ/ 불규칙 역시 음운론적 형태론적 제약에 의하여 설명될 수 있다고 보았다.

5.2.5.1. /ㄹ/탈락에 대한 지배음운론적 접근

지배음운론은 Kaye, Lomenslamm, Vergnaud가 제안한 매력음운론(Charm Phonology)에서 지배 개념을 도입한 이론이다. 매력이란 원소들을 자연부류로 묶을 수 있는 특성을 가리키는데 적극적 매력(positively charmed: σ+), 소극적 매력(negatively charmed: σ-), 중립적 매력(charmless: σ^0)으로 세 종류의 가치값을 가진다. 이와 같은 매력을 지닌 음소들에 지배의 개념을 도입하면 매력적인 음소는 매력이 없는 음소를 지배할 수 있으므로 지배의 강도는 적극적 매력을 지닌 음소가 가장 강하며, 그 다음으로 소극적 매력을 지닌 음소, 마지막으로 중립적 매력을 지닌 음소이다. 그러므로 적극적으로 매력적인 음소는 음절 구조에서 가장 중요한 위치를 차지하며 매력이 중립적인 음소는 약화와 중화가 일어나기 쉬운 위치를 차지하게 된다. 국어 음절 구조에서 핵(가운데 소리)이 없는 상태란 불가능하므로 가운데 소리는 적극적 매력을 지닌 음소가 되며, 첫자리(달, 탈, 잘, 찰, 살)에서는 독립된 값을 가지는 음소들이 끝자리(낮, 낯, 낱, 낫, 닫)에서는 쉽게 탈락 또는 중화를 거치는 것으로 보아 첫소리가 끝소리보다 더 매력을 지닌다고 볼 수 있다. 다음 (28)ㄱ은 앞 음절 끝소리와 뒤 음절 첫소리 사이의 지배 관계를, (28)ㄴ은 한 음절 내에서 첫소리와 가운데 소리 사이의 지배 관계를 나타낸 것이다.

(28) ㄱ. ㄴ.

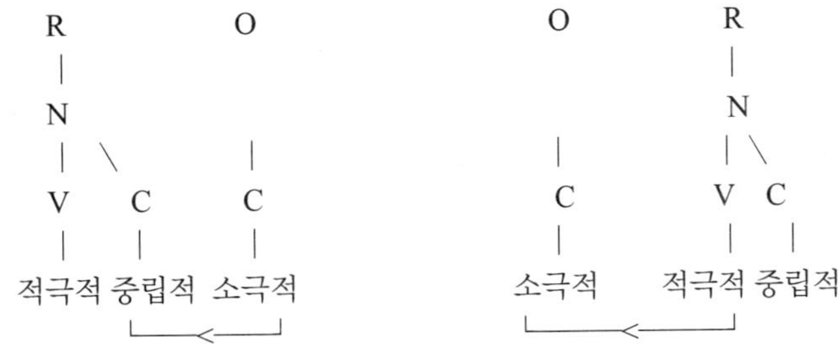

(28)ㄱ은 뒤 음절 첫소리는 앞 음절 끝소리보다 매력의 값이 높으므로 지배자의 위치에 있다는 것을, (28)ㄴ은 한 음절 내에서 가운데소리는 첫소리보다 매력의 값이 높으므로 지배자의 위치에 있다는 것을 말해 준다. 이 때 이러한 지배의 서열을 가져 오는 근거는 강도에 의해서이다.[14] 매력이 높은 지배자의 위치에는 강도가 큰 음소가 위치하며 매력이 적은 피지배자의 위치에서는 강도가 낮은 음소가 와야 원만한 지배 관계를 이룰 수 있다. 그리고 한 음절 내에서나 음절의 연결에서 지배와 피지배의 위치를 결정하는 것은 강도에 의해서지만 지배 관계가 원만한 상태에서 /ㄹ/의 탈락과 유지를 결정하는 것은 발음 위치에 의해서이다. 즉 발음 위치가 서로 다른 음소가 연이어 올 때 지배자의 위치에 있는 음소가 강도가 높으면 피지배자인 선행 음절의 음소는 그대

14) 소리 자질들이 상대적인 강도에 의하여 여러 음운 현상의 본질이 밝혀질 수 있고 규칙화 될 수 있음은 이미 김차균(1993), 오정란(1993) 등에서 밝혀졌다. 김차균(1993: 71)은 고요한 우물 속에 두개의 파문이 동시에 일어났을 경우에 약한 쪽은 강한 쪽에 흡수되거나 더 많은 영향을 받을 수 있지만 강한 쪽이 약 한 쪽에 흡수되거나 크게 파괴되는 일은 예상하기 어렵다. 이렇듯 이웃하는 두 개의 음성 자질 가운데서 약한 쪽은 강한 쪽에 의하여 지워지거나 큰 영향을 받지만 그 역의 과정은 예외적으로 드물게 나타난다고 하였다. 오정란(1993:1)은 닿소리들의 강도 및 조음 위치의 우월성 여부가 국어 음운 현상의 지렛대가 되며 이들은 첫소리가 끝소리를 지배한다는 지배 관계에서 가능하게 된다는 사실로 음운 현상들 사이의 지배 관계를 다루었다.

로 유지된다. 그러나 발음 위치가 같은 음소가 연이어 올 때는 '대조의 원리'가 먼저 적용되어 강도가 강한 쪽이 강도가 약한 쪽을 탈락시키게 된다.[15] 그러므로 본 연구에서는 강도 체계와 발음 위치로써 음소들의 지배 관계 및 /ㄹ/ 탈락을 설명하고자 한다.[16]

5.2.5.2. 경남 방언의 /ㄹ/ 탈락

(29) ㄱ. 울다- 울고(함안, 합천, 거창, 김해)
　　　날다- 날고(함안, 합천, 김해), 나고(거창)
　ㄴ. 돌+콩→돌콩
　ㄷ. 뻘+구덩이→뻘꾸디기(함안), 뻘구디이˜(진주)

(28)ㄴ의 조건에 의하자면 뒤 음절의 첫소리 /ㄱ/은 적극적 매력을 지닌 음소로서 앞 음절의 끝소리 /ㄹ/을 지배해야 하는데 /ㄱ/은 강도가 4도(ㄲ, ㅋ: 5도)이며, /ㄹ/은 1도이므로 (29)에서와 같이 /ㄹ/탈락이 일어나지 않는다. 그러나 특이하게 거창 지역어의 경우 (29)ㄱ 활용에서 /ㄹ/을 탈락시키는 경우가 있는데(날고→나고) 이런 경우는 예외 현상으로 볼 수밖에 없다. /ㄹ/이 유지되는 이러한 현상은 파생어와 합성어에서도 동일하다.

(30) ㄱ. 밀다- 미이(밀으니)(함안), 미는(밀는)(함안, 거창, 합천, 김해)
　ㄴ. ① 올+나락→오나락(함안)

---

15) 이기석(1993:1~3)은 음소의 연결에서 이들은 서로 닮으려는 속성과 닮음을 피하려는 속성이 있는데 후자는 같은 조음 위치에서 두개의 발음이 연이어 날 때 두 음소가 서로를 회피하고자 하는 성질로서 이를 '대조의 원리'라고 하였다.

16) 닿소리의 강도는 1도, 혀옆소리(ㄹ), 2도, 콧소리(ㄴ, ㅁ, ㅇ), 3도, 갈이소리 (ㅅ, ㅈ, ㅎ), 4도, 터짐소리(ㄱ, ㄷ, ㅂ), 5도, 된소리, 거센소리 (ㄲ, ㄸ, ㅃ, ㅆ, ㅉ, ㅋ, ㅌ, ㅍ, ㅊ)로 나누어 볼 수 있다.

돌+냉이→돈네이(함안, 진주)

② 별+님→벨림(함안)

ㄷ. 버들+나무→ 빼들나무(함안), 버덜나무(진주)

나흘+날→나안날(함안), 나알날(진주)

열+남짓→여남시(함안), 여남직(진주)

'ㄹ+ㄴ'의 연결은 지배 관계에는 어긋나지 않으나 발음 위치가 같은 점을 피하려는 '대조의 원리'에 의해 강도가 약한 /ㄹ/이 탈락하는 경우가 일반적이다. (30)ㄱ은 /ㄹ/과 /ㄴ/ 이 연이어 날 때 다른 하위 지역어에서는 /ㄹ/이 탈락되는데 함안 지역어의 경우는 /ㄹ/이 탈락됨과 동시에 /ㆁ/이 실현될 때가 있다. 이러한 현상을 /ㄹ/의 탈락으로 보아야 하는지, 또는 /ㄹ/이 없어짐과 동시에 /ㆁ/이 실현되기 때문에 /ㆁ/의 실현은 /ㄹ/과 뒤에 이어나는 /ㄴ/이 융합된 것이라고 보아야 하는지에 대하여서는 좀 더 깊은 고찰이 필요하다. (30)ㄴ에서 제시된 어휘들은 /ㄹ/ 끝소리를 가진 접두사에 /ㄴ/으로 시작하는 뿌리가 붙는 경우와 /ㄹ/ 끝소리를 가진 뿌리에 접미사 '님'이 붙은 경우인데 전자는 /ㄹ/을 탈락시키고 후자는 /ㄹ/을 유지한다. (30)ㄴ①에서 '돌+냉이→ 돈내이'의 경우, 이진호(1997:30, 각주 35)는 사이시옷 앞에서 /ㄹ/이 탈락한 후 다시 콧소리 되기를 겪은 것이라고 보았다. 그러나 사이시옷 설정은 합성어에만 적용되므로 타당한 견해가 아니다. 또한 닮음이 적용되었다면 /ㄴ/이 /ㄹ/을 닮아 /ㄹㄹ/로 실현되어야 하는데 그 반대 현상이 나타났다. 그러므로 연구자는 이 경우 /ㄹ/이 /ㄴ/ 앞에서 탈락되고 /ㄴ/이 첨가된 것으로 본다.

그런데 탈락이 일어나지 않는 (30)ㄴ②의 경우는 뒤에 접미사 '님'에만 한정되어 있고 '별, 달, 하늘'과 결합할 때이다. 이것은 '별, 달, 하늘' 등이 화자에게 항상 숭배의 대상으로만 존재하는 특별한 경우이기 때문에 원래의 형태를 그대로 유지한 것으로 본다.[17] 이와 같은 경우로 현대 국어에서의 '아들+님, 딸+님'을 들 수 있으나 이러한 어휘들은 경남 방언의 자연스런 대화에서는 잘 쓰이지 않고 기껏해야 '딸래미~딸, 아들래미~아들' 정도로만 쓰여 '님'으로 높여 주는 경우는 찾아볼 수 없다. 구태여 발음을 시켜보면 '아들님, 딸님'으로 실현되는데 이는 '하늘님, 딸님, 별님'등에 유추된 것이라 본다. (30)ㄷ 합성어 형성에서 '나흘+날→나안날'을 닮음 현상으로 보지 않고 /ㄹ/탈락으로 보는 것은 강도의 지배 관계를 무시하고 닮음 현상을 나타낸다면 /ㄴ/은 /ㄹ/을 닮아 /ㄹㄹ/을 실현해야 하는데 /ㄹ/이 오히려 /ㄴ/으로 실현되었으므로 /ㄹ/의 탈락으로 본다. 이렇게 합성어 형성에서는 'ㄹ+ㄱ'에 이어 'ㄹ+ㄴ'에서도 /ㄹ/ 탈락과 유지가 규칙에 어긋나고 있는 것은 역시 합성어의 경우가 활용이나 파생어 형성의 경우보다 두 낱말이 각자 의미, 형태상 독립성을 유지하려는 성격이 어느 경우보다 강하기 때문이라고 본다.

(31) ㄱ. 밀다- 밀도록~미도록(함안, 진주), 미도록(거창), 밀도록(합천, 김해)
ㄴ. 밀+대→밀떼(함안)
ㄷ. 물+동이→물또오(함안), 물도오˜(진주)
꿀+단지→꿀단지(함안)
밀+닫이→미다지(함안)

'ㄹ+ㄷ'의 연결에서 /ㄷ/은 4도이며, /ㄹ/은 1도로서 지배 관계에는 어긋나지 않으나 같은 발음 위치를 피한다는 대조의 원리에 의해 /ㄹ/을 탈락시켜야 하는데 오히려 유지되고 있다. 이런 경우 /ㄹ/의 유지는 발음의 심한 단절을 피하려는 노력에서 비롯된 것이다. 혀끝자리에서

---

17) 이병근(1986:259)은 '별+님→별림, 달+님→달림'이 '아드님, 따님'과 같이 /ㄹ/ 탈락을 겪지 않고 'ㄴ의 ㄹ되기'를 실현하는데 이것은 시어적 기능을 갖는 파생어 형성으로써 우리가 현재 기술하고 있는 일상 언어와는 구별되어야 하는 다른 차원의 모델이라고 하였다.

발음되는 /ㄴ/은 [+울림성]으로 홀소리와 공통된 성격을 지니고 있으며, /ㅅ/은 [+지속성]으로 홀소리가 지닌 길이를 공유하고 있으므로 /ㄹ/이 탈락하여도 앞 음절 홀소리와 뒤 음절 첫소리 /ㄴ/이나 /ㅅ/은 자연스럽게 연결된다. 그러나 같은 혀끝자리이지만 /ㄷ/은 홀소리와 공유할 수 있는 자질을 지니지 못하고 닿소리적인 자질만 가지고 있으므로 /ㄹ/이 탈락되면 앞 음절 홀소리와 뒤 음절 첫소리 /ㄷ/이 바로 이어나는 발음은 자연스럽지 못하다. 그러나 (31)ㄴ 파생어 형성의 경우에는 활용에서와 같이 수의적인 현상이 아니라 완전히 유지된 모습으로 실현되는데 이것은 발음 노력 경제가 한층 더 강화되었음을 알 수 있다. 그리고 파생어 형성에서 학자에 따라 '차돌'을 '찰+돌'로 보아 /ㄹ/탈락의 예로 보기도 하는데 이 연구에서는 '참+돌'의 결합으로 본다. 왜냐하면 접두사 '참-'은 '돌+배, 콩, 감' 등의 '돌-'과 대조되는 뜻이 있을 뿐 '찰지다'의 의미를 지닌 '찰+떡, 쌀' 등과는 다른 경우이기 때문이다. 활용에서나 파생어 형성에서 /ㄹ/을 유지시켰듯이 합성어 역시 (31)ㄷ과 같이 /ㄹ/을 유지시키는 쪽이 강하나 예외적 현상으로 /ㄹ/이 탈락하는 경우가 풀이씨 줄기에 파생어가 결합되는 경우에만 한정되어 나타난다. 이것은 경계를 사이에 둔 두 어형 '밀-, 열-'과 '닫이'는 둘 다 자립성을 결여하고 있으므로 자립성을 띤 낱말이 결합된 다른 합성어와 달리 서로 밀접히 결합하려는 성격을 띠고 있기 때문이다.

(32) ㄱ. 날다- 날모(날으면)(함안), 나무(거창), 날마(합천)
밀다- 밀모(밀으면)(함안), 미마(합천)
ㄴ. 돌+미나리→돌미나리(함안)
ㄷ. 내일+모레→넬모레(함안), 내앨모래~낼:모래(진주)

'ㄹ+ㅁ'의 연결은 지배 관계가 그대로 유지되고 있다. 활용과 파생어 형성에서 규칙적으로 /ㄹ/의 탈락과 유지를 보여 주었던 'ㄹ+ㄱ, ㄹ+

ㄴ'이 합성어에서는 많은 혼란된 모습을 보이는 것과는 달리 'ㄹ+ㅁ'의 연결은 합성어일 경우에도 (32)ㄷ에서와 같이 여전히 그 규칙성을 유지하고 있다. 그러므로 'ㄹ+ㅁ'의 경우는 아직 /ㄹ/ 유지가 지배적임을 알 수 있다.

(33) ㄱ. 돌+포대기→돌뽀데기(함안)
ㄴ. 솔+방울→솔빠알(함안, 진주)
꼬들-+밥→꼬도밥(함안), 꼬더밥(진주)
둘+불 →두불(함안)

'ㄹ+ㅂ'의 연결은 지배의 조건을 지키고 있으므로 /ㄹ/의 유지가 정상적인 현상이며 실제 이 지역어의 파생어 형성에서 그렇게 실현되고 있다.[18] 경우에 따라 '올빼미(부엉이)→오빼미'를 '올+N(v)'로 분석하여 파생어로 보아 예외적인 현상으로 볼 수도 있으나 '-빼미'의 의미가 무엇인지 알 수 없으며, '올-'의 의미도 '올콩, 올밤' 등에서의 의미와 다르므로 '오빼미'는 단일어로 본다. 이러한 사실은 (33)ㄴ합성어에서도 대체로 지켜지고 있으나 '둘+불→두불'로서 탈락 현상을 보이는데 이것은 '한, 두~한둘'이 서로 임의적으로 교체되어 쓰이는 것에서 비롯된 것이며, '꼬들밥 → 꼬도밥'은 'ㄹ+ㅂ'의 지배 관계를 무시하고 탈락되는 예외적 경우이다.

(34) ㄱ. 팔다- 파소(팔소)(함안, 합천)
ㄴ. 허덜+시럽(스럽)다→허덜시럽다(함안)
불+상추→부상추(함안)
ㄷ. 돌+새미→돌세미(함안), 돌새미(진주)
불+살게→부살게(창원, 함안), 불살개(진주)
스물+살→수무살(함안)

---

18) /ㅂ/으로 시작되는 어미가 없으므로 활용의 경우는 설정될 수 없다.

'ㄹ+ㅅ'은 지배 관계로 보아서는 /ㅅ/이 /ㄹ/보다 강도가 크므로 /ㄹ/을 유지시켜야 하는데 (34)ㄱ 활용에서와 같이 탈락시키는 것은 앞서 설명한 '대조의 원리'가 적용되었다고 본다. (34)ㄴ 파생어 형성에서는 '대조의 원리'가 적용되기도 하지만 강도의 세기에 의한 지배 관계가 유지되기도 한다. 이러한 차이는 활용과 파생이 가지는 경계의 긴밀성과 관련이 있다고 본다. '풀이씨 줄기+씨끝' 구조의 경계의 긴밀성은 (접두사)+이름씨, 풀이씨 어간+(접미사)의 구조보다 더 강하며, 파생 접사는 굴곡 접사보다 불규칙성이 강하다. 그러므로 경계 사이에서 실현되는 음운 현상인 /ㄹ/의 탈락과 유지는 경계의 긴밀성이 다소 완화되고 활용 씨끝보다는 불규칙적인 파생에서 더 규칙성을 벗어나고 있다고 본다. (34)ㄷ 합성어의 /ㄹ/ 탈락과 유지는 파생어 형성에서 발견할 수 있었던 현상들이 한층 더 강화된 모습을 보여 준다. 즉 활용의 경우 'ㄹ+ㅅ'의 연결은 대조의 원리에 의해서 이루어 졌는데 파생어 형성에서는 대조의 원리는 물론 강도의 세기에 의한 /ㄹ/탈락이 이루어 졌다. 그런데 합성어 형성에서는 강도의 세기에 의한 지배 관계에서 /ㄹ/의 탈락과 유지가 결정되려는 경향이 강하기 때문이다. 이러한 차이는 경계의 긴밀성 정도에서 비롯되었다. 강도의 세기는 음향적인 문제이며 대조의 원리는 발음적인 문제인데 후자는 두 분절음 사이의 거리가 밀접할수록 더 잘 발생한다. 그러므로 똑같은 'ㄹ+ㅅ'의 연결이지만 경계의 긴밀성이 강한 활용에서는 대조의 원리가 규칙적으로 적용되었고, 이보다는 이완된 경계를 가진 파생어 형성에서는 대조의 원리도 적용되지만 강도의 세기에 의한 지배의 관계가 관련하고 있다. 그러나 파생어보다 경계가 더 독립적인 합성어 형성에서는 강도의 세기에 의한 지배 관계에 의해서 /ㄹ/의 탈락과 유지가 결정되는 경향이 강한 것이다.

(35) ㄱ. 울다- 울지(합천), 울지~우지(함안)
걸다- 거지(함양), 걸지(함안,합천)
ㄴ. 바늘+질→바알질(함안, 진주)
ㄷ. ① 발+자국→발쩨죽(함안, 진주)
② 이불+자리→이부자리(함안, 창원, 진주)
불+젓가락→부째까치(함안)

'ㄹ+ㅈ'의 지배 관계는 /ㄹ/이 유지되어야 하는 구조이며, (35)ㄱ~ㄴ과 같이 활용과 파생어 형성에서 이러한 사실은 잘 지켜지고 있다. 그러나 (35)ㄷ에서는 탈락되는 경우가 있는데 이러한 현상은 합성어에 올수록 /ㄹ/의 탈락과 유지가 혼란되고 있는 것에서도 원인이 있겠지만 일차적으로 (35)ㄷ②는 (35)ㄷ①과는 달리 합성이 일어난 후에 형태, 의미적으로 많은 변화를 겪었기 때문이라고 본다. 즉 '이부자리'는 더 이상 원래 가졌던 '이불'과 '자리'의 의미를 가지지 않으며, '부째까치'의 경우 '불'의 의미를 발견할 수 없으며 '젓가락' 역시 형태 변화를 일으켰다.

(36) 열+흘→여얼(함안)

(36)과 같이 'ㄹ+ㅎ'의 경우는 형태소 내에서만 찾아 볼 수 있으며 지배 관계를 지키고 있지만 /ㄹ/이 탈락된다. 그러나 지배 관계를 무시한 탈락이 아니라 음운 변동 과정에서 비롯된 탈락이다. 경남 방언에서 /ㅎ/은 /ㅅ/으로 입천장소리 되어 나타나기도 하고 때로는 그 소리가 약화되어 /ㅇ/으로도 실현되는데 (36)의 경우는 /ㅎ/이 /ㅇ/으로 약화되자 이음소리 되기가 적용되었으며, 여기에 다시 'ㄹ머리소리 되기'가 적용되어 /ㅇ/으로 다시 실현된 것이다(열흘>열을>여를>여을).

5.2.5.3. 함안 방언 탈락 현상의 특수성

이상에서 살펴 본 /ㄹ/탈락이 함안 지역어에서 실현되는 정도는 (37)과 같다.

(37)

	조사 대상 어휘 수			활용할 때		파생어 형성		합성어 형성	
	활용	파생	합성	탈락	유지	탈락	유지	탈락	유지
ㄹ+ㄱ	61	9	16	0	61	0	9	1	15
ㄹ+ㄴ	61	5	12	61	0	2	3	7	5
ㄹ+ㄷ	61	4	21	수의적		1	3	2	19
ㄹ+ㅁ	61	1	4	0	61	0	1	0	4
ㄹ+ㅂ		3	14			0	3	1	13
ㄹ+ㅅ	61	5	15	61	0	2	3	4	11
ㄹ+ㅈ		3	15	수의적		1	2	2	13
ㄹ+ㅎ			1					0	1

(37)에서 /ㄹ/ 끝소리를 가진 풀이씨는 /ㄴ, ㅅ/ 앞에서 /ㄹ/을 필수적으로 탈락시키고 /ㄷ/ 앞에서는 수의적인 탈락 현상을, 그리고 /ㄱ, ㅁ, ㅈ/ 앞에서는 그대로 유지시킨다.[19] 파생어 형성의 경우 'ㄹ+ㅅ'의 연결에서 활용과는 달리 /ㄹ/이 탈락되지 않는 경우가 보이며, 'ㄹ+ㄷ'의 연결에서 활용과는 달리 /ㄹ/의 탈락이 수의적으로 이루어지지 않고 탈락되는 경우와 탈락되지 않는 경우로 나누어진다. 합성어 형성에서는 'ㅁ'을 제외한 모든 곳에서 예외가 발견되며 /ㅎ/과의 연결을 발견할 수 있다. /ㄹ/의 탈락과 유지가 파생어와 합성어에 올수록 규칙에서 점점 벗어나고 있는 탈규칙화 현상은 합성어는 파생어보다 형태적으로 더 독립성을 가지므로 경계를 사이에 둔 낱말들이 서로가 그 독립성을 지

---

19) /ㄱ, ㄴ, ㄷ, ㅁ, ㅅ, ㅈ/만이 /ㄹ/과 이어나는 환경으로 설정될 수 있고 그 외의 음소와의 연결은 불가능한 것은 그 외의 음소는 이 지역어에서는 활용 어미로 설정될 수 없기 때문이다.

키려는 성격에서 비롯되었다고 본다.

/ㄹ/탈락 이외 경남 방언에서는 /ㄱ, ㄴ, ㅁ, ㅇ, ㅈ, ㅎ/ 등의 탈락을 볼 수 있으나 함안 지역어는 이런 탈락을 겪지 않는다.

(38) ㄱ. 메뚜기→메띠이(삼천포), 매띠이˜(진주), 메떼기(함안)
　　ㄴ. 가니→가˜이˜(함양), 가이(남해, 김해), 가이(함안)
　　ㄷ. 방아→바˜아˜(삼천포, 창녕), 바아(함안)
　　ㄹ. ① 가만히→가마˜이˜(창녕), 가마이˜(진주), 가마이(함안)
　　　② 도혜지→도에지(삼천포, 창원, 함안)

(38)ㄱ은 다른 지역어에서는 /ㄱ/ 탈락을 겪는 어휘이나 함안 지역어는 이 음운 현상에 영향 받지 않으며, (38)ㄴ~ㄷ은 /ㄴ, ㅇ/이 탈락되는 경우이나 함안 지역어에서는 이 자리에 /ㆁ/이 실현되므로 탈락이라고는 볼 수 없다.[20] (38)ㄹ은 /ㅎ/의 경우인데 함안 지역어에서는 두 가지 현상으로 실현된다. (38)ㄹ①은 (38)ㄴ~ㄷ과 같이 /ㆁ/이 실현되므로 탈락으로 역시 볼 수 없으나 (38)ㄹ②는 홀소리 사이 /ㅎ/의 약화에 의한 탈락으로 본다. /ㅎ/은 입안 전체에 걸쳐서 발음이 된다고 해도 무리가 아닐 만큼 발음 위치의 고정성이 없으며 그 청각 영상 또한 다른 닿소리에 비하여 뚜렷하지 않다. 이런 자질을 가진 소리가 홀소리 사이에서 쉽게 약화되어 탈락된 것이다.

(39) ㄱ. 구멍→구영(거제도), 구뭉(진주), 구중~구늉(함안),
　　ㄴ. 가지고→가이고(거제도), 가꼬(함안)

예시 (39)ㄱ~ㄴ은 다른 지역어에서 각각 /ㅁ, ㅈ/ 탈락으로 설정하

20) /ㄴ, ㅇ/이 탈락되는 자리에서 /ㆁ/이 실현되는 현상에 대해서는 /ㆁ/의 첫자리 실현에서 언급할 것이므로 여기서는 생략한다.

고 있는 어휘들인데 함안 지역어의 경우 (39)ㄱ은 탈락이 아니라 오히려 음소끼리의 서로 통합으로 보아야 하며, (39)ㄴ은 3 음절이 2 음절로 되는 응축에 의한 현상이므로 엄격히 /ㅈ/탈락으로 볼 수 없다.

5.2.6. /ㆁ/의 첫소리 실현

현대 국어에서 /ㆁ/은 끝소리에서만 그 음가를 발휘한다고 보고 있다. 그러나 경남 방언의 경우는 현대 국어에서와 같이 첫소리 자리에서는 /ㆁ/이 실현되지 않는다고 보는 견해(대부분의 연구)와 /ㆁ/은 앞, 뒤 홀소리에 콧소리 자질을 남기고 /ㆁ/ 자신도 홀소리가 되어 결국에는 탈락된다는 견해(이병선, 1967)와 그리고 끝소리 자리는 물론 첫소리 자리에서도 /ㆁ/이 실현된다는 견해(김영태, 1981, 1982a)로 나뉜다.

두 번째 견해는 /ㆁ/이 코홀소리로 실현되기 때문에 들을이는 이를 /ㆁ/의 첫소리 실현으로 보게 된다는 것이다. 즉 현대 국어 '동이'(盆)는 경남 방언에서 /toŋo/로 실현되는데 이것은 이상적인 실현형이고 실제는 [tõ:]~[tõõ]이다.[21] 이것은 2도 /ŋ/이 5도 /ㅗ/ 사이에서 코홀소리로 되어 [tõõõ]로 실현되는데 중간의 [-õ-]는 /ŋ/의 길이만큼 짧은 시간 동안 유지되기 때문에 세 개의 [õ]는 두 개 또는 거의 하나의 긴소리로 되어 결국에는 [tõ:]~[tõõ]로 실현된다는 것이다. 그러나 이러한 관점은 다음 몇 가지에서 그 변동 과정에 납득이 가지 않는다. 첫째, 콧소리 /ㆁ/이 홀소리 사이에서 공깃길을 닮아 약화되어 탈락되었다든지, 탈락되면서 홀소리에 콧소리 자질을 남겼다는 설명은 가능할 수 있으나 닿소리 /ㆁ/이 홀소리 /ㅗ/로 바뀌었다는 것은 음성학적으로 불가능 하다. 둘째, 마지막 실현형이 코홀소리를 길게 유지하거나 코홀소리를 반복하

21) [õ]는 홀소리 /ㅗ/가 콧소리 자질을 띄고 있음을 의미한다.

여 실현시킨다는 것은 발음상 많은 노력을 필요로 하는데 발음 노력 경제가 어느 지역보다 강한 경남 방언에서 가능한 실현형일지 의문이다.

그러나 연구자는 함안 지역어에서는 /ㆁ/이 분명히 실현되고 있다고 보는데 다음 어휘들은 그런 사실을 뒷받침하고 있다.

(40) ㄱ. 백야시→뱅야시
ㄴ. 숫염소→쑹얌세이
ㄷ. 식은밥→씨인밥/ 묵은쌀→무운쌀
ㄹ. 운이→우이

(40)ㄱ은 뒤 음절 첫소리 /ㆁ/의 영향으로 앞 음절 끝소리인 터짐소리 /ㄱ/이 같은 발음 방법인 /ŋ/으로 바뀌었으며, (40)ㄴ은 끝소리 /ㅅ/이 일곱 끝소리 되기에 의해 /ㄷ/으로 일차적으로 바뀌고 나서 뒤 음절 /ㆁ/의 영향으로 콧소리 /ㄴ/으로 바뀌며 마지막으로 발음 위치 닮음에 의해 /ŋ/으로 되었다. (40)ㄷ~ㄹ은 /ㄱ/과 /ㄴ/이 /ㆁ/의 영향으로 발음 위치와 발음 방법 닮음인 /ŋ/으로 실현되자 끝소리 /ŋ/과 첫소리 /ŋ/이 반복되어 하나가 탈락하게 된 것이다. 예시 (40)ㄱ~ㄹ에 제시된 어휘의 음운 변동 과정을 나타내어 보면 아래와 같다.

(41) 백야시	숫염소	식은밥	운이	
——	숟염소	——	——	: 일곱 끝소리 되기
뱅야시	순염소	싱은밥	——	: 콧소리 되기
——	숭염소	——	웅이	: 발음 위치 닮음
——	——	시은밥	우이	: 동음 탈락
[뱅야시]	[쑹얌세이]	[시인밥]	[우이]	: 실현형

이 외 함안 지역어에서는 울림 닿소리와 홀소리 사이 또는 홀소리 사이에 놓인 닿소리는 약화되어 /ㆁ/으로 실현되는 경우가 많다.

(42) ㄱ. 무단히→무다이/ 뻔히→뻐이
ㄴ. ① 구경→기잉(함안), 기엉(진주)
어머니→어무이(함안), 어무이(창녕, 하동, 양산, 산청), 어무이˜(진주)
② 사흘나흘→사알나알(함안), 사알(충무, 밀양, 하동, 양산, 창원), 사알(진주)
팔월→파알(함안)
ㄷ. 병신→빙시이(함안), 빙시이~빙시히(창녕), 벵시이˜(진주)

(42)ㄱ은 울림 닿소리와 홀소리 사이에서 /ㅎ/이 약화되어 /ㆁ/으로 실현되자 앞 음절 끝소리 /ㄴ/이 자리 닮음에 의해 같은 콧소리인 /ŋ/으로 실현되었으며 마지막으로 동일음 탈락을 겪게 된 것이다. (42)ㄴ①은 홀소리 사이에서 닿소리 /ㄱ, ㄴ/이 약화되어 /ㆁ/으로 실현된 것이다. /ㄴ/이 약화되어 /ㆁ/으로 실현되는 경우는 /ㅣ/홀소리 앞에서 한정되는데 음성학적으로 /ㄴ/은 /i, j/와 이어날 때 그 자리가 앞혓바닥으로 이끌리어 [ɲ]으로 실현된다. [ɲ]로 실현된 /ㄴ/은 발음되는 위치와 방법이 /ㆁ/과 가장 가깝다는 음성학적 유사성으로 /ㄴ/이 실현되는 자리에 /ŋ/이 실현된 것이다(n→ɲ→ŋ). '구경→기잉'의 경우, 음성학적으로 /ㆁ/을 빨리 내면 /ㄱ/이 되고, /ㄱ/을 천천히 내면 /ㆁ/이 되기 때문에 /ㄱ/의 약화로 /ㆁ/이 실현된 것으로 볼 수 있다.[22] (42)ㄴ②는 발음 위치나 방법이 불안정한 닿소리가 홀소리 사이에 놓이게 됨으로써 그 발음이 더욱 뚜렷하지 못하거나 홀소리의 공깃길에 이끌리게 되는데 이 때 닿소리의 자질을 유지하면서 홀소리와 가장 가까운 /ㆁ/으로 실현시키게

22) /ㄱ/의 약화가 /ㆁ/이라는 것은 훈민정음 종성해 혜례본에 잘 나타나 있다.
... 五音之緩急 亦各自爲對如牙之ㆁ 與ㄱ爲對 而ㆁ 促呼則變爲ㄱ而急 ㄱ舒出則變爲ㆁ 而緩...
"오음의 느리고 빠름은 각각 스스로 짝이 되니, 어금니 소리의 ㆁ 과 ㄱ은 짝이 되는데, ㆁ 은 재빨리 내면 그것은 바뀌어서 ㄱ이 되어서 빠르고 ㄱ은 천천히 내면 그것은 바뀌어서 ㆁ 이 되어 느리다"(박지홍, 1987:94).

된 것이다. 홀소리 사이에 놓인 닿소리가 약화되어 /ㆁ/으로 실현되는 현상은 (42)ㄷ에서와 같이 의사 접사와 결합될 경우에 더욱 심한데 그것은 의사 접사는 앞의 의미부와 긴밀한 짜임새를 이루기 때문이다.

(43) 벼개목→베게모오(함안)
홍진손(천연두)→홍진소이(함안)

예시 (43)은 개음절 지향성에 의해서 폐음절을 개음절로 유지하려는 데서 비롯된 /ㆁ/의 실현이다. 그러나 음절을 늘이되 늘어난 음절은 잉여적인 것이므로 앞 음절과 가장 긴밀하게 결합될 수 있어야 한다. 이때 /ㆁ/은 닿소리 가운데서 여린소리이며 울림의 자질을 가지고 있으므로 홀소리와 함께 이어나면 그 발음이 명확하지 못하여 앞 음절의 홀소리와 가장 긴밀하게 연결될 수 있다. 이렇게 볼 때 /ㆁ/의 실현은 화자들이 두 음절을 인식하는 정도(긴밀성, 이완성)와도 밀접한 관련이 있다고 본다.

5.3. 마무리

1) 경남 방언의 입천장소리 되기 현상은 /ㄷ, ㅌ/ 외에 /ㄱ, ㅋ/(→ㅈ, ㅊ)이나 /ㅎ/(→ㅅ)에서도 실현된다. /ㄷ/은 형태소 경계에서 끝소리 자리에서만 실현되고, /ㄱ/은 형태소 내, 특히 첫째 음절 첫소리 자리에서만 실현되고, /ㅎ/은 형태소 내에서 첫소리 자리에서만 실현된다. 그리고 전체적으로 낱말 경계에서는 낱말의 독립성 유지 노력으로 인해 입천장소리 되기가 실현되지 않는다. 그러나 함안 지역어에서는 다른 하위 지역에 비해 입천장소리 되기가 실현되지 않는 경우가 많고, /ㄷ/의

입천장소리 되기가 형태소 내에서도 실현될 때도 있으며, /ㄱ/의 입천장소리 되기가 첫소리 자리가 아닌 위치에서도 실현되는 경우를 볼 수 있다. 이러한 어형 유지의 보수성이 강한 것은 함안은 동쪽으로는 창원, 서쪽으로는 의령, 남쪽으로는 진주, 마산, 북쪽으로는 창녕과 인접하여 경남의 중앙에 위치하므로 여러 인접 지역의 음운 현상을 다양하게 영향 받지만 영향을 받는 정도는 다른 지역보다 약하기 때문이다.

발음 위치를 고음 조성과 저음 조성으로 나누어 본다면 입천장소리 되기는 서로 다른 위치에서 조음되는 분절음이 만나 이루어지는 부류와, 위치는 같으나 그 하위 자질이 서로 다른 분절음이 만나 이루어지는 부류로 나누어 볼 수 있다. 전자에는 /ㄱ, ㅎ/의 입천장소리 되기가 속하는데 홀소리의 위치가 고음 조성이므로 저음 조성인 닿소리는 홀소리의 위치로 끌려오기 마련인 것이다. 이 때 저음 조성인 /ㄱ/이 고음 조성으로 위치를 옮길 때는 혀끝과 센입천장 중 센입천장으로 자리를 옮기게 된다. 이것은 음운 교체, 음운 변화는 자연부류 안에서 가장 자연스럽게 이루어진다는 원리에서 같은 [-전방성]으로 묶일 수 있기 때문이다. 후자의 경우에는 /ㄷ/의 입천장소리 되기가 속하는데 위치는 닿소리와 홀소리가 동일하지만 좀 더 노력을 절감하기 위하여 자질 닮음이 일어난 것이다.

함안 지역어의 입천장소리 되기에는 경계와 음절의 문제가 관여하고 있으며 수의적으로 실현되는 것은 입천장소리 되기 역시 궁극적으로 따지면 일종의 노력 경제 원칙에 의한 조음 운동에서 비롯되었기 때문이다. 즉 입천장소리 되기가 실현될 수 있는 환경이더라도 입천장소리 되기보다 더 노력이 적게 드는 음운 현상이 있다면 화자들은 그것을 선택하게 되므로 수의적인 실현은 화자의 임의적 언어 사용에 대한 잠재의식에서 비롯되었다고 본다.

2) 함안 지역어의 /ㅣ/치닮기 현상은 경계에 따라 실현되는 정도는 다르지만 표준어보다는 보편적으로 실현되고 있다. 이러한 현상은 /ㅣ/ 홀소리 외에 /j/에 의해서도 실현되며, 혀끝소리가 끼일 때도 실현되며, 이 지역어 특유의 잉여적 접사 역시 /ㅣ/치닮기의 실현에 한 몫을 하기 때문이다. /ㅣ/치닮기를 겪을 경우 경남 방언에서도 지역에 따라 겹홀소리 /ㅚ, ㅟ/로 실현되는 경우가 있으나 함안 지역어에서는 /ㅔ, ㅣ/ 두 유형으로만 귀착된다. 이것은 이 지역어가 가진 홀소리 체계에서 비롯되는데 /ㅚ, ㅟ/ 겹홀소리의 회피로 /ㅗ, ㅜ/가 /ㅔ, ㅣ/로 실현되며, /ㅐ, ㅔ/의 비변별로 /ㅏ, ㅓ/가 /ㅔ/로 실현되기 때문이다. /ㅓ, ㅡ/의 비변별로 교체된 /ㅓ/가 /ㅣ/치닮기를 겪어 /ㅔ/로 실현될 것 같으나 현대 국어에서와 같이 /ㅣ/로 실현된다. 이것은 /ㅡ/가 그대로 실현되어야만 하는 환경에서는 /ㅓ/ 홀소리로 교체되어 실현되나, /ㅣ/치닮기 실현이 가능한 환경에서는 이 음운 변동으로도 /ㅡ/를 회피할 수 있는데 다시 /ㅓ/로 교체시키고자 하는 노력을 화자는 필요로 하지 않기 때문이다.

분절음의 배열에서 나타날 수 있는 음운 현상은 넓게 보아 닮으려는 속성과, 닮음을 피하려는 속성을 지니는데 /ㅣ/치닮기는 '홀소리(저음 조성)+닿소리(저음 조성)+홀소리(고음 조성)' 자질 연속에서 고음 조성인 후행 홀소리가 앞 홀소리의 자질을 자신의 자질과 같은 계열로 만들고자 하는 속성에서 비롯된 것이다. 이 때 자립 분절음 층에 설정된 /ㅣ/치닮기 형성 자질의 확산에 의하여 '[+고음 조성]+[+저음 조성]+[+고음 조성]'라는 자질의 배열을 가져온다. 그러나 '홀소리(저음 조성)+닿소리(고음 조성)+홀소리(고음 조성)' 자질 연속에서는 이런 자질 닮음이 일어나지 않는데 이것은 사이에 끼인 닿소리가 이어나는 /i, j/와 같은 고음 조성 위치에서 발음되기 때문이다. 저음 조성인 뒤홀소리가 발음되고 나서 닿소리를 사이에 두고 홀소리가 연이어 오게 될 때 두 홀소리는 부조화를 이루어 일반적으로 저음 조성(뒤홀소리)은 고음 조성(앞홀소리)으로 바뀌어 /ㅣ/치닮기가 실현되는데, 그 사이에 끼인 닿소리가 역시 고음 조성인 경우는 두 홀소리 사이의 부조화를 이 닿소리가 먼저 어느 정도 중화시키므로 /ㅣ/치닮기가 실현되지 않는다.

3) 음소 첨가는 거센소리나 된소리는 찾아볼 수 없고 여린소리 중에서도 /ㄱ, ㄴ/의 경우가 대부분이고 그 밖에 /ㄷ, ㅂ, ㅅ, ㅇ/이 실현되고 있다. 이것은 닿소리의 첨가는 청각 영상 강화로 일어나는 현상이므로 첨가되는 음소는 가장 분명하게 청취되며 발음이 쉬운 것이 선택되기 때문이다. /ㄱ/은 저음 조성으로 발음 위치 중에서 주로 주변에서 발음되며 진동 수가 낮아 발음 노력이 적게 들고, /ㄴ/은 가장 능동적으로 움직이는 혀끝에서 발음되므로 발음이 쉬워 가장 많이 선택된 것이다. 함안 지역어의 음소 첨가는 경남 방언의 음소 첨가 현상을 따르지 않는 경우가 빈번하며 정확하게 어떤 환경에서 어떤 음소가 첨가되는지는 규정하기가 어렵다. 그러나 대체로 'cvc+vc, cv+cvc, cv+v'형의 다소 불안정한 음절형이 경계가 약해짐에 따라 더욱 더 그 형태를 유지하는 것이 어렵게 되자 그 음절형을 유지하고자 닿소리 첨가가 이루어지는데 낱말 경계는 물론 형태소 경계에서도 활발하다. 이 때 첨가가 이루어지는 과정은 일단 첨가 현상을 가져오게 하는 요소를 자립분절음 층에 설정하고, 조건이 만족되었을 때 이 자립분절음 층은 분절음 층으로 확산이 일어나게 되며 확산의 결과 실제 표층에서 닿소리 첨가가 이루어진다고 본다.

4) 지배음운론에 의하면 매력적인 음소는 매력이 없는 음소를 지배할 수 있는데 지배의 강도는 적극적 매력을 지닌 음소가 가장 강하며, 그 다음으로 소극적 매력을 지닌 음소, 마지막으로 중립적 매력을 지닌 음소이다. 국어 음절 구조에서 핵(가운데 소리)이 없는 상태란 불가능

하므로 가운데 소리는 적극적 매력을 지닌 음소가 되며, 첫자리에서는 독립된 값을 가지는 음소들이 끝자리에서는 쉽게 탈락 또는 중화를 거치는 것으로 보아 첫소리가 끝소리보다 더 매력을 지닌다고 볼 수 있다. 그러므로 음소의 연결에서 뒤 음절 첫소리는 앞 음절 끝소리보다 매력의 값이 높으므로 지배자의 위치에 있으며, 한 음절 내에서 가운데 소리는 첫소리보다 매력의 값이 높으므로 지배자의 위치에 있다. 이 때 이러한 지배의 서열을 가져오는 근거는 강도에 의해서이지만 지배 관계가 원만한 상태에서 /ㄹ/의 탈락과 유지를 결정하는 것은 발음 위치에 의해서이다. 즉 발음 위치가 서로 다른 음소가 연이어 올 때 지배자의 위치에 있는 음소가 강도가 높으면 피지배자인 앞 음절의 음소는 그대로 유지된다. 그러나 발음 위치가 같은 음소가 연이어 올 때는 '대조의 원리'가 먼저 적용되어 강도가 강한 쪽이 강도가 약한 쪽을 탈락시키게 된다.

이러한 지배 관계에 비추어 볼 때 함안 지역어의 /ㄹ/ 끝소리를 가진 풀이씨는 /ㄴ, ㅅ/ 앞에서 /ㄹ/을 필수적으로 탈락시키고 /ㄷ/ 앞에서는 수의적인 탈락 현상을, 그리고 /ㄱ, ㅁ, ㅈ/ 앞에서는 그대로 유지시킨다. 파생어 형성시의 /ㅅ/은 탈락되지 않는 경우가 나타나기 시작하며, /ㄷ/ 앞의 /ㄹ/은 탈락되는 경우와 탈락되지 않는 경우로 나누어진다. 합성어 형성에서는 /ㅁ/을 제외한 모든 곳에서 예외가 발견되며, /ㅎ/과의 연결을 발견할 수 있다. /ㄹ/의 탈락과 유지는 이완된 경계에 올수록 규칙에서 점점 벗어나고 있다. 이것은 경계를 사이에 두고 형태적으로 독립성을 지닌 낱말들이 서로가 그 독립성을 지키려는 성격에서 비롯되었다고 본다.

5) 현대 국어에서 /ㅇ/은 끝소리에서만 그 음가를 발휘한다고 보고 있는데, 함안 지역어에서는 첫소리 자리에서도 실현되고 있음을 '뱅야

시, 빼이, 어무이' 등에서 확인할 수 있다. '뱅야시(백야시)'는 뒤 음절 첫소리 /ㅇ/의 영향으로 앞 음절 끝소리인 터짐소리 /ㄱ/이 같은 발음 방법인 /ŋ/으로 바뀌었다. '빼이(뻰히)'는 울림 닿소리와 홀소리 사이에서 /ㅎ/이 약화되어 /ㅇ/으로 실현되자 끝소리 /ㄴ/이 첫소리 /ㅇ/의 영향으로 같은 콧소리인 /ŋ/으로 실현되었으며 마지막으로 동일음 탈락을 겪게 된 것이다. '어무이(어머니)'는 /ㄴ/이 /i, j/와 이어날 때 그 자리가 앞혓바닥으로 이끌리어 [ɲ]으로 실현되는데 이 때 ㄴ[ɲ]은 /ㅇ/과 발음되는 위치와 방법이 서로 동일하다는 음성적 유사성으로 /ㄴ/이 실현되는 자리에 /ㅇ/이 실현된 것이다.

제6장 함안 방언 합성이름씨 성조 변동 현상 연구

6.1. 머리말

경상도 방언 성조 체계에 대한 논의는 河野六郎(1945, 1951)과 허웅(1954, 1955)에서 시작되는데 중세 국어와 현대 경상도 방언의 성조를 2성조 체계로 보느냐, 3성조 체계로 보느냐의 차이이다. 이러한 논쟁은 지금까지도 계속되고 있으며 이는 상성을 어떻게 해석하느냐와 관련이 있다.[1] 한편 김무식(1993:320)에서는 상성은 음운론적으로는 단일 성조이지만 음성학적으로는 병치의 특성을 가지고 있다고 보아 이러

1) 상성 해석에 대한 논의는 연구자의 글(2002:8-14)에서 이미 다룬 바가 있으므로 여기에서는 더 이상 논하지 않고 지금까지 이루어진 연구에서 설정된 경상도 방언 성조소 유형을 간략하게 제시하는 것으로 대신한다.

	경남 방언	경북 방언
허웅(1963 : 276)	H, M, L	
정연찬(1974 : 13)	H, L, LH	
문효근(1974 : 36)	H, M, L, MH, HM	H, L, LH, HL
김영만(1986 : 20~45)	O(H)/o(h), U(L)/u(l), w(최저조)	O(H)/o(h), U(L)/u(l), W(L:)
정원수(1994 : 77~78)		H, M, M:(중장조 또는 저조)
김주원(1995 : 19, 22)	H, L	H, L, LH
김차균(1998: 287)	H, M, L	60대: H, M, M̤(중장조)
		20대: H, M
최명옥(1998 : 47~48)	H, L	H, L, LH
이문규(1998 : 231)		H, L, R

한 두 가지 주장이 모두 가능성에 대한 개연성이 있다는 주장도 제기되고 있다.

경상도 방언 성조 현상을 기술하는 이론은, 구조 · 기술적 방법(이기문: 1972, 문효근: 1974, 정연찬: 1974), 생성음운론적 방법(김완진: 1973), 액센트 분석법(이상억: 1977), 초분절음소론적 접근(김영만: 1986), 대립과 중화에 의한 방점법(김차균: 1980), 자립분절적 접근(김경란: 1988), 최적이론(김노주: 1997) 등을 들 수 있다. 이런 다양한 노력은 경상도 방언 성조 연구의 위상을 한층 더 높이는 역할을 하였다.[2] 그러나 성조 방언들 사이의 공통점과 차이점을 밝힐 수 있고 자료를 일관성 있게 해석할 수 있는 표준화된 성조 기술이 필요하다는 지적(김주원, 1991:587, 이문규, 1998:213, 김차균, 1998:285)도 있다.

그밖에 경상도 방언의 성조 현상에 대한 연구는 대상 지역의 선정이 다소 균형적이지 못했는데 함안군도 그 한 예이다. 함안군은 경남의 핵 방언권임에도 불구하고 그동안 관심의 대상이 되지 못했다. 한 방언의 전면적인 모습을 보여주기 위해서는 음운, 어휘, 문법, 운소 부분까지 기술이 균형적으로 이루어져야 하고 특히 음운, 문법, 어휘 연구가 그 지역어의 특징을 드러내주는 온전한 자료가 되기 위해서는 운소에 대한 기술이 필연적으로 따라야 한다.

이 연구는 함안 지역어 성조 체계를 밝히는 한 연구로서 합성이름씨를 대상으로 성조 변동 현상을 살펴보는 데 목적이 있다.[3] 그러나 합성

---

2) 연구자(2003:15-34)는 15세기 방점법을 되살려 대립과 중화의 관점에서 성조 방언들 사이의 관계와 변화의 법칙을 찾고자 한 김차균(1980)의 이론과 김경란(1988)의 성조 기술 방법을 비교하여 그 차이점을 기술한 바가 있다. 두 이론의 차이점은 전자의 경우 기저 성조가 미리 모든 음절에 배당된 상태에서 각 방언의 특수성에 의해 표면 음조로 실현되는 평면적인 기술 방법이다. 그런데 후자의 경우 기저의 모든 음절에 성조가 배당되어 있지 않고 성조 도출 규칙에 의해 알맞은 표면형을 찾아가는 입체적 기술 방법이다.

3) 합성어는 둘 이상의 뿌리가 결합되어 낱말을 만드는 방법인데 의미 관계나 구성

이름씨를 의미 관계나 배열 방식에 따라 구분하지 않고 구성 낱말의 기저 성조 유형에 따라 구분하여 성조 결합에서 나타나는 성조 변동 현상을 살펴보고자 한다.

6.2. 표기 규약과 성조 결합

6.2.1. 기본 성조소와 표기 규약

성조는 뜻의 변별을 높이에 의해 구별하고자 했던 중세 사람들의 발음 노력인데 객관적인 높이가 아니라 토박이 화자가 받아들이는 주관적인 인식에 근거한 음운학적인 높이이다. 이런 사실은 『언해본 훈민정음(訓民正音 諺解)』의 사성(四聲) 설명 부분에 잘 나타나 있다. "... 平聲·은 ·ᄆᆞᆺ ᄂᆞᆺ가·ᄫᆞᆫ 소·리·라, 去聲·은 ·ᄆᆞᆺ 노·ᄑᆞᆫ 소·리·라, 上聲·은 ·처ᅀᅥ·미 ᄂᆞᆺ:갑·고 乃終·이 노·ᄑᆞᆫ 소·리·라..."라고 한 것은 상대적 높이와 더불어 상대적 길이까지를 설명한 것이다. 김차균(1998:273)에 의하면 점이 없는 성조를 굳이 평성이라고 부른 것은 평성을 무표적인 것으로 점이 있는 거성, 상성을 유표적인 것으로 보고자 하는 잠재의식이 바탕이 된 것이다. 또한 실제 조사된 성조형 가운데 앞부분만 가지고 보면 평

부분의 배열 방식에 따라 구분된다. 의미 관계는 뿌리가 본래의 뜻을 잃어버리고 새로운 뜻을 가지게 되는 융합합성어[춘추(나이)], 두 뿌리 사이에 딸림 관계가 성립되는 종속합성어[봄비], 두 뿌리 사이가 대등한 대등합성어[마소]가 있다. 배열 방식은 우리말의 낱말 배열법과 일치하는 것을 통어적 합성어라 하고 그렇지 않은 것을 비통어적 합성어라 한다. 예를 들어 '들것'은 움직씨 '들다'의 매김꼴 '들'과 매인이름씨 '것'이 결합한 것으로 '매김꼴 + 매인이름씨'는 정상적인 낱말 배열법으로 통어적 합성어이다. 그러나 '늦더위'의 경우 '늦다'가 뒤에 오는 이름씨 앞에 놓이려면 매김법 씨끝 '-은'이 결합되어 '늦은 더위'가 되어야 하는데 그렇지 않아 비통어적 합성어이다(하치근, 2002:131-132).

성은 거성, 상성을 합친 것보다도 빈도가 높은데 빈도가 높은 성조의 이름을 평성이라고 붙인 것도 생리-물리적인 것이 아니라 음운학적이라고 보았다.

음운학이란 뜻의 변별에 관여하는 소리를 주된 연구 대상으로 하고 물리적이고 구체적인 소리는 부차적으로 다루는 영역이므로 성조 연구 역시 토박이 화자의 언어 직관을 중요하게 기술해야만 한다. 그러므로 이 연구에서는 함안지역어 기본 성조소를 토박이 화자의 언어 직관에 바탕을 두고 상대적 높이의 '고-중-저' 3단 수평 체계로 설정한다. 이는 토박이의 직관적인 성조 의식도 그러할 뿐만 아니라 중세 국어의 방점과 대응 관계 등 이 방언을 기술하는데 많은 장점을 가지고 있다고 보기 때문이다. 이런 사실은 다음에 제시된 동음이의어들이 함안지역어에서 상대적인 성조 차이에 의해 뜻의 변별이 성립되는 것에서 확인될 수 있다.

(1) 고	중	저
말(馬)	말(斗)	말(語)
배(梨)	배(腹, 船)	배(數)
손(客)	손(手)	손(孫, 損)
	밤(夜)	밤(栗)

그리고 앞으로 이 연구를 기술해 나감에 있어 이러한 높낮이 표기는 각각 'H(고), M(중), L(저)'로 나타내는데 이 지역어에서 실제 실현되는 낱말을 제시하면 아래와 같다.

(2) ㄱ. H(고): 꽁(꿩), 낱(얼굴), 베(벼), 벵(甁), 벨(별), 비(비석), 절(결), 쪽(국자), 우(위), 청(마루), 초(醋), 흑(흙)
ㄴ. M(중): 골(뇌), 질(길), 깨(꾀, 참깨), 끼(끼니), 내(냄새), 벡(벽), 뻬(뼈), 쌔

(쇠), 제(젓가락), 춤(침), 텍(턱)

ㄷ. L(저): 께~끼(게), 메(묘), 빙~벵(病), 전(煎), 짐(김), 신(쉰), 범(호랑이)

이들이 여러 개 모인 것을 표기할 경우에는 첨자로서 간략하게 표기하는데 윗첨자는 그 개수만큼을 아래 첨자는 그 이상의 개수를 나타내는데 예를 들어 H^2M_3은 HHMMM...을 간략화하여 표기한 것이다.4) 이 지역어에서 실제 실현되는 낱말을 대상으로 표기하면 아래와 같다.

(3) ㄱ. 가실(秋, 秋收)HH → H^2

보따리(보자기)HHH → H^3

ㄴ. 모구(모기)MM → M^2

모티이(모퉁이)MMM → M^3

ㄷ. 가세(邊)LL → L^2

고구매(고구마)LLL → L^3

ㄹ. 께엘배이(게으름뱅이)HHHM → H^3M

솔빠알(솔방울)HHM → H^2M

가무치(가물치)HMM → HM^2

6.2.2. 기저 성조와 표면 성조

앞서 제시된 예시 (1), (2), (3)의 표기는 우리가 실제 듣고 느끼는 것을 그대로 옮겨 적은 것은 아니다. 예시 (4) '손(客)'의 경우 'H'로 표기되지만 #—#의 환경에 나타날 때 실제 느껴지는 것은 'MH'에 가깝게 들리며, '기(耳)'의 경우 'M'으로 표기되지만 #—#의 환경에 나타날 때 실제 느껴지는 것은 'MM'에 가깝게 들리며, '디(後)'의 경우 'L'로

4) 경우에 따라 정해지지 않은 음절 수를 나타내기 위해 H^mM_n(또는 H^mM^n)등으로 표기될 수도 있는데 이 때 m과 n은 임의의 수를 말한다.

표기되지만 #—#의 환경에 나타날 때 실제 느껴지는 것은 'LM'에 가깝다.

(4) /H/ /M/ /L/

/H/	/M/	/L/
손(客)[MH]	기(耳)[MM]	디(後)[LM]
꼴[MH]	넘(他)[MM]	임(님)[LM]
모(苗)[MH]	멫(몇)[MM]	돔(도미)[LM]

예시 (4)는 /#L#/, /#M#/, /#H#/ 상태에서 함안 지역어의 경우 다른 동남부 경남 방언과 마찬가지로 성조에 중복 규칙이 적용되어 /#L^2#/, /#M^2#/, /#H^2#/으로 변한다. 이러한 중복 규칙은 하나의 음보(foot)는 2음절(또는 2모라) 이상이라야 한다는 범언어적인 원칙에 따른 것이다. 다시 이것이 음조 규칙 (7)ㄱ, ㄴ ㄷ에 의해 각각 /#L^2#/[LM], /#M^2#/[MM], /#H^2#/[MH]로 나타난다. 따라서 /H/, /M/, /L/ 등의 표기는 기저음을 나타내고 [MH], [MM], [LM] 등은 표면음을 표기한 것이다.

기저와 표면의 이런 차이점을 표기에 반영하여 성조가 추상적인 성조론적인 층위의 표상일 경우에는 음소 표기와 동일한 / /로 나타내고 이를 기저 성조라 한다. 그리고 실제적으로 우리 귀에 들리는 표면형은 음성 표기와 동일한 [ ]로 나타내고 이를 표면 성조라 한다.

1음절로 된 낱말의 경우 기저 성조에서 바로 표면 음조로 도출될 수도 있으나 낱말의 합성이나 파생에 의해 기저 성조끼리의 결합이 일어날 수도 있다. 성조 결합은 토착화자가 수용할 수 있는 범위까지 무한한데 새로운 어형이 생성될 때마다 새로운 성조형이 도출된다면 해당 방언이 가지는 성조 체계를 설정하기란 불가능하다.

그러나 예시 (5)에서와 같이 성조가 결합될 경우 각각의 성조 사이에 대립과 중화라는 기능적인 관계가 성립되고 있음을 알 수 있다. (5)ㄱ①은 기저 성조 /H/인 '술'에 기저 성조 /H/인 '벵(瓶)'이 결합된 '술벵'

은 성조 대립 규칙 (6)ㄱ에 의해 /H^2/로 그대로 실현되고 실제 귀에는 음조 규칙 (7)ㄱ에 의해 [MH]로 들린다. 최종 성조형과 표면음을 달리 표시하는 것은 분절음에 나타나는 '먹는다[멍는다]'와 같이 표기와 실제 발음이 다른 현상이 성조에도 있기 때문이다. (5)ㄱ②, ③은 기저 성조 /H/인 '술'과 '콩'에 기저 성조 /M/인 '쌀'과 기저 성조 /L/인 '장'이 결합된 '술쌀', '콩장'은 모두 /HM/으로 중화됨을 알 수 있다. (5)ㄴ은 기저 성조 /M/인 '안, 꿀, 이(齒)'에 기저 성조 /H/인 '밖', /M/인 '맛', /L/인 '빙(病)' 등이 결합될 때 모두 /MM/으로 중화된다. (5)ㄷ은 기저 성조 /L/인 '벌, 벨(별), 범'에 기저 성조 /H/인 '집', /M/인 '빛', /L/인 '굴'이 결합될 때 성조 중화 규칙 (6)ㄴ-②에 의해 /L^2/로 실현되나 실제 표면음은 음조 규칙 (7)ㄷ에 의해 [LM]으로 실현된다.5)

(5) ㄱ. ① 술/H/ + 벵(瓶)/H/ → /H^2/ [MH]
② 술/H/ + 쌀/M/ → /HM/ [HM]
③ 콩/H/ + 장/L/ → /HM/ [HM]
ㄴ. ① 안/M/ + 밖/H/ → /M^2/ [MM]
② 꿀/M/ + 맛/M/ → /M^2/ [MM]
③ 이(齒)/M/ + 빙(病)/L/ → /M^2/ [MM]
ㄷ. ① 벌/L/ + 집/H/ → /L^2/ [LM]
② 벨(별)/L/ + 빛/M/ → /L^2/ [LM]
③ 범/L/ + 굴/L/ → /L^2/ [LM]

---

5) 이문규(1997:26)는 성조의 중화는 성조론적으로 하나의 단위로 인식되는 어사에서 나타나는 것으로 볼 수 있는데 이는 형태론적 인식과도 일치한다고 보았다. 즉 성조 결합이 이루어지더라도 선, 후행 요소 사이에 각기 다른 어절을 구성한다면 성조 중화가 실현되지 않는다. 예를 들어 '글#짓고/L#$L:^2$/[L#H:H]'에서는 선, 후행 요소 사이에 토씨가 개재해 있다는 화자의 직관이 반영되어 중화가 일어나지 않으나 '글짓기/L^3/[HHL]'에서는 하나의 성조 단위로 인식되므로 성조 중화가 실현된다.

이상의 예시가 보여 주는 현상을 간단하게 규칙으로 나타내면 아래와 같다.

(6) ㄱ. 성조 대립: /H/ → H /H__

ㄴ. 성조 중화: ① {/M/, /L/} →M /H__

$$② \begin{bmatrix} M_1 \\ L_1 \end{bmatrix} + \begin{Bmatrix} L \\ M \\ H \end{Bmatrix} \rightarrow \begin{bmatrix} M_2 \\ L_2 \end{bmatrix}$$

(6)ㄱ과 (6)ㄴ①은 /H/ 뒤에서 /H/는 원래의 성조를 유지하지만 /M/과 /L/은 대립을 이루지 못하고 중화되어 /M/으로 실현된다는 규칙이다. (6)ㄴ②는 /M/이나 /L/뒤에서 /H/, /M/, /L/ 모두 중화되어 /M/이나 /L/로 실현된다는 규칙이다. 이렇게 대립되는 경우보다 중화의 범주가 더 넓은 것은 '언어 경제성'과 밀접한 관련이 있는 것으로 만약 반대의 경우라면 성조에 대한 기억 부담량은 그만큼 클 것이다. 또한 (6)ㄴ과 같이 성조 연결 제약에서 중화의 범주가 넓다는 것은 성조형을 그만큼 줄이는 구실을 한다고 볼 수 있다. 따라서 이 지역어의 경우 실현되는 기본 성조소 수가 셋이기 때문에 기저 성조가 결합될 수 있는 환경은 아홉 가지이지만 실제 실현되는 성조형은 예시 (7)에서와 같이 /H_1M^n/형, /M_2/형, /L_2/형 세 가지뿐이다.[6)]

이렇게 기저 성조가 결합하여 새로 도출된 어형을 최종 성조형이라 한다. 그리고 단독 성조형이나 성조 결합을 거친 성조형이나 모두 최종적으로는 토착 화자들이 실제로 느끼는 표면형으로 도출되기 위해 다

---

6) 3 개의 기본 성조소가 결합될 수 있는 환경과 실현되는 성조형은 아래와 같다.

1) ①/H/(고조)+/H/ →HH, ②/H+/M/ →HM, ③/H/+/L/ →HM

2) ①/M/(중조)+/H/ →MM, ②/M/+/M/ →MM, ③/M/+/L/ →MM

3) ①/L/(저조)+/H/ →LL, ②/L/+/M/ →LL, ③/L/+/L/ →LL

시 한 번 조정이 필요하다.[7] 이 경우 방언에는 다양성이 있듯 지역마다 다를 수 있는데 함안 지역어에서 실현되는 표면 음조 규칙과 예시는 다음과 같다.

(7) ㄱ. $/H_1M^n/ \rightarrow [MHM^n]$ /#__#

① /HH/ → [MH]

예) 풍개, 도랑, 나롱, 노숭, 두룸, 도둠, 두지, 미금, 보신, 부숙, 비리, 삼동, 거름, 녹디, 새복, 서답, 소굼, 쌔껄, 아적, 여물, 수시, 수틀, 축담, 우붕, 주구, 지잉, 지동, 질검

② /HHH/ → $[MH^2]$

예) 꺼시럼, 동트래, 보따리, 부시럼, 비양구, 뿍떡밭, 새다리, 소두방, 여푸랑, 오지랂, 전오줌

③ /HM/ → [HM]

예) 숭냥, 지침, 터불, 가새, 갬치, 곡석, 그륵, 다발, 덤불, 딩기, 모냥, 물미, 버꿈, 사우, 실겅, 조구, 조오, 지니, 못대

④ /HMM/ → $[HM^2]$

예) 장개이, 복재이, 가마이, 가무치, 꼼재이, 꼽장리, 돈내기, 뜸비기, 이우지, 웅디이, 버어징, 삐때기, 자질개, 삼발이

⑤ /HHM/ → [MHM]

예) 배내기, 쌀무리, 간때이, 얼기미, 엉거리, 이까리, 쪼르개, 따베이, 바장때, 툭사리, 행지포, 허러끈, 실꾸리, 불래기

ㄴ. $/M_2/ \rightarrow [HHM_0]$/#__# (단 정보 초점이 아니면 $/M^2/ \rightarrow [MM]$)

① /MM/ → [HH] 또는 [MM]

예) 돌시, 머구, 수물, 살성, 쌧대, 쏘캐, 알키, 내기, 옴마, 패기, 푸답, 푸

7) 성조의 층위를 모든 형태소가 가지는 고유의 성조인 '기저 성조형' 단계, 기저 성조가 연결될 때 대립과 중화에 의해 형성되는 '최종 성조형' 단계, 각 방언의 고유한 음조 규칙에 의해 표면 음성형으로 실현되는 '표면 음조형'으로 구분하는 것은 김차균(1980:20-24)에서 설정된 성조 기술 이론이다. 이렇게 음운론적 사실과 음성학적 사실을 구별하여 기술하려는 것은 추상적이고 고유한 기저 성조형을 설정하고 토박이의 직감에 부합되는 표면 형을 도출하는 규칙을 설정하면 다양하게 실현되는 성조 현상도 간단히 체계화 될 수 있으며 성조 방언 사이의 동질성과 차이점 파악이 훨씬 쉽기 때문이다.

새, 히끼, 고상, 달문, 재작, 무논

② /MMM/ → [HHM]

예) 가무살, 씬내이, 어무이, 씨이미, 허새비, 좀새이, 땅때기, 모티이, 몽치미, 새뚜꿈

ㄷ. $/L_2/ \rightarrow [LM_1]/\#\_\_\#$

① /LL/ → [LM]

예) 거십, 개이, 정구, 께끼, 도치, 처이, 철비, 헌디, 시건, 배차, 부재, 새미, 새실, 앵정, 연치, 때기

② /LLL/ → $[LM^2]$

예) 가래이, 고오매, 궁자아, 대받침, 문디이, 설치레, 심바람, 엉거럼, 원시이, 이바구, 매차리, 호래이

예시 (7)ㄱ $/H_1M^n/$형에서 /H/가 1음절인 /HM/형은 표면 음조 역시 [HM]으로 실현되고, /H/가 2음절 이상 결합된 $/H_2M/$은 $[MH^nM]$으로 들린다. (7)ㄴ에서 $/M^2/$는 전달의 초점이냐 아니냐에 따라 각각 /HH/ 또는 /MM/으로 실현되고, /M/이 3음절 이상 결합된 $/M^n/$형은 $[HHM^n]$으로 실현된다. /M/이 3음절 이상일 경우 $[HHM^n]$으로만 나타내고 $[H^2M^n]$으로는 나타내지 않는다. 이것은 $/M_3/$에서 도출되는 음조형은 $[HHM^n]$으로 항상 어두의 2음절이 같은 높이로 고정되어 있고 [HHHM...], [HHHHM...], [HHHHHM...]와 같은 연결은 나타나지 않기 때문이다. (7)ㄷ에서 /L/이 2음절 이상 결합된 $/L_2/$형은 $[LM^n]$으로 들린다.

6.3. 합성이름씨 형성과 성조 변동

이 장에서는 이 지역어 합성이름씨를 대상으로 성조 대립 규칙과 성조 중화 규칙에 의해서 규칙적인 결합을 나타내는 현상과 예외적인 현

상에 대하여 살펴보고자 한다.[8] 그리고 N_1과 N_2의 성조 결합을 첫째 N_1과 N_2의 기저 성조가 모두 1음절일 경우, 둘째 N_1이 1음절이고 N_2가 2음절 이상일 경우, 셋째 N_1이 2음절이고 N_2가 1음절 이상일 경우로 구분한다.

6.3.1. N_1(1음절) + N_2(1음절)의 결합

1음절 끼리의 성조 결합에 나타난 성조 변동 현상을 살펴보기 위하여 먼저 N_1의 기저 성조가 /H/일 때 N_2에 /H/, /M/, /L/을 결합하면 아래와 같이 실현된다.

(8) ㄱ. 꽃/H/ + 집/H/ → /H^2/ [MH] 예 배밭, 말똥, 목밑, 집밖
ㄴ. 콩/H/ + 팥/M/ → /HM/ [HM]
예 솥안, 꽃값, 배맛, 배물, 숯불, 콩밥
ㄷ. 콩/H/ + 장/L/ → /HM/ [HM] 예 산밤, 왕벌, 은돈, 똥개

예시 (8)은 /H/ 뒤에 /H/가 이어나면 /HH/로 그대로 실현되고 실제 표면형은 [MH]로 인식됨을 보여 준다. 그리고 (8)ㄴ, ㄷ은 /M/과 /L/은 /H/ 뒤에서 중화되어 모두 /HM/으로 실현되고 표면형도 [HM]으로 인식됨을 보여 준다. 따라서 /H/ 뒤에서는 기저 성조 /H/와 중화된 /M/이 대립되는 /HH/, /HM/ 성조형만 실현됨을 알 수 있다.

두 번째 N_1의 기저 성조가 /M/일 때 N_2에 /H/, /M/, /L/이 결합될 때의 성조 변동 현상은 아래와 같다.

---

8) 이 연구와 관련된 선행연구인 정원수(1993:541-547)는 경북 예천 방언 합성이름씨의 성조 변동은 소수의 예외를 제외하고 모두 대립이나 중화의 원리에 의해 규칙적으로 실현된다고 기술하였다.

(9) ㄱ. 안/M/ + 밖/H/ → /M^2/ [HH]/[MM] 예 불똥, 못밑, 논밭
예외] 솔/M/ + 남ㄱ/H/[9] → /H^2/ [MH]
ㄴ. 물/M/ + 불/M/ → /M^2/ [HH]/[MM]
예 꿀맛, 논물, 농값, 옷안
예외] ① 밥/M/ + 물/M/ → /HM/ [HM]
예 풀비(-빗자루), 꿀밤, 논찔(-길)
② 소/M/ + 꼴(먹이)/M/ → /LM/ [LM] 예 소똥
ㄷ. 이(齒)/M/ + 빙(病)/L/ → /M^2/ [HH]/[MM] 예 꿀벌
예외] 쏙(속)/M/ + 빙(病)/L/ → /L^2/ [LM]

규칙 (6)ㄴ② 성조 중화 규칙에 의하면 N_1이 /M/일 경우에는 N_2에 어떤 유형의 성조가 결합되어도 /M/의 중화력에 의해 /M^n/으로만 실현되어야 한다. 그리고 표면 음조는 /M_2/의 경우 강조 여하에 따라 [HH] 또는 [MM]으로 실현되고 3음절 이상일 경우 [HHM^n]으로 실현되어야 한다. 예시 (9)에서도 이런 성조 중화 규칙이 지켜지고 있지만 예시 (8)에서 볼 수 없었던 예외가 실현되며 예외가 실현되는 방향도 일관적이지 않다.

예외 현상을 보이는 (9)ㄱ '솔남ㄱ'은 N_1의 /M/에 N_2의 /H/가 중화되어 /MM/으로 실현되는 것이 아니라 N_1의 /M/이 오히려 N_2의 /H/를 닮아 /HH/로 실현된다. 이러 현상은 일종의 치닮음인데 앞으로 살펴 볼 성조 결합에서 성조 대립이나 중화를 따르지 않는 예외 현상의 많은 자료가 이런 경우에 해당되는데 규칙을 제시하면 아래와 같다.

(10) {/H_1M^n/, /M_1/, /L_1/} + /H_1M^n/ → /H_1M^n/

이 경우 이문규(1997:24)는 특정 환경에서 성조의 변별이 사라진다

9) '남ㄱ'으로 기저형으로 잡은 것은 뒤에 위치자리 토씨 '-에'를 첨가했을 때 '솔남게[솔낭게]'로 실현되기 때문이다.

는 점에서 일종의 중화 규칙으로 보았다. 그리고 이런 환경이 주어질지라도 모든 경우에 일률적인 현상이 아니므로 /L/이나 /M/ 뒤에서 실현되는 규칙적인 일반 중화 규칙보다 더 후에 나타난 현상으로 보았다.

그런데 예외 현상 (9)ㄴ① '밥물'의 경우 N_2에 /H_1M^n/형 성조가 오지 않아도 N_1의 /M/이 /H/로 바뀌었다. 이런 예외적 현상을 해결하기 위해 김차균(1997:32)에서는 N_2의 성조에 관계없이 첫성분이 고조화되는 경우가 많아 하나의 범주로 규정할 수 있음을 지적하였다.[10)]

그러나 문제는 예외 현상 (9)ㄴ② '소꼴(소먹이)'의 경우 중화 규칙에 의해 /MM/으로 실현되지 않고 /LM/으로 실현되는 경우이다. 이런 개별적인 성조 변동은 (9)ㄷ의 '쏙빙'의 경우도 마찬가지인데 N_1의 /M/이 N_2의 /L/을 닮아 /LL/로 실현되는 것은 일종의 치닮음 현상이나 바뀐 형이 /H_1M^n/이 아니라는 점에서 규칙 (10)에 포함될 수 없다. 따라서 현재로선 이와 같이 결합되는 기저 성조와 상관없이 전혀 다른 성조형으로 도출되는 개별적인 예외 현상은 합성어간이 형성되면서 새로 형성된 합성이름씨가 새로운 유형의 기저 성조형으로 바뀌었다고 볼 수밖에 없다.

예시 (8)과 (9)를 비교해 보면 N_1에 /H/가 올 때보다 /M/이 올 때 규칙적 예외 또는 개별적 예외 현상이 많은 것을 알 수 있다. 이것은 /H/의 경우 대립성이 강하고 /H/를 제외한 어떤 성조 뒤에서도 실현되지 않지만 /M/은 중화력이 강하고 어느 위치에서도 실현된다. 따라서 /M/ 성조가 가진 강한 중화력과 분포의 자유로움은 다른 성조와의 결합에서 기저 성조가 다양하게 변동될 가능성을 포함하고 있으므로 성조 변동

10) 김차균(1980:75, 1997:32)은 어느 성조 방언이든 예외 현상의 대부분은 N_2의 /H/ 성조를 N_1이 닮는 치닮음에 의해 설명이 가능한데 경우에 따라서는 N_2의 성조가 /H/가 아니더라도 N_1이 고조로 바뀌는 현상 역시 많은 수에서 발견되므로 이 둘을 묶어 '첫성분 고조화' 현상으로 규정하였다.

은 주로 /M/ 성조와의 결합에서 많이 이루어진다고 볼 수 있다.

마지막으로 N_1이 /L/일 때 N_2에 /H/, /M/, /L/이 결합될 때의 성조 변동 현상이다.

(11) ㄱ. 지(쥐)/L/ + 똥/H/ → /L_2/ [LM]
　　　　예 벌집, 눈밭, 개똥, 돌밑, 돌솥
　　ㄴ. 벨(별)/L/ + 빛/M/ → /L_2/ [LM]
　　　　예 기발(조개살), 감떡, 밤밥, 새눈, 잣맛
　　ㄷ. 옴(癩)/L/ + 빙(病)/L/ → /L_2/ [LM] 예 범굴, 섬새

N_1에 /L/이 올 경우 N_2에 결합되는 모든 성조가 중화 규칙에 의해 /LL/로 실현되고 그 표면형은 [LM]으로 인식된다. 따라서 예시 (11)은 중화에 의한 규칙적인 성조 결합을 보여준다.

이상 기저 성조 1음절 끼리의 결합은 [표 1]과 같이 성조 대립과 성조 중화 규칙에 의해 대부분 규칙적으로 실현된다.

[표 1] N_1(1음절) + N_2(1음절) 성조 결합의 규칙과 예외 실현 정도

조사 대상 합성어 자료 총 49개		
	규칙적 결합	예 외
/H/ + /H/	5개	x
/H/ + /M/	7개	x
/H/ + /L/	5개	x
/M/ + /H/	4개	1개
/M/ + /M/	5개	4개
/M/ + /L/	2개	1개
/L/ + /H/	6개	x
/L/ + /M/	6개	x
/L/ + /L/	3개	x

6.3.2. N_1(1음절) + N_2(2음절 이상)의 결합

N_1이 1음절이고 N_2가 2음절 이상일 경우의 성조 변동 현상을 살펴보기 위하여 먼저 N_1에 /H/가 오고 N_2에 2음절 이상의 /HM_0/, /M/, /L/이 결합될 경우 아래와 같이 실현된다.

(12) ㄱ. 콩/H/ + 자반/H^2/ → /H^3/ [MH^2]
  ㉭ 꽃바람, 말다리, 밭고랑, 콩이삭
  예외] 겉/H/ + 꺼풀(표지)/H^2/ → /H^2M/ [MHM]
ㄴ. 숯/H/ + 단지/M^2/ → /HM^2/ [HM^2] ㉭ 꽃가지, 말모구
  예외] 집/H/ + 토깨비/M^3/ → /H^3M/ [MH^2M]
ㄷ. 금/H/ + 도치(도끼)/L^2/ → /HM^2/ [HM^2]
  ㉭ 집임자, 왕대추, 산까치
  예외] 목/H/ + 수건/L^2/ → /H^2M/ [MHM] ㉭ 집사람
ㄹ. 콩/H/ + 지름/HM/ → /H^2M/ [MHM] ㉭ 말꼬리, 꽃노래, 달배실(닭벼슬), 말꼬리, 밭머리, 집자리, 왕쌔우, 집대애지(-돼지)[11]

이 경우 (12)ㄱ, ㄹ은 /H/ 뒤에서 /H/는 그대로 실현되어 /H_1M_0/로 실현되고, (12)ㄴ, ㄷ은 /H/ 뒤에서 /M/과 /L/은 중화되어 /HM^n/으로 실현되므로 성조 대립과 중화는 음절 수가 제약이 되지 않음을 알 수 있다.

그런데 예외 현상 (12)ㄱ '겉꺼풀(겉표지)'은 /H/와 /H^2/가 결합하여 /H^3/으로 실현되지 않고 /H^2M/으로 실현된다. 또한 예외 현상 (12)ㄴ '집토깨비(집도깨비)', (12)ㄷ '목수건'은 성조 중화 규칙에 의해서 /HM^3/와 /HM^2/로 실현되지 않고 /H^3M/와 /H^2M/으로 실현된다.

이들 예외적인 성조 결합에서 찾을 수 있는 공통적인 현상은 마지막

11) 집/H/ + 대애지/H^2M/ → /H^3M/ [MH^2M]

음절만 /M/으로 남기고 앞 음절 모두를 /H/로 바꾼다는 것이다. 그리고 예시 (8)과 (12)는 모두 N_1의 /H/성조와 N_2의 /H/, /M/, /L/ 성조가 결합될 때의 성조 변동 현상을 살펴보는 경우인데 (8)에서는 (12)와 같이 /H_1M/형을 가진 예외 현상이 실현되지 않았다. 단, 두 예시의 환경적인 차이는 (12)의 경우 N_2의 음절 수가 N_1보다 많다는 것이다.

만약 이와 같은 현상이 앞으로 살펴볼 /M/과 /L/의 성조 결합 예외 현상에서도 동일하다면 이 지역어에서는 N_2의 음절 수가 N_1보다 많을 경우 예외 현상이 많이 실현되며 그 도출형이 앞 부분을 /H_1/형으로 바꾸고 끝음절은 /M/으로 낮추는 /H_1M/형으로 바뀌어 가고 있음을 예측할 수 있다.

다음은 N_1이 /M/일 때 N_2에 2음절 이상의 성조가 결합될 경우의 성조 변동 현상이다.

(13) ㄱ. 봄/M/ + 보리/H^2/ → /M^3/ [HHM] 예 봄바람,
　　예외] ① 기(귀)/M/ + 구멍/H^2/→ /H^3/ [MH^2] 예 솔나무, 뱃사공
　　　② 손/M/ + 가락/H^2/ → /H^2M/ [MHM] 예 엿가락
　ㄴ. 옷/M/ + 소매/M^2/ → /M^3/ [HHM] 예 풀피리, 비구름, 불번개
　　예외] 꿀/M/ + 단지/M^2/ → /HM^2/ [HM^2]
　ㄷ. 논/M/ + 임재(임자)/L^2/→ /M^3/ [HHM] 예 대조리, 물수건, 봄호박
　ㄹ. 물/M/ + 거품/HM/ → /M^3/ [HHM]
　　예 비소리, 달나라, 꿈자리, 봄바다, 불개애미(-개미)[12)]
　　예외] ① 지(쥐)/M/ 배락(벼룩)/HM/ → /H^2M/ [MHM]
　　　② 소/M/ + 게기(고기)/HM/ → /L^3/ [LM^2]
　　　③ 입/M/ + 주디이(주둥이)/H^2M/ → /H^3M/ [MH^2M]

예시 (13)에서 대부분 /M/ 성조 뒤에서는 어떤 성조가 결합되어도 모두 /M_1/으로 실현되는 성조 중화 규칙이 지켜지고 있다.

---

12) 불/M/ + 개애미/H^2M/ → /M^4/ [HHM^2]

예외 현상 (13)ㄱ① '기구멍(귀구멍)'은 중화 규칙에 의하면 /MMM/으로 실현되어야 하나 N_1의 /M/이 N_2의 /H/를 닮아 /HHH/로 실현되는데 이런 현상은 (13)ㄹ① '지배락(쥐벼룩)', (13)ㄹ③ '입주디이(입)'에서도 마찬가지이다. 이렇게 볼 때 이 지역어에서는 N_2의 /H_1M^n/의 전반부인 /H_1/을 닮아 N_1의 성조가 /H/의 연속인 /H_1/로 바뀌는 예외 현상이 폭넓게 확산되어 있음을 알 수 있다.

예외 현상 (13)ㄱ② '손가락'은 예시 (12)ㄱ,ㄴ,ㄷ 예외에서 확인된 바와 같이 결합되는 성조에 관계없이 도출되는 성조형이 /H_1M/으로 바뀌는 성조 변동이다. 예외 현상 (13)ㄴ '꿀단지'는 N_2의 성조형에 관계없이 N_1의 성조가 /H/로 바뀌는 경우이다.

성조 결합 규칙과는 별도로 첫 성분을 대립성이 강한 /H/로 바꾸거나 끝 음절을 제외한 앞부분을 /H/로 바꾸는 현상은 다양한 성조형을 /HM_1/ 또는 /H_1M/으로 단일화 시키는데 그렇게 되면 성조의 기능 부담량은 점차 줄어들게 될 것이다. 성조의 기능 부담량이 줄어지면 성조를 음절마다 발음하지 않고 앞부분의 한 두 음절만 발음해도 의사소통에는 지장이 오지 않는다(김차균, 1980:68). 그리고 결국에는 성조가 아닌 다른 초분절음이 성조의 기능을 대신하는 방향으로 언어는 변할 것인데 현대 국어에서 길이가 첫음절에서만 변별 기능을 수반하고 있는 것이 그 결과이다. 따라서 이 지역어에서 /M/에 의한 규칙적인 성조 중화와 더불어 결합되는 기저 성조에 관계없이 /HM_1/이나 /H_1M/으로 성조형이 바뀌고 있다는 것은 성조형이 단일화되고 있으며 그것은 곧 성조 기능 부담량의 약화와도 관련됨을 알 수 있다.

예외 현상 (13)ㄹ② '소게기(소고기)'는 중화 규칙에 의해 /MMM/으로 실현되지 않고 /LLL/로 실현된다. (13)ㄱ② '손가락'이나 (13)ㄹ② '소게기'는 성조 중화 규칙에 의해 결합되지 않는다면 N_2의 /H/ 성조를 닮아 /H^3/으로 실현될 수 있는 환경이지만 실제 도출형은 /H^2M/으로 실현된다. 이런 현상은 앞서 제시된 성조 결합의 일반적인 규칙 (6)ㄴ이나 예외 현상을 설명하는 (10)의 규칙을 모두 어기는 셈이다.

일반적으로 규칙적인 성조 결합이 이루어지지 않을 경우 굴곡이나 준굴곡에서는 (10)과 같은 현상이 대체로 체계적으로 실현되나 합성어나 파생어에서는 규칙적이지 못한 것은 경계 차이 때문이다.[13] 같은 성조 결합이지만 풀이씨 줄기에 어미가 결합되거나 이름씨에 토씨가 결합되는 경우에는 어미나 토씨의 말본적 기능으로 N_1과 N_2의 결합 정도가 다소 느슨하지만 합성어나 파생어는 이보다 결합 정도가 강하다. 특히 합성이름씨의 경우 두 이름씨 사이에 휴지를 둘 수 없으므로 N_1과 N_2가 한 낱말로 결합됨과 동시에 기존의 성조 결합을 무시하고 새로운 성조형을 획득할 가능성이 높다.

마지막으로 N_1에 /L/이 오고 N_2에 2음절 이상의 성조가 결합될 경우 성조 변동 현상이다.

(14) ㄱ. ① 곰/L/ + 씰개(쓸개)/H^2/→ /L^3/ [LM^2]

예 기구멍(귀-), 돈지갑, 돌단지, 돈방석, 돌부채, 밤자리

예외] 개/L/ + 구멍/H^2/ → /H^3/ [MH^2]

감/L/ + 나무/H^2/ → /H^3/[MH^2] ~ /H^2M/[MHM]

② 곰/L/ + 개기(고기)/HM/ → /L^3/ [LM^2]

예 벨자리(별-), 일자리, 새이름

예외] 개/L/ + 꼬리 /HM/ → /H^2M/ [MHM]

밤/L/ + 껍디기(껍데기)/H^2M/ → /H^3M/ [MH^2M]

ㄴ. 돌/L/ + 배앰/M^2/ → /L^3/ 예 돌낚시, 중눈매

ㄷ. 돌/L/ + 도치(도끼)/L^2/ → /L^3/ [LM^2] 예 섬지집

---

13) 첫 성분이 고조화 되는 현상은 ① 이름씨에 토씨 '-에'가 결합되는 경우(눈/M/+에 /M//→눈에/HM/), ② 풀이씨 줄기에 사동, 피동형이 결합되는 경우(트/M/+피동} →티이이다/HHMM/), ③ 풀이씨 줄기에 홀소리로 시작되는 씨끝이 이어나는 경우(삼/L/+아서/MM/→삼아서/HM_2/)에는 체계적으로 실현되는데 합성어나 파생어에서는 불규칙적으로 실현된다.

이 경우 대부분 성조 중화 규칙에 의해 /L_1/으로 실현되고 예외 현상인 (14)ㄱ① '개구멍', (14)ㄱ② '개꼬리, 밤껍디기(밤껍데기)'의 경우 N_1의 기저 성조가 N_2의 기저 성조 /H_1M_0/을 닮아 /H_1M_0/으로 실현되는 경우이다.

그런데 예외 현상 (14)ㄱ① '감나무'의 경우 치닮기에 의해 /H^3/로도 실현되고, 또 다른 예외형인 /H^3M/으로도 실현된다. 이 현상은 이 지역어 성조 결합이 대립이나 중화에 의한 규칙적인 현상이 아니라면 N_2의 고조 성조를 치닮는 /H_1M^n/형이 많이 실현되는데 이런 성조형도 점차 /H_1M/으로 바뀌어 가고 있음을 알 수 있다.

이상 N_1의 기저 성조가 1음절이고 N_2의 기저 성조가 2음절 이상일 때에도 성조 결합은 [표 2]에서와 같이 성조 중화와 대립 규칙에 의해서 대부분 규칙적으로 실현된다. 그러나 1음절끼리의 성조 결합에서보다 예외 현상이나 개별적 현상이 많이 실현되는데 그 도출형이 대부분 /H_1M/형이다.

[표 2] N_1(1음절) + N_2(2음절) 성조 결합의 규칙과 예외 실현 정도

조사 대상 합성어 총 61개		
	규칙적 결합	예 외
/H/ + /H^2/	5개	1개
/H/ + /M^2/	3개	1개
/H/ + /L^2/	4개	2개
/M/ + /H^2/	2개	5개
/M/ + /HM/	6개	3개
/M/ + /M^2/	4개	1개
/M/ + /L^2/	4개	x
/L/ + /H^2/	7개	2개
/L/ + /HM/	4개	2개
/L/ + /M^2/	3개	x
/L/ + /L^2/	2개	x

6.3.3. N_1(2음절) + N_2(1음절 이상)의 결합

N_1에 /H^2/가 오고 N_2에 1음절 이상의 성조가 결합될 경우 성조 변동은 아래와 같다.

(15) ㄱ. 부석(부엌)/H^2/ + 문/H/ → /H^3/ [MH^2] 예 고래등, 기아집(기와-), 보리밭, 사랑방, 살구꽃, 오줌똥 오동나무[14], 단추구멍
ㄴ. 오줌/H^2/ + 물/M/ → /H^2M/ [MHM]
예 보신발(버선-), 단풍잎, 빨래줄
ㄷ. 고치(고추)/H^2/ + 장/L/ → /H^2M/ [MHM]
예 나무발, 자갈돌, 고무장갑[15], 구멍가게, 보리타작
ㄹ. 보리/H^2/ + 고개/HM/ → /H^3M/ [MH^2M]
예 치매자락(치마-), 손목시계, 우리나라, 가실하알(가을하늘)

(15)ㄱ, ㄹ은 /H^2/에 /H/ 또는 /HM/이 결합되면 /H^3/ 또는 /H^3M/으로 실현되고 표면형은 [MH^2] 또는 [MH^2M]으로 인식된다. (15)ㄴ, ㄷ은 /H^2/ 뒤에서 /M/과 /L/은 중화되어 /HHM/으로 실현되고 표면형은 [MHM]으로 인식된다.

다음은 N_1에 /M^2/가 오고 N_2에 1음절 이상의 성조가 결합될 경우 성조 변동 현상이다.

(16) ㄱ. 새끼/M^2/ + 줄/H/ → /M^3/ [HHM]
예 포리똥(파리-), 그물코, 토끼기(-귀), 토끼털, 구름꽃, 분필가리(-가루)[16], 눈물자국, 초가지붕

---

14) 이상 4음절 합성이름씨의 성조 결합은 아래와 같다.
오동/H^2/ + 나무/H^2/ → /H^4/ [MH^3]
15) 이상 4음절 합성어이름씨의 성조 결합은 아래와 같다.
고무/H^2/ + 장갑/L^2/ → /H^2M^2/ [MHM^2]
16) 이상 4음절 합성이름씨의 성조 결합은 아래와 같다.

ㄴ. 간장 /M^2/ + 종지/HM/ → /M^4/ [HHM^2]
예 퉁소소리, 목탁소리, 염소꼬리
예외] 조카/M^2/ + 사위/HM/ → /H^3M/ [MH^2M]
ㄷ. 책상/M^2/ + 서랍/M^2/ → /M^4/ [HHM^2] 예 그림물감
ㄹ. 할배/M^2/ + 돈/L/ → /M^3/ [HHM]

(16)ㄱ-ㄹ 모두 N_1의 /M^2/ 성조 뒤에서 모든 성조가 중화되어 /M_1/으로 규칙적으로 결합되고 표면형은 [HHM^n]으로 인식된다. 단 (16)ㄴ '조카사위'의 경우 중화 규칙이 지켜지지 않으나 N_2의 /HM/성조를 닮는 현상으로 /H^3M/으로 실현되고 표면형은 [MH^2M]으로 인식된다.

예시 (15)와 (16)의 이런 규칙적인 성조 결합은 (12), (13)과 비교되는 현상이다. 예시 (15), (16)과 같이 N_1의 음절 수가 N_2보다 많을 경우는 안정적인 성조 결합으로 예외가 적고, 반대로 예시 (12), (13)과 같이 N_2의 음절 수가 N_1보다 많을 경우 불안정한 성조 결합으로 예외나 개별적인 현상이 많음을 알 수 있다. 따라서 대부분의 성조 결합은 음절 수와 관계없이 성조 대립이나 성조 중화 규칙을 지키지만 예외가 실현되는 정도에 있어 N_1과 N_2의 음절 수 관계가 영향을 미칠 수 있음을 보여 준다.

다음 예시 (17)은 N_1에 /L^2/가 오고 N_2에 1음절 이상의 성조가 결합될 경우는 성조 중화 규칙에 의해 /L_1/으로 실현되어 표면형은 [LM^n]으로 실현된다. 그런데 예외 현상이 실현되는 정도는 앞서 살펴 본 예시 (15), (16)과는 다소 다른 모습을 보인다.

(17) ㄱ. ① 딸기/L^2/ + 밭/H/ → /L^3/ [LM^2] 예 안개밭, 채소밭, 호박꽃, 해장국, 도치자리(도끼-)[17], 고목나무
예외] 대청/L^2/ + 마루/H^2/→ /H^3M/[MH^2M] 예 팬지봉투(편지-)

분필/M^2/ + 가리/H^2/ → /M^4/ [HHM^2]

17) 이상 4음절 합성이름씨의 성조 결합은 아래와 같다.
도치/L^2/ + 자리/H^2/ → /L^4/ [LM^3]

② 열새/L^2/ + 고리/HM/ → /L^4/ [LM^2]

예외] 세수/L^2/ + 대야/HM/→ /H^3M/ [MH^2M]

예 담배꽁초, 담배연기, 수박서리

ㄴ. 앵경(안경)/L^2/ + 알/M/ → /L^3/ [LM^2]

예 맨도날(면도-), 지집말(겨집-), 안개비, 까치섬, 사람말, 서울할배[18],
까치날개, 수박장사

예외] 호박/L^2/ + 씨/M/ → /H^2M/ [MHM] 예 담배대

ㄷ. 무당/L^2/ + 지집/L^2/ → /L^4/ [LM^3] 예 임금제비, 대추임재, 서울사람

앞서 예시 (11)에서 N_1의 /L/에 N_2에 /H/, /M/, /L/이 결합될 때 성조 변동은 중화에 의해 규칙적으로 /L^2/로만 실현되었다. 그런데 예시 (14)에서 N_2에 /H^2/. /M^2/, /L^2/가 결합될 경우에는 예외 현상이 많이 실현되었는데 (11)과 (14)의 이런 차이를 후자의 경우 N_2의 음절 수가 N_1보다 많은 불안정한 음절 결합에서 기인함을 밝혔다. 이런 사실은 예시 (15), (16)에서 N_1과 N_2가 반대의 음절 수로 결합될 경우 예외 현상이 실현되지 않고 규칙적인 성조 결합을 보이는 것에서 확인되었다.

그런데 예시 (17)의 경우 주된 성조 결합은 중화 규칙에 의해 규칙적으로 실현되지만 (15)나 (16)과 비교해 예외 현상이 많은 것은 낮은 소리를 길게 발성할 때의 부담감과 무관하지 않다. 즉 /L/ 성조에는 어떤 성조가 결합되어도 /L_1/으로만 실현되어야 하는데 음절의 길이가 길수록 낮은 소리로 지속적으로 유지한다는 것은 발음 기관의 긴장을 더 많이 요구하게 된다. 그 결과 (17)ㄱ, ㄴ의 예외 현상과 같이 모두 전반부를 높이는 성조형으로 실현된다.

예외 현상 (17)ㄱ② '세수대야'의 경우 N_1의 /L^2/ 성조가 N_2의 /HM/의 첫 음절 /H/를 닮아 /H^3M/으로 실현되는 경우이며, 예외 현상 (17)ㄱ

---

18) 이상 4음절 합성이름씨의 성조 결합은 아래와 같다.
서울/L^2/ + 할배/M^2/ → /L^4/ [LM^3]

① '대청마루', (17)ㄴ '호박씨'는 결합되는 기저 성조에 관계없이 /H_1M/으로 실현되는 경우이다. 이와 같이 예시 (15), (16)과 달리 (17)에서 예외 현상이 많이 확인되지만 도출형이 /H_1M/이라는 것에는 지금까지 살펴 본 예외 현상과 다르지 않다.

마지막으로 N_1이 /H_1M/이고 N_2에 1음절 이상의 다양한 성조가 결합될 경우 성조 변동 현상은 아래와 같다.

(18) ㄱ. ① 매주/HM/ + 콩/H/ → /HM^2/ [HM^2] 예 머리털, 미역국, 연필심, 온돌방, 하알밀(하늘-), 아아똥(아이-), 짐치사발(김치-)[19], 바알구멍(바늘-), 싸리나무, 행주치매(치마), 은항나무(은행-)
예외] 가매(가마)/HM/ + 솥/H/ → /H^3/ [MH^2]
② 조오(종이)/HM/ + 봉지/HM/ → /HM^3/ [HM^3]
예 가암소리(고함-), 하알나라(하늘-), 아아어른(아이-), 쌔우조리(새우-), 시계바늘, 가운데손가락[20]
예외] 어깨/HM/ + 죽지/HM/ → H^3M [MH^2M]
예 어깨동무, 짐치그륵(김치그릇), 새끼손가락[21]
ㄴ. 개기/HM/ + 배/M/ → HM^2 [HM^2] 예 모래섬, 거미줄, 저울눈, 허리띠, 지름냄새(기름-)[22], 지름장사, 동무생각
예외] 이슬/HM/ + 비/M/→ H^2M [MHM] 예 허리띠
ㄷ. 모래/HM/ + 섬/L/ → HM^2 [HM^2]
예 각시곰, 거북임금[23], 각시무당

---

19) 이상 4음절 합성이름씨의 성조 결합은 아래와 같다.
짐치/HM/ + 사발/H^2/ → /HM^3/ [HM^3]
20) '가운데손가락'의 경우 성조 결합은 아래와 같다.
가운데 /H^2M/+손가락/H^2M/→ H^2M^4 [MH^4M]
21) '새끼손가락'의 경우 성조 결합은 아래와 같다.
새끼/HM/ + 손가락/H^2M/ → H^4M [MH^3M]
22) 이상 4음절 합성이름씨의 성조 결합은 아래와 같다.
지름/HM/ + 냄시/M^2/ → /HM^3/ [HM^3]
23) 이상 4음절 합성이름씨의 성조 결합은 아래와 같다.
거북/HM/ + 임금/L^2/ → /HM^3/ [HM^3]

예시 (18)ㄱ은 성조가 $/H_1M^m/$인 N_1에 n음절로 구성된 N_2가 결합되는 경우 중화에 의해 $/H_1M^{m+n}/$으로 도출되는 경우이다. (18)ㄴ, ㄷ은 N_2에 /M/, /L/ 성조가 결합될 경우이며 역시 중화에 의해 $/HM^n/$으로 실현된다.

예외 현상 (18)ㄱ① '가매솥(가마솥)', ㄱ② '어깨죽지, 어깨동무, 짐치그륵(김치그릇), 새끼손가락' 등은 N_2의 $/H_1M^n/$ 성조를 닮아 $/H_1M^n/$으로 실현 실현된다. 그런데 예외 현상 (18)ㄴ '이슬비, 허리띠'는 결합되는 기저 성조와 관계없이 끝 음절을 제외한 앞부분의 모든 성조를 /H/로 바꾸는 $/H_1M/$으로 실현되는 경우이다. 따라서 예시 (18)에서 볼 수 있는 예외 현상 역시 지금까지 이 지역어 자료에서 발견할 수 있었던 예외 현상과 다르지 않다.

이상 N_1의 음절 수가 N_2보다 많은 경우 규칙적인 성조 결합과 예외 현상의 실현 정도는 [표 3]과 같다. 음절 수 구성이 반대 경우인 [표 2]보다 성조 결합이 안정적임을 알 수 있다. 그러나 실현되는 성조형이 주로 $/H_1M/$인 것은 이 지역어 자료가 보이는 전체적인 예외 현상과 범주를 같이 한다.

[표 3] N_1(2음절)+N_2(2음절 이상) 성조 결합의 규칙과 예외 실현 정도

조사 대상 합성어 총 63개		
	규칙적 결합	예 외
$/H^2/ + /H/$	9개	x
$/H^2/ + /HM/$	5개	x
$/H^2/ + /M/$	4개	x
$/H^2/ + /L/$	7개	x
$/M^2/ + /H/$	9개	x
$/M^2/ + /HM/$	5개	1개
$/M^2/ + /M^2/$	2개	x
$/M^2/ + /L/$	1개	x

$/L^2/ + /H/$	7개	2개
$/L^2/ + /HM/$	1개	4개
$/L^2/ + /M/$	9개	2개
$/L^2/ + /L^2/$	4개	x

6.4. 마무리

이 연구는 함안 지역어 성조 체계를 밝히는 한 연구로서 합성이름씨를 대상으로 성조 결합에서 나타나는 성조 변동 현상을 살펴보는 데 목적을 두었다.

이 지역어에서 실현되는 기본 성조소를 토박이 화자의 언어직관에 바탕을 두고 상대적 높이의 '고-중-저' 3단 수평 체계로 설정하였다. 그리고 성조가 결합될 경우 각각의 성조 사이에 대립과 중화라는 기능적인 관계가 성립되고 있으며 대립되는 경우보다 중화의 범주가 더 넓다. 이런 현상은 실제 실현되는 성조형을 줄이는 구실을 하는데 이 지역어에서 실현되는 성조형은 $/H_1M^n/$형, $/M_1/$형, $/L_1/$형 세 가지뿐이다.

기저 성조형에서 토착 화자들이 실제로 느끼는 표면 음조형으로 도출되는 규칙은 방언마다 다른데, 이 지역어는 $/H_1M^n/$형에서 /H/가 일음절인 /HM/형은 표면 음조 역시 [HM]으로 실현되고, /H/가 2음절 이상 결합된 $/H_2M/$은 $[MH^nM]$으로 들린다. $/M^2/$는 전달의 초점이냐 아니냐에 따라 각각 /HH/ 또는 /MM/으로 실현되고, /M/이 3음절 이상 결합된 $/M^n/$형은 $[HHM^n]$으로 실현된다.

대부분의 성조 결합은 음절 수에 관계없이 규칙적인 경우 /H/ 뒤에서 /H/는 그대로 실현되고 /M/과 /L/은 /M/으로 중화된다. 그리고 /M, L/ 뒤에서 /H, M, L/은 /M/과 /L/로 중화되어 실현된다.

예외는 기저 성조에 따라 그 정도가 다른데 N_1의 성조가 /H/일 때보다 /M/이나 /L/일 경우에 많이 실현되는 경향이다. 또한 N_1의 음절 수가 N_2보다 많을 경우는 안정적인 성조 결합으로 예외가 적고 반대로 N_2의 음절 수가 N_1보다 많을 경우 불안정한 성조 결합으로 예외나 개별적인 현상이 많음을 알 수 있다. 그리고 예외 현상에서 찾을 수 있는 공통적인 현상은 N_2에 /H_1M^n/이 올 경우 N_1의 /HM_0/, /M/, /L/이 /H_1/으로 바뀌는 현상과 결합되는 기저 성조 유형과 관계없이 끝 음절을 제외한 앞부분의 모든 음절을 높이는 /H_1M/형으로 실현되는 빈도가 두드러지게 높다. 이런 현상은 이 지역어의 성조형이 단일화 되고 있으며 점차 성조의 기능 부담량 또한 약화되고 있음을 예측할 수 있다.

제7장 함안 방언 풀이씨 성조 연구

7.1. 머리말

7.1.1. '낫, 낮, 낯, 낱' 등의 끝소리는 음소로는 /ㅅ, ㅈ, ㅊ, ㅌ/으로 모두 변별되지만 음성으로는 모두 [ㄷ]으로 발음된다. 이 때 기저 표시인 음소 층에서 표면음인 음성 층으로의 도출에는 '일곱끝소리 되기'라는 규칙이 관여하게 된다. 성조 역시 고유 성조인 '기저 성조형'과 형태소 결합을 거치면서 변화된 '최종 성조형'에서 실제 귀로 느껴지는 '표면 음조형'으로 구분된다. 그리고 음소에서 음성으로 바뀔 때 규칙이 필요하듯이 기저 성조가 표면형으로 바뀔 때에도 지역에 따라 몇 개의 규칙이 적용된다.[1)]

(1) 기저형 → 최종 성조형 → 표면 음조형
　　　↑　　　　　　↑
　[성조 규칙]　　[음조 규칙]

기저 성조와 표면 음조를 구분하는 것은 음운학적 사실과 음성학적

1) 이런 이론적 바탕은 김차균(1980 : 20~24)에서 제시된 것이다. 김차균의 제 이론(1980, 1998, 2002, 2003)은 허웅(1955)의 성조 연구를 이어 중세 국어의 방점법을 되살려 현대 국어와의 상관 관계, 성조 지역어들 사이의 동일성과 차이점을 밝히고자 하였다.

사실을 구별하여 기술하고 성조 지역어의 연관성을 살필 수 있는 좋은 기준이 될 수 있기 때문이다. 즉 표면 음조는 지역마다 다를 수 있는데 표면형으로만 기술했을 때 지역어 간의 관련성보다는 차이점을 드러내 전혀 다른 것으로 기술될 수 있다.[2]

7.1.2. 이 연구는 경남 함안 지역을 대상으로 1 음절 풀이씨가 씨끝바꿈을 할 때 실현되는 성조 변동 현상을 살펴보는 데 목적이 있다. 그리고 함안 지역어에서 실현되는 현상이 경상도 다른 방언권과 어떤 차이점을 보여 주는가를 살펴보기 위해 경북 안동 지역어의 성조 변동 현상도 아울러 기술할 것이다.[3]

7.2. 성조소와 성조소 결합

7.2.1. 함안 지역어는 상대적 높이 고, 중, 저가 뜻의 변별에 관여하고 있다. 안동 지역어는 3개의 성조소가 있다는 점에서는 함안 지역어와

2) '무지개도'는 실제 실현되는 표면음이 '창원, 대구'에서는 같고 '삼척, 북청' 지역에서는 서로 다르다. 이 경우 표면음으로만 표기하면 '무지개도'는 서로 다른 세 가지 성조형을 가진다고 기술되어야 하고 이들은 전혀 다른 자료로 설명되어야 한다(김차균 1998 : 306 참조).

	창원	대구	삼척	북청
표면 음조	$[HHM^2]$	$[HHM^2]$	$[MHM^2]$	$[HM^3]$
기저 성조	$/M^4/$	$/M^4/$	$/M^4/$	$/H^4/$

3) ① 2음절 이상 풀이씨는 소수를 제외하고는 성조 대립이나 성조 중화 규칙에 의해 규칙적으로 실현되므로 굴곡형이 가진 성조형은 씨끝의 기저 성조형에 의하여 예측될 수 있다.
② 연구 대상이 되는 함안 지역어는 이 지역어 화자인 글쓴이의 개인 방언과 2004년 2월 17일부터 21일까지 실시된 조사가 바탕이 된다. 안동 지역어는 2002년 1월 26일부터 30일까지 이루어진 김차균 님의 안동 지역어 성조 조사에 참여하였으며 그 결과물인 김차균(2003)이 바탕이 된다.

같으나 그 높낮이의 구분은 상대적으로 높고 낮은 것으로만 실현되고 낮은 소리의 경우 길이가 서로 다르게 부수적으로 실현된다.[4] 그런데 높고 낮다는 사실만 강조하여 /H/와 /L/로만 표기하게 되면 같은 음조가 전혀 다른 표기로 기록될 수 있다. 예를 들어 '나무에도'는 함안, 안동 지역어에서 같은 높이로 실현되는데 함안 지역어는 [MHMM]으로 표기되고 안동 지역어는 [LHLL]로 표기되어 서로 다르게 발음되는 것으로 인식될 수 있다. 따라서 안동 지역어 낮은 소리를 함안 지역어 낮은 소리 /L/로 하지 않고 /M/과 /M̤/으로 표기하는데 이것은 /H/에 비해서는 상대적으로 낮지만 가운데 가락 /M/의 높이와 같기 때문이다.

안동 지역어 /M̤/을 함안 지역어 /L/에 대응시키는 것은 엄격히 구분하자면 체계상 문제가 있을 수 있다. 그러나 결과적으로는 성조소가 셋으로 구분되므로 함안 지역어 성조소 체계와 맞추어 구분한다. 따라서 함안 지역어 기본 성조소는 /H/, /M/, /L/로 기술하고 안동 지역어 기본 성조소는 /H/, /M/, /M̤/로 기술한다.

(2)		함안 지역어	안동 지역어
	고 H:	싹, 흑(흙), 할(활)	H: 싹, 흑(흙), 활
	중 M:	기(귀), 삐(뼈), 쌔(쇠)	M: 귀, 삐(뼈), 쐬,
	저 L:	께~끼(게), 신(쉰), 범	M̤: 게, 쉰, 범

4) 성조소 설정에 관해 구현옥(2003 : 8~14)에서 기술된 바가 있으나 경북 방언에 실현되는 길이의 역할에 대한 구체적 언급은 하지 않았다. 참고로 김주원(2000 : 96)은 상성의 경우 첫음절이 다소 길고 뒷부분이 올라가는 상승조인데 올라가는 소리를 변별 자질로 보고 긴소리는 잉여 자질로 보았다. 김무식(1999 : 28)은 최소 대립어의 경우 성조가 주된 변별 자질로 기능하며 지속 시간에 의한 길이도 변별 기능을 나타낸다고 보았다. 그리고 성조소의 경우 청각적 기준으로 김주원(2000 : 93~98)은 2개를 정원수(1994 : 77~78)는 3 개를 설정하였으며, 음향적 기준으로 김무식(1999ㄱ : 41)은 최소 대립어의 경우 3 개가 설정될 가능성을 지적하였다.

7.2.2. 성조소 결합에 따른 도출형은 대립과 중화 원리에 의해 기존의 성조형 가운데에서 실현된다(구현옥 2003b : 177, 김차균2003 : 21~26).

(3) ㄱ. 함안 지역어

①a. /H/ → H /H__

b. {/M/, /L/} →M /H__[5)]

② $\begin{bmatrix} M_1 \\ L_1 \end{bmatrix} + \begin{Bmatrix} L \\ M \\ H \end{Bmatrix} \rightarrow \begin{bmatrix} M_2 \\ L_2 \end{bmatrix}$[6)]

ㄴ. 안동 지역어

①a. /H/ → H /H__

b. {/M/, /$\underset{\cdot\cdot}{M}$/} →M /H__

② $\begin{bmatrix} M_1 \\ \underset{\cdot\cdot}{M}_1 \end{bmatrix} + \begin{Bmatrix} \underset{\cdot\cdot}{M} \\ M \\ H \end{Bmatrix} \rightarrow \begin{bmatrix} M_2 \\ \underset{\cdot\cdot}{M}_2 \end{bmatrix}$

(3)ㄱ①a, ㄴ①a는 함안, 안동 지역어 모두 /H/ 뒤에서 /H/는 원래의 성조를 유지한다. (3)ㄱ①b, ㄴ①b는 함안 지역어 /M/과 /L/, 안동 지역어 /M/과 /$\underset{\cdot\cdot}{M}$/이 /H/ 뒤에 이어날 때 /M/으로 중화된다. (3)ㄱ②, ㄴ②는 함안 지역어 /M_1/, /L_1/에 /H/, /M/. /L/이 이어나면 /M_2/과 /L_2/로 중화되고, 안동 지역어 /M_1/과 /$\underset{\cdot\cdot}{M}_1$/에 /H/, /M/, /$\underset{\cdot\cdot}{M}$/이 이어나면 /$M_2$/와 /$\underset{\cdot\cdot}{M}_2$/로 중화된다. 따라서 기저 성조가 결합하여 도출된 최종 성조형은 세 가지로만 나타나는데 함안 지역어는 /H_1M^n/, /M_1/, /L_1/만 실현되고 안

5) 중화되어 나타나는 성조는 중조와 같은 음성학적 특징을 띠기 때문에 /M/으로 표기한다.

6) 윗첨자는 그 개수만큼을 아래 첨자는 그 이상의 개수를 나타내는데 예를 들어 H^2M_3은 HHMMM…을 간략화하여 표기한 것이다. 경우에 따라 정해지지 않은 음절 수를 나타내기 위해 H^mM_n(또는 H^mM^n)등으로 표기될 수도 있는데 이때 m과 n은 임의의 수를 말한다.

동 지역어는 $/H_1M^n/$, $/M_1/$, $/\underset{..}{M}_1/$만 실현된다.

그리고 토착 화자들이 실제로 느끼는 표면형을 도출하는 음조 규칙은 지역마다 다를 수 있는데 함안 지역어와 안동 지역어에서 적용되는 규칙은 다음과 같다(구현옥 2003b : 178, 김차균 2003 : 38).

(4) ㄱ. 함안 지역어

① $/H_2M^n/ \rightarrow [MH_1M^n]$ /#__#

② $/M_2/ \rightarrow [HHM_0]$/#__#

(단 정보 초점이 아니면 $/M^2/\rightarrow[MM]$)

③ $/L_2/ \rightarrow [LM_1]$/#__#

ㄴ. 안동 지역어

① $/H_2M^n/ \rightarrow [M_1HM^n$ / $MH_1M^n]$ /#__#

② $/M_2/ \rightarrow [HHM_0]$/#__#

(단 정보 초점이 아니면 $/M^2/\rightarrow[MM]$)

③ $/\underset{..}{M}_2/ \rightarrow [\ddot{H}HM_0$ / $\breve{\underset{..}{M}}HM_0]$#__#

함안 지역어는 /H/가 1 음절인 /HM/은 표면 음조 역시 [HM]으로 실현되나 (4)ㄱ①과 같이 /H/가 2 음절 이상인 $/H_2M/$은 $[MH_1M]$으로 들린다. (4)ㄱ②에서 $/M_2/$는 전달의 초점이냐 아니냐에 따라 각각 /HH/ 또는 /MM/으로 실현되고, /M/이 3 음절 이상 결합된 $/M_3/$형은 $[HHM^n]$으로 실현된다. (4)ㄱ③과 같이 /L/이 2 음절 이상 결합된 $/L_2/$형은 $[LM^n]$으로 들린다.[7)]

그런데 안동 지역어의 경우, (4)ㄴ② 중조는 함안 지역어와 같으나 고조나 저조의 경우 차이가 있다. $/H_2M^n/$형은 함안 지역어에서는 항상 $[MH_1M^n]$으로만 실현되나 안동 지역어에서는 (4)ㄴ①과 같이 주로 $[M_1HM^n]$으로 실현되나 경우에 따라 $[MH_1 M^n]$으로도 실현된다. 이

7) $/L^2/$를 [LM]으로 바꾸는 것은 우리말의 운율구의 최종 음운론적 표상에서 둘째 음절 이하의 위치에 저조가 나타날 수 없는 제약에 따른 것이다.

동화(1990 : 59)는 /H/를 [M]으로 낮추는 것은 표면음성 제약이 아니라 핵성조가 하나인 표면 성조를 유지시키려는 방언 화자의 언어 심리가 반영된 것이라고 보았다. 그러나 /H/가 3개 이상일 때도 첫번째 /H/만 낮추고 나머지는 그대로 실현되는데 이 경우에는 설명력을 잃는다. (4)ㄴ③ /M̤$_2$/는 [ḦHM$_0$]으로 주로 실현되는데 첫 음절이 함안 지역어보다 길다.[8)]

7.3. 풀이씨 분류와 씨끝의 성조

7.3.1. 씨끝 성조 설정 기준

모든 낱말의 고유 성조를 기저 성조라 하는데 하나의 형태소가 자립 형식으로 쓰일 경우 고립해서 쓰일 때를 기준으로 설정된다. 그런데 문법소의 경우 낱말과는 달리 자립해서 쓰일 수 없고 구속 형식으로만 쓰이므로 특정 성조를 가진 자립 형식과 함께 쓰일 때를 기준으로 기저 성조를 설정해야 한다.

성조소 가운데 /M/이나 /L/ 뒤에 이어나는 성조는 대립되지 못하고 중화 규칙에 의해 모든 성조가 중화되므로 문법소의 성조를 설정할 수 있는 적절한 환경이 될 수 없다. 그러나 /H/ 뒤에서 /M/과 /L/은 /M/으로 중화되지만 /H/는 그대로 실현되므로 문법소의 기저 성조는 /H/ 성조를 가진 뿌리에 이어날 때 정확하게 파악될 수 있다.

예를 들어 '잡는다/H^2M/'의 줄기 '잡-'의 기저 성조가 /H/이므로 서

8) 김차균(2003 : 61~63)에 의하면 [ḦHM]의 경우 [HHM]보다 첫 음절이 1.6배 길다. (4)ㄴ③이 [M̤̆HM$_0$]으로 실현될 경우 첫 음절이 /M/의 범주에 포함되나 이보다 길고 오름조로 함안 지역어와는 차이가 있다.

술형 씨끝 '-는다'의 기저 성조는 /HM/임을 알 수 있다. 또한 '잡거들랑 /H^2M^2/'의 이음꼴 씨끝 '-거들랑'의 기저 성조는 /HM^2/가 된다. 그러나 씨끝이 음절을 이루지 못하는 매김꼴 'ㄴ, ㄹ', 이름꼴 'ㅁ', 때매김 'ㅆ'의 경우는 성조를 가지지 못하고 풀이씨 줄기 성조에 포함된다.[9)]

이런 기준으로 씨끝의 성조를 예시 (5) '곧다'와 (6) '잡다'를 대상으로 제시하면 아래와 같다.[10)]

(5) '곧다'의 씨끝 바꿈과 씨끝의 성조

ㄱ. 함안 지역어	ㄴ. 안동 지역어
곧을/HM/: 을/M/	곧을/HM/: 을/M/
곧은/HM/: 은/M/	곧은/HM/: 은/M/
곧기/HM/: 기/M/	곧기/HM/: 기/M/
곧게/HM/: 게/M/	곧게/HM/: 게/M/
곧데/HM/: 데/M/	곧데에/H^2M/: 데에/HM/
곧네/HM/: 네/M/	곧네/HM/, 곧으에/HM^2/:네/M/, 으에/M^2/[11)]
곧나/HM/: 나/M/	곧나/HM/, 곧으아/HM^2/: 나/M/, 으아/M^2/
곧노/HM/: 노/M/	곧노/HM/, 곧으오/HM^2/:노/M/, 으오/M^2/
곧제/HM/: 제/M/	곧제/HM/: 제/M/
곧더나/H^2M/: 더나/HM/	곧드나, 곧다아/H^2M/: 드나, 다아/HM/
곧더노/H^2M/: 더노/HM/	곧더노, 곧도오/H^2M/:드노, 도오/HM/
곧지예/HM^2/: 지예/M^2/	곧지요/HM^2/: 지요/M^2/

---

9) 신기상(1999 : 127)은 매김꼴 씨끝은 독립성이 없고 뒤따르는 피수식어와 결합성이 강하기 때문에 피수식어가 /H/나 /L/이면 /L/로 실현되고, /L:/이면 /H/로 실현된다고 보았으나 유동성이 강하므로 /L/을 대표로 정하였다. 그리고 이와 결합되는 어간 성조의 경우 /L/은 /H/와 수의 변동하고, /H/는 /L/과 수의 변동한다고 보았다.

10) 풀이씨가 끝바꿈할 수 있는 모든 경우를 열거하는 것이 타당하겠으나 연구의 편의상 말본 범주를 균형적으로 고려하여 자주 사용될 수 있는 자연스러운 끝바꿈을 대상으로 하였다.

11) 그림씨일 경우 씨끝 '-네'는 '-으에'로 실현되고, '-나'는 '-으아'로 실현되고 '-노'는 '-으오'로 실현된다.

곧습미더/H^{3}M/: 습미더/H^{2}M/	곧으이더/HM^3/: 으이더/M^3/[12]
곧습미꺼/H^{3}M/: 습미꺼/H^{2}M/	곧으이꺼/HM^3/: 으이꺼/M^3/[13]
곧으이/HM^2/～/H^{2}M/: 으이/M^2/～/HM/	곧으이/HM^3/:으이/M^3/
곧아도/HM^2/: 아도/M^2/	곧아도, 곧어도/HM^2/:아도, 어도/M^2/
곧아서/HM^2/: 아서/M^2/	곧아서/HM^2/: 아서/M^2/
곧아야/HM^2/: 아야/M^2/	곧아야/HM^2/: 아야/M^2/
곧으나/HM^2/: 으나/M^2/	곧으나/HM^2/: 으나/M^2/
곧을수록/HM^3/～/H2M^2/: 을수록/M^3/～/HM^2/	곧을수록/HM^3/: 을수록/M^3/
곧으모/HM^2/～/H^{2}M/: 으모/M^2/～/HM/	곧으먼, 곧으면, 곧으마, 곧으만 /HM^2/: 으먼, 으면, 으마, 으만/M^2/
곧거나/H^{2}M/: 거나/HM/	곧게나, 곧거나, 곧그나, 곧든동/H^{2}M/: 게나, 거나, 그나, 든동/HM/
곧도록/H^{2}M/: 도록/HM/	곧도록, 곧드록/H^{2}M/: 도록, 드록/HM/
곧거등/H^{2}M/: 거등/HM/	곧거든, 곧거등/H^{2}M/: 그든, 그등/HM/
곧거들랑/H^{2}M^2/: 거들랑 /HM^2/	곧거들랑/H^{2}M^2/: 거들랑/HM^2/
곧거마는/H^{3}M/: 거마는/H^{2}M/	곧지마는/H^{2}M^2/: 지마는/HM^2/
곧것다/H^{2}M/: 것(다)/H/(M)	곧겠다/H^{2}M/, 곧을따/HM^2/: 겠다 /HM/, 을따/M^2/
곧것나/H^{2}M/: 것(나)/H/(M)	곧을라/HM^2/: 을라/M^2/
곧것노/H^{2}M/: 것(노)/H/(M)	곧을로/HM^2/: 을로/M^2/
곧는갑다/H^{2}M^2/: 는갑다/HM^2/	곧는겠다/H^{2}M^2/: 는겠다/HM^2/

(6) '잡다'의 씨끝 바꿈과 씨끝의 성조형

잡는가, 잡는강/HM^2/: 는가, 는강/M^2/	잡는가, 잡는동/H^{2}M/: 는가, 는동 /HM/
잡으까/HM^2/～/H^{2}M/: 으까/M^2/～/HM/	잡으까/HM^2/: 으까/M^2/

12) 서술형 씨끝은 일반적으로 '-니더'로 실현되나 그림씨 뒤에서는 '-으이더'로 실현된다.

13) 물음꼴 씨끝은 '-니꺼'로 실현되나 그림씨일 경우 '-으이꺼'로 실현된다.

잡으세/HM^2/: 으세/M^2/	잡세/HM/: 세/M/[14]
잡았다/HM^2/: 았다/M^2/	잡았다, 잡었다/HM^2/: 았다, 었다/M^2/
잡것습미더/H^{4}M/: 것습미더/H^{3}M/	잡을시더/HM^3/: 을시더/M^3/
잡으시지예/HM^4/: 으시지예/M^4/	잡으시지요/HM^4/: 으시지요/M^4/
잡으십미꺼/HM^4/: 으십미꺼/M^4/	잡으시니껴/HM^4/: 으시니껴/M^4/
잡을라칸다/HM^4/: 을라칸다/M^4/	잡을라근다/HM^4/: 을라근다/M^4/
잡았는갑습미더/HM^6/: 았는갑습미더/M^6/	잡았는겟시더/HM^5/: 았는겟시더 /M^5/
잡고싶나/HM^3/:고싶나 /M^3/	잡고접으아, 잡고싶으아/H^{4}M/: 고접으아, 고싶으아/H^{3}M/

함안 지역어에서 높임의 안맺음씨끝 '-시-, -읍/습-', 때매김 안맺음씨끝 '-더-, -는-, -것(겠)-'은 /H/로 실현되지만 1 음절 씨끝은 대부분 /M/으로 실현된다. 2 음절 이상은 /HM$_1$/ 또는 /M$_2$/으로 실현되는데 홀소리 '-으'나 '-아/어'로 시작될 경우는 /M$_2$/으로만 실현된다. 문법소의 기저 성조가 주로 /M$_2$/으로 실현되는 것은 문법소는 둘째 음절 이하에서만 나타나고 둘째 음절 이하에서는 중화 규칙에 의해 중조와 저조는 /M/으로 중화되기 때문이다.

씨끝의 경우, 함안 지역어의 서술형 씨끝 '-습미더, -소' 등은 안동 지역어에서는 '-니더'로 실현되고, '-가베, -갑다'는 '-겟나, -겟다'로 실현된다. 함안 지역어 물음꼴 씨끝 '-습미꺼, -소'는 안동 지역어에서 '-니껴'로 실현되고, '-더나'와 '-더노'는 '-드나/-다아, -드노/-도오'로 실현된다. 함안 지역어의 꾀임형 씨끝 '-읍시더'는 안동 지역어에서 '-시더'

14) 줄기가 닿소리로 끝나느냐 홀소리로 끝나느냐에 관계없이 청유형은 '-세'로 나타난다.

로 실현되고, '-자이'는 '-재이'로 실현된다. 그 밖에 함안 지역어의 이음 씨끝 '-아모/-어모'는 안동 지역어에서 '-으마, -으만, -으먼, -으면'으로 실현되고, '-거나'는 '-기나, -든동'으로 실현된다. 그리고 함안 지역어에서 추측이나 올적을 나타내는 씨끝 '-것(다)'는 안동 지역어에서 '-을ㆆ(다)'로 실현된다.

이상과 같이 함안 지역어는 안동 지역어와 씨끝의 형태가 다소 차이가 있으나 성조 변동은 차이가 없는 경우가 대부분이다. 그러나 아래에 제시되는 경우는 씨끝의 형태는 물론 성조도 차이가 있는 경우이다.

(7) ㄱ. 함안 지역어 / ㄴ. 안동 지역어

ㄱ. 함안 지역어	ㄴ. 안동 지역어
는가~는강/M^2/	는가~는동/HM/
고싶나/M^3/	고접으아, 고싶으아/H^3M/
것습미더/H^3M/	을시더/M^3/
것다/HM/	을따/M^2/
것나/HM/	을라/M^2/
것노/HM/	을로/M^2/

7.3.2. 성조 유형에 따른 풀이씨 분류

풀이씨의 성조형은 고조형, 중조형, 저조형으로 구분되는데 끝바꿈을 할 경우 이어나는 씨끝에 의해 줄기의 성조가 변동되기도 한다.15) 이때 중조형 풀이씨의 경우 끝바꿈에 관계없이 줄기의 성조가 그대로 실현되나 고조형이나 저조형의 경우 다른 성조로 변동되는 경우가 있다.

함안 지역어 대상 자료에 의하면 /M/형 풀이씨(뜯다, 꼬다, 갈다, 멀다, 숨다, 크다, 파다, …)의 경우 45개가 모두 고정이었다. /H/형 풀이씨의 경우 91개 가운데 76개(덮다, 닫다, 날다, 받다, 솟다, 익다, …)는 성조를

15) 신기상(1999 : 74~75)은 성조 변동은 낱말, 음절 수, 음절 위치 등 여러 요인이 복합적으로 작용하여 결정된다고 보았다.

그대로 유지하였으나 15개(서다, 가다, 누다, 나다, 보다, 오다, …)는 /L/ 또는 /M/으로 변동되었다. 그리고 /L/형 풀이씨의 경우 66개 가운데 10개(작다, 얻다, 곱다, 작다, …)만 고정이었고 나머지 56개(껌다, 삼다, 밀다, 감다, 걸다, 넘다, 돌다, 신다, …)가 /H/로 성조 변동이 일어났다.

/H/형 풀이씨의 경우 줄기가 닿소리로 끝나느냐 홀소리로 끝나느냐에 따라 성조 고정과 변동이 결정되는 모습을 보여 주는데 이러한 관점은 정원수(1995 : 26~27)에서도 논의된 바가 있다. 그러나 전체적인 성조 변동을 고려한다면 김차균(1993 : 210)에서와 같이 어간의 음운론적 조건이라기보다 씨끝에서 원인을 찾는 것이 더 타당하다고 본다. 따라서 각 풀이씨가 씨끝과 이어날 때 실현되는 성조 현상을 고정과 변동으로 구분하여 제시하기로 한다.

(8) ㄱ. 덮다	ㄴ. 서다
덮습미더/H^2M^2/[MHM^2]	섭미더/H^2M/[MHM]
덮네, 덮데/HM/	서네, 서데/HM/
덮나/HM/	서나/HM/
덮는기요/H^2M^2/[MHM^2]	서는기요/H^2M^2/[MHM^2]
덮지예/HM^2/	서지예/HM^2/
덮읍시더/HM^3/	섭시더/H^2M/[MHM]
덮더라도/H^2M^2/[MHM^2]	서더라도/H^2M^2/[MHM^2]
덮을수록/HM^3/	설수록/H^2M/[MHM]~/HM^2/
덮는다/HM^2/	선다/HM/
덮것다/H^2M/[MHM^2]	서것다/H^2M/[MHM]
덮어라/HM^2/	서라/M^2/[HH/MM]
덮자/HM/	서자/M^2/[HH/MM]
덮어야/HM^2/	서야/M^2/[HH/MM]
덮어서/HM^2/	서서/M^2/[HH/MM]
덮으모/HM^2/	서모/M^2/[HH/MM]
덮었다/HM^2/	섰다/M^2/[HH/MM]

(8)ㄱ '덮다'는 이어나는 씨끝에 관계없이 일정하게 줄기의 성조가 그대로 유지되고 있으므로 '고정 /H/형' 풀이씨로 분류한다. 그리고 (8)ㄴ '서다'는 닿소리로 시작되는 씨끝 앞에서는 대부분 줄기의 성조가 그대로 유지된다. 그러나 '서라/M^2/, 서야/M^2/, 서서/M^2/, 서모/M^2/, 섰다/M^2/'와 같이 '-어라, -어야, -어서, -으모, -었다' 등의 홀소리로 시작되는 씨끝과 '서자/M^2/'와 같이 꾐임형 씨끝 '-자' 앞에서 /M/으로 성조가 바뀜을 알 수 있다.[16)]

이런 유형의 풀이씨를 '변동 /H/형'으로 분류하는데 성조 변동이 가장 복잡하며 자료에 따라 조금씩 다른 양상을 보이므로 김차균(2003 : 118)은 변동 /H/를 다시 하위 분류 하기도 한다. 함안 지역어에서도 이런 차이점을 확인할 수 있는데 '가다'와 '서다'는 같은 변동 /H/형이지만 씨끝에 따라 다소 차이가 있다. 즉 '-까/꼬, -라, -자/자이, -으모(으면), -ㄹ수록, -게, -것(겠), -ㄴ, -ㄹ, -ㅁ' 등과 이어나면 두 풀이씨 모두 성조 변동이 없다. 그런데 가다는 '-네, -ㅂ미더(ㅂ니다), -요, -나, -ㅂ미꺼(ㅂ니까), -더나/더노, -ㅂ시더, -소/이소/시이소, -거등(거든), -아서/아야/아도, -거나, -었, -는갑다, -ㄴ다, -ㄴ가베' 등의 씨끝이 이어나면 /M/으로 바뀐다. 반면 서다는 '-아서/아야/아도, -았' 등과 이어날 때 /M/으로 바뀐다. 그리고 가다는 '-ㄹ라모, -ㄹ래, -ㄹ라꼬' 등의 씨끝에 의해 /L/로 변동된다.

그러나 이 연구에서는 씨끝 바꿈이 있을 때 줄기의 성조가 변동되는 것과 되지 않는 것 그리고 변동이 있을 때 어떤 씨끝과 이어날 경우인지를 중심으로 고찰하고 변동 풀이씨의 하위 분류는 하지 않는다.

---

16) 풀이씨가 씨끝과 결합할 때 실현되는 성조 변동은 일찍 허웅(1955)에서 김해 방언을 대상으로 폭넓게 연구되었다. 허 웅(1955 : 284~294)은 /H/를 [I-A]와 [I-B]로 구분하고 '가다'는 완전한 [I-B]에 포함되지만 '서다'는 [I-A]에 포함시키지만 다른 풀이씨와는 다소 다른 유형으로 분류시켰다.

(9) ㄱ. 작다
작네/L^2/[LM]
작는가베/L^4/[LM^3]
작더나/L^3/[LM^2]
작습미꺼/L^4/[LM^3]
작제/L^2/[LM]
작거들랑/L^4/[LM^3]
작아도/L^3/[LM^2]
작으까/L^3/[LM^2]
작을수록/L^4/[LM^3]
작으모/L^3/[LM^2]
작으이/L^3/[LM^2]
작은, 작을/L^2/[LM]
작았는갑다/L^5/[LM^4]

ㄴ. 껌다
껌네/L^2/[LM]
껌는가베/L^4/[LM^3]
껌더나/L^3/[LM^2]
껌습미꺼/L^4/[LM^3]
껌제/L^2/[LM]
껌거들랑/L^4/[LM^3]
껌어도/HM^2/
껌으까/HM^2/
껌을수록/HM^3/
껌으모/HM^2/
껌으이/HM^2/
껌은, 껌을/HM/
껌었는갑다/HM^4/

(9)ㄱ '작다'는 씨끝에 관계없이 줄기의 원래 성조를 그대로 유지하나 (9)ㄴ '껌다'는 '껌으까/HM^2/, 껌으모/HM^2/, 껌으이/H M^2/, 껌어도/HM^2/, 껌은/HM/, 껌을/HM/, 껌었는갑다/HM^4/'와 같이 주로 홀소리로 시작되는 씨끝 앞에서 줄기의 성조가 /H/로 바뀜을 앞 수 있다. 따라서 '작다'와 같이 씨끝에 관계없이 원래 성조가 그대로 유지되는 풀이씨를 '고정 /L/형'으로 분류한다. 그리고 '껌다'와 같이 줄기의 성조가 /H/로 바뀌는 풀이씨를 '변동 /L/형'으로 분류한다.

7.4. 풀이씨 씨끝 바꿈과 성조 변동

이 장에서는 지금까지의 논의를 바탕으로 1 음절 풀이씨를 줄기의 성조가 고정되는 것과 변동되는 것으로 구분하여 끝바꿈을 할 경우 실

현되는 성조 변동 현상을 살펴보기로 한다.[17]

(10) '닫다'의 성조 변동 비교

ㄱ. 함안 지역어	ㄴ. 안동 지역어
닫기(이음, 이름)/HM/	닫기/HM/, 닫게/HM/
닫을/HM/	닫을/HM/
닫은/HM/	닫은/HM/
닫소(물음)/HM/	닫니껴/H^2M/[MHM]
닫네, 닫데/HM/	닫네/HM/, 닫데에/H^2M/[MHM]
닫나, 닫노/HM/	닫나, 닫노/HM/
닫자/HM/, 닫자이/HM^2/	닫자/HM/, 닫재이/HM^2/
닫더나/H^2M/[MHM]	닫드나, 닫다아/H^2M/[MHM]
닫더노/H^2M/[MHM]	닫드노, 닫도오/H^2M/[MHM]
닫는다/H^2M/[MHM]	닫는다/H^2M/[MHM]
닫습미더/H^3M/[MH^2M]	닫니더/H^2M/[MHM]
닫습미꺼/H^3M/[MH^2M]	닫니껴/H^2M/[MHM]
닫는가베/H^3M/[MH^2M]	닫는게나/H^2M^2/[MHM^2]
닫는갑다/H^3M/[MH^2M]	닫는겟다/H^2M^2/[MHM^2]
닫것다/H^2M/[MHM]	닫겠다, 잡을따/HM^2/
닫거나/H^2M/[MHM]	닫게나~닫그나~닫든동 /H^2M/[MHM]
닫았다/HM^2/	닫았다, 닫었다/HM^2/[18]
닫아라/HM^2/	닫아라/HM^2/
닫으까/HM^2/~/H^2M/[MHM]	닫으까/HM^2/
닫으소/HM^2/~/H^2M/[MHM]	닫으소/HM^2/
닫으모/HM^2/~/H^2M/[MHM]	닫으마, 닫으만, 닫으먼, 닫으면/HM^2/
닫을수록/HM^3/~/H^2M^2/[MHM^2]	닫을수록/HM^3/

---

17) 지면 관계상 대상 자료 가운데 성조 고정 풀이씨와 성조 변동 풀이씨로 나누어 각 성조형마다 대표적인 풀이씨를 선정해서 기술한다.

18) 밝은 홀소리 줄기를 가진 풀이씨에 함안 지역어는 '-았다'만 이어나는 반면 안동 지역어는 '-었다'도 많이 쓰이는데 이런 현상은 다른 풀이씨의 경우에도 동일하다.

닫읍시더/HM^3/~/H^2M^2/[MHM]	닫시더/H^2M/[MHM][19]
닫으시이소/HM^4/~/H^2M^3/ [MHM^3]	닫으시소/HM^3/~닫으시이소/HM^4/

(10) '닫다'는 고정 /H/형 풀이씨로 분류되는데 씨끝에 관계없이 줄기의 성조가 그대로 유지됨을 알 수 있다. '-으X'로 시작되는 씨끝의 경우 안동 지역어는 '닫으면/HM^2/'과 같이 항상 /M_2/으로만 실현된다. 그러나 함안 지역어는 '닫으모/HM^2~H^2 M/', '닫을수록/HM^3/~/H^2M^2/'과 같이 /M_3/ 또는 /HM_2/으로 수의 변동하는 경우도 있다.

그러나 자연스러운 발음일 경우는 주로 /M_3/으로 실현된다. 함안 지역어의 수의적인 성조 변동은 '닫기로서이(닫기로서니) /HM^4/~/H^2M^3/'와 같이 '-으X'로 시작되는 씨끝이 아니더라도 실현되는데 성조형에 변화가 오고 있음을 예측할 수 있다. 이 지역어 성조형은 현재 합성이름씨의 경우 성조 결합 규칙과는 별도로 첫 성분을 대립성이 강한 /H/로 바꾸거나 끝 음절을 제외한 앞 부분을 /H/로 바꾸는 /HM_1/ 또는 /H_1M/으로 단일화 하는 현상이 있다(구현옥 2003b : 185).

이와 같이 성조형이 단일화 하는 것은 성조 기능이 약화된 결과인데 풀이씨에서 나타나는 수의적인 성조 변동이 이름씨에서 보여 주는 성조 단일화 현상과 차이가 있지만 결국 성조 기능 약화를 초래할 것이므로 성조형 변화와 무관하지 않다고 본다. 김주원(2000 : 100~102)은 '최후 고조의 저조화'라는 원리로 이러한 현상을 규명하고자 하였다. 이 원리는 어절 말부터 순차적으로 여러 번 적용될 수 있는데 함경도 방언의 경우 모두 적용되며 서부 경남 방언에서는 일부에서 실현된다고 보았다. 김무식(1999b : 28)은 풀이씨는 정보 전달 면에서는 그 역할이 크나

19) 안동 지역어에서는 줄기가 닿소리로 끝나느냐 홀소리로 끝나느냐에 관계없이 청유형 씨끝은 '-시더'로 실현된다.

끝에 위치하므로 앞서는 다른 성분으로부터 어느 정도 예측된다는 것에서 그 원인을 찾았다. 그러나 성조 기능 약화 현상은 이름씨에서도 실현되므로 월에서 차지하는 위치가 주된 원인은 아니라고 본다.

(11) '뜯다'의 성조 변동 비교

ㄱ.함안 지역어	ㄴ. 안동 지역어
뜯을/M^2/[HH/MM]	뜯을/M^2/[HH/MM]
뜯은/M^2/[HH/MM]	뜯은/M^2/[HH/MM]
뜯기/M^2/[HH/MM]	뜯기/M^2/[HH/MM]
뜯소/M^2/[HH/MM]	뜯니껴/M^3/[HHM]
뜯나, 뜯노/M^2/[HH/MM]	뜯나, 뜯노/M^2/[HH/MM]
뜯네, 뜯데/M^2/[HH/MM/	뜯네/M^2/[HH/MM],
	뜯데에/M^3/[HHM]
뜯자/M^2/[HH/MM]	뜯자/M^2/[HH/MM]
뜯자이/M^3/[HHM]	뜯재이/M^3/[HHM]
뜯더나/M^3/[HHM]	뜯드나, 뜯도오/M^3/[HHM]
뜯더노/M^3/[HHM]	뜯드노, 뜯다아/M^3/[HHM]
뜯는다/M^3/[HHM]	뜯는다/M^3/[HHM]
뜯습미더/M^4/[HHM^2]	뜯니더/M^3/[HHM]
뜯는가베/M^4/[HHM^2]	뜯는게나/M^4/[HHM^2]
뜯는갑다/M^4/[HHM^2]	뜯는겠다/M^4/[HHM^2]
뜯습미꺼/M^4/[HHM^2]	뜯니껴/M^3/[HHM^2]
뜯으까/M^3/[HHM]	뜯으까/M^3/[HHM]
뜯어라/M^3/[HHM]	뜯어라/M^3/[HHM]
뜯으소/M^3/[HHM]	듣으소/M^3/[HHM]
뜯으모/M^3/[HHM^2]	뜯으마, 뜯으만, 뜯으먼,
	뜯으면/M^3/[HHM]
뜯으이소/M^4/[HHM^2]	뜯으이소/M^4/[HHM^2]
뜯읍시더/M^4/[HHM^2]	뜯시더/M^3/[HHM^2]
뜯을수록/M^4/[HHM^2]	뜯을수록/M^4/[HHM^2]
뜯거나/M^3/[HHM]	뜯그나, 뜯든동/M^3/[HHM]
뜯었다/M^3/[HHM]	뜯었다/M^3/[HHM]

뜯것다/M^3/[HHM]　　뜯겠다, 뜯을따/M^3/[HHM]

(11) '뜯다'는 고정 /M/형 풀이씨로 분류되는데 역시 씨끝 바꿈과 관계없이 줄기의 성조가 그대로 유지됨을 알 수 있다.

(12) '꼬다'의 성조 변동 비교

ㄱ. 함안 지역어

① 꼬까/M^2/
꼬이/M^2/
꼬모/M^2/
꼬자/M^2/, 꼬자이/M^3/
꼬거나/M^3/[HHM]
꼬것다/M^3/[HHM]
꼬더나/M^3/[HHM]
꼬더노/M^3/[HHM]
꼬이소/M^3/[HHM]
꼬던갑다/M^4/[HHM^2]
꼬는가베/M^4/[HHM^2]
꼬는갑다/M^4/[HHM^2]
꼬거마는/M^4/[HHM^2]
꼬것나/M^3/[HHM]
꼬것노/M^3/[HHM]
꼽미더/M^3/[HHM]
꼽미꺼/M^3/[HHM]
꼽시더/M^3/[HHM]
꼴라모/M^3/[HHM]
꼴라꼬/M^3/[HHLM]
꼴수록/M^3/[HHM]

② 꼬요/M^2/[HH/MM]
꼬아야/M^3/[HHM]
꼬아서/M^3/[HH/MM]
꼬았다/M^3/[HHM]

ㄴ. 안동 지역어

① 꼬까/M^2/
꼬이, 꼬니/M^2/
꼬마, 꼬믄, 꼬면/M^2/
꼬자/M^2/
꼬그나/M^3/[HHM]
꼬겠다, 꼴따/M^2/[HH/MM]
꼬드나/M^3/[HHM]
꼬드노/M^3/[HHM]
꼬이소/M^3/[HHM]
꼬든겠다/M^4/[HHM^2]
꼬는게나/M^4/[HHM^2]
꼬는겠다/M^4/[HHM^2]
꼬근마는/M^4/[HHM^2],
꼴라/M^2/[HH/MM]
꼴로/M^2/[HH/MM]
꼬니더/M^3/[HHM]
꼬니껴/M^3/[HHM^2]
꼬시더/M^3/[HHM]
꼬라마, 꼬라만, 꼬라면/M^3/[HHM]
꼴라꼬/M^3/[HHM]
꼴수록/M^3/[HHM]

② 꽈요/M^2/[HH/MM]
꽈야/M^2/[HH/MM]
꽈서/M^2/[HH/MM]
꽜다/M^2/[HH/MM]

꼬았는갑다/M^5/[HHM^3]　　　꽜는겟다/M^4/[HHM^2]
꼬아라/M^3/[HHM]　　　꽈라/M^2/[HH/MM]

앞서 예시 (11)에서 밝힌 바와 같이 /M/형 풀이씨는 씨끝 바꿈이 있어도 줄기의 성조 변동이 없으나 음운 변동과 성조 변동 관계를 살펴보고자 한다. '꼬다'를 비롯해서 '기다, 추다, 피다, …' 등의 줄기에 '-아X/어X'형 씨끝이 이어나면 축약에 의해 겹홀소리가 형성될 수 있다. 예시 (12)의 경우 음절 축약에 의해 저조로 실현될 것으로 예측되나 함안 지역어는 겹홀소리 자체가 형성되지 않고, 안동 지역어는 겹홀소리가 형성되나 풀이씨 줄기의 성조가 /M̤/으로 바뀌지는 않는다. 안동 지역어의 이런 현상은 예시(15)ㄴ⑤와 더불어 여타의 다른 경북 지역어와 구별되는 현상이다.[20)]

(13) '얻다'의 성조 변동 비교

ㄱ. 함안 지역어	ㄴ. 안동 지역어
얻을/L^2/[LM]	얻을/M̤^{2}/[ḦH]
얻은/L^2/[LM]	얻은/M̤^{2}/[ḦH]
얻기/L^2/[LM]	얻기/M̤^{2}/[ḦH]
얻나, 얻노/L^2/[LM]	얻나, 얻노/M̤^{2}/[ḦH]
얻네, 얻데/L^2/[LM]	얻네/M̤^{2}/[ḦH],
	얻데에/M̤^{3}/[ḦHM]
얻자/L^2/[LM]	얻자/M̤^{2}/[ḦH]
얻자이/L^3/[LM^2]	얻재이/M̤^{3}/[ḦHM]
얻는다/L^3/[LM^2]	얻는다/M̤^{3}/[ḦHM]
얻더나/L^3/[LM^2]	얻드나, 얻다아/M̤^{3}/[ḦHM]

20) 김차균(2003 : 151, 각주 69)은 느리고 자세하게 발음되는 경우에는 드물게 /M̤/이 실현되는 경우도 있다고 보았다. 그리고 이문규(2002 : 142)는 대구 지역어의 '꽈도[RH/H:H], 꽜다[RH/H:H]'와 안동 지역어의 '꽈도[HH], 꽜다[HH]'와 비교해 볼 때 후자가 전자에 비해 더 빨리 길이의 변별이 사라진 2 성조 체계로 바뀔 수 있음을 예측했다.

얻더노/L^3/[LM^2]
얻습미더/L^4/[LM^3]
얻는가베/L^4/[LM^3]
얻는갑다/L^4/[LM^3]
얻습미꺼/L^4/[LM^3]
얻으까/L^3/[LM^2]
얻어라/L^3/[LM^2]
얻으소/L^3/[LM^2]
얻으이소/L^4/[LM^3]
얻읍시더/L^4/[LM^3]
얻으모/L^3/[LM^2]
얻을수록/L^4/[LM^3]
얻거나/L^3/[LM^2]
얻었다/L^3/[LM^2]
얻것다/L^3/[LM^2]

얻드노, 얻도오/M̤^{3}/[ḦHM]
얻니더/M̤^{3}/[ḦHM]
얻는게나/M̤^{4}/[ḦHM^2]
얻는겠다/M̤^{4}/[ḦHM^2]
얻니껴/M̤^{3}/[ḦHM]
얻으까/M̤^{3}/[ḦHM]
얻어라/M̤^{3}/[ḦHM]
얻으소/M̤^{3}/[ḦHM]
얻으이소/M̤^{4}/[ḦHM^2]
얻시더/M̤^{4}/[ḦHM^2]
얻으마, 얻으만, 얻으먼,
얻으면/M̤^{3}/[ḦHM]
얻을수록/M̤^{4}/[ḦHM^2]
얻그나, 얻든동/M̤^{3}/[ḦHM]
얻었다/M̤^{3}/[ḦHM]
얻겠다, 얻을따/M̤^{3}/[ḦHM]

저조형 풀이씨 '얻다'는 함안 지역어에서(13ㄱ) /L/로 표기되고, 안동 지역어에서(13ㄴ) /M̤/으로 표기되나 줄기 성조가 씨끝 바꿈에 관계없이 그대로 유지되는 것에서 역시 고정 풀이씨임을 알 수 있다.

이상 예시 (10)~(13)은 성조 변동이 없는 풀이씨의 씨끝 바꿈을 열거한 것이며, 다음 (14)~(17)은 성조 변동이 있는 풀이씨의 씨끝 바꿈과 성조 변동 유형에 대한 것이다.

(14) '가다'의 성조 변동 비교

ㄱ. 함안 지역어
①가까/HM/
가꼬/HM/
가이/HM/
가모/HM/
가자이/HM^2/

ㄴ. 안동 지역어
① 가까/HM/
갈꼬/HM/
가이/HM/
가마, 가면, 가만, 가먼/HM/
가재이/HM^2/

갈수록/HM^{2}/	갈수록/H^{2}M/[MHM]
가도록/H^{2}M/[MHM] ~/HM^{2}/	가드록/H^{2}M/[MHM]
가것다/H^{2}M/[MHM]	가겠다/H^{2}M/[MHM], 갈따 /Ṃ^{2}/[ḦH]
가이꺼네/HM^{3}/	가이께네/HM^{3}/
② 가서/M^{2}/[HH/MM]	② 가서/M^{2}/[HH/MM]
갑미더/M^{3}/[HHM]	가니더/M^{3}/[HHM], 가니이더/M^{4}/[HHM^{2}]
갑미꺼/M^{3}/[HHM]	가니껴/M^{3}/[HHM]
가더나/M^{3}/[HHM^{2}]	가드나, 가다아/M^{3}/[HHM]
가는갑다/M^{4}/[HHM^{2}]	가는겟다/M^{4}/[HHM^{2}]
가는가베/M^{4}/[HHM^{2}]	가는게나/M^{4}/[HHM^{2}]
가시이소/M^{4}/[HHM^{2}]	가시이소/M^{4}/[HHM^{2}], 가시소/M^{3}/[HHM]
③ 갈라모/L^{3}/[LM^{2}]	③ 갈라마/Ṃ^{3}/[ḦHM]
갈래/L^{2}/[LM]	갈래/Ṃ^{2}/[ḦH]
갈라꼬/L^{3}/[LM^{2}]	갈라꼬/Ṃ^{3}/[ḦHM]
④ 가거나/M^{3}/[HHM]	④ 가그나, 가게나/H^{2}M/[MHM]
가던지/M^{3}/[HHM]	가든지/H^{2}M/[MHM]
갑시더/M^{3}/[HHM]	가시더/H^{2}M/[MHM]
가거마는/M^{4}/[HHM^{2}]	가근마는/H^{2}M^{2}/[MHM^{2}]
가거라/M^{3}/[HHM]	가그라/M^{3}/[HHM]~ /H^{2}M/[MHM]
가던갑다/M^{4}/[HHM^{2}]	가든겟다/M^{4}/[HHM^{2}]~ /H^{2}M^{2}/[MHM^{2}]

예시 (14) 풀이씨 '가다'는 /H/형 풀이씨인데 씨끝 바꿈에 의해 성조가 다양하게 변동된다. 먼저 (14)ㄱ과 같이 '-까/꼬, -이(니), -자이(자), -수록, -이꺼내(으니까), -도록, -으모(으면)' 등의 씨끝이 이어나면 줄기의 성조가 /H/로 실현된다.

그런데 '갈수록'의 경우 표면 음조형이 함안 지역어는 '[HM^2]' 그대로 실현되나 안동 지역어는 '[MHM]'으로 실현된다.

함안 지역어 '가도록/H^2M/~/HM^2/'은 예시 (10)에서 볼 수 있었던 성조의 임의 변동이 '-으X'형 씨끝 범주를 벗어나 점차 확대되어 가고 있음을 보여 주는 예이다.

그리고 추측이나 올적을 나타내는 씨끝이 올 경우 함안 지역어는 '가겟다/H^2M/'으로 고정되어 실현되나 안동 지역어는 신형인 '가겠다/H^2M/'와 구형인 '갈따/M̤^{2}/'가 공존하고 있다.

함안 지역어에서 (14)ㄱ②와 같이 '-아서, -ㅂ미더(ㅂ니다), -ㅂ미꺼(ㅂ니까), -더나, -는갑다(는가보다), -는가베(는가봐), -시이소(십시오)' 등의 씨끝이 이어날 때는 줄기의 성조가 /M/으로 실현되고, (14)ㄱ③과 같이 '-ㄹ라모(으려면), -ㄹ래, -ㄹ라꼬(으려고)' 등의 씨끝이 이어날 때는 줄기의 성조가 /L/로 실현된다. 그러나 안동 지역어의 경우 (14)ㄴ②와 같이 '-아서, -니더/니이더(니다), -니껴(니까), -드나/다아(더나), -는겠다(는갑다), -는게나(는가봐), -시이소/시소(십시오)' 등의 씨끝이 이어날 때는 /M/으로 실현되고, (14)ㄴ③과 같이 '-ㄹ라마(으려면), -ㄹ래, -ㄹ라꼬(으려고)' 등의 씨끝이 이어날 경우는 줄기의 성조가 /M̤/로 실현된다.

동일한 말본 범주지만 줄기의 성조가 두 지역어에서 서로 다르게 실현되는 경우도 있다. 예를 들어 '-거나, -든지, -ㅂ시더, -거마는'가 이어날 경우 함안 지역어에서는 (14)ㄱ④와 같이 /M/으로 성조 변동이 있으나 안동 지역어에서는 (14)ㄴ④와 같이 줄기의 성조 /H/가 그대로 실현된다.

'-거라, -던갑다'가 이어날 경우에는 함안 지역어에서는 줄기의 성조가 /M/으로만 실현되나 안동 지역어에서는 /M/ 또는 /H/로 임의적으로 실현된다. 이문규(2002 : 133~135)에 의하면 '가다'의 꼴바뀜 '가그라, 가든지, 가든겟다, 가시더'가 안동에서는 /MX/형과 /HX/형으로 실현되고 대구에서는 /MX/형만 실현된다.21) 안동 지역어에서 실현되는 고조형은 삼척 지역어에서 볼 수 있는 모습으로 경북의 다른 지역어와의 차이점으로 지적하였다.

(15) '누다'의 성조 변동 비교

ㄱ. 함안 지역어	ㄴ. 안동 지역어
① 누까/HM/	① 누까/HM/
누이/HM/	누이/HM/
누모/HM/	누마, 누먼, 누믄, 누만, 누면/HM/
누자이/HM^2/	누재이/HM^2/
눌꺼로/H^{2}M/[MHM]	누껄/HM/
눌수록/HM^2/~/H^{2}M/[MHM]	눌수록/H^{2}M/[MHM]
누이꺼내~누이께에/HM^3/	누이끄내/HM^3/
누도록/H^{2}M/[MHM]~/HM^2/	누도록, 누드록/H^{2}M/[MHM]
누것다/HM^2/~/H^{2}M//[MHM]	누겠다/H^{2}M/[MHM], 눌따/M̤^{2}/[ḦH]
② 눕미더/M^3/[HHM]	② 누니더/M^3/[HHM], 누니이더/M^4/[HHM^2]
눕미꺼/M^3/[HHM]	누니껴/M^3/[HHM^2]
누더나/M^3/[HHM]	누드나, 누다아/M^3/[HHM]
누더노/M^3/[HHM]	누드노, 누도오/M^3/[HHM]
누던갑다/M^4/[HHM^2]	누던겟다/M^4/[HHM^2]
누는가베/M^4/[HHM^2]	누는게나/M^4/[HHM^2]
누는갑다/M^4/[HHM^2	누는겟다/M^4/[HHM^2]
누시이소/M^4/[HHM^2]	누시이소/M^4/[HHM^2], 누시소/H^{2}M/[MHM]

---

21) '가그라(/M^3~H^{2}M/ : /M^3/), 가든지(/H^{2}M/ : /M^3/), 가든겟다(/M^4/ : /M^4 ~H^{2}M^2/), 가시더(/M^3/ : /H^{2}M/)' 등에서 안동 지역어는 전자의 성조형으로 대구 지역어는 후자의 성조형으로 실현되는데 이런 현상은 '누다, 보다, 사다, 서다, 오다, 자다, 지다, 하다' 등에서도 체계적으로 실현된다고 하였다.

③ 눌라모/L^3/[LM^2]
눌래/L^2/[LM]
눌라꼬/L^3/[LM^2]

④ 누이소/M^3/[HHM]
누거나/M^3/[HHM]
눕시더/M^3/[HHM]
누거마는/M^4/[HHM^2]

⑤ 누요/M^2/[HH/MM]
누우야/M^3/[HHM]
누우서/M^3/[HH/MM]
누웄다/M^3/[HHM]
누웄는갑다/M^5/[HHM^3]
누웄는/M^3/[HHM]
누우라/M^3/[HHM]

③ 눌라만/Ṃ^3/[ḦHM]
눌래/Ṃ^2/[ḦH]
눌라꼬/Ṃ^3/[ḦHM]

④ 누이소/H^2M/[MHM]～/M^3/[HHM]
누그나/H^2M/[MHM]～/M^3/[HHM]
누게나/H^2M/[MHM]
누시더/H^2M/[MHM]
누그마는/H^2M^2/[MHM^2],
누근마는/M^4/[HHM^2]

⑤ 노요/Ṃ^2/[ḦH]～/M^2/[HH/MM]
노야/Ṃ^2/[ḦH]～/M^2/[HH/MM]
노서/Ṃ^2/[ḦH]～/M^2/[HH/MM]
놨다/Ṃ^2/[ḦH]
놨는겠다/Ṃ^4/[ḦHM^2/～/M^4/[HHM^2]
놨는/Ṃ^2/[ḦH]
노라～/Ṃ^2/[ḦH]～/M^2/[HH/MM]
노래이/M^3/[HHM]

예시 (15)는 (14)와 같이 변동 /H/형인데 음운 변동과 성조 변동 관계를 살펴볼 수 있는 경우이다. 즉 '누다'는 변동 /H/형 풀이씨로 (15)ㄱ①~③과 같이 줄기의 성조가 /M/과 /L/로 변동되는 것은 예시 (14)와 같다. (15)④는 '-이소, -거나, -ㅂ시더(ㅂ시다), -거마는' 등이 결합될 경우인데 함안 지역어에서는 (15)ㄱ④와 같이 줄기의 성조가 /M/으로만 실현된다. 반면 안동 지역어에서는 (15)ㄴ④와 같이 줄기의 성조 /H/가 그대로 실현되거나 '-이소, 그나' 등이 이어날 때는 /H/와 /M/이 임의적으로 실현된다. 안동 지역어의 임의적인 성조 변동은 (14)④ '-거라, -던갑다'에서도 볼 수 있었다.

(15)⑤는 '-아X/어X'형 씨끝이 결합되는 경우인데 풀이씨 줄기 홀소리와 씨끝 홀소리가 결합되어 겹홀소리가 실현될 수 있는 환경이다. 함

안 지역어에서는 홀소리 닮음이 실현되고 성조형은 /MX/로 변동되어 실현된다. 반면 안동 지역어에서는 씨끝 홀소리가 탈락되고 성조형도 /M̤^{2}/~/M^2/로 실현된다. 안동 지역어의 이런 현상은 길이가 유지되는 대구 지역어에 비해 성조형이 동요를 겪고 있으며 첫음절의 길이가 짧아져 길이가 그 기능을 잃어 가는 과정을 반영한다(이문규 2002 : 129). 이렇게 볼 때 홀소리가 탈락되던 되지 않던 성조 변동은 실현되므로 음운 변동이 성조 변동의 절대적 조건이 아님을 알 수 있다.[22]

(16) '삼다'의 성조 변동 비교

ㄱ. 함안 지역어	ㄴ. 안동 지역어
①삼데/L^2/[LM]	① 삼데/M̤^{2}/[ḦH]
삼자/L^2/[LM]	삼자/M̤^{2}/[ḦH] 삼재이/M̤^{3}/[ḦHM]
삼더나/L^3/[LM^2]	삼드나, 삼다아/M̤^{3}/[ḦHM]
삼더노/L^3/[LM^2]	삼드노, 삼도오/M̤^{3}/[ḦHM]
삼지예/L^3/[LM^2]	삼지요/M̤^{3}/[ḦHM]
삼던갑다/L^4/[LM^3]	삼던겠다/M̤^{4}/[ḦHM^2]
삼는갑다/L^4/[LM^3]	삼는겠다/M̤^{4}/[ḦHM^2]
삼는가베/L^4/[LM^3]	삼는게나/M̤^{4}/[ḦHM^2]
삼습미더/L^4/[LM^3]	삼니더/M̤^{3}/[ḦHM]
삼습미꺼/L^4/[LM^3]	삼니껴/M̤^{3}/[ḦHM]
삼것다/L^4/[LM^3]	삼겠다/M̤^{3}/[ḦHM^2], 삼을따/HM^2/
② 삼을/HM/	삼을/HM/
삼은/HM/	삼은/HM/
삼아라/HM^2/	삼아라/HM^2/
삼으소/HM^2/	삼으소/HM^2/

22) 김성환(1987 : 48)은 아래 ㄴ과 같이 축약이나 탈락으로 인해 비음절화 하는 경우에는 풀이씨 줄기의 성조가 저조에서 고조로 변동됨을 지적하였다.
비다(空): ㄱ. 비고, 비지 : (저-)
ㄴ. 비어, 빘다, 비었더라, 빘더라 : (고-)
그러나 이 경우 '비었더라'도 고조로 실현되고 '빘더라'도 고조로 실현되므로 적절한 예가 아니라고 본다.

삼아모/HM^{2}/	삼으만/HM^{2}/
삼아도/HM^{2}/	삼어도/HM^{2}/
삼았다/HM^{2}/	삼았다/HM^{2}/
삼을수록/HM^{3}/	삼을수록/HM^{3}/
삼읍시더/HM^{3}/	삼시더/M̤^{3}/[ḦHM]

저조형 풀이씨 '삼다'의 경우 (16)ㄱ①과 주로 닿소리로 시작되는 씨끝 앞에서 풀이씨 줄기의 성조가 그대로 유지된다. 단 씨끝 '-겠-'은 안동 지역어에서 구형인 ' -을ㅎ-'과 신형인 '-겠-'으로 함께 실현되는데 구형인 '삼을따'로 쓰일 경우 줄기의 성조가 /HM^{2}/으로 변동되어 실현되고, 신형인 '삼겠다'로 쓰일 경우 줄기의 성조가 그대로 유지됨을 알 수 있다.

그리고 홀소리로 시작되는 씨끝과 이어날 때는 (16)ㄱ②와 같이 줄기의 성조가 /H/로 변동된다. 단 안동 지역어 '삼시더'의 경우 저조(/M̤/)로 변동되는 특이성을 보여 준다.

(17) '밀다'의 성조 변동 비교

ㄱ. 함안 지역어	ㄴ. 안동 지역어
① 민/L/	① 민/M̤/
밀/L/	밀/M̤/
밀데/L^{2}/[LM]	밀데, 미데/M̤^{2}/[ḦH]
밀모/L^{2}/	밀마, 밀면, 미마, 미만/M̤^{2}/[ḦH]
밀자, 미자/L^{2}/[LM]	밀자/M̤^{2}/[ḦH], 밀재이/M̤^{3}/[ḦH]
밀까, 미까/L^{2}/[LM]	밀까, 미까/M̤^{2}/[ḦH]
밀수록/L^{3}/	밀수록/M̤^{3}/[ḦH]
밀더나/L^{3}/[LM^{2}]	밀드나, 미드나, 밀다아, 미다아 /M̤^{3}/[ḦHM]
밀더노/L^{3}/[LM^{2}]	밀드노, 미드노, 밀도오, 미도오 /M̤^{3}/[ḦHM]

밀것다/L^3/[LM^2]	밀겠다/M̤^{3}/[ḦHM], 밀따/M̤^{2}/[ḦH]
밀라꼬/L^3/[LM^2]	밀라꼬, 미라꼬/M̤^{3}/[ḦHM]
밀지예/L^3/[LM^2]	밀지요, 미지요/M̤^{3}/[ḦHM]
밀던갑다/L^4/[LM^3]	밀던겠다, 미던겠다/M̤^{4}/[ḦHM^2]
밉미더/L^3/[LM^2]	미니더/M̤^{3}/[ḦHM]
밉미꺼/L^3/[LM^2]	미니껴/M̤^{3}/[ḦHM]
밉시더/L^3/[LM^2]	미시더/M̤^{3}/[ḦHM]
미네/L^2/[LM]	미네/M̤^{2}/[ḦH]
미요/L^2/[LM]	밀어요/M̤^{3}/[ḦHM]23)
미는갑다/L^4/[LM^3]	미는겟다/M̤^{4}/[ḦHM^2]
미는가베/L^4/[LM^3]	미는게나/M̤^{4}/[ḦHM^2]
② 밀어라/HM^2/	밀어라/HM^2/, 미라/M̤^{2}/[ḦH]
밀어서/HM^2/	밀어서/HM^2/
밀어야/HM^2/	밀어야/HM^2/
밀어도/HM^2/	밀어도/HM^2/
밀었다/HM^2/	밀었다/HM^2/
밀었는갑다/HM^4/	밀었는겠다/HM^4/

(17)은 (16)과 같이 변동 저조형 풀이씨인데 'ㄹ' 탈락과 성조 변동 관계를 살펴보기 위한 예이다. 'ㄹ'이 탈락되는 현상은 안동 지역어에서 더 자유롭다는 것을 알 수 있으나 성조 변동에는 영향을 미치지 못한다. 닿소리 탈락이 성조 변동에 영향을 주지 못한다는 사실은 이동화(1990：68), 신기상(1999：314)에서도 지적된 바가 있다.

그리고 씨끝 '-겠-'의 경우 예시 (16)과는 달리 안동 지역어에서 구형인 '밀따'와 신형 '밀겠다'가 동일하게 줄기의 성조가 그대로 유지됨을 알 수 있다.

---

23) 안동 지역어에서 서술형은 '미요'로 실현되지 않고 '밀어요'로 실현되는데 이런 현상은 '울다, 사다, 잡다, …' 등에서도 마찬가지다.

7.5. 마무리

이 연구는 다양한 표면 음조는 추상적인 기저 성조형에서 2~3개의 음조 실현 규칙으로 도출할 수 있다는 데 기초를 두고 함안 지역어 1 음절 풀이씨를 대상으로 씨끝 바꿈이 일어날 때 실현되는 성조 변동 현상을 살펴보았다.

1. 씨끝은 구속 형식으로 /H/ 성조를 가진 뿌리에 이어날 때 기저 성조가 정확하게 파악될 수 있다. 1 음절 씨끝은 대부분 /M/으로 실현되고 2 음절 이상은 /HM_1/ 또는 /M_2/으로 실현되는데 홀소리 '-으'나 '-아/어'로 시작될 경우는 /M_2/으로 실현된다. 씨끝의 기저 성조가 주로 /M_2/으로 실현되는 것은 문법소로 둘째 음절 이하에서만 나타나고 둘째 음절 이하에서는 중화 규칙에 의해 중조와 저조는 /M/으로 중화되기 때문이다.

2. 풀이씨의 성조는 이어나는 씨끝에 관계없이 일정하게 원래의 성조를 유지하면 고정 풀이씨로 분류하고, 씨끝에 따라 원래의 성조를 유지하지 못하면 변동 풀이씨로 분류한다. 중조형 풀이씨의 경우 끝바꿈에 관계없이 원래의 성조가 실현되나 고조형이나 저조형의 경우 다른 성조로 변동되는 경우가 있다.

1) 변동 /H/형 풀이씨는 씨끝 바꿈에 따라 /M/과 /L/로 성조가 변동되며 그 환경은 아래와 같다.

첫째, '-아서, -ㅂ미더(ㅂ니다)/-니더, 니이더, -ㅂ미꺼(ㅂ니까)/ -니껴, -더나/-드나, 다아, -는갑다(는가보다)/-는겟다, -는가베(는가봐)/-는게나, -시이소(십시오)/-이소, -ㅂ시더(ㅂ시다), -거나, -거마는' 등의 씨끝이 이어날 때 줄기의 성조가 /M/으로 실현된다.

둘째, '-ㄹ라모(으려면)/-ㄹ라마, -ㄹ래, -ㄹ라꼬(으려고)' 등의 씨끝이 이어날 때 줄기의 성조가 /L/로 실현된다.

셋째, 풀이씨 줄기가 홀소리 /ㅗ, ㅜ/로 끝나고 씨끝 /ㅏ, ㅓ/가 이어날 경우 홀소리 닮음만 실현되고 줄기 성조는 /M/으로 실현된다.

넷째, '-으X형' 씨끝이 이어날 경우 씨끝의 성조가 /HM/ 또는 /M_2/으로 수의 변동되는데 이런 현상은 '-도록, -기로서이(기로서니)' 등에서도 실현된다.

2) 변동 /L/ 풀이씨는 /H/형보다 성조 변동이 간단하다. 즉 닿소리로 시작되는 씨끝이 이어날 경우에는 줄기의 성조가 그대로 유지되고 홀소리로 시작되는 씨끝이 이어날 경우에는 줄기의 성조가 /H/로 변동된다.

제8장 함안 방언 입음, 하임움직씨 성조 변동 연구

8.1. 머리말

낱말에는 홑낱말과 겹낱말이 있다. 홑낱말은 자립적인 한 형태소로 되거나 홑줄기에 굴곡가지가 붙어 만들어지고 겹낱말은 뿌리와 뿌리의 결합인 합성어와 뿌리와 파생가지의 결합인 파생어로 나눌 수 있다. 파생어는 다시 앞가지가 붙는 앞가지 파생어와 뒷가지가 붙는 뒷가지 파생어로 나눌 수 있다.

입음이나 하임움직씨는 뒷가지 파생에 의한 방법과 '-어 지다, -게 하다' 등에 의한 통어적인 방법에 의해 만들어지기도 한다. 이 연구는 뒷가지 파생법으로 형성되는 입음움직씨와 하임움직씨를 대상으로 파생가지와 성조 변동 현상을 살펴보는 데 목적이 있다[1]. 자료 가운데 파생된 움직씨가 특수한 뜻을 지니는 경우는 연구 대상에서 제외한다.

1) 입음이나 하임은 음운, 형태, 의미적 어휘화를 거쳐 공시적인 파생어 형성 규칙으로 도출되지 않는 경우가 많은데 이 연구에서는 파생된 움직씨가 특수한 뜻을 지니는 경우는 자료에서 일차적으로 제외하였다. 선정된 자료들은 주로 생산성을 가지는 가지들을 중심으로 하되 어간의 재구조화가 다소 이루어진 경우는 스스로 움직씨와의 의미적 유사성을 중심으로 분석을 시도하였다. 그리고 무엇보다 스스로 움직씨의 기저 성조와 이에서 파생된 입음, 하임움직씨의 기저 성조에 바뀜이 있음을 많은 예시를 통하여 체계적으로 확인할 수 있었다. 이러한 성조 바뀜은 일관된 규칙성을 보여주며 여기에는 입음이나 파생가지가 관여된 것으로 보고 성조 변동 현상으로 기술하고자 한다.

예를 들어 '소를 먹이다, 노래를 익히다, 돈을 날리다'에서 '먹이다, 익히다, 날리다'는 '사육하다, 학습하다, 잃다'의 뜻으로 쓰였다. 이 경우 학자에 따라 '먹다→먹이다, 익다→익히다, 날다→날리다'와 같이 하임가지로 처리하기도 하나 이들은 '먹다, 익다, 날다'라는 스스로 움직씨와 의미적 연관성을 잃고 새로운 움직씨의 자격을 갖추었다. 따라서 이들은 어휘화 또는 화석화한 낱말구성소로 보아 한 형태소로 처리해야 한다(하치근, 2002:341).

그러나 '보다→베이다, 서다→세우다, 세아다, 자다→재우다, 재아다' 등은 형태론적 재구조화가 이루어졌으나 스스로 움직씨 '보다, 서다, 자다'와 의미적 연관성이 여전히 성립되고 있으므로 연구 대상 자료에 포함시킨다.[2)]

대상 자료는 경남 함안 지역어이며 연구자는 이미 이 지역어를 대상으로 합성이름씨의 성조 변동(2003a), 풀이씨의 성조 변동(2004)을 살펴본 바가 있다. 연구 결과 이 지역어에서는 /H/(High), /M/(Middle), /L/(Low)의 높이가 상대적으로 실현되는 3 성조 체계를 유지하고 있다. 성조가 이어날 경우 /H/ 성조 뒤에서 /H/는 그대로 실현되고 /M/과 /L/은 /M/으로 중화된다. 그리고 /M, L/ 뒤에서 /H, M, L/은 /M/과 /L/로 중화되는 성조 결합 규칙이 지배적임을 알 수 있었다(구현옥, 2003a:174, 176, 2004:102-105).

따라서 이 연구는 이런 성조 결합 규칙이 입음이나 하임움직씨 파생에서는 어떻게 적용되는지를 살펴보고자 한다.

---

2) 정원수(1996:211)는 이런 예시들은 통시적인 변화를 가져온 것이므로 후자가 전자로부터 공시적인 단어형성 규칙에 의해 만들어진 것은 아니다고 보았다. 예를 들어 '서다→세우다'의 경우 '서-'에 파생가지 '-이-'가 결합되어 '세-'가 되고 다시 파생가지 '-우-'가 결합되어 '세우-'로 되었다고 보았다.

8.2. 가지의 성조 설정 기준

8.2.1. 파생어와 가지의 성조

성조는 모든 형태소가 가지는 고유 성조인 '기저 성조형', 형태소 결합을 거치면서 변화된 '최종 성조형', 각 방언의 음성형으로 표시되는 '표면 음조형'으로 구분된다(김차균, 1980:20~24). 기저 성조형에서 최종 성조형이 도출될 때 적용되는 '성조 규칙'은 우리말 성조 언어에 공통적으로 적용되지만 최종 성조형에서 표면 음조형 단계에 적용되는 '음조 규칙'은 방언마다 다를 수 있다.[3]

그런데 문법소는 자립적으로 쓰일 수 없고 구속형식으로만 쓰이므로 특정 성조를 가진 자립형식과 함께 실현될 때의 성조로서 기저형을 설정해야 한다.[4] 성조소 가운데 /M/이나 /L/ 뒤에 이어나는 성조는 대

---

3) ① 이 지역어에 적용되는 성조 규칙은 아래와 같이 /H/ 뒤에서 /H/와 /M/만 대립되고, /M/과 /L/ 뒤에서 모든 성조가 중화된다.

ㄱ. 성조 대립: /H/ → H / H__

ㄴ. 성조 중화: a. {/M/, /L/} → M / H__

$$\text{b.}\quad \begin{bmatrix} M_1 \\ L_1 \end{bmatrix} + \begin{Bmatrix} L \\ M \\ H \end{Bmatrix} \rightarrow \begin{bmatrix} M_2 \\ L_2 \end{bmatrix}$$

② 대립과 중화를 거친 최종 성조형은 실제 토착화자가 듣고 느끼는 표면음으로 실현되는데 /H/가 2음절 이상일 경우 [MH_1]으로 실현되고, /M/이 2음절 이상일 경우 [HHM_0]으로 실현되고 /L/이 2음절 이상일 경우 [LM_1]으로 실현된다.

ㄱ. /H_2M^n/ → [MH_1M^n]/#__#

ㄴ. /M_2/ → [HHM_0]/#__# (정보 초점이 아니면서 /M^2/일 때는 [MM]으로 실현)

ㄷ. /L_2/ → [LM_1]/#__#

이하 이 논문의 기술에서 기호가 지시하는 것은 아래와 같다.

M_0: M이 오지 않거나 한 개 이상.

L^n: L이 n개.

H_1M^n: H가 1개 이상이고 M이 n개.

H_2M^n: H가 2개 이고 M이 n개 이상.

립되지 못하고 중화되므로 문법소의 성조를 설정할 수 있는 적절한 환경이 될 수 없다. 그러나 /H/ 성조 뒤에서 /M/과 /L/은 /M/으로 중화되지만, /H/는 그대로 실현되므로 문법소의 기저 성조는 /H/ 성조를 가진 뿌리에 이어날 때 정확하게 파악될 수 있다.

먼저 앞가지의 성조는 파생어의 성조에서 뿌리의 성조를 잘라내어 남는 부분을 그 기저 성조로 하는 방법이 있다.

(1) ㄱ. 엿보다/H^2M/[MHM]: 엿( ) + 보다/HM/
호불애비/H^3M/[MH^2M]: 호불( ) + 아비/HM/
ㄴ. 돌배/M^2/[HH/MM]: 돌( ) + 배/H/
외아들/M^3/[HHM]: 외( ) + 아들/HM/
ㄷ. 비틀다/L^3/[LM^2]: 비( ) + 틀다/M^2/
새파랗다/L^4/[LM^3]: 새( ) + 파랗다/L^3/

(1)ㄱ '엿보다/H^2M/, 호불애비/H^3M/'의 경우 '보다, 아비'의 성조가 /HM/이므로 앞가지의 성조는 자동적으로 /H/이다. 이들 성조형은 표면 음조 규칙에 의해 각각 [MHM], [MH^2M]으로 실현된다.[5] (1)ㄴ에서 '배, 아들'의 기저 성조는 /H/와 /HM/이나 실현된 파생어 '돌배, 외아들'의 성조가 /M^2/, /M^3/이므로 앞가지의 성조 /M/에 뿌리의 성조가 중화되었음을 알 수 있다. 그리고 성조형 /M^3/은 표면 음조 규칙에 의해 [HHM]으로 실현된다. (1)ㄷ 역시 뿌리 '틀다, 파랗다'의 기저 성조 /M^2/, /L^3/가 앞가지의 성조 /L/에 중화되어 /L^3/, /L^4/로 실현된 것이다. 이들 성조형 역시 표면 음조 규칙에 의해 [LM^2], [LM^3]로 실현된다.

---

4) 문법소의 기저 성조 설정 기준에 대해서는 구현옥(2003b:44-53)에서 이미 다룬 바가 있으므로 여기서는 파생가지와 관련된 부분만을 언급하기로 한다.

5) 성조 결합 또는 중화 규칙은 각주 3)①에 따른 것이며, 성조형에서 표면음을 도출하는 표면 음조 규칙은 각주 3)②에 따른다.

따라서 파생어의 성조가 $/H^n/$, $/M^n/$, $/L^n/$으로 실현되면 앞가지 역시 /H/, /M/, /L/이고, 파생어가 $/H^mM^n/$으로 실현될 때는 앞가지의 음절 수가 'm'보다 작으면 $/H_1/$이고, 'm'보다 크면 $/H^mM_1/$이다.

뒷가지의 성조는 $/H_1/$ 성조를 가진 뿌리와 결합될 때 실현되는 성조를 기준으로 기저 성조를 분석할 수 있고, $/M_1/$이나 $/L_1/$ 성조를 가진 것 뒤에서는 분석해 낼 수가 없다.

(2) ㄱ. 자부럼$/H^3/[MH^2]$: 자불-$/H^2/$ + 엄( )
배기(보기)/HM/: 보-/H/ + 기( )
꼬라지$/H^2M/$[MHM]: 꼴/H/ + 아지( )
기아장$/H^3/[MH^2]$: 기아$/H^2/$ + 장( )
ㄴ. 몸띠이$/M^3/$[HHM]: 몸/M/ + 둥이/??/
끝장$/M^2/$: 끝/M/ + 장/?/
ㄷ. 노름$/L^2/$[LM]: 놀-/L/ + 음/?/
울보$/L^2/$[LM]: 울-/L/ + 보/?/

(2)ㄱ '자부럼$/H^3/$'의 경우 움직씨 줄기 '자불-'의 기저 성조가 $/H^2/$이므로 뒷가지 '-엄'의 성조는 /H/가 된다. 그리고 표면음조 규칙에 의해 $[MH^2]$로 실현된다. '배기/HM/'의 경우 풀이씨 줄기 '보-'의 기저 성조가 /H/이므로 뒷가지 '-기'의 기저 성조는 /M/이 된다. '꼬라지 $/H^2M/$'의 경우 이름씨 '꼴'의 기저 성조가 /H/이므로 뒷가지 '-아지'의 기저 성조는 /HM/이 된다. 그리고 표면 음조 규칙에 의해 [MHM]으로 실현된다. '기아장$/H^3/$'의 경우 이름씨 '기아'의 기저 성조가 $/H^2/$이므로 뒷가지 '-장'의 기저 성조는 /H/가 된다. 그런데 (2)ㄴ '몸띠이 $/M^3/$'에서 '몸'의 기저 성조가 /M/이다. 그러므로 뒷가지 '띠이'의 기저 성조는 /HM/, $/H^2/$, $/M^2/$, $/L^2/$들 중의 어떤 것이라도 '몸띠이' 전체

의 성조는 /M^3/이 될 수밖에 없다. 이리하여 '띠이'의 기저 성조를 확정할 수 없게 된다. 이런 경우는 '똥띠이/H^2M/'와 같은 다른 낱말을 통해서 '띠이'의 성조가 /HM/란 것을 알 수 있다. 이런 경우는 '끝장/M^2/'에서도 마찬가지인데 이와 같은 성조로 실현되는 '맞장/H^2/'을 통해서 '장'의 성조가 /H/를 실현됨을 확정할 수 있다. (2)ㄴ 뒷가지 기저 성조 설정 방법은 (2)ㄷ에서도 그대로 적용된다. '노름/L^2/' 역시 풀이씨 어간 '놀-'의 기저 성조가 /L/이므로 '음'의 기저 성조는 /H/, /M/, /L/들 중의 어떤 것이라도 '노름' 전체의 성조는 /L^2/이 될 수밖에 없다. 따라서 '죽음/HM/'과 같은 다른 낱말을 통해서 '음'의 성조가 /M/이란 것을 알 수 있다.

따라서 파생어가 /H^n/형으로 실현될 때 뒷가지 역시 /H_1/형이 되고, 파생어가 /H^mM^n/으로 실현될 경우 뒷가지의 음절이 'n'과 같거나 작으면 /M_1/이고 'n'보다 크면 /H_1M^n/으로 실현됨을 알 수 있다. 그러나 /M^n/이나 /L^n/형으로 실현될 때는 동일한 뒷가지가 /H_1/형의 뿌리와 결합될 경우를 통해서 정확한 기저 성조가 설정될 수 있다.

이것으로 /H/ 뒤에 이어나는 뒷가지의 성조는 /H/와 /M/으로 대립되어 실현되고((1)ㄱ, (2)ㄱ), /M/과 /L/ 뒤에 이어나는 뒷가지의 성조는 뿌리의 성조에 중화되어 /M^n/, /L^n/으로 실현된다((1)ㄴ,ㄷ, (2)ㄴ,ㄷ)는 것이 파생어에서도 확인되었다.

8.2.2. 입음과 하임가지의 성조

8.2.1의 앞가지와 뒷가지의 기저 성조 설정 방법과 같이 입음과 하임가지의 성조도 설정될 수 있다. 먼저 입음을 나타내는 '-이이-, -히이-, -리이-, -기이-' 등의 가지는 /H/ 성조 뒤에서 그 기저 성조가 아래와 같

이 분석될 수 있다.

(3) ㄱ. 깎다/HM/: 깎-/H/ + 이이/ ? / +다/M/ →/H^2M^2/[MHM^2]
ㄴ. 닫다/HM/: 닫-/H/ + 히이/ ? / +다/M/ →/H^2M^2/[MHM^2]
ㄷ. 물다/HM/: 물-/H/ + 리이/ ? / +다/M/ →/H^2M^2/[MHM^2]
ㄹ. 듣다/HM/: 듣-/H/ + 기이/ ? / +다/M/ →/H^2M^2/[MHM^2]

/H/와 결합되는 또 다른 /H/는 원래의 성조가 그대로 유지된다는 성조 결합 규칙에 따르면 (3)ㄱ~ㄹ 모두 스스로 움직씨의 성조는 /HM/인데 파생된 입음움직씨의 성조가 /H^2M^2/이므로 결합된 입음가지의 성조를 /HM/으로 설정할 수 있다.[6] 그리고 파생된 입음움직씨의 성조형 /H^2M^2/는 표면 음조 규칙에 의해 [MHM^2]으로 실현된다.

하임움직씨는 '-이--히-, -리-, -기-, -키-, -우-, -아-, -가-, -하-' 등의 하임가지에 의해 실현되는데 입음가지보다 다양하고 파생된 하임움직씨의 성조 또한 입음움직씨보다 다양하다.

/H/ 성조 뒤에서 실현되는 하임가지의 성조를 분석해 보면 아래와 같다.

(4) ㄱ. 깍다/HM/: 깎-/H/ + 이/?/ + 다/M/ → /HM^2/
좁다/HM/: 좁-/H/ + 히/?/ + 다/M/ → /HM^2/
물다/HM/: 물-/H/ + 리/?/ + 다/M/ → /HM^2/
듣다/HM/: 듣-/H/ + 기/?/ + 다/M/ → /HM^2/

6) 앞서 각주 3) 성조 규칙에서 /H/ 뒤에서 /H/는 그대로 대립되어 실현됨을 밝혔다. 따라서 예시 (3)의 경우 스스로움직씨 어간의 성조가 /H/이고 파생된 입음움직씨 어간의 성조가 /H_2M/이라면 입음가지의 성조는 /HM/임을 추측할 수 있다. 여기에 어미 '-다/M/'가 결합하여 /H_2M_2/로 된 것이다.

ㄴ. 지다/HM/: 지-/H/ + 우/?/ + 다 → /HM^2/

깨다/HM/: 깨-/H/ + 우/?/ + 다 → /HM^2/

ㄴ. ① 걷다/HM/: 걷-/H/ + 아/?/ + 다 → /H^2M/[MHM]

돋다/HM/: 돋-/H/ + 가/?/ + 다 → /H^2M/[MHM]

낮다/HM/: 낮-/H/ + 하/?/ + 다 → /H^2M/[MHM]

② 누다/HM/: 누-/H/ + 아/?/ + 다 → 니아다/HM^2/[7)]

자다/HM/: 자-/H/ + 아/?/ + 다 → 재아다/HM^2/

서다/HM/: 서-/H/ + 아/?/ + 다 → 세아다/HM^2/

(4)ㄱ, ㄴ의 경우 스스로 움직씨의 성조는 /HM/이고 파생된 하임움직씨가 /HM^2/이므로 '-이-'계열과 '-우-' 하임가지 성조는 /M/임을 알 수 있다. 그러나 (4)ㄷ의 경우 줄기가 닿소리로 끝나느냐 홀소리로 끝나느냐에 따라 하임가지의 성조가 다르게 실현됨을 알 수 있다. (4)ㄴ①의 경우 스스로 움직씨의 성조가 /HM/인데 하임움직씨는 /H^2M/으로 실현되므로 하임가지의 성조를 /H/로 설정해 볼 수 있고 하임움직씨의 성조형 /H^2M/은 표면음조 규칙에 의해 [MHM]으로 실현된다. (4)ㄴ②의 경우 스스로 움직씨의 성조가 /HM/인데 하임움직씨는 /HM^2/으로 실현되므로 하임가지의 성조를 /M/으로 설정해 볼 수 있다. 따라서 '-아-' 계열 하임가지의 성조는 줄기의 음운론적 조건에 따라 /H/와 /M/으로 실현된다고 볼 수 있다.

7) '누다'의 하임형은 노년층을 중심한 '니이다'와 젊은 층을 중심한 '니아다'로 실현된다. 전자가 종래부터 존재한 보수형이라면 후자는 새로 생성된 개신형으로 점차 확산되는 추세이다. 이 부분에서는 하임을 나타내는 가지의 한 종류로서 '니아다'만 제시한다. 이에 관련된 보수형과 개신형에 대한 설명은 예시 (10)ㄱ설명 부분에서 자세히 설명되었다.

8.3. 입음, 하임움직씨와 성조 변동

8.3.1. 입음움직씨와 성조 변동

이곳에서는 입음가지가 입음움직씨를 파생할 때 실현되는 성조 변동 현상에 대하여 살펴보기로 한다.

8.3.1.1. /H/형 성조와 결합

(5) ㄱ.뚜다/HM/ : 뚜-/H/+이이/HM/+다/M/ → 딱이이다/H^2M^2/[MHM^2]

① 개다/HM/-개이이다/H^2M^2/　　깨다/HM/-깨이이다/H^2M^2/
깎다/HM/-깎이이다/H^2M^2/　　꺾다/HM/-꺾이이다/H^2M^2/
끼다/HM/-끼이이다/H^2M^2/　　낚다/HM/-낚이이다/H^2M^2/
덮다/HM/-덮이이다/H^2M^2/　　때다/HM/-때이이다/H^2M^2/
매다/HM/-매이이다/H^2M^2/　　묶다/HM/-묶이이다/H^2M^2/
보다/HM/-베이이다/H^2M^2/　　솟다/HM/-소시이다/H^2M^2/
쓰다/HM/-쓰이이다/H^2M^2/　　쌓다/HM/-쌓이이다/H^2M^2/
페다/HM/-페이이다/H^2M^2/

② 물리다/HM^2/: 물리-/HM/+이이/HM/+다/M/→ */HM^4/,
물리이다/H^2M^2/[MHM^2][8)]
떤지다/HM^2/-떤지이다/H^2M^2/　　만치다(만지다)/HM^2/-만치이다/H^2M^2/
무치다/HM^2/-무치이다/H^2M^2/　　뭉치다/HM^2/-뭉치이다/H^2M^2/
모우다/HM^2/-모이이다/H^2M^2/[9)]

---

8) 여기서 의미하는 '물리다'는 병이나 나쁜 기운을 내쫒기 위한 행위를 지칭한다.

9) 표준어의 경우 '모으다:모이다(입음)'의 관계가 성립되나 방언에서는 '모우다:모이이다(입음)'의 관계가 성립된다. 이 경우 '모우다'를 밑말로 보지 않고 하임으로 보는 것은 하임가지 '-우-'의 유추에서 비롯된 것이다. 하지만 밑말이 없는 상태에서 '모우다(하임): 모이이다(입음)'으로 처리하는 관점보다 '모우다'를 밑말로 하고 하임자리를 비우는 것이 더 타당하다. 경우에 따라 '모아다'를 하임으로 보기도 하는데 이 역시 남움직씨로 '모우다'가 보수형이면 '모아다'는 개신형이다. 왜냐하면 이들은 경험주가 아닌 행동주를 임자말로 하고 구체적인 행동의 대상을

ㄴ. 적다/HM/: 적-/H/+히이/HM/+다/M/ → 적히이다/H^2M^2/[MHM^2]

걷다/HM/-걷히이다/H^2M^2/ 긁다/HM/-긁히이다/H^2M^2/

닫다/HM/-닫히이다/H^2M^2/ 막다/HM/-막히이다/H^2M^2/

맞다/HM/-맞히이다/H^2M^2/ 묻다/HM/-묻히이다/H^2M^2/

박다/HM/-박히이다/H^2M^2/ 쏙다/HM/-쏙히이다/H^2M^2/

썪다/HM/-썪히이다/H^2M^2/ 읽다/HM/-읽히이다/H^2M^2/

업다/HM/-업히이다/H^2M^2/ 입다/HM/-입히이다/H^2M^2/

얽다/HM/-얽히이다/H^2M^2/ 잊다/HM/-잊히이다/H^2M^2/

잡다/HM/-잡히이다/H^2M^2/ 접다/HM/-접히이다/H^2M^2/

찍다/HM/-찍히이다/H^2M^2/ 파묻다/H^2M/-파묻히이다/H^3M^2/

ㄷ. 말다/HM/: 말-/H/ + 리이/HM/ + 다/M/ → 말리이다/H^2M^2/[MHM^2]

① 갈다/HM/-갈리이다/H^2M^2/ 날다/HM/-날리이다/H^2M^2/

들다/HM/-들리이다/H^2M^2/ 듣다/HM/-들리이다/H^2M^2/

물다/HM/-물리이다/H^2M^2/

구불다/H^2M/-구불리이다/H^3M^2/ 끄실다/H^2M/-끄실리이다/H^3M^2/

맹글다/H^2M/-맹글리이다/H^3M^2/ 붙들다/H^2M/-붙들리이다/H^3M^2/

이끌다/H^2M/-이끌리이다/H^3M^2/ 처들다/H^2M/-처들리이다/H^3M^2/

흔들다/H^2M/-흔들리이다/H^3M^2/

② 자르다/H^2M/ : 자르-/H^2/+리이/HM/+다/M/→ */H^3M^2/,

잘리이다/H^2M^2/[MHM^2]

거르다/H^2M/-걸리이다/H^2M^2/ 바르다/H^2M/-발리이다/H^2M^2/

찌르다/H^2M/-찔리이다/H^2M^2/

ㄹ. 쫒다/HM/: 쫒-/H/+기이/HM/+다/M/ → 쫒기이다/H^2M^2/[MHM^2]

끊다/HM/-끊기이다/H^2M^2/ 듣다/HM/-듣기이다/H^2M^2/

뜯다/HM/-뜯기이다～띧기이다/H^2M^2/ 믿다/HM/-믿기이다/H^2M^2/

쏟다/HM/-쏟기이다/H^2M^2/ 씻다/HM/-씻기이다/H^2M^2/

쫗다/HM/-쫗기이다/H^2M^2/

부림말로 하고 있기 때문이다. 보수형은 줄기가 닿소리로 끝나는 것도 있고 또 홀소리로 끝나는 것도 있으며 이러한 것들도 낱말마다 다르며 성조의 공통성도 없다. 그러나 개신형은 모두 줄기가 '-아-'로 끝나며 이를 앞서는 파생의 밑말의 모든 음절이 평성형으로 나타난다(김차균, 2003:454, 460-461).

성조 결합 규칙에 의하면 /H/ 뒤에서 /HM/은 그대로 결합되어 /H^2M/으로 실현되어야 하고 표면음조 규칙이 적용되어 [MHM]으로 실현된다. 따라서 이러한 현상은 예시 (5) 입음움직씨 파생에서도 그대로 지켜지고 있음을 알 수 있다.

단 (5)ㄱ②, ㄷ②는 음절 축약이 실현된 경우이다. (5)ㄱ②에서 풀이씨 줄기 '물리-/HM/'에 입음가지 '-이이/HM/', 씨끝 '-다/M/'가 결합되어 /H^2M^2/으로 실현된 경우 성조 도출 과정을 다음과 같이 가정해 볼 수 있다. 첫째 '물르-/H/+이이/HM/+다/M/'와 같이 풀이씨 줄기 홀소리 'ㅣ'가 탈락되고 성조형이 /H^2M^2/으로 되었다. 둘째 '물리/HM/+( )이/M/+다/M/'와 같이 가지의 첫음절 '이'가 탈락되고 성조형이 /H^2M^2/으로 재구조화되었다. 홀소리 'ㅣ'로 끝나는 풀이씨 줄기에 입음가지 '-이이-'가 결합되면 동음 충돌에 의한 탈락은 어느 방향으로든 실현될 가능성이 있다. 그러나 도출된 성조형이 기존의 다른 입음움직씨의 성조형과 같은 유형으로 바뀐 것은 입음움직씨 파생에 성조가 관여하고 있음을 예측할 수 있고 이러한 성조의 바뀜이 입음가지의 결합으로 비롯된 것이므로 말본형태소에 비중을 두는 첫 번째 과정으로 기울게 된다.

이와 견해를 같이하는 논의는 정원수(1997), 신기상(1993)이 있으며, 정원수(1997:457)는 풀이씨 줄기의 홀소리 'ㅣ'가 탈락되면서 성조형이 입음움직씨의 일반적인 유형인 /H^mM^n/으로 재구조화 되었다고 보았고, 신기상(1993:98)은 (5)ㄱ②의 성조형이 (5)ㄱ①과 여전히 같게 된 것은, 풀이씨 줄기의 탈락으로 음절 수가 줄고 보니 결과적으로 일음절 입음풀이씨와 음절 수가 같아지고 성조도 동일하게 된 것이라고 보았다.

(5)ㄷ②는 풀이씨 줄기 '자르-/H^2/'에 입음가지 '-리이-'가 결합되면서 홀소리 'ㅡ'가 탈락되어 '잘-/H/'이 형성되고 입음가지 '-리이/HM/', 씨끝 '-다/M/'가 결합되어 /H^2M^2/으로 실현된 것이다.

8.3.1.2. /M/형 성조와 결합

(6) ㄱ. 파다/M^2/: 파-/M/+이이/HM/+다/M/ → */M^4/,

파이이다/H^2M^2/[MHM^2]

까다/M^2/-까이이다/H^2M^2/ 꼬다/M^2/-꼬이이다/H^2M^2/

깨다/M^2/-깨이이다/H^2M^2/ 끼다/M^2/-끼이이다/H^2M^2/

닫다/M^2/-닫히이다/H^2M^2/ 따다/M^2/-따이이다/H^2M^2/

띠다/M^2/-띠이이다/H^2M^2/ 빼다/M^2/-빼이이다/H^2M^2/

싸다/M^2/-싸이이다/H^2M^2/ 쏘다/M^2/-쏘이이다/H^2M^2/

짜다/M^2/-짜이이다/H^2M^2/ 째다/M^2/-째이이다/H^2M^2/

치다/M^2/-치이이다/H^2M^2/ 추다/M^2/-추이이다/H^2M^2/

케다/M^2/-케이이다/H^2M^2/ 펴다/M^2/-펴이이다/H^2M^2/

ㄴ. 뽑다/M^2/: 뽑-/H/+히이/HM/+다/M/ → */M^4/,

뽑히이다/H^2M^2/[MHM^2]

ㄷ. 씰다/M^2/: 씰-/H/+리이/HM/+다/M/ → */M^4/,

씰리이다/H^2M^2/[MHM^2]

갈다/M^2/-갈리이다/H^2M^2/ 깔다/M^2/-깔리이다/H^2M^2/

달다/M^2/-달리이다/H^2M^2/ 빨다/M^2/-빨리이다/H^2M^2/

팔다/M^2/-팔리이다/H^2M^2/ 풀다/M^2/-풀리이다/H^2M^2/

ㄹ. 찾다/M^2/: 찾-/H/+기이/HM/+다/M/ → */M^4/,

찾기이다/H^2M^2/[MHM^2]

깜다/M^2/-깜기이다[깽기이다]/H^2M^2/[MHM^2]

입음가지가 파생어를 형성할 때 성조도 입음이라는 말본 범주의 동일성을 따라 실현된다는 사실은 예시 (6)과 같은 /M/ 성조와 입음가지의 결합에서 더 잘 알 수 있다.[10)]

성조결합 규칙에 의하면 /M/과 결합되는 모든 성조는 /M/으로 중화되어야 한다. 그러나 입음가지 '-이이-/HM/, -히이-/HM/, -리이-/HM/, -

10) 말본의 기능이 같은 어형은 결속력이 강하여 그 외형도 통일되려고 하는 경향이 있다(허웅, 1985:567)

기이-/HM/' 등이 결합될 경우 /M^n/으로 실현되지 않고 예시 (5)의 /H/형 성조와 결합될 때와 동일한 성조형 /H^2M^2/으로 되었다. 입음움직씨의 성조형이 이렇게 정연한 것에 대하여 신기상(1993:100)은 입음가지가 '-이-'계 하나뿐인데 그 원인을 찾고 있다.

따라서 입음움직씨가 파생될 경우 입음가지는 뿌리의 성조를 /H/로 바꾼다는 사실을 가정할 수 있으며 이러한 사실이 예시 (7) /L/형 성조와 결합될 때도 적용된다면 규칙으로 설정될 수 있다.

8.3.1.3. /L/형 성조와 결합

(7) ㄱ. 베다/L^2/-베이이다/H^2M^2/[11)]

ㄴ. 굽다/L^2/: 굽-/L/+히이/HM/+다/M/ → */L^4/, 굽히이다/H^2M^2/[MHM^2]

밟다/L^2/-밟히이다/H^2M^2/ 뚧다(뚫다)/L^2/-뚧히이다/H^2M^2/

씹다/L^2/-씹히이다/H^2M^2/

ㄷ. 걷다/L^2/: 걷-/L/+리이/HM/+다/M/ → */L^4/, 걸리이다/H^2M^2/[MHM^2]

걸다/L^2/-걸리이다/H^2M^2/ 떨다/L^2/-떨리이다/H^2M^2/

돌다/L^2/-돌리이다/H^2M^2/ 밀다/L^2/-밀리이다/H^2M^2/

빌다/L^2/-빌리이다/H^2M^2/ 불다/L^2/-불리이다/H^2M^2/

붇다/L^2/-불리이다/H^2M^2/ 싣다/L^2/-실리이다/H^2M^2/

열다/L^2/-열리이다/H^2M^2/ 울다/L^2/-울리이다/H^2M^2/

쩔다/L^2/-쩌리이다/H^2M^2/ 털다/L^2/-털리이다/H^2M^2/

헐다/L^2/-헐리이다/H^2M^2/

ㄹ. 감다/L^2/: 감-/L/+기이/HM/+다/M/ → */L^4/, 감기이다, 갬기이다[갱기이다]/H^2M^2/[MHM^2]

신다/L^2/-신기이다/H^2M^2/ 안다/L^2/-안기이다/H^2M^2/

---

11) '베다'는 /L^2/로 실현될 경우 '벼개를 베다'의 뜻이며, /M^2/로 실현될 경우 '칼로 베다'의 뜻을 지닌다.

성조결합 규칙에 의하면 이상의 각 입음가지는 앞 뿌리의 성조에 중화되어 /L^n/으로 실현되어야 하나 결합 규칙을 무시하고 앞서 살펴본 예시 (5), (6)에서 도출된 성조형과 동일한 /H^2M^2/으로 실현되었다.

이로써 입음가지가 결합되어 입음움직씨가 파생될 경우 뿌리의 성조가 모두 /H/로 바뀌는 현상을 아래와 같은 규칙으로 나타낼 수 있다.

(8) 입음가지 앞에서 뿌리의 성조는 /H_1/로 변한다.

덧붙여 예시 (6)과 (7)의 자료를 살펴보면 입음가지의 선택이 뿌리의 음운론적 조건과 관계된다는 것을 알 수 있다. 즉 받침이 없을 경우 '-이이-'가 결합되고, /ㄹ/로 끝날 경우 '-리이-'가 결합되고, 나머지 자음으로 끝날 경우 '-히이-'나 '-기이-'가 결합된다. 이런 사실은 정원수(1997:452)에서도 논의된 바가 있으나 /M/형과 /L/형에서는 충족되지만 /H/형의 경우 입음가지 '-이이-'가 결합되는 것은 홀소리뿐만 아니라 자음으로 끝날 때도 가능하여 일관적으로 보기는 어렵다.

8.3.2. 하임움직씨와 성조 변동

이곳에서는 8.2,2에서 설정된 하임가지의 기저 성조가 하임움직씨를 파생할 때 실현되는 성조 변동 현상을 살펴보기로 한다.

8.3.2.1. /H/형 성조와 결합

(9) ㄱ. 깎다/HM/: 깍-/H/+이/M/+다/M/ → 깩이다/HM_2/

① 끓다/HM/-끓이다/HM^2/	높다/HM/-높이다/HM^2/
누다/HM/-니이다/HM^2/	묵다/HM/-믹이다/HM^2/
붙다/HM/-붙이다/HM^2/	죽다/HM/-직이다/HM^2/

② 보다/HM/-보이이다, 베이이다 /H^2M^2/[MHM^2]

ㄴ. 잡다/HM/: 잡-/H/ + 히/M/ + 다/M/ → 잡히다/HM^2/

굳다/HM/-굳히다/HM^2/ 눕다/HM/-닙히다/HM^2/

넓다/HM/-넓히다/HM^2/ 붙다/HM/-붙히다/HM^2/

밝다/HM/-밝히다/HM^2/ 읽다/HM/-읽히다/HM^2/

입다/HM/-입히다/HM^2/ 좁다/HM/-좁히다/HM^2/

ㄷ. 날다/HM/: 날-/H/+리/M/+다/M/ → 날리다/HM^2/

① 들다/HM/-들리다/HM^2/ 물다/HM/-물리다/HM^2/12)

② 오르다/H^2M/-올리다/HM^2/ 흐르다/H^2M/-흘리다/HM^2/

ㄹ. 읽다/HM/: 읽-/H/+기/M/+다/M/ → 읽기다/HM^2/

듣다/HM/-듣기다/HM^2/ 맡다/HM/-맽기다/HM^2/

벗다/HM/-벳기다/HM^2/ 씻다/HM/-씻기다/HM^2/

예시 (9)는 전제적으로 뿌리의 성조 /H/에 하임가지의 성조 /M/이 결합될 때 성조 결합 규칙에 의해 /HM/으로 규칙적으로 실현됨을 보여준다.

(9)ㄱ② '보이이다, 베이이다/H^2M^2/'는 풀이씨 줄기 '보-/H/'에 하임가지 '-이이-/HM/', 씨끝 '-다/M/'가 결합되었으며 표면 음조 규칙에 의해 [MHM^2]로 실현된다. 그러나 '-이이-'가 입음가지가 아닌 하임가지로 기능하는 것은 아주 특수한 경우로 예외로 처리할 수 있다.

(9)ㄷ②의 경우 풀이씨 줄기 '오르-/H^2/, 흐르-/H^2/'에 하임가지 '-리-/M/'가 결합될 때 풀이씨 줄기 'ㅡ'가 탈락되어 '올리-/HM/, 흘리-/HM/'로 실현된 것이다. 이런 현상은 예시 (5)ㄷ②에서도 볼 수 있었다.

(10) ㄱ. ① a. 높다/HM/: 높-/H/+이/M/+다/M/ → 높이다/HM^2/,

높-/H/+아/H/+다/M/ → 높아다/H^2M/[MHM]

녹다/HM/-녹이다/HM^2/, 녹하다/H^2M/[MHM]

12) 여기서 '물다→물리다'는 '입에 무엇을 물게 하다'를 나타낸다.

쏙다/HM/-쏙이다/HM^2/, 쏙하다H^2M[MHM]

b. 누다/HM/: 누-/H/+이/M/+다/M/ → 니이다/HM^2/,

누-/H/+아/M/+다/M/ → 니아다/HM^2/

② 맞다/HM/-맞히다/HM^2/, 맞하다/H^2M/[MHM]

업다/HM/-업히다/HM^2/, 업하다/H^2M/[MHM]

앉다/HM/-앉히다/HM^2/, 앉하다/H^2M/[MHM]

익다/HM/-익히다/HM^2/, 익하다/H^2M/[MHM]

썩다/HM/-썩히다/HM^2/, 썩하다/H^2M/[MHM]

③ a. 물다/HM/-물리다/HM^2/, 물라다/H^2M/[MHM]

날다/HM/-날리다/HM^2/, 날라다/H^2M/[MHM]

b. 너르다/H^2M/-널리다/HM^2/, 널라다～너라다/H^2M/[MHM]

마르다/H^2M/-말리다/HM^2/, 말라다/H^2M/[MHM]

ㄴ. ① 서다/HM/: 서-/H/+우/M/+다/M/ → 세우다/HM^2/

서-/H/+아/M/+다/M/ → 세아다/HM^2/

자다/HM/-재우다, 재아다/HM^2/

지다/HM/-지우다, 제아다/HM^2/

② 돋다/HM/-돋구다, 돋가다/H^2M/[MHM]

ㄷ. ① 내리다/HM^2/: 내리-/HM/+아/M/+다/M/ → 내라다/H^2M/[MHM]

마시다/HM^2/-마사다/H^2M/ 바르다/H^2M/-바라다/H^2M/[13)]

② 늦다/HM/-늦하다/H^2M/ 낮다/HM/-낮하다/H^2M/

묵다/HM/-묵하다/H^2M/ 막다/HM/-막하다/H^2M/

식다/HM/-식하다/H^2M/ 삭다/HM/-삭하다/H^2M/

예시 (10)ㄱ은 '-이-'계열 하임가지가 결합된 하임움직씨와 새로운 형태의 하임움직씨가 동시에 쓰이고 있는 경우이다. 전자가 종래부터 존재하였으므로 보수형으로 본다면 후자는 새로 생성되었으므로 개신형으로 칭할 수 있다. 이 지역어에는 보수형과 개신형이 공존하는 경우가 많은데 개신형이 점차 확산되는 추세이다. 이러한 현상은 특히 젊은

---

13) '바르다/H^2M/'는 이 지역어에서 '① 약을 바르다, ② 선이 똑 바르다, 물건이 바르게 놓였다' 와 같이 두 가지 의미로 쓰이는데 이 경우 ②의 의미에 해당한다.

계층에서 많이 나타난다.14) 보수형일 경우 뿌리의 성조가 /H/이고 하임가지의 성조가 /M/이므로 규칙적인 성조 결합으로 하임움직씨는 /HM^2/으로 실현된다. 개신형일 경우 뿌리의 성조는 /H/이고 하임가지의 성조가 /H/이므로 하임움직씨는 /H^{2}M/이고 표면음조 규칙에 의해 [MHM]으로 실현된다. (10)ㄱ①b '누다'의 개신형 하임움직씨 성조가 /HM^2/으로 실현되는 것은 개신형 하임가지 '-아-'가 홀소리 뒤에서는 /M/으로 실현되기 때문이다. 이런 현상은 (10)ㄴ②에서도 볼 수 있다. (10)ㄱ③b는 움직씨 줄기 '너르-/H^2/, 마르-/H^2/'에 하임가지 '-리-/M/, -아-/M/'가 결합되면서 줄기의 'ㅡ'가 탈락된 경우이다. 따라서 보수형 하임움직씨 '널리다, 말리다'는 /H^{2}M^2/에서 /HM^2/으로 실현된 것이다. 그러나 개신형의 경우 음절 재구조화에 의해 풀이씨 줄기가 '널-, 말-'로 형성됨에 따라 하임가지의 성조도 /H/로 바뀌어 /H^{2}M/으로 실현된 것이다.

(10)ㄴ은 하임가지 '-우-'계열에 의한 하임움직씨 파생인데 '-이-'계열에 비해서 그리 생산적이지 않고 보수형과 개신형이 모두 실현되지만 개신형의 쓰임이 더 자연스럽다. 그런데 같은 계열 하임가지인데도 (10)ㄴ①의 하임움직씨 '세우다, 재우다, 지우다'는 /HM^2/으로 실현되었고 (10)ㄴ②의 '돋구다'는 /H^{2}M/으로 실현되었다. 이 둘의 차이는 풀이씨 줄기가 홀소리로 끝났는가 닿소리로 끝났는가에 있는데 이와 같은 음운론적 조건이 성조 실현에 영향을 미칠 수 있음을 신기상(1993:104)은 다음과 같이 지적하였다. 같은 '-우-'계 하임가지가 결합되어도 풀이씨 줄기와 하임가지 사이에 하나 이상의 닿소리가 있는 하임움직씨는 [LH]로 실현되고 그렇지 않은 하임움직씨는 [HL]로 실현

14) 보수형과 개신형은 말본적으로는 전혀 차이가 없고 의미적으로 보수형은 개신형의 범주까지 포함하여 그 지시 범위가 넓은데 비해 개신형은 대개 동작주의 구체적인 행위를 의미하고 있어 지시 범위가 좁다(김차균, 2003:466-468).

되는 차이점이 있다고 보았다.[15)]

(10)ㄷ은 '-우-'계열 하임가지와 결합되던 움직씨인데 보수형으로는 쓰이지 않고 개신형으로만 실현되는 경우이다. (10)ㄷ① '내리다, 마시다, 바르다'의 경우 개신형 하임가지 '-아-'가 결합되면서 풀이씨 줄기 홀소리 'ㅏ'가 탈락되는 어형 재구조화가 이루어지면서 성조형도 /H^2M/으로 재구조화 되었다.

8.3.2.2. /M/형 성조와 결합

(11) ㄱ. 들다/M^2/: 들-/M/ + 이/M/ + 다/M/ → 들이다/M^3/[HHM][16)]

ㄴ. 개럽다/M^3/: 개럽-/M^2/ + 히/M/ + 다/M/ → 개럽히다/M4/[HHM]

ㄷ. 깔다/M^2/: 깔-/M/ + 리/M/ + 다/M/ → */M^3/, 깔리다/HM^2/

늘다/M^2/-늘리다/HM^2/　　빨다/M^2/-빨리다/HM^2/

씰다/M^2/-씰리다/HM^2/　　팔다/M^2/-팔리다/HM^2/

ㄹ. 깜다/M^2/: 깜-/M/+기/M/+다/M/ → */M^3/

깜기다, 깸기다[깽기다]/HM^2/

/M/형 성조에 하임가지가 결합되어 하임움직씨가 파생되는 경우는 /H/형 보다 그 예가 많지 않다.

(11)ㄱ, ㄴ은 성조 결합 규칙에 의해 중화 현상이 실현되는 경우로 하임가지 '-이-, -히-'가 뿌리의 성조 /M/ 뒤에서 중화되어 /M^n/으로 실

---

15) ① 신기상에서 표기된 [LH]와 [HL]은 표면 성조를 말하는데 이 연구의 표기 체계를 따르자면 전자는 /H^2/[MH]으로 후자는 /HM/으로 표기될 수 있다.
② 김성환(1987:57)에서는 하임움직씨가 파생될 때 '-이-'는 [고-저]로 실현시키고 '-우-'계는 [저-고]로 실현시킨다고 보아 '-우-'계열 하임움직씨의 성조형 실현에 풀이씨 줄기의 음운론적 조건에 따른 차이를 두지 않았다. 그러나 이 지역어에서는 홀소리 줄기의 음운론적 조건에 영향을 받는 것으로 나타난다.

16) '들다'는 /HM/으로 실현되면 '물건을 들다'의 뜻이고, /M^2/로 실현되면 '어디에 들어가다'의 뜻이다.

현되었다. 성조 중화 규칙이 지켜지는 것은 입음움직씨에서는 볼 수 없었던 현상이며 하임움직씨에서도 몇 개에 지나지 않는다. 본 연구의 대상 자료 220여개 가운데 성조 중화 현상이 실현된 경우는 4개뿐이었다.

(11)ㄷ, ㄹ의 경우 뿌리의 성조도 /M/이고 하임가지 '-리-, -기-'의 성조도 /M/이지만 하임움직씨는 /HM^{n}/으로 실현되었다. 같은 '-이-'계열 가지임에도 불구하고 (11)ㄱ, ㄴ과 달리 성조 중화 규칙에 의해 성조 결합이 이루어지지 않고 앞서 (9), (10)에서 살펴 본 하임움직씨와 같은 성조 유형으로 실현된 것이다. 이런 사실은 입음가지와 마찬가지로 하임가지도 뿌리의 성조를 /H/로 바꾼다는 것을 예측할 수 있다.

(12) ㄱ. ① 깨다/M^{2}/-깨우다, 깨아다/HM^{2}/[17] 뜨다/M^{2}/-띠우다, 띠아다/HM^{2}/
쓰다/M^{2}/-씨우다, 씨아다/HM^{2}/ 차다/M^{2}/-채우다, 채아다/HM^{2}/
크다/M^{2}/-키우다, 케아다/HM^{2}/ 타다/M^{2}/-태우다, 태아다/HM^{2}/
② 마르다/M^{3}/-말라다/H^{2}M/[MHM]
빠지다/M^{3}/-빠자다/H^{2}M/[MHM]
ㄴ. ① 꼬다/M^{2}/-꼬아다/HM^{2}/
② 숨다/M^{2}/-숭카다～싱카다/H^{2}M/[MHM]

성조가 하임이라는 말본 범주에 관여하고 있다는 것은 예시 (11), (12)와 같이 뿌리가 /M/일 때 더 잘 알 수 있다. 이상의 예시에서 풀이씨 줄기의 성조 /M/에 하임가지가 결합될 경우 성조 중화 규칙에 의해 /M^{n}/으로 실현되지 않고 /HM^{n}/으로 실현되었다.

(12)ㄱ①에서 개신형 하임움직씨의 성조가 /HM^{2}/인 것은 풀이씨 줄기가 홀소리로 끝났으므로 하임가지 '-아-'의 성조가 /M/으로 실현되

17) '깨우다, 깨아다'는 '깨배다'로도 사용되기도 한데 이 경우 하임가지 '-배-'를 설정해 볼 수 있다.

기 때문이다.

(12)ㄱ② '말라다'의 기저 결합 과정은 '마르-/M^2/ + 아/M/ + 다/M/ → 말라다/H^2M/'와 같은데 풀이씨 줄기의 홀소리 'ㅡ'가 탈락되면서 '말-'이 형성되자 하임가지가 /H/로 실현되어 하임움직씨는 /H^2M/으로 실현되었다.

(12)ㄴ은 종래에는 하임가지 '-우-'에 의해 하임움직씨로 파생되었으나 현재는 개신형으로만 쓰이고 있는 경우이다. (12)ㄴ①은 풀이씨 줄기가 홀소리로 끝났으므로 하임움직씨가 /HM^2/으로 실현되었고, (12)ㄴ②는 풀이씨 줄기가 닿소리로 끝났으므로 하임움직씨의 성조가 /H^2M/으로 실현된 것이다.

하임움직씨가 보수형 또는 개신형으로 혼란되어 실현되는 것은 보수형과 개신형의 세력 다툼에서 비롯된 것이다. 특히 종래 '-우-'계열에 의해 하임움직씨가 형성되던 움직씨는 현재 개신형이 그 자리를 대신하는 경우가 많은데 시간이 지나면 개신형이 보수형의 자리를 대신할 것이라고 본다. 김차균(2003:471-474)은 개신형 하임움직씨는 보수형 하임움직씨의 '아X/어X'형 굴곡씨끝이 붙은 어형에서 유추를 통해서 만들어졌다고 보았다. 예를 들어 '깨다'의 하임움직씨는 '깨우다'이며 '깨우고, 깨아서, 깨았다...'로 굴곡하는데 이에 유추되어 일반 화자들은 '깨아다'라는 새로운 낱말을 만들어낸 것이다. 그리고 이러한 개신형이 '-이-'계열보다 '-우-'계열에서 더 생산적인 것은 보수형과 개신형의 어형통일 작용이 '-우-'계열에서 더 쉽게 일어나기 때문이다. 즉 '높이다'의 경우 '높이아도→높이도, 높이아서→높이서'와 같이 굴곡하지만 '깨우다'의 경우는 '깨우아도→깨아도, 깨우아서→깨아서'와 같이 굴곡하기 쉽기 때문이다.

이상 예시 (12)는 입음가지와 마찬가지로 하임가지도 뿌리의 성조를 /H/로 바꾼다는 사실을 보여 주었다. 입음이나 하임이 파생될 때 성조가 일률적인 형으로 바뀐다는 것은 중세국어에서도 확인된 바가 있다. 한재영(1985: 237, 255, 260)은 형태론적으로 볼 때 개별적인 형태소의 결합이지만 파생(특히 입음이나 하임)과 굴곡의 성조 실현은 다른데 이것은 성조의 기능이 말본적인 요소와 무관하지 않다고 보았다. 즉 입음, 하임의 경우 성조 실현에 영향을 줄 수 있는 자료의 음절수, 뿌리의 성조에 관계없이 일률적으로 [LH]로 실현되는 것은 성조에 말본적인 정보를 드러내는 것이라고 보았다.18)

8.3.2.3. /L/형 성조와 결합

(13) ㄱ. 더럽다/L^3/: 더럽-/L^2/ + 히/M/ + 다/M/ → 더럽히다/L^3/[LM^2]
놀래다/L^3/: 놀래-/L^2/ + 키/M/ + 다/M/ → 놀래키다/L^4/[LM^3]
ㄴ. 돌다/L^2/: 돌/L/ + 리/M/ + 다/M/ → 돌리다/HM^2/
싣다/L^2/-실리다/HM^2/　　열다/L^2/-열리다/HM^2/
ㄷ. 곪다/L^2/: 곪-/L/ + 기/M/ 다/M/ → 곪기다～갬기다[갱기다]/HM^2/
말다/L^2/-말기다/HM^2/　　신다/L^2/-신기다, 신키다/HM^2/
안다/L^2/-안기다/HM^2/　　옮다/L^2/-옴기다/HM2/
잇다/L^2/-잇기다/HM^2/
ㄹ. 놀래다/L^3/: 놀래-/L^2/ + 키/M/ + 다/M/ → 놀래키다/L^4/[LM^3]

(13)ㄱ의 경우 하임가지가 뿌리의 성조에 중화되어 /L^3/으로 실현되

---

18) 차재은(1999:162-163)은 입음, 하임움직씨가 파생될 때 성조 하강이 일어나는 것은 [H]의 연속을 피하려는 이화 작용의 일종인데 활용에서는 특정 어간에서만 성조 하강이 일어나나 입음, 하임 파생의 경우에는 항상 실현되므로 말본적 범주의 특징이 관여한다고 보았다.
이동화(1990:116)는 중세 국어에서 차이를 보이지 않았던 입음, 하임움직씨의 성조형이 말본적인 기능을 달리하는 변별력을 높이기 위해 입음움직씨는 [L-HL]로 하임움직씨는 [HL]로 바뀌게 되었음을 밝혔다. 따라서 현대 국어에서 입음, 하임가지는 파생어를 형성하는 과정에서 불변성조라고 일컬을 만큼 성조의 변동에 강력한 영향력을 발휘한다고 보았다.

었다. 이 때 음조 실현 규칙에 의해 표면형은 [LM^2]으로 실현된다. 성조 중화 규칙에 의하면 이것은 자연스럽고 규칙적인 현상이나 하임움직씨의 파생과 성조 실현에서는 예외적인 현상이다.

이 경우를 제외한 모든 경우에서 하임가지는 뿌리의 성조를 /H/로 바꾼다. 이런 사실은 예시 (11), (12), (13)을 통해서도 확인되었으므로 아래와 같이 규칙으로 설정해 볼 수 있다.

(14) 하임가지 앞에서 뿌리의 성조는 /H_1/로 바뀐다.[19)]

(15) ㄱ. ① 줄다/L^2/: 줄이다/HM^2/, 줄아다H^2M[MHM]
쫄다/L^2/-쫄이다/HM^2/, 쫄아다/H^2M/[MHM]
② 걷다/L^2/-걸리다/HM^2/, 걸라다/H^2M/[MHM]
놀다/L^2/-놀리다/HM^2/, 놀라다/H^2M/[MHM]
물다/L^2/-물리다/HM^2/, 무라다/H^2M/[MHM] [20)]
붇다/L^2/-불리다/HM^2/, 부라다/H^2M/[MHM]
알다/L^2/-알리다/HM^2/, 알라다/H^2M/[MHM]
얼다/L^2/-얼리다/HM^2/, 얼아다/H^2M/[MHM]
울다/L^2/-울리다/HM^2/, 울라다/H^2M/[MHM]
③ 굶다/L^2/-굶기다/HM^2/, 굶가다/H^2M/[MHM]
남다/L^2/-남기다/HM^2/, 남가다/H^2M/[MHM]
넘다/L^2/-넘기다/HM^2/, 넘가다/H^2M/[MHM]

---

19) 규칙 (8)과 (14)로 보아 풀이씨 줄기에 입음가지나 하임가지가 결합될 경우 뿌리의 성조에 관계없이 뿌리의 성조가 /H/로 바뀌는 현상은 무조건적이며 규칙의 한 범주로 설정될 수 있음을 알 수 있다. 김차균(2003:27-28)에 의하면 성조 방언에서 규칙적인 성조 결합은 20,000여 항목 가운데 70-80%가 적용되고 나머지 20-30%는 예외인데, 이 예외 가운데 80% 이상이 첫 성분을 고조로 바꾸는 규칙의 적용을 받는다고 보았다. 이러한 예외 규칙의 범주에 드는 현상은 ① 1음절 거성(중조) 이름씨가 '-에X'형의 토씨 앞에서 ② 입음, 하임가지 앞에서 ③ 1음절 상성(저조)풀이씨 줄기가 홀소리로 시작되는 씨끝 앞에서 실현된다. 그리고 이러한 현상은 모든 성조 방언에서 그대로 적용되는데 중세 국어 때부터 그 적용 범위가 넓어져 온 것으로 보았다.

20) '물리다/HM^2/, 무라다/H^2M/'는 '변상하다'의 의미로 쓰인다.

ㄴ. ① 끼다/L^2/-끼우다, 끼아다/HM^2/ 피다/L^2/-피우다, 피아다/HM^2/
② 낫다/L^2/-낫우다, 나사다/H^2M/[MHM]

ㄷ. 눋다/L^2/-누라다/H^2M/[MHM] 닳다/L^2/-닳가다/H^2M/[MHM]
일다/L^2/-이라다, 일가다/H^2M/[MHM]
솎다/L^2/-솎하다/H^2M/[MHM][21)]

ㄹ. 없다/L^2/: 없-/L/ + 애애/HM/ + 다/M/ → 없애애다/L^4/[LM^3]

보수형 하임움직씨의 성조는 /HM^2/으로 개신형 하임움직씨는 /H^2M/으로 실현되는 것은 /L/형 뿌리에서도 앞선 여러 예시와 동일하다.

(15)ㄴ①은 풀이씨 줄기가 홀소리로 끝났으므로 개신형 하임움직씨가 /HM^2/으로 실현되었고, (15)ㄴ②는 풀이씨 줄기가 닿소리로 끝났으므로 개신형 하임움직씨가 /H^2M/으로 실현되었다.

(15)ㄹ은 하임움직씨의 성조형에 따르지 않고 성조 중화 규칙에 의해 실현되는 경우이며 특히 하임가지 '-애애-'에 의해 하임움직씨가 파생되었다는 것이 특이하다. 함안 지역어에서는 하임가지 '-애애-'에 의해 하임움직씨가 파생되는 경우를 거의 발견하기 어려우나 안동 지역어에서는 아주 자연스럽게 쓰이고 있다. 김차균(2003:497)은 안동 지역어에서 닿소리로 끝날 때는 '-에에-(날다-날레에다)'가 홀소리로 끝날 때는 '-예에-(보다-보예에다)'가 쓰이는데 이들은 개신형으로 입음, 하임가지를 동시에 겸한다고 밝혔다.[22)]

---

21) '솎하다[소카다]'는 주로 채소가 빼곡히 난 부분의 간격을 엉성하게 넓혀 주는 경우에 사용된다.

22) 함안 지역어나 안동 지역어에서 '-애애-'나 '-에에-'는 음운론적 대립이 성립되지 않는다.

8.4. 마무리

이 연구는 뒷가지 파생법으로 형성되는 입음움직씨와 하임움직씨를 대상으로 파생가지와 성조 변동 현상을 살펴보는 데 목적을 두었다.

1. 입음가지 '-이이-, -히이-, -리이-, -기이-' 등은 뿌리의 성조 /H/ 뒤에서 기저 성조가 /HM/으로 설정되었다. 하임움직씨는 '-이--히-, -리-, -기-, -키-, -우-, -구-, -아-, -가-, -하, -카-, -애애-' 등에 의해 실현된다. /H/로 실현되는 뿌리의 성조 뒤에서 '-이-'계열과 '-우-' 하임가지 기저 성조는 /M/으로 설정되었고 '-아-' 계열은 닿소리 뒤에서는 /H/로 홀소리 뒤에서는 /M/으로 설정되었다.

2. 입음가지는 결합되는 뿌리의 성조형에 관계없이 뿌리의 성조를 /H/로 바꾸고 파생된 입음움직씨는 /H^mM^n/으로 실현된다.

3. 하임가지도 뿌리의 성조를 /H/로 바꾸는데 '-이-, -우-'계열 보수형 하임움직씨는 /HM^n/으로, '-아-'계열 개신형 하임움직씨는 /H^nM/ 또는 /HM^n/으로 실현된다. 개신형은 젊은 계층을 중심으로 많이 쓰이며 점차 확산되는 추세이다. 이런 경우는 종래 '-우-'하임가지가 결합되던 움직씨에서 두드러진 현상으로 보수형과 개신형의 쓰임이 과도기적 단계에 있음을 반영한다.

4. 풀이씨 줄기에 입음가지나 하임가지가 결합될 경우 뿌리의 성조에 관계없이 뿌리의 성조가 /H/로 바뀐다는 것은 입음움직씨나 하임움직씨의 성조형을 결정하는 것은 입음가지나 하임가지에 있음을 알 수 있다.

제9장 함안 방언 월 성조 연구

9.1. 머리말

이 연구는 함안 방언에서 월 속에서 정보 초점과 관련된 어절 성조형들의 결합 양상을 기술하는 것이 목적이다. 설명을 위한 이론적 바탕은 김차균(1980, 1993, 1998, 2003)의 방점법 성조 이론에 바탕을 두되 상위 표시 층위인 방점 층위의 표시는 하지 않고, 중간 표시인 성조 층위와 하위 표시인 음조 층위의 표시만 사용한다.

이 목적을 위해서 9.2.에서는 함안 방언의 성조 체계와 이와 관련된 중화 규칙을 종래에 어절이라고 불러 왔던 운율적 낱말 자료 제시를 통해서 검토한다.

9.3.에서는 월에서 정보 초점을 받는 성조론적인 낱말들이 뒤따르는 초점이 아닌 운율적인 낱말과 결합하는 현상을 살펴볼 것이다. 그리고 이러한 결합 양상은 하나의 운율적인 낱말 안에서 형태소들이 가진 기저 성조들 사이의 결합과 다르지 않음을 보여 줄 것이다.

9.4.와 9.5.에서는 /H_1/형 의문사와 뒤따르는 운율적인 낱말이 결합하여 더 큰 운율적 낱말을 이룰 때 나타나는 성조 결합과 부정사 '안(/H/)'과 뒤따르는 운율적인 낱말이 결합할 때 나타나는 성조 결합 현상을 기술할 것이다.

9.6.에서는 이상의 내용을 요약하여 결론을 대신한다.

9.2. 함안 방언의 성조형 체계와 중화 규칙

함안은 경남 동남부의 대표적인 성조 방언이 사용되고 있는 통합 창원시의 서쪽에 있고, 경남 서남부 방언의 방사 중심 지역인 진주시의 동쪽에 위치하고 있다. 성조형의 종류에 있어서나, 김차균(2006), 김세진(2006)에서 밝힌 내적 순행평성동화가 필수적으로 일어나지 않는 점으로 보아 함안 방언은 창원 방언과 더불어 경남 동남부 방언에 속한다.[1)]

함안 방언은 3 성조 체계이다. 함안 방언의 성조는 중세 국어에서와 마찬가지로 평성, 거성, 상성의 세 가지가 있는데, 이들을 □, ·□, :□으로 표시할 수도 있고, /H, M, L/로 표시할 수도 있다. 이 연구에서는 연구자의 기존 연구와 일관성을 위해 /H(고조), M(중조), L(저조)/로 표기할 것이다.[2)] 함안 방언에서 /H/는 1 모라 길이의 높은 수평조이고, /M/는 1 모라 중간 정도 높이의 수평조이며, /L/는 1.3 모라 길이로 처음에 낮은 수평조로 계속되다가 뒤끝이 약간 올라가는 음조이다. 이들이 여러 개 모인 것을 표기할 경우에는 첨자로서 간략하게 표기하는데 위 첨자는 그 개수만큼을 아래 첨자는 그 이상의 개수를 나타낸다. 예를 들

1) 김차균(2006), 김세진(2006)에 의하면 진주 방언, 사천 방언, 고성 방언, 하동 방언 등의 경남 서남부 방언에는 내적 순행평성동화가 거의 필수적으로 일어난다고 보았다. 내적 순행평성동화에 대해서는 이 연구를 참조하기 바라며 여기에서는 논하지 않는다.

2) 김차균(2003)은 방점 표시 '□, ·□, :□'를 하지 않으면 중세 국어와 현대 국어의 대응 관계를 나타낼 수가 없고, 방언에 따른 차이를 원만하게 기술할 수가 없으며, 대립과 중화 등의 성조의 기능적인 면을 다루기가 어렵게 된다고 보았다. 뿐만 아니라 성조 체계를 /H, M, L/의 3 성조로 할 것인지, /H, L/의 2 성조로 할 것인지, 3 성조로 하되 /H, L, R/로 할 것인지의 문제가 생기게 되고, 따라서 국어의 모든 성조를 동일한 표기 체계로 할 수 없어 연구 결과를 보존하고 전수하는 것이 어렵게 되며, 연구 결과에서 얻은 지식의 축적이 어렵게 된다고 보았다. 그러나 이상 밝힌 바와 같이 연구자는 기존 연구에서 이미 다루었던 표기법을 그대로 가져오기로 한다.

어 /H^2M_3/은 /HHMMM.../을 간략화하여 표기한 것이다.3) 실제 실현되는 낱말을 대상으로 표기하면 아래와 같다.4)

(1) ㄱ. 가실(秋, 秋收) /H^2/
모티이(모퉁이) /M^3/
가세(邊) /L^2/5)
ㄴ. 께엘배이(게으름뱅이) /H^3M/
가무치(가물치) /HM^2/

함안 방언에서 성조들의 대립과 중화의 관계가 잘 나타나는 동시에, 성조의 음운론적인 층위에서 높낮이와 표면적으로 실현된 높낮이가 동시에 나타나는 기초적인 자료를 제시하면 다음과 같다.

(2) ㄱ. ① 술/H/ + 벵(甁)/H/ → 술뼁/H^2/ [MH]
② 술/H/ + 쌀/M/ → 술쌀/HM/ [HM]
③ 콩/H/ + 장/L/ → 콩장/HM/ [HM]

---

3) 경우에 따라 정해지지 않은 음절 수를 나타내기 위해 /H^mM_n/(또는 /H^mM_n/) 등으로 표기될 수도 있는데 이 때 m과 n은 임의의 수를 말한다.

4) ≪①/·학M+:교L/, /·학M+생H/, /:교L+·실M/, /:교L+문H/, /:교L+:도L/; ②·학·교M^2, ·학·생M^2, :교·실L^2, :교·문L^2, :교·도L^2; ③·학·교M^2[HH/M M], ·학·생M^2[HH/MM], :교·실L^2[LM], :교·문L^2[LM], :교·도L^2[LM]≫을 보면 방점 층위의 표시와 성조 층위의 표시와 음조 층위의 표시를 볼 수 있다. 국어 성조사나 현대의 여러 방언 성조의 비교를 위해서는 세 가지 층위를 다 사용하는 것이 필요할 수도 있으나, 오직 하나의 방언의 성조를 기술하는 것이 목적일 때는 방점 표시는 번거로우므로 줄이고 성조와 음조만 표시하는 것이 간략하고 독자들이 이해하기에도 좋다. 따라서 위의 낱말들은 이 연구에서는 ≪학교M^2[HH/MM], 학생M^2[HH/MM], 교실L^2[LM], 교문L^2[LM], 교도L^2[LM]≫로 표시한다. 성조 표시에서 M형(거성형)과 L형(상성형)의 둘째 이하의 음절은 중화 위치이므로 MM, LL, MMM, LLL, … 등으로 표시하지 않고, M^2, L^2, M^3, L^3, … 등으로 표시한다.

5) /L^n/의 경우 표기 규약대로 표기하자면 /LLL.../이지만 실제로는 /LM^n/이 된다. 이것은 우리말의 운율구에서 둘째 음절 이하의 위치에서 저조가 나타날 수 없기 때문이다.

ㄴ. ① 안/M/ + 밖/H/ → 안빢/M²/ [MM]
② 꿀/M/ + 맛/M/ → 꿀맛/M²/ [MM]
③ 이(齒)/M/ + 빙(病)/L/ → 잇빙/M²/ [MM]

ㄷ. ① 벌/L/ + 집/H/ → 벌찝/L²/ [LM]
② 벨(별)/L/ + 빛/M/ → 벨삧/L²/ [LM]
③ 범/L/ + 골(谷)/L/ → 범꼴/L²/ [LM]

(2)ㄱ①은 /H/ 뒤에 /H/가 연결되어 하나의 운율적 낱말을 이룰 때 성조 변동이 나타나지 않는 보기이다. 곧, '술/H/+벵/H/→술뼁/HH/'로 나타난다. (2)ㄱ② '술/H/+쌀/M/→술쌀/HM/'과 (2)ㄱ③ '콩/H/+장/L/→콩장/HM/'을 대조하면, /H/ 뒤 위치에서 /M/와 /L/는 대립을 이루지 못하고 둘 다 /M/로 중화됨을 알 수 있다.

(2)ㄴ①은 /M/ 뒤에 /H/가 연결되어 하나의 운율적 낱말을 이룰 때 /H/가 /M/로 변하는 보기이다. 곧, '안/M/+방/H/→안빵/M²/'으로 나타난다. (2)ㄴ②는 '꿀/M/+맛/M/→꿀맛/M²/'의 보기이고, (2)ㄴ③은 '이/M/+빙/L/→잇빙/M²/'의 보기이다. 이상은 /M/ 뒤에서 3개의 성조형 /H/, /M/, /L/가 모두 대립을 이루지 못하고 /M/로 중화됨을 알 수 있다.

(2)ㄷ①은 /L/ 뒤에 /H/가 연결되어 하나의 운율적 낱말을 이룰 때 /H/가 /M/로 변하는 보기이다. 곧, '벌/L/+집/H/→벌찝/L²/'으로 나타난다. (2)ㄷ②는 '벨/L/+빛/M/→벨삧/L²/'의 보기이고 (2)ㄷ③은 '범/L/+골/L/→범꼴/L²/'의 보기이다. 이상은 /M/ 뒤에서 3개의 성조형 /H/, /M/, /L/가 모두 대립을 이루지 못하고 /M/로 중화됨을 알 수 있다.

이상으로 보아 /H/는 뒤따르는 음절 /H/의 대립만 허용하고, /M/와 /L/의 대립은 허용하지 않고 둘을 /M/로 중화시킨다. 그러므로 중화력이 약한 성조는 /H/이고, 강한 성조는 /M/와 /L/이다. 따라서 다음과 같은 중화 규칙의 존재를 확인할 수 있다.[6)]

(3) ㄱ. /H/ ── 의 환경에서 /H/ 이외의 모든 성조는 /M/로 바뀐다.
ㄴ. {/M/, /L/} ── 의 환경에서 모든 성조는 /M/로 바뀐다.

(3)과 같은 강력한 중화 규칙으로 말미암아 현대 우리말의 성조 방언들에서 성조형의 종류는 극히 제한되어 있다. 이 방언에서 실현되는 세 개의 기본 성조소가 결합될 수 있는 환경과 실현되는 성조형을 제시하면 아래와 같다. 기본 성조소 수가 셋이기 때문에 기저 성조가 결합될 수 있는 환경은 예시 (4)에서와 같이 아홉 가지이지만 실제 실현되는 성조형은 /H_1M^n/형, /M^n/형, /L^n/형 세 가지뿐이다.

(4) ㄱ. ① /H/+/H/ →H^2
② /H+/M/ →HM
③ /H/+/L/ →HM
ㄴ. ① /M/+/H/ →(MM→)M^2
② /M/+/M/ →(MM→)M^2
③ /M/+/L/ →(MM→)M^2
ㄷ. ① /L/+/H/ →(LM→)L^2
② /L/+/M/ →(LM→)L^2
③ /L/+/L/ →(LM→)L^2

이상에서 제시된 성조형을 음절 유형별로 구분하고 그 예시를 제시하면 아래와 같다.

(5) 함안 방언 /성조형/[음조형]

6) 현대 국어의 3 성조 방언들에서는 /H/는 그 높낮이가 어떠하든지 간에 하나의 운율적인 낱말(대개는 어절) 안에서 뒤따르는 음절 /H/의 대립만 허용하고, /M/와 /L/의 대립은 허용하지 않고 둘을 /M/로 중화시킨다. 따라서 규칙 (3)은 현대 국어의 모든 성조 방언에 두루 적용되는 규칙이다.

성조형	성조형[음조형] 보기	
/H/형 (또는 /HM/형)	/H/ [MH]	술(酒)
	/HM/ [HM]	술뼁(酒病)
	$/HM^2/$ $[HM^2]$	동짓달
	$/HM^3/$ $[HM^3]$	노래한다
	$/HM^4/$ $[HM^4]$	동짓달이다
	$/H^2/$ [MH]	술뼁(酒瓶)
	$/H^2M/$ [MHM]	깨구리
	$/H^2M^2/$ $[MHM^2]$	깨구리알
	$/H^2M^3/$ $[MHM^3]$	다람지새끼
	$/H^3/$ $[MH^2]$	지붕밑
	$/H^3M/$ $[MH^2M]$	지붕아래
	$/H^3M^2/$ $[MH^2M^2]$	우리집이다
	$/H^4/$ $[MH^3]$	참나무집
	$/H^4M/$ $[MH^3M]$	참나무집에
	$/H^5/$ $[MH^4]$	참나무집앞
/M/형	/M/ [MM]	발(足)
	$/M^2/$ [HH/MM]	촛불
	$/M^3/$ [HHM]	손수군
	$/M^4/$ $[HHM^2]$	시아부지
	$/M^5/$ $[HHM^3]$	꿈나무동산
/L/형	/L/ [LM]	범(虎)
	$/L^2/$ [LM]	범꼴
	$/L^3/$ $[LM^2]$	공놀이
	$/L^4/$ $[LM^3]$	고향소식
	$/L^5/$ $[LM^4]$	공놀이한다

표 (5)를 보면 함안 방언에서는 1음절 운율적 낱말은 $/H_1M^n/$형 1개, $/M_1/$형 1개, $/L_1/$형 1개; 2음절 운율적 낱말은 /H/형 2개($/H^2/$, /HM/), $/M_1/$형 1개(/M/), $/L_1/$형 1개(/L/); 3음절 운율적 낱말은 $/H_1M^n/$형 3개($/H_3/$, $/H_2M/$, $/HM_2/$), /M/형 1개($/M^2/$), /L/형 1개($/L^2/$); ……, n음절 운

율적 낱말은 $/H_1M^n/$형 n개, $/M_1/$형 1개, $/L_1/$형 1개이다.

또한 표 (5)는 성조형과 음조형에 모종의 규칙이 적용되어 도출되는 것임을 알 수 있다. 이것은 /국문/에 하나의 규칙이 적용되어 [궁문]이 되고, /국론/에 2개의 규칙이 적용되어 [국논→궁논]이 된다고 보는 경우에 견줄 수 있다. 이런 차이점을 표기에 반영하여 성조가 추상적인 성조론적인 층위의 표상일 경우에는 음소 표기와 동일한 / /로 나타내고 이를 성조형이라 한다. 그리고 실제적으로 우리 귀에 들리는 표면형은 음성 표기와 동일한 [ ]로 나타내고 이를 음조형이라 한다.

성조형에서 음조형을 도출하는 규칙은 아래와 같다.

(6) 함안 방언의 음조형 실현 규칙
ㄱ. (/H1Mn/형) $H_2M^n \rightarrow [MH_1M^n]/ \# — \#$
ㄴ. ($/M_1/$형) $M_2 \rightarrow [HHM_0]/ \# — \#$
(단, 정보 초점이 아니면 M^2는 [MM])
ㄷ. ($/L_1/$형) $L_2 \rightarrow [LM_1]/ \# — \#$

(6)에는 1음절 운율적 낱말의 음조형 실현에 대한 규칙이 빠져 있다. 함안 방언의 1음절 어절은 품사에 따라 하위분류할 수도 있으나, 성조론에서는 이러한 구분은 생략해도 되므로, 1음절 이름씨의 자료 제시로 번거로움을 피하기로 한다.[7]

(7) ㄱ. /H/: 말(馬), 배(梨), 손(客), 낱(얼굴), 젙(곁), 쪽(국자)
ㄴ. /M/: 말(斗), 배(腹, 船), 손(手), 질(길), 깨(꾀, 참깨)
ㄷ. /L/: 말(語), 배(數), 손(孫, 損), 께~끼(게), 메(묘)

1음절 어절이 쉼의 환경(#—#)에 단독으로 나타날 때는 성조 중복 규

7) 함안 방언 기본 성조소 설정 기준에 대한 논의는 구현옥(2002 : 44~46, 2003 : 173~174)에서 기술한 바가 있다.

칙 (8)이 적용된다. 함안 방언은 다른 동남부 경남 방언과 마찬가지로 성조에 중복 규칙이 적용되어 /#L^2#/, /#M^2#/, /# H^2#/으로 변한다. 이러한 중복 규칙은 하나의 음보(foot)는 2음절(또는 2 모라) 이상이라야 한다는 범언어적인 원칙에 따른 것이다.

(8) 함안 방언의 1음절 성조 중복 규칙

ㄱ. $H \rightarrow H^2$/ #—#

ㄴ. $M \rightarrow M^2$/ #—#

ㄷ. $L \rightarrow L^2$/ #—#

(8)에 의해 중복된 성조형 /H^2/, /M^2/, /L^2/는 음조형 실현 규칙 (6)의 적용을 받으므로 [MH], [MM], [LM]으로 발음된다.[8)] 1음절 어절의 성조형, 음조형의 보기를 들면 다음과 같다.

(9) 함안 방언의 1음절 성조 중복 규칙

ㄱ. 말(馬) $H \rightarrow H^2$[MH]

ㄴ. 말(斗) $M \rightarrow M^2$[MM][9)]

ㄷ. 말(語) $L \rightarrow L^2$[LM]

9.3. 월 속에서 성조형의 결합

자립 형식으로 쓰일 수 있고, 실제로도 자립 형식으로 쓰이고 있는 2개의 운율적 낱말이 대화의 장면에서 정보 초점(/전달 초점)으로 나타

8) 1음절 /M/에서 중복 규칙으로 도출된 /M^2/는 [HH]로는 발음되지 않고 [MM]으로만 발음된다.

9) [MM]은 2 모라로 발음될 수도 있지만, 때로는 1.6 모라 정도로 짧아져서 수평조의 장음 [M̈]으로 발음되기도 한다.

나는지, 또는 월의 끝에 나타나는지 그렇지 않는지에 따라 그들이 가지고 있는 성조형이 결합될 수도 있다. 월 속에서 성조형의 변동은 자립 형식으로 쓰이는 운율적 낱말들의 결합 여부와 결합될 때 어떠한 규칙에 의해 결합되는지를 주로 다루고, 결합되지 않을 때 정보 초점이 아닌 성조형의 음조형은 약화될 수도 있는데, 약화 현상이 일어날 때 음조형은 어떤 모습을 가지는지에 대해서 살펴보겠다.

(10) <그 아이는 부산에 산다.>
  ㄱ. 가아는 부산에 산다.
  ㄴ. /HM^2 # H^2M # L^2 /
  ㄷ. [HM^2 # MHM # LM]

월 (10)의 < > 속에는 검토하려는 월의 의미를 표준말로 적어 놓은 것이다. 이 의미를 가진 함안 방언의 구어체 자료가 (10)ㄱ이다. (10)ㄴ은 (10)ㄱ을 성조형으로 표시한 것이다. 예문에서 '가아+는'의 경우 '가아'의 성조가 /HM/이고, 토씨 '-는'의 성조가 /M/이므로 중화 규칙 (3)ㄴ의 적용으로 결합하여 /HM^2/으로 된다. '부산+에'는 '부산'의 성조가 /H^2/, '-에'의 성조가 /M/이므로 역시 중화 규칙 (3)ㄱ의 적용으로 결합하여 /H^2M/으로 실현된다. '산다'의 경우 '살-'의 성조는 /L/이고, 씨끝 '-ㄴ다'의 성조는 /M/이므로 중화 규칙 (3)ㄴ의 적용으로 결합하여 /L^2/로 실현 된다[10] (10)ㄷ은 음조형 실현 규칙 (6)ㄱ, ㄷ에 의해 (10)ㄴ을 음조형으로 바꾼 것이다.

(10)ㄷ에서처럼 3개의 운율적인 낱말이 3개의 독립된 음조형으로 발음되는 것은 글을 읽을 때 나타나는 현상이다. 자연스럽고 일반적인 대

10) 토씨와 씨끝의 기저 성조 설정 방법은 구현옥(2003 : 45~53)에서 논의된 바가 있다.

화에서는 셋 중에서 어느 하나가 정보 초점이 되기 때문에 정보 초점이 얹히는 운율적인 낱말을 뒤따르는 비초점 낱말은 앞서는 초점 낱말의 운율형과 합쳐져서 하나의 운율형이 되면서 가운데 놓여있던 휴지(pause)는 사라지게 된다. 이 때 정보 초점의 첫 운율적 낱말이 의문사나 부정사가 아닐 경우에는 중화 규칙 (3)에 의해 결합된다. 반면 초점 낱말에 이어나는 어절 역시 강조될 경우에는 휴지가 사라지지 않으며 어절 간의 성조 결합은 이루어지지 않는다.

정보 초점 운율적 낱말은 다음과 같은 경우들에서 이루어진다.

(11) 정보 초점 운율적 낱말이 되는 조건

ㄱ. 대조되는 경우

ㄴ. 설명 의문문에 대한 대답이 되는 경우

ㄷ. 강조되는 경우

ㄹ. 새 정보가 되는 경우

예문 (10)에서 첫 어절이 정보 초점이고, 둘째 및 셋째는 정보 초점이 아닌 경우는 (12)처럼 성조형들이 결합된다.

(12) <그 아이는 부산에 산다.>

ㄱ. **가아는** 부산에 산다.[11]

/HM^2 # H^2M # L^2 / (최종 성조 표상)

ㄴ. 가아는부산에 산다.

/HM^5 # L^2 / (중화 규칙 (3)ㄴ)

ㄷ. 가아는부산에산다.

/HM^7 / (중화 규칙 (3)ㄴ)

ㄹ. [HM^7] (음조형) (규칙 (6)ㄱ)

11) 이 연구에서는 정보 초점 어절을 '고딕체'로 표시한다. 이 월에서는 첫 어절이 초점이므로 '**가아는**(HM^2)'으로 표시했다.

정보 초점이 부여된 첫 운율적 낱말 '가아는(/HM^2/)'에 둘째 운율적 낱말 '부산에(/H^2M/)'가 중화 규칙 (3)ㄴ의 적용으로 결합하여 (12)ㄴ과 같이 '가아는부산에(/HM^5/)'가 먼저 도출된다. 다음으로는 '가아는부산에(/HM^5/)'에 다시 셋째 운율적 낱말 '산다(/L^2/)'가 중화 규칙 (3)ㄴ의 적용으로 결합하여 (12)ㄷ과 같이 '가아는부산에산다(/HM^7/)'로 된다. 이렇게 도출된 성조형 /HM^7/의 음조형은 당연 규칙(default rule, 미명세 규칙, 불명기 규칙)에 의해 (12)ㄷ과 같이 [HM^7]이 된다.

초점 낱말과 비초점 낱말의 성조형 결합은 초점 낱말의 뒤쪽으로만 작용하기 때문에 (10)에서 둘째 낱말이 초점이 될 경우에는 다음과 같은 도출 과정이 이루어진다.

(13) <그 아이는 부산에 산다.>
ㄱ. 가아는 부산에 산다.
/HM^2 # H^2M # L^2 / (최종 성조 표상)
ㄴ. 가아는 부산에산다.
/HM^2 # H^2M^3 / (중화 규칙 (3)ㄴ)
ㄷ. [HM^2 # MHM^3] (음조형) (규칙 (6)ㄱ)

그리고 (10)에서 셋째 낱말이 초점이 될 경우에는 다음과 같은 도출 과정이 이루어진다.

(14) <그 아이는 부산에 산다.>
ㄱ. 가아는 부산에 산다.
/HM^2 # H^2M # L^2 / (최종 성조 표상)
ㄴ. [HM^2 # MHM # LM] (음조형) (규칙 (6)ㄷ)

이와 같은 현상은 다음 예문에서도 확인할 수 있다.

(15) <알약 말고 가루약으로 달라고 해라.>

ㄱ. 알약 말고 가리약으로 도라 캐애라.
/M^2 # L^2 # H^2M3 # L2 # M3 / (최종 성조 표상)

ㄴ. 알약 말고 가리약으로도라 캐애라.
/M^2 # L^2 # H^2M5 # M3 / (중화 규칙 (3)ㄴ)

ㄷ. 알약 말고 가리약으로도라캐애라.
/M^2 # L^2 # H^2M^8 / (중화 규칙 (3)ㄴ)

ㄹ. [HH # LM # MHM^8] (음조형) (규칙 (6)ㄱ)

(15)는 셋째 운율적 낱말 '가리약으로(/H^2M^3/)'가 정보 초점인 월이다. 성조형 결합 과정과 음조형 도출 과정은 앞서 설명한 (12)~(14)와 같으므로 설명은 줄인다. 그런데 (15)의 예는 경우에 따라서는 하나의 월 안에 정보 초점이 둘 이상일 수도 있다. (15)에서 첫째 운율적 낱말과 셋째 운율적 낱말이 대조적으로 쓰인 경우이면 이 둘이 다 정보 초점이 된다. 이런 경우는 다음과 같은 모양이 될 것이다.

(16) <알약 말고 가루약으로 달라고 해라.>

ㄱ. 알약 말고 가리약으로 도라 캐애라.
/M^2 # L^2 # H^2M^3 # L^2 # M^3 / (최종 성조 표상)

ㄴ. 알약말고 가리약으로 도라 캐애라.
/M^4/ # H^2M^3 # L^2 # M^3 / (중화 규칙 (3)ㄴ)

ㄷ. 알약말고 가리약으로도라 캐애라.
/M^4/ # H^2M^5 # M^3 / (중화 규칙 (3)ㄴ)

ㄹ. 알약말고 가리약으로도라캐애라.
/M^4 # H^2M^8 / (중화 규칙 (3)ㄴ)

ㅁ. [HHM^2 # MHM^8] (음조형) (규칙 (6)ㄴ, ㄱ)

낱말 단위에서 성조는 어휘적 의미를 구별하는 변별적 기능을 하지만 이상 제시된 여러 예시를 통해서 월 속에서는 말할이가 전달하거나 물어 보려는 내용을 가진 어절 또는 어절의 일부분을 표시하는 정보 초점 표시 기능을 하고 있음을 알 수 있다. 또한 특정 어절에 초점이 놓이면서 이어나는 어절이 강조되지 않을 때 두 어절은 결합되고 가운데 놓여있던 휴지(pause)는 사라지게 된다. 반면 이어나는 어절이 강조될 경우에는 휴지가 사라지지 않으며 어절 간의 성조 결합은 이루어지지 않는다. 그리고 말본적인 분석 단위인 형태소, 낱말, 어절, 구, 월 등은 월 단위의 성조 실현에서는 그 의미가 없고 오직 휴지의 위치가 성조형을 결정한다는 것을 알 수 있다. 그렇지만 어느 위치에 휴지가 나타나는가는 구체적인 대화를 통해서만 파악될 수 있다.

이상과 같은 성조형의 변동은 다른 종류의 월들—서술문, 명령문, 감탄문, 의문사가 없는 의문문—에서도 가능하며, 주어진 월의 정보 초점은 상황에 따라 바뀔 수 있다. 지금까지 살펴본 예문을 의문사가 없는 의문문(/판정 의문문)으로 바꾸어 성조형 결합과 음조형 도출 과정을 관찰해 보자.

(17) <알약 말고 가루약으로 달라고 했니?>
ㄱ. 알약　말고　가리약으로　도라　캐얬나?
　/M^2 # L^2 # H^2M^3 # L^2 # M^3 /　(최종 성조 표상)
ㄴ. 알약　말고　가리약으로도라　캐얬나?
　/M^2 # L^2 # H^2M^5 # M^3 /　(중화 규칙 (3)ㄴ)
ㄷ. 알약　말고　가리약으로도라캐얬나?
ㄹ. /M^2 # L^2 # H^2M^8 /　(중화 규칙 (3)ㄴ)
ㅁ. [HH # LM # MHM^8] (음조형) (규칙 (6)ㄱ)

의문문 (17)에서 모든 음운론적인 과정은 (15)의 경우와 같다. 따라서 이에 대한 설명은 줄인다.

의문문에서의 이러한 상황은 아래에 제시된 또 다른 의문문에서도 마찬가지다. 예문 (18)은 정보 초점이 세 개인 의문문으로 초점이 주어진 어절에서 다음 초점이 주어진 어절 앞까지만 성조 결합이 일어나고 있다.

(18) <따뜻한 물 말고 찬 물 좀 없니?>

ㄱ. 떠신물 말고 찬물 조옴 없나?
/H^2M # L^2 # M^2 # HM # L^2 / (최종 성조 표상)

ㄴ. 떠신물말고 찬물 조옴 없나?
/H^2M^3 # M^2 # HM # L^2 / (중화 규칙 (3)ㄴ)

ㄷ. 떠신물말고 찬물조옴 없나?
/H^2M^3 # M^4 # L^2 / (중화 규칙 (3)ㄴ)

ㄹ. /MHM^3 # HHM^2 # LM] (음조형) (규칙 (6)ㄱ,ㄴ,ㄷ)

(18)ㄱ은 '떠신물(/H^2M/)', '찬물(M^2/)', '없나(/L^2/)'에 각각 초점이 놓이는 경우를 표시한 것이며 (18)ㄴ, ㄷ은 초점이 놓인 어절을 중심으로 중화 규칙 (3)ㄴ의 적용으로 오른쪽으로 성조 결합이 일어난 것을 표시한 것이다. (18)ㄹ은 최종 성조형을 음조형 실현 규칙 (6)에 의해 음조형으로 바꾼 것이다.

아래 예시 (19), (20)은 명령문과 청유문의 경우이다.

(19) <저녁 먹고 다리에 놀러 나와.>

ㄱ. 지잉묵고 다리끌에 놀로 나온나.
/H^3M # H^3M # L^2 # H^2M / (최종 성조 표상)

ㄴ. 지잉묵고 다리끌에놀로 나온나.
/H^3M # H^3M^3 # H^2M / (중화 규칙 (3)ㄴ)

ㄷ. 지잉묵고 다리끌에놀로나온나.
/H^3M # H^3M^6 / (중화 규칙 (3)ㄴ)

ㄹ. [MH^2M # MH^2M^6] (음조형) (규칙 (6)ㄱ)

(19)는 명령문에서 '다리끌에(/H^3M/)'가 초점 기능을 하면서 이어나는 어절과 순차적으로 성조 결합이 이루어진 경우이다. (19)ㄱ은 각 어

절이 가진 최종 성조 표상을 나타낸 것이며, (19)ㄴ은 초점이 주어진 '다리끌에(/H^3M/)'가 이어나는 어절 '놀로(/L2/)'와 중화 규칙 (3)ㄴ에 의해 일차적으로 성조 결합이 일어나고 (19)ㄷ은 마지막 음절 '나온나(/H^2M/)'까지 중화 규칙 (3)ㄴ에 의해 성조 결합이 실현된다. (19)ㄹ은 마지막 성조형을 규칙 (6)ㄱ에 의해 음조형으로 표시한 것이다.

(20) <내기 해가지고 심패때리기 하자.>

ㄱ. 내기 해가아꼬 심패때리기 하자.
/M^2 # H^2M^2 # L^5 # HM / (최종 성조 표상)

ㄴ. 내기 해가아꼬 <u>심패때리기하자</u>.
/M^2 # H^2M^2 # L^7 / (중화 규칙 (3)ㄴ)

ㄷ. [MM # MHM^2 # LM^6] (음조형) (규칙 (6)ㄷ)

(20)은 청유문에서 '심패때리기(/L^5/)'가 초점 기능을 하면서 이어나는 어절과 성조 결합이 이루어진 경우이다. 성조형 결합 과정과 음조형 도출에 관한 설명은 이상의 여러 경우와 같으므로 줄인다.

물론 각 월에서 어떤 어절도 대화 상황에 따라 초점이 될 수 있으며 마지막 어절에 초점이 주어지지 않는 한 초점을 중심으로 한 어절과 이어나는 어절의 성조 결합이 성립된다.

이상에서 성조형의 결합이 정보 초점 운율적 낱말에서 뒤쪽으로 순차적으로 이루어짐을 보았다. 그러나 정보 초점 어절과 뒤따르는 비초점 어절의 결합은 일반적인 현상이기는 하지만, 필수적인 것은 아니다. 호흡이 짧은 사람은 운율적인 낱말의 수가 많아서 월이 긴 경우 긴 하나의 결합체를 한 호흡으로 발화하기는 쉬운 일이 아니다. 비록 짧은 월이라고 말할이의 건강이나 정서적인 상태 등의 원인으로 단숨에 하나의 결합체로 발음하는 것을 선호하지 않을 수도 있다. 이런 경우에는 중간에 호흡을 넣고 보면 운율적인 낱말들의 정상적인 결합이 일어나지 않을 수도 있어서 자연히 쉼(#)이 개입될 수 있다. 쉼이 개입되면 운율적 낱말의 성조형 결합이 차단되므로 쉼 뒤에 오는 운율적인 낱말은 운율형이 임의로 약화되기도 한다.

(21) <알약 말고 가루약으로 달라고 해라.>

ㄱ. 알약 　 말고 　 가리약으로 　 도라 　 캐애라.

ㄴ. /M^4 # L^2 # H^2M^3 # l^2 # m^3 / 　 (성조형)

ㄷ. [HHM^2 # LM # MHM^3 # lm # hhm] 　 (음조형)

성조형(/음조형)이 약화된다는 것은 음조가 실현되는 폭(register)이 좁고, 발화되는 힘(energy)이 약해지는 것을 뜻한다. 약해지는 정도는 꼭 어느 정도라야 된다는 것은 아니지만, 김차균(1993)에 따르면 대략 정상적인 음조형이 가지는 폭의 ⅔ 이하로 좁아짐을 뜻하며, 약해진 성조형이나 음조형은 로마자의 소문자를 사용하고 있다.

9.4. 의문사가 있는 의문문

9.4.1. /H/형 의문사가 있는 경우

의문문의 경우 억양은 풀이씨의 씨끝이 월의 끄트머리에서 말본 범주가 불분명할 때 중요한 역할을 한다. 곧 다음과 같은 예에서 (22)ㄱ은 (22)ㄴ보다 오름 억양의 역할이 덜 중요하다.

(22) ㄱ. 너 어제 학교에 갔었느냐?

ㄴ. 너 어제 학교에 갔었어?

왜냐하면 ‘-느냐’는 분명한 물음씨끝이므로 굳이 억양을 나타내지 않아도 되지만 ‘-어’는 물음에만 쓰이는 씨끝이 아니기 때문에 억양을 나타내 주면 그 범주가 분명해진다. 그러나 이러한 억양이 이 방언에서는 말본적인 구실을 하지 못하는데 (23)과 같이 의문문일지라도 끝이 올라가지 않는다.

(23) ㄱ. 너 학교에 갔다 왔니?↗(서울)
ㄴ. 니 학교에 갔다 왔나?↘(함안)

이와 같이 의문사가 없는 의문문의 경우 표준어에서 실현되는 씨끝이나 억양이 다르다. 의문을 나타내는 풀이씨의 씨끝은 ‘-나(니), -꺼(까)’ 따위가 오며 문말의 억양이 상승하지 않고 서술문과 같은 식으로 발음된다.

이 경우 의문의 의도에 따라 초점의 위치는 달라질 수 있으며 서로 다른 의미로 쓰일 수 있고 성조형의 배열과 결합이 달라진다. 예시 (24)와 같이 의문의 초점을 ‘갔다#왔나(/M^2#M^2/)’에 두면 ‘학교에(/M^3/)’와 ‘갔다#왔나(/M^2#M^2/)’가 각각 다른 성조 어절로 발음된다.

(24) <너 학교에 갔다왔냐?>
ㄱ. 니 학교에 갔다왔나?
/L # M^3 # M^2 #M^2 / (최종 성조 표상)
ㄴ. 니 학교에 갔다#왔나?[12] (셋째 운율적 낱말에 초점)
/L # M^3 # M^2 #M^2 / (성조형)
ㄷ. [LM # HHM # HH#HH] (음조형) (규칙 (6)ㄴ)

반면 예시 (25)와 같이 갔다 온 곳이 ‘학교인지의 여부’를 묻는 경우

12) /갔다#왔나/는 대부분의 경우 2개의 운율적인 단위로 발음된다.

는 '학교에(/M^3/)'에 초점이 놓이고 '학교에 갔다왔나(/M^7/)' 전체가 하나의 성조 어절로 발음되고 있다.

(25) <너 학교에 갔다왔냐?>

ㄱ. 니 학교에 갔다왔나?
/L # M^3 # M^2 #M^2/ (최종 성조 표상)

ㄴ. 니 <u>학교에갔다왔나</u>? (둘째 운율적 낱말에 초점)
/L # M^7 / (성조형)

ㄷ. [LM # HHM^5] (음조형) (규칙 (6)ㄴ)

이런 현상은 서술문에서 강조되는 어절 뒤의 모든 성조형은 강조되는 어절의 성조형과 결합되어 하나의 성조형이 되는 것과 같다.

(26) <의문문> <서술문>

	<의문문>	<서술문>	
ㄱ.	니 학교에 갔다#왔나?	그가 학교에 갔다#왔다.	
	/L # M^3 # M^2 #M^2/	/HM # M^3 # M^2 #M^2/	(최종 성조 표상)
ㄴ.	니 <u>학교에갔다왔나?</u>	그가 <u>학교에갔다왔다.</u>	(둘째 운율적 낱말에 초점)
	/L # M^7 /	/HM # M^7 /	(성조형)
ㄷ.	[LM # HHM^5]	[HM # HHM^5]	(음조형) (규칙 (6)ㄴ)

그런데 의문사가 있는 의문문의 경우 (27)ㄱ은 '가는 행위'에 초점을 두는 경우로 종결어미 '-나'가 쓰였고 '예/아니오'의 대답을 요구하는 판정 의문문이다. (27)ㄴ은 장소에 대한 구체적인 정보와 설명을 요구하는 경우로 종결어미 '-노'가 쓰인 설명 의문문이다.

(27) ㄱ. 니 오데 가나? (판정 의문문)
/L # HM # M^2/
[LM # HM # HH][13]

ㄴ. 니 오데가노? (설명 의문문)

/L # H^3M /

[LM # MH^2M]

이러한 차이는 성조 어절 구성 방식에서도 차이를 보이는데 (27)ㄱ 판정 의문문에서는 의문사와 그것을 뒤따르는 성분은 각각 독립 성조 어절을 형성한다. 반면 (27)ㄴ 설명 의문문에서는 의문사와 그것을 뒤따르는 성분이 하나의 성조 어절로 묶인다. 대답을 요구하는 의문사가 있는 모든 설명 의문문에서 (27)ㄴ과 같은 성조 결합 현상이 실현되는 것은 아니다. 의문사의 성조형에 따라 결합과 변동이 달라진다. /H_1/인 의문사로 시작되는 어절의 경우에만 의문사 뒤에 오는 모든 성조형들은 의문사의 성조형과 결합되어 하나의 성조형으로 나타난다.[14)]

(27)ㄴ과 같은 현상을 보이는 다른 설명 의문문 예시를 제시하면 다음과 같다.

(28) <무엇이 저렇게 서러워서 우느냐?>

ㄱ. 멋이 저래 서럽아서 울우 쌓노?

/H^2 # M^2 # L^4 # HM # HM / (최종 성조 표상)

ㄴ. <u>멋이저래</u> 서럽아서 울우 쌓노?

ㄷ. <u>멋이저래서럽아서</u> 울우 쌓노?

ㄹ. <u>멋이저래서럽아서울우</u> 쌓노?

ㅁ. <u>멋이저래서럽아서울우쌓노</u>?

/H^{12} / (성조형)

ㅂ. /$H^{11}M$ / (끝 음절 /M/되기)

ㅅ. [$MH^{10}M$] (음조형) (규칙 (6)ㄱ)

---

13) 부정사(不定詞) 뒤에는 쉼이 뒤따른다. 그 까닭은 부정사를 뒤따르는 운율적 낱말이 정보 초점이 되기 때문이다.

14) /H_1/형 성조를 가지는 의문사로는 '머/멋, 머어/머엇(무엇), 어던/어넌(어느), 오데(어디)' 등이다.

위 예시의 경우 /H/형 의문사 ‘멋이(/H^2/)’가 오고 뒤따르는 모든 운율적인 낱말이 모두 /H/로 바뀌고 마지막에는 월의 끝 음절이 /M/으로 되는 과정을 밝힌 것이다. (28)ㄱ은 각 어절이 가진 최종 성조 표상을 나타낸 것이며, (28)ㄴ~ㅁ은 첫째 운율적 낱말이 정보 초점 기능을 하면서 이어나는 어절과 순차적으로 성조 결합이 일어나는 과정이다. 즉 (28)ㅁ과 같이 모든 어절의 성조형이 /H^{12}/로 결합되는 것은 /H/형 의문사가 정보 초점이 되어 뒤따르는 성조형들을 중화시켰다고 볼 수 있다. (28)ㅂ은 (28)ㅁ의 끝 음절을 /M/으로 바꾼 것이다. 김차균(1980 : 150)에 의하면 월의 마지막 음절이 /M/가 아닌 /H/로 끝날 수 있는데 월을 끝맺는 음절의 형태소가 접속법이냐 마침법이냐에 달려 있다고 보았다. 즉 마침법 씨끝으로 끝나는 의문문에서는 월의 마지막 음절을 /M/로 낮추어 주어야 한다.[15)]

이런 현상은 아래 예문에서도 마찬가지다.

(29) <뭘 훔쳐 먹었길래 자꾸 딸꾹질을 하니?>

ㄱ. 머 싱카아 묵읏길래 자꾸 깔딱질로 하노?
/H # H^2M # HM^3 # L^2 # H^2M^2 # M2 / (최종 성조 표상)

ㄴ. 머싱카아 묵읏길래 자꾸 깔딱질로 하노?

ㄷ. 머싱카아묵읏길래 자꾸 깔딱질로 하노?

ㄹ. 머싱카아묵읏길래자꾸 깔딱질로 하노?

ㅁ. 머싱카아묵읏길래자꾸깔딱질로 하노?

ㅂ. 머싱카아묵읏길래자꾸깔딱질로하노?
/H^{16}/ (성조형)

ㅅ. /$H^{15}M$/ (끝 음절 /M/되기)

---

15) 머 할라꼬?
/H^4/
머할라꼬 밥도 안묵고 쏘댕기노?
/H^4/ # /M^2/ # /H^2M/ # /H^2M^2/ → /$H^{12}M$/

ㅇ. [$MH^{14}M$] (음조형) (규칙 (6)ㄱ)

다음은 /H/형 의문사가 어디에 위치하든 그것은 정보 초점이 되고 그것을 중심으로 성조 결합이 일어나고 있음을 보여 주는 경우이다.

(30) <너는 어디서 점심을 먹었니?>
니는 오데서 점심을 묵었노?
/$HM \# H^3 \# L^3 \# HM^2$ / (최종 성조 표상)
ㄱ. 니는 오데서 점심을 묵었노? (의문사가 둘째 어절 위치에)
니는 오데서점심을묵었노?
/$HM \# H^8M$ / (성조형)
[$HM \# MH^7M$] (음조형) (규칙 (6)ㄱ)
ㄴ. 니는 점심을 오데서 묵었노? (의문사가 셋째 어절 위치에)
니는 점심을 오데서묵었노?
/$HM \# L^3 \# H^5M$ / (성조형)
[$HM \# LMM \# MH^4M$] (음조형) (규칙 (6)ㄱ)
ㄷ. 오데서 니는 점심을 묵었노? (의문사가 첫째 어절 위치에)
오데서니는점심을묵었노?
/$H^{10} M$ / (성조형)
[MH^9M] (음조형) (규칙 (6)ㄱ)

(30)ㄱ은 의문사 '오데서(/H^3/)'가 둘째 어절에 올 경우 이어나는 어절과 성조 결합이 이루어지며, (30)ㄴ은 '오데서(/H^3/)'가 셋째 어절에 올 경우 이어나는 어절과 성조 결합이 이루어지며, (30)ㄷ은 첫째 어절에 올 경우 이어나는 어절과 성조 결합이 이루어진다. 의문사 앞에 오는 어절은 독립적인 성조형을 유지하나 의문사에 이어나는 어절은 기저 성조형에 관계없이 결합되어 /H^nM/으로 실현된다.

이상의 예들에서 다음과 같은 결과를 알 수 있다. 첫 성분이 /H형이고, 둘째 성분이 /M/형이거나 /L/형이면, 결합되어 도출되는 성조형은

$/H_1/$형이 되고, 이렇게 도출된 성조형이 3음절 이상이면 끝 음절이 필수적으로 /M/로 변한다.[16] 이것은 운율적 낱말(/어절)의 단위를 벗어나서 이루어지는 현상이므로 김차균의 제 연구에서는 '외적 순행평성동화'라고 부르며, 서남부 경남 방언에서 운율적 낱말 내부에서 이루어지는 '내적 순행평성동화'와는 구별하였다.

성조 결합 규칙과는 별도로 대립성이 강한 /H/로 바꾸거나 끝 음절을 제외한 앞 부분을 /H/로 바꾸는 현상은 이 방언 합성이름씨(구현옥 2003 : 180~185)에서도 나타난다.[17] 물론 이 경우에는 주로 N_2의 $/H_1/$

---

16) 함안 방언의 이런 현상은 첫 성분이 /H/이고 둘째 성분 풀이씨가 /M/이나 /L/일 경우에도 실현되는데 그렇지 않은 안동 방언과 대조해 보면 더 두드러진다.

① 함안 방언

ㄱ. 꽅/H/ +핀/M/ → 꽅핀 H^2[MH]

ㄴ. 꽅/H/ +피고/M^2/ →(피고 H^3→)꽅피고 H^2M[MHM]

ㄷ. 꽅/H/ +피더라/H^3/ →(꽅피더라 H^4 →)꽅피더라 H^3M[MH^2M]

ㄹ. 콩/H/ +쌂고/L^2/ →(콩쌂고 H^3→)콩쌂고 H^2M[MHM]

ㅁ. 콩/H/ +쌂더라/L^3/ →(콩쌂더라 H^4 →)콩쌂더라 H^3M[MH^2M]

ㅂ 함안/H^2/ +가더라도/M^4/ →(함안가더라도 H^6→)함안가더라도 H^5M [MH^4M]

ㅁ. 보리밭/H^3/ +밟더라/L^3/→(보리밭밟더라 H^6→)보리밭밟더라 H^5M [MH^4M]

② 안동 방언

ㄱ. 꽅/H/ +핀/M/ → 꽅핀 HM[HM]

ㄴ. 꽅/H/ +피고/M^2/ → 꽅피고 HM^2[HM^2]

ㄷ. 꽅/H/ +피더라/M^3/ → 꽅피더라 HM^3[HM^3]

ㄹ. 콩/H/ +쌂고/L^2/ → 콩쌂고 HM^2[HM^2]

ㅁ. 콩/H/ +쌂더라/L^3/ → 콩쌂더라 HM^3[HM^3]

ㅂ 함안/H^2/ +가더라도/M^4/ → 함안가더라도 H^2M^4 [HM^4]

ㅁ. 보리밭/H^2/ +밟더라/L^3/ → 보리밭밟더라 H^3M[MH^2M^3]

①은 함안 방언의 경우이며, ②는 안동 방언의 경우인데 후자의 경우는 첫 음절 /H/에 의해 이어나는 음절이 /H/로 바꿔지 않는다.

17) ① 기(귀)/M/ + 구멍/H^2/→ /H^3/[MH^2]

손/M/ + 가락/H^2/ → /H^2M/[MHM]

을 닮아 N_1의 성조가 /H_1/로 바뀌는 일종의 치닮음이다. 이 때 /M/이나 /L/이 아닌 /H/형으로 바뀌고 있다는 것은 /H/의 경우 대립성이 강하고 /H/를 제외한 어떤 성조 뒤에서도 실현되지 않는다는 것에서 기인한다고 본다.

어떠한 경우이든 일반적인 성조형 결합 규칙을 무시하고 뒤따르는 모든 성조형을 특정 유형의 성조형으로 변화시킨다는 것은 이 규칙이 강력한 힘을 가지고 있음을 알 수 있다. 더욱이 이상 살펴본 여러 예시의 경우 설명 의문문이며 의문사가 반드시 정보 초점이 되어 대답을 요구하는 경우라는 조건은 순수한 성조 규칙의 범주를 벗어났다. 이런 현상은 이 방언 성조에 변화가 오고 있음을 예측하게 한다. 즉 다양한 성조형을 단일화 시켜 성조의 기능 부담량을 점차 줄어들게 할 것이다. 성조의 기능 부담량이 줄어지면 성조를 음절마다 발음하지 않고 앞 부분의 한두 음절만 발음해도 의사소통에는 지장이 오지 않는다. 그리고 결국에는 성조가 아닌 다른 초분절음이 성조의 기능을 대신하는 방향으로 언어는 변할 것인데 현대 국어에서 길이가 첫 음절에서만 변별 기능을 수반하고 있는 것이 그 결과이다.

만약 의문사가 있더라도 대답을 요구하지 않을 경우에는 성조 결합 방법이 서술문과 동일하다. 즉 의문사만 초점이 되는 것이 아니라 어떤 어절도 초점이 될 수 있으며 이 때 강조되는 어절을 중심으로 나머지 어절들이 결합되어 하나의 성조형이 된다. 이런 경우는 대답을 요구한

꿀/M/ + 단지/M^2/ → /HM^2/[HM^2]
지(쥐)/M/ + 배락(벼룩)/HM/ → /H^2M/[MHM]
소/M/ + 게기(고기)/HM/ → /L^3/[LM^2]
입/M/ + 주디이(주둥이)/H^2M/ → /H^3M/[MH^2M]
② 개/L/ + 구멍/H^2/ → /H^3/[MH^2]
감/L/ + 나무/H^2/ → /H^3/[MH^2] ~ /H^2M/[MHM]
개/L/ + 꼬리 /HM/ → /H^2M/[MHM]
밤/L/ + 껍디기(껍데기)/H^2M/ → /H^3M/[MH^2M]

다기보다는 반문이라 할 수 있다.

(31) <네가 무엇을 안다고 그러니?>

니가 머엇을 안다고 그래#샇노?[18]
/L^2 # HM^2 # L^3 # HM#HM / (최종 성조 표상)
ㄱ. 니가 머엇을 안다고그래샇노? (초점: 안다고)
/L^2 # HM^2 # L^7 / (성조형)
[LM # HM^2 # LM^6] (음조형) (규칙 (6)ㄷ)
ㄴ. 니가 머엇을안다고그래샇노? (초점: 머엇을)
/L^2 # HM^9 / (성조형)
[LM # HM^9] (음조형) (규칙 (6)ㄱ)
ㄷ. 니가머엇을안다고그래샇노? (초점: 니가)
/L^{12} / (성조형)
[LM^{11}] (음조형) (규칙 (6)ㄷ)

예시 (31)ㄱ과 같이 '안다고(/L^3/)'에 초점이 놓이면 <모르면서>의 뜻을 나타내고, (31)ㄴ과 같이 '머엇을(/HM^2/)'에 초점이 놓이면 <아무것도 모르면서>의 뜻을 나타내고, (31)ㄷ과 같이 '니가(/L^2/)'에 초점이 놓이면 <아는 사람은 다른 사람인데>의 뜻을 함의하고 있다.

9.4.2. /M/형이나 /L/형 의문사가 있는 경우

/M/형이나 /L/형 의문사가 나타나는 월에서는 /H/형 의문사가 있는 월에서 볼 수 있었던 후속 성분 /H/되기는 일어나지 않는 것이 원칙이다. 그러므로 의문사가 정보 초점이 되기는 하지만, 서술문이나 의문사 없는 의문문의 성조형 결합 방법을 그대로 따르면 된다.

18) /그래#샇다/는 대개의 경우 2개의 운율 단위로 발음된다.

(32) <하는 일도 없는데 왜 이리 바쁘냐?>

ㄱ. 하는 일도 없는데 와 이래 바뿌노?
/M^2 # L^2 # L^3 # L # M^2 # H^2M / (최종 성조 표상)

ㄴ. 하는 일도 없는데 <u>와이래</u> 바뿌노? (중화 규칙 (3)ㄴ)
/M^2 # L^2 # L^3 # L^3 # H^2M /

ㄷ. 하는 일도 없는데 <u>와이래바뿌노?</u> (중화 규칙 (3)ㄴ)

ㄹ. /M^2 # L^2 # L^3 # L^6 / (성조형)

ㅁ. /M^2 # L^2 # L^3 # LM^5] (음조형)(규칙 (6)ㄷ)

(32)ㄱ은 각 어절이 가진 최종 성조 표상이며 (32)ㄴ, ㄷ은 의문사 '와(/L/)'와 이어나는 어절이 중화 규칙 (3)ㄴ에 의해 단계적으로 규칙적인 성조 결합이 이루어져 (32)ㄹ과 같이 /L^6/로 실현되었다. 이것은 다시 음조형 규칙 (6)ㄷ에 의해 [LM^5]로 되었다.

그런데 이문규(2001 : 34～35, 2002 : 122)에서는 대구 방언의 경우 /L/(저조형, 경남 방언의 /M/에 해당)형이나 /R/(상승조, 경남 방언의 /L/에 해당)형의 의문사의 경우에도 수의적으로 적용되고 있음을 밝혔다. 그 결과 이 현상은 경남 방언을 중심으로 한 경상 방언의 남부 지역에서 일어나 경북의 북쪽 방언 쪽으로 확산되는 도중에 있고, 또 모든 종류의 의문사에 적용되는 방향으로 그 영역을 확대해 가는 도중에 있는 것으로 볼 수 있음을 지적하였다.

/M/형이나 /L/형 의문사의 경우도 임의로 /H/화 시키고 이상 살펴본 /H/형 의문사가 있는 월과 같은 성조 결합을 시키는 방법이 있다.19)

(33) <팔목을 왜 그렇게 까딱까딱 놀리느냐?>

19) 이런 유형의 의문사는 다음과 같다.
와(왜)-L～H, 누(누구)-L～M, 우째(어찌)-L^2, 운제(언제)-L^2[LM]～H^2 [MH], 얼마-L^2[LM]～H^2[MH]
몇-M～H, 오데(어디)-HM

ㄱ. 팔목때이로 와그래 까딱까딱 놀리 쌓노?
/H^3M^2 # L^3 # H^4 # HM # HM / (최종 성조 표상)
ㄴ. 팔목때이로 와그래까딱까딱 놀리 쌓노? (중화 규칙 (3)ㄴ)
ㄷ. 팔목때이로 와그래까딱까딱놀리 쌓노? (중화 규칙 (3)ㄴ)
ㄹ. 팔목때이로 와그래까딱까딱놀리쌓노? (중화 규칙 (3)ㄴ)
ㅁ. /H^3M^2 # L^{11} / (성조형)
ㅂ. [MH2M2 # LM^{10}] (음조형) (규칙 (6)ㄷ)

(34) <젓가락질을 어찌 저렇게 하니?>
ㄱ. 제까락질로 우째 저래하노?
/H^2M^3 # L^2 # M^4 / (최종 성조 표상)
ㄴ. /H^2M^3 # L^2 # m^4 / (성조형 약화)
ㄷ. [MHM^3 # LM # hhm^2] (음조형) (규칙 (6)ㄷ)

(35) <가물치 몇 마리 잡았니?>
ㄱ. 가무치 멫 마리나 잡았노?
/HM^2 # M^4 # HM^2 # HM^2 / (최종 성조 표상)
ㄴ. 가무치 멫마리나 잡았노?
/HM^2 # M^4 # HM^2 / (중화 규칙 (3)ㄴ)
ㄷ. /HM^2 # M^4 # hm^2 / (성조형 약화)
ㄹ. [HM^2 # HHM^2 # hm^2] (음조형) (규칙 (6)ㄴ)

예시 (33)은 의문사 '와그래(/L^3/)'와 이어나는 어절이 단계적으로 성조 결합이 일어나지만 규칙 (3)에 의해 규칙적인 결합에 의한 것이다. 따라서 최종 성조형 /L^{11}/은 규칙 (6)ㄷ에 의해 음조형 [LM^{10}]으로 되었다. (34)는 의문사 '우째(/L^2/)'와 이어나는 어절 사이에 성조 결합이 이루어지지 않고 이어나는 어절이 성조형 약화로 실현되는 경우이다.[20] (35)는 의문사 '멫(/M/)'과 이어나는 어절 '마리나(/HM^2/)'는 규

20) 이 경우 기존의 규칙적인 성조 결합이 일어날 수도 있지만 음조형 약화가 더 자주 일어나며 어느 쪽을 취하느냐는 수의적인 선택에 의한다. 하지만 어절 안에서

칙적인 성조 결합이 이루어지고 마지막 어절 '잡았노(/HM^2/)'는 성조형 약화를 보이는 경우이다.

그런데 (33)에서 '와그래(/L^3/)'를 임의로 '와그래(/H^3/)'로 바꾸고, (34)에서 '우째(/L^2/)'를 임의로 '우째(/H^2/)'로 바꾸고, (35)에서 '멫(/M/)'을 임의적으로 '멫(/H/)'으로 바꾸면 (36), (37), (38)과 같이 실현된다. 즉 앞서 살펴본 /H/형 의문사가 있는 의문문과 같이 /H/형 의문사와 이어나는 어절의 모든 성조가 /H/로 바뀌고 마지막 음절만 /M/으로 실현된다.

(36) <팔목을 왜 그렇게 까딱까딱 놀려 쌓느냐?>
ㄱ. 팔목때이로 와그래 까딱까딱 놀리 쌓노?
/H^3M^2 # L^3 # H^4 # HM # HM / (최종 성조 표상)
ㄴ. 팔목때이로 와그래 까딱까딱 놀리 쌓노?
/H^3M^2 # H^3 # H^4 # HM # HM/ (/L^3/→/H^3/)
ㄷ. 팔목때이로 <u>와그래까딱까딱</u> 놀리 쌓노?
ㄹ. 팔목때이로 <u>와그래까딱까딱놀리</u> 쌓노?
ㅁ. 팔목때이로 <u>와그래까딱까딱놀리쌓노</u>?
/H^3M^2 # H^{11} /
ㅂ. /H^3M^2 # $H^{10}M$ / (끝 음절 /M/되기)
ㅅ. [MH^2M^2 # MH^9M] (음조형) (규칙 (6)ㄱ)

(37) <저까락질을 어찌 저렇게 하니?>
ㄱ. 제까락질로 우째 저래하노?
/H^2M^3 # L^2 # M^4 / (최종 성조 표상)
ㄴ. 제까락질로 우째 저래하노?
/H^2M^3 # H^2 # M^4 / (/L^2/→/H/)

는 당연히 성조형 결합이 압도적으로 우세하게 나타나는 데에 대하여, 어절과 어절끼리는 조사 결과 대부분의 보기에서 음조형의 약화가 훨씬 더 자주 나타난다 (김차균 1983 : 202, 2002 : 264).

ㄷ. 제까락질로 <u>우째저래하노</u>?

/H^2M^3 # H^6 /

ㄹ. /H^2M^3 # H^5M / (끝 음절 /M/되기)

ㅁ. [MHM^3 # MH^4M] (음조형) (규칙 (6)ㄱ)

(38) <가물치 몇 마리 잡았니?>

ㄱ. 가무치 **멫** 마리나 잡았노?

/HM^2 # M # HM^2 # HM^2 / (최종 성조 표상)

ㄴ. 가무치 **멫** 마리나 잡았노?

/HM^2 # H # HM^2 # HM^2 / (/M/→/H/)

ㄷ. 가무치 <u>멫마리나</u> 잡았노?

ㄹ. 가무치 <u>멫마리나잡았노</u>?

/HM^2 # H^7 /

ㅁ. /HM^2 # H^6M / (끝 음절 /M/되기)

ㅂ. [HM^2 # MH^5M] (음조형) (규칙 (6)ㄱ)

9.5. 부정사 '안'이 포함된 부정문

앞서 살펴본 /H/형 의문사가 있는 설명 의문문에서 뒤따르는 성조를 /H/로 바꾸는 현상은 부정사 '안(/H/)'이 있는 월에서도 확인할 수 있다.

(39) <나이를 많이 먹어도 소견머리가 안 들었느냐?>

ㄱ. 나로 마(:)이 무우도 시거이 안 들었나?

/M^2 # L^2 # HM^2 # L^3 # H # M^3 / (최종 성조 표상)

ㄴ. 나로 마(:)이 무우도 시거이 <u>안들었나</u>?

/M^2 # L^2 # HM^2 # L^3 # H^4 / (중화 규칙 (3)ㄱ)

ㄷ. 나로 마(:)이 무우도 시거이 <u>안들었나</u>?

/M^2 # L^2 # HM^2 # L^3 # H^3M / (끝 음절 /M/되기)

ㄹ. [HH # LM # HM^2 # LM^2 # MH^2M] (음조형) (규칙 (6)ㄱ)

예시 (39)ㄱ은 부정사 ‘안(/H/)’과 이어나는 어절 ‘들었나(/M^3/)’가 결합되기 전의 성조 표상이며, (39)ㄴ은 쉼(#)이 지워지고 부정사 ‘안(/H/)’에 의해 이어나는 어절 ‘들었나(/M^3/)’와 성조 결합이 실현되는 경우이다. (39)ㄷ은 ‘안들었나(/H^4/)’의 마지막 음절이 /M/으로 바뀌어 /H^{3}M/으로 실현된 것이며, (39)ㄹ은 규칙 (6)에 의해 음조형으로 표현한 것이다.

이렇듯 ‘안’ 뒤에서는 쉼이 필수적으로 지워지고 이어나는 어절이 결합되는 것은 ‘안’의 형태적 성격에 의한 것이다. 즉 ‘안’은 고립해서 쓰이는 경우는 없고 반드시 뒤따르는 어절과 결합되어서만 쓰이기 때문이다. 그리고 설명 의문문에서 의문사와 마찬가지로 부정사 ‘안’은 말할이가 물으려고 의도하는 어절이 되므로 정보의 초점이 되고 이어지는 어절과 결합하여 하나의 음운론적 낱말을 형성한다.

이런 현상은 ‘안’의 위치가 달리 나타난 다음 예문에서도 확인할 수 있다.

(40) <국물이 전혀 울어나지 않고 말갛다.>

ㄱ. 국물이 토옹 안 울우#나고 맬갛다.
/HM^2 # M^2 # H # HM^3 # L^3 / (최종 성조 표상)
ㄴ. 국물이 토옹 안울우나고 맬갛다.
/HM^2 # M^2 # H^5 # L^3 /
ㄷ. /HM^2 # M^2 # H^4 M/ # L^3 / (끝 음절 /M/되기)
ㄹ. [HM^2 # MM # MH^{3}M # LM^2] (음조형) (규칙 (6)ㄱ,ㄷ)

(41) <해도 안 넘어갔는데 벌써 자려고.>

ㄱ. 해도 안 넘우#갔는데 버시로 자거로.
/M^2 # H # HM^4 # H^{2}M # H^{2}M / (최종 성조 표상)
ㄴ. 해도 안넘우갔는데 버시로 자거로.
/M^2 # H^6 # H^{2}M # H^{2}M /

ㄷ. 해도 안넘우갔는데 버시로 자거로.
ㄹ. /M^2 # H^5M # H^2M # h^2m / (끝 음절 /M/되기, 운율형 약화)
ㅁ. /HH # MH^4M # MHM # mhm / (음조형) (규칙 (6)ㄱ)

예시 (40)과 (41)은 초점 어절이 2개인 월이다. '안/H/'은 부정사로 강세를 받으며, '맬갛다/L^3/'는 말할이가 내용을 강조하고 있기 때문이다. 예문 (40)은 부정사 '안/H/'과 이어나는 어절 '울우#나고(/HM^3/)'는 성조 결합이 일어나지만 '맬갛다(/L^3/)'와는 성조 결합이 일어나지 않는다. 이것은 '맬갛다(/L^3/)' 역시 초점을 받는 어절이기 때문이다. (41)은 부정사 '안/H/'과 이어나는 어절 '넘우#갔는데(/HM^4/)'는 성조 결합이 일어나지만 또 다른 초점을 받는 '버시로(/H^2M/)'와는 결합되지 않는다. 그리고 '버시로(/H^2M/)'와 '자거로(/H^2M/)'는 성조 결합 대신 음조 약화를 보이는 경우이다. 만약 두 예시가 중화 규칙 (3)에 의해 결합이 이루어진다면 (40) '안/H/+울우나고/HM^3/'는 /H^2M^3/으로 실현되어야 하고, (41) '안/H/+넘우갔는데/HM^4/'는 /H^2M^4/로 실현되어야 한다. 그러나 위 예에서는 /H/인 부정어찌씨 '안'에 뒤따르는 어절은 원래의 성조에 관계없이 /H/로 결합되고 마지막 음절만 /M/으로 바꾸어 /H_1M/[MH^nM]으로 실현되었다.

이것은 앞서 살펴본 서술문이나 의문사가 있는 의문문의 경우와 같이 정보 초점 기능이 관여했다고 본다. 즉 '안 부정문'의 경우 '안'에 강세가 놓일 수밖에 없으므로 정보 초점의 기능을 수행하므로 후속 성분과 하나의 어절로 결합될 수 있다. 이 때 부정어찌씨 '안'은 직접 뒤따르는 어절과는 반드시 성조 결합만 일어나지만 그 다음 어절부터는 성조형의 결합이 일어날 것이냐, 음조형의 약화가 일어날 것이냐는 임의적이다(김차균 2003 : 261).

그렇다면 월 단위의 성조는 정보 초점이 놓이는 /H/형 의문사나 '안'

의 위치를 중심으로 성조 결합이 이루어지고 이런 공통된 조건이 성조형 역시 단일한 형태로 도출하게 된 것이라고 본다. 이문규(2002 : 139)에 의하면 이 경우 말할이들은 동일한 발화 의도를 담고 있는 어구에 운율 차원의 동질성을 부여함으로써 전달 효과를 높이려는 시도를 하게 되었고 결과는 그 어구의 성조형을 단일화시키는 쪽으로 나타나게 되었으므로 성조론의 층위를 벗어나 상당한 정도로 억양 층위에 가까워진 상태로 보았다. 성조가 점차 단일화 되고 있는 것은 성조의 기능 부담량이 약화되고 있음을 의미하는 것은 사실이나 대립성이 강한 /H/로 바뀌고 있다는 것은 아직은 이 지역어에서 성조가 그 기능을 담당하고 있음을 보여 준다.

(42) <바람이 설렁(:)하게 안 불고 덥덥(:)하게 모기가 꽉 찼다.>
　ㄱ. 바람이 설렁(:)하이 안 불고 덥덥(:)하이 모구가 까악 찼다.
　　/H^2 M # H^3M # H # L^2 # H^3M # M^3 # L^2 # M^2/
　ㄴ. 바람이 설렁(:)하이 <u>안불고</u> 덥덥(:)하이 모구가 까악 찼다.
　　/H^2 M # H^3M # H^2 M # H^3 M # M^3 # L^2 # M^2/
　ㄷ. /MHM # MH(:)HM # MHM # MH(:)HM# HHM# LM# HH]

(42)ㄱ은 이 월의 최종 성조 표상을 표시한 것이며, (42)ㄴ은 '안'이 하나의 정보 초점이 되면서 이어 나는 어절 '불고(/L^2/)'와 성조 결합이 일어나 /H^3/으로 되고 다시 마지막 음절이 /M/으로 되어 /H^2M/으로 된 것이다. 그리고 '설렁(:)하이'와 '덥덥(:)하이' 역시 대조를 이루기 때문에 대조 강세를 받으면서 정보 초점 기능을 한다. (42)ㄷ은 규칙 (6)에 의해 음조형으로 표현된 것이다.

그런데 '안'과 결합하더라도 그것이 부정을 나타내는 것이 아니라 긍정의 의미를 가지는 경우가 있다. 일종의 수사 물음월을 이루는 경우이다. 이 경우는 '안'의 형태 역시 부정사로 기능할 때와는 달리 2음절로 형성되면서 초점의 역할은 하지 않는다. 따라서 어절 간의 결합도 이루어지지 않고 성조도 기저 성조보다 약화되어 발음된다.

(43) <뱁새가 황새 따라 가려면 가랑이가 찢어진다.>
ㄱ. 뱁새가 항새 따라 갈라카모 가래이가 아안 째애지나. (최종 성조 표상)
ㄴ. /H^2 M # L^2 # HM # L^4 # L^4 # h^2 # M^4 / (성조형)
ㄷ. [MHM # LM # HM # LM^3 # LM^3 # mh # HHM^2] (음조형)

예시 (43)에서 ‘아안’이 부정사의 기능을 한다면 앞서 살펴본 경우와 마찬가지로 이어지는 음절과 결합하여 /H^5M/[MH^4M]으로 실현되어야 한다. 그러나 형태적인 모습이나, 성조 표상에서도 지금까지 살펴본 경우와는 다르게 실현된다. 즉 ‘아안’은 ‘안/H/’이 고립되어 발음되면서 음절 중복 규칙을 적용받아 /HH/로 실현되나 표면 음조형은 오히려 약화되어 [MH]가 아닌 [mh]로 실현된다. 이것은 ‘안’이 더 이상 부정사로서 기능하지 못함을 성조 약화로도 나타내고 있다고 본다.

이상 부정어찌씨 ‘안’과 뒤따르는 운율적 낱말의 결합에 따른 성조 변동에서 ‘안’ 이하 결합되는 영역에 들어오는 운율적 낱말의 모든 음절이 /H/로 되는데, 이는 위에서 본 /H/형 의문사와 뒤따르는 말의 모든 음절의 성조가 /H/로 바뀌는 것과 같다. 그리고 뒤따르는 성조형이 /H/형, /M/형, /L/형에 관계없이 일어나고, /H/형 의문사나 /H/형 부정사 ‘안’과 뒤따르는 운율적 낱말이 결합할 때만 일어나므로 다음과 같이 규칙화할 수 있다.

(44) ㄱ. /H_1 / 형 의문사나 /H/형 부정사 ‘안’과 정보 초점이 아닌 운율적 낱말들이 결합할 때는 뒤따르는 모든 운율적인 낱말의 음절들은 /H/로 변한다.
ㄴ. 결합하여 도출된 성조형이 3음절 이상이면 끝 음절이 /M/으로 된다.

9.6. 마무리

함안은 경남 동남부의 대표적인 성조 방언이 사용되고 있는 통합 창원시의 서쪽에 있고, 경남 서남부 방언의 방사 중심 지역인 진주시의 동쪽에 위치하고 있다. 이 연구는 함안 방언에서 월 속에서 정보 초점과 관련된 어절 성조형들의 결합 양상을 기술하는 것이 목적이다.

함안 방언은 3 성조 체계인데 /H/는 1 모라 길이의 높은 수평조이고, /M/는 1 모라 중간 정도 높이의 수평조이며, /L/는 1.3 모라 길이로 처음에 낮은 수평조로 계속되다가 뒤끝이 약간 올라가는 음조이다.

함안 방언에는 현대 국어 성조 방언들에서 나타나는 아래와 같은 중화 규칙이 존재한다.

ㄱ. /H/ ── 의 환경에서 /H/ 이외의 모든 성조는 /M/로 바뀐다.
ㄴ. /M, L/ ── 의 환경에서 모든 성조는 /M/로 바뀐다.

중화 규칙의 존재로 이 방언에 존재하는 성조형은 /H/형(또는 /HM/형), /M/형, /L/형이며 이들 성조형에서 음조형을 도출하는 규칙은 아래와 같다.

ㄱ. (/H_1 M^n / 형) H_2 M^n → [MH_1 M^n]/ # ― #
ㄴ. (/M_1 /형) M_2 → [HHM_0]/ # ― #
(단, 정보 초점이 아니면 M^2는 [MM])
ㄷ. (/L_1 /형) L_2 → [LM_1]/ # ― #

낱말 단위에서 성조는 어휘적 의미를 구별하는 변별적 기능을 하지만 월 속에서는 말할이가 전달하거나 물어 보려는 내용을 가진 어절 또는 어절의 일부분을 표시하는 정보 초점 기능을 하고 있다. 특정 어절에 초점이 놓이면서 이어나는 어절이 강조되지 않을 때 두 어절은 결합되고 가운데 놓여있던 휴지(pause)는 사라지게 된다. 그리고 초점 낱말과 비초점 낱말의 성조형 결합은 아래와 같이 초점 낱말의 뒤쪽으로만 작용한다.

<그 아이는 부산에 산다.>

ㄱ. 가아는 부산에 산다.
/HM^2 # H^2M # L^2 / (최종 성조 표상)

ㄴ. 가아는부산에 산다.
/HM^5 # L^2 / (중화 규칙 ㄴ)

ㄷ. 가아는부산에산다.
/HM^7 / (중화 규칙 ㄴ)

ㄹ. [HM^7] (음조형) (규칙 ㄱ)

그렇지만 어느 위치에 휴지가 나타나는가는 구체적인 대화를 통해서만 파악될 수 있다. 정보 초점에 따른 규칙적인 성조 결합은 서술문을 비롯해서 명령문, 감탄문, 의문사가 없는 의문문에서도 가능하며, 주어진 월의 정보 초점은 상황에 따라 바뀔 수 있다.

정보 초점 어절과 뒤따르는 비초점 어절의 결합은 일반적인 현상이기는 하지만, 필수적인 것은 아니다. 호흡이 짧은 사람은 운율적인 낱말의 수가 많아서 월이 긴 경우 긴 하나의 결합체를 한 호흡으로 발화하기는 쉬운 일이 아니다. 이런 경우에는 중간에 호흡을 넣고 보면 운율적인 낱말들의 정상적인 결합이 일어나지 않을 수도 있어서 자연히 쉼(#)이 개입될 수 있다. 쉼이 개입되면 운율적 낱말의 성조형 결합이 차단되므로 쉼 뒤에 오는 운율적인 낱말은 운율형이 임의로 약화되기도 한다.

설명 의문문에서는 의문사와 그것을 뒤따르는 성분이 하나의 성조 어절로 묶이는데 의문사의 성조형에 따라 결합과 변동이 달라진다.

/H_1/인 의문사로 시작되는 어절의 경우에만 의문사 뒤에 오는 모든 성조형들은 의문사의 성조형과 결합되어 하나의 성조형으로 나타난다. 그리고 아래 예시와 같이 /H/형 의문사가 어디에 위치하든 그것은 정보 초점이 되고 그것을 중심으로 성조 결합이 일어난다. 이렇게 도출된 성조형이 3음절 이상이면 끝 음절이 필수적으로 /M/로 변한다.

<너는 어디서 점심을 먹었니?>

	니는 오데서 점심을 묵웄노?	
	/HM # /H^3/ # L^3 # HM^2 /	(최종 성조 표상)
ㄱ.	니는 오데서 점심을 묵웄노?	(의문사가 둘째 어절 위치에)
	니는 오데서점심을묵웄노?	
	/HM # /H^8M /	(성조형)
	[HM # MH^7M]	(음조형)(규칙 ㄱ)
ㄴ.	니는 점심을 오데서 묵웄노?	(의문사가 셋째 어절 위치에)
	니는 점심을 오데서묵웄노?	
	/HM # L^3 # H^5M /	(성조형)
	[HM # LMM # MH4M]	(음조형)(규칙 ㄱ)
ㄷ.	오데서 니는 점심을 묵웄노?	(의문사가 첫째 어절 위치에)
	오데서니는점심을묵웄노?	
	/H^{10}M /	(성조형)
	[MH^9M]	(음조형)(규칙 ㄱ)

/M/형이나 /L/형 의문사가 나타나는 월에서는 /H/형 의문사가 있는 월에서 볼 수 있었던 후속 성분 /H/되기는 일어나지 않는 것이 원칙이다. 그러므로 의문사가 정보 초점이 되기는 하지만, 서술문이나 의문사 없는 의문문의 성조형 결합 방법을 그대로 따르면 된다.

/H/형 의문사가 있는 설명 의문문에서 뒤따르는 성조를 /H/로 바꾸는 현상은 부정사 '안(/H/)'이 있는 월에서도 확인할 수 있다.

<나이를 많이 먹어도 소견머리가 안 들었느냐?>

ㄱ. 나로 마(:)이 무우도 시거이 안 들었나?
/M^2 # L^2 # HM^2 # L^3 # H # M^3 / (최종 성조 표상)

ㄴ. 나로 마(:)이 무우도 시거이 <u>안들었나</u>?
/M^2 # L^2 # HM^2 # L^3 # H^4 / (중화 규칙 ㄱ)

ㄷ. 나로 마(:)이 무우도 시거이 <u>안들었나</u>?
/M^2 # L^2 # HM^2 # L^3 # H^3M / (끝 음절 /M/되기)

ㄹ. [HH # LM # HM^2 # LM^2 # MH^2M] (음조형)(규칙 ㄱ)

이것은 '안' 뒤에서는 쉼이 필수적으로 지워지고 이어나는 어절이 결합되는 것은 '안'은 고립해서 쓰이는 경우는 없고 반드시 뒤따르는 어절과 결합되어서만 쓰이기 때문이다. 그리고 설명 의문문에서 의문사와 마찬가지로 부정사 '안'은 말할이가 물으려고 의도하는 어절이 되므로 정보의 초점이 되어 이어지는 어절과 결합하여 하나의 음운론적 낱말을 형성한다. 이 때 직접 뒤따르는 어절과는 반드시 성조 결합만 일어나지만 그 다음 어절부터는 성조형의 결합이 일어날 것이냐, 음조형의 약화가 일어날 것이냐는 임의적이다.

/H/형 의문사가 있는 의문문이나 '안(/H/)' 부정문에 적용되는 규칙은 일반적인 성조형 결합 규칙을 무시하고 뒤따르는 모든 성조형을 /H_1/으로만 도출하기에 강력한 힘을 가지고 있음을 알 수 있다. 그렇지만 /H/형 의문사나 '안'이 반드시 정보 초점이 되어야 한다는 조건은 순수한 성조 규칙의 범주를 벗어났다.

이런 현상은 다양한 성조형을 단일화 시켜 성조의 기능 부담량을 점차 줄어들게 할 것이므로 이 방언 성조에 변화가 오고 있음을 예측하게 한다. 성조의 기능 부담량이 줄어지면 성조를 음절마다 발음하지 않고 앞부분의 한두 음절만 발음해도 의사소통에는 지장이 오지 않는다. 그리고 결국에는 성조가 아닌 다른 초분절음이 성조의 기능을 대신하는 방향으로 언어는 변할 것인데 현대 국어에서 길이가 첫 음절에서만 변별 기능을 수반하고 있는 것이 그 결과이다. 성조가 점차 단일화되고 있는 것은 성조의 기능 부담량이 약화되고 있음을 의미하는 것은 사실이나 대립성이 강한 /H/로 바뀌고 있다는 것은 아직은 이 지역어에서 성조가 그 기능을 담당하고 있음을 보여 준다.

제10장 함안 방언 문법 현상 연구

- 준굴곡과 굴곡 현상을 중심으로 -

10.1. 머리말

방언이란 일정한 지역이나 사회 계층에서 특수하게 사용되어지는 언어 체계로서 그 지역만의 특징적인 언어 현상과 표준어가 가지고 있는 공통적인 언어 현상까지 포함한다. 이러한 방언은 소수의 학자나 이 분야에 관심을 가진 사람들 외에는 그 가치와 위치를 인정받지 못하고 있다. 현대에 와서는 대중매체의 발달과 지역간의 다양한 교류로 인해 방언이 가지는 고유한 특성이 점차 사라져 가고 있으며, 가능한 방언의 사용을 기피하고 있는 실정이다. 그러나 방언 연구가 생생한 언어의 모습을 접할 수 있는 기회가 되며 국어학 연구에 많은 도움을 주고 있다는 것은 이미 널리 알려진 사실이다. 그러므로 방언의 중요성을 인식하고, 방언학에 대한 올바른 이해를 바탕으로 한 실제적인 조사는 방언학에서 빼놓을 수 없는 부분이라 할 수 있다.

이 연구는 함안군 군북면 영운리 영운 부락과 장지리 남산 부락을 대상으로 이 지역어의 준굴곡과 굴곡 현상을 조사, 분류하는 데 목적이 있다. 군북면은 함안군의 서쪽에 위치하는 제일 큰 면으로 1998년 현재 17리, 37동에 가구 3442호, 인구 9,933명 총 면적은 80.61㎢이다.

군북면 소재지에서 서쪽으로 5km 정도 들어가면 방어산 아래에 자리 잡은 영운리 영운 부락이 나온다. 조선시대에는 건천동(乾川洞)으로 불리었다. 건천이란 이 마을 산골짜기에서 나는 물이 아주 귀하다는 뜻에서 마을 이름이 생겨났는데 일제시대에 영운동(迎運洞)으로 바뀌었다. 군북면 소재지에서 북쪽으로 2km 정도 들어가면 장지리 남산 부락이 나온다. 옛날에는 마을에 안못(內池)과 바깥못(外池)이 있었기 때문에 못골(池洞)이라 불렀다. 그 이후 남산산(南山山)이라고 불렀으나 1586년 남산이라 고쳤다.

이 연구에 필요한 현지의 자료 조사 기간은 1999년 5월 8일~9일, 5월 15일~16일 두 차례에 걸쳐 이루어졌다.

10.2. 조사 내용

10.2.1. 준굴곡

10.2.1.1. 자리토씨

[1] 임자자리토씨: 이~가/ 이가/ ø/ (에)서

임자자리는 표준어에서 쓰이는 '이, 가, 이가, ø'가 그대로 나타나고 있으며, '에서'의 경우 예시 (1)ㅁ과 같이 '에'는 생략되고 '서'만 주로 나타난다. 그리고 '께서'는 잘 실현되지 않고 이 경우 (1)ㅂ①과 같이 '이'로 실현되거나 (1)ㅂ②와 같이 생략되어 나타난다.

(1) ㄱ. 시상의 울매나 좋아진노.(세상이 얼마나 좋아졌느냐.)
ㄴ. 우리가 앞으로 그거로 해겔 몬하모.
(우리가 앞으로 그것을 해결하지 못하면.)
ㄷ. 용핵이가 오데로 간노?(용학이가 어디로 갔느냐?)
ㄹ. 내미ø 난다고 따로따로 자는 모양이제.

(냄새가 난다고 따로따로 자는 모양이지.)

ㅁ. 지서서 그거로 치아줄낀가.(경찰서에서 그것을 치워줄려나.)

ㅂ. ① 조상의 돌바서 자석들이 잘데는갑다.

(조상님께서 돌보아서 후손들이 잘되는가 보다.)

② 선상님ø 오신나?(선생님께서 오셨느냐?)

2 매김자리토씨: 에/ 우/ ø

소유를 나타내는 매김자리의 경우 '의'로는 나타나지 않고 예시 (2) ㄱ, ㄴ과 같이 '에, 우'로 실현되거나 (2)ㄷ과 같이 생략되는 경우가 대부분이다.

(2) ㄱ. 사람에 매미 와 안글라.(사람의 마음이 그러하다.)

ㄴ. 내 만내고는 너무집 안살았지.

(나를 만나고는 남의 집 살이를 하지 않았다.)

ㄷ. 니ø 고양이 오데고?(너의 고향이 어디냐?)

3 부림자리토씨: 을~를/ 로/ ㄹ

대상을 나타낼 때는 '을, 를' 못지않게 예시 (3)ㄷ과 같이 '로'가 자주 쓰이며, 선행어가 홀소리로 끝날 경우 '를'이 선행어와 축약되어 (3)ㄹ과 같이 'ㄹ'만 나타나기도 한다.

(3) ㄱ. 아아가 똥빵을 얻어가 그래쌓더이.

(아이가 설사병에 걸려 그러하더니.)

ㄴ. 게기를 마이 여어 주모 잘 묵고.(고기를 많이 넣어 주면 잘 먹고.)

ㄷ. 나가 많아노이께 일로 몬하고.(나이가 많으니까 일을 못하고.)

ㄹ. 뭐 한다꼬 농살 진느냐 이 말이다.

(무엇 때문에 농사를 짓느냐 이 말이다.)

4 어찌자리토씨

1) 처소(장소, 시간, 상대, 방향): 에(서)~ø/ 아/ 한테~보고

장소나 시간을 나타낼 경우 예시 (4)ㄱ과 같이 '에(서)'가 쓰이거나 생략되어 나타나지만 선행어가 홀소리 'ㅏ'로 끝날 경우 (4)ㄴ과 같이 '아'로 실현되는 것이 특이한 현상이다. 또한 상대를 나타낼 경우 '에게'는 전혀 쓰이지 않고 (4)ㄷ과 같이 '한테'나 '보고'만 쓰이며, 그밖에 (4)ㄹ과 같이 방편(원인)을 나타내는 '(으)로'가 처소(방향)를 나타내기도 하는데 주어진 월의 의미로만 변별이 된다.

(4) ㄱ. ① 우리집에 갔다 왔따쿠데.(우리 집에 갔다 왔다고 하더라.)
② 막뻐수가 하메 일곱시에 있제.
(마지막 버스가 아마 일곱 시에 있을 것이다.)
③ 자 우ø 할메집에 갔다 왔다.(저 위에 있는 할머니 집에 갔다 왔다.)
ㄴ. ① 긍께 한 바아 안자거든.(그러니까 한 방에 자지 않는다.)
② 시사아 이런 일이 오데 인노.(세상에 이런 일이 어디에 있느냐.)
ㄷ. ① 이장한테 부탁하이소. (이장에게 부탁하세요)
② 내보고 와 그라노. (나에게 왜 그러느냐)
ㄹ. 그러구로 저 만디로 해서 후테하데.
(그렇게 해서 저 꼭대기로 후퇴하더라.)

2) 방편(도구, 자격, 원인): (으)로/ 에/ ø

방편을 나타낼 경우 예시 (5)ㄱ, ㄴ과 같이 '(으)로'와 '에'가 쓰이거나 (5)ㄷ과 같이 생략되어 나타난다. (5)ㄷ의 경우 '가(가지고)'가 방편의 의미를 나타내기 때문에 '으로'가 쓰이지 않는다.

(5) ㄱ. 나도 딸 서이 나아가 홍진으로 다 잊아삐고.
(나도 딸 셋을 낳았으나 홍역에 걸려 다 죽었다.)
ㄴ. 오분 바람에 말케 다 안 씨리진나.(이번 바람에 모두 쓰러졌다.)

ㄷ. 짚ø가 삼은 신 신고 시집왔다.(짚으로 엮은 신발을 신고 시집을 왔다.)

3) 비교: 보다～카마/ 마이～만치/ 매이로～맨치로/ 하고

비교를 나타낼 경우 예시 (6)ㄱ과 같이 '보다'가 쓰이기도 하나 잘 쓰이지 않으며, 대신 '카마'가 더 자주 실현된다. 그리고 표준어의 '만큼'은 (6)ㄴ과 같이 '마이, 만치'로 실현되고, 표준어의 '처럼'은 (6)ㄷ과 같이 '매이, 맨치로'로 실현된다. 그밖에 표준어에서 나타나는 '와/과'는 실현되지 않는데 이 경우 (6)ㄷ의 '매이로～맨치로'나 (6)ㄹ의 '하고'로 나타난다.

(6) ㄱ. ① 아아들이 무우보고 저거꺼보다 맛있다카데.
(아이들이 먹어보고 자기들 것보다 맛있다고 하더라.)
② 요오카마 공기 좋은 데 없을기라.
(여기보다 공기가 좋은 곳은 없을 것이다.)
ㄴ. ① 그마이 했씨먼 댔지 뭐 또?
(그만큼 했으면 되었지 뭘 또?)
② 내가 암만해도 에미만치 몬해주거든.
(내가 아무리 잘해도 엄마만큼은 못해 준다.)
ㄷ. ① 오십마 데모 영감매이로 꼬부라진다.
(오십 살만 되면 노인처럼 허리가 굽는다.)
② 학생맨치로 가방끈 진 사람들은.(학생처럼 많이 배운 사람들은.)
ㄹ. 가아는 니하고는 다른기라.(그 아이는 너와는 다르다.)

4) 함께함(공동, 동반): 하고/ 캉

함께함의 경우 표준어에 나타나는 '과/와'는 나타나지 않고 예시 (7)ㄱ, ㄴ과 같이 '하고'나 '캉'이 쓰인다.

(7) ㄱ. 내하고 같이 가재이.(나와 같이 가자.)
ㄴ. 니캉 내캉 둘이 가자.(너와 나 둘이서 가자.)

5) 따옴: (라)고

따옴을 표시할 경우 표준어와 같이 '(라)고'가 쓰인다.

(8) ㄱ. 나무가 젤 많다고 한께네.(나무가 제일 많다고 하니까.)
ㄴ. ① 가마이라꼬 모릴낀데.(가마니라고 하는 것을 모를 것이다.)
② 나는 팽사아 육미라꼬는 안무우니께.(나는 평생 고기는 안 먹는다.)

5 부름자리토씨: 아~야/ 요

부름을 나타낼 경우 예시 (9)ㄱ과 같이 '아/야'로 나타나거나, 표준어의 '이시여'를 대신한 '요'가 (9)ㄴ과 같이 실현된다.

(9) ㄱ. ① 깜둥아! 저거는 이름 지이가 머라캐샀대.
(깜둥아! 자기들은 이름을 지어서 뭐라고 부르더라.)
② 야야! 밖에 누가 온는갑다.(얘야 밖에 누가 왔나보다.)
ㄴ. 하알님요! 우짜던지 올개 농사 잘데구로 해주이소.
(하느님이시여! 어떻든 올 해 농사 잘되게 해주십시오.)

6 기움자리토씨: ø/ ㅣ

'되다, 아니다'에 앞선 '이다'의 경우 예시 (10)ㄱ과 같이 생략되거나 (10)ㄴ과 같이 선행어에 융합된 형태로 나타난다.

(10) ㄱ. 재산이 엄어모 아아들한테 부담ø덴다 아이가.
(재산이 없으면 자식들에게 부담이 된다.)
ㄴ. 그기 아이다.(그것이 아니다.)

7 풀이자리토씨: (이)다

서술을 표시할 경우 표준어와 같이 '(이)다'가 쓰인다.

(11) ㄱ. 내가 인자 칠십여덜살이고.(내가 이제 일흔여덟 살이다.)
ㄴ. 조거뿐이라. 조것도 아무나 주삐모 싶다.
(저것뿐이다. 저것도 아무에게나 줘버리고 싶다.)

10.2.1.2. 이음토씨: 하고/ 나~이든/ 에다가

표준어에 나타나는 '와/과, (이)랑'은 예시 (12)ㄱ과 같이 '하고'에 통합되어 쓰이며, 표준어의 '이나'는 (12)ㄴ과 같이 '이나'로 실현되며 그밖에 '에(다)'는 이 지역어에서는 (12)ㄷ과 같이 '에다가'로 나타난다.

(12) ㄱ. 며느리하고 아들하고 오늘 왔다.(며느리와 아들이 오늘 왔다.)
ㄴ. 두 바리나 세 바리나 키았는데 이제는 안키우지.
(두 마리나, 세 마리나 키웠는데 이제는 키우지 않는다.)
ㄷ. 단술에다가 떡에다가 여엉 마이 채리떠라.
(단술에 떡에 여러 가지로 많이 차렸더라.)

10.2.1.3. 도움토씨

1 주제 및 대조: 은~는

주제나 대조를 나타낼 경우 표준어와 같이 '은, 는'이 실현된다.

(13) ㄱ. 농민은 빚만 자꾸 지는기라.(농민은 빚만 자꾸 진다.)
ㄴ. 요오는 헤간도 없거든.(여기는 (마을) 회관도 없다.)

2 역시: 도

역시 그러함을 나타낼 경우 표준어와 같이 '도'가 실현된다.

(14) ㄱ. 나도 무우야 된다.(나도 먹어야 된다.)
ㄴ. 집도 뜯어삐고, 전부 도시에 나가삐고 마.
(집도 헐어 버리고, 전부 도시에 나가버리고.)
ㄷ. 나락도 모릴낀데 머.(벼도 모를 것이다.)

③ 단독, 유일: 만~마/ 뿐

단독, 유일을 나타낼 경우 예시 (15)ㄱ과 같이 '만' 또는 '마'로 실현되는데 끝소리가 탈락된 '마'가 더 자연스럽게 쓰인다. 그리고 (15)ㄴ과 같이 '뿐'이 실현되는데 이어나는 홀소리 'ㅣ'에 의해 입천장소리되기를 겪은 'ㄴ'은 약화 탈락되고 '뿌'로만 나타난다.

(15) ㄱ. ① 쌔빠지게 일해바야 빚만 자꾸 지고.(힘들여 일해 봐야 빚만 자꾸 진다.)
② 저 다리마 건너모 어렁이거든(저 다리만 건너면 의령이거든.)
ㄴ. 군에 간 사람은 내 하나뿌이데이.(군에 간 사람이 나 하나뿐이다.)

④ 한계: 빼끼

어느 정도까지를 의미하는 한계를 나타낼 경우 '빼끼'로 실현된다. 이것은 '밖에'가 치닮기와 된소리 되기를 겪어 실현된 것이다. 첫소리가 된소리로 실현되는 경우는 함안 방언에서 자주 나타나는 현상으로 강화의 효과를 준다.

(16) ㄱ. 고거빼끼 안 했거든.(그것까지만 했다.)
ㄴ. 다 고등핵교빼끼 몬 시킸어.((자식들을) 모두 고등학교까지만 시켰다.)

⑤ 균일: 썩/ 마다

균일을 나타내는 '씩'은 홀소리 바뀜에 의해 예시 (17)ㄱ과 같이 '썩'으로 실현되고, 그밖에 (17)ㄴ과 같이 '마다'가 실현된다.

(17) ㄱ. 만 오천언썩 받았어.(만 오천 원씩 받았어.)
ㄴ. 동네마다 돌아다임서.(동네마다 돌아다니면서.)

⑥ 시작: 부터

시작을 나타낼 경우 표준어와 같이 '부터'가 실현된다.

(18) ㄱ. 정정하더마는 올부터 그러타. 얼뚱하이 그렇코.
(건강하더니 올해부터 그렇다. 멍하니 그렇고.)
ㄴ. 아적부터 그래쌓는기라.(아침부터 그렇게 하고 있는 것이다.)

⑦ 미침(다다름): 까지~꺼지~꺼정/ 찌

다다름을 나타내는 '까지'는 홀소리 바뀜이나 닿소리 첨가로 예시 (19)ㄱ)과 같이 '꺼지, 꺼정'으로도 실현되고, 그 외 (19)ㄷ과 같이 '찌'가 실현되는데 '까지'에서 홀소리 'ㅏ'와 닿소리 'ㅈ'이 탈락되고 두 음절이 융합된 것이다. 그리고 표준어에서 실현되는 '조차, 마저'는 모두 '꺼지, 꺼정'으로 나타난다.

(19) ㄱ. ① 안주까지는 모구 없을끼다.(아직까지는 모기가 없을 것이다.)
② 요오서 진주꺼지 얼매 안덴다.(여기서 진주까지 얼마 안 된다.)
③ 내 팔십꺼정 살끼라꼬 뻗대고 있는데.
(나는 팔십까지 살려고 노력하고 있다.)
④ 이때꺼정, 근 칠십년을 살았지.(이때까지 약 칠십년을 살았다.)
⑤ 동네 어른들꺼정 싸악 다 들에 나간다.
(동네 어른들까지 모두 다 밭에 나간다.)
ㄴ. 이적찌 산다고 살은기 벌씨로 칠십여덜이나 살았는데.
(이때까지 산다고 산 것이 벌써 일흔 여덟 살이나 살았다.)

⑧ 강조: 야/ 사

강조를 나타낼 경우 '야' 외에 예시 (20)ㄴ과 같이 '사'가 쓰이고 있음이 표준어와 다르다.

(20) ㄱ. 니야 좋것다마는.(너는 좋겠다마는.)
ㄴ. 내사 모리것다.(나는 모르겠다.)

10.2.1.4. 가리지 않음: (이)라도/ 나따나

가리지 않음을 나타낼 경우 예시 (21)ㄱ의 '(이)라도'가 쓰이는데 이 경우 '무엇이라도'의 '무엇'과 '이'가 융합을 거쳐 '머시라도'로 실현되었다. 그리고 표준어의 '(이)나, (이)나마'는 (21)ㄴ과 같이 '나따나'로 실현되는데 '나따나'의 쓰임이 '(이)라도'의 쓰임보다 더 자연스럽다.

(21) ㄱ. 머시라도 하것다.(무엇이라도 하겠다.)
ㄴ. ① 다문 이기나따나 문끼네 내 매앰이 좀 낫다.
(아쉬운 대로 이것이라도 먹으니까 내가 마음이 좀 낫다.)
② 그기나따나 들어라.(그것이라도 먹어라.)
③ 그래나따나 마 데꼬 살아가니께.
(그렇더라도 그냥 데리고 살아가니까.)

10.2.2. 굴곡

10.2.2.1. 안맺음씨끝

① 높임법: 시

표준어와 같이 안맺음씨끝 '시'는 주체를 높이는 형태로 쓰이고 있다.

(22) ㄱ. 아까 농약치로 가신는데.(조금 전에 농약 치러 가셨는데.)
ㄴ. 소마구에 가신는갑다.(외양간에 가셨는가 보다.)

☐2 때매김법

때매김을 나타낼 경우 표준어와 차이가 없으나 과거를 나타낼 경우 선행어의 홀소리를 닮아 예시 (23)ㄴ과 같이 '웄'이 실현되기도 하며, 미래를 나타낼 경우 (23)ㄹ과 같이 '겠'을 대신한 '것, 랑'이 실현되고 있다.

(23) ㄱ. 현재시제: 은~는/ ㄴ
① 묵는 기라고는. (먹는 것이라고는)
② 간다꼬 벌씨 간는데. (간다고 벌써 갔는데)
ㄴ. 과거시제: 았~었/ 웄
① 섬뜩거리고 살았지, 뭐.(끔찍하게 살았지 뭐.)
② 걸 마 그기 멘장꺼지 해묵웄다.(그 놈이 면장까지 해먹었다.)
ㄷ. 회상시제: 더
① 벵원에 가이, 걸카더라 말이다.
(병원에 가니 그렇게 말하더라 말이다.)
② 아아리 우떤 사람이 개 키안다꼬 들어왔더라.
(그저께 어떤 사람이 개를 키운다고 이사를 왔더라.)
ㄹ. 미래시제: 것/ 랑
① 비가 오것나? (비가 오겠느냐?)
② 한 사알 있다가 올랑가? (한 사흘쯤 있다가 올까?)

10.2.2.2. 맺음씨끝

☐1 마침법

1) 서술법: 다~라~지/ 네/ 소/ 습니더(예)

서술을 나타낼 경우 예시 (24)ㄱ, ㄴ, ㄷ과 같이 높임의 정도에 따라 '다~지, 네, 소'로 실현된다. 아주높임을 나타낼 경우는 (24)ㄹ과 같이

'-습니다'의 '다'가 홀소리 바뀜에 의해 '더'로 실현되며, 경우에 따라 종결도움토씨 '예'가 첨가되기도 한다.

(24) ㄱ. ① 개똥벌게이라 카는거 있다.(개똥벌레라고 하는 것이 있다.)
② 거런께네 자꾸 망해 들어가는기라.(그러니까 점점 망하는 것이다.)
③ 애미 에비는 빚 갚고 나모 없는기지.
(어머니 아버지는 빚을 갚고 나면 남는 것이 없다.)
ㄴ. 내는 인자 가네.(나는 이제 간다)
ㄷ. 마을회관은 절로 가소.(마을 회관은 저리로 가시오.)
ㄹ. 그게 안그러심미더(예).(그것이 그렇지 않습니다.)

2) 물음법: 나~노~제~꼬~래/ 가~고/ 교~베~요/ 예~베요~습니꺼

물음을 나타낼 경우 예시 (25)ㄱ, ㄴ, ㄷ과 같이 높임의 정도에 따라 '나~노~제~꼬, 가~고, 교~베'로 실현된다. 아주 높임을 나타낼 경우 (25)ㄹ과 같이 '예~(베)요~습니꺼'로 실현되는데 '베요'의 경우 예사 높임을 나타내는 '베'와 '요'를 합하여 아주 높임을 나타내고 있다.

(25) ㄱ. ① 물 도라 캤나?(물을 달라고 하였느냐?)
② 머라쿠노?(뭐라고 하느냐?)
③ 가서 숭 마이 보겄제?(가서 흉 많이 보겠지?)
④ 무신 이바구 하꼬?(무슨 이야기 할까?)
⑤ 느그 이거 무울래?(너희들 이것 먹을 거냐?)
ㄴ. ① 자네 안주 안갔는가?(자네 아직 안 갔느냐?)
② 자식이 좋지 우찌 술이 좋능고?(자식이 좋지 어떻게 술이 좋으냐?)
ㄷ. ① 술 한잔 무울랑교?(술을 한 잔 먹으렵니까?)
② 고리해서 요리 옸는가베.(그리로 해서 여기로 왔나 보다.)
③ 아주매 술 쪼깨 무울라요?(아주머니 술 좀 먹겠습니까?)
ㄹ. ① 그리 급한 거는 아이지예?(그렇게 급한 것은 아니지요?)
② 밥도 영 못잡숫는 가베요?(밥도 전혀 못 드시는가 보네요?)

③ 점섬 드시슴미꺼?(점심 드셨습니까?)

이 외에 예시 (26)과 같이 의문의 형식을 띠는 경우가 있으나 실제적 의미는 서술을 나타내고 있다. (26)ㄱ은 '마음대로 되지 않는다'고 하는 의미를 강조하여 긍정물음 형식으로 표현한 경우이며, (26)ㄴ, ㄷ은 '몸이 아파서 하지 못한다', '아직 가지 않았다'라는 의미를 강조하기 위하여 부정물음 형식으로 표현한 경우이다.

(26) ㄱ. 맘대로 되는것가.(마음대로 되는 것이냐.)
ㄴ. ① 암만 땁땁아도 몸이 아파가 몬 한다 아이가.
(아무리 답답해도 몸이 아파서 못한다.)
② 안주 안갔다 아이가.(아직 가지 않았다.)

3) 시킴법: 이라～라이～재이/ 세～게～지/ 소/ 소(예)

표준어에 실현되는 아주낮춤 '너라, 거라'는 전혀 나타나지 않고 대신 예시 (27)ㄱ과 같이 '이라, 라이, 재이'로 실현된다. 그밖에 예사 낮춤은 (27)ㄴ과 같이 '세, 게'로, 예사 높임은 (27)ㄷ과 같이 '소'로 실현되고, 아주 높임은 (27)ㄹ과 같이 예사 높임 '소'에 '예'를 덧붙여 나타내고 있다.

(27) ㄱ. ① 이리 가아 오이라 얼른.(여기로 가져 오너라, 어서.)
② 한잔 묵고 자뿌라이.(한잔 먹고 자거라.)
③ 살피 가재이.(조심해서 가거라.)
ㄴ. ① 그래, 모두 잘 가세.(그래, 모두 잘 가거라.)
② 이리 오게.(이리 오너라.)
③ 자네 요게 좀 앉지.(자네 여기 좀 앉게.)
ㄷ. ① 아재는 가소.(아저씨는 가십시오.)
② 그리 뻣대 보소.(그렇게 버텨 보십시오.)
ㄹ. 그래 사투리 써 가 하이소(예).(그렇게 사투리로 말씀 하십시오.)

4) 꾀임법: 자/ 재이/ 세/ 입시더

함께함을 권유할 경우 아주 낮춤은 예시 (28)ㄱ①과 같이 '자'가 쓰일 때도 있지만 (28)ㄱ②와 같이 '재이'로 실현되기도 한다. 예사 높임은 (28)ㄴ과 같이 '세'로 실현되는데, 예사 높임과 아주 높임은 따로 구분되지 않고 (28)ㄷ과 같이 '입시더'로 두루 쓰고 있다.

(28) ㄱ. ① 바로 고마 가<u>자</u>.(바로 그만 가자.)
② 내하고 같이 가<u>재이</u>.(나하고 같이 가자.)
ㄴ. 고마 지금 내하고 같이 가<u>세</u>.(그냥 지금 나와 같이 가세.)
ㄷ. 잠은 우리집에서 자<u>입시더</u>.(잠은 우리 집에서 잡시다.)

5) 감탄법: 갑다~갑네

표준어에서는 '구나, 구려, 보다, 도다' 등 다양하게 실현되고 있으나 이 지역어에서는 '갑다~갑네'로만 실현된다.

(29) 벌씨로 자는<u>갑다</u>.(벌써 자는 가보다.)

2 이음법

(1) 대등적 이음법

1) 벌임법: (어)서~아(서)/ ㅁ서~먼서/ 고~제/ 거이

한때벌임을 나타낼 경우 '(어)서, 아(서)' 외에 표준어의 '으면서, 으면'이 예시 (30)ㄴ과 같이 'ㅁ서, 먼서'로 실현되고, 얼안벌임을 나타낼 경우 '며'는 (30)ㄷ과 같이 '고'에 통합되어 나타나거나 '제'로 실현된다. 그리고 얼안벌임 '거니'의 경우 홀소리 /ㅣ/ 앞에서 /ㄴ/이 입천장소리를 겪어 약화 탈락되고 (30)ㄹ과 같이 '거이'로 실현된다.

(30) ㄱ. ① 농사 지이서 농협 빚낸거 갚는다.
(농사를 지어서 농협 빚을 갚는다.)
② 닭 잡아 가아 대접 안 하더나.(닭을 잡아서 대접을 한다.)
ㄴ. ① 여그 옴서 배 안고푸더나?
(여기 오면서 배가 고프지 않더냐?)
② 그 영감 밥 무우먼서 노래 안하더나?
(그 노인 밥 먹으면서 노래를 부르지 않더냐?)
ㄷ. ① 딸이 다앗이고, 아들이 둘이고.(딸이 다섯이고, 아들이 둘이고)
② 허리 아푸제, 다리 아푸제, 폴 아푸제 세 군데가 아푸다.
(허리, 다리, 팔 세 군데가 아프다.)
ㄹ. 저거 둘이서 주거이 받거이 한참해쌓데.
(자기들끼리 주거니 받거니 한동안 하더라.)

2) 가림법: 든가~든지

표준어의 '거나'는 '든지'에 통합되어 실현되는데 이 경우 '든가'로도 실현된다.

(31) ㄱ. 니야 가든가 말든가 내사 모리것다.(네가 자거나 말거나 나는 모르겠다.)
ㄴ. 그렁께 요새는 수박을 하든지 멀 해야 데는기라.
(그러니까 요즘은 수박 농사를 짓든지 무엇을 해야 한다.)

3) 되풀이법: 니

표준어의 '거니'가 '니'로만 실현된다.

(32) 갈라모 가든가, 와 자꾸 가니 마니 해쌓노?
(가려면 가든지, 왜 자꾸 가거니 말거니 하느냐?)

그밖에 표준어의 힘줌을 나타내는 '디, 으나', 견줌을 나타내는 '거든'은 실현되지 않는다.

(2) 종속적 이음법

1) 제약법: (으)모/ 께(네)/ 건데/ 어야(지)~우야(지)

표준어의 '으면'은 예시 (33)ㄱ과 같이 '(으)모'로 실현되고, 표준어 '니까'는 (33)ㄴ과 같이 '께, 께네'가 실현되고, 표준어 '으니까'는 (33)ㄷ과 같이 '건데'로 실현되고 그밖에 '어야(지)'가 실현되기도 하는데 선행어가 홀소리 'ㅜ'로 끝날 경우 이를 닮아 (33)ㄹ과 같이 '우야'로 실현되기도 한다.

(33) ㄱ. 이장 만나모 말하지머.(이장님을 만나면 말하겠다.)
ㄴ. ① 나가 만응께 잘 이자삐리.(나이가 많으니까 잘 잊어버린다.)
② 늙어서 쪼그라징께네 그런기제.(늙어서 쪼그라지니까 그렇지.)
ㄷ. 그래도 맞건데 자석을 칠남매 놓고 살지.
(그래도 서로 맞으니까 자식을 칠남매 낳고 살지.)
ㄹ. ① 댕길 학생들이 있어야 핵교를 나아두지.
(다닐 학생들이 있어야 학교를 그대로 두지.)
② 물로 무우야 심을 쓰지.(물을 먹어야 힘을 쓴다)

2) 불구법: 더라도~은들/ 값에/ 지만(은)/ 자

표준어에서 실현되는 다양한 불구법 씨끝이 실현되지 않거나 단순화되어 실현되는 경우가 많다. 즉 표준어에서 가상을 나타내는 '을지라도'는 예시 (34)ㄱ과 같이 '더라도'로 통합되어 나타나며, 양보를 나타내는 '을망정, 을지언정'은 (34)ㄴ과 같이 '값에'로 통합되어 나타나며, 사실을 나타내는 '지마은, 건만은, 거니와' 등은 (34)ㄷ과 같이 '지만, 지마는'으로 나타나며, 추정을 나타내는 '으려니와, 으련마는' 등은 나타나지 않으며 (34)ㄹ과 같이 '자'만 실현된다.

(34) ㄱ. ① 쌀값이 내리더라도 농사는 지이야지.
(쌀값이 내리더라도 농사는 지어야 된다)

② 내가 간들 소양이 인나.(내가 간들 소용이 있느냐.)

ㄴ. 맞아죽을값에 묵고나 보자.(맞아 죽을지언정 먹고나 보자.)

ㄷ. ① 농사 지일 땅이 있지만 너무 밑에 품 파는기 더 낫는기라.

(농사를 지을 땅이 있지만 남의 밑에서 일하는 것이 더 낫다.)

② 저거 나가 살지마는 내가 죽어바라.

(자기들이(자녀들이) 나가서 살지만은 내가 죽어봐라.)

ㄹ. 니가 해밨자지 머.(네가 해본들 별 수 없다.)

3) 풀이법: 는데/ (으)니

표준어에서 실현되는 '는바, 되, 나니, 노니' 등은 실현되지 않고 예시 (35)ㄱ, ㄴ과 같이 '는데'와 '으니'만 실현되는데, '으니'의 경우 'ㄴ'이 홀소리 'ㅣ' 앞에서 입천장소리 되기에 의해 약화, 탈락되어 나타난다. 그러나 완전히 탈락되는 것이 아니라 콧소리 자질을 앞, 뒤 홀소리에 남기게 된다.

(35) ㄱ. 한창 만나서 아바구 하는데.(한참 만나서 이야기 하는데.)

ㄴ. ① 이 양바이 하루는 밭에 갔다 오더˜이.

(이 사람이 하루는 밭에 갔다 오더니.)

② 내가 오래 살다보˜이 자석들한테 욕을 안미이나.

(내가 오래 살다 보니 자식들에게 고생을 시킨다.)

4) 의도법: 라고~라모/ 로/ 을라

표준어의 '려고'가 홀소리 바뀜에 의해 예시 (36)ㄱ과 같이 '라고' 또는 '라모'로 실현된다. 그리고 '으러'가 홀소리 바뀜에 의해 (36)ㄴ과 같이 '로'로 실현되고, 그밖에 (36)ㄷ과 같이 '을라'가 실현되기도 한다.

(36) ㄱ. ① 자석들 공부시킬라고 쌔가 빠진다.

(자식들 공부시키려고 힘이 많이 든다.)

② 자석들 고상 덜시킬라모 내가 하루라도 성하기 살아야델낀데.
(자식에게 고생을 시키지 않으려면 내가 하루라도 건강하게 살아야 할 것인데.)

ㄴ. 논에 풀베로 간다 아이가.(논에 풀베러 간다)

ㄷ. 이로 해여얼라 캐도 도이 이써야제.
(이를 새로 해 넣으려고 해도 돈이 없다.)

5) 전환법: 다(가)

행동의 전환을 나타낼 경우 표준어에 쓰이는 '다가'가 '다'로만 실현된다.

(37) 밥 묵다 말고 띠 나갔는데.(밥을 먹다 말고 뛰어 나갔는데.)

6) 동시법: 자

두 사건이 동시적임을 나타낼 경우 표준어와 같이 '자'가 실현된다.

(38) 제대하자마자 장개로 보냈다.
(제대를 하자마자 나서 바로 장가를 보냈다.)

7) 더해감법: 을수록

(39) 농촌이 인자 갈수록 빚만 너는기라.
(농촌이 이제는 갈수록 빚만 늘어난다.)

(3) 보조적 이음법: 아/ 지/ 고/ ø

두 개의 풀이씨를 이어주는 보조적 연결씨끝으로 '아, 지, 고, ø'가 실현된다. 예시 (40) ㄹ과 같이 생략되는 경우는 주로 뿌리가 홀소리 'ㅣ'로 끝나고 여기에 보조적 연결씨끝 '어'가 결합될 때이다. 이 경우 표준어에서는 '치+어→쳐'와 같이 반홀소리 되기가 실현되는데 이 지역어에서는 연결씨끝이 탈락된다.

(40) ㄱ. 고래 막아 나아라.(그렇게 막아 두어라.)
ㄴ. 가지 말고 지다리라 쿤께네.(가지 말고 기다리고 하니까.)
ㄷ. 인자 방금 밥 묵고 나갔다.(지금 금방 밥을 먹고 나갔다.)
ㄹ. 나는 아까 말뚝 치ø놓고.(나는 아까 말뚝 쳐 놓고.)

그밖에 표준어의 경우 '-도록, -게, -듯이'가 있으나 이 지역어에서는 실현되지 않는다.

③ 두자격법

(1) 이름법: 기

표준어에서 실현되는 '음'은 전혀 나타나지 않고 '기'만 실현되는데 구어체의 특성상 비롯된 현상이다.

(41) ㄱ. 나는 차말로 아무말 하기가 싫다.(나는 정말 아무 말도 하기가 싫다.)
ㄴ. 농사짓기도 바뿐데 무신 낚시고.(농사를 짓기도 바쁜데 무슨 낚시냐.)

(2) 매김법: 는~ㄴ/ ㄹ

관형형의 경우 '는~ㄴ, ㄹ'로서 나타내어 표준어와 차이가 없다.

(42) ㄱ. ① 간다 쿠모 친정가는 거지.(어디를 간다하면 친정을 가는 것이다.)
② 어지까지 아푸던 사람이 우째덴기고?
(어제까지 아프던 사람이 어떻게 된 거냐?)
ㄴ. ① 배도 고풀낀데.(배도 고플 것인데.)
② 운제 숭굴끼고?(언제 심을 거냐?)

10.3. 마무리

이상의 함안군 군북 지역에서 실현되는 준굴곡과 굴곡 현상을 다음과 같이 요약해 볼 수 있다. 준굴곡 경우 자리토씨, 이음토씨, 도움토씨로 나누어 살펴본 결과 다음과 같이 실현된다.

- 자리토씨
  - 임자자리: 이~가/ 이가/ ø/ (에)서
  - 매김자리: 에/ 우/ ø
  - 부림자리: 을~를/ 로/ ㄹ
  - 어찌자리:
    - 처소(장소, 시간, 상대, 방향)- (에)서~ø/ 아/ 한테~보고
    - 방편(도구, 자격, 원인)- 으로/ 에/ ø
    - 비교- 보다~카마/ 마이~만치/ 매이로~맨치로/ 하고
    - 함께함(공동, 동반)- 하고/ 캉
    - 따옴 - (라)고
  - 부름자리: 아~야/ 요
  - 기움자리: ø/ ㅣ
  - 풀이자리: (이)다
- 이음토씨 - 하고/ 이든/ 에다가
- 도움토씨
  - 주제 및 대조: 은~는
  - 역시: 도
  - 단독, 유일: 만~마/ 뿐
  - 한계: 빼끼
  - 균일: 썩/ 마다
  - 시작: 부터
  - 미침: 까지~꺼지~꺼정/ 찌
  - 강조: 야/ 사
  - 가리지 않음: (이)라도/ 나따나

굴곡의 경우 안맺음씨끝과 맺음씨끝으로 나누어 전자의 경우 높임법과 때매김법을 살펴보았으며, 후자의 경우 한자격법과 두자격법으로 나누어 살펴보았다. 한자격법은 다시 마침, 이음, 보조적 씨끝으로

나누어 살펴보았으며, 두자격법은 이름법과 매김법으로 나누어 살펴보았다.

- 안맺음씨
  - 끝높임법(주체높임): 시
  - 때매김법:
    - 현재: 은~는/ ㄴ
    - 과거: 았~었/ 윴
    - 회상: 더
    - 미래: 것/ 랑
- 맺음씨끝
  - 한자격법
    - 마침법
      - 서술법: 다~라~지/ 네/ 소/ 습니더(예)
      - 물음법: 나~노~제~꼬~래/가~고/교~베~요/예~베요~습니꺼
      - 시킴법: 이라~라이~재이/ 세~게~지/ 소/ 소(예)
      - 꾀임법: 자/ 재이/ 세/ 입시더
      - 감탄법: 갑다~갑네
    - 이음법
      - 대등적
        - 벌임법: (어)서~아(서)/ ㅁ서~먼서/ 고~제/ 거이
        - 가림법: 든가~든지
        - 되풀이법: 니
      - 종속적
        - 제약법: (으)모/ 께(네)/ 건데/ 어야(지)~우야(지)
        - 불구법: 더라도~은들/ 값에/ 지만(은)/ 자
        - 풀이법: 는데/ (으)니
        - 의도법: 라고~라모/ 로/ 을라
        - 전환법: 다(가)
        - 동시법: 자
        - 더해감법: 을수록
      - 보조적: 아/ 지/ 고/ ø
  - 두자격법
    - 이름법: 기
    - 매김법: 는~ㄴ/ ㄹ

참고문헌

강옥미(2003), 『한국어 음운론』, 태학사.

강창석(1984), 「국어의 음절 구조와 음운 현상」, 『국어학 13』, 국어학회.

강흥구(2005), 「강릉 방언 1음절 어간 풀이씨의 성조」, 『한글 270호』, 한글학회.

고광모(1991), 「국어의 보상적 장음화 연구」, 서울대학교 박사학위 논문.

고도흥, 구희산 외 역(1995), 『음성 언어의 이해』, 한신문화사.

고병암(1993), 『음운론의 기초 이론』, 한신문화사.

고영근(1985), 『국어학 연구사-흐름과 동향』, 학연사.

과학원 언어문화연구소(1961), 『조선어 문법 -어음론, 형태론』, 학우서방.

구현옥(1995a), 「함안 지역어의 움라우트 현상」, 『동남어문논집 5집』, 동아대학교 국어국문학과.

구현옥(1995b), 「방언의 입천장소리 되기-함안 지역어를 중심으로」, 『부산한글 제14집』, 한글학회 부산지회.

구현옥(1995c), 「음소 첨가 현상에 대한 복선음운론적 접근- 함안 지역어를 중심으로」, 『언어와 언어교육 제10집』, 동아대학교 어학연구소.

구현옥(1995d), 「/ㄹ/탈락과 유지에 대한 복선음운론적 접근-함안 지역어를 중심으로」, 『국어국문학 제 14집』, 동아대학교 국어국문학과.

구현옥(1998), 『함안 지역어의 음운 변동 현상』, 한국문화사.

구현옥(2000), 「국어 변동 규칙 설정에 있어서의 몇 가지 제안」, 『한글 247호』, 한글학회.

구현옥(2003a), 「국어 성조 기술 방법 비교 연구」, 『한글 260호』, 한글학회.

구현옥(2003b), 「합성이름씨의 성조 변동 현상 연구」, 『배달말 33호』, 배달말학회.

구현옥(2003c), 「문법소의 기저 성조 설정에 관한 연구」, 『언어와 언어교육18집』, 동아대학교 국제교육원.
구현옥(2004a), 「입음, 하임움직씨의 성조 변동 연구」, 『배달말 35호』, 배달말학회.
구현옥(2004b), 「풀이씨의 성조 연구」, 『한글 265호』, 한글학회.
구현옥(2010) ,『개정판 국어 음운학의 이해』, 한국문화사.
국립국어연구원(1999), 『표준 국어 대사전』, 두산동아.
국어연구회 편(1990) ,『국어 연구 어디까지 왔나』, 동아출판사.
기세관(1989), 「국어의 음운 탈락 및 음운 첨가에 대한 연구」, 『어학연구 2집』, 순천대학교 어학연구소.
김경란(1993), 「우리말 음절화와 관련된 음운 규칙의 적용 방법」, 『음성 · 음운 · 형태론연구 1』, 한국문화사.
김경란(1997), 『음운론-SPE 이후의 이론들』, 한신문화사.
김경아(2000), 「국어의 음운 표시와 음운 과정」, 『국어학총서 38』, 국어학회.
김기호(1990), 「계층적 자질수형도에서의 비표기와 잠재표기」, 『언어 제15권 통합호』, 한국언어학회.
김동찬(1987), 『조선어 리론 문법 -단어조성론-』, 고등교육 도서출판.
김무림(1992), 『국어 음운론』, 한신문화사.
김무림(2004), 『국어의 역사』, 한국문화사.
김무식(1993), 「훈민정음의 음운 체계 연구」, 경북대 박사학위 논문.
김무식(1999a), 「경상도 방언 초분절 음소의 실험음성학적 연구」, 『어문학 66』, 한국어문학회.
김무식(1999a), 「경북 방언 용언의 성조형」, 『문학과 언어 21』, 문학과 언어학회.
김미형(2005), 『생활음운론』, 한국문화사.
김봉국(1999), 「삼척 지역어의 성조 연구」, 『국어연구 150』.
김석득(1978), 「구개음화의 기저 모음 및 어휘소」, 『눈뫼 허웅 박사 환갑기념 논문집』.
김선희(1993), 「비운율 단위로서의 음절」, 『음성 · 음운 · 형태론 연구』, 한국문화사.

김선희(1993), 「음운론에서 규칙과 과정」, 『언어 18권 2호』, 한국언어학회.
김성규(1988), 「비자동적 교체의 공시적 기술」, 『관악어문연구 13』, 서울대학교.
김성환(1987), 「경북 방언의 성조에 관한 연구」, 계명대학교 박사학위 논문.
김세중(2002), 「국어의 로마자 표기법」, 『바른 국어생활』, 국립국어연구원.
김세진(2004a), 「사천 방언과 남해 방언의 성조 체계 비교 연구」, 『한글 266호』, 한글학회.
김세진(2004a), 「우리말 방언 성조 체계 설정 방법」, 『어문연구 44』, 어문연구학회.
김세진(2006a), 「경남 서남부 방언의 성조 연구」, 충남대학교 박사학위 논문.
김세진(2006b), 「창원 방언과 남해 방언의 성조 체계 비교」, 『한글 274호』, 한글학회.
김수곤(1977), 「/ㄴ/의 구개음화 규칙」, 『어학연구 12권 2호』, 서울대학교 어학연구소.
김수곤(1977), 「ㅂ-변격 동사류의 음운론적 의의」, 『언어 2-2』, 한국언어학회.
김수곤(1978), 「현대 국어의 움라우트 현상」, 『국어학 6』, 국어학회.
김승곤(1983), 『음성학』, 정음사.
김영만(1986), 「국어 초분절음소의 사적 연구」, 고려대학교 박사학위 논문.
김영석 · 이상억(1992), 『현대 형태론』, 학연사.
김영송(1997), 「발성부의 목청 고룸」, 세종 탄신 600돌 기념 제6회 국제 한국어 학술 대회, 한글학회.
김영송(1973), 「김해 방언의 음운」, 『김해 지역 종합학술조사 보고서』, 부산대학교 한일문화 연구소.
김영태(1974), 『경상남도 방언 연구』, 진명문화사.
김영태(1981), 「/ㆍ/와 경남 방언」, 『송천 김용태 선생 회갑 기념 논문집』.
김영태(1992), 「경남 방언 연구의 흐름과 방향」, 『남북한 방언 연구』, 경문출판.
김완진(1972), 「형태론적 현안의 음운론적 극복을 위하여: 이른바 장모음의 경우」, 『동아문화 11』, 서울대학교.
김완진(1979), 「방언 연구의 의의」, 『방언 1』, 한국정신문화원.
김재민(1977), 「자음 지속 시간과 조음 운동」, 『언어 2.2』, 한국언어학회.
김정태(1996), 『국어 과도음 연구』, 박이정.
김종훈(1990), 『음절음운론』, 한신문화사.
김주원(1991), 「경상도 방언의 성조 기술 방법」, 『어학 연구 27권 4호』, 서울대학교 어학연구소.
김주원(1992), 「모음 체계와 모음조화」, 『국어학 22』, 국어학회.
김주원(2000), 「영남 방언 성조의 특성과 그 발달」, 『어문학 69집』, 한국어문학회.
김주원(1991), 「경상도 방언의 성조 기술 방법」, 『어학연구 27권 3호』, 서울대학교 어학연구소..
김주원(1994), 「성조 연구의 성과와 전망」, 『인문과학 10』, 경북대학교 인문과학연구소.
김주원(2000), 「영남 방언 성조의 특성과 그 발달」, 『어문학 69』, 한국어문학회.
김진우(1971), 「국어 음운론에 있어서의 공모성」, 『어문연구 7』, 어문연구회.
김진우(1971), 「소위 변격 용언의 비변격성에 관하여」,『한국언어문학 8·9』, 한국언어문학회.
김진우(1972), 「국어 음운론에 있어서의 모음 음장의 기능」, 『어문연구 9』, 어문연구회.
김진우(2004), 『개정판 언어-이론과 그 응용』, 탑출판사.
김차균(1971), 「변칙 용언의 연구」, 『한글 149호』, 한글학회.
김차균(1980), 『경상도 방언의 성조 체계』, 과학사.
김차균(1983), 『음운론의 원리』, 창학사.
김차균(1987), 「국어의 음절 구조와 음절핵 안에 일어나는 음운론적 과정」, 『말 제 12집』, 연세대학교 한국어학당.
김차균(1990), 『우리말의 음운』, 태학사.

김차균(1993a), 「방점법」, 『언어학 제15』, 한국언어학회.

김차균(1993b), 「창원 방언과 대구 방언 성조의 비교 분석」, 『어문연구 제20권 2호(통권 42호)』, 충남대학교 인문과학연구소.

김차균(1993c), 「국어 음운론에서의 강도의 기능」, 『우리말의 음운』, 태학사.

김차균(1997), 『육진 방언과 창원 방언 성조의 비교』, 『한글 235호』, 한글학회.

김차균(1998a), 『음운학 강의』, 태학사.

김차균(1998b), 「우리말 성조 연구의 성과와 미래의 방향」, 『음운학 강의』, 태학사.

김차균(2000a), 국어의 로마자 표기법 개정 공개 토론회, 주최: 문화관광부, 국립국어연구원.

김차균 · 고광모 · 김주원 · 정원수(2000b), 「영남 방언과 호남 방언의 운율 비교: 대화체 월의 운율을 중심으로」, 『언어학 27호』, 한국언어학회.

김차균 · 고 광모 · 김 주원 · 정 원수(2000c), 「영남 방언과 호남 방언의 운율 비교: 음운론적 구의 성조형을 중심으로」, 『언어학 27호』, 한국언어학회.

김차균(2001), 「우리말 성조 이론과 그 전망」, 『경남 방언 연구』, 경상대학교 경남문화연구소, 한국문화사.

김차균(2002), 『국어 방언 성조론』, 역락.

김차균(2003), 『영남 방언 성조 비교』, 역락.

김차균(2006), 『중부 동해안 방언 성조의 비교』, 도서출판 글누림.

김차균 · 이 지향 · 권 오욱 · 성 철재(2008), 「경남 동남부 방언의 성조 체계」, 『언어학 50호』, 한국언어학회.

김차균 · 강흥구(2009), 「광양시 진상 방언의 성조형과 음조형」, 『한글 285호』, 한글학회.

김차균(2011), 「진주 방언에서 된소리로 시작되는 상성형 낱말의 거성형화」, 『한글 294호』, 한글학회.

김형주(1995), 『국어학사(증보판)』, 형설출판사.

김혜영(1996), 「국어 유음의 통시적 연구」, 경남대학교 박사학위 논문.
남경완 · 오재혁(2009), 「'ㄺ', 'ㄼ'의 발음 실현 양상과 원인 분석」, 『한국어학 42』, 한국어학회.
남광우(1954), 「장 · 단음고 상」, 『국어국문학 12』, 국어국문학회.
남광우(1955), 「장 · 단음고 하」, 『국어국문학 13』, 국어국문학회.
남기심 · 고영근(1993), 『표준 국어 문법론』, 탑출판사.
도수희(1981), 「충남 방언의 움라우트 현상」, 『방언 5』, 한국정신문화연구원.
문양수(1991), 「음운론에서의 음절」, 『언어학 9 · 10호』, 한국언어학회.
문효근(1974), 「한국어 성조의 분석적 연구」, 『연세논총 10집』, 연세대학교.
박경래(1999), 「움라우트」, 『새국어생활 9권 3호』, 국립국어연구원.
박명순(1988), 「거창 지역어의 보상적 장모음화」, 『반교어문 1』, 서울대학교.
박명순(1996), 『중세 국어 자음 연구』, 한국문화사.
박숙희(2005), 「경북 동해안 방언의 성조 연구」, 충남대학교 박사학위 논문.
박지홍(1987), 『풀이한 훈민정음』, 과학사.
배주채(1996), 『국어 음운론 개설』, 신구문화사.
배주채(1998), 『고흥 방언 음운론』, 국어학총서 32, 국어학회.
배주채(2004), 『한국어의 발음』, 삼경문화사.
송철의(1991), 「국어 음운론에 있어서의 체언과 용언」, 『국어학의 새로운 인식과 전개』, 민음사.
신기상(1993), 「동부 경남 방언 피동사, 사동사의 고저 장단」, 『국어학 23호』, 국어학회.
신기상(1999), 『동부 경남 방언 고정 장단 연구』, 월인.
신지영(2000), 『말소리의 이해』, 한국문화사.
신지영 · 차재은(2003), 『우리말 소리의 체계』, 한국문화사.
안상철(1988), 「어휘음운론 서설」, 『어학연구 8』, 서울대학교 어학연구소.
오정란(1993), 「구개음화의 음운론적 위상」, 『국어국문학 103』, 국어국문학회.
오정란(1993), 「음운 현상에서의 지배관계」, 『음성 · 음운 · 형태론 연구, 음운론 연구』, 한국문화사.

오정란(1995), 「비음화와 비음동화」, 『국어학 25호』, 국어학회.
오정란(1997), 『개정판 현대 국어 음운론』, 형설출판사.
오정란(1993a), 「구개음화의 음운론적 위상」, 『국어국문학 103』, 국어국문학회.
오정란(1993b), 『현대 국어 음운론』, 형설출판사.
오종갑(1988), 『국어 음운의 통시적 연구』, 계명대학교 출판부.
유창균(1993), 『훈민정음 주해』, 형설출판사.
이근영(2005), 「/ㄴ/의 /ㄹ/되기 발음 실태 연구」, 『한말연구 제16호』, 한말연구학회.
이기문(1977), 『국어 음운사 연구』, 탑출판사.
이기문(1998), 『신정판 국어사 개설』, 태학사.
이기문 · 김진우 · 이상억 공저 (2000), 『증보판 국어 음운론』, 학연사.
이기석(1993), 『음절 구조와 음운 원리』, 한신문화사.
이동화(1990), 「경북 방언 성조의 자립분절음운론적 연구」, 영남대학교 박사학위 논문.
이문규(1997a), 「대구 방언의 성조 중화 현상」, 『문학과 언어 제18집』, 문학과 언어연구회.
이문규(1997b), 「안+용언의 성조 현상」, 『한글 238호』, 한글학회.
이문규(1998), 「성조소 기술 방법론의 비교 연구」, 『언어과학 연구 15집』, 언어과학회.
이문규(2001), 「경북 방언 의문문의 성조 연구」, 『한글 252호』, 한글학회.
이문규(2002), 「대구 방언과 안동 방언의 성조 비교 연구」, 『어문학 77』, 한국어문학회.
이문규(2004), 『현대 국어 음운론』, 한국문화사.
이병건(1976), 『현대 한국어의 생성음운론』, 일지사.
이병근(1986), 「자음 동화의 제약과 방향」, 『이숭녕 선생 고희 기념 논총』, 탑출판사.
이병선(1967), 「비모음화 현상 고-경상도 방언을 중심으로」, 『국어국문학 37 · 38』, 국어국문학회.

이병운(1993), 「중세 국어의 음절 구조와 음운 현상 연구」, 부산대학교 박사 학위 논문.

이상억(1979), 「성조와 음장」, 『어학연구 12권 5호』, 서울대학교 어학연구소.

이은정(1989),「긴소리 표기에 대하여」, 『국어생활 18』, 국어연구소.

이익섭(1972), 「강릉 방언의 형태음소론적 연구」, 『진단학보 34』, 진단학회.

이정민 · 배영남(1982), 『언어학 사전』, 한신문화사.

이진호(1998), 「국어 유음화에 대한 종합적 고찰」, 『국어학 31호』, 국어학회.

이진호(2005), 「국어 음운론 강의』, 삼경문화사.

이현복(1998), 『개정판 한국어의 표준 발음』, 교육과학사

이호영(1996), 『국어 음성학』, 태학사

이호영(1993), 「서울말과 경상도 방언의 운율 유형론」, 언어학 15호. 한국언어학회.

임석규(2003), 「동남 방언의 성조소에 대한 재검토」, 국어국문학 135. 국어국문학회.

전상범 외(1997), 『최적성이론』, 한신문화사.

전상범(1976), 「음운론에 있어서의 경계 문제」, 『어학연구 12권 2호』, 서울대학교 어학연구소.

전상범(1977), 『생성음운론』, 탑출판사.

전상범(1995), 『형태론』, 한신문화사.

정국(1994), 『생성음운론의 이해』, 한신문화사.

정연찬(1974), 「경상도 방언의 성조 연구」, 『국어학 총서 5』 재수록, 국어학회.

정연찬(1997), 『개정 한국어 음운론』, 한국문화사.

정원수(1993), 「경북 방언의 단어형성에 나타나는 성조 변동 연구」, 『어문연구 24집』, 어문연구회.

정원수(1994), 「경북 방언의 복합동사 형성에 나타나는 성조 변동 연구」, 『한글 224호』, 한글학회.

정원수(1995), 「경북 방언 용언의 성조」, 『어문연구 27집』, 어문연구회.

정원수(1995), 「경북 방언 파생명사의 성조에 대한 국어사적 고찰」, 『어문연구 26집』, 어문연구회.

정원수(1996), 「경북 방언 사동사의 성조 연구」, 『언어 17』, 충남대학교 어학연구소.
정원수(1997), 「경북 방언 피동사의 성조 연구」, 『어문연구 29집』, 어문연구회.
정원수(2000), 「경북 예천 방언의 문장 성조 분석」, 『우리말글 20』, 우리말글학회.
조성식 외(1990), 『영어학 사전』, 신아사.
지민제(1993), 「방송 언어의 억양에 관한 실험음성학적 연구」, 『말소리 25–25』, 대한음성학회.
차재은(1999), 『중세 국어 성조론』, 월인.
최명옥(1974), 「경남 삼천포 방언의 음운론적 연구」, 『국어연구 32』.
최명옥(1989), 「국어 움라우트의 연구사적 고찰」, 『주시경 학보 3』, 탑출판사.
최명옥(1998), 『국어 음운론과 자료』, 태학사.
최명옥(1998), 「현대 국어의 성조소 체계」, 『국어학 31』, 국어학회.
최명옥(2008), 『국어 음운론』, 태학사
최태영(1991), 「금오도 지역어의 움라우트 현상」, 『김영배 교수 화갑 기념 논총』, 경운출판사.
최학근(1978), 『한국 방언 사전』, 명문당.
최현배(1971), 『우리 말본』, 샘문화사.
하치근(2002), 『현대 우리 말본』, 박이정.
하치근(1996), 「국어 통사적 접사의 수용 범위 설정에 관한 연구」, 『한글 제231호』, 한글학회.
한말연구학회(1997), 『우리말 음운 연구』, 박이정.
한재영(1985), 「중세 국어 성조에 관한 일고찰-특히 피동사와 사동사의 파생을 중심으로-」, 『국어학 14』, 국어학회.
한재영(1985), 「중세 국어 성조에 관한 일고찰—특히 피동사와 사동사의 파생을 중심으로」, 『국어학 14』, 국어학회.
허웅(1954), 「경상도 방언의 성조」, 『최현배 선생 환갑 기념 논문집』, 정음출판사.

허웅(1955), 「방점 연구—경상도 방언 성조와의 비교」, 『동방학지 제2집』 (중세 국어 연구, 1963, 정음사. 재수록), 연세대학교.

허웅(1984), 『국어학』, 샘문화사.

허웅(1985), 『국어 음운학』, 샘문화사.

허웅(1985), 「변동 규칙과 음운 규칙의 역사성」, 『말 10』, 연세대학교.

Andrew Spencer(1991), *Morphological Theory* (전상범 외 공역, 형태론, 한신문화사, 1994).

Chin-W. Kim(1973), Gravity in Korean Phonology, 『어학연구 9.2』, 서울대학교 어학연구소.

Chomsky, N. & Morris Halle(1968), *The sound pattern of English* (전상범 역, 영어의 음성체계, 한신문화사, 1993).

Chomsky, N.(1957), *Syntatic Structure*, The Hague: Moiton.

Clement, G.N. and S.J Keyser(1983), *CV Phonology: A Generative Theory of the Sallable*, Linguistic Inquiry, Cambridge Massachusetts: MIT press.

Clement, G.N.(1985), The Geometry of Phonological Features, *Phonology year book* 2.

Clement, G.N.(1989), A unified set of Features for Consonants and Vowels, ms., Cornell Uni.

Douglas Pulleyblank(1995), Feature geometry and underspecification, *Frontiers of Phonology*, Longman Linguistics Library.

Durand Jacques(1990), *Generative and Non-linear Phonology*, Lomgman Linguistics Library(문양수 역, 생성-비단선음운론, 한신문화사, 1994).

Goldsmith. John A.(1976), *Autosegmental Phonology*, (이윤동 역, 자율분절음운론, 한신문화사, 1995).

Goldsmith. John A.(1990), *Autosegmental and Metrical Phonology*, Basil Blackwell.

Harris, J.W.(1983), *Syllable Structure and stress in Spanish*, Cambridge,

Mass: MIT Press.

Hooper Joan B.(1972), *The Syllable in Phonological Theory*, Language 28.

Hooper Joan B.(1976), *An Introduction to Natural Generative Phonology*, New York : Academic press.

Jakobson, R. & M. Halle(1956, 1971), *Fundamentals of Language*, Janua Linguarum 1, The Hague: Mouton.

Kahn, D.(1976), *Syllable-Based Generalizations in English Phonology*, Bloomington : Indiana University Linguistics Club.

Kenstowicz, Michael(1994), *Phonology in Generative Grammar,* Cambridge: Blackwell(안상철 외 역, 생성문법의 음운론, 한신문화사, 1997).

Kiparsky,P.(1982), *Lexical Morphology and Phonology*, In I.-S. Yang(ed.), Linguistics in the Morning Calm. Seoul : Hanshin.

Larry M. Hyman(1975), *Phonology and Analysis,* Holt, Rinehart and Winston(고병암 역, 음운론의 이론과 분석, 한신문화사, 1990).

Liberman, M. & A. Prince(1977), *On Stress and Linguistic Rhythm*, Linguistic of Inquiry 8.

Liberman, M.(1975), *The Intonational system of English*, MIT.

McCarthy, John(1988), Feature Geometry and Dependency: *A Review Phonetica 45* .

Mohanan, K.P.(1982), *Lexical Phonology*, Austin: IULC.

Noam Chomsky & Morris Halle(1968), *The sound patten of English.* (전상범 역. 영어의 음성 체계. 한신문화사. 1993).

O'Grady, William, Michael Dobrovolsky and Mark Aronoff(1989), Contemporary linguistics: An introduction, St. Martin Press.

Sagey, E.C.(1986), *The Representation of features and Relatioms in Non-linear Phonology*, Ph. D. dissertation, MIT.

Sang-Cheol, Ahn(1985), *The Interplay of Phonology and Morphology in Korean*, Hanshin Publishing Co, Ph.D. dissertation, Univ. of

Illinois.

Sang-Cheol, Ahn(1993), *A Unified Approach to Feature Representation*, 음성 · 음운 · 형태론 연구, 한국문화사.

Sapir, E.(1921), *Language*, An Introduction to the study of speech, New York: Harcourt, Brace & World, Inc.

Scalise, S.(1984), *Generative Morphology* (전상범 역, 생성형태론, 한신문화사, 1987).

Selkirk, E. O.(1982), The Syllable, H. Hulst and N. Smith (eds.), *The Structure of Phonological Representations*. Part Ⅱ. Dordrecht, Holland: Foris Publications.

Sergio Scalise(1987), *Generative Morphology*. Dordrecht. Foris Publication. (전상범 역, 생성형태론. 한신문화사. 1987).

Stampe, David(1969), The Acquistition of Phonetic Re Presentation, CLS 5.

Stampe, David(1972), *A Dissertation on Natural Phonology*, doctoral dissertation, University of chicago.

Trubetzkoy, N.S.(1939), *Grundzüge der Phonologie*, TCLP 7, Prague (한문희 역, 음운학원론, 민음사, 1991).

Vennemann, Theo.(1974), Phonological Concreteness in Natural Generative Grammar, R.Shuy & C.J. Bailey(eds.), *Toward Tomorrow's Linguistics*, Washington, D.C.: Georgetown Uni. Press.

Vernaud, J.R. & M. Halle(1978), Metrical Structure in Phonology, ms., MIT.

찾아보기

ㄱ

가니 8
가득하다 79
가락 94
가랑이 8
가려내다 10
가렵다 11
가루 8
가루비누 8
가르마 8
가르쳐 주다 10
가리다 10
가리지 않음: (이)라도/ 나따나 442
가림법: 든가~든지 447
가마꾼 14
가마니 8
가물치 8
가볍다 9
가상적 장치 261
가상적 중개자 126
가상적 틀 152, 203
가상적 150
가시덤불 15
가운데 소리 238, 297
가위 9
가져다주다 8
가지고 오다 9
가지의 성조 설정 기준 373
간 9
간결화 180
간략화 321
간지럼 9
간지럽다 9
간추 9
갈이소리 242, 245, 247, 293
갈퀴 15
갈풀 밭 54
감탄문 407, 428
감탄법: 갑다~갑네 446
갓난아이 15
강경계 136, 139, 144, 151, 197
204, 283, 284
강도 관계 조정 246, 250, 263
강도 관계 246, 247, 248, 249, 254
255, 257, 258
강도 조정 254, 255
강도 지배 관계 208, 209
강도 146, 164, 207, 208, 217, 220
221, 223, 224, 228, 229, 230, 234
239, 240, 241, 242, 243, 244, 245
258, 261, 262, 288, 298, 299, 300
304, 315
강도의 세기 304
강도의 지배 관계 212
강도의 크기 112
강세 146, 288
강아지 9

강조: 야/ 사 442
강화 194
개방적 130, 190, 191, 196, 213
개별성 원리 114
개숫물 14
개신형 하임가지 387, 388
개신형 하임움직씨 387, 389, 390
393, 394
개신형 386, 390
개연성 289
개울 12
개음절 지향성 293, 311
개음절 311
거두어들이다 10
거미 10
거성 319, 320, 396
거세다 65
거센소리 292, 314
거시적 265
거제 지역어 107, 108, 112
거지 17
거창 지역어 104, 108, 110
거쳐하다 51
거칠다 65
거품 45
건강하다 31
건너가다 11
건더기 11
걸레 30
걸려들다 26
걸음마 55
걸터앉다 11
검불 더미 51
검불 17
검은 콩 16
겅그레 66
게으르다 16
게으름 피우다 19
게으름 19
겨 32
겨누다 64
겨루다 45
겨우 50, 74
겪다 73
견디다 73
결합 규칙 384
겹꽃 73
겹낱말 371
겹닿소리 228, 230
겹받침 줄이기 228, 231, 243
겹받침 탈락 234
겹받침 232, 233, 236, 237, 240
241, 242, 262
겹옷 73
겹홀소리 체계 120
겹홀소리 회피 142,168, 273, 287
겹홀소리 109, 119, 121, 128, 134
141, 151, 162, 167, 168, 169, 267
272, 273, 279, 286, 287, 360, 365
경계 약화 163, 183, 186, 201, 202
203, 211, 291
경계 제약 148
경계 144, 145, 150, 152, 155, 162
170, 222, 237, 243, 261, 277
283, 286
경계의 구분 291
경계의 긴밀성 209, 212, 213, 224, 304
경계의 조정 235
경기 방언 103
경남 방언 성조 체계 112

경남 방언 연구 124
경남 방언 음운 연구 동향 89
경남 방언 음운 연구 90, 125
경남 방언 108, 110
경남 방언의 /ㄹ/ 탈락 299
경남 방언의 /ㅣ/치닮기 실현 279
경남 방언의 연구 114
경남 방언의 음소 첨가 현상 291
경남 방언의 입천장소리 되기 실현 267
경남 하위 방언권 음운 현상 비교 연구 265
경동형 103
경북 방언 117
경상도 방언 103
경상도 방언의 성조 103
경서형 103
곁눈 팔다 38
곁사돈 73
계열 142
계집질 76
계층 구조 237, 238
계층음절음운론 113, 241, 243, 262
계층음절음운론적 접근 237
계층음절이론 127, 242
계층자질이론 113, 127, 174, 178, 180, 257, 258, 259, 261, 263, 274
계층자질이론적 접근 171, 255
계층적 자질 수형도 172
계층적 237
계통 연구 89
계피나무 74
고, 중, 저 3단계 96
고구마 줄기 12
고기 11
고대어 연구 89
고동 12
고들빼기 62
고래 구멍 12
고루고루 12
고린내 17
고명 19
고무래 26
고삐 51, 70
고사리 17
고설성 274
고성 방언 107, 109, 111
고수레 12
고아서 11
고양이 11
고와서 12
고우면 12
고유 성조 348
고유어 셈씨 162
고음 조성 130, 131, 147, 148, 149, 150, 151, 152, 174, 176, 179, 180, 260, 275, 276, 277, 280, 288, 289, 293, 312, 313
고음 조성 마디 157, 269
고자질하다 71
고저 110
고저설 104
고정 /H/형 풀이씨 357
고정 /H/형 354
고정 /L/형 355
고정 /M/형 풀이씨 359
고정 풀이씨 361, 369
고정된 발음 위치 160
고정성 307
고정화 133, 281

고조 106
고조형 352, 369
고추 12, 34
고추장 18
고춧가루 12
고함 9
고형 192, 193, 197
곡괭이 17
곡식 12
곡용 229
곤욕을 치르다 57
곧 바로 36
곧장 59
곪다 10
곱슬머리 17
공기놀이 77
공깃길 308, 310
공명성 마디 256, 259, 263
공명성 214, 222, 256, 257
공시적 입장 169
공시적 홀소리 체계 109, 110
공시적 127, 266
공시적인 대응 관계 109
과장이 심하다 85
괜히 39
굉장히 인색하다 57
교체 168, 303
교체형 106
구 407
구개음 107
구경 14
구기다 18
구덩이 12
구속 형식 348, 369, 373
구속형태소 229
구어체 자료 403
구워 먹다 18
구정물 18
구조・기술음운론 198, 278, 296
구조・기술주의 92, 126, 142, 144, 145, 150, 152, 169, 170, 179, 198, 215, 235, 237, 253, 254, 258, 266, 267, 318
구조・기술주의와 생성음운론적 접근 168
구조・기술주의적 접근 97
구체성 지향성 150
국거리 13
국어 방언 연구 123
국어 방언학 90, 123
국어 음절 구조 224
국어 자질 수형도 172, 175, 273
국어사 114
국어사적 주제 94
군 단위 지역 108
군소리 13
굴곡 접사 136, 138, 164, 165, 269, 283, 304
굴곡 접사가 첨가될 경우 137
굴곡 334, 433, 442
굴곡가지 371
굴곡어 138, 161, 165
굴러다니다 13
귀뚜라미 14
귀머거리 14
귀얄 83
귀엽다 42, 54
귀지 14
귀하다 31
귓가 14

귓불의 두께 14
규칙성 303, 304
규칙적 338
규칙적인 성조 결합 330, 334, 337
338, 340
규칙화 144, 170, 199, 200, 217, 224
259, 261, 267, 277, 278
균일: 썩/ 마다 440
균형적 260, 266
그릇 13
그리다 14
그립다 14
그슬다 17
그슬리다 13
그을음 17
그저께 62
근대 국어 193, 197, 204
금 66
금줄 11
기능 114
기능적인 관계 322
기다리다 75
기둥 75
기본 성조 체계 111
기본 성조 111
기본 성조소 319, 320, 341, 345
기생충 11
기억 부담량 324
기울다 78
기움자리토씨: ø/ ㅣ 438
기원형 192, 193, 197, 204
기저 구조 125, 279
기저 상태 201
기저 성조 유형 319, 342
기저 성조 321, 322, 323, 324, 327
329, 333, 339, 340, 342, 346
348, 351, 369, 374, 375, 376
384, 394, 426
기저 성조형 329, 341, 343, 369, 373
기저 음절 구조 236, 237, 243
기저 표시 343
기저 295, 296
기저형 108, 170, 180, 255, 267
296, 343
기저형의 교체 170
기준형 290
기지개 14
기침 76
긴밀 155
긴밀성 144, 151, 186, 283, 311
긴밀한 경계 209, 212
긴장도 227
긴홀소리 111
길 76
길다 77
길이 94, 146, 288, 417
김 77
김영태 107
김치 77
김해 방언 111
깊다 76
까끄라기 16
까다롭다 15
까마귀 15
까치 15
깍두기 15
깍쟁이 18
깔끄럽다 16
깨 낟가리 16
깨소금 16

꺼림직 하다 16
껍질 15
꼬리 17
꼭 맞다 35
꽃류 110
꽃봉오리 18
꽃송이 18
꽈리 34
꾀임법: 자/ 재이/ 세/ 입시더 446
꾐임형 씨끝 351, 354
꾸러미 18
꾸미다 19
꾸어 오다 18
꾸중하다 38
꿇어앉다 18
끝소리 자리 311
끝소리 239, 241, 242, 243, 244, 246, 252, 253, 254, 257, 258, 262, 263, 268, 269, 271, 308
끝자리 297
끼니꺼리 33
끼다 78
끼워주다 78

ㄴ

ㄴ 덧나기 268
나돌아 다니다 19
나들이 옷 8
나란히 20
나무라다 19, 68
나무에 20
나물 11
나뭇가지 38
나병환자 40
나비 19
나쁘다 19
나서다 21
나아서 19
나중 20
나흗날 20
낙마 20
낙숫물 53
날뛰다 19
날면 20
날벼락 20
날씨 53
날아서 20
남겨 놓다 20
남새밭 20
남우세스럽다 20
남움직씨 188
남자 21
남편 21
남해 지역어 103, 108, 110
낫 21
낫으면 20
낱말 경계 149, 154, 155, 156, 163, 165, 186, 203, 268, 295
낱말 단위 427
낱말 271, 407
낱말구성소 372
낱말의 독립성 유지 노력 311
낳으면 19
내년 37
내려가다 21
내려놓다 24
내일모레 21
내재화 180, 267

내적 순행평성동화 396, 416
내적 재구 105
내파음 294
냄비 21
냉이 64
너 24
넓다 22
넘겨보다 22
넣다 67
네 시 24
넷 22
노래기 22
노력 경제 원칙 277, 312
노력 경제 현상 255
노력 경제 112, 246, 247, 258, 263
노력 절약의 원리 207, 239, 244
녹두 23
녹이다 22
논(이) 22
논 39
논두렁 30
놋그릇 22
높은 수평조 396
높은홀소리 227
높이 142, 278
높임법: 시 442
놓아두다 20
뇌성 22
누나 23
누더기 23
누비다 24
누어서 23
누워 있다 23
눈(이) 23
눈곱 23
눈두덩 23
눈알 23
눈이 휑하다 53
눈자위 24
눠서 23
늘 36
늦게 오다 24

ㄷ

다가앉다 34
다가오다 25
다그기 292
다니다 27
다달이 25
다듬이질 32
다듬잇돌 32
다리 24, 25
다리다 26
다발 24
다시 24
단독 성조형 324
단독, 유일: 만~마/ 뿐 440
단선음운론 106, 112, 115, 124, 146, 171, 200, 254, 263
단선적인 접근 93
단일 마디 확산 126, 172, 175, 274, 275
단일성조 317
단일화 133, 281, 357, 431
단형 어근 290
단형태소 210
달구다 24
달구지 13

달래 25
달래다 25
달리기 28
달무리 25
달아나다 25
달아매다 26
닭똥 25
닭의 볏 25
닮으려는 속성 146, 287, 313
닮음 현상 254
닮음 175, 249, 276, 300, 301
닮음을 피하려는 속성 146, 287, 313
담 벽 26
담배 파이프 49
당기다 33
당연 규칙 405
닿기 292
닿소리 배합 현상 102
닿소리 첨가 190, 191, 196, 202, 205
261, 295
닿소리 체계 117
닿소리 탈락 214
닿소리 117
대 26
대꼬챙이 26
대나무 9
대님 9
대다 26
대단위 방언권 89, 266
대들보 26
대등 관계 184
대등적 이음법 446
대등합성어 183, 185
대립 규칙 335
대립 152, 322, 327, 335, 341, 346
397, 398
대립과 중화에 의한 방점법 318
대립성 329, 357, 417, 425, 431
대문 53
대방언권 90, 100, 114, 123, 127
대어 주다 25
대적하다 61
대조의 원리 207, 209, 211, 212
221, 222, 223, 224, 225, 261
262, 299, 300, 301, 304, 315
대표음 162, 233
더해감법: 을수록 450
덜 곪다 29
덧니 66
덩어리 27, 29, 31, 39
덩치 27, 39
데우다 27
도깨비 81
도끼 28
도둑고양이 27
도둑놈 28
도마 28
도시 28
도움토씨 439
도출형 243, 332, 339, 346
독 27
독립 성조 어절 413
독립성 유지 노력 271
독립성 211, 306, 315
독립적인 성조형 415
독사 29
독약 30
독자성 125
돈내기 모심기 18
돈내기 33

돈이다 28
돌(에) 29
돌 29, 76
돌감 13
돌나물 29
돌아가시다 58
돌출도 146, 288
동남 방언 중북부 방언권 107
동남 방언 102, 114
동북 경남 방언권 98
동시법: 자 450
동여매다 30
동음 탈락 309
동음어 회피 현상 134
동음이의어 320
동이 28
동일 마디 127
동일음 탈락 310
동화주 / ㅣ / 157
동화주 106, 108, 126, 134, 167, 179, 249, 253, 257, 259, 263, 269, 285
되 28
되기 164
되풀이법: 니 447
된소리 되기 181, 182, 186, 205, 261
된소리 첨가 자질 202
된소리 형성 자질 배당소 201
된소리 형성 자질 삽입 201
된소리 182, 198, 292, 314
두 번 30
두꺼비 34
두드리다 34
두레박 81
두루마기 30
두자격법 451
둥그스름하다 28
둥긂 142, 278
뒤주 30
뒤홀소리 128, 143, 151, 260, 278, 280, 281, 288
뒷가지 파생법 371
뒷가지 371, 375
뒷가지의 성조 376
뒷소리 253
드리다 32
드문드문 33
들기름 31
들어오다 31
들여다 보다 31
등성이 55
디딜방아 32
따끔따끔하다 33
따뜻하다 34
따뜻한 물 35
따옴: (라)고 438
딱지 33
딸 33
딸꾹질 16
때리다 33
때매김 'ㅆ' 349
때매김 안맺음씨끝 351
때매김법 443
떡가래 34
떨이 34
떼어먹다 35
똑똑이 34
똥 덩이 34
똬리 33
뚜껑 35
뜸부기 35

ㅁ

마른버짐 35
마수 35
마시다 31
마음 37
마저 36
마중 35
마침 36
마침법 씨끝 414
마침법 414, 443
막내 36
만나다 36
많다 15, 60, 79
많이 57
만이 35
말갛다 37
말뚝 37
말벌 34
말본 범주 382, 389
말본적인 구실 411
말본형태소 381
망설이다 33
맞서보다 61
맞아 죽다 35
매김꼴 'ㄴ, ㄹ' 349
매김꼴 씨끝 191, 197, 204, 216, 296
매김법: 는~ㄴ/ ㄹ 451
매김자리토씨: 에/ 우/ ø 435
매끈하다 36
매력 297
매력값 221
매력음운론 218, 297
매력이 없는 음소 314
매력적인 음소 314
매운탕 37
매워서 37
매일 36
맺음씨끝 443
머리 냄새 38
머리 26
머리카락 37
먹보 40
먹이다 41
먼지 40
멀미 41
멍들다 42
메뚜기 38
메밀묵 36
메스껍다 64
메우다 38
명령문 407, 408, 428
명절 26
모가지 38
모기 37
모깃불 39
모두 36
모라 322, 427
모양 38
모음 체계 109
모이통 38
모자라다 38
모조리 36, 39
모퉁이 39
목욕 39
목침 39
몸 39
몸뚱이 39
묘 자리 37
묘 37

무국 40
무더기 26, 39
무덤 64
무릎 40
무리 60
무시하다 58
무표적 225, 319
묵은 냄새 40
묵은 쌀 40
묶다 77
문(이) 40
문둥이 40
문말의 억양 411
문법 현상 433
문법 123, 318
문법소 348, 351, 369, 374
문법적인 기능 248
문지르다 66
문턱 41
문헌어 103
물기 17
물다 40
물방울 41
물어뜯다 40
물웅덩이 41
물음법: 나~노~제~꼬~래/ 가~고/ 교~베~요/ 예~베요~습니꺼 444
물음씨끝 351, 411
미꾸라지 41
미시적 265
미치광이 42
미침(다다름): 까지~꺼지~꺼정/ 찌 441
밀양 지역어 112
밀짚 86
밉상이다 42
밑동 18

ㅂ

바가지 42
바깥마당 44
바꿔 먹다 42
바꿔 주다 42
바느질 42
바늘 43
바늘귀 43
바늘방석 43
바르다 46
바리바리 43
바보 49, 62, 80, 85
바보짓 31, 32
바쁘다 42
바수다 50
바지 74
반딧불이 40
반짇고리 43
반홀소리 /j/ 128, 151, 155, 160, 164
반홀소리 되기 451
받침 8, 28
발 43
발뒤꿈치 43
발등 43
발목 43
발음 기관 176, 227
발음 노력 경제 147, 151, 230, 302
발음 노력 165, 231
발음 방법 닮음 247, 251, 257, 258

263, 309
발음 방법 어울림 248
발음 방법 244, 245
발음 습관 154, 191, 204
발음 위치 닮음 246, 247, 251, 257
258, 263, 309
발음 위치 158, 169, 176, 179, 206
207, 214, 220, 221, 244, 275
276, 293, 298, 299, 300, 301
307, 309, 312, 315
발음 자세 151
발음 편의 168, 198, 273
발음되는 자리 129
발음의 노력 경제 지향성 232
발음의 노력 경제 234
발음의 효과 291
밟다 32, 47, 51
밤송이 43
밥 44
밥상보 44
밥알 44
밥주걱 74
방 고래 48
방 구들 48
방귀 냄새 18
방망이 44
방법 닮음 247
방아 찧다 42
방언 연구 방법 92
방언 연구 105
방언 음운론 연구 124
방언 체계 124
방언 89, 123, 265, 433
방언권 89
방언사 105
방언학 105, 433
방점 층위 395
방점 320
방점법 성조 이론 395
방편(도구, 자격, 원인)
: (으)로/ 에/ ø 436
밭갈이 17
밭곡식 43
밭둑 44
배 44
배앓이 45
배워 주다 45
배추 뿌리 44
배힘 45
백여우 45
뱀 41, 44
버둥거리다 45
버드나무 50
버들강아지 45
버릇 45, 46
버릇소리 94
버리다 21
버선 47
버섯 46
버캐 45
번 48
벌레 46
벌임법: (어)서~아(서)/ ㅁ서~먼서/
고~제/ 거이 446
범언어적인 원칙 322, 402
벙어리 46
베개마구리 46
베다 48
벽 46
변덕스럽다 10

변동 /H/형 풀이씨 354, 365, 369
변동 /H/형 354, 365
변동 /L/형 355
변동 규칙 108, 112, 153, 160
변동 규칙으로서 입천장소리 되기 153, 160
변동 저조형 풀이씨 368
변동 현상 214
변동의 과정 157
변별 기능 333
변별자질 110
변이음 199
변형생성언어학 96
변형생성이론 105, 106
변형생성적 접근 100, 105
별류 110
별스럽다 46
병 46
병뚜껑 33
병렬적인 연구 123
병신 49
병아리 51
보기 44
보니 46
보리쌀 47
보상 작용 186, 202, 203
보상적 긴홀소리 111
보상적 작용 261
보상적 장모음화 104
보수성 269
보수형 하임움직씨 387, 390, 393, 394
보수형 386, 388, 390
보자기 46
보조적 이음법: 아/ 지/ 고/ ø 450
보통이 47
보편성 원리 114
보편적 140, 144, 148, 152, 286, 287
복선음운론 105, 113, 115, 124, 126, 263, 266, 273
복선음운론적 관점 96
복선적 접근 93, 105, 112
복어 47
복합성조 96, 99
부끄러워서 47
부러트리다 51
부름자리토씨: 아~야/ 요 438
부림자리토씨: 을~를/ 로/ ㄹ 435
부사화 접사 101
부스러기 50
부스럼 47, 86
부시 47
부어서 48
부엌데기 73
부인 63, 73
부자 36, 48
부정사 '안' 429, 430
부정사 '안'이 포함된 부정문 422
부정사 404, 423, 425, 426
부정어찌씨 424, 426
부지깽이 48
부채 48
북한말 159
분절음 배열 제약 233
분절음 배열 209, 224, 231
분절음 순서 관계 231
분절음 층 148, 150, 152, 200, 260, 295, 314
분절음 층렬 146
분절음 층위 111
분절음 146, 158, 171, 262, 288

분절음의 배열 유형 245
분절음의 배열 254, 287
분절음의 위치 244
분화의 위치 239, 244
불구법: 더라도~은들/ 값에/
지만(은)/ 자 448
불규칙 활용 216, 224, 296
불규칙 216, 296, 297
불규칙성 209, 224, 304
불안정한 성조 결합 342
불안정한 음절 구조 164
불안정한 음절형 295, 314
붉은 물 51
붓다 56
붙갈이소리 242
비교: 보다~카마/ 마이~만치/
매이로~맨치로/ 하고 437
비교연구 102
비누 52, 72
비단 48
비린내 49
비모음화 107
비성절음 120, 168
비음화 108
비인접적 171
비자음 108
비초점 낱말 404, 405, 428
비초점 어절 428
비켜서 앉다 21
비행기 49
빈도 수 161, 165
빗나가다 51
빗방울 49
빗자루 49
빤히 49
빨래 줄 나무막대 72
빨래 54
빨리 60
빻는다 50
빼앗다 49
뺨 49, 50
뻔히 50
뼈 49
뿌리 50, 139, 141, 144, 151, 186, 189
283, 300, 369, 371, 384, 391
뿌리다 83
뿌리의 성조 376, 385, 392, 394
뿔다귀 51
삐뚤다 51
삘기 83

ㅅ

사귀다 53
사기 그릇 28
사니 52
사다리 53
4단 음조 층위 110
사동 접사 228
사람대이름씨 194
사마귀 52, 67
사위 52
사이시옷 첨가 181
사이시옷 212, 300
사족 52
사흗날 52
사흘나흘 52
삭이다 52
삯꾼 59

산자락 52
산청 지역어 101, 108
산편적 214
살결 53
살며시 49
살살 52
살짝 49
3 성조 체계 317, 372, 396, 427
3단 수평 체계 111, 320, 341
삼바리 53
삼으면 53
삼천포 지역어 101, 108, 110
삼투 173, 274
삽입 235, 243
상대적 길이 319
상대적 높이 319, 344
상성 99, 317, 319, 320, 396
상성점 96
상승 411
상승조 111
상여 54, 63
상위 마디 운모 239
상위 마디 157, 179
상위 방언권 90, 265
상위 표시 층위 395
상추 47
새끼손가락 64
새댁 53
새벽 54
새파랗다 58
샘을 내다 53
생고구마 51
생리-물리적 320
생리음성학 115
생산성 282
생성음운론 100, 104, 126, 142, 144, 145, 150, 152, 170, 171, 180, 199, 217, 236, 237, 253, 259, 267, 278, 296
생성음운론적 방법 318
생성음운론적 접근 215, 235
생채 77
서남 경남권 98
서남 방언 114
서남 지역 99
서남부 경남 방언 102
서러움 54
서러워서 55
서리(霜) 60
서먹서먹하다 16
서술문 407, 411, 417, 418, 424, 428
서술법: 다~라~지/ 네/ 소/ 습니더(예) 443
서술형 씨끝 349, 351
서열 253
석쇠 39
석유 64
선행어 435
설단성 246
설명 의문문 412, 413, 417, 422, 430
설명적 타당성 218
설빔 55
설신 자질 274
설신부 172, 273
설정부 172, 273
설정성 173, 174, 275
설측성 자질 263
설측성 256, 257, 259
성격이 별나다 46
성냄 48

성냥개비 55
성모 239, 240
성절음 120, 168
성조 결합 규칙 333, 357, 372, 377
381, 385, 388, 416
성조 결합 319, 322, 324, 327, 328
335, 337, 338, 340, 389, 408
409, 415, 419, 420, 421, 424
성조 고정 353
성조 규칙 111, 343, 373
성조 기능 부담량 333
성조 기능 약화 357, 358
성조 기능 357
성조 단일화 357
성조 대립 규칙 323, 326
성조 대립 324, 328, 330, 331, 337
성조 도출 과정 381
성조 방언 396, 427
성조 변동 368
성조 변동 유형 361
성조 변동 현상 111, 327, 332, 336
341, 394
성조 변동 329, 338, 353, 355, 360
361, 363, 365
성조 약화 426
성조 연결 제약 324
성조 유형에 따른 풀이씨 분류 352
성조 의식 320
성조 중복 규칙 401
성조 중화 규칙 326, 328, 332, 335
389, 392, 393
성조 중화 324, 330, 333, 335, 337
성조 차이 320
성조 체계 103, 104, 110, 317
322, 341
성조 층위 111, 395
성조 표상 426
성조 146, 384
성조가락 규칙 111
성조결합 규칙 382, 384
성조론의 층위 425
성조소 결합 344, 346
성조소 수 324
성조소 344, 348, 373, 399
성조의 기능 부담량 333, 417, 425
430, 431
성조의 차이 280
성조판 104
성조형 결합 과정 406
성조형 결합 규칙 417, 430
성조형 결합 409, 428
성조형 변화 357
성조형 약화 420
성조형 111, 322, 324, 327, 329, 335
340, 341, 366, 374, 381, 383, 399
401, 403, 407, 410, 414, 417, 427
성조형 단일화 333
성질 61
세 번 54
3개의 성조소 344
세기 94
세끼 57
세달 55
세숫대야 55
세시네시 58
센입천장 129, 277, 312
센입천장소리 129, 140, 152, 158
179, 267, 275
셋이 55
소극적 매력 218, 219, 297, 314

소금 55
소금물 9
소꿉놀이 49
소나기 56
소나무 가지 56
소나무 동산 56
소나무 56
소리갈 94
소리의 변동 94
소리이음 126, 127, 137, 141, 158, 162, 163, 165, 225, 226, 228, 229, 230, 231, 232, 235, 236, 237, 240, 241, 242, 243, 262, 286
소방언권 100
소지역 89, 265
소지역어 123
소쿠리 56
속이다 14
속임수 64
속임질 64
속히 60
솎다 15
손가락 끝 56
손끝 56
손목 59
손짓 55
솔기 59, 82
솔방울 56
솜 61
송아지 44, 54
솥뚜껑 56
쇠꼴 55
쇠스랑 56
쇠여물 56
쇠죽 가마솥 56
쇳조각 60
수고하다 69
수로 27
수사 물음월 425
수수 57, 68
수의성 200
수의적 145, 153, 156, 206, 222, 241, 243, 277
수의적인 성조 변동 357
수의적인 탈락 306
수평조 427
수평체계 104
수형도 172
숙모 72, 73
순행 닮음 285
숫돌 57
숭늉 23
숯등걸 57
쉰 살 59
쉽 428
쉽다 57
스물 57
시끄럽다 57
시내 12
시누이 61
시다 57
시렁 59
시루 58
시멘트 29
시아버님 63
시아버지 62
시어머니 61
시원하다 60
시작: 부터 441
시장 72

시키다 61
시킴법: 이라~라이~재이/
세~게~지/ 소/ 소(예) 445
식은 밥 61
식초 79
신기하다 87
신으면 59
실밥 59
실사 235, 241, 242, 268
실없다 59
실없쟁이 58
실질형태소 155, 248
실컷 59
실패 30, 59
실험음성학 112, 113, 115
실현형 309
심다 57
심부름 59
심층 구조 101
심층부 290
19 닿소리 체계 117
18 닿소리 체계 117
싱겁다 58
싸라기 59
쌍둥이 60
쌍형 어근 290
써레 60
썰다 60
쓰다 62
쓰임새 54
씨끝 바꿈 344, 354, 359, 360
361, 362, 369
씨끝 성조 설정 기준 348
씨끝 홀소리 365, 366
씨끝 214, 248, 351, 352, 353, 354
355, 357, 363, 367, 369, 370, 411
씨끝의 기저 성조 369
씨끝의 성조 348, 349
씹어 먹다 61
씻다 62

ㅇ

아궁이 47
아니꼽다 64
아들 62
아랑제 62
아래 첨자 321, 396
아버지 64
아이 아버지 73
아주 떫은 감 33
아주닿기 292
아주버님 63
아직 63
안 된다 65
안 부정문 424
안경 64
안다 46, 63
안맺음씨끝 351, 442
안사람 63
안울림닿소리 182
안정적인 성조 결합 342
안짱다리 67
안쪽으로 앉다 31
앉아라 63
앉은 자세 63
암탉 63
앙감질 16
앙살쟁이 10

앞가지 374, 375
앞센입천장소리 159
앞소리 253
앞자락 68
앞치마 63
앞혓바닥 310
앞혓바닥소리 169, 179
앞홀소리 / ㅣ / 151
앞홀소리 128, 142, 149, 260, 278, 280, 288
애처롭다 64
액센트 분석법 318
액센트 103
액센트형 103
야무지다 24, 25
약경계 136, 139, 144, 151, 283, 284
약한 터짐소리 253
약한소리 198
약화 현상 403
약화 155, 165, 217, 242, 219, 261, 288, 297, 308
양분법 171
양식 33
얕잡아보다 58
어느 놈 65
어두음 294
어떻게 69
어리다 66
어리석다 66
어릿광대 65
어머니 22, 65
어문 민족(語文民族) 사상 93
어문 민족주의적 국어관 94
어미 66, 334
어수룩하다 66
어절 말 357
어절 성조형 395
어절 407, 415
어절성조 언어 104
어제 아침 65
어제 저녁 65
어중닿소리 99
어지간하다 70
어지간히 66
어찌 69
어찌씨 파생 접사 101, 165
어찌씨 136, 282
어찌자리토씨 436
어형 유지의 노력 195, 291
어형 유지의 보수성 168, 272, 312
어휘 90, 123, 318
어휘적 의미 406, 427
어휘적인 뜻 282
어휘화 210, 211, 372
억세다 39, 65
억양 층위 425
억양 411
억지 82
언어 경제성 324
언어 심리 348
언어 직관 320
언어 체계 433
언어접촉 108
언어직관 341
언중의 의식 284
언청이 66
얼굴 20, 22, 42
얼레빗 66
얼마나 66
엄살 66

없다 66
엉키다 66
여과 장치 152, 223, 225
여기에 67
여린소리 292, 314
여린입천장 콧소리 251
여린입천장 터짐소리 247
여린입천장 246
여린입천장소리 179, 246, 248
여섯 섬 67
여치 67
역마살 10
역사성 170
역사언어학 94
역시: 도 439
역행 285
연결 규칙 111
연구 과제 113
연음법칙 107
연탄집게 48
열 남짓 67
열 살쯤 67
열다섯 살 67
열쇠 60
열흘 67
염소 65
옆 67
예쁘다 70
예사소리 245
예외 현상 267, 340
오너라 68
오라기 68
오라버니 68
오름 억양 410
오므리다 68
오이 40
오이냉국 37
오줌 소태증 68
오줌 71
옥수수 16
온천장 69
올벼 68
올해 68
옷핀 50
와서 68
왜 36
외적 순행평성동화 416
요즘 68
용의 알 69
우니 69
우물 54
우분지 계층 구조 238
우분지 구조 237
우악스럽다 69
우엉 69
운모 238, 239
운소 125, 318
운율적 낱말 398, 400, 402, 403, 404, 405, 406, 409, 410, 414, 416, 426, 428
운율형 404, 410, 428
울림 닿소리 292, 309, 310
울림도 관계 235
울림성 302
울림소리 되기 182
울림소리 291
움라우트 106, 107
움직씨의 성조 377
움직씨의 자격 372
웃으면 69

웃음 21
웅덩이 69
원소 297
원순 자질 200
원숭이 69
원통하다 64
월 단위의 성조 424
월 성조 395
월 속에서 성조형의 결합 402
월 358, 407
월의 정보 초점 428
위 첨자 321, 396
위계 127
위에 69
위치 닮음 247, 251, 309
위치 마디 172, 274
위치 바뀜 158
위태롭다 69
위험하다 69
유기적인 관계 265
유동적 160
유성 46
유연 294
유월달 70
유지 216
유추 154, 193, 204, 301, 390
유표적 319
6 홀소리 체계 119
육이오사변 70
윤달 12
융통성 22
융합 154
융합합성어 183
음보 322, 402
음성 실현형 255
음성 자질 설정 275
음성 층 343
음성 표기 401
음성자질 174
음성적 유사성 316
음성학적 유사성 310
음성형 108, 111
음소 첨가 자질 삽입 202
음소 첨가 현상 289
음소 첨가 126, 181, 199, 200, 314
음소 체계 92, 125
음소 층 343
음소 탈락 193
음소 표기 322
음소 109
음운 교체 176, 277, 312
음운 규칙 적용 순서 296
음운 규칙 98, 111, 142, 287, 296
음운 규칙으로서의 입천장소리 되기 161
음운 도치 102
음운 변동 과정 163, 309
음운 변동 규칙 112
음운 변동 현상 117, 124, 126, 283
음운 변동 137, 155, 244, 246, 360, 365
음운 변화 277, 312
음운 연구 93
음운 연구의 흐름 89
음운 체계 92, 97, 99, 124
음운 현상 125, 266, 287, 290, 313
음운 123, 318
음운론적 강도 222, 239
음운론적 낱말 423, 430
음운론적 조건 353

음운론적인 층위 397
음운학적 320
음운학적인 높이 319
음장 113
음절 경계 235, 237, 238
음절 구조 194, 202, 219, 231
238, 297
음절 끝소리 309
음절 수 331, 337, 338, 340, 342, 381
음절 앞 부분 극대화 원리 228
음절 재구조화 387
음절 조정 236
음절 중복 규칙 426
음절 짜임새 127
음절 축약 381
음절 94, 277
음절의 길이 338
음조 규칙 322, 323, 343, 347, 373
음조 실현 규칙 369, 392
음조 약화 424
음조 층위 395
음조형 규칙 419
음조형 도출 과정 406
음조형 실현 규칙 403, 408
음조형 326, 401, 403, 409, 420
423, 427
음조형의 약화 424
응축 308
의도법: 라고~라모/ 로/ 을라 449
의령 지역어 108
의문문 411, 421
의문사 404, 413, 415, 417, 419, 424
의문사 없는 의문문 407, 418, 428
의문사 있는 의문문 410, 424
의문사로 시작되는 어절 429
의문의 의도 411
의미 범주 186
의미적 연관성 372
의사 접사 311
의사소통 239
의성 지역어 107
의외이다 87
이가 방언 103
이고 오다 67
이끼 41
2단 수평 체계 112
이랑 44
이름꼴 'ㅁ' 349
이름법: 기 451
이름씨 파생 접사 101
이름씨 136, 141, 204, 205, 229, 234
241, 243, 262, 269, 282, 286
291, 304, 334, 357, 358, 375
이마빼기 70
이번 68
이분법 145, 152
2성조 체계 317
이야기 책 70
이완 경계 209
이완된 경계 157, 212, 214, 315
이완성 311
이웃집 70
이원적 변별 자질 259
이은소리 94
이음꼴 씨끝 349
이음법 446
이음소리 되기 286, 291
이음토씨: 하고/ 나~이든/ 에다가 439
이음토씨 194
이접적 142, 287

인사 71
인접 방언권 123
일가 52
일곱끝소리 되기 155, 162, 252, 309, 343
일꾼 59
일러주다 71
일반성 271
일으키다 71
일일이 27
일주기 29
1할 5부 이자 58
잃어버리다 70
임의적인 성조 변동 365
임자씨 128, 139, 144, 159, 161, 165, 228, 281, 282, 283
임자자리토씨: 이~가/ 이가/ ø/ (에)서 434
임자자리토씨 101, 141, 162, 286
입 74
입성 294
입술 콧소리 248, 252, 293
입술 71, 246
입술둥긂 자질 146
입술소리 248, 278
입술터짐소리 231, 247, 251, 252
입음 접사 141
입음, 하임움직씨 성조 변동 371, 379
입음 136
입음가지 381, 382, 383, 384, 385, 389, 394
입음가지의 성조 377
입음과 하임가지의 성조 376
입음움직씨 파생 381
입음움직씨 371, 377, 389, 394
입음움직씨와 성조 변동 379
입음움직씨의 성조 377
입음움직씨의 성조형 383
입이 아프다 62
입천장소리 되기 126, 127, 152, 154, 155, 158, 170, 266, 267, 269, 272, 273, 276, 311, 312
입천장소리 되기에 대한 계층자질이론적 접근 273
잉여적 접사 282, 294, 313
잊어버리다 70
잎사귀 71, 76

ㅈ

자 62
자꾸 27
자동적 161
자르다 41
자리 닮음 310
자리토씨 434
자립 분절음운론 113
자립 형식 348, 402
자립분절 모형 150, 152, 205
자립분절음 층 95, 313, 314
자립분절음운론 111, 146, 149, 152, 171, 204, 260, 261
자립분절음운론적 접근 146, 200, 318
자립성 188, 189, 302
자립형식 373
자립형태소 229, 268
자배기 66
자연 생성음운론 296
자연부류 157, 158, 179, 180, 214

216, 217, 218, 222, 224, 227
257, 258, 259, 263, 277, 297
자음접변 107
자주자주 27
자질 스며들기 277
자질 닮음 261, 277
자질 바뀜 157, 158
자질 변동 규칙 171
자질 변이 285
자질 수형도 157, 174, 176, 178, 179
181, 256, 257, 259, 260, 263, 269
자질 스며들기 157, 172, 174, 177
178, 179, 274
자질 확산 295
자치기 72
작대기 43
작으면 71
작은 솥 30
작은방 71
작은아버지 댁 72
잔소리 54
잠보 72
잠자리 79
잠재의식 178, 278, 312, 319
잡아 뜯다 76
잡음씨 139, 144, 151, 159, 283
장난 73
장단 110
장독대 72
장어 13
장음 106
장인 73
재구조화 106, 132, 154, 188, 381
재래식 화장실 12
재배열 235, 243
재잘거리는 말 54
쟁기 86
저, 고 복합조 112
저녁 내내 77
저녁거리 76
저녁나절 76
저어서 73
저음 조성 마디 157, 269
저음 조성 131, 147, 149, 151, 158
174, 175, 176, 179, 180, 260
275, 276, 277, 280, 288, 289
293, 312, 313, 314
저조 106, 107, 351
저조형 풀이씨 361, 367
저조형 352, 369
적극적 매력 218, 219, 224, 297
299, 314, 315
적으면 71
전국 방언 114
전달 초점 326, 341, 347, 402
전라 방언 110
전방성 157, 158, 174, 177, 179
180, 246, 274, 277, 312
전설성 134, 135
전청음 294
전통 생성음운론 296
전통언어학 95
전통주의적 접근 96
전환법: 다(가) 450
절구 공이 27
절구 27
젊은 계층 394
점 15
점약음 225
점쟁이 73

접근 방법 142, 168, 198, 215, 235, 253
접두사 208, 304
접미사 208, 300, 304
접사 경계 139, 165, 214
접사 144, 151, 189, 241, 283
접사의 기능 284
접속법 414
젓가락 74
정강이 72
정보 초점 기능 414, 427
정보 초점 395, 402, 403, 404, 405, 406, 409, 414, 417, 418, 424, 425, 427, 429, 430, 423, 430
젖먹이 74
제사상 37
제약 조건 105, 131, 145, 279
제약 151
제약법: (으)모/ 께(네)/ 건데/ 어야(지)~우야(지) 448
제약적 143
제주도 방언 96
제한적 144, 147, 148, 159
조금 84
조숙하다 68
조음 운동 277, 312
조음적인 기능 282
조응 불능 영역 제약 188
좀의 똥 74
좁쌀 73
종결어미 412
종속적 이음법 448
종속합성어 183, 185, 197, 201
종알거리다 61
종이 74
좋으면 74
좌분지 구조 237
주둥이 74
주름 77
주먹밥 74
주시경 93
주어라 74
주어서 74
주워놓았다 78
주전자 75
주제 및 대조: 은~는 439
주종의 관계 184
죽이다 75
준굴곡 334, 433, 434
준낱말 경계 284
줄기 끝소리 296
줄기 214
줄기의 성조 변동 360
줄기의 성조 352, 354, 361, 359, 370
줄다리기 75
줄면 75
중간 정도 높이의 수평조 396
중간 표시 395
중립적 매력 218, 219, 297, 314
중매쟁이 75
중방언권 100, 123
중복 규칙 322, 402
중세 국어 193, 197, 204
중세 성조 103
중조 351
중조형 풀이씨 369
중조형 352
중화 규칙 323, 329, 330, 333, 337, 338, 348, 351, 369, 396, 398, 399, 403, 405, 409, 419, 424, 427

중화 현상 388
중화 147, 151, 219, 224, 260, 280
297, 314, 322, 323, 324, 327
328, 331, 335, 336, 338, 340
341, 346, 351, 372, 376, 382
384, 397, 398, 414
중화된 음소 120
중화력 328, 329
중화력이 약한 성조 398
중화의 위치 207, 239, 244
쥐벼룩 75
쥐어뜯다 76
지겹다 76
지내다 51
지네 75
지린내 78
지배 개념 218, 297
지배 관계 127, 219, 220, 221, 223
232, 238, 241, 243, 262, 297
300, 301, 304, 305, 315
지배 방향 221
지배 원리 228
지배관계 207
지배음운론 113, 225, 261, 262
297, 314
지배음운론적 접근 218
지배의 강도 219, 297
지배의 서열 261, 298, 315
지배이론 127, 223
지배자 220, 221, 222, 261, 298, 315
지배자의 위치 224
지배적 303
지붕 77
지속성 214, 222, 242, 302
지어서 76
지에밥 17
지우다 41
지키다 77
지팡이 76
지푸라기 51, 76
진달래꽃 79
진동 수 293, 314
진딧물 49
진양 지역 108
진주 방언 102, 110
진해 지역어 106
진흙 78
진흙구덩이 50
질경이 50
짊어지다 31
징병 47
짤따랗다 72
쪼그려 앉다 77
쪼아 먹다 77
쪽박 77
쫓다 86
쭉정이 78
찧어 먹다 78

ㅊ

차다 53
차렵이불 78
차리다 79
찬물 79
찰벼 79
참기름 79
참다 73
참말 78

참빗 79
창녕 지역어 108, 109
창원 지역어 99, 110
창피스럽다 78
창호지 41
처녀티 70
처마 60
처소(장소, 시간, 상대, 방향):
에(서)~ø/ 아/ 한테~보고 436
처소 436
철 57
첨가 자질 확산 202
첨가 현상 314
첨가 165
첨가음 생성 202, 295
첨가음 292, 293
첨자 321
첩 79
첫 성분 357
첫성분이 고조화 329
첫소리 122, 238, 239, 241, 242, 243, 246, 252, 253, 254, 257, 258, 262, 263, 271, 308
첫음절 333
첫자리 297
청각 영상 강화 292, 314
청각 영상 193, 194, 195, 293, 307
청솔가지 79
청유문 408
청취 효과 198
체 65
체계상의 고립성 247
체계적 260
초고추장 79
초분절음 층 147, 148, 150, 152, 200, 201, 202, 260
초분절음 층렬 146
초분절음 106, 110, 115, 333, 417, 430
초분절음소론적 접근 318
초성 /ㅇ/ 107
초점 기능 409
초점 낱말 405, 428
초점 어절 424
초점 407, 408, 409, 411
총체적 조사 115
최대 음절 적용 원리 232
최대 음절화 원리 228, 232
최소대립쌍 97
최적이론 318
최종 성조 표상 414, 419, 425
최종 성조형 323, 324, 343, 346, 373, 408, 420
최후 고조의 저조화 357
추상 음소 199, 296
추상성 지향성 150
추상적 복합격 200
추상형 170
추석 81
추워서 80
추측 352
축단 80
축약 과정 178
축약 현상 154
축약 282, 294, 360
치닮음 328, 329, 417
치마 80
친족 52

ㅋ

켜다 60
코뚜레 80
코홀소리 308
콧등 80
콧소리 되기 99, 126, 127, 212, 244, 249, 250, 252, 254, 256, 258, 259, 263, 268, 309
콧소리 되기의 특징 251
콧소리 자질 138, 146, 163, 200, 207, 215, 227, 308
콧소리 242, 244, 245, 246, 247, 250, 251, 252, 253, 254, 257, 259, 263, 278
큰어머니 80
키 79, 81

ㅌ

타당성 145
탈규칙화 현상 306
탈락 168, 191, 216, 217, 224, 235, 240, 242, 243, 257, 259, 282, 297, 308
태극기 13
탱자나무 81
터울 81
터짐소리 242, 244, 245, 246, 247, 249, 250, 251, 253, 254, 257, 259, 263, 293, 309
터짐소리의 콧소리 되기 244
턱 80
털 81
토끼 81
토라지다 51
토막 29, 39
토박이 화자 320
토씨 137, 139, 144, 159, 229, 243, 262, 283, 334
토착화자 134, 170, 191, 322
통로 13
통사 구조 203, 261
통사 범주 282
통사・의미적 관점 183
통사 90
통사적 관계 185
통사적 구조 183
통사적 차이 182
통시성 290
통시적 음운 연구 109
통시적 266
통어적인 방법 371
통영 지역어 108
통일성 193, 197
통통하다 40
퇴비 73
투사 136, 283
특수성 196
특이성 141

ㅍ

파르스레하다 82
파리 82
파생 접사 '-이' 269
파생 접사 136, 137, 188, 193, 197, 209, 224, 228, 283, 292, 304

파생 접사가 첨가될 경우 135
파생 248, 304, 322, 392
파생가지 371, 394
파생력 190
파생어 형성 202, 302, 304, 306
파생어 138, 139, 161, 164, 165, 181
190, 208, 214, 216, 284, 299
301, 302, 303, 305, 334, 371
376, 382
파생어와 가지의 성조 373
파생어와 합성어 형성의 경우 207
파생어의 성조 375
판정 의문문 412, 413
8 홀소리 체계 119
팔 82
팔목 81
팔월 81
팥죽 82
편지 83
편히 82
평상 31
평성 319, 320, 396
평탄화 96
평판 구조 237
폐쇄적 191, 213
폐음절 311
폐음절성 293
포기 82
포대기 30
포악스럽다 82
표기 규약 319
표면 구조 101
표면 성조 321, 322, 348
표면 음성 제약 233
표면 음성 114
표면 음절 구조 236, 237
표면 음조 규칙 325, 374, 375
377, 385
표면 음조 322, 326, 328, 344
347, 369
표면 음조형 341, 343, 363, 373, 426
표면음 322, 323
표면음성 제약 348
표면음조 규칙 375, 378, 381, 387
표면형 111, 158, 201, 202, 289, 322
327, 330, 336, 337, 347, 392
표면형으로의 도출 과정 236
표준 발음법 규정 232
표준어 125, 265
표층 170, 296
표층 음절 구조 243
표층적 237
푸다 82
푸른 물 83
푸른색 나물 83
풀 기운 83
풀 빨래 82
풀기 17
풀류 110
풀이법: 는데/ (으)니 449
풀이씨 마디 136
풀이씨 분류 348
풀이씨 성조 343
풀이씨 씨끝 바꿈 355
풀이씨 어간 304
풀이씨 줄기 197, 205, 206, 228, 269
334, 365, 367, 370, 381, 385, 387
풀이씨 132, 136, 143, 150, 152, 161
165, 206, 229, 243, 248, 262
281, 283, 296, 306, 344, 375

풀이씨가 활용할 경우 205
풀이씨의 성조 변동 372
풀이씨의 씨끝 바꿈 361
풀이씨의 씨끝 411
풀이자리토씨: (이)다 438
풋고추 82
풍선 48
피곤하다 10
피동화주 126, 157, 174, 177, 179, 249, 253, 257, 259, 263, 269, 285
피부 53
피지배자 220, 221, 222, 298, 315

ㅎ

하강조 111
하눌타리 84
하느님 84
하는 수 없이 79
하루 이틀 84
하루살이 83
하얗다 47
하위 방언권 89, 128, 271
하위 자질 179, 180
하위 지역어 123, 266
하위 표시 395
하임, 입음의 접사 286
하임, 입음의 파생 접사 283
하임 136
하임가지 378, 384, 385, 386, 387, 388, 389, 391, 392, 393, 394
하임가지의 성조 385
하임움직씨 파생 387
하임움직씨 371, 377, 378, 386, 387, 388, 390, 392, 394
하임움직씨와 성조 변동 384
하필이면 13
학교 85
한 끼니 84
한 닢 84
한 방울 84
한 번 두 번 84
한 부분 84
한 주먹 만큼 84
한계: 빼끼 440
한계성 145
한눈을 팔다 38
한벌 84
한약 80
한입 84
할머니 84
함경도 방언 357
함께함(공동, 동반): 하고/ 캉 437
함안 방언의 특수성 265
함안 방언 음소 첨가 294
함안 방언 음소 체계 117
함안 방언 음운 변동 현상 123
함안 방언 탈락 현상의 특수성 306
함안 방언의 /ㅣ/치닮기 현상의 특수성 286
함안 방언의 1음절 성조 중복 규칙 402
함안 방언의 성조형 체계 396
함안 방언의 음조형 실현 규칙 401
함안 방언의 입천장소리 되기 특수성 166, 271
함안 지역어 /ㄹ/ 탈락 정도 213
함안 지역어 겹홀소리 체계 122
함안 지역어 닿소리 체계 118

함안 지역어 음소 첨가의 특징 196
함안 지역어 홀홀소리 체계 119
함안 지역어 112, 113, 124
함양 지역어 101
합력 작용 141, 143, 278
합성 248, 322
합성어 경계 139, 214, 284
합성어 구조 211
합성어 형성 210, 306
합성어 139, 155, 181, 182, 212, 214, 216, 268, 269, 284, 299, 300, 301, 302, 303, 305, 334, 371
합성어간 329
합성어의 경우 138
합성이름씨 성조 변동 317
합성이름씨 형성과 성조 변동 326
합성이름씨 326, 329, 334, 341, 357, 416
합성이름씨의 성조 변동 372
합천 지역어 108, 112
해가 지다 85
해방 전 93
해방 후 95
해충 70
핵 219, 239, 314
핵방언권 90, 93, 105, 106, 113, 114, 117, 123, 124, 127, 265, 318
핵성조 348
행여나 85
행주 85
행주치마 63
향 53
허리띠 85
허벅다리 85
허사 268
허수아비 85
허풍선이 85
헛간 72
헛소문 86
혀끝 콧소리 251, 252
혀끝 129, 246, 248, 277, 312
혀끝소리 129, 140, 143, 149, 152, 158, 179, 206, 207, 214, 248, 252, 254, 266, 278, 279, 280, 286, 313
혀끝자리 246, 301, 302
혀옆소리 231, 244, 245, 257, 259
혀옆소리의 콧소리 되기 247
혀의 모양 129
혓바늘 60
혓바닥 60
형 55
형식 114
형식형태소 155, 248
형제간 55
형태 보존 의식 248
형태 유지 261
형태 음소적 교체 296
형태 음운 규칙 296
형태 90
형태론적 관점 187
형태론적 교체 109
형태론적 재구조화 372
형태론적 제약 130, 280, 297
형태소 경계 106, 127, 130, 135, 139, 141, 145, 153, 154, 156, 158, 159, 161, 163, 164, 165, 169, 180, 195, 198, 199, 214, 235, 237, 243, 267, 268, 269, 271, 284, 286, 287, 292

295, 311
형태소 내 267, 268, 269, 271, 281
283, 286, 311, 312
형태소 사이 138
형태소 안 127, 128, 130, 133, 139
140, 141, 144, 145, 151, 153, 154
156, 157, 159, 161, 162, 163, 165
169, 171, 180, 195, 199
형태소 인식 292
형태소 348, 407
형태음소론적 변동 현상 113
형태음소적 교체 98, 100, 216
형태음소적 현상 112
형태적 성격 423
호강스럽다 86
호랑이 86
호미 86
호미씻이 85
호주머니 10
혹시 85
혼나다 35, 57
홀소리 / ㅣ / 155, 160, 164
홀소리 교체 142, 168, 273, 287
홀소리 닮음 366, 370
홀소리 대응 관계 109
홀소리 변동 현상 111
홀소리 음운 현상 108, 110
홀소리 조화 103
홀소리 체계 109, 119, 142, 151, 287
홀소리 축약 102
홀소리 117, 292, 309, 310
홀소리어울림 227, 242
홀소리의 콧소리 되기 118
홀아비 86
홍역 86
홑낱말 371
홑받침 226
홑줄기 371
홑홀소리 되기 142, 194
홑홀소리 체계 119
홑홀소리 99, 122, 134, 162, 168, 273
홑홀소리화 109
화 48
화살 84
화석형 252
화석화 372
화용론적 조건 186
화장실 81
확산 방향 148, 201
확산 149, 201, 203, 256, 257, 259
263, 281, 288, 313
활용 씨끝 205, 304
활용 229, 296, 301, 302, 304, 305
활음 삭제 102
활음화 111
회초리 38
효자 56
후덥지근하다 40
후두 자질 146, 200
후비다 87
후속 성분 424
휘파람 87
휴지 155, 163, 191, 233, 241
407, 428
휴지의 위치 407
흉 61
흉악하다 57
흐름소리나 242
흐린 날 54
흐지부지 58

흔하다 60
힘 87
힘에 겹다 45
힘의 크기 245

기타

7 겹홀소리 체계 122
7 홀소리 체계 119
/ㄱ, ㅋ/의 입천장소리 되기 156, 269, 312
/ㄱ/ 첨가 292, 294
/ㄱ/ 탈락 215, 307
/ㄴ/ 덧나기 155
/ㄴ/ 탈락 215
/ㄴ/의 /ㄹ/ 되기 254
/ㄴ/의 입천장소리 되기 162
/ㄴ/첨가 현상 107, 292
/ㄷ, ㅌ/ 입천장소리 되기 153, 268, 271, 269
/ㄹ/ 끝소리 306
/ㄹ/ 탈락 현상의 특징 212
/ㄹ/ 탈락 126, 205, 215, 262, 296, 298, 301, 304, 306, 307, 315
/ㄹ/의 /ㄴ/ 되기 254, 258
/ㄹ/탈락에 대한 지배음운론적 접근 297
/ㅂ/ 첨가 294
/ㅅ/ 입천장소리 되기 161, 162
/ㅿ/의 변천 95
/ㅇ/ 첨가 294
/ㆁ/화 작용 107
/ŋ/ 309, 315
/ᅙ/의 첫소리 실현 307, 308
/ㅈ/ 탈락 215
/ㅎ/의 약화 307
/ㅎ/의 입천장소리 되기 158, 159
'-아X/어X'형 씨끝 360, 365, 390
'-으X'형 씨끝 357, 363, 370
/ㅣ/치닮기 실현에 대한 자립분절음운론적 접근 287
/ㅣ/치닮기 실현의 특징 139
/ㅣ/치닮기 형성 자질 배당 조건 148
/ㅣ/치닮기 형성 자질 149, 288, 313
/ㅣ/치닮기 형성 자질의 확산 147
/ㅣ/치닮기 101, 107, 109, 126, 127, 129, 130, 131, 132, 133, 136, 137, 138, 139, 140, 141, 142, 143, 145, 146, 147, 148, 149, 150, 151, 152, 158, 260, 278, 280, 281, 283, 284, 285, 287, 313
Accent설 104
Agent 200
Glide현상 112
/H/ 성조 369
/H/형 부정사 426
/H/형 성조 384
/H/형 성조와 결합 379
/H/형 의문사 418, 422, 426
/H/형 의문사가 있는 경우 410
/H/형 의문사가 있는 의문문 430
/H/형 풀이씨 362
/H/형 427
I.P.A 표기 117, 120
/L/형 성조와 결합 383, 391
/L/형 의문사 418
/L/형 427
L(저) 320
/M/형 성조와 결합 382, 388

/M/형 427
M(중) 320
N_1(1음절) + N_2(1음절) 성조 결합의 규칙과 예외 실현 정도 330
N_1(1음절) + N_2(1음절)의 결합 327
N_1(1음절) + N_2(2음절 이상)의 결합 331
N_1(1음절) + N_2(2음절) 성조 결합의 규칙과 예외 실현 정도 335
N_1(2음절) + N_2(1음절 이상)의 결합 336
α배당 289
α확산 289

함안 방언 연구

초판1쇄 인쇄일 · 2015년 2월 15일
초판1쇄 발행일 · 2015년 2월 20일

지은이 | 구현옥
펴낸이 | 이길안
펴낸곳 | 세종출판사

부산광역시 중구 흑교로 71번길 12(보수동2가)
전　화 | 463 - 5898, 253 - 2213~5
팩　스 | 248 - 4880
이메일 | sjpl@chol.com

출판등록 제02-01-96

ISBN 978-89-6125-884-5-03710

값 27,000원